UTB FÜR WISSEN SCHAFT

UTB **2210**

Eine Arbeitsgemeinschaft der Verlage

Wilhelm Fink Verlag München
A. Francke Verlag Tübingen und Basel
Paul Haupt Verlag Bern · Stuttgart · Wien
Hüthig Fachverlage Heidelberg
Verlag Leske + Budrich GmbH Opladen
Lucius & Lucius Verlagsgesellschaft Stuttgart
Mohr Siebeck Tübingen
Quelle & Meyer Verlag Wiebelsheim
Ernst Reinhardt Verlag München und Basel
Ferdinand Schöningh Verlag Paderborn · München · Wien · Zürich
Eugen Ulmer Verlag Stuttgart
Vandenhoeck & Ruprecht Göttingen und Zürich
WUV Wien

Georg Kneer / Armin Nassehi /
Markus Schroer (Hg.)

Klassische Gesellschafts-begriffe der Soziologie

WILHELM FINK VERLAG MÜNCHEN

Die Deutsche Bibliothek – CIP-Einheitsaufnahme
Kneer, Georg:
Klassische Gesellschaftsbegriffe der Soziologie / Georg Kneer; Armin Nassehi; Markus Schroer. – München: Fink, 2001
(UTB für Wissenschaft; 2210)
ISBN 3-8252-2210-1
ISBN 3-7705-3447-6

Ohmstraße 5, 80802 München
ISBN 3–7705–3447–6

Printed in Germany.
Einbandgestaltung: Atelier Reichert, Stuttgart
Herstellung: Ferdinand Schöningh GmbH, Paderborn

UTB-Bestellnummer: ISBN 3–8252–2210–1

INHALTSVERZEICHNIS

Vorwort der Herausgeber

Das Ansinnen, gesamtgesellschaftliche Diagnosen zu formulieren, versteht sich innerhalb der soziologischen Fachdisziplin weder von selbst, noch ist es unumstritten. Bereits die explizite Verwendung des Gesellschaftsbegriffs - im Singular wie im Plural - stößt mitunter auf erhebliche Vorbehalte. Besonders prominent dürfte gegenwärtig der Einwand sein, bei der Gesellschaft handele es sich ausschließlich um einen nominalen Typus, nicht jedoch um eine reale Einheit. Ein Großteil der empirischen Mikro- und Mesosoziologie kommt dann auch ohne Bezug auf die „Gesellschaft" aus. Und selbst makrosoziologische Ansätze üben zuweilen Verzicht, einen Begriff des sozialen Ganzen zu formulieren. Berühmtestes Beispiel dürfte bis heute das Werk Max Webers sein, der eine „Soziologie ohne Gesellschaft" (Tyrell) formuliert hat. Entsprechend seiner Absage an Kollektivbegriffe hat Weber für den Terminus Gesellschaft keinen Platz in der Reihe der soziologischen Grundbegriffe vorgesehen. Soziologie wird dann auch nicht als Gesellschaftslehre auf den Weg gebracht; sie ist die Wissenschaft vom Sozialen, nicht die Wissenschaft von der Gesellschaft. Aber auch wenn man diese Auffassung ausdrücklich teilt, heißt das nicht, dass der Soziologie der Blick auf das gesellschaftliche Ganze verwehrt bleiben muss. Die Ansätze, über die die Beiträge dieses Bandes informieren, eint jedenfalls die Auffassung, dass - neben weiteren sozialen Sachverhalten - gerade auch die *Gesellschaft* als umfassende Sozialordnung zum genuinen Gegenstandsbereich der Soziologie gehört. Der angedeuteten Kritik am Gesellschaftsbegriff ist freilich zuzustimmen, dass sich ein allzu leichtfertiger Begriffsgebrauch verbietet. Unseres Erachtens bleibt es jedoch einer genaueren Durchsicht der einzelnen Gesellschaftskonzepte vorbehalten, darüber zu befinden, ob und inwieweit es ihnen gelingt, Gesellschaft als umfassende soziale Realität auszuweisen und auf den Begriff zu bringen.

Mindestens ebenso umstritten wie die Verwendung des Gesellschaftsbegriffs ist das Anliegen, gesellschaftliche *Diagnosen* zu formulieren. Mit Diagnosen sind zunächst ganz allgemein Zustandsbeschreibungen gemeint. Gesellschaftsdiagnosen sind somit Zustandsanalysen der Gesamtgesellschaft, insbesondere theoriegeleitete Beobachtungen und Beschreibungen charakteristischer Strukturmerkmale des sozialen Ganzen. Kritiker halten dagegen, dass eine Soziologie, die dem Geschäft der gesellschaftlichen Zeitdiagnose nachgeht, damit in erster Linie alltagsweltliche Sinnstiftungs- und Orientierungsbedürfnisse erfülle, dabei aber mehr oder weniger zwangsläufig wissenschaftliche Geltungskriterien fallen lasse. In diesem Sinne haben jüngst Jürgen Friedrichs, M. Rainer Lepsius und Karl Ulrich Mayer (Diagnose und Prognose in der Soziologie, in: dies. (Hg.), Die Diagnosefähigkeit der Soziologie, Opladen 1999, S. 9-31) vor einer Überschätzung der Diagnosefähigkeit der Soziologie gewarnt. In ihren Augen besteht bei einer Diagnose stets die Gefahr der selektiven Generalisierung, also das Problem, dass Einzelbeobachtungen in unzulänglicher Weise verallgemeinert werden. Die Aufgabe der Soziologie als Wissenschaft sei primär die Ausarbeitung prinzipiell falsifizierbarer Einzelhypothesen, wenn sie sich darüber hinaus an die Zusammenführung der singulären Sätze zu einem einheitlichen Gesamtbild heranwage, bedürfe sie universeller Gesetzesaussagen. Die Mehrzahl der soziologischen Diagnosen würde diesen strengen methodisch-methodologischen Ansprüchen jedoch nicht gerecht.

Man mag den Überlegungen von Friedrichs, Lepsius und Mayer zu Gute halten, dass sie in wünschenswerter Weise die Diskussion um die Diagnosefähigkeit der Soziologie aufgreifen und neu beleben. Dankbarer sollte man freilich dafür sein, was die drei Kritiker gar nicht erst zu Gesicht bekommen. Wissenschaftstheoretisch ist die generelle Kritik an wissenschaftlichen Aussagen, die über die Prüfung falsifizierbarer Einzelfallhypothesen hinausgehen, heute kaum mehr haltbar. Man kann wissen, dass *jede* wissenschaftliche Beschreibung auch auf theoretischen Prämissen und Begriffsannahmen basiert, die nicht in die Form falsifizierbarer Hypothesen gebracht werden können und sich der wissenschaftlichen Prüfung im Sinne des kritischen Rationalismus entziehen, weil sie sich selbst voraussetzen. Dieser epistemologische Zirkel gilt also nicht nur für allgemeine Zustandsdiagnosen, sondern generell. Insofern ist es auch allzu einfach, allgemeine Zustandsdiagnosen und empirische Einzelbeobachtungen gegeneinander auszuspielen. Was ihren epistemologischen Status angeht, entpuppen sich beide inzwischen als feindliche Schwestern vom gleichen Stamm – und die Frage, ob man eher *Theorie* oder *Empirie* betreiben solle, eher wissenschaftliche *Erklärung* oder *Diagnose* provoziert Antworten, die nicht auf der Höhe des Möglichen wären. Und dass sich beide Seiten wechselseitig zu ergänzen hätten, dass sie sich nicht ausschließen, dass das eine nicht ohne das andere zu haben sei – wer sollte wirklich ernsthaft dagegen anreden?

Das angedeutete Problem des Reflexionszirkels wird nicht traditionell zu lösen sein, etwa durch Hypostasierung vorempirischer und damit invarianter Strukturen der reflektierenden Einheit oder durch Annahmen eines vorgängigen Mit-sich-vertraut-Seins, das die Paradoxie der Implosion der Subjekt/Objekt-Unterscheidung ins Unbeobachtbare verschiebt. Schon in jener Subjekttheorie, die Selbstreflexion allein fürs Bewusstsein reserviert hatte, können diese Möglichkeiten nicht mehr überzeugen, seit von transzendentalen auf operative Theorieanlagen umgestellt wurde. Am besten lässt sich soziologischerseits die Paradoxie offenbar mit einer klassischen Vermeidungsstrategie ertragen. Man verpflichtet Soziologie auf die Beobachtung von ihr äußerlichen Einzelphänomenen, zu denen sie tatsächlich in ein klassisches Objektverhältnis treten kann und deren soziologische Beobachtung dann nur noch einer angemessenen Kontrolle des Objektverhältnisses verpflichtet ist. Man nennt dies *Forschung*, und für die angemessene Kontrolle hat dann Methodenwahl und Wissenschaftstheorie zu sorgen. Der Kanon reicht vom strengen Methodenideal nomothetischer Erklärungen bis zur hermeneutischen Barmherzigkeit qualitativer Sozialforschung. Diese Vermeidungsstrategie ist es, die Jürgen Friedrichs, M. Rainer Lepsius und Karl-Ulrich Mayer zum sublimierten Königsweg der Soziologie erklärt haben. In ein klassisches Objektverhältnis – also gewissermaßen die asymptotische Annäherung der Beobachtung ans Beobachtete kontrollierend – könne die Soziologie nur dann zu ihrem Gegenstand treten, wenn sie mit kontrollierbaren Einzelbeobachtungen hantiere, die sich in nomothetische Formen bringen ließen. Jede darüber hinausgehende Generalisierung soziologischer Beobachtungen zu *Gesellschaftsdiagnosen* versündigt sich dann in der Tat an wissenschaftlichen Standards, die in Distanz zu ihrem Gegenstand in der Lage seien, den Zusammenhang zwischen einzelnen Variablen zu kontrollieren. Und genau deshalb wird vor Diagnosen, vor allem vor solchen mit gesamtgesellschaftlichem Anspruch gewarnt. Diese Warnung sowohl vor gesamtgesellschaftlicher *Diagnose* wie vor *Gesellschaftstheorie* ist konsequent. Sie erkennt in der Tat an, dass die Thematisierung von *Gesellschaft* als umfassender sozialer Einheit exakt auf das verzichten müsste, was der erklärenden empirischen Forschung als Bedingung ihrer eigenen Möglichkeit erscheint: auf ein distanziertes Objektverhältnis.

Schon wer *Gesellschaft* sagt, hat diese Distanz unweigerlich verloren. Anders als man das aus der Perspektive der *Forschung* sehen kann, ist das Problem der Erkenntnis von Gesellschaft kein quantitatives Problem in dem Sinne, dass der Gegenstand zu komplex sei, um alle Einzelphänomene in Betracht ziehen zu können und Randbedingungen, erklärende Variablen und „objektive“ Beschreibungen aufeinander zu beziehen. Verloren ist die Distanz eben nicht nur aus wissenschaftstheoretischen Gründen. Soziologisch gesehen, ist es das besondere Objektverhältnis der Soziologie zu ihrem Gegenstand, das ihre epistemologischen Probleme verursacht: Die Soziologie gehört selbst jenem Gegenstand an, den sie beobachtet, beschreibt, erforscht, diagnostiziert und womöglich sogar therapieren will. Ihr Objekt ist ihr nicht äußerlich. Was und wie sie sieht, ist immer auch ein Ausdruck jener Strukturen und Blicke, die durch „Gesellschaft“ erzeugt werden. Auch die wissenschaftliche Selbstdistanzierung vom Erkenntnisgegenstand findet demnach *in der Gesellschaft* statt – und exakt deshalb lässt sich an soziologischen Diagnosen selbst etwas über Gesellschaft, über den Gegenstandsbereich der Soziologie, erfahren. Der vorliegende Band informiert also nicht nur über soziologische Gesellschaftsbegriffe und –konzepte, sondern auch darüber, wie sich Gesellschaft mittels ihrer Soziologie selbst beschreibt.

Es soll nicht unerwähnt bleiben, dass die zur Zeit eher implizit als explizit erfahrene Verwobenheit der Soziologie in ihren Gegenstand zu einem neuen diagnostischen Selbstbewusstsein der Soziologie geführt hat – mit entsprechender massenmedialer Resonanz, auf die das Fach bisweilen kaum vorbereitet ist. Dass viele dieser Diagnosen, vor allem dort, wo man sich als soziologischer *Trendscout* zu bewähren sucht, mit allzu leichter Hand geschrieben sind und kaum auf die Ressourcen des Faches, seiner Theorien und Methoden zugreift, reflektiert unfreiwillig jenes erkenntnistheoretische Niveau mit, das die Kritisierten mit ihren nomothetischen Kritikern vereint. Vielleicht gelingt es soziologischen Diagnosen alsbald wieder, genauer darüber aufklären zu können, was das Soziologische soziologischer Diagnosen ausmacht – ohne dabei jenes durchaus wünschenswerte Selbstbewusstsein wieder zu verlieren, *als Soziologie* in öffentlichen Debatten über gegenwärtige Unsicherheiten und Umbrüche mitzumischen.

Unser Band mag sich auf den ersten Blick womöglich in diesen *Trend* einordnen, wohlfeile Diagnosen zum *Ad-hoc*-Gebrauch anzubieten. Wir meinen aber, gerade mit dem Rekurs auf *klassische* Gesellschaftsbegriffe einen Beitrag dazu zu leisten, an die stete Bemühung der Soziologie zu erinnern, das zu sein, was Hegel der Philosophie abverlangte: *ihre Zeit auf den Begriff zu bringen.* Dass man dabei auf allerlei Altbekanntes und dennoch aktuell Erscheinendes stößt, dürfte ebenso lehrreich sein wie das Gegenteil: wie sehr sich manche Probleme und Perspektiven doch verschoben haben. Wir empfehlen also, die *„Klassischen Gesellschaftsbegriffe"* zur Hand zu nehmen, um manche aktuelle Diagnose besser verstehen zu können.

Der vorliegende Band *„Klassische Gesellschaftsbegriffe"* der Soziologie knüpft unmittelbar an den Vorgängerband *„Soziologische Gesellschaftsbegriffe. Konzepte moderner Zeitdiagnosen"* (UTB 1691) an. Lag der Schwerpunkt des Vorgängerbandes auf *aktuellen* Diagnosen, widmet sich der vorliegende nun eher den Konzepten, mit denen die Soziologie als eigenständige Disziplin reüssiert hat. Der Bogen reicht von der *Agrargesellschaft* und die *Bürgerliche Gesellschaft* über die *Kapitalistische Gesellschaft* bis zur *Wohlfahrtsgesellschaft*. Wir verfolgen, dies sei ausdrücklich betont, kein primär historisches Interesse, dem es zuallererst um die Aufbewahrung vergangener Semantiken geht. Dass es sich um bereits „in die Jahre gekommene" Diagnosen handelt, schließt ihre Aktualität jedenfalls nicht von vornherein aus. Der Frage, inwieweit sich die einzelnen Konzepte als tauglich erweisen, die Gegenwartsgesellschaft auf den Begriff zu bringen, wird in den nachfolgenden Aufsätzen dann auch ausdrücklich nachgegangen.

Wie im Vorgängerband sind die Beiträge so abgefasst, dass sie von Anfängerinnen und Anfängern als Einführungen gelesen werden können und sich als Texte für die akademische Lehre eignen. Geübtere Leserinnen und Leser werden neben einem raschen Überblick über die unterschiedlichen Gesellschaftskonzepte eine Fülle an Detailinformationen und weiterführenden Hinweisen finden. Die Herausgeber hegen zumindest die Hoffnung, dass die Texte diese Zwekke erfüllen können.

Zu danken haben wir den Autorinnen und Autoren der Einzelbeiträge, dem Fink-Verlag für die freundliche verlegerische Betreuung und Tatjana Fuchs für die Erstellung der Druckvorlage.

München und *Leipzig*, im Sommer 2000

Georg Kneer, Armin Nassehi und *Markus Schroer*

Achim Schrader[1]

Agrargesellschaft

1. Einleitung

Bertolt Brecht ließ den „lesenden Arbeiter" fragen:

Wer baute das siebentorige Theben? In den Büchern stehen die Namen von Königen. Haben die Könige die Felsbrocken herbeigeschleppt?

Brecht übersah die Bauern, die zuvor ausgeplündert worden waren, damit Arbeiter ihr Werk beginnen konnten, und folgte mit diesem Kurzschluß einer Soziologie, die seit ihrer Begründung am Beginn der Industrialisierung – und somit nicht erst seit Karl Marx – soziale Erscheinungen mit der Unterscheidung zwischen Arbeitern und Kapitalisten bearbeitet und stets Schwierigkeiten hatte, landwirtschaftlich Erwerbstätige einer der beiden Kategorien zuzuordnen. Marx hat mit seiner vielfach drastisch geäußerten, ablehnenden Einschätzung der Bauern den Ton für eine inzwischen mehr als ein Jahrhundert lang gesungene Rhapsodie angegeben.

Die Soziologie hat auch ein Problem mit jenem Phänomen, von dem die Landwirtschaft in erster Linie abhängt, der Natur: Für die Soziologie war die „Emanzipation" der Gesellschaft von den Schranken der Natur bestimmend. Die Natur konnte gegenüber der Gesellschaft als etwas Konstantes betrachtet und daher in der Soziologie größtenteils ignoriert werden (Rammert 1997: 23). Agrarische, das heißt: durch unmittelbaren Umgang mit der Natur geformte Lebensbedingungen, galten und gelten vielen Soziologen als vormodern, atavistisch, anti-emanzipatorisch, barbarisch oder zumindest unbeachtlich:

---

1 Der Verfasser dankt Birgit Korth für ihre engagierte Mitarbeit bei Literaturrecherchen und Korrekturen.

> "Moderne Sozialwissenschaft ist aus dem Bedürfnis entstanden, das Aufkommen des industriellen Kapitalismus zu erklären. Es ist daher nur natürlich, daß Agrarfragen etwas schematisch behandelt worden sind",

sagen die schwedischen Soziologen Jonsson, Köll und Pettersson (1980: 204) und meinen damit neben Marx/Engels auch Karl Kautsky, Max Weber und andere. Christian Giordano bescheinigt der deutschen Agrarsoziologie unter dem Titel 'Die vergessenen Bauern', sie betrachte die rurale Realität mit einem sehr selektiven, industriell-urbanen Blick (1989: 12); Robert Hettlage nennt die „Bauerngesellschaft" ein „*unmögliches* Thema der Soziologie, ein Exotikon" (1989a: 10).

Die soziologische Zurückhaltung gegenüber diesem Forschungsgegenstand ist bis zu einem gewissen Maß verständlich, wenn man bedenkt, wie durch zahlreiche Analysen in Deutschland während noch nicht so lange vergangener Zeiten ländliche Gesellschaftsformationen teils romantisierend, teils ideologisch verklärt dargestellt wurden. Das mag erklären, warum man den Begriff „Agrargesellschaft" in aktuellen deutschsprachigen soziologischen Lexika und Handbüchern vergeblich sucht. Die Ausnahme, welche die Regel bestätigt, ist der Stichworteintrag „Agrarsoziologie" von Ulrich Planck im „Staatslexikon". Dort wird die „Agrargesellschaft" zwar als einer der beiden Gegenstandsbereiche bezeichnet, aber nur sehr kursorisch definiert:

> "Agrargesellschaften sind umfassende Sozialsysteme, deren Organisation wesentlich von der Agrarverfassung geformt wird, was in vielen Entwicklungsländern heute noch der Fall ist." (Planck 1977: Sp. 65)

In den Veröffentlichungen der modernen, in den Industrieländern allerdings marginalisierten Agrarsoziologie findet sich der Begriff „Agrargesellschaft" nur selten. Als Folge einer „Neo-Ruralität" (Schäfers 1989) wird neuerdings in den industriellen oder post-industriellen Gesellschaften nach „Bauerngesellschaft" oder Resten der „ländlichen Gesellschaft" gesucht. Sozialhistoriker, die mit soziologischen Methoden, und Soziologen, die mit historischen Methoden arbeiten, benutzen den Begriff „Agrargesellschaft", um eine vergangene Epoche gegen jene abzugrenzen, die als „Industriegesellschaft" identifiziert wird. Jene Soziologen, die sich mit fremden Gesellschaften vor allem in Asien, Afrika, Lateinamerika und der Karibik befassen, kennen „Agrargesellschaften" und „Bauerngesellschaften" in Vergangenheit und Gegenwart; sie folgen darin der englischsprachigen Soziologie, für die *rural society* oder *peasant society* geläufige Begriffe sind, die man in Lexika findet.

2. Verklärung und Verdammung der Agrargesellschaft

2.1 Konservative Verklärung

Die Verklärung der agrarischen Vergangenheit war ein Leitmotiv der deutschen Soziologie und ihrer Nachbarwissenschaften und nicht nur ein Irrweg „volkstümelnder" Ideologen:

> "Die Periode von 1933-1945 ist in Deutschland agrarsoziologisch dadurch gekennzeichnet, daß der Begriff Soziologie gemieden wurde und die Lehre vom Bauern und Landvolk ins Schlepptau weltanschaulicher und politischer Setzungen geriet. Mit aller nur wünschenswerten Deutlichkeit hat diese Periode gelehrt, wie notwendig es ist, das Erkenntnisobjekt der Agrarsoziologie unvoreingenommen und a priori angenommene Begriffe und Vorstellungen auf empirischer Grundlage theoretisch zu erfassen." (Bülow 1959: 464).

Mit diesen kurzen Worten und der Ankündigung tätiger Reue begnügt sich das repräsentative Handbuch der Sozialwissenschaften nach Beendigung des Zweiten Weltkriegs und Überwindung der Diktatur des Nationalsozialismus. Auch Fritz Rudolph beobachtete (in der Dorfsoziologie), daß man sich „in der Regel weniger durch eine explizite Bezugnahme auf ältere Arbeiten, sondern im Zusammenhang von empirischen Arbeiten über gesellschaftliche Gegenwartsprobleme" (1993-94: 41) vom Vergangenen distanzierte. Bezeichnend ist, daß Friedrich Bülow sehr wohl erkannt hatte, daß „Bauer" ein ethnozentrischer Begriff sei[2], gleichwohl noch von „Landvolk" sprach.

Die Verklärung der vorindustriellen Vergangenheit hat allerdings schon sehr viel früher begonnen. Sie läßt sich zurückführen auf eine Differenz, die auch international bis heute noch als deutsches Fremdwort zitiert wird: auf das Begriffspaar „Gemeinschaft und Gesellschaft" von Ferdinand Tönnies. Dessen Absicht war es zweifellos nicht, eine Romantisierung der vorindustriellen Verhältnisse auszulö-

---

2 „Für den damit verbundenen Ideengehalt (Beständigkeit, Bodenständigkeit usw.) ist es kennzeichnend, daß schon das Wort als solches in keine andere Sprache übersetzt werden kann" (Bülow 1959: 467).

sen, sondern zu verstehen, wie sich die Gesellschaft unter dem Eindruck der Industrialisierung veränderte; aber aus seiner Gegenüberstellung wird – auch in vielen Einzelheiten – deutlich, daß er „Gemeinschaft" mit dem Ackerbau-Dorf, der Familie in der Hauswirtschaft und der Herrschaftsfunktion der Städte assoziierte: Das „Zeitalter der Gemeinschaft" sei durch „Eintracht, Sitte, Religion" gekennzeichnet gewesen; ihm hätten verschiedene „Arten des äußeren Zusammenlebens" entsprochen: „Familienleben", „Dorfleben" und „städtisches Leben". Tönnies dachte also an die bäuerliche Familie als eine selbständig wirtschaftende Mehrgenerationenfamilie, nicht etwa an die viel zahlreicheren Familien der unterbäuerliche Schicht der unstetig Erwerbstätigen. Er hob das ackerbauende Dorf hervor, nicht den „Großbetrieb" mit seinen abhängig Beschäftigten oder Pächtern. Die Stadt kennzeichnete er im „Zeitalter der Gemeinschaft" als durch „Gewissen", „Religion" und „Kirche" geprägt. Er hat also Städte im Auge gehabt, die Bischofs- oder Gerichtssitze waren und eine nur regional bedeutsame Verwaltungs- und Mittlerfunktion hatten (Tönnies 1922: 247 f.). Charles P. Loomis, der Übersetzer Tönnnies' ins Englische, bestätigt diese Lesart von „Gemeinschaft" :

> "The greater the tendency for agricultural organization to be a way of life, the less functionally specific are both goals and norms and the more Gemeinschaft-like the organization will be. ...Up to the time of the industrial revolution, relationships in agricultural organization were almost universally Gemeinschaft-like, and kinship ties were of utmost importance" (1972: 209).

Der Kritik an den wenigen Errungenschaften der bürgerlichen Revolution sowie an den Folgen der Industrialisierung und Urbanisierung diente die „Heroisierung" (Rösener 1985: 11) des deutschen Bauerntums durch den schon Ende des 19. Jahrhunderts viel gelesenen Wilhelm Heinrich Riehl, der soziale Ungleichheit geschickt mit dem Hinweis auf das harmonische Zusammenleben in der bäuerlichen Haushaltsfamilie legitimierte und im Bauerntum die Zukunft der deutschen Nation sah.

Zur Verklärung der Vergangenheit gaben auch die Versuche Anlaß, die Grundherrschaft vor allem im Westen Deutschlands als milde zu bewerten. So stuft Wilhelm Abel die Schärfe der sozialen Differenzierung der Landbevölkerung herunter, denn ihm „fällt es nicht leicht, die Grenze zwischen Bauern und *Herren* zu ziehen". Denn „frei" seien beide gewesen und zuweilen habe wohl auch der Bauer noch über einen unfreien Knecht verfügt oder ein kleinerer Grundherr habe in der Wirtschaft selbst Hand angelegt. Er erkennt allerdings an, daß durch die Grundherrschaft eine Beziehung zum Boden konstruiert wurde, die sich in dem Maße als „ausbaufähig" erwies, „je knapper der Boden wurde" (1959b: 460).

Einen weiteren Ansatzpunkt zu Verklärungen bot die Dorfsoziologie, einer „romantisch, universalistisch, von der Volkskunde beeinflußten Deutung des Dorfes, das die Wurzel des deutschen Volks bildet" (Rudolph 1955: 7). In der Perspektive der älteren deutschen Soziologie erscheint einerseits die bäuerliche Familie als „Sozialtyp" (Bülow 1959: 463) der agrarischen Wirtschaftseinheit und das bäuerliche Dorf als Prototyp der agrarischen Siedlungsform. Bülow bezeichnet Leopold von Wieses Buch „Das Dorf als soziales Gebilde" (1928) als „den Auftakt für die spätere Dorfsoziologie" (Bülow 1959: 464). Tatsächlich ist es jedoch niemandem gelungen, mit einer Typologie des Dorfes – als erstem Schritt auf einem Weg zu einer soziologischen Theorie – Anerkennung zu finden. Abels Unterscheidung nach Straßen-, Platz- oder Anger-, Waldhufen- und Marschhufen-Dörfern (Abel 1959b: 460) ist allzu oberflächlich. Seine These, die unter dem Einfluß der Grundherren entstandenen „Gewanndörfer", in denen die Bauern „möglichst gleichmäßig" mit Grundstücken bedacht wurden, leiteten sich aus dem germanischen „Urdorf" ab, ist allzu romantisierend. Daß das Dorf kein Universal ist oder war, mußte auch Abel anerkennen: Denn Einzelhofsiedlungen hätten sich in Deutschland westlich der Weser, in Westfalen, am Niederrhein und in einigen Waldgebieten gefunden (Abel 1959b: 460). Übrigens tut sich auch der erwähnte Leopold von Wiese schwer mit der Definition dessen, was ein „Dorf" ist, weil er einerseits viele Mischformen im Übergang zur Stadt sieht und sich andererseits auf seine Beziehungslehre konzentriert, indem er anstelle des Dorfes „als soziales Gebilde" tatsächlich die Beziehungen der Dorfbewohner untersucht (v. Wiese 1959: 523)[3].

---

3 Zur Kritik vgl. König 1958: 76.

Die These von Gunther Ipsen, das Dorf bestehe aus Bauern, sei schon falsch gewesen, als sie 1929 niedergeschrieben wurde, sagen Ulrich Planck und andere (1982: 38). Das ist nicht ganz zutreffend, denn Ipsen machte klar, daß er – ohne den Weberschen Begriff des Idealtyps zu erwähnen – der „weiteren Begriffsbildung vorzüglich einen bestimmten Typ des Dorfes zugrunde (legte), der unser deutsches Bauerntum am reinsten und reichsten darstellt" (Ipsen 1929: 27). Das Skandalon liegt also nicht in der Realanalyse, sondern in der Methode, das empirische Dorf, „die aufgelockerte, sich selbst überlassene Kümmerform der Gegenwart" (27) mit einem durch Verklärung gewonnenen Maßstab zu bewerten: Dorf ist für ihn „das germanische Haufen- oder Gewanndorf" (28), dessen Höfe der Norm der Hufe folgen (34) und dessen Bauer „Herr und Gatte der Erde" (33) sei. In diesem Sinn ist Planck und anderen zuzustimmen, wenn sie resümieren:

> "The absolute concept of a distinct type of village, namely the peasants village, was . . harmful to rural sociology" (Planck et al. 1982: 38).

Der Lobpreis des Ländlichen und Agrarischen ist auch als Ausdruck „der seit der Mitte des 19. Jahrhunderts weit verbreiteten Stadtkritik zu verstehen, die als Gegenbild eine Dorfidylle benötigte und das Landleben verklärte" (Rudolph 1993-94: 42). Nicht jede dorfsoziologische Untersuchung – auch aus der nationalsozialistischen Epoche – ist jedoch mit idealisierender Absicht geschrieben gewesen, vielmehr gelten zahlreiche empirische Dorf„aufnahmen" aus den 30er Jahren als innovativ (vgl. Planck 1974: 155 f., Klingemann 1981: 274).

2.2 Progressive Verdammung

Der „konservativen" Verklärung steht eine jahrhundertelange „progressive" Verdammung der Verhältnisse gegenüber, die nach Auffassung von Werner Rösener „von den Aufklärern des 18. Jahrhunderts bis zu den Vertretern der modernen ‚Kritischen Theorie' reicht" (Rösener 1993: 11). Am Anfang der so beschriebenen Periode standen die Bauern bei den Physiokraten noch in hohem Ansehen, denn Quesnay konnte sich einen Zugewinn *(produit net)* aus wirtschaftlicher Tätigkeit überhaupt nur vorstellen, wenn er natürlichen Ursprungs ist, also wenn Bauern oder Pächter zum Beispiel dem Boden ein Samenkorn anvertrauen und später eine Ähre ernten. Sie allein galten als „produktive"

Klasse, Händler und Spediteure dagegen als „unfruchtbare" und Arbeiter als „passive Klasse" (Zimmerman 1954: 42).

Im Zuge der Industrialisierung spitzte sich die Analyse der Theoretiker auf den Gegensatz zwischen dem städtischen Bürgertum (Bourgeoisie) und der lohnabhängigen, in Fabriken tätigen Arbeiterschaft (Proletariat) zu. Demgegenüber wurde zum Beispiel im „Kommunistischen Manifest" von Marx und Engels vom „Idiotismus des Landlebens" (MEW 4 (1959): 466) gesprochen; im „Kapital" wurden die bäuerlichen Familienbetriebe als „gewohnheitsfaulste" und „irrationellste" (MEW 23 (1962): 528) bezeichnet.

Zwar sind im Zuge der Entwicklung der industriellen Gesellschaft und der Auseinandersetzung innerhalb der sozialistischen Denkschule später auch differenzierende Äußerungen zu lesen (vgl. Rösener 1993:13 ff., Dugget 1975: 179), aber das Grundproblem ist nie gelöst worden: Wie ist in der Auseinandersetzung zwischen Arbeit und Kapital der Landwirt einzustufen, der nahezu unauflöslich Merkmale beider als antagonistisch gekennzeichneten Klassen aufweist? Ist er ein Ausgebeuteter oder Ausbeutender? Diese theoretischen Unsicherheiten haben in der Sowjetunion in den 20er und 30er Jahren zu einer Folge höchst widersprüchlicher Maßnahmen in der Landwirtschaftspolitik[4] geführt, die Millionen von „Kulaken" schließlich sogar das Leben gekostet hat (Viola 1986). Dieser Genozid ist zwar erst nach dem Zusammenbruch der Sowjetunion in seinem vollen Umfang bekannt geworden; aber die Widersprüche der „Neuen Ökonomischen Politik" der Sowjets waren seit langem bekannt. Dennoch finden sich bei vielen Denkern, die auf dem Marxismus fußen, bis heute eigentümlich verärgerte Aussagen über die Landbevölkerung; so sind Theodor W. Adorno Formulierungen wie „Brutalität des Rustikalen", „kulturelle Ungeformtheit des Agrarischen", Perpetuierung der „Barbarei" und „Pflicht zur Entprovinzialisierung" eingefallen (Adorno 1996: 44f.).

Im „real existierenden Sozialismus" der DDR vermischten sich Verklärung und Verdammung: In einer Studie aus dem Jahr 1990 über die neuen Bundesländer liest man die rückblickende Aussage,

4 Die im Vergleich zur Sowjetunion andersartige nachrevolutionäre Landwirtschaftspolitik in der VR China haben Sigrist/Amano 1973 detailliert beschrieben und interpretiert.

> "daß sich ein relativ hoher Grad der Identifikation, der Verbundenheit mit der genossenschaftlichen Existenzweise und der eigenen LPG herausgebildet hatte, obwohl Genossenschaften ursprünglich teilweise durch Zwang entstanden waren und auch später staatlichen Restriktionen unterlagen" (Krambach 1993: 95).

Im Kontext des DDR-Sozialismus hatte sich Kurt Krambach gegen die These gewehrt, der Prozeß der Urbanisierung müsse vorangetrieben werden, um die sozialen Unterschiede abzubauen, indem er die empirisch fundierte (Krambach/Müller 1986) Meinung vertrat, die Stabilität der Dörfer und des genossenschaftlichen Eigentums sei für die sozialistische Umgestaltung der Landwirtschaft unverzichtbar (Krambach 1985). Das wurde ihm als „Polemik“ übelgenommen[5].

2.3 Ideologische Funktionalität der Agrarforschung

Der deutschen faschistischen „Nährstands-”, der sowjetischen Kulakenpolitik und den real-sozialistischen Agrarreformen ist – trotz aller Unterschiede – der Versuch gemeinsam, die Nahrungsmittelproduktion, die nicht vollends industrialisiert werden kann, unter Kontrolle zu bekommen: Im Faschismus durch eine erstickende Umarmung selbständig und abhängig beschäftigter Landwirte, im Sozialismus durch zahlreiche Versuche, kollektive Formen der Agrarverfassung gegen zum Teil erbitterten Widerstand durchzusetzen. In eher liberal oder demokratisch verfaßten politischen Ordnungen wurde Agrarpolitik zu einem wichtigen Handlungsfeld mit dem Erfolg, daß erhebliche Transfers als Subventionen in die Landwirtschaft flossen. In allen Fällen benötigte man eine Ideologie zur Rechtfertigung des politischen Handelns, zu der nicht wenige Analysen, die sich wissenschaftliche nannten, einen Beitrag leisteten: Sie konsolidierten die politische Legitimierung, schirmten gegen historische Alternativen ab und leugneten die Selektivität der Betrachtung.

---

5 So in der Rezension von Heinz Höschel (1986: 659)

3. Soziologische Anwendungen des Begriffs Agrargesellschaft

3.1 Agrargesellschaft in der Sozialgeschichtsschreibung und in der historischen Soziologie

Recht präzise wird der Begriff Agrargesellschaft in der deutschen Sozialgeschichtsschreibung verwendet, am konsequentesten von Hanna Schissler in ihrem Buch über die „preußische Agrargesellschaft" (Schissler 1978). Die Autorin schließt sich der Periodisierung von Abel (1966, 1978) an (Schissler 1978: 33), der die von ihr analysierte Epoche von der Mitte des 18. bis zur Mitte des 19. Jh. eingrenzte, ohne allerdings weder diese noch irgendeine andere Epoche mit einem Prädikat zu belegen. Für Schissler ist die Agrargesellschaft ein „Entwicklungsstadium" (1978: 34), das in Mittel- und Osteuropa die folgenden Merkmale gehabt hat:

- Der überwiegende Anteil des Sozialprodukts wurde in der Landwirtschaft erwirtschaftet; 80% der Bevölkerung lebten von der Landwirtschaft.
- Die Landwirtschaft war weitgehend subsistenzorientiert; Marktbeziehungen bestanden nur in einem verkehrsmäßig erschlossenen Nahraum.
- Die ökonomische Reproduktion war langfristigen Bewegungen unterworfen. Besitz von Land und Verfügung über Produktionsmittel ließen sich noch nicht in die Kategorien des bürgerlichen Eigentums einordnen.
- Die Landbevölkerung mußte eine schmale Herrschaftselite und deren Herrschaftsmittel (Bürokratie, Armee) ernähren.
- Die Verfügung über Land und bäuerliche Bevölkerung resultierten aus dem Besitz von Land.
- Die soziale Schichtung war starr; Standesgrenzen (Adel, Bürger, Bauern) konnten kaum überschritten werden; innerhalb der Bauernschicht bestand eine gleitende Differenzierung mit Trend zur Abwärtsmobilität.
- Das Herrschaftssystem wurde mit politischen, religiösen, moralischen und juristischen Rechtfertigungen aufrechterhalten.

- Das Herrschaftssystem war im allgemeinen akzeptiert worden, aufbegehrt wurde „gegen Mißbräuche sonst als legitim akzeptierter Herrschaft“ (Schissler 1978: 36).

Friedrich-Wilhelm Henning periodisiert die Geschichte der Landwirtschaft und der „ländlichen Gesellschaft“ *(sic!)*, in dem er auf Bevölkerungsentwicklung, Ausbau der Städte, die Wandlungen in den gesellschaftlichen Verhältnissen und die Preise eines landwirtschaftlichen Produkts abhebt (vgl. Abb. 1.). Der „Agrargesellschaft“ im Sinne Schisslers war also die Etablierung des Merkantilismus (im deutschen Sprachgebrauch „Kameralismus“) vorausgegangen, und dieser fußte auf Städtegründungen, Grundherrschaft und einer Verdreifachung der Preise des wichtigsten Brotgetreides.

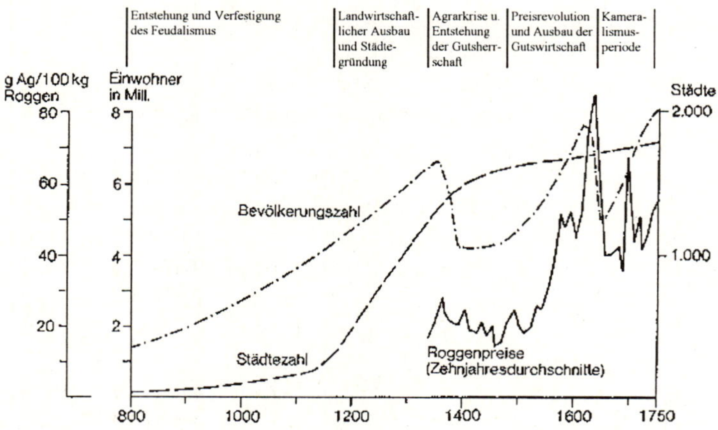

Abbildung 1: Periodisierung der Geschichte der Landwirtschaft und der ländlichen Gesellschaft nach Henning (1979: 14)

Wann die Epoche der „Agrargesellschaft” endete, ist in der Sozialgeschichtsschreibung ungeklärt. Es wird über die Frage gestritten, ob das Ende der Agrargesellschaft durch eine „Protoindustrialisierung“ oder „Industrialisierung vor der Industrialisierung“ gekennzeichnet sei (vgl. Kriedtke u.a. 1983). Man ist sich auch nicht einig über die Frage, ob der Übergang zum Kapitalismus eher durch Klassenkonflikte zwischen Bauern und Feudalherren oder durch den Widerspruch zwischen bäuerlicher Kleinproduktion und herrschaftlichem Großbesitz zustande kam (vgl. Wunder 1986).

Insgesamt stellen Ulf Jonsson und andere ein Theoriedefizit der Sozialgeschichte fest: Bei der Beschreibung der historischen schwedischen Agrargesellschaft sind sie auf zwei Mängel aufmerksam geworden: Es fehle erstens eine „klare Theorie, die die Zusammenhänge der Erscheinungen innerhalb Agrargesellschaften erklären könnte" (Jonsson u.a. 1980: 203) und die zweitens „die Dynamik der vorindustriellen Entwicklung als eine Wechselwirkung zwischen dem ländlichen und dem städtischen, dem primären und dem sekundären Sektor betrachtet" (204). Als ersten Schritt fordern sie, daß eine solche Theorie drei Elemente enthalten müsse: Je eine Analyse

1. der Produktionsprozesse,
2. der gesellschaftlichen Organisation und
3. des Zusammenhangs zwischen dem Agrarsektor und der Gesellschaft als Ganzem (219).

Die Agrarproduktion – so ihr Vorschlag zur erstgenannten Analyse – sei durch vier Merkmale gekennzeichnet:

1. Der Gebrauch der Arbeitskräfte und Produktionsmittel werde häufig unterbrochen; man baue auf biologischen Prozessen mit einem unentwegten, von der Natur aufgezwungenen Rhythmus auf; man könne Produktionsprozesse daher nicht stoppen und wieder in Gang setzen.
2. Besondere Bedeutung habe die räumlichen Dimension, da der Boden die Grundressource darstelle und Pflanzen sowie Lebewesen bodenständig seien; daher seien Transportkosten bedeutsam und eine Qualitätskontrolle sei erst nach Ablauf von Zeit möglich.
3. Produktionsprozesse seien vom Wetter abhängig: die Arbeitsorganisation müsse daher sehr flexibel sein.
4. Der organische Charakter des Produktionsprozesses sei abhängig von weiteren lokalen Umweltumständen (Bonität der Böden, Morphologie der Landschaft); daher entstünden typische Formen der Anpassung (vgl. Jonsson u.a. 1980: 207 ff.).

An der Definition von Schissler fällt nicht nur die raum-zeitliche Eingrenzung auf, sondern auch die Erwartung, daß in benachbarten Räumen und Epochen ähnliche Phänomene zu beobachten seien. Das ermutigt, in der mit historischen Methoden arbeitenden Soziologie festzustellen, wie sie mit dem Begriff Agrargesellschaft umgeht.

Gerhard Lenski entschloß sich bei aller Anerkennung für jene Autoren, die „jede Agrargesellschaft als eine einmalige Einheit eigener Prägung" (Lenski 1977: 257) ansehen, sie gleichwohl „als allgemeinen Typus zu behandeln" (258). Agrargesellschaften folgten - seiner Auffassung nach - in der Evolution den Jäger- und Sammler- sowie den einfachen und fortgeschrittenen Hortikulturgesellschaften und wurden abgelöst von den Industriegesellschaften. Daß sie als Typus von anderen räumlich und zeitlich benachbarten Gesellschaftstypen unterschieden werden können, begründet er mit dem Hinweis auf die Unterschiede zu den gleichzeitigen „maritimen Gesellschaften", bei denen der Handel den Fokus bildete, was zu ganz anderen politischen und militärischen Strukturen geführt habe (259).

Zentrales Kriterium für die Bestimmung eines Gesellschaftstyps ist für Lenski die jeweilige Technologie, von der es abhängt, was wie und in welchem Umfang verteilt wird. In der Agrargesellschaft gab es Bewässerungssysteme, befestigte Straßen, Schiffe, Radfahrzeuge, Kultivierung von Pflanzen, Zähmung von Tierarten, neue Energieformen, wissenschaftliches und technisches Wissen. Damit änderte sich auch die Militärtechnik: Man kämpfte nicht mehr mit Waffen, die sich jeder selbst herstellen konnte. Die landwirtschaftliche Mehrproduktion erlaubte es, Menschen von der Landwirtschaft freizustellen und mit der Herstellung nicht nur von Waffen, sondern auch von Infrastruktureinrichtungen zu beschäftigen, „was die Chancen der Ausbeutung entsprechend steigerte" (262). Dadurch vergrößerten sich die Fläche und der Bevölkerungsumfang der jeweils beherrschten Territorien (Zehnermillionen von Quadratkilometern und Hundertermillionen von Menschen, 262 ff.) und die Kriegsinzidenz (265 f.). In die Epoche der Agrargesellschaft fällt - so Lenski - auch das Entstehen der großen Städte[6]. Wenngleich niemals mehr als nur ein sehr kleiner Anteil der Bevölkerung in ihnen gewohnt habe (269), so habe sich dort jedoch die Arbeitsteilung in nie gekannter Differenzierung entwickelt. Mit der

---

6 An dieser Feststellung wird deutlich, daß Lenski die Periode der Agrargesellschaft deutlich früher beginnen läßt als die deutschen Sozialhistoriker.

Notwendigkeit, große Territorien zu beherrschen, „kam es zu zwei Erfindungen von höchster Bedeutung – die des Geldes und der Schrift“ (278). In der Agrargesellschaft sei es zur bislang größten Komplexität der sozialen Verhältnisse gekommen, die sich nur mit erheblicher Vereinfachung in einer Abbildung sichtbar machen lasse (vgl. Abb. 2)

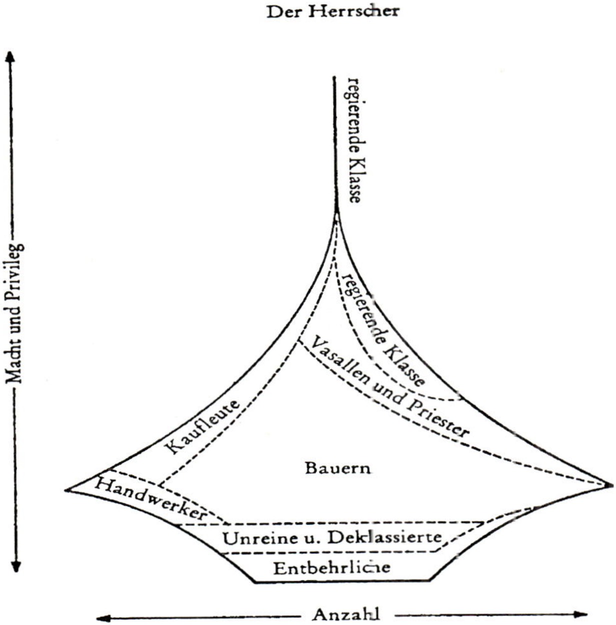

Abbildung 2: Sozialstruktur der Agrargesellschaft nach Lenski (1977: 377)

3.2 Agrargesellschaft als Erklärungsansatz in der Agrarsoziologie

Den Begriff von einer historischen Agrargesellschaft benutzt der Agrarsoziologe Herbert Kötter in seinem Buch aus 1958, das ein Kapitel mit dem Titel „Die europäische Agrargesellschaft als Vorläufer der Industriegesellschaft“ enthält. In einer späteren Publikation (Kötter

1987: 22 f.) präzisiert er den Begriff, indem er die Agrargesellschaft nach der Wildbeuter-Sammlerphase und vor dem Industrialismus und dem Übergang in die postindustrielle Phase einordnet. Wie bei den oben zitierten Sozialhistorikern wird der Begriff benutzt, um „den Idealtyp einer bestimmten historischen Situation herauszuschälen" (Kötter 1958: 27), ihn als geradezu notwendigen Vorläufer der Industriegesellschaft darzustellen und mit Hinweis auf Arnold Gehlen „zu zeigen, daß gewisse Grundbedingungen der industriellen Arbeitswelt schon in der Agrargesellschaft präformiert sind" (33). Die Agrargesellschaft sei – so argumentiert er im Anschluß an Alexander Rüstow – mit dem „Vollbauerntum" entstanden, das seinerseits aus der „urtümlichen Pflanzerkultur und einer Kultur nomadischer Viehzüchter" (37) hervorgegangen sei. Beide hätten durchaus unterschiedliche Familienstrukturen, Herrschaftsverhältnisse und religiöse Interpretationen entwickelt. Sie hätten sich im „Pflugbau" (38) vereinigt, und so seien die Hochkulturen der Alten Welt entstanden. Der Pflugbau sei das Fundament für die Mechanisierung der Landwirtschaft und der Produktion für Märkte gewesen. Mit der Einführung der Dreifelderwirtschaft sei „eine straffe Organisation des sozialen Systems" (42) verbunden gewesen. Dagegen sei, so vermutet Kötter, die Ausdifferenzierung einer überregionalen „politischen und militärischen Führungsschicht" (42) auf Überlagerungen aus der Zeit der Völkerwanderungen zurückzuführen, nicht also auf Prozesse der Akkumulation bei wenigen und der Ausbeutung der vielen, wie ihn Marx unterstellt habe[7]. Der „Großraumstaat" (43) habe seinen Herrschaftsbereich durch eine umfassende „Grundherrschaft" (43) sichergestellt, die Kötter „nicht nach ihrer Verfallsform" (43) als einen deutlichen Schritt in Richtung Differenzierung, Spezialisierung, Produktivitätssteigerung und Rationalisierung einstuft. Dazu gehörte für ihn auch die Aufrechterhaltung einer *land-man-ratio* durch Zuweisung von Bearbeitungsflächen in Abhängigkeit von der Familiengröße und Beschränkung der legitimen Fortpflanzung.[8] Die Agrargesellschaft habe mit dem absolutistischen Staat geendet.

---

7 Anschaulich dargestellt in Marx, 1973: 198.

8 Letztere wurde in Deutschland in Form eines Heiratsverbots und des Verbots der Realteilung des Erbes durchgesetzt, wodurch die Nachgeborenen

Mit der Ausnahme des eingangs erwähnten Stichwortartikels von Ulrich Planck (1977) werden in der deutschen Agrarsoziologie im engeren Sinne die Begriffe Agrargesellschaft oder Ländliche Gesellschaft nicht für die Analyse der europäischen Gegenwart verwendet oder ohne nähere Definition gebraucht; so zum Beispiel bei Heinbuch/Blanckenburg (1986), wenn sie das "generative Verhalten ländlicher Gesellschaften" untersuchen, ohne zu sagen, was sie unter ländlicher Gesellschaft verstehen. Derlei hat Eva Barlösius zu Kritik veranlaßt: Die soziale Stellung der Landwirtschaft würde „in Relation zur Agrar- und Industriegesellschaft diskutiert, ohne daß diese Bezeichnungen von Gesellschaften erläutert oder in einen theoretischen Zusammenhang gestellt werden."[9] (Barlösius 1995: 322). Eine Definition von Agrargesellschaft findet sich allerdings auch hier nicht.

3.3 Rural society und peasant society als Erklärungsansätze der rural sociology

Wie schon erwähnt, geht die anglophone Soziologie sehr viel häufiger mit Begriffen wie *rural society* und *peasant society* um. Zwar ist auch die Analyse der *rural sociology* nicht frei von Verklärungen der Vergangenheit; sie ist aber immer weitaus pragmatischer gewesen als die deutschsprachige Agrarsoziologie. Das mag schon mit ihrer Begründung durch eine Maßnahme des Präsidenten Theodore Roosevelt im Jahr 1908 zusammenhängen, der eine *Country Life Commission* zu

---

„institutionalisiert sterilisiert" wurden. Im Gegensatz zur Geburtenbeschränkung entstand dadurch ein Bevölkerungspotential an Heiratsfähigen, das bei Produktivitätssteigerungen verfügbar war (51).

9 Heutzutage verfolge die Agrarsoziologie zwei sich widersprechende Konzepte. Einerseits räume sie der Landwirtschaft wegen ihre Naturabhängigkeit einen Sonderstatus in Wirtschaft, Gesellschaft und Soziologie ein; andererseits lehne sie mit dem Hinweis auf Modernisierungsrückstände einen Sonderstatus ab. In den Ergebnissen der empirischen Forschung seien die beiden Schulen nicht unterscheidbar, wohl aber darin, „welche agrarpolitischen Konsequenzen zu ziehen sind" (325). Dabei habe die erstere Position „durch die Hinzunahme ökologischer Argumente" ihre defensive Position verlassen, „in die sie in den 70er Jahren geraten war, nachdem ihr 'Bauerntumsideologie' vorgeworfen worden war" (Barlösius 1995: 325).

seiner Beratung einsetzte, deren Mitglieder ohne großen theoretischen Aufwand an die Arbeit gingen und aus Gründen der Akzeptanz bei den Landwirten zunächst die Worte *social* und *sociology* vermieden (Drescher 1937: 54-56). Den Anschluß an soziologische Denkweisen im engeren Sinne vollzogen Pitirim Sorokin und Carle C. Zimmerman erst 1929.

In der angesehenen *International Encyclopedia of Social Sciences* heißt es, einen breiten Konsens gebe es nur insoweit, als sich *rural* empirisch auf Menschen beziehe, die in Gebieten mit geringer Bevölkerungsdichte und in kleinen Ansiedlungen lebten, nicht aber darüber, wo die Grenze zu *urban* zu ziehen sei. Über qualitative Kriterien habe man sich nicht einigen können. Auch das von Sorokin und Zimmerman 1929 vorgeschlagene berufliche Kriterium – die Sammlung und Kultivierung von Pflanzen und Tieren – habe keine generelle Anerkennung gefunden. Gegenwärtig (1972) würden zwei demographische Merkmale benutzt: Absolute Größe und relative Dichte der Siedlungen. Meist ziehe man die Grenzlinie bei ein bis fünf Tausend Einwohnern. Soziales Handeln und soziale Organisation hätten dort die folgenden vier Effekte:

1. Soziale Interaktionen sind selten, erlauben aber nur eine geringe Anonymität.
2. Arbeitsteilung, Zahl der Berufe und Vielfalt der sozialen Rollen und somit soziale Heterogenität sind gering.
3. Soziale Differenzierung basiert eher auf zugeschriebenen als auf erworbenen Attributen; auch das trägt zu geringer sozialer Mobilität bei.
4. Wegen der geringeren Anonymität ist abweichendes Verhalten selten (vgl. Larson 1972: 582).

Der zweite, in der anglophonen Soziologie (auch in Anthropologie und Historiographie) verwendete Begriff ist jener der *peasant society*. Der Begriff wurde von Robert Redfield, L. A. Fallers und Eric R. Wolf eingeführt (vgl. Wolf 1955)[10].

---

10 Eine ausführliche Begriffsgeschichte der deutschen Volks- und Völkerkunde sowie der anglo-amerikanischen *(Social)anthropolgy* könnte hier angeschlossen werden, würde aber die thematischen Grenzen dieses Aufsatzes sprengen.

Die *peasant society* unterscheidet sich strukturell sowohl von der primitiven Stammesgesellschaft *(tribal society)* als auch von der modernen Industriegesellschaft *(industrial society)*. Die Bauern bilden die Hauptgruppe einer arbeitsteiligen Gesellschaft, in der nicht alle Menschen in der Agrarwirtschaft beschäftigt sind; neben den Bauern gibt es vor allem verschiedene handwerkliche und kommerzielle Berufe; die bäuerliche Gesellschaft weist demnach neben den Dörfern auch Märkte und Städte auf, so daß wechselseitige Land-Stadt-Beziehungen entstehen (vgl. Rösener 1993: 16 f.).

3.4 Agrargesellschaft als Erklärungsansatz in der Entwicklungssoziologie

Benutzt man das Kriterium von Schissler, daß in einer Agrargesellschaft 80% der Bevölkerung in der Landwirtschaft beschäftigt seien (1978: 34) und setzt man Nationalstaaten mit Gesellschaften gleich, dann gab es nach Ermittlungen der Weltbank 1990 in Asien nur ein Land, nämlich Nepal (94%), in Afrika dagegen 15 Länder, die in diesem Sinne Agrargesellschaften sind: Tansania, Burkina Faso, Burundi und Ruanda (je 92%), Niger (90%), Guinea und Malawi (je 87%), Mali und Äthiopien (je 86%), Uganda und Guinea-Bissau (je 85%), Mosambik und Tschad (je 83%), Gambia (82%), die Zentralafrikanische Republik und Kenia (je 80%). Danach könnte man geneigt sein, gegenwärtige Agrargesellschaften als ein afrikanisches Phänomen zu begreifen.

Gebraucht man jedoch das weniger strenge Kriterium, alle Länder als Agrargesellschaften zu bezeichnen, die über dem Weltdurchschnitt von einem Anteil von 49% der in der Landwirtschaft Erwerbstätigen liegen, dann gehören auch Papua-Neuginea (79%), Laos und Madagaskar (je 78%), Senegal (77%), Sambia (75%), Myanmar (73%), China (72%), Vietnam (71%), Kamerun (70%), Haiti, Simbabwe und Sierra Leone (je 68%), Togo (66%), Bangladesh (65%), Indien und Thailand (je 64%), die Republik Benin (63%), Jemen (61%), Côte d'Ivoire (60%), Ghana (59%), Albanien und Mauretanien (je 55%), Türkei (53%), Pakistan und Guatemala (je 52%) sowie Gabun (51%) dazu. Mit Indien und China sind damit zugleich auch die bevölkerungsreichsten, mit der Türkei und Albanien uns nahegelegene Länder als Agrargesellschaften zu bezeichnen, weil mehr als die Hälfte der Erwerbstätigen in der Landwirtschaft tätig sind (alle Daten nach Weltbank 1996: 228).

Das unübersehbar gewaltige Ausmaß von Ländern und Regionen, in denen die Landwirtschaft die wichtigste Erwerbstätigkeit ist, hat die Entwicklungssoziologie gleichwohl nicht zu einem Konsens veranlaßt, aus dem hervorgeht, was unter Agrargesellschaft in der Gegenwart zu verstehen sei. Bezeichnend ist das Vorkommen des Begriffs Agrargesellschaft im repräsentativen, von Dieter Nohlen, Peter Waldmann und Klaus Ziemer herausgegebenen vierten Bandes „Die östlichen und südlichen Länder" des „Lexikon der Politik". Darin wird – jeweils ohne jegliche Definition – von weniger komplexen Agrargesellschaften[11] gesprochen und festgestellt, periphere Länder seien überwiegend Agrargesellschaften mit einem entsprechend hohen bäuerlichen Bevölkerungsanteil[12]. Unter dem Stichwort „Sozialstrukturen/Soziale Ungleichheit" taucht Agrargesellschaft nur im Abschnitt über Asien auf und wird nur auf Java zur Zeit von Sukarno bezogen[13].

In entwicklungs*soziologischen* Schriften reicht die Verwendung des Begriffs Agrargesellschaft von der Bezeichnung für ein historisches Phänomen über die Charakterisierung ganzer Gegenwartsgesellschaften bis zur Identifizierung von Teilbereichen und zur Charakterisierung von Personaltypen. Es fehlen übrigens weitestgehend autochthone soziologische Deutungen; eine Ausnahme – jene des Mexikaners Rodolfo Stavenhagen – soll noch gewürdigt werden. In dem weltbekannten Buch des brasilianischen Soziologen Gilberto Freyre „Herrenhaus und Sklavenhütte" wird der Begriff Agrargesellschaft zwar benutzt; die Analyse bezieht sich aber eher auf den portugiesischen Kolonialstil, die Sklaverei, die Siedlungsform des Großbetriebs *(fazenda)* und die Rassenmischung als auf die (regionale) Agrargesellschaft im Nordosten Brasiliens.

In der marxistischen Tradition gelten als „Agrargesellschaften" jene Gesellschaftsformationen, die in die Epoche zwischen den neo-

11 Im Beitrag von Mario Caciagli zum Stichwort „Klientilismus", S. 292.

12 Im Beitrag von Hans Werner Tobler zum Stichwort „Revolutionen", S. 485.

13 Im Beitrag von Hans-Dieter Evers zum Stichwort „Sozialstrukturen/ Soziale Ungleichheit II. Asien", S. 543.

lithischen[14] und der industriellen Revolutionen fallen (Khalatbari 1986: 30), also in einen Zeitraum vom fünften vorchristlichen bis zum 18. nachchristlichen Jahrhundert. In vielen entwicklungssoziologischen Arbeiten wird der Begriff konsequenterweise zur Kennzeichnung für Vergangenes verwendet. Die Mehrzahl der „Entwicklungsländer“ in Afrika und Asien ist aus der mehr oder weniger gewaltsamen Beendigung des Kolonialismus hervorgegangen; mit „Agrargesellschaft“ kennzeichnet man dann gelegentlich die vorrevolutionäre Situation.

Dieter Goetze spricht von „Bauerngesellschaften“ oder „bäuerlichen Gesellschaften“, wenn er die kolonialen Verhältnisse in Lateinamerika meint. In solchen Gesellschaften sei die „lokale Organisation in sog. ‚indigenen Gemeinschaften‘ institutionell-korporativ besonders geregelt“ (1989: 71) worden. Merkmale dieser – sehr spezifischen – Ausprägung einer Bauerngesellschaft seien die kommunale Bodennutzung, kollektive Arbeitsorganisation und stark differenzierte lokale Organisationsformen mit politischen und rituell-religiösen Aspekten sowie komplexen Solidaritäts- und Reziprozitätsregelungen gewesen.

Zur Gegenwart stellt Goetze fest, diese Kernelemente seien von einer positivistisch geprägten Fortschrittskonzeption als Hemmschuh eingestuft worden (72). Ihre Persistenz bei gleichzeitiger Stärkung der kommerzialisierten, kapitalintensiven Exportagrarwirtschaft habe zu einer Dichotomie zwischen Latifundium und Minifundium geführt, wobei der Bodenzugang zum Nachteil der letzteren geregelt wurde (73). Die *peasant culture* sei von den Sozialwissenschaftlern im Dienste der Entwicklungspolitik dann mit Apathie, Konservatismus, fehlender Innovationsfreude gleichgesetzt worden. Dabei habe man übersehen, daß sich angesichts der Strukturveränderungen in der Landwirtschaft weder das kommunale Eigentum noch die Reziprozitätspraxis halten konnte.

Goetzes Ansatz ähnelt Stavenhagens in dem von ihm herausgegebenen und weltweit beachteten Buch *Agrarian Problems and Peasant Movements in Latin America.* Stavenhagen vermeidet den Begriff Gesellschaft zu Gunsten von Gemeinschaft und spricht von *agrarian communities* in Mexiko und anderen indianisch geprägten Ländern

---

14 Als neolithische Revolution wird der Übergang vom Jagen und Sammeln zum Ackerbau verstanden (Khalatbari 1986: 26).

Lateinamerikas. Diese Gemeinschaften hätten ihre traditionellen kollektiven Rechte nicht selten schon von den Kolonisatoren erhalten, in Mexiko seien sie durch die Agrarreform am Anfang des Jahrhunderts als *ejido* institutionalisiert worden, befänden sich nunmehr (70er Jahre) aber in Desintegration (235). Gleichwohl schlägt Stavenhagen vor, von einer ländlichen Klassenstruktur *(rural class structure)* zu sprechen. Er unterscheidet dabei folgende Schichten *(strata)* und Klassen *(classes)*: Die *ejidatarios,* die von der Agrarreform begünstigten, in Institutionen eingebundene Landwirte mit einem Rest an revolutionärem Bewußtsein; die *minifundistas*, die Bearbeiter von einem Stück Land, das zu klein ist, um von zwei Erwachsenen bewirtschaftet zu werden; die Besitzer von Familien-Farmen (5 bis 25 ha) von mittelgroßen Farmen (25 bis 200 ha), Großgrundbesitzer, „ländliches Proletariat", Tagelöhner auf allen zuvor genannten Betriebsformen (258 ff.). Für Stavenhagen vollzieht sich die Integration dieser Schichten und Klassen in die mexikanische Gesamtgesellschaft als „interne Kolonisierung" (267).

Die Persistenz von relativ dauerhaften und umfassenden Beziehungsgeflechten hat Christian Sigrist veranlaßt, den Begriff „Übergangsgesellschaften" vorzuschlagen:

> "Für uns soll sich eine Studie über Agrargesellschaften in Guinea-Bissau der einfachen Bedeutung des Worts „Agri-Kultur" im Klaren sein. Der Begriff „Agrargesellschaft" bedeutet folglich keine Reduktion dieser Gesellschaften auf die rein technischen und wirtschaftlichen Aspekte der Agrarproduktion. In den afrikanischen Gesellschaften – außerhalb der Plantagen, teilweise unter Kontrolle der *toubab* – sind die landwirtschaftlichen Arbeiten in den gesamten sozio-kulturellen Kontext integriert. Selbst unter diesem allgemeinen Vorbehalt ist es nötig, zu unterstreichen, daß es auch eine intra- und extra-ethnische Arbeitsteilung gibt, welche die Handwerker, die *griots*, die Jäger, die Fischer usw. einschließt. Der Plural: Agrargesellschaften deutete darauf hin, daß es mehrere Gesellschaften ethnischen Charakters gibt, die in einen inter-gesellschaftlichen Zusammenhang stehen mit Tendenzen der Spezialisierung und auch einer Arbeitsteilung durch den Gebrauch der natürlichen Ressourcen."[15]

---

15 „Pour nous, une étude sur le sociétés agraires en Guiné-Bissau doit se rendre compte de la plein signification du mot 'agri-culture'. La notion ‚société agraire' ne vise donc pas une réduction de ces sociétés aux aspects purement techniques et économiques de la production agricole. Dans les sociétés africaines – hors des plantations, en partie contrôlées par les toubab

Im Sinne dieser Auffassung identifizieren zum Beispiel Carlos R. Ribeiro und Carlos Cardoso in Guinea-Bissau mehrere Agrargesellschaften. Dabei werden einmal ethnische Gruppen, ein andermal verschiedene Feldfruchtanbauten (zum Beispiel Erdnuß, Reis) mit ihrem jeweiligen Umfeld als einzelne Agrargesellschaften angesehen (1988: 162 f.).

Die Einsicht, Entwicklungspolitik könne eine „Tödliche Hilfe“ (Brigitte Erler 1985) sein, bewog in den 1980er Jahren eine Gruppe von Agrarsoziologen, mit der Unterscheidung von „Landwirtschaft“ und „Agrarkultur“ einen Paradigmenwechsel vorzunehmen.

> "Agrarkultur wird . . zum Symbol für die Rückgewinnung komplexer kultureller Zusammenhänge und damit ökonomischer, ökologischer und sozialer Vielfalt" (Glaeser 1986: 26).

Was im Einzelnen darunter zu verstehen sei, wird an 23 Merkmalen durch Sigmar Groeneveld expliziert, zum Beispiel am Boden, der einmal den Wert „Lebensraum“ erhält, andermal als „Produktionsfaktor“ gilt. Auf vulgärmarxistische und damit eingeschränkt gültige Ansätze scheinen mehrere Detaildifferenzierungen zurückzugehen, so bei „Gütern“ der Unterschied zwischen „kulturspezifischem Gebrauchswert“ und „marktabhängigen“ Verkaufswert, derweil unterstellt wird, die Subjekt-Objekt-Beziehung sei in der „Landwirtschaft“ ein „Gefälle“. Als Leitdifferenz für Agrarkultur vs Landwirtschaft wird „subsistenzorganisierte Organisation vs. industrieorientierte Organisation“ benutzt (Groeneveld 1986: 168). Mit dem Agrikulturansatz mag es tatsächlich gelingen, in „Entwicklungs“ländern subsistenzorientierte Bereiche valide zu identifizieren und der Entwicklungspolitik ein handlungsleitendes Prinzip anzubieten; er scheint allerdings nicht jenem Bereich gerecht zu werden, der zwischen den Extremen liegt: jenen der landwirtschaftlichen Produktion, die weder nur dem Überle-

---

– les travaux agricoles sont intégrés dans un contexte socio-culturel total. Même avec cette caution générale, il faut souligner qu'il y a une division du travail intra- et extra-ethnique que inclut les artisans, les griots, le chasseurs, les pêcheurs etc. Le pluriel: sociétés agraires indique qu'il y a plusieurs sociétés, de caractère ethnique, que s'encadrent dans un connexe intersociétaire avec des tendances à la spécialisation et également à une division du travail dans l'utilisation de ressources naturelles.“ (Sigrist 1992: 1).

ben, noch nur dem Absatz auf dem Weltmarkt, sondern der nationalen Versorgung dient.

Zusammenfassend halten wir fest: Die Entwicklungssoziologie kommt ähnlich wie die Agrarsoziologie offensichtlich ohne den Begriff „Agrargesellschaft“ aus. Er dient ihr allenfalls zur Kennzeichnung vergangener Gesellschaftsformationen oder zur Identifizierung von partiell oder zeitweilig überlebt habenden Strukturen.

3.5 Bauerngesellschaften als Erklärungsansatz in der Soziologie der modernen Gesellschaft

Robert Hettlage vertritt die Ansicht, die Agrarsoziologie habe sich wegen ihrer Nähe zur Agrarökonomie zu sehr mit dem landwirtschaftlichen Betrieb und den Bauern als Berufs„stand“ befaßt und Entwicklungen in der modernen Anthropologie nicht nachvollzogen (Hettlage 1989a: 10 f.). Der dort benutzte Gesellschaftsbegriff decke sich allerdings auch nicht mit jenen, im „Hauptstrom der Soziologen“ (12) gebräuchlichen. So werde Bauerngesellschaft einmal als peasant community, andermal als peasant society oder gar als peasant continents und schließlich als part societies verstanden (13). Auch Hettlage legt keinen bündigen Begriff der Bauerngesellschaft vor, indem er etwa deren Grenzen definiert, sondern verweist auf drei Merkmale, die den „Bauern“ als Element der Bauerngesellschaft[16] auszeichnen:

- Der *bäuerliche Familienbetrieb als Grundeinheit* einer vieldimensionalen Sozialorganisation [...],
- die *Bearbeitung des Landes* als Hauptmittel des Lebensunterhalts [...],
- die *Welt- und Gesellschaftssicht der kleinen Gemeinde* („peasant culture“) (vgl. Hettlage 1989: 11 f.).

Indem sie das dritte, von Hettlage genannte Merkmal besonders hervorhebt, zeigt Maryvonne Bodiguel für Frankreich, daß (etwa 1986) nicht nur 9%, sondern 44%, also nahezu die Hälfte aller Franzosen der

16 Christian Giordano schlägt vor, in einem gegebenen Raum nicht von Bauerngesellschaft im Singular, sondern von Bauerngesellschaften im Plural zu sprechen. Für ihn handelt es sich nicht um einen Typus, sondern um einen „Komplex von Typen“ (1989: 16), der aus sich heraus zu verstehen sei.

Landbevölkerung zuzurechnen waren, wenn man das administrative Kriterium, wonach ländliche Gemeinden solche mit bis zu 2.000 Einwohnern seien, fallen läßt: „Landleben findet auch im Umkreis und in den Kleinstädten von 15 – 20 000 Einwohnern statt" (1989a: 245). Im Kampf gegen die soziale Spaltung biete die Bauerngesellschaft ein System symbolischer Bezüge mit vielen Vorteilen. Sie sei relativ homogen um die Landwirte gruppiert, gemeinschaftsorientiert und umfassend und deswegen der „ideale Mobilisationsmythos gegen die hochdifferenzierten Gesellschaften" (1989a: 245). Zu den ersten beiden Kriterien Hettlages beschäftigt sich Bodiguel ausführlich mit der „Mehrfachaktivität" der Bauern, was in Deutschland unter den Begriff „Nebenerwerbslandwirtschaft" fällt: Solche Mehrfachaktivität sei kein Ausdruck der Pauperisierung, sondern der Anpassung an nationale Wirtschaftskonjunkturen, sie könne eine zeitlich begrenzte oder dauerhafte Widerstandsstrategie sein, eine Anpassung an neue Ressourcen und eine familiale oder soziale Option gegen die Ausschließlichkeit nur einer Erwerbsquelle (1989b: 273). Mit der Gleichsetzung des englischen Begriffs peasant, des französischen paysan und des deutschen Worts Bauer gehen die Verteidiger der „Bauerngesellschaft" allerdings ein erhebliches Kommunikationsrisiko ein.

Parallel zu Bodiguels Propositionen über die französischen Verhältnisse ist eine Einzelfallstudie in den U.S.A. zu sehen, in der John C. Allen und Don A. Dillman eine Persistenz von und eine aktive Ermutigung zu Prozessen unter Kontrolle einer (kleinen) Gemeinde fanden, die weit über das hinausgingen, was sie der gegenwärtige soziologische Wissensstand erwarten ließ. In jedem Lebensbereich, von der Politik bis zum Erwerbsleben, gebe es zugeschriebenes Verhalten, partikularistische Entscheidungen, informelle Regeln, Rücksicht auf die Person als Ganze und auf Tradition und andere, von der Gemeinde beeinflußte Verhaltensformen (Allen/Dillmann 1994: 220). Auch diese Autoren erwarten, daß eine solche Gemeinde auch den Anforderungen der Informationsgesellschaft standhalten wird.

Neuere Dorfuntersuchungen in Deutschland lassen den Schluß zu, daß die „Sozialform Dorf" den sozialen Wandel seit den 1950er Jahren integrieren und damit „Bäuerlichkeit" trotz allen Krisen bewahren konnte. Bäuerlichkeit verstehen Achim Hahn und Gerd Vonderach als „internes Regelwerk, dem es gelingt, alles Außerregelhafte zu vereinnahmen und sich anzugleichen“ (Hahn/Vonderach 1987: 269)[17]; das scheint auch für die neuen Bundesländer zu gelten (Berking 1995). Doch Vorsicht: Ulrich Planck weist daraufhin, daß Ortsidentifikation und Ortsintegration in einem Wechselverhältnis stehen (1986: 124): Wer in einem Dorf „nur“ wohne, identifiziere sich anders als derjenige, der dort auch erwerbstätig sei.

Bernhard Schäfers entdeckte eine neue Dimensionen, des in der Soziologie seit langem diskutierten Land-Stadt-Gegensatzes, -Verhältnisses oder gar -Kontinuums[18] in Deutschland: Die Gartenstadt- und Schreber-Garten-Bewegungen hätten einen ersten Reflex auf die Industrialisierung dargestellt (1989: 234, 245). Die Suburbanisierung seit den 50er Jahren habe dann Wohnungen und gewerbliche Funktionen in vormals ländliche Gebiete verlagert, und diese hätten in den 70er Jahren durch die kommunale Neugliederung ihre Autonomie verloren (235). Die Steigerung der „Umwelt“belastung und das vertiefte Bewußtsein davon hätten städtische und ländliche Räume gleichermaßen betroffen; dadurch sei die Stadt-Land-Differenz anders gefaßt worden. Es handele sich bei den *néo-ruraux-* und anderen „Bewegungen“ in Richtung Natur nicht um eine anti-städtische Attitüde, sondern um die Kritik an nunmehr ungeliebten zivilisatorischen Entwicklungen. Tatsächlich kämen neo-rurale Lebens- und Wohnformen äußerst selten vor, so daß die Neo-Ruralität einstweilen mehr über ihre immer wieder ins öffentliche Bewußtsein eindringenden Zielsetzungen als durch ihren quantitativen Umfang wirke (246). Insofern sei Ruralität zum Bestandteil des Wertesystems der Industriegesellschaft geworden. Schäfer hat dazu erste sozialpsychologische Überlegungen angestellt, die ihn vermuten lassen, die Abkehr von der Stadt und die Hinwendung zum „Leben auf dem Lande“ sei durch Archetypen mitgeprägt, die „ein überschaubares und kalkulierbares, irgendwie gesichertes Verhältnis des Menschen zur Natur haben“ (243).

---

17 Die Autoren warnen jedoch auch vor methodologischen Problemen: Die Diskussion der Methoden der kommunikativen und interpretativen Soziologie sei in diesen neueren Untersuchungen „noch so gut wie nicht zur Kenntnis genommen worden“ (270).

18 Zuerst bei Redfield (1947).

4. Agrargesellschaft als gesellschaftlicher Teilbereich

Über die räumliche Ausdehnung und die zeitliche Dauer von landwirtschaftlich geprägten sozialen Strukturen wird im Einzelfall gestritten, nicht aber über die Möglichkeit, räumliche und zeitliche Grenzen überhaupt erkennen zu können. Es ergeben sich wichtige Unterschiede, wenn man Landarbeiter mit anderen abhängig Beschäftigen und landwirtschaftlich selbständig Tätige mit anderen Unternehmern vergleicht. Neben der Unterwerfung der Landwirtschaft unter Klima und Wetter ist die enge Beziehung der landwirtschaftlich Erwerbstätigen an den Boden, dem bei weitem wichtigsten Produktionsfaktor, zu nennen. Ihre wirtschaftliche Aktivität ist stets ein dienendes Verhalten gegenüber vitalen Vorgängen in Pflanzen und Tieren, selbst wenn modernste Technologie angewandt wird. Landwirtschaftlich Erwerbstätige haben auch ein Bewußtsein davon, die älteste systematische wirtschaftliche Tätigkeit der Menschen auszuführen, und das beeinflußt sie in ihren Fremd- und Selbst-Bewertungen.

Klima- und wetterabhängig sind zwar auch der Verkehr, die Fischerei, der Hoch- und Tiefbau; mit Vitalprozessen müssen auch Ärzte und Heiler, mittelbar auch Lehrer und Erzieher umgehen; bodenständig sind auch Eigenheimbesitzer, Vermieter und alle, die zu ihrer Wirtschaftstätigkeit irgendwo Anlagen dauerhaft aufstellen müssen. Aber in der Landwirtschaft ergeben sich aus diesen Abhängigkeiten mit überaus größerer Häufigkeit auch besondere Siedlungsformen, spezifische Technologien, eigentümliche soziale Institutionen und Organisationen, Verhaltensweisen und Bewertungsmaßstäbe, die sich nachhaltig von den übrigen Bereichen der Gesellschaft unterscheiden: Krambach faßt diese Besonderheiten wie folgt zusammen:

"1. Spezifik des Natur-Gesellschaft-Verhältnisses

2. Räumliche Dispersion der Existenzbedingungen

3. Geprägtsein der Siedlungs- und Wohnweise durch spezifische Verflechtung von natürlicher und bebauter Umwelt in relativ kleinen, überschaubaren lokalen Einheiten (Dorf als typisch ländliche Siedlung)

4. Durch Ortsgestalt (räumliche Überschaubarkeit), Sozialstruktur und lokale Begrenztheit der Sozialbeziehungen (soziale Überschaubarkeit) sowie lokale Interessenstrukturen geförderte Besonderheiten der ländlichen Siedlung als soziales Gebilde („Dorfgemeinschaft").

5. Durch Akzeptanz und Verinnerlichung der landspezifischen Existenzbedingungen geprägte Besonderheiten in den Wertorientierungen, Bedürfnis- und Tätigkeitsstrukturen." (Krambach 1992: 425 f.)

Mit Hettlage kann diese Liste von Merkmalen um die residuale Wirksamkeit von Wertmustern ergänzt werden, indem man anerkennt, daß landwirtschaftliche Betriebe mit ihrer relativ autonomen Wirtschaftsweise, mit der Bearbeitung des Lands und mit der Kontrolle über das Land als wichtigstes Erwerbsmittel „Quellen der ‚mentalen Produktion' sind" . Dadurch würden spezifische Vorstellungen von „Status, Prestige, Wohlfahrt, Konsum, Arbeit, Spezialisierung, Berufsbildung, Marktabhängigkeit, Minimalsicherheit, Raum und Zeit, Bindungen an die Transzendenz, Formen elementaren Wissens der Krisenbewältigung" geprägt, „nicht-monetäre Werte lebendig" gehalten und eine besondere „Rationalität der Risikominderung" gefördert (1989b: 307). Im Folgenden sollen die genannten Aspekte systematisiert diskutiert werden.

4.1 Räumliche Organisation

Bei dem gegenwärtigen Stand der landwirtschaftlichen Technologie und der Erleichterung des Warenaustauschs über große Distanzen („Globalisierung") ist eine dauerhafte Zuordnung von menschlicher Arbeitskraft zu bestimmten Territorien eigentlich nicht mehr erforderlich; landwirtschaftliche Siedlungen in Entfernung von den Ballungsräumen der Bevölkerung sind daher strenggenommen überflüssig. Aus mehreren Gründen ist es jedoch recht unwahrscheinlich, daß die Polarisierung der Siedlungsformen in Agglomerationsräume und menschenleere Flächen derart vollständig eintritt. Denn in den wohlhabenden Ländern bestehen Verbraucher zunehmend auf einer „natürlichen", das heißt: arbeitsintensiven und verbrauchsnahen Produktion von Nahrungsmitteln. Ärmere und arme Länder werden die in den Städten konzentrierte Bevölkerung ohne eigene Landwirtschaft nur solange ernähren können, als sie für den Nahrungsmittelimport mit Exporterlösen bezahlen können; sie werden – solange sie sich eine hochentwickelte

Technologie der Nahrungsmittelerzeugung nicht leisten können – weiterhin arbeitsintensive Methoden anwenden müssen. Aber selbst, wenn hier wie dort Flächen entleert würden, so gehen diese – wie andere Produktionsfaktoren – nicht unter, sondern es werden sich Nutzungen anbieten, die zumindest kleine Anteile der Bevölkerung bewegen, auf dem Land zu siedeln.

Es ist allerdings nicht zulässig, das „Dorf" als den Prototyp der agrarischen Siedlungen zu betrachten. Das einzige Gemeinsame aller Formen der agrarischen Siedlungen ist die Nähe der Wohnung von Personen zu einem Stück Land, das sie längerfristig bearbeiten. „Nähe" ist ein relativer Ausdruck: Landarbeiter oder Tagelöhner können ihre Wohnung in solcher Entfernung haben, daß sie einen nach Stunden zählenden täglichen Weg zur Arbeit mit Kraftfahrzeugen zurücklegen, mit Flugzeugen zu einem entlegenen Ort einer Viehfarm gebracht werden oder ihre Wohnung für eine ganze Vegetationsperiode in das Anbaugebiet verlegen; am anderen Ende einer solchen Skala stehen die Bewohner von Einzelgehöften, deren Anbaufläche an den Wohnbereich grenzt. Es wird dabei bleiben, daß man Schwierigkeiten hat, auch nur eine Typologie[19] landwirtschaftlicher Siedlungsformen zu bilden, aber die räumlichen Organisationsformen werden von anderen unterscheidbar bleiben.

4.2 Soziale Institutionen

4.2.1 Eigentum

Die Sicherung von Jagdgründen und Sammelgebieten, später von Tiergehegen und Pflanzungen gegen Raubtiere und andere „Freßfeinde" hat die Menschheit von Anfang beschäftigt; deswegen galten die frühesten Formen einer Rechtsordnung dem Versuch, das Verhältnis der Menschen zum Boden und anderen Sachen auf eine gewisse Dauer zu stellen, zumal Pflanzen und Tiere zum Teil langfristige Reifungsprozesse durchlaufen müssen, bevor sie dem Menschen den optimalen Nutzen bieten. So alt wie die Techniken sind daher soziale Regelungen, die ein Mindestmaß von Rechtsfrieden zwischen den Beteiligten bieten sollen, indem sie das Verhältnis zwischen den Menschen und dem von ihnen

---

19 Vgl. Wolf 1955, König 1958, Geertz 1972, Planck et al. 1982.

genutzten Boden regeln und gegen andere Menschen verteidigen. Wie alle Beziehungen unter Menschen waren Bodenrechtsverhältnisse vormals in das religiöse Wertsystem einbezogen worden: In afrikanischen und indianischen Ethnien kann man sich ein Verhältnis zum Boden auch heute noch nur als eine religiös abgesicherte, kollektive Beziehung vorstellen. Für den okzidentalen Kulturkreis war es bedeutsam, daß die Griechen und Römer zwischen Mensch und Sache eine Beziehung herstellten, die Erwerb, ungestörte Nutzung und Veräußerung in einen rechtlichen Tatbestand verwandelten, der ohne religiösen Hintergrund und ohne Bindung an ein Kollektiv auskam (Waldstein 1995: 64, Kaser 1971: 119 ff., Hagemann 1971: 885). Das Verhältnis zwischen Mensch und Sache wurde später Eigentum oder gar Privateigentum genannt. Daraus folgte Zweierlei: Einerseits die Unterscheidung zwischen Eigentum und Besitz, die es erlaubt, daß ein Eigentümer seinen Boden auch dadurch verwerten kann, daß er einen anderen das Risiko der Bewirtschaftung tragen läßt. Andererseits wurde fortan das Eigentum eines Kollektivs am Boden notwendigerweise zu einem komplizierten Rechtsgeschäft zwischen den Beteiligten oder zu einer staatliche Intervention.

In der Moderne scheint Eigentum aus soziologischer Sicht „seinen allgemeinen gesellschaftlich differenzierenden Stellenwert“ wieder zu verlieren, „weil es in den einzelnen Funktionssystemen unterschiedlich behandelt wird“ (Krause 1996: 91). Ob ein Industriebetrieb, ein Geschäftshaus oder ein Bürogebäude auf eigenem oder gemieteten Grund steht, ist eine Frage des wirtschaftlichen Kalküls. Auch in der Landwirtschaft ist das Eigentum dessen, der den Boden bearbeitet oder nutzt, weder in Geschichte noch Gegenwart eine notwendige Voraussetzung für eine erfolgreiche Wirtschaftstätigkeit gewesen, wohl aber die längerfristige Verfügungsmacht. Sie ist freilich am leichtesten durch (Privat-) Eigentum sicherzustellen, so daß der Boden für Landwirte einen bisweilen übertrieben hohen psychischen Wert besitzt und Selbstwertgefühl verleiht, also kathektisch geladen ist (Schrader 1966: 15).

4.2.2 Herrschaft

Solange Landwirtschaft die wichtigste Wirtschaftstätigkeit war, bildete der Boden nicht nur den wichtigsten Produktionsfaktor, sondern auch die bedeutendste Basis für politische Macht. Erst seitdem in größerem Umfang auch handwerklich gefertigte Erzeugnisse zum Gegenstand insbesondere des Fernhandels wurden, verlor die Landwirtschaft und damit der Boden langsam seine bis dahin einzigartige Bedeutung. In unseren Breiten hat erst Napoleon am Anfang des 19. Jahrhunderts die Leibeigenschaft aufgehoben, in Rußland ist das nicht eher als Anfang des 20. Jahrhunderts geschehen, in weiten Bereichen der Welt dauert sie an. Leibeigenschaft bedeutet im Gegensatz zur Sklaverei, daß der Unterworfene zwar nicht *Eigentum* des Herren ist, aber praktisch in jeder Lebensäußerung seinem Willen unterworfen ist. Auf dem Kontinuum zwischen Beraubung, Versklavung, Leibeigenschaft einerseits und vertraglich begründeten Verhältnissen andererseits gibt es heute noch alle nur denkbaren Zwischenstufen.

Aus vielerlei Gründen war die Opposition gegen die Herrschaft in der historischen Agrargesellschaft ungleich schwerer zu organisieren als in der Gegenwart. Das lag wohl vor allem an den Kommunikationsmedien, welche den Landbewohnern zur Verfügung standen. „Bauernbewegungen" sind infolgedessen bisher nur unter ganz besonders günstigen Kommunikationsvoraussetzungen zustande gekommen. In dem Maße, wie sich die Technik und der Zugang zu Kommunikationsmitteln ändern, können soziale Gruppen und Bewegungen sich weiträumig darstellen, wie man es an der Vorgehensweise der Landlosen-Bewegung in Brasilien oder der Indianer in verschiedenen Ländern Lateinamerikas recht gut ablesen kann: Drahtlose Telefonie, Videographie oder das Internet sind von den politischen Hierarchien nicht mehr kontrollierbare Kommunikationskanäle, mit denen Betroffene und ferne Unterstützer mobilisiert werden können.

4.3 Soziale Organisationen

Abgesehen von einigen extremen Fällen[20] ist eine landwirtschaftliche Tätigkeit nicht von einer einzelnen Person zu bewerkstelligen. Daher

---

20 Schafhirten, Imkern, Gärtnern.

bedürfen landwirtschaftlich Tätige relativ dauerhafter Sozialbeziehungen[21]:

- zu ihrer Familie, so daß Verwandte auch sachenrechtlich angebunden werden (Familienarbeitsverfassung),
- zu Nichtverwandten, mit denen Dienst- oder Werkverträge abgeschlossen werden (Fremdarbeitsverfassung) oder
- mit denen man sich in Genossenschaften oder Gesellschaften mehr oder weniger langfristig zusammenschließt (Kooperative Arbeitsverfassung).

Die vielfältigen Ausprägungen der Agrarverfassung haben Planck/ Ziche zu systematisieren versucht (1979: 213, vgl. Abb. 3).

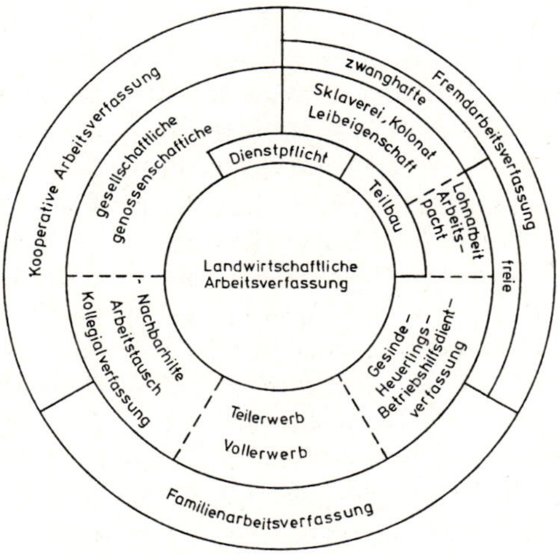

Abbildung 3: Agrarverfassungen nach Planck/Ziche (1979: 213)

Dabei treten vielfältige Mischformen auf: So sind Nachbarschaftshilfe und Austausch von Arbeitsleistungen, ja sogar langfristige Verbindun-

21 Statt dieses Begriffes wird in der deutschen Agrarsoziologie und in anderen Disziplinen , welche die Landwirtschaft zum Gegenstand haben, der Begriff „Agrarverfassung" verwendet. Zur Begriffsgeschichte vgl. Conze 1959.

gen, welche den Namen Kollegialverfassung verdienen, sowohl ein Aspekt von rechtlichen Gesellschaften und Genossenschaften wie auch von Familienbetrieben. Die vielfältigen Formen einer Entlohnung durch Überlassung von Land zur Selbstbewirtschaftung, von Anteilen an der Ernte, Wohnrechten oder Geld, wie auch die Arbeitsleistungen in vielfältigen Formen wie Hand- und Spanndiensten, bei Saat, Ernte, Viehtrieb oder im Haushalt des Eigentümers kommen sowohl bei Familien- wie auch bei fremdarbeitsverfaßten Betrieben vor. Im Gegensatz zu anderen Wirtschaftsbereichen ist die Zahl der möglichen landwirtschaftlichen Organisationsformen ungleich größer, die gefundenen Dauerlösungen können oft nicht vom Familiensystem unabhängig gemacht werden[22], wirtschaftliche Zielsetzungen und Verfahrensformen mischen sich mit anderen.

4.4 Agrarpolitik und landwirtschaftliches „establishment"

Mit der Verteilung gemeinsam genutzter Flächen unter den interessierten Landwirten, die angesichts natürlicher und sozialer Umstände nie über längere Zeit Gültigkeit besitzen konnte, hat in Europa nach Auffassung Abels die Agrarpolitik schon am Beginn seiner Geschichte begonnen (Abel 1959a: 77). In den indianischen Gebieten in Lateinamerika, in denen Ländereien bisweilen nur für eine Vegetationsperiode vergeben werden, wurde und wird der Verteilungsprozeß in religiös-politische Riten und Institutionen integriert (Brockmann 1992: 96). Auch wurden schon sehr früh in der Geschichte der Landwirtschaft Fruchtfolgen, Termine für Viehauftrieb, Saat und Ernte, Errichtung und Pflege von Infrastruktureinrichtungen (Zäune, Brunnen, Wasserläufe und vieles anderes mehr) geregelt. Hierbei konkurrierten stets Organisationsformen mit größerer oder geringerer Beteiligung der Betroffenen (Haushofer 1959). Aufgabe der Agrarpolitik wurde seit dem Aufkommen der Städte auch die Sicherung der Nahrungsmittelproduktion. Ist ein Politikfeld erst einmal als solches „entdeckt" worden, mischen sich andere ein:

---

22 Zum Beispiel durch rechnerische und rechtliche Trennung des Privat- und Betriebsvermögens.

> „Die sozialen Mächte [...] lösten einander nicht ab, sondern überdeckten sich, wirkten aufeinander ein, schwächten sich gegenseitig oder wuchsen wohl auch im Widerstand“ (Abel 1959a: 77).

Agrarpolitik ist ein integraler Bestandteil des Handelns von Gebietskörperschaften, mittlerweile auch supranationaler Verbände – die europäische Integration hat bekanntlich auch auf dem Feld der Agrarpolitik begonnen. So unbedeutend in den Industrieländern der Anteil der landwirtschaftlichen Erwerbstätigen an der Erwerbsbevölkerung und im Zuge der Globalisierung der Anteil der Landwirtschaft am Nationalprodukt sein mag, die Agrarpolitik wird weiterhin Ressourcen und Aufmerksamkeit beanspruchen und die Funktionäre in Kammern und Verbänden, Regierungs- und Nichtregierungsorganisationen, also im *establishment* der Landwirtschaft im Sinne von Luhmann/Schorr (1979) werden versuchen, sich die Betätigung zu erhalten.

4.5 Partielle Exklusion der Landwirte

In wichtigen Strukturmerkmalen unterscheidet sich der Agrarbereich von anderen gesellschaftlichen Teilbereichen. Eigentum und Herrschaftsstrukturen, viele weitere soziale Beziehungen und soziale Organisationen haben hier einen anderen Stellenwert als in den urbanisierten und industrialisierten Bereichen der Gesellschaften. Von besonderer Bedeutung ist die räumliche Absonderung, die sonst nicht vorkommt, ohne das Ergebnis eines bewußten politischen Akts zu sein (zum Beispiel die Abgrenzung eines größeren militärischen Sperrgebiets oder einer „ethnischen Säuberung“). Der Standort der meisten wirtschaftlichen Aktivitäten ist disponibel, derjenige der Land-, Forst- und Fischereiwirtschaft[23] nicht. Es gibt also auch in der funktional differenzierten Gesellschaft noch regionale Differenzierungen, die man als Reste der evolutionär vorausgegangenen segmentären Differenzierung bezeichnen könnte, wenn die Hinweise auf die Persistenz der Sonderstellung der landwirtschaftlichen Sozialstrukturen nicht so unübersehbar wären.

In diesem Zusammenhang ist es nützlich, auf die Feststellung von Rudolf Stichweh einzugehen, daß in einer funktional differenzierten

---

23 Sowie des Bergbaus, der Erdöl- und –gasförderung, nicht aber der meisten Touristikbetriebe.

Gesellschaft die Exklusion aus einem Teilsystem zu räumlicher Differenzierung führen könne. Ansonsten vollziehe sich die Exklusion als *exclusion sur place* (Foucault), „als vor den Augen aller stattfindend" (Stichweh 1997: 131), zum Beispiel als Bettler oder Trebegänger. Im Falle der Bildung ethnischer Ghettos beobachtet man jedoch auch in modernen, an sich funktional differenzierten Gesellschaften eine räumliche Absonderung. Das sei - so Stichweh - „kein in irgendeinem Sinn sachlogischer Zusammenhang", wohl aber gebe es „einen kausalen Zusammenhang" (Stichweh 1997: 131): Wo - aus welchen Gründen auch immer - eine räumliche Differenzierung stattfindet, kann eine soziale Exklusion folgen.

Folglich kann eine räumliche Differenzierung, welche durch die Nutzung von Böden bedingt ist, auch zu sozialer Exklusion führen, weil diejenigen, die über räumliche Distanzen hinweg kommunizieren müssen, anderswo „nicht mehr anhand der Unterscheidung von Information und Mitteilung beobachtet" werden können (Stichweh 1997: 133). Nur als „Mitteilung" kann eine Kommunikation einer Person zugeordnet und eventuell verstanden werden; Information allein reicht nicht aus (Kneer/Nassehi 1993: 87 ff.). Exklusion aus einem Teilbereich ist – aus der Perspektive des Exkludierten - meist nur partiell: Landwirtschaftlich Erwerbstätige scheiden nicht aus dem Familien-, Rechts- oder Wirtschaftssystem aus. Da sie im Wirtschaftssystem zu den Trägern von Leistungsrollen gehören und in den Industriegesellschaften dank der Subventionen der Agrarpolitik in der Regel auch ein befriedigendes Einkommen erzielen, sind sie dort allenfalls marginalisiert, aber nicht exkludiert. Aber in anderen Bezügen, in der täglichen Arbeit und Freizeit, in den Orientierungen an natürlichen Vorgängen ihrer Umwelt, an den Gepflogenheiten der Berufs„kollegen" sowie an Traditionen der Familie und Nachbarschaft werden sie von Anderen als andersartig beobachtet.

> „Wenn eine räumliche Differenzierung einmal begonnen hat, haben wir es schnell mit einem informationell und infrastrukturell verarmten [..] Raum zu tun [...], der seinen Bewohnern wenig Wiederanknüpfungsmöglichkeiten bietet, so daß von einem sich selbst verstärkenden Prozeß auszugehen ist." (Stichweh 1997: 131)

Schon in der historischen Agrargesellschaft wurden die landwirtschaftlich Tätigen als andersartig beobachtet und daher exkludiert: So beklagte die preußische Bürokratie die Vielzahl der damals verwendeten Maße, die religiöse, sprachliche und ethnische Heterogenität, sowie den verbreiteten Analphabetismus der Landbevölkerung, so sie sich schwertat, „abstraktes Wissen" über die zu beherrschenden Bauern zu gewinnen und erfolgreich zu handeln (Spittler 1980: 585). Aus der Exklusion[24] ist möglicherweise auch die besondere Aggressivität der landwirtschaftlich Tätigen in den Unruhen im Europa der 20er Jahre zu erklären und die immer noch anhaltende Bereitschaft der Landwirte, immer einmal wieder mit erstaunlicher politischer Wirkung Barrikaden zu errichten (neuere Beispiele in Gorleben und Ahaus). Polizeistrategisch gesprochen beherrschen die Landwirte den Raum, ohne daß sie dadurch die Exklusion aufheben können. Verstärkte Teilhabe an den Funktionssystemen „Politik" und „Massenkommunikation" wird aber durch machtvolle Verbände angestrebt, welche eine (Re-) Inklusionspropaganda betreiben, die mindestens so große Aufmerksamkeit erreicht wie diejenige der Gewerkschaften, die ein großes Vielfaches von Personen „vertreten".

Als soziales Teilsystem sollte man den landwirtschaftlichen Bereich und sein neo-rurales Umfeld wohl nicht bezeichnen, denn dafür fehlt ein wesentliches Merkmal: der spezifische binäre Code. Die Orientierungen landwirtschaftlich Tätiger am Boden, an Vitalprozessen, an Traditionen und so weiter, lassen sich nicht auf die Differenz Akzeptanz/Rejektion reduzieren. Daher ist eine Grenze eines sozialen Teilsystems nicht erkennbar. Landwirtschaftlich Tätige haben aber die Möglichkeit, miteinander in einer spezifischen Weise zu kommunizieren und zu interagieren. Sie sind einen „eigenen Modernisierungsweg gegangen" (Pongratz 1991: 238). Es ist dieser selektive Anschluß an die Gesellschaft, der es rechtfertigt, von einem eigenständigen agrari-

---

24 „Typisch für eine Agrargesellschaft ist das platte Land als Arbeitsplatz. Hier haben wir es mit einem ausdifferenzierten Raum zu tun, denn auf dem Feld oder auf der Weide hält man sich zur Arbeit und nicht zum Vergnügen auf. Daß dieser ausdifferenzierte Raum so häufig übersehen wurde, ist gerade auf seine Ausdifferenzierung zurückzuführen. Volkskundler und Ethnologen geleiten die Bauern nicht aufs Feld, sondern halten sich im Dorf auf, wo ‚Arbeit' und ‚Leben' eher gemischt sind." (Spittler 1991: 4)

schen Bereich in Form eines Interaktionssystems auszugehen und ihn differenziert soziologisch zu analysieren.

5. Schlußbetrachtung

Es gebe wohl kaum ein Konstrukt, das wissenschaftlich weniger faßbar sei und gerade von jenen Wissenschaftlern, deren Forschungsgegenstand es darstellt, widerlegt, abgelehnt und als überholt dargestellt würde als der ländliche Raum, stellte Lutz Laschewski jüngst in einem Bericht über einen Kongreß der *European Society for Rural Sociology* fest (1998: 65). „Totgesagte leben indessen bekanntlich länger", bemerkt er angesichts des lebhaften Interesses europäischer Sozialwissenschaftler am „Ländlichen". Immerhin überwiegt auch in Europa noch immer die Zahl jener Länder, die über umfangreiche ländliche Gebiete verfügen und einen nicht unbeträchtlichen Anteil an ihrer Bevölkerung aufweisen, der auf dem Lande lebt und dort auch erwerbstätig ist. In der Epoche der „Globalisierung" läßt sich am ländlichen Raum exemplarisch und mit Nachdruck nachweisen, welche Bedeutung das „Lokale" für unser Verständnis von Gesellschaft besitzt.

Literatur

Abel, Wilhelm 1959a: „Agrarpolitik (I) Epochen und Bereiche". In: Beckerath, Erwin v., und andere (Hg.), 1959: „Handwörterbuch der Sozialwissenschaften", Sechster Band. Stuttgart (Fischer), Tübingen (Mohr/ Siebeck) und Göttingen (Vandenhoeck & Ruprecht). S. 75-85.

Abel, Wilhelm, 1959b: „Landwirtschaft (I) Geschichte der Landwirtschaft". In: Beckerath, Erwin v., und andere (Hg.), 1959: „Handwörterbuch der Sozialwissenschaften", Sechster Band. Stuttgart (Fischer), Tübingen (Mohr/Siebeck) und Göttingen (Vandenhoeck & Ruprecht). S. 457-463.

Abel, Wilhelm, 1978: „Agrarkrisen und Agrarkonjunktur. Eine Geschichte der Land- und Ernährungswissenschaft Mitteleuropas seit dem hohen Mittelalter". 3. neubearb. und erw. Auflage. (2. Auf. 1966, 1. Aufl. 1935). Hamburg, Berlin (Parey).

Adorno, Theodor W., 1996: „Eingriffe. Neun kritische Modelle". Frankfurt (Suhrkamp).

Allen, John C., und Don A. Dillman, 1994: „Against All Odds. Rural Community in the Information Age". Boulder (Westview).

Barlösius, Eva, 1995: „Worüber forscht die deutsche Agrarsoziologie? Zum Verhältnis von Agrarsoziologie und Agrarpolitik“. Kölner Zeitschrift für Soziologie und Sozialpsychologie 47 (1995) 2: S. 319-338.

Berking, Helmuth, 1995: „Das Leben geht weiter: Politik und Alltag in einem ostdeutschen Dorf“. Soziale Welt (München) 46 (1995) 3: S. 342-353.

Bodiguel, Maryvonne, 1989a: „Bauerngesellschaft: Vom Gebrauch eines Mythos“. In: Hettlage, Robert (Hg.), 1989: „Die posttraditionale Welt der Bauern“. Frankfurt (Campus). S. 237-246.

Bodiguel, Maryvonne, 1989b: „Die bäuerliche Lebenswelt in der Welt der Industriegesellschaft“. In: Giordano, Christian, und Robert Hettlage (Hg.), 1989: „Bauerngesellschaften im Industriezeitalter. Zur Rekonstruktion ländlicher Lebensformen“. Berlin (Reimer). S. 252-283.

Brockmann, Andreas, 1992: „Santa Martha. Untersuchungen zur Ethnographie einer Tzotzilgemeinde in Mexiko“ = Ethnologische Studien. Hrsg. v. Ulrich Köhler. Bd. 16. Münster (LIT).

Bülow, Friedrich, 1959: „Landwirtschaft (II) Agrarsoziologie”. In: Beckerath, Erwin v., und andere (Hg.), 1959: „Handwörterbuch der Sozialwissenschaften“, Sechster Band. Stuttgart (Fischer), Tübingen (Mohr/Siebeck) und Göttingen (Vandenhoeck & Ruprecht). S. 463-469.

Conze, Werner, 1959: „Agrarverfassung“. In: Beckerath, Erwin v., und andere (Hg.), 1959: „Handwörterbuch der Sozialwissenschaften“, Sechster Band. Stuttgart (Fischer), Tübingen (Mohr/Siebeck) und Göttingen (Vandenhoeck & Ruprecht). S. 105-113.

Drescher, Leo, 1937: „Agrarökonomik und Agrarsoziologie. Über die Aufgaben und Grenzen der Agrarwissenschaften. Ein Vergleich zwischen der Entwicklung in Deutschland und den Vereinigten Staaten von Amerika.“ Jena (Fischer).

Dugget, Michael, 1975: „Marx on Peasants“. The Journal of Peasant Studies (London) 2 (1975) 2: S. 159 -182.

Elwert, Georg, und Thomas Bierschenk , 1988: „Development Aid as an Intervention in Dynamic Systems. An Introduction“. Sociologia Ruralis 28 (1988) S. 99-112.

Freyre, Gilberto, 1982: „Herrenhaus und Sklavenhütte. Ein Bild der brasilianischen Gesellschaft“. Stuttgart (Klett-Cotta).

Geertz, Clifford, 1972: „Village“. In: „International Encyclopedia of the Social Sciences“. London (Macmillan) Bd. 16 , S. 318 – 322.

Giordano, Christian, 1989: „Die vergessenen Bauern. Agrargesellschaften als Objekt sozialwissenschaftlicher Amnesie“. In: Giordano, Christian, und Robert Hettlage (Hg.), 1989: „Bauerngesellschaften im Industriezeitalter. Zur Rekonstruktion ländlicher Lebensformen“. Berlin (Reimer) S. 9-27.

Giordano, Christian, und Robert Hettlage (Hrsg.), 1989: „Bauerngesellschaften im Industriezeitalter. Zur Rekonstruktion ländlicher Lebensformen". Berlin (Reimer).

Glaeser, Bernhard, 1986: „Agrarkultur zwischen begrifflicher Rekonstruktion und Empirie". In: Ders. (Hrsg.), 1986: „Die Krise der Landwirtschaft. Zur Renaissance von Agrarkulturen". Frankfurt (Campus). S. 17-27.

Glaeser, Bernhard (Hrsg.), 1986: „Die Krise der Landwirtschaft. Zur Renaissance von Agrarkulturen". Frankfurt (Campus).

Goetze, Dieter, 1989: „Bauerngesellschaften, ‚Subkultur der Armut' und Marginalität". In: Giordano, Christian, und Robert Hettlage (Hg.), 1989: „Bauerngesellschaften im Industriezeitalter. Zur Rekonstruktion ländlicher Lebensformen". Berlin (Reimer). S. 69 - 96 .

Groeneveld, Sigmar, 1986: „Agrarkulturen statt Landwirtschaft: Entwurf einer Perspektive". In: Glaeser, Bernhard (Hrsg.), 1986: „Die Krise der Landwirtschaft. Zur Renaissance von Agrarkulturen". Frankfurt (Campus). S. 165-186.

Hagemann, H.-R., 1971: „Eigentum". In: „Handwörterbuch zur Deutschen Rechtsgeschichte (HRG)". I. Bd. Berlin (Schmidt) 1971: Sp. 882-896.

Hahn, Achim, und Gerd Vonderach, 1987: „Die dörfliche Gemeinschaft: Tradition und sozialer Wandel". Soziologische Revue. Besprechungen neuer Literatur (München) 10 (1987) 3: S. 265 -272.

Hanisch, Rolf, und Ute Wachendorfer, 1987: „Agrarfrage". In: Nohlen, Dieter, und Peter Waldmann (Hrsg.), 1987: „Dritte Welt. Gesellschaft. Kultur. Entwicklung". „Pipers Wörterbuch zur Politik", Bd. 6, S. 24-38.

Haushofer, Heinz, 1959: „Landwirtschaftsverwaltung und landwirtschaftliches Organisationswesen". In: Beckerath, Erwin v., und andere (Hg.), 1959: „Handwörterbuch der Sozialwissenschaften", Sechster Band. Stuttgart (Fischer), Tübingen (Mohr/Siebeck) und Göttingen (Vandenhoeck & Ruprecht). S. 521-524.

Heinbuch, Ute, und Peter von Blanckenburg, 1986: „Der Einfluß ländlicher Entwicklungsprogramme auf das generative Verhalten ländlicher Gesellschaften der Entwicklungsländer". In: Blanckenburg, Peter von, und H. de Haen (Hg.), 1986: „Bevölkerungsentwicklung, Agrarstruktur und ländlicher Raum". Münster-Hiltrup (Landwirtschaftsverlag). S. 507-518.

Henning, Friedrich-Wilhelm, 1978: „Landwirtschaft und ländliche Gesellschaft in Deutschland". Bd. 2. 1750 bis 1976. Paderborn (Schöningh).

Henning, Friedrich-Wilhelm, 1979: „Landwirtschaft und ländliche Gesellschaft in Deutschland". Bd. 1. 800-1750. Paderborn (Schöningh).

Hettlage, Robert, 1989a: „Bauerngesellschaften. Die bäuerliche Lebenswelt als soziales Exotikon". In: Hettlage, Robert (Hg.), 1989: „Die posttraditionale Welt der Bauern". Frankfurt (Campus). S. 9-37

Hettlage, Robert, 1989b: „Über Persistenzkerne bäuerlicher Kultur im Industriesystem“. In: Giordano, Christian, und Robert Hettlage (Hg.), 1989: „Bauerngesellschaften im Industriezeitalter. Zur Rekonstruktion ländlicher Lebensformen“. Berlin (Reimer). S. 287-333

Höschel, Heinz, 1986: Rezension. In: Deutsche Zeitschrift für Philosophie (Berlin/DDR) 7 (1986): 658.

Ipsen, Gunther, 1929: „Das Dorf als Beispiel einer echten Gruppe“. Archiv für angewandte Soziologie (Berlin) 1/3 (1929) 4/5: 22-41.

Jonsson, Ulf, Anu Mai Köll und Ronny Pettersson, 1980: „Eine Agrargesellschaft im Wandel. Einige theoretische Überlegungen“. Zeitschrift für Agrargeschichte und Agrarsoziologie (Frankfurt/Main) 28 (1980) 2: 203-221.

Kaser, Max, 1971: „Das römische Privatrecht. Erster Abschnitt. Das altrömische, das vorklassische und klassische Recht“. 2. , neubearb. Aufl. München (Beck).

Khalatbari, Parviz, 1986: „Kontinuität und Diskontinuität der Bevölkerungsbewegung vor der industriellen Revolution“. Jahrbuch für Wirtschaftsgeschichte (Berlin/DDR) (1986) 4: S.17-50.

Klingemann, C, 1981: „Heimatsoziologie oder Ordnungsinstrument?. Fachgeschichtliche Aspekte der Soziologie in Deutschland zwischen 1933 und 1945“. Kölner Zeitschrift für Soziologie und Sozialpsychologie. SH 23 (1981) „Soziologie in Deutschland und Österreich 1918-1945“ (1981): S. 273-307.

Kneer, Georg, und Armin Nassehi, 1993: „Niklas Luhmanns Theorie sozialer Systeme. Eine Einführung“. München (Fink).

Kneer, Georg, Armin Nassehi und Markus Schroer (Hrsg.) 1997: „Soziologische Gesellschaftsbegriffe. Konzepte moderner Zeitdiagnosen“. München (Fink).

König, René, 1958: „Grundformen der Gesellschaft: Die Gemeinde“. Hamburg (Rowohlt).

Kötter, Herbert, 1958: „Landbevölkerung im sozialen Wandel. Ein Beitrag zur ländlichen Soziologie“. Düsseldorf (Diederichs).

Kötter, Herbert, 1987: „Landwirtschaft auf dem Wege in die postindustrielle Gesellschaft“. In: Jauch, Dieter, und Franz Kromka (Hrsg.), 1987: „Agrarsoziologische Orientierungen. Ulrich Planck zum 65. Geburtstag“. Stuttgart (Ulmer).

Krambach, Kurt, 1985: „Genossenschaftsbauern und Dorf im Prozeß der sozialistischen Intensivierung“. Deutsche Zeitschrift für Soziologie (Berlin/Ost) 33 (1986) 1: S. 42-52.

Krambach, Kurt, 1992: „Genossenschaftsbauern, Dorf und Reproduktion der ländlichen Lebensweise“. Berliner Journal für Soziologie (Berlin) 2 (1992) 3-4: S. 421-430.

Krambach, Kurt, 1993: „Beweggründe für Genossenschaften für ihre berufliche Perspektive in einer gemeinschaftlichen (genossenschaftlichen oder ähnlichen) Existenzform (1990 untersucht in der DDR bzw. den neuen Bundesländern in der BRD)“. In: „Osteuropastudien der Hochschulen des Landes Hessen“. Reihe 1. „Giessener Abhandlungen zur Agrar- und Wirtschaftsforschung des europäischen Ostens“. „Social Problems in Rural Areas under Conditions of Change“. Symposium. (Berlin) Band 190 (1993). S. 81-101.

Krambach, Kurt, und Sonja Müller, 1986: „Die Sozialstruktur der Landbevölkerung in der Deutschen Demokratischen Republik“. In: Akademie für Gesellschaftswissenschaften (Hrsg.): „Thematische Dokumentationen und Informationen“ (Berlin) Bd. 54 (1986): S. 49-69.

Krause, Detlef, 1996: „Luhmann-Lexikon. Eine Einführung in das Gesamtwerk von Niklas Luhmann“. Stuttgart (Enke).

Kriedte, Peter, Hans Medick und Jürgen Schlumbohm, 1983: „Die Proto-Industrialisierung auf dem Prüfstand der historischen Zunft. Antwort auf einige Kritiker“. In: Geschichte und Gesellschaft (Göttingen) 9 (1983) 1: 87-105.

Laschewski, Lutz, 1998: „Sektion Land- und Agrarsoziologie“. In: Soziologie. Mitteilungsblatt der Deutschen Gesellschaft für Soziologie (Opladen) (1998) 1: 65-69.

Larson, Olaf F., 1972: „Rural Society“. In: International Encyclopedia of the Social Sciences. London (Macmillan) Bd. 15, S. 580-587.

Lenski, Gerhard, 1977: „Macht und Privileg. Eine Theorie der sozialen Schichtung“. Frankfurt/Main (Suhrkamp).

Loomis, Charles P., 1972: „Agriculture: Social Organization“. In: International Encyclopedia of the Social Sciences. London (Macmillan) Bd. 15, S. 208-215.

Luhmann, Niklas, und Karl-Eberhard Schorr, 1979: „Reflexionsprobleme im Erziehungssystem“. Stuttgart (Klett-Cotta).

Marx, Karl, und Friedrich Engels: „Werke“. Bd. 4 (1959), Bd. 8 (1973), Bd. 23 (1962). Berlin (Dietz).

Mooser, Josef, 1984: „Ländliche Klassengesellschaft 1770 - 1848. Bauern und Unterschichten, Landwirtschaft und Gewerbe im östlichen Westfalen“. Göttingen (Vandenhoeck & Ruprecht).

Palme, Herwig, 1984: „Veränderungsprozesse in einer armen agrarischen Gesellschaft: Wirtschaftliche Dynamik und soziale Struktur im ländlichen Indien". Österreichische Zeitschrift für Soziologie (Wien) 9 (1984) 4: S. 107-127

Planck, Ulrich, 1971: „Die Landgemeinde". Hannover (Nieders. Landeszentrale für Politische Bildung).

Planck, Ulrich, 1974: „Dorfforschung im Deutschen Reich und in der Bundesrepublik Deutschland". Zeitschrift für Agrargeschichte und Agrarsoziologie 22 (1974): S. 146 - 78.

Planck, Ulrich, 1977: „Agrarsoziologie". In: „Staatslexikon", 7. völlig neubearb. Aufl., Freiburg, Sp. 64-66.

Planck, Ulrich, 1986: „Soziale Auswirkungen der Entleerung und Verdichtung im ländlichen Raum". In: Blanckenburg, Peter von, und Hartwig de Haen (Hg.), 1986: „Bevölkerungsentwicklung, Agrarstruktur und Ländlicher Raum". Münster-Hiltrup (Landwirtschaftsverlag). S. 119-129.

Planck, Ulrich, Dieter Jauch, Franz Kromka und Jürgen Stark, 1982: „Rural Community Studies in the Federal Republic of Germany". In: Durand-Drouhin, Jean Louis, und Lili-Maria Szwengrub, 1982: „Rural Community Studies in Europe. Trends, Selected and Annotated Bibliographies, Analyses". Oxford (Pergamon). S. 37-129.

Planck, Ulrich, und Joachim Ziche, 1979: „Land- und Agrarsoziologie. Eine Einführung in die Soziologie des ländlichen Siedlungsraumes und des Agrarbereichs". Stuttgart (Ulmer).

Pongratz, Hans, 1991: „Bäuerliche Tradition im sozialen Wandel". Kölner Zeitschrift für Soziologie und Sozialpsychologie (1991)2: 234-246.

Rammert, Werner, 1997: „... eine Soziologie, als ob Natur nicht zählen würde?" In: Soziologie. Mitteilungsblatt der Deutschen Gesellschaft für Soziologie (Opladen) (1997) 2: S. 23-33.

Redfield, Robert, 1947: „The Folk Society". In: American Journal of Sociology 52, 1947. S. 293-308.

Ribeiro, Carlos R., und Carlos Cardoso, 1988: „Bemerkungen zu den sozialökonomischen Strukturen den Agrargesellschaften in Guinea-Bissau und ihrem historischen Wandel. Eine Fallstudie." In: Meyns, Peter (Hg.): „Agrargesellschaften im portugiesisch sprachigen Afrika". Saarbrücken (Breitenbach) 1988. S. 155- 177.

Rösener, Werner, 1985: „Bauern im Mittelalter". München (Beck).

Rösener, Werner, 1993: „Die Bauern in der europäischen Geschichte". München (Beck).

Rudolph, Fritz, 1955: „Strukturwandel eines Dorfes". Berlin.

Rudolph, Fritz, 1993-94: „Dorf und Dorfsoziologie im Wandel. Zum Problem einer Neuorientierung". Angewandte Sozialforschung (Wien) 18 (1993-94) 1-2: S. 41-58.

Schäfers, Bernhard, 1989: „Wandlungen des Stadt-Land-Verhältnisses: Stadtflucht und Neo-Ruralität“. In: Giordano, Christian, und Robert Hettlage (Hg.), 1989: „Bauerngesellschaften im Industriezeitalter. Zur Rekonstruktion ländlicher Lebensformen“. Berlin (Reimer). S. 229-249.

Schissler, Hanna, 1978: „Preußische Agrargesellschaft im Wandel. Wirtschaftliche, gesellschaftliche und politische Transformationsprozesse von 1763-1847“. Göttingen (Vanderhoek & Ruprecht).

Schrader, Achim, 1966: „Die soziale Bedeutung des Besitzes in der modernen Konsumgesellschaft. Folgerungen aus einer empirischen Untersuchung in Westdeutschland“. = Dortmunder Schriften zur Sozialforschung Bd. 32. Köln/Opladen (Westdeutscher Verlag).

Schrader, Achim, 1994: „Sozialstruktur“. In: Briesemeister, Dietrich, Gerd Kohlhepp, Ray-Güde Mertin, Hartmut Sangmeister und Achim Schrader (Hg.), 1994: „Brasilien heute. Politik. Wirtschaft. Kultur“. Frankfurt (Vervuert). S. 155-175.

Sigrist, Christian, 1992: „Sociétés Agraires et Politique de Développement Rural en Guinée Bissau“. Münster (Aktuelle Beiträge zur Soziologie. Institut für Soziologie).

Sigrist, Christian, und T. Amano, 1973: „Strukturdifferenzen der Agrarrevolution in Rußland und China“. In: Ernest Mandel u.a.: „Probleme des Sozialismus und der Übergangsgesellschaften“. Frankfurt (Suhrkamp). S. 365-391.

Sorokin, Pitirim, und Carle Clarke Zimmerman, 1929: „Principles of Rural-Urban Sociology“. New York (Holt).

Spittler, Gerd, 1980: „Abstraktes Wissen als Herrschaftsbasis. Zur Entstehungsgeschichte bürokratischer Herrschaft im Bauernstaat Preußen“. Kölner Zeitschrift für Soziologie und Sozialpsychologie (Opladen) 32 (1980) 3: S. 574-604.

Spittler, Gerd, 1991: „Die Arbeitswelt in Agrargesellschaften“. Kölner Zeitschrift für Soziologie und Sozialpsychologie (Opladen) 43 (1991) 1: S. 1-17.

Stavenhagen, Rodolfo, (Hg.) 1970: „Agrarian Problems and Peasant Movements in Latin America“. Garden City, New York (Doubleday).

Stavenhagen, Rodolfo, 1970: „Social Aspects of Agrarian Structure in Mexico“. In: Stavenhagen, Rodolfo, 1970: „Agrarian Problems and Peasant Movements in Latin America“. Garden City, New York (Doubleday). S. 225-270.

Stichweh, Rudolf, 1997: „Inklusion/Exklusion, funktionale Differenzierung und die Theorie der Weltgesellschaft“. Soziale Systeme. Zeitschrift für soziologische Theorie (Leverkusen) 3 (1997) 1: S. 123-136.

Tönnies, Ferdinand, 1922: „Gemeinschaft und Gesellschaft. Grundbegriffe der reinen Soziologie". 4. und 5. Aufl. Berlin (Curtius).

Wachendörfer-Schmidt, Ute, 1997: „Agrarfrage und Agrarpolitik. Bauern und Agrarfrage in den südlichen Ländern". In: Nohlen, Dieter, Peter Waldmann und Klaus Ziemer (Hrsg.): „Die östlichen und südlichen Länder" = „Lexikon der Politik" hrsg. Von Dieter Nohlen. München (Beck) 1997: S. 25-34.

Viola, Lynne, 1986: „The Campaign to Eliminate the Kulak as a Class, Winter 1929-1930: A Reevaluation of the Legislation" Slavic Review (Stanford) 45 (1986) 2: S. 503-524.

Waldstein, Wolfgang, 1995: „Römische Rechtsgeschichte. Ein Studienbuch". Begr. v. Gerhard Dulckeit und Fritz Schwarz, 9., neu bearb. Aufl.". München (Beck).

Weber, Max, 1956: „Wirtschaft und Gesellschaft. Grundriß der verstehenden Soziologie", Studienausgabe. Köln (Kiepenheuer).

Weltbank, 1996: „Weltentwicklungsbericht 1996 ‚Vom Plan zum Markt'". Bonn (UNO-Verlag).

Wiese, Leopold v., 1959: „Ländliche Siedlungen". In: Vierkandt, Alfred (Hg.), 1959: „Handwörterbuch der Soziologie". Unveränderter Nachdruck. Stuttgart (Enke). S. 522 ff.

Wolf, Eric R., 1955: „Types of Latin American Peasentry: A Preliminary Discussion". American Anthropologist (Menasha, Wis.) 57 (1955) 3, Part 1: 452-471.

Wunder, Heide, 1986: „Die bäuerliche Gemeinde in Deutschland. Göttingen (Vandenhoeck und Ruprecht).

Zimmerman, L. J., 1954: Geschichte der theoretischen Volkswirtschaftslehre. Köln-Deutz (Bund).

Ilona Ostner

Arbeits- und Industriegesellschaft

1. Begriffsbestimmungen

Man kann Begriffe durch einfache Grenzziehungen gewinnen: Die industrielle Gesellschaft unterscheidet sich von der vor- und der nachindustriellen durch das Gewicht und die Dynamik des Sektors industrieförmiger Produktion. Der primäre Sektor, die Naturalwirtschaft und ihre Produzenten, die Bauern, haben ihre Bedeutung verloren, der sekundäre Sektor industrieller Produktion an Gewicht gewonnen. Die kapitalistischen Unternehmer und Beschäftigten der Industrie bestimmen das Geschick der Gesellschaft und prägen ihr Gesicht. Von einem bestimmten Industrialisierungsgrad an findet, so die verbreitete These, allerdings eine Trendwende statt: Industrielle Tätigkeiten stagnieren oder verwandeln sich z.B. in produktionsbezogene oder organisationsinterne Dienstleistungen (vgl. Berger/Offe 1984). Die Expansion findet also im tertiären Sektor, im Dienstleistungsbereich, statt. Man kann es auch so formulieren: Um die industrielle Arbeit herum lagern sich immer mehr vor-, zu- und nacharbeitende Dienste, die erst die Realisierung des Wertprodukts ermöglichen. Industrielle Gesellschaften stehen offensichtlich immer auf der Schwelle zu diesem Strukturwandel.

Aron (1962), Boudon und Bourricaud (1992) nennen zentrale Elemente, die jede industrielle Gesellschaft - die kapitalistische wie die sozialistische - kennzeichnen. Sie abstrahieren dabei von den Eigentumsverhältnissen. Schließlich setzen private Personen und Kollektive gleichermaßen das Kapital, über das sie verfügen, im industriellen Produktionsprozeß ein, um das Wertprodukt zu vergrößern. Dessen Aneignung und Verteilung ist wiederum abhängig vom jeweiligen Rechtstitel: Mal verfügt der private, mal der kollektive Eigentümer. Soziologisch relevant, so die drei Autoren, sind vor allem die Auswirkungen der je unterschiedlichen Aneignung und Verteilung auf den Wohlstand der Gesellschaft und die Lebenschancen ihrer Mitglieder.

Für die industrielle Gesellschaft ist zunächst ein spezifisches Verhältnis von Wissenschaft und Technik mit dem Ziel, die Produktivität zu erhöhen, konstitutiv (vgl. Boudon/Bourricaud 1992: 228ff). Mit anderen Worten: Die industrielle Gesellschaft weiß um die Möglichkeit, naturwissenschaftliche Erkenntnisse für die Organisation der Produktion zur Steigerung der Produktivität einzusetzen, und nutzt diese, wo immer ökonomisch sinnvoll. Sie begründet dadurch auch ein neuartiges Verhältnis von Produktion und Verbrauch: Die Steigerung der Arbeitsproduktivität verbilligt die Produkte. Der Arbeiter kann daher im Prinzip zwischen der Verringerung seiner Arbeitszeit und der Steigerung (oder Diversifizierung) seines Verbrauchs wählen. Dies hat so manche SoziologInnen zur allzu optimistischen Gleichsetzung von Industrialisierungsgrad, Wohlstand und Wohlfahrt - auch Chancen der Verringerung der Arbeitszeit - angeregt. Solch ein Wohlergehen ist aber selten intendiert, eher kontingent, und vom allgemeinen Konsumniveau kann kaum auf das einzelner Gesellschaftsmitglieder geschlossen werden. Schließlich bleibt das für Industriegesellschaften konstitutive Problem, daß der Hersteller seine Produkte kaum dem Verbraucher aufzwingen kann. Der Verbraucher kann wiederum nicht ohne weiteres mit bestimmten, seinen Bedürfnissen entsprechenden Gütern oder Diensten rechnen - gar zu einem von ihm bestimmten Preis. In industriellen Gesellschaften kapitalistischer Spielart koordinieren Markt, Vertrag und Geld die Beziehungen, die Tauschbeziehungen, zwischen Herstellern und Verbrauchern in einem dezentralen Prozeß; in sozialistischen der Plan der Zentrale. In keinem Fall lassen sich diese Beziehungen auf ihre technische Dimension reduzieren. Boudon und Bourricaud sprechen von der Notwendigkeit eines kontinuierlichen Informationsflusses zwischen beiden Akteuren und von Informationsdefiziten auf beiden Seiten. Machtungleichgewichte zwischen beiden Parteien werden auch darum nicht angesprochen, weil den Autoren zufolge jede Industriegesellschaft ausbeuterisch und zerstörerisch ist. Ausgebeutet werden zum einen die natürlichen Ressourcen, auf die die nächsten Generationen angewiesen sind; zum anderen beuten die "zentralen" Industriegesellschaften die "peripheren" aus.

Der industrielle Großbetrieb steht paradigmatisch für die industrielle Gesellschaft. Hier verdichten sich deren konstitutive Merkmale. Ihm gilt deshalb Marx' besonderes Interesse. Entsprechend schreibt Aron:

> "Man kann an eine einfache Definition der industriellen Gesellschaft denken: Es wäre eine Gesellschaft, in der die Industrie, die Großindustrie zumal, die charakteristischste Produktionsweise bildet. Eine industrielle Gesellschaft wäre also jene, in der sich die Produktion in Unternehmen wie denen von Renault und Citroen vollzieht." (Aron 1962: 69)

Die Merkmale industrieller Gesellschaften, die Aron im nächsten Schritt auflistet, folgen denn auch denen großbetrieblicher Industriearbeit. Er nennt zunächst die Trennung von Betrieb und Familie, von Erwerb und Haushalten: der industrielle Großbetrieb weist typischerweise keine mithelfenden Familienangehörigen mehr aus; ferner die charakteristische technische Arbeitsteilung innerhalb des Betriebs; die Akkumulation von Kapital; die mit der Expansion des Kapitals erforderliche strenge Wirtschaftlichkeitsberechnung, einschließlich der rationalen, auf Wirtschaftlichkeitsüberlegungen beruhenden Wahl technischer Verfahren; schließlich die Konzentration der Arbeitskraft an einem Arbeitsort (vgl. ebd.: 69ff).

"Arbeits-" und "Industriegesellschaft" werden oft synonym verwendet, die Merkmale des einen Konzepts auch für das andere, die "Arbeitsgesellschaft", verwendet. So erwähnt Offe (1984: 14ff) u.a. die Eigentumslosigkeit und Erwerbsabhängigkeit der Arbeitenden, die Verkehrung der Arbeit zum Erwerb und des Erwerbs zum Selbstzweck, ferner die Unterwerfung der Arbeitenden unter die zunehmend technisch vermittelte Kontrolle betrieblicher Autoritätsverhältnisse. Als Folge dieser komplexen Abhängigkeiten bestimmt allein die Stellung des Arbeitenden im industriellen Produktionsprozeß dessen Stellung in der Gesellschaft, der "Arbeitsgesellschaft" (Kreckel 1993: 3), letztlich seine Selbstverortung. Dahrendorf (1983) betont in kritischer Absicht die Einengung menschlicher Tätigkeit auf die herstellende Arbeit, der selbstbestimmten Aktivitäten auf fremdbestimmte.

Begriff und Empirie der Arbeitsgesellschaft sind - will man sie anders als in der Literatur der 1980er Jahre positiv bestimmen - wiederum eng an die Reife dieser in der großbetrieblichen Industriearbeit zu sich selbst gekommenen - "fordistischen" - industriellen Gesellschaft gebunden. Der Fordismus war bekanntlich durch die standardisierte

Massenproduktion von Gebrauchsgütern für den privaten Haushalt und durch eine entsprechende Massennachfrage nach Kühlschränken und Staubsaugern, Waschmaschinen und Fernsehern, schließlich nach PKWs gekennzeichnet. Die technisch-organisatorisch durchrationalisierte Massenproduktion war schwerfällig. Sie beruhte auf einer längerfristigen Planung der Produktion und einer entsprechenden Kernarbeiterschaft im Betrieb. Diese (männlichen) Insider konnten deshalb - gestützt durch ihre Gewerkschaft, für die wiederum der Großbetrieb die Möglichkeit massenhafter Organisation und Repräsentation eröffnete - Lohnsteigerungen für sich aushandeln und ihr Entlassungsrisiko verringern. Die steigenden Löhne der vollzeitbeschäftigten männlichen Arbeiter und deren immer großzügigere wohlfahrtsstaatliche Absicherung gegen die typischen Wechselfälle des Arbeitnehmerlebens trugen zur Massenkaufkraft der Haushalte bei.

Die fordistische Industrie- oder "Arbeits"gesellschaft, wie sie seit den 1980er Jahren genannt wurde, war die Blütezeit des männlichen Ernährermodells, des männlichen "Normalarbeiters" und Alleinverdieners sowie der Hausfrauenehe. Sie hatte den männlichen "Normal"arbeiter, sein "Normal"arbeitsverhältnis und Vollbeschäftigung im Normalarbeitsverhältnis im Visier und zum Modell sozialpolitischer Regulierung gemacht. Männliche Vollzeitarbeit, in der Regel bei ein und demselben Arbeitnehmer, in ein und demselben Betrieb, Vorteilszuwächse mit der Dauer der Betriebszugehörigkeit nicht nur innerhalb des Betriebs, sondern auch im System sozialer Sicherung sind die wesentlichen Merkmale der Arbeitsgesellschaft als "Normalarbeitsgesellschaft" (Mückenberger 1985).

Erfolg und Niedergang der fordistischen Variante der deutschen industriellen Gesellschaft, der "(Normal-) Arbeitsgesellschaft", beruhten, so die These Bergers (1983: 313-4) auf drei fundamentalen institutionellen Neuerungen der Nachkriegszeit, die sie von ihren Vorläufern deutlich abgrenzten: dem Staatsinterventionismus, der Sozialstaatlichkeit und der Sozialpartnerschaft. Staatliche Interventionen versuchten, die Nachfrage auf ein die Vollbeschäftigung sicherndes Niveau anzuheben; der Ausbau der Systeme sozialer Sicherung sollte den Arbeitnehmer vor allzugroßen Einkommenseinbußen im Alter, bei Krankheit oder Arbeitslosigkeit schützen (eine andere Form der Nachfragepolitik). Die Sozialpartnerschaft pazifizierte den Klassenkonflikt, indem sie die Verantwortung für das wirtschaftliche Wachstum in die Hände beider Arbeitsmarktparteien legte.

Damit, so Berger weiter, verschwand der Mechanismus der "industriellen Reservearmee", eine zur Industriearbeiterschaft komplementäre soziale Kategorie der industriellen Gesellschaft, und ihr disziplinierendes Drohpotential. Marx hatte den Begriff für diejenigen Teile der industriellen Arbeiterschaft verwendet, die durch die mit der forschreitenden Kapitalakkumulation möglich gewordenen technischen Rationalisierung freigesetzt wurden. Auf Beschäftigung angewiesen hatten diese Arbeitslosen auf die Arbeits- und Lohnbedingungen der noch beschäftigten Arbeiter gedrückt.

Die erwähnten institutionellen Neuerungen hatten das Verhältnis der Lohnarbeiter zu ihrer Arbeit und ihrem Lohn entscheidend geändert: Der Lohn übernahm die Rolle eines Schadensersatzes für die geleistete Arbeit, und der sollte möglichst hoch sein (vgl. ebd.: 316). Indem sie die Lohnabhängigen gegen die typischen Erwerbsrisiken, z.B. die Arbeitslosigkeit, immer großzügiger absicherte, förderte die Sozialpolitik (nicht nur in der Bundesrepublik) ebenfalls eine negative Einstellung zur Erwerbstätigkeit. Sozialpolitik wurde zuerst in ihrer "dekommodifizierenden" Wirkung beurteilt: Ins Blickfeld gerieten Optionen des Ausstiegs aus dem Arbeitsmarkt und die Höhe der Lohnersatzleistungen im Falle des freiwilligen oder unfreiwilligen Ausstiegs. Die andauernde hohe Arbeitslosigkeit in den wohlfahrtsstaatlich verfaßten Industriegesellschaften sollte bald auf derartige Ineffizienzen zurückgeführt werden.

2. Soziologie und industrielle Gesellschaft

Für viele Soziologen schien es ausgemacht: Die Industriegesellschaft war längst tot, die Arbeitsgesellschaft am Ende. Erstere durfte allerdings ein langes Leben führen. Man hatte ihre Entwicklung - sozusagen von der Wiege bis zur Bahre - seit dem frühen 19. Jahrhundert bis in die jüngste Zeit aufmerksam, mal hoffnungsfroh, mal voller Befürchtungen begleitet. Von der Arbeitsgesellschaft sprachen die Soziologen dagegen relativ spät, erst seit den frühen 1980ern, und da galt sie bereits als moribund. Die Arbeitsgesellschaft wurde erst in dem Moment entdeckt, als ihr die Arbeit und damit das auszugehen schien, was sie auszeichnete. So jedenfalls hieß es in den Auftaktreferaten des Bamberger Soziologentages 1982 (Dahrendorf 1983; Offe 1984). Fast sieht es so aus, als markiere das Ende der Arbeitsgesellschaft das endgültige Aus für die Industriegesellschaft: nach dem Hirntod sozusagen der Herztod. Beides bedingt sich wechselseitig und ist doch nicht dekkungsgleich.

Totgesagt wurden - jedenfalls, was die Industriegesellschaft betrifft, - Konzepte, die die Soziologie einmal begründeten und bis in die jüngste Zeit lebendig hielten. Die Soziologie sei das Kind der sich industrialisierenden Gesellschaft, die industrielle Gesellschaft wiederum das Lieblingskind der Soziologie, schrieb Dahrendorf (1962:14). Das behauptete Verschwinden der industriellen Gesellschaft betrifft also zwangsläufig die Soziologie. Ersatzangebote für eine postindustrielle Soziologie postindustrieller Gesellschaften gibt es viele: z.B. die These der Informations- und/oder Wissensgesellschaft. Diese wurde aber bisher überwiegend von Ökonomen und Politikberatern auf den Weg gebracht. Die Soziologie sei, so Rudolf Stichweh (1998), an der Schöpfung und systematischen Ausarbeitung solcher Konzepte kaum beteiligt gewesen. Dies liege u.a. daran, daß sie sich noch zu sehr mit den traditionellen Fragen sozialer Ungleichheit befasse. So habe es die Soziologie auch bis heute versäumt, die neuen tragenden Leitbegriffe des Wissens, der Information und der Kommunikation theoretisch zu fassen und empirisch zu füllen.

In der "Industriegesellschaft" hatte die Soziologie ein Konzept der Gesellschaftsanalyse und ein Instrument der Selbstdeutung von hohem theoretischen und empirischen Gehalt. Deshalb konnten sich Industriesoziologen auch lange Zeit gegen die Unterstellung wehren, nur eine Bindestrich-Soziologie zu betreiben (vgl. Bahrdt 1982). Industriesoziologie verstand sich noch in den 1980er Jahren als Soziologie der industriellen Gesellschaft, die sich ebenso mit der "Rekonstruktion gesamtgesellschaftlicher Entwicklungen", z.B. der Institutionalisierung des Klassenkonflikts in der Sozialpartnerschaft, wie mit "betrieblichen Strukturveränderungen und betrieblichen Sozialphänomenen" oder den "Veränderungen der Arbeitssituationen" und den Reaktionen der Arbeitskräfte beschäftigte (vgl. Braczyk et al. 1982: 16-7). Man tat dies - vielleicht zu selten und wenn dann mit Zuspitzung auf den West-Ost-Systemvergleich - auch in vergleichender Perspektive und genügte damit dem soziologischen Gebot, historische Besonderheiten herauszuarbeiten und Überverallgemeinerungen auf der Basis nur einer Epoche und einer Gesellschaft zu vermeiden.

Mit "industriell" schien eine lange Zeit lang das Spezifische der Gesellschaft, ihr Konsens wie auch ihre Konfliktlinien und die historische Besonderheit bzw. die Verschiedenartigkeiten ausreichend benannt, also die drei wesentlichen Ziele einer wissenschaftlichen Befassung mit der Gesellschaft erreicht (vgl. Aron 1964: 13ff). Für einen Teil der Soziologen sollte diese Beschäftigung wertfrei und möglichst unpolemisch sein. Auf der Suche nach einem wertfreien Begriff wurde die "industrielle Gesellschaft" erfunden. Der Begriff füllte sich bald mit Inhalt. Er enthielt allerdings von Anfang an eine wertende Entwicklungsperspektive, einen Wertmaßstab: die Zunahme oder Abnahme sozialer Ungleichheit (vgl. Dahrendorf 1962: 18ff). Annahmen über Angleichung und neue Ungleichheiten und die Verknüpfung solcher Hoffnungen und Befürchtungen mit den Produktivitätsfortschritten der sich industrialisierenden Gesellschaft einerseits, ihrer Demokratisierung andererseits.

Die Soziologie der industriellen Gesellschaft entstand als eine Soziologie der sozialen Ungleichheit und der Klassenkonflikte. Sie untersuchte die Auswirkungen der Universalisierung eines bestimmten, an Markt, Wert und Ware gebundenen Typus' von Arbeit und einer bestimmten Form der Rationalität auf das gesellschaftliche Gefüge und die Mitglieder der Gesellschaft (vgl. König 1990: 325): Integration und/oder Konflikt, Angleichung und neue Differenzierung sind ihre zentralen Kategorien gewesen. Ungleichheit und Klassenkonflikte schienen noch die schwache, weil verordnete Demokratie der Bundesrepublik der Nachkriegsjahre zu gefährden. Man fürchtete aber nicht nur die Schärfe von Konflikten zwischen Kapital und Arbeit, sondern auch deren Abschwächung und Entpolitisierung im Prozeß der Angleichung von Lebenschancen und -lagen in der industriellen Gesellschaft und damit den Verlust von kritischen Korrektiven (vgl. Bahrdt 1982: 13).

Ein dem der Industriegesellschaft vergleichbar gehaltvolles Konzept für die Analyse und Selbstbeschreibung der Gegenwartsgesellschaft, das mehr wäre als ein bloßes Etikett und dem Bedürfnis der SoziologInnen nach Gesamtorientierung in ihrem Fach entgegenkäme (vgl. ebd.: 13-4), vergleichbare "regulative Ideen", existieren meines Erachtens noch nicht. Möglicherweise sind die Konzepte der Industrie- aber auch der Arbeitsgesellschaft zu früh totgesagt und noch nicht ausgeschöpft worden. Verengungen des Zugriffs, z.B. die technokratische Verkürzung der Industriegesellschaft oder die Gleichsetzung von Arbeit mit Erwerbsarbeit im Normalarbeitsverhältnis einerseits, teleologische Überfrachtungen, z.B. die Hoffnung auf eine Einebnung der Klassenunterschiede durch Produktivitätszuwächse oder die Ineinssetzung von technischem Fortschritt und Humanisierung der Arbeit, andererseits können die Güte, d.h. hier: die Diagnosefähigkeit, eines Konzeptes einschränken.

3. Der soziologische Gehalt der "industriellen Gesellschaft"

Der Begriff der industriellen - wesentlich wirtschaftlichen - Gesellschaft wurde von der Saint-Simon-Schule in Abgrenzung zu einer wesentlich politischen, hierarchischen - militärischen - geprägt (vgl. Aron 1964: 24-5; Boudon/Bourricaud 1992: 227). Aron erinnert an Saint-Simons Gedankenspiel. Dieser fragt: Was wäre, wenn die besten Generäle, die besten Diplomaten verschwunden wären? Was würde geschehen? Nichts, lautet seine Antwort. Unterstellt man dagegen, die hundert ersten Unternehmer wären nicht mehr da: Dann wäre die Funktionsfähigkeit der Gesellschaft in Frage gestellt. Denn in der wirtschaftlichen, der industriellen, Gesellschaft sind die Industriekapitäne, die Ingenieure, die Gelehrten und die Techniker für die kollektive Organisation verantwortlich. Die Regierung von Personen werde abgelöst durch den unternehmerischen Geist, den Gewerbefleiß (nicht anderes bedeutet "Industrie") von Privatpersonen, durch die "Verwaltung von Sachen", die sich an den Früchten dieser Tätigkeit, der Vermehrung von Reichtum, orientiert.

Der Begriff der Industrie spielt auf diese Art der "Verwaltung von Sachen" an. Boudon und Bourricaud (1992: 227) erläutern ihn meines Erachtens am zutreffendsten. Sie verstehen unter "Industrie" die Kunst, Ressourcen zu kombinieren und Werkzeuge zu gebrauchen, was Kosten in Form von Zeit und Mühe bedingt, aber auch ein Produkt und einen Profit zeitigt. Die Industrie liegt also an der "Schnittstelle zwischen technischer und wirtschaftlicher Aktivität". Selbst als werkzeugherstellender und -gebrauchender "Künstler", der Ressourcen kombiniert, denkt der Mensch an die Nützlichkeit dieser Kombination, an ihren Gebrauchs-, vor allem aber an ihren Tauschwert. Derart weit definiert hat die Industrie nichts an Relevanz verloren. Andererseits reicht die bloße Existenz "industriell" tätiger Menschen noch nicht zur Kennzeichnung einer Gesellschaft als "industrielle" aus.

Die unternehmerische, am Erwerb orientierte Gesinnung, der Gewerbefleiß, ist zumindest im Denken eines Tocqueville wiederum ein Beiprodukt der demokratischen Revolution. Für ihn ist die industrielle Gesellschaft wesentlich demokratisch *und* wirtschaftlich. Die Abschaffung von Ungleichheit der Herkunft, die Gleichheit vor dem Gesetz, die gleiche Freiheit des Erwerbs entwerteten das Streben nach Macht, Ehre und Ruhm. Die Haupttätigkeit der Menschen verlagerte sich deshalb ins Wirtschaftliche. Den Ungleichheiten der erwirtschafteten Reichtümer steht von nun an die Tendenz der in der industriellen Gesellschaft Zukurzgekommenen gegenüber, die Ungleichheiten zu verringern. Sie tun dies unter anderem, indem sie vom Staat fordern, die Folgen ihrer Benachteiligung abzuschwächen. Die Macht des Staates wächst. Kurz über lang, so Tocqueville, wird diese demokratische Tendenz innerhalb der Rahmenbedingungen der industriellen Gesellschaft die mittleren Schichten vergrößern und extreme Ungleichheiten verringern, ohne die Vermögen anzugleichen.

Marx hat die sich industrialisierende Gesellschaft als kapitalistische - im Spannungsverhältnis von Produktivkräften und Produktionsverhältnissen - beschrieben. Das Wesen der Gesellschaft, ihre Qualität, folgt nicht unmittelbar aus dem Stand der Produktivkräfte. Letzere sagen nichts über die sozialen Bedingungen der Produktion. Die Verwendung von Kürzeln wie "vor"-, "industriell" oder "postindustriell" zur Kennzeichnung einer Gesellschaft, ist, so auch Boudon und Bourricaud (1992: 227), letztlich nur dann gerechtfertigt, wenn eine derartige Hierarchisierung wirtschaftlicher Aktivitäten Gesellschaften auch hinreichend positioniert. Vereinfacht: Sie müssen etwas über die Gesellschaftsform aussagen.

Adorno wird sich mehr als hundert Jahre später auf Marx' Seite schlagen und am Spannungsverhältnis festhalten, wenn er sich gegen die These von den überholten Antagonismen und einem entsprechend

- technizistisch und ökonomistisch - verkürzten Begriff der Industriegesellschaft wendet:

> "... die gegenwärtige Gesellschaft ist durchaus Industriegesellschaft nach dem Stand ihrer Produktiv*kräfte*. Industrielle Arbeit ist überall und über alle Grenzen der politischen Systeme hinaus zum Muster der Gesellschaft geworden. Zur Totalität entwickelt sie sich dadurch, daß Verfahrensweisen, die den industriellen sich anähneln, ökonomisch sich zwangsläufig auch auf den Bereich der materiellen Produktion, auf Verwaltung, auf die Distributionssphäre und die, welche sich Kultur nennt, ausdehnen. Demgegenüber ist die Gesellschaft Kapitalismus in ihren Produktions*verhältnissen*. Stets noch sind die Menschen (...) Anhängsel an die Maschinerie (...) bis in ihre intimsten Regungen hinein genötigt, dem Gesellschaftsmechanismus als Rollenträger sich einzuordnen und ohne Reservat nach ihm sich zu modeln. Produziert wird heute wie ehedem um des Profits willen. (...) die Bedürfnisse (sind) vollends zu Funktionen des Produktionsapparates geworden, nicht umgekehrt ... " (Adorno 1969: 18).

Fragte Tocqueville nach dem vermittelnden, integrierenden liberalen Moment in der demokratischen, deshalb wirtschaftlichen Gesellschaft, suchte Marx Ansatzpunkte für eine mit sich selbst versöhnte, nicht entfremdete Gesellschaft sich gegenseitig achtender Menschen ohne Klassengegensätze. Beide, so Aron (1964: 35), haben die Wohlstandsvermehrung, die Entwicklung des allgemeinen Wohlstandes in der Industriegesellschaft durch die Steigerung der Produktivität bzw. der Wertschöpfung durch die Gesamtheit wie auch durch jeden Einzelnen unterschätzt. Produktivitätssteigerungen bilden eine wichtige Voraussetzung für die Verbesserung und Angleichung der Lebenschancen; vor ihrem Hintergrund werden Unterversorgung, Deprivation und andere Formen sozialer Ungleichheit aufs neue begründungsbedürftig. Marx habe darüber hinaus die Bedeutung des Privateigentums an Produktionsmitteln und den damit verbundenen Klassenkonflikt überschätzt. Stattdessen müsse man kapitalistische wie sozialistische Industriegesellschaften gleichermaßen danach befragen, wie sie ihren wachsenden Wohlstand an materiellen und immateriellen Gütern mit welchen Folgen für die Struktur sozialer Ungleichheiten verteilen.

Bei aller Einschränkung und Kritik: Mit Tocqueville und Marx sind die beiden wichtigsten Traditionslinien der Theorie und Empirie der industriellen Gesellschaft in ihrem Ursprung und in ihren Kernannahmen grob beschrieben: zum einen die Konzentration auf Prozesse der Angleichung, der Entstehung neuer Ungleichheiten und ihrer Begründung sowie auf die Rolle des Staates in demokratischen Industriegesellschaften; zum anderen die Konzentration auf das Schicksal der Produktivkraft industrieller Arbeit, zugespitzt auf den industriellen Großbetrieb, seine technische Rationalität und fortschreitende Rationalisierung, auf Wohlstandsvermehrung und -verteilung und deren Folgen für das Gesellschaftsbild und -bewußtsein der Arbeitenden. Manche Ansätze versuchten, beide Traditionslinien zu verknüpfen.

Theodor Geiger (1949) und Helmut Schelsky (1965) stehen für die erste Traditionslinie, überziehen diese jedoch in Richtung auf Angleichung und Nivellierung der Unterschiede hin zur Mitte. Kurz nach dem Ende des Zweiten Weltkriegs behaupteten beide, die Proletarisierungsthese habe sich erledigt. Der Mittelstand sei nicht abgesunken; erhebliche Teile der Lohnarbeiterschaft seien zu mittelständischem Lebensstandard aufgestiegen. Dies sei der Demokratisierung und der Wohlstandsvermehrung in der Gesellschaft ebenso geschuldet wie der Veränderung der Arbeit durch den technischen Wandel. Letzterer habe zu einer qualifikatorischen Aufwertung der ausführenden industriellen Arbeit geführt. Sie verlange zunehmend intelligente, wohlgeschulte Arbeiter (vgl. Kern 1998: 113ff).

Diese Angleichungsthese wurde in den 1960er und 1970er Jahren mit dem Verweis auf nach wie vor bestehende (vgl. Dahrendorf 1962) und neue, neuartig gelagerte, soziale Ungleichheiten (vgl. Bergmann et al. 1969) konterkariert. Letztere sind unter anderem "staatlich vermittelt". Staatliche Redistributionen hatten - wie es Tocqueville vorhersah - korrigierend oder verzerrend in die ökonomischen Machtverhältnisse eingegriffen. Dies war allerdings unter dem Zwang geschehen, die institutionellen Voraussetzungen für ein stetiges Wirtschaftswachstum und für Vollbeschäftigung zu schaffen. Dieses Bemühen hat zu einer neuen - horizontalen - Differenzierung von Problemlagen und deren Wahrnehmung geführt: Wahrgenommen und berücksichtigt, so die These, werden die systemdestabilisierenden Risiken.

Die Behauptung der qualifikatorischen Angleichung - Abwertung oder Aufwertung - der fordistischen industriellen Arbeit wurde an ihrem eigentlichen Ort, dem industriellen Großbetrieb, überprüft. Schließlich hatte schon Marx die Großindustrie zum Dreh- und Angelpunkt seiner Gesellschaftsanalyse gemacht. Friedmann (1953) war ein einflußreicher Vertreter der These einer "Nivellierung nach unten" und damit der zweiten - Marxschen - Traditionslinie. Er hatte sie auf der Grundlage einer sekundäranalytischen Auswertung von amerikanischen Studien zu dem, was er "Maschinenwelt" (milieu technique) nannte und von der "natürlichen Welt" (milieu naturel) abgrenzte, ausgearbeitet und konkretisiert. Der technische Fortschritt habe die Kluft zwischen Leitung und Ausführung der Arbeit aufgerissen, die alten unmittelbaren Beziehungen zwischen dem Arbeiter und seinen Vorgesetzten zerstört und ein ungeheures Bedürfnis nach ungelernten Arbeitskräften geschaffen, das von der Massen der schlecht bezahlten "unterprivilegierten" Arbeiter befriedigt werde. Er erkläre auch die bei so vielen amerikanischen Arbeitern beständige Furcht, den "job" zu verlieren. Unter der Wirkung der Rationalisierung nähme ferner die soziale Mobilität, die es dem Arbeiter einmal erlaubte, vom untersten Platz seines Betriebes bis zum höchsten aufzusteigen, beständig ab (vgl. Friedmann 1993: 168-9). Einen Grund zur Technikfeindlichkeit sah Friedmann allerdings nicht. Schließlich wachse der Bedarf der Industrie nach immer vollkommeneren Maschinen. Und diese großartigen Maschinen brauchen neue Fachberufe.

Der Prozeß der fortschreitenden ökonomischen und technischen Rationalisierung beeinflußte also die Zusammensetzung der Industriearbeiterschaft. Diese differenzierte sich weiter. Der technische Fortschritt, das zeigte die Empirie, ließ unqualifizierte, "restriktive", Arbeit keineswegs verschwinden. Sie bildete nach wie vor den Bodensatz industrieller Arbeit im Großbetrieb. Und wo sie verschwand, tauchte sie außerhalb des jeweils untersuchten Großbetriebs, sozusagen "externalisiert", in anderen, kleineren, ökonomisch weniger gut positionierten Betrieben wieder auf. Im Großbetrieb jedenfalls wurde die Arbeitsteilung "gelockert", die Arbeit dadurch qualifikatorisch angereichert. Polarisierung einerseits, Segmentierung andererseits lautete die Antwort auf Geigers und Schelskys optimistische Annahme (vgl. Kern/ Schumann 1984; Kern 1998). Indem der technische Fortschritt die Arbeiterschaft differenzierte, schien er auch deren kollektive Erfahrungsbasis zu beeinträchtigen. Eine Einheitlichkeit des Arbeiterbewußtseins konnte immer weniger angenommen werden. Damit drohte ein gewichtiges politisches Korrektiv der Industriegesellschaft verloren zu gehen.

Deuteten solche Befunde auf ein Ende der Industriegesellschaft, gar der "Arbeitsgesellschaft", hin? Der Anteil der Dienstleistungen an der industriellen Produktion nahm zu, die Großbetriebe differenzierten sich aus, der Begriff des Netzwerks trat zunehmend an deren Stelle; man entdeckte die Bedeutung der horizontalen Integration der großen Betriebe. Berufsschneidungen wurden zurückgenommen, die Industrieberufe berufsfachlich angereichert. Die Gruppenarbeit machte die Facharbeiter zu Managern und Kontrolleuren des Arbeitsprozeß, oft auch zu Vermarktern der von ihnen hergestellten Güter und Dienste. Dies war mit Ende oder Lockerung der Arbeitsteilung gemeint. Die industrielle Arbeit wandelte ihre Gestalt, sie verschwand dabei ebensowenig wie das für sie konstitutive Verhältnis.

4. Welche Krise, welches Ende?

Drei Argumente sollten die Rede vom Entschwinden der Arbeitsgesellschaft stützen: der Strukturwandel der lohnabhängigen Arbeit; die Verringerung der in der Lohnarbeit verbrachten Lebenszeit; die Veränderungen des Arbeitsverhaltens und des Arbeitsbewußtseins, der Wertewandel, wie er sich in der bereits beschriebenen "negativen" Haltung auszudrücken schien.

Claus Offe (1984: 20ff) verwies auf die fortschreitende Differenzierung der Erwerbsarbeit, die deren Ausbreitung begleitete und die mit dem Begriff der Arbeitsteilung seiner Meinung nach nicht mehr zu fassen war. Es fehle das Band, das die verschiedenen Lohnarbeiten einigen könne. Eigentumslosigkeit, Unterwerfung unter die die Kontrolle betrieblicher Rationalität, das Dauerrisiko der Arbeitslosigkeit, gewerkschaftlicher Zusammenschluß oder Produzentenstolz seien so relativiert und differenziert worden, daß sie weder eine gemeinsame Lage noch ein gemeinsames Bewußtsein konstituierten. Man unterscheide heute zwischen primären und sekundären, internen und externen Arbeitsmärkten, die je unterschiedliche Erwerbschancen und Klassenspaltungen innerhalb der Arbeiterklasse mit sich führten; die Existenz von Arbeit jenseits des Marktes und ihrer Relevanz, z.B. der Hausarbeit, sei nicht länger zu ignorieren. Ferner sei die Arbeit in der Ausdehnung der Dienstleistungsarbeit "reflexiv", die Produktion der Voraussetzungen von industrieller Arbeit und Gesellschaft immer wichtiger geworden. Schließlich habe sich die Valenz der Arbeit verändert, die Arbeitssphäre wurde gegenüber anderen Sphären dezentriert. Der Lebenszusammenhang lasse sich nicht mehr von der Arbeitssphäre her als subjektiv sinnvolle Einheit konstruieren (ebd.: 30). Indikatoren dafür seien die Diskontinuität von Berufsbildung und beruflichem Einsatz im Lebenslauf sowie die Verkürzung der Lebensarbeitszeit. Deshalb sei es nicht ersichtlich,

> "...daß es heute von vornherein sinnvoller sein sollte, die Frage nach dem Gesellschaftsbild 'des' Arbeiters (oder gar: 'des' Arbeitnehmers) zu stellen, als die nach dem Gesellschaftsbild des Mineralölverbrauchers oder Mehrwertsteuerzahlers" (ebd.: 22).

Mit dem Ende der Arbeitsgesellschaft sahen deren Verkünder oft - und häufig unvermittelt - das Reich der Freiheit, der Freiheit von heteronomer Arbeit, und die Möglichkeit autonomer Tätigkeiten aufziehen. Dies gilt insbesondere für die Arbeiten von André Gorz (vgl. z.B. Gorz 1989). Neue Kürzel kamen auf: "Tätigkeitsgesellschaft" und "Bürgerarbeit", Arbeit außerhalb und unterhalb von Markt und Vertrag, wohlfahrtsstaatlich alimentiert.

Das Konzept der "Arbeitsgesellschaft", die immer schon ihr Ende in sich trug, ist in den letzten Jahren schrittweise modifiziert worden (vgl. zusammenfassend: König 1990; aktuell: Vobruba 1998). Einwände wurden zunächst gegen den Begriff wegen seiner theoretischen und historischen Undifferenziertheit erhoben. Weder Marx noch Weber sprachen von der Universalisierung "der" Arbeit oder "der" Rationalität und nie losgelöst von den Verhältnissen, in denen sie entstehen und wirken konnten (vgl. König 1990: 325). Die These steht auch empirisch auf tönernen Füßen. Trotz anhaltender Arbeitslosigkeit in den meisten EU-Ländern ist die Zahl der Erwerbstätigen ständig gestiegen. Wenn überhaupt, dann wird in der Arbeitsgesellschaft die "Normalarbeit" knapp, letztere damit aber erst recht wertvoll. Während sich die Jobs vermehren, nimmt die rechtlich und sozialpolitisch geschützte Vollzeitbeschäftigung ab (vgl. Vobruba 1998). Die "Normalarbeits-" oder "Arbeitnehmer"gesellschaft (Robert Castel) wird von der individualisierten Erwerbsgesellschaft, in der Wissen rund um die Produktion immaterieller Güter die treibende Kraft ist und jeder bzw. jede zum Unternehmer der eigenen Arbeitskraft wird (vgl. Ostner 1999), abgelöst.

Die individualisierte Erwerbsgesellschaft baut auf die abstrakte Beschäftigungsfähigkeit aller Erwerbsfähigen und deren flexible Einsatzbereitschaft, nicht mehr auf Vollbeschäftigung. Wissenschaft und Politik verwenden diesen Begriff schon lange nicht mehr (vgl. Vobruba 1998: 84f). Dennoch setzen sie mehr denn je auf beschäftigungsintensives Wachstum. In den nächsten Jahren soll eine Erwerbsquote von mindestens 65 Prozent aller Erwerbsfähigen erreicht und die Arbeitslosenrate auf höchstens sieben Prozent gedrückt werden. Um Arbeitsplätze zu schaffen, wird die Idee der Gleichheit und Angleichung der Lebensverhältnisse der der Beschäftigungsfähigkeit untergeordnet. Damit werden aber all diejenigen an den Rand gedrängt, die nicht oder weniger beschäftigungsfähig sind, unter ihnen wieder viele Frauen und alte Menschen, auch Migranten.

Um Arbeitsplätze zu vermehren, müssen Beschäftigung und existenzsicherndes Einkommen weiter entkoppelt werden. Sich auf ein einziges Einkommen zu verlassen, wird in Zeiten flexibler Beschäftigung zu einer riskanten Strategie. Immer weniger Männer und nicht sehr viele Frauen werden in Zukunft ihre Familie alleine ernähren können. Sie müssen Ressourcen teilen und mischen. So wundert es wenig, daß ein großer Teil der Beschäftigten inzwischen wieder eine Ausweitung der Arbeitszeit wünscht (vgl. Holst/Schupp 1999). Die Sozialpolitik, darin sind sich Wissenschaft und Politik ebenfalls einig, soll Beschäftigung, den Einstieg in die und den Verbleib in der Erwerbsarbeit fördern - nicht den Ausstieg. Löhne und Sozialleistungen sollen keinen Schadensersatz für erlittene Lohnarbeit bieten, sondern wieder zur Eigenverantwortlichkeit disziplinieren.

Begriffe wie "Beschäftigungsfähigkeit" und "Zumutbarkeit" (von Tätigkeit, Arbeit, Arbeitszeit) sind in der letzten Zeit immer weiter und damit für die Erwerbsfähigen restriktiver ausgelegt worden. Die Ausbildungszeiten sollen weiter verkürzt, der frühe Rentenbezug weiter eingeschränkt werden. Zugleich haben sich die individuellen Arbeitszeitpräferenzen gewandelt: Angesichts der Ungewißheit der Erwerbs- und Einkommenschancen wollen, wie gesagt, viele Frauen und Männer wieder mehr arbeiten. Nicht erwerbstätig zu sein oder für Erwerbsarbeit zur Verfügung zu stehen, muß heute mehr denn je begründet werden. Damit verliert aber ein wichtiges Argument in der These vom Ende der (Erwerbs)Arbeitsgesellschaft - der Zugewinn an erwerbsfreier Zeit, gar an Zeitsouveränität - seine Überzeugungskraft.

Möglicherweise wird der "Normalarbeiter" von einem neuen Typus des *casual* abgelöst, von den vielen Gelegenheitsarbeitern - heute würde man *jobber* sagen - abgelöst, die in der zweiten Hälfte des 19. Jahrhunderts die expandierenden Städte der jungen Industriegesellschaften bevölkerten. Die Soziologie beginnt gerade erst, diese Gruppe zu entdecken. Über ihre Lebenschancen und Selbstdeutungen weiß man noch zu wenig (vgl. Vobruba 1998: 95).

Literatur

Adorno, Theodor W., 1969: Einleitungsvortrag zum 16. Deutschen Soziologentag, in: Spätkapitalismus oder Industriegesellschaft? Verhandlungen des 16. Deutschen Soziologentages. Herausgegeben von Theodor W. Adorno im Auftrag der Deutschen Gesellschaft für Soziologie. Stuttgart: Raubdruck, 12-26.

Aron, Raymond, 1964: Die industrielle Gesellschaft. 18 Vorlesungen. Frankfurt und Hamburg: Fischer.

Bahrdt, Hans Paul, 1982: Die Industriesoziologie - eine "spezielle Soziologie"?, in: Hans-Joachim Braczyk et al. (Hg.): Materialien zur Industriesoziologie. Sonderheft 24 der Kölner Zeitschrift für Soziologie und Sozialpsychologie. Opladen: Westdeutscher Verlag, 11-15.

Berger, Johannes, 1983: Die Wiederkehr der Vollbeschäftigungslücke - Entwicklungslinien des wohlfahrtsstaatlichen Kapitalismus, in: Krise der Arbeitsgesellschaft? Verhandlungen des 21. Deutschen Soziologentages in Bamberg 1982. Herausgegeben im Auftrag der Deutschen Gesellschaft für Soziologie von Joachim Matthes. Frankfurt a.M.: Campus, 309-320.

Berger, Johannes und Claus Offe, 1984: Die Entwicklungsdynamik des Dienstleistungssektors, in: Claus Offe (Hg.): "Arbeitsgesellschaft". Strukturprobleme und Zukunftsperspektiven. Frankfurt a.M.: Campus, 229-270.

Bergmann, Joachim et al., 1969: Herrschaft, Klassenverhältnis und Schichtung, in: Spätkapitalismus oder Industriegesellschaft? Verhandlungen des 16. Deutschen Soziologentages. Herausgegeben von Theodor W. Adorno im Auftrag der Deutschen Gesellschaft für Soziologie. Stuttgart: Raubdruck, 67-87.

Boudon, Raymond und Francois Bourricaud, 1992: Industriegesellschaft, in: dies.: Soziologische Stichworte - Ein Handbuch. Opladen: Westdeutscher Verlag, 227-223.

Braczyk, Hans-Joachim et al., 1982: Nach einer Renaissance. Zur gegenwärtigen Situation von Industriesoziologie in der Bundesrepublik Deutschland, in: dies. (Hg.): Materialien zur Industriesoziologie. Sonderheft 24 der Kölner Zeitschrift für Soziologie und Sozialpsychologie. Opladen: Westdeutscher Verlag, 16-56.

Dahrendorf, Ralf, 1962 (zuerst 1961): Soziologie und industrielle Gesellschaft, in: ders.: Gesellschaft und Freiheit. München: Piper, 13-26.

Dahrendorf, Ralf 1983: Wenn der Arbeitsgesellschaft die Arbeit ausgeht, in: Krise der Arbeitsgesellschaft? Verhandlungen des 21. Deutschen Soziologentages in Bamberg 1982. Herausgegeben im Auftrag der Deutschen Gesellschaft für Soziologie von Joachim Matthes. Frankfurt a.M.: Campus, 25-37.

Friedmann, Georges, 1953: Zukunft der Arbeit. Perspektiven der industriellen Gesellschaft. Köln: Bund-Verlag.

Geiger, Theodor, 1949: Die Klassengesellschaft im Schmelztiegel. Köln: Kiepenheuer.

Gorz, André, 1989: Kritik der ökonomischen Vernunft. Berlin: Rotbuch.

Holst, Elke und Jürgen Schupp, 1999: Erwerbsbeteiligung und Arbeitszeitwünsche 1993 und 1997, in: Wolfgang Glatzer und Ilona Ostner (Hg.): Deutschland im Wandel. Sozialstrukturelle Analysen. Sonderheft der Zeitschrift Gegenwartskunde. Opladen: Leske + Budrich, 289-306.

Kern, Horst, 1998: Proletarisierung, Polarisierung oder Aufwertung der Erwerbsarbeit? Der Blick der deutschen Industriesoziologie seit 1970 auf den Wandel der Arbeitsstrukturen, in: Jürgen Friedrichs et al. (Hg.): Die Diagnosefähigkeit der Soziologie. Sonderheft 38 der Kölner Zeitschrift für Soziologie und Sozialpsychologie. Opladen: Westdeutscher Verlag, 113-129.

Kern, Horst und Michael Schumann, 1984 Das Ende der Arbeitsteilung? Rationalisierung in der industriellen Produktion. München: C.H. Beck.

König, Helmut, 1990: Die Krise der Arbeitsgesellschaft und die Zukunft der Arbeit: Zur Kritik einer aktuellen Debatte, in: ders. et al. (Hg.): Sozialphilosophie der industriellen Arbeit. Sonderheft 11 des Leviathan. Opladen: Westdeutscher Verlag, 322-345.

Kreckel, Reinhard, 1983: Theorie sozialer Ungleichheiten im Übergang, in: ders. (Hg.): Soziale Ungleichheiten. Sonderband 2 der Sozialen Welt. Göttingen: Schwartz, 3-14.

Mückenberger, Ulrich, 1985: Die Krise des Normalarbeitsverhältnisses, in: Zeitschrift für Sozialreform 31 (7), 415-434.

Offe, Claus, 1984: Arbeit als soziologische Schlüsselkategorie? in: ders.: "Arbeitsgesellschaft". Strukturprobleme und Zukunftsperspektiven. Frankfurt a.M.: Campus, 13-43.

Ostner, Ilona, 1999: Das Ende der Familie wie wir sie kannten, in: Blätter für deutsche und internationale Politik 44 (1), 69-76.
Schelsky, Helmut 1965 (zuerst 1954): Die Bedeutung des Schichtungsbegriffs für die Analyse der gegenwärtigen deutschen Gesellschaft, in: ders.: Auf der Suche nach Wirklichkeit. Düsseldorf-Köln: Diederichs, 331-336.
Stichweh, Rudolf, 1998: Die Soziologie und die Informationsgesellschaft, in: Jürgen Friedrichs et al. (Hg.): Die Diagnosefähigkeit der Soziologie. Sonderheft 38 der Kölner Zeitschrift für Soziologie und Sozialpsychologie. Opladen: Westdeutscher Verlag, 433-443.
Vobruba, Georg, 1998: Ende der Vollbeschäftigungsgesellschaft, in: Zeitschrift für Sozialreform 44 (2), 77-99.

Elmar J. Koenen

Bürgerliche Gesellschaft

Wer außerhalb disziplingeschichtlicher Zusammenhänge an ältere, klassische Gesellschaftsbegriffe erinnern will, unterstellt, dass sie noch immer in der Lage sind, einen Beitrag zur soziologischen Wahrnehmung und Beschreibung heutiger Gesellschaften zu leisten. Die folgende Darstellung muß daher behaupten, dass die für die Gesellschaftstheorie paradigmatischen Gesellschaften der Gegenwart in einem noch zu präzisierenden, nicht-trivialen Sinn immer auch noch als ‚bürgerlich' beschrieben werden können (oder müssen). Es wäre zu zeigen, dass der Verzicht auf die Unterscheidung ‚bürgerlich' wesentliche Dimensionen der theoretischen Rekonstruktion von Gegenwartsgesellschaften gleichsam unsichtbar bleiben ließe.

Angesichts der Vielfalt und Menge der v.a. *historischen* und *sozialgeschichtlichen* Literatur zur *Bürgerlichen Gesellschaft*[1], die im hier vorgegebenen Rahmen ‚*Soziologische* Gesellschafts*begriffe*' nicht zur Sprache kommen kann, muß kurz klargestellt werden, welche Aspekte hier thematisch werden sollen und v.a., was im Folgenden *nicht* zu erwarten steht.

Zunächst ist darauf hinzuweisen, dass der folgende Text keine Einführung darstellt. Das, worin er einführen sollte, ein *soziologischer Begriff* der *bürgerlichen* Gesellschaft ist, im Unterschied z.B. zur ‚modernen' Gesellschaft, nicht ausgearbeitet worden.[2] Eine solche Sichtweise bedarf natürlich ihrerseits der Erläuterung (vgl. 4.).

---

1 Vgl. z.B. die Angaben in Riedel 1975, Haltern 1985 oder in Wehler 1987 und 1995.

2 Jüngere soziologische Strukturbeschreibungen entwickelter Gesellschaften wie die von Giesen 1980, Peters 1993, Ritsert 1988 oder Zapf 1991

Weiterhin geht es auch weniger um die soziologische Beschreibung einer Gesellschaftsformation, sondern um die Nachzeichnung einer Art Leitidee, der die gesellschaftliche Entwicklung eine längere Zeit zu folgen versuchte. Im Zentrum des Interesses stehen daher im Folgenden einige Probleme, denen sich die zunächst sozialphilosophische Sozialtheorie seit ihrer bürgerlichen Phase konfrontiert sieht.

Nach wenigen zeitgeschichtlichen und historischen Hinweisen versuche ich dennoch zunächst eine kurze ‚positive' Beschreibung der Bürgerlichen Gesellschaft. Daran schließen dann die eher theoretisch orientierten Überlegungen an.

Wichtig erscheint v.a. das Problem der Aufrechterhaltung der semantischen Einheit der gesellschaftlichen Gemeinschaft unter Bedingungen ihres beschleunigten Strukturwandels. Es soll deutlich werden, warum die *soziologische* Sozialtheorie an die eigensinnig festgehaltene Selbstbeschreibung als bürgerliche Gesellschaft nicht anknüpft. Begründet wird diese Schwierigkeit mit dem Hinweis auf den quasitautologischen Charakter des Begriffs der *Bürgerlichen Gesellschaft*. Die societas civilis, die sich seit dem 18 Jh. v.a. zur ‚Gesellschaft' zu steigern versucht, fehlen mit dieser Selbstbestimmung als ‚gesellschaftliche Gesellschaft' wesentliche Kategorien zur Beschreibung ihrer empirischen Realität als moderne Wirtschaftsgesellschaft.[3] Der Schlußteil befaßt sich mit dem Problem der *Fortsetzungen* bürgerlicher Gesellschaftlichkeit, d.h. mit dem Weiterleben dieser Vorstellung und ihren Auswirkungen unter heutigen, völlig veränderten Bedingungen.

1. Rückblick auf die Vergangenheit der *Bürgerlichen Gesellschaft*

Spätestens 1990 hat der Begriff der *Bürgerlichen Gesellschaft* zumindest politisch seinen Gegenbegriff verloren. Seit dem endgültigen Ende

---

kommen denn auch ohne Rekurs auf den Begriff der bürgerlichen Gesellschaft aus. Das erstaunt am meisten bei Ritsert, der der entsprechenden Gesellschaftskritik noch am nächsten stehen dürfte.

3 Analog die Bemerkung von Roland Barthes (1964): „Die Bourgeoisie wird definiert als *die soziale Klasse, die nicht benannt werden will.* (S.124)

des realsozialistischen Weltmachtzentrums ist dessen Behauptung praktisch gegenstandslos, Statthalter einer prinzipiellen gesellschaftsgeschichtlichen Alternative zur *Bürgerlichen Gesellschaft* zu sein. In gewisser Weise kann sie (bzw. ihre semantischen Nachfolger und Konkurrenten wie z.B. ‚Moderne Gesellschaft') heute als realgeschichtlich generalisiert gelten. Die Generalisierung hat sie *als besondere* Gesellschaftsformation verschwinden lassen. Sofern bürgerliche Gesellschaften 1990 noch identifizierbar waren, sind sie seitdem in ihrer Verallgemeinerung verschwunden.

Das hat aber die neuere sozialwissenschaftliche Literatur kaum irritiert. Dort fehlt es nach wie vor nicht an Hinweisen darauf, dass die Kennzeichnung ‚bürgerlich' immer noch spezifische Syndrome der Gesellschaft zum Ausdruck bringt. Abgesehen davon, dass viele verbreitete Soziologie-Lexika das Stichwort *Bürgerliche Gesellschaft* aufführen und erläutern, weist eine Reihe von neueren Begriffsbildungen v.a. der politischen Soziologie deutliche Anknüpfungen an die semantische Tradition der *Bürgerlichen Gesellschaft* auf[4]. So gehören ‚civil society', ‚Zivilgesellschaft'[5], ‚citizen'[6] und ‚Bürgergesellschaft'[7] zu

---

4 Als Symptom für die auch aktuelle Virulenz der Chiffre *Bürgerliche Gesellschaft* in den Sozialwissenschaften kann z.B. eine Buchreihe gelten, die seit 1992 bereits sechzehn umfangreiche Titel umfaßt. Sie trägt den programmatischen Titel: „Theorie und Geschichte der bürgerlichen Gesellschaft". An ihr lassen sich einige Merkmale der Perspektive ablesen, in der die Gesellschaft als ‚bürgerlich' erscheint und dieses Bürgerliche an ihr als nach wie vor wichtig gelten kann. Sie umfaßt Themen wie: Geschichte und Kontinuität, Politische Herrschaft, Staat, Wirtschaft und Arbeit, Soziale Ungleichheit gerade auch in Bezug auf Frauen sowie Ideologiekritik (Münster 1992ff.)

5 Vgl. z. B. die teilweise auf Antonio Gramsci zurückgreifenden Arbeiten von Kebir 1991, Cohen/Arato 1992, Taylor 1993, Walzer 1992 und Habermas 1992. Kritische Vergleiche zwischen einigen Positionen bei Richter 1996.

6 Vgl. die teilweise von den wiederentdeckten Arbeiten von T.H. Marshall (1950, 1973) inspirierten Studien von Giddens (1982), Turner (1986), Barbalet (1988) und Held (1989).

7 Vgl. nach wie vor Ralf Dahrendorf (1957, 1979, 1990, 1992), aber auch Benjamin Barber (1984) und Jürgen Habermas (1998).

den aktuellen analytischen und normativen Orientierungspunkten der politischen Theorie. Die Renaissance solcher, sei es bewährter, sei es belasteter Konzepte kann man heute rückblickend auch als Symptome für eine Wiederentdeckung der über Jahrzehnte verschütteten bzw. verkannten institutionellen und normativen Potentiale der *Bürgerlichen Gesellschaft* lesen (vgl. Luhmann 1997: 844f). Nach einer Reihe von herben Enttäuschungen über die aufgegebenen Versuche des (Reform-) Staates, des Parlaments und der Parteien[8] sowie der alten und neuen sozialen Bewegungen, die *Bürgerliche Gesellschaft* irgendwie zu transzendieren oder zumindest weiterzuentwickeln, hat man seit ca. Ende der siebziger Jahre begonnen, sich der Leistungsfähigkeit der *Bürgerlichen Gesellschaft* und ihrer Institutionen wieder zu besinnen[9]. Die Erfahrung der begrenzten Möglichkeiten der politischen Systeme bei der ‚nachhaltigen' Bewältigung der an sie delegierten Aufgaben hat die (Staats-)Bürger an ihre Gesellschaft und deren Initiativen, Ressourcen und Potentiale zurückverwiesen.[10]

Einschränkend muß man hier sofort hinzufügen, dass die Abhängigkeiten der ‚Bürger' von sozial- bzw. wohlfahrtsstaatlichen Leistungssystemen einerseits und die Dynamik des ökonomischen Systems andererseits längst begonnen hatten, wesentliche Institutionen und Strukturen der *Bürgerlichen Gesellschaft* zu unterminieren und zu transformieren[11]. Dennoch sind es zumindest noch bürgerliche Grundrisse, an die die Individuen heute anzuknüpfen versuchen.

Bernhard Schäfers (1986:42) spricht wohl solche Sachverhalte an, wenn er seinen Artikel über den "Grundbegriff" *Bürgerliche Gesellschaft* mit folgendem abschließenden Satz resümiert:

---

8 Vgl. z.B. Offe 1979, Koslowski 1983, Jänicke 1986, aber auch schon früher z.B. Eschenburg 1955.

9 Vergleichsweise früh entsprechende Überlegungen z.B. im ‚libertären' Umkreis von Thomas Schmid (1990) und ders. (Hg.) (1988).

10 Das entsprechende operative Spektrum umfaßt Selbsthilfe, Selbstorganisation, Eigenarbeit, Bürgerarbeit, aber auch Selbständigkeit und Privatisierung.

11 Das hat sich in Kritiken an einer weitverbreiteten Anspruchsmentalität, am Mißbrauch von Sozialleistungen und am Zerfall von sozialen Loyalitäten ausgedrückt und kommunitarische Diskurse nach sich gezogen.

"So gesehen leben wir in einer bürgerlichen Gesellschaft (fast) ohne Bürger".

Eine solche Diagnose würde nahelegen, die Geschichte der *Bürgerlichen Gesellschaft* als Verschwinden der Bürger als ‚Bürger' aus ihrer Gesellschaft und ihre Verwandlung z.B in individualisierte und privatisierte Kleinbürger zu beschreiben.

Um die Leistungsfähigkeit sowie die nicht lösbaren Strukturprobleme der *Bürgerlichen Gesellschaft* kenntlich zu machen, muß man freilich weiter zurückgehen. Es ist üblich geworden, die Geschichte der *Bürgerlichen Gesellschaft* mit den revolutionären Auftritten des Bürgertums auf der historischen Bühne in seiner machtpolitischen Auseinandersetzung mit der kirchlich legitimierten, feudalen Gesellschaft beginnen zu lassen (zwischen dem 17. und dem 19. Jahrhundert in England, Nordamerika, den Niederlanden, Frankreich und Deutschland).

Eine solche Datierung unterschlägt zwar einerseits ca. vierhundert Jahre an instruktiver Vorgeschichte der Herausbildung eines bürgerlichen Bewußtseins auf der Grundlage von Handwerk, Gewerbe und Handel im politischen Rahmen der zunehmend autonomen Städte (Märkte und Öffentlichkeiten, freie Reichsstädte, Hansestädte) (vgl. Riedel 1975); andererseits symbolisieren erst die irreversiblen Machtübernahmen auf der Ebene der nationalen Territorien jene verbindlichen und offiziellen Generalisierungen von bürgerlichen Vorstellungen, Normen und Einrichtungen, die es erlauben, von Bürgerlichkeit in einem gesellschaftlichen Maßstab zu reden. Aber auch diese endgültige politische Durchsetzung des ‚dritten Standes' und seine Einsetzung (Instituierung) als führende politische Klasse einer nun bürgerlichen Gesellschaft hat natürlich nicht mehr (und nicht weniger) bedeutet als eine Vorherrschaft, die noch lange (und in Resten bis heute) Milieus, Machtgruppen und Institutionen der feudalen Gesellschaft einschloss[12].

Dieses Bürgertum zwischen Adel und Klerus auf der einen, der bäuerlichen Bevölkerung auf der anderen Seite, beruht in seiner mitteleuropäischen Ausprägung auf Handel und Gewerbe, Handwerk und Dienstleistung sowie Besitz und Bildung. Ausgehend von städtischen Sozialmilieus und ihren z.T. republikanischen Herrschaftsformen (z.B.

12 Vgl. für die deutschen Verhältnisse z.B. Wehler 1995.

in der Lombardei und in den freien Reichsstädten) beginnen die politisch bewussten und aktiven Teile des Bürgertums dessen Interessen und Wertvorstellungen politisch, sozial und kulturell durchzusetzen. Die soziale Hierarchisierung innerhalb des Bürgertums, die Verbindungen seiner Exponenten v.a. mit dem niederen Adel und seine beherrschende Funktion als juristische und ökonomische Experten in den feudalen Staatsverwaltungen schaffen eine Machtbalance, die die absolutistische Form der feudalen Herrschaft begründen hilft.

Die steigenden Ansprüche auf politische und gesellschaftliche Teilhabe und Repräsentierung, in denen sich veränderte Formen gesellschaftlicher Differenzierung (moderne Individualisierung) und Integration (Generalisierung von Gleichheitsnormen) ankündigen, lassen die labilen Machtkompromisse aufbrechen und führen in den ‚bürgerlichen' Revolutionen zu offenen Konflikten um die politische Vorherrschaft. Stilbildend für die Durchsetzung des Bürgertums werden ihre politischen und ökonomischen Ziele und Vorstellungen wie z.B. die nationale Einheit, der Schutz des Privateigentums, das repräsentative politische System sowie die Menschen- und Bürgerrechte. Auf der Seite der Individuen entsprechen diesen Institutionen eine bürgerliche Mentalität, die durch Arbeitsorientierung, Leistungswillen, Disziplin, Pflichtbewußtsein, Ordnungssinn, Sparsamkeit, d.h. durch die Grundvorstellung einer ‚rationalen Lebensführung' (Weber) gekennzeichnet ist.

An ihrem historisch-systematischen Ausgangspunkt kann man *Bürgerliche Gesellschaft* daher als Chiffre für eine Selbstbeschreibung einiger einflußreicher gesellschaftlicher Gruppen lesen, die die vorgefundenen feudalen Verhältnisse als hinderlich für ihr Projekt einer auf forcierter (industriell organisierten) Naturen-Aneignung basierenden gesellschaftlichen Modernisierung erfahren. Das, was sie dann im Prozeß ihrer politischen Durchsetzung als ihre eigene gesellschaftsorganisatorische Grundlage an Normen, Mechanismen und Institutionen geltend machen und wirklich werden lassen, (v.a. die typischen Geselligkeitskulturen des Vereinswesens) fassen sie unter dem Begriff der *Bürgerlichen Gesellschaft* zusammen.

Diese Generalisierung, die nun alle (je national) inkludierten Personen als Bürger bezeichnet, verdeckt die weiterwirkenden sozialen Differenzierungen. Neben dem Bürgertum existieren u.a. Klein- und

Großbürgertum sowie Zwischenschichten, und zwar sowohl als soziokulturelle Milieus, wie auch als Machtfaktoren[13]. Die sich damals ausbreitende bürgerliche Sozialkultur wird begreifbar als jener historisch neuartige, aktive Teil, der die gesellschaftliche Gemeinschaft erst zur modernen Gesellschaft machen wird. Schließlich wird sie zum gesellschaftlichen Ganzen, das die Einheit der Gesellschaft als bürgerliche repräsentiert. Die unermüdliche Tätigkeit und der organisierte Fleiß (industria) ihrer Akteure modeln sie um zur Leistungsgesellschaft. Sie kann als soziopolitischer und -ökonomischer Rahmen gelten für die Entstehung dessen, was wir nach wie vor als Arbeits- und Industriegesellschaften vorfinden.

Rückblickend kann man die *Bürgerliche Gesellschaft* als die zentrale soziale und politische Ordnung für die historische Herausbildung des Projekts der industriellen Modernisierung der Gesellschaft begreifen. Nur in dieser bürgerlichen Ordnung hat sich historisch die vorherrschende Industriemoderne entwickelt, die sich heute in ihren ‚zweitmodernen' Folgeproblemen verstrickt. So finden wir ‚bürgerliche' Einrichtungen und Strukturen vor v.a. in Verbindung mit der Entwicklung von hochorganisierten Arbeitsgesellschaften, die über effektive Technologien und arbeitsteilige Einrichtungen verfügen, mit denen sie die instrumentelle Beherrschung der inneren und äußeren Naturen anstreben. Zu den sozialen und politischen Voraussetzungen jener komplexen Transformation der agrarischen in die industrielle Gesellschaft gehören:

- die Freisetzung im Prinzip aller Personen aus unmittelbarer persönlicher Abhängigkeit und die gesetzliche Garantie ihrer persönlichen Autonomie,
- ihr rechtlicher Schutz vor Übergriffen seitens staatlicher Exekutiven,
- ihre substantielle Inklusion als individuierte Arbeitskräfte und als Staatsbürger, d.h. als Träger der zunehmend notwendigen, qualifizierbaren Arbeitskraft sowie generalisierbarer und partikularer politischer Interessen,

13 Vgl. zur Vielfalt der kategorialen Differenzierungen z.B. Ossowsky 1962, zur heutigen deutschen Situation z.B. Brock 1998.

- die Vertragsfreiheit als Grundlage eines generalisierten (Markt-) Modells mit seinen neuen Formen *mittelbarer* Abhängigkeit (z.B.: das individuelle und kollektive Arbeitsrecht),
- die politische Teilhabe im Prinzip aller Bürger an den Institutionen der bürgerlichen Öffentlichkeit (ungehindert vertretene individuelle Meinungen von Personen und Institutionen in der Öffentlichkeit, in der Presse und im Parlament etc.) und des (aktiven und passiven) Wahlrechts,
- der rechtliche Schutz des privaten Eigentums als institutionelle Sicherung der ökonomischen Eigeninitiative und Selbstständigkeit (Investition von Kapital) sowie der Privatsphäre und v.a. der Familie,
- das liberale Denken als Basisideologie des gesellschaftlichen Verkehrs der formell Freien und Gleichen.

Damit sind einige wesentliche Strukturmomente genannt, die, in vielfältigen Varianten und Differenzierungen, die soziale, rechtliche und politische Organisation des Projekts der industriellen Moderne geprägt haben und die nachmoderne Arbeitsgesellschaft nachhaltig grundieren. Diese an der gesellschaftlichen Produktion und dem privaten/ individuellen Erwerb orientierte Arbeitskultur wird getragen von einem Zusammenhang von hochstrukturierten Marktbeziehungen, deren Konkurrenzverhältnisse, Machtasymmetrien und Ungleichheiten von rechts- und sozialstaatlichen Regulierungen gerahmt sind[14] .

14 Dieser unübersehbar materiellen Orientierung der *Bürgerlichen Gesellschaft* steht relativ unvermittelt ein ausgeprägtes Interesse der ‚Bildungsbürger' an Kunst, Kultur und Bildung gegenüber. Man kann dieses Bildungsmotiv verstehen als idealisierten Ausdruck der konkurrenzbedingten Notwendigkeit, die eigene Arbeitskraft aus- und weiterzubilden. So gilt heute z.B. gerade Allgemeinbildung in weiten Teilen v.a. des Dienstleistungsbereichs sogar als *funktionales* Qualifikationsmerkmal. Darüber hinaus hat Bildung immer schon zu den Voraussetzungen eines zivilgesellschaftlich vorgestellten Verkehrs der *Bürgerlichen Gesellschaft* gezählt.

2. Bürgerliche Gesellschaft als Projekt der Durchsetzung des dritten Standes

Der späte Sieg der spätbürgerlichen Gesellschaft über ihren historischen Herausforderer im kalten Krieg um die Hegemonie im globalen Maßstab hat fast alle Beobachter überrascht. Dabei war er, wie z.B. Hannah Arendt und Talcott Parsons schon in den vierziger Jahren vermuteten, nicht nur unter systemfunktionalen Gesichtspunkten unvermeidlich. Der Verdacht, dass das Entwicklungsniveau der *Bürgerlichen Gesellschaft* zumindest durch ‚sozialistisch' motivierte, gesellschaftliche Planung schwer zu steigern sein würde, ist schon älter und v.a. von Ökonomen formuliert worden (z.B. von Mises 1935). ‚Rechte' und ‚linke' Analytiker, ‚bürgerliche' und marxistische Theoretiker waren sich einig in der Diagnose, dass mit der *Bürgerlichen Gesellschaft* eine qualitative Grenze der Gesellschaftsentwicklung erreicht sei. Aber wie sollte es danach weiter gehen? Wo die einen dann z.B. ein Ende der Geschichte erreicht sahen,[15] prognostizierten die anderen einen Übergang zu einer ‚ganz anderen' Gesellschaft. Als nach wie vor plausibel galt den meisten Analytikern die historisch-materialistische Prämisse, dass „eine Gesellschaftformation ... nie (unter)geht, bevor alle Produktivkräfte entwickelt sind, ... bevor die materiellen Existenzbedingungen im Schoß der alten Gesellschaft selbst ausgebrütet worden sind" (Marx 1858/1969: 9). Vor diesem Hintergrund erschien gerade auch vielen linken und liberalen Analytikern v.a. der politisch induzierte Übergang der russischen Revolution als voluntaristischer Vorgriff ohne langfristige Tragfähigkeit. Aus ihrer Sicht fehlten dem vorwiegend agrarisch geprägten Russland eine bürgerliche Gesellschaft ebenso wie eine entsprechende Revolution.

Dementsprechend waren alle modernen, im neuzeitlichen Sinn hochentwickelten und -differenzierten Gesellschaften nicht anders vorstellbar als in ihrem sozialen und politischen Kern ‚bürgerlich'. Diese Spezifik betont der Staatsrechtler Bluntschli im ‚Deutschen Staats-Wörterbuch' von 1859:

---

15 Schon sehr früh, 1861, Antoine A. Cournot (1982), in diesem Jahrhundert z.B. Arnold Gehlen (1975), zusammenfassend Lutz Niethammer (1989), zuletzt Francis Fukuyama (1992).

> „Der ganze Begriff der Gesellschaft im sozialen und politischen Sinn findet seine natürlichen Grundlage in den Sitten und Anschauungen des dritten Standes[16]. Er ist eigentlich kein Volksbegriff, sondern immerhin nur ein *Drittstandesbegriff*, obwohl man sich in der Literatur schon daran gewöhnt hat, den Staat selbst mit der bürgerlichen Gesellschaft zu identifizieren. Die Fürsten halten Hof. ... Für die Bauern und Kleinbürger gibt es wohl Wirtshäuser und Schenken aller Art ... aber keine Gesellschaft. Aber der dritte Stand ist teils für sich, teils in Verbindung mit dem niederen Adel ... gesellig und seine Gesellschaft ist zu einer Quelle und zugleich zum Ausdruck gemeinsamer Urteile und Tendenzen geworden. Es bildet sich in ihr eine Gesamtanschauung und die Meinung der Gesellschaft wird zur öffentlichen Meinung und zu einer sozialen und politischen Macht. ... - Die Gesellschaft auf der ersten Stufe ist *nicht organisiert*; (sie ist) in diesem eigentlichen Sinne .. *nicht einmal organisationsfähig*. ... Es war daher kein glücklicher Gedanke, den Staat aus der Gesellschaft zu erklären ... - Gerade die *Unstaatlichkeit* der Gesellschaft gehört zu ihrem Wesen" (Bluntschli 1859:247f.).

Diese schon sehr soziologische Betonung der kommunikativen und politischen Aspekte unterschlägt freilich die sozioökonomische Dimension. Denn es sind zugleich die kollektive Motivlage, die dynamische Mentalität, der liberal-konservative Wertehintergrund, die instrumentellen Wissensformen und, nicht zuletzt, die Organisations- und Produktivkräfte jenes ‚dritten Standes' bzw. der bürgerlichen Klasse, die als jene besondere Konstellation von Voraussetzungen für die mit ihr beginnende, historisch beispiellose gesellschaftliche Mobilisierung und das entsprechende Wachstum gelten[17].

Aber schon im Prozeß ihrer gesellschafts- und machtpolitischen Durchsetzung gegen die ‚feudale Gesellschaft' zeichnet sich im frühen, utopischen Sozialismus ihr neuer Gegenbegriff ab. Die Entwicklung

---

16 Auch Simmel erinnert 1908 noch einmal daran, daß ‚Gesellschaft' durch die ‚unteren Stände' bedeutend geworden sei.

17 Die umwälzende Kraft der bürgerlichen Gesellschaft nötigt z.B. auch Marx und Engels eine gewisse kritische Anerkennung ab: „Die fortwährende Umwälzung der Produktion, die ununterbrochene Erschütterung aller gesellschaftlichen Zustände, die ewige Unsicherheit und Bewegung zeichnet die Bougeoisieepoche vor allen anderen aus. Alle festen eingerosteten Verhältnisse mit ihrem Gefolge von altehrwürdigen Vorstellungen und Anschauungen werden aufgelöst, alle neugebildeten veralten, ehe sie verknöchern können. Alles Ständische und Stehende verdampft, alles Heilige wird entweiht." (Marx/Engels 1969/1848: 465)

und Entfaltung der *Bürgerlichen Gesellschaft* bleibt damit in einem eher politisch als soziologisch verstehbaren Spannungsverhältnis zu dem Begriff einer ‚sozialistischen Gesellschaft'. Die entsprechenden Steigerungs- und Perfektionsbegriffe ‚sozialistisch' und ‚kommunistisch' markieren, durch Austausch von Führungseliten und institutionelle Brüche beschleunigte, gesellschaftliche Übergänge zu einem politischen und kulturellen Vorrang des als unmittelbar produktiv tätig vorgestellten ‚vierten Standes'. Er sollte in der Lage sein, die eigentümlich bürgerliche Betonung von Individualismus und Privateigentum zu dämpfen zugunsten generalisierter sozialer Sicherheit sowie permanenter und materialer politischer Teilhabe. Der historisch-materialistische Theorierahmen hatte dabei von einer bestimmten Rekonstruktion des Übergangs von der ‚feudalen' zur ‚bürgerlichen Gesellschaft'[18] auf eine analoge Entwicklung zur ‚sozialistischen Gesellschaft' schließen und daher jene Entwicklungen plausibel erscheinen lassen.

Dass bürgerliche Produktions- und Reproduktionsverhältnisse sich derart erfolgreich verallgemeinern und verfestigen würden, dass sie auch heftige soziale und politische Verwerfungen und Spannungen absorbieren würden, war daher ebensowenig prognostizierbar wie jene dann sich durchsetzende Form der sozialen Differenzierung, die hochindividualisierte, konsumgesellschaftliche und dabei wohlfahrts- und rechtsstaatlich gerahmte Lebensformen möglich machen könnte. Die Frage ist, inwieweit man diese noch als ‚bürgerlich' beschreiben kann.

3. Die Ordnung der Bürger als Einheit ihrer Gesellschaft

Angesichts der Kämpfe der - historisch noch jungen - Bürger gegen Bürger im England des 17. Jahrhunderts hatte Thomas Hobbes sich gefragt, wie (unter solchen Bedingungen) soziale Ordnung möglich

18 Vgl. v.a. Marx' materiale Analysen zur französischen Situation: Z.B.: ‚Die Klassenkämpfe in Frankreich 1848-1850', ‚Der 18. Brumaire des Louis Bonaparte', ‚Der Bürgerkrieg in Frankreich' (MEW 7,8,17)

sein könnte. Die Befriedung des öffentlichen Raums durch ein Gewaltmonopol des Staates und die Ermöglichung von Erwartungssicherheit und langen Handlungsketten (für die gesellschaftliche Produktion und den Handel) durch stabile Rechtsverhältnisse erschienen ihm als angemessene Problemlösungen[19].

Im 19.Jahrhundert wird sichtbar, dass diese Antworten: (starker) Staat und Verträge, jetzt nicht mehr ausreichen, um die aufbrechenden Dynamiken der individualisierenden Industriemoderne aufzufangen[20]. Auch die Soziologie als Versuch, eine moderne bürgerliche Gesellschaft zu rekonstruieren, wird nicht an Vertragstheorien, sondern an Ordnungen anknüpfen?[21]

Nun bedeutet auch die Hobbessche Frage etwas anderes: Wie ist eine moderne bürgerliche Gesellschaft möglich, die die Form und den Modus ihrer Fortsetzung von ihrem pluralisiertem Wissen, ihren kontingenten Entscheidungen und ihren individualisierten Operationen abhängig weiß?[22] Es ist die Frage nach der Möglichkeit einer Gesellschaft, die sich ihre Ordnungen zunehmend selbst gibt. So hatte sie sich bereits bei dem Versuch ihrer Maßstabsvergrößerung zur Dimension eines modernen Flächenstaats entsprechende Krisenerfahrungen eingehandelt. Es wird unübersehbar, dass sie ihre modernen Strukturprobleme nicht länger mit den Mitteln der Interaktionsmoral, also auf der Grundlage der auf Anwesenheit basierenden, tradierten Sozialbeziehungen lösen kann[23]. Auch die Option, die soziale Qualität der Geselligkeit in moderne Verhältnisse zu überführen, hatte bereits zu Kants Beobachtung einer ‚ungeselligen Geselligkeit' geführt[24]. Nicht zuletzt

---

19 Vgl. zu den historischen Voraussetzungen v.a. Hill 1966 und 1980, zu der sozioökonomischen Dimension Macpherson 1962, zur rechtspolitischen Aktualität Knieper 1981 und zu den gesellschaftsgeschichtlichen Problemen dieses Übergangs Claessen 1979.

20 Für die soziologische Sozialtheorie: Durkheim 1973 (1897) oder auch Simmel 1968 (1908).

21 Darauf weist z.B. auch Sombart 1923 in einem Rückblick hin in: Erinnerungsgabe für Max Weber; zusammenfassend z.B. Kellermann 1967.

22 So bereits im Vorgriff: J.H.G.von Justi 1759.

23 Siehe dazu ausführlich Luhmann 1980: 72ff.

24 Vgl. zu den Themen ‚Anwesenheit' und ‚Geselligkeit' neuerdings die instruktive Studie von André Kieserling (1999).

waren unter den Bedingungen der beginnenden Individualisierung zumindest der bürgerlichen Mittelschichten die Grenzen. Unsicherheiten und Risiken der Interaktionen, sozusagen deren ‚doppelte Kontingenz' wirklich und bewußt geworden[25]. Die gesellschaftliche Ordnung, die damit erzeugt wird und sich herausbildet, ist durch eine gesteigerte Unwahrscheinlichkeit gekennzeichnet. Jede Fortschreibung von modernen gesellschaftlichen Gemeinschaften, also auch die der *Bürgerlichen Gesellschaft*, muß seitdem solche Strukturmerkmale berücksichtigen.

Wir werden unten im folgenden Teil an Hegels Versuch erinnern, die ‚*Bürgerliche Gesellschaft*' auf der Grundlage moderner Verhältnisse neu zu bestimmen. Dort läßt sich im Einzelnen verfolgen, wie er mit dem Problem umgegangen war, zumindest eine semantische Identität für die Einheit der gesellschaftlichen Moderne seiner Zeit zu retten. Sein Lösungsvorschlag bestand darin, an dem ursprünglich antiken Sprachgebrauch einer ‚societas civilis' festzuhalten, zugleich aber die Semantik auszuwechseln. ‚*Bürgerliche Gesellschaft*' soll jetzt die Einheit des funktionalen Zusammenhangs der in die Selbständigkeit entlassenen differenzierten Elemente der Gesellschaft bedeuten[26].

---

25 Noch vor den soziologischen Rekonstruktionen bei Mead 1968 (1934) und Parsons & Shils (1951) literarisch spätestens in in P.A. Choderlos de Laclos' Briefroman ‚Gefährliche Liebschaften', in Schlegels ‚Lucinde' und v.a. bei Pierre C. de Marivaux z.B. in: ‚La double Inconstance' (1736).

26 Das führt bis heute zu Mißverständnissen: Wie Hannah Arendt 1970 die Mängel der Theoriebildung der Neuen Linken darauf zurückgeführt hat, „dass man die Wirklichkeit des zwanzigsten Jahrhunderts mit Kategorien des neunzehnten zu verstehen sucht" (S. 27), so kritisierte auch Ulrich Beck die gegenwärtige Soziologie mit ganz ähnlichen Formulierungen. Jenseits der Oberflächenplausibilität einer solchen Kritik übersieht sie, dass die damit geforderte konsequente Modernisierung der Kategorien das Problem nicht lösen würde. Sie würde nur *kategoriale* Veränderungen rekonstruieren können. Veränderungen *innerhalb* von Kategorien würde ein solcher Austausch eher verdecken. Das bloße Auswechseln würde dort kategoriale Veränderungen behaupten, wo es um Verschiebungen innerhalb und zwischen tradierten Mustern und Strukturen gehen würde. Diese aber würden durch einen Austausch von Grundkategorien

Das moderne Hintergrundproblem, im weiter beschleunigten Strukturwandel der Gesellschaft die Identität ihrer Einheit zu bezeichnen, ist damit nur kaschiert. Es wird sich Ende des 19. Jahrhunderts verschärft stellen, aber ungelöst bleiben. Zwei Klassiker der beginnenden Soziologie, Durkheim und Weber, werden daraus die Konsequenz ziehen, bei der Beschreibung ihrer spätbürgerlichen Gegenwart auf einen soziologischen Gesellschaftsbegriff ganz zu verzichten. Statt dessen werden für sie soziales Handeln und soziale Institutionen wichtig, deren *Ordnungen* die gesellschaftliche Identitäten spiegeln sollen und deren Rationalitäten ihnen rekonstruierbar erscheinen. Nicht zufällig stehen für beide Autoren die normativen und rechtlichen Ordnungen der spätbürgerlichen Gesellschaft im Zentrum ihres Interesses.

Die Bedeutung der Ordnungen für die *Bürgerliche Gesellschaft* liegt nicht zuletzt in ihrer Funktionalität. Sie gestatten die nun erforderte räumliche und soziale Mobilität ihrer Individuen und Ressourcen, ihrer Handlungsvermögen und Produktionsfaktoren. Im Rahmen moderner, abstrakter Ordnungen können deren Beweglichkeit, Ersetzbarkeit und Funktionalisierbarkeit erheblich gesteigert werden. Diese werden zu Bedingungen des materiellen und ideellen Wachstums der bürgerlichen Gesellschaft und ihrer Dynamik. Sie ist von einem gleichsam ordnungspolitischen Grundkonsens, der Orientierung am gesellschaftlichen Wachstum und Fortschritt unterlegt, der nun als Surrogat für die Bezeichnung der gesellschaftlichen Einheit fungiert.

Zugleich aber wird die Orientierungsmöglichkeit an jenen (institutionellen) Ordnungen der *Bürgerlichen Gesellschaft* unterminiert. Es sind v.a. philosophisch-politische Autoren der Aufklärung wie Kant oder Rousseau, die anfangen, *die spezifischen (Macht- und Herrschafts-) Funktionen* der bürgerlichen Ordnungen zu beschreiben. Diese Aufklärungen demonstrieren die Herstellung der Ordnung der Gesellschaft durch ihre Akteure und Institutionen. Sie lassen solche Ordnungen als durchaus nicht-natürlich, änderbar und verbesserungsfähig erscheinen und nehmen ihnen damit jene Autorität, mit der sie bis da-

---

gerade unbeobachtbar gemacht. Allein stabile Kategorien ermöglichen die Beobachtung von Verschiebungen zwischen Sache und Begriff, zwischen den sich wandelnden Empirien und den Versuchen, sie zu relativ stabilen Mustern zu ordnen.

hin die gesellschaftliche Einheit repräsentiert hatten. Es sind unmittelbar jene wechselnden, modernen gesellschaftlichen Funktionserfordernisse selbst, die ihre Ordnungen nun als kontingent und ihre Identität diffus erscheinen lassen. Die funktionalen Äquivalenzen von ganz verschiedenen Strukturen, die Austauschbarkeit von Trägern und Leistungen, kurz: die Nichtnotwendigkeit und Nichtnormalität der gewordenen gesellschaftlichen Wirklichkeiten wird nun sichtbar und unübersehbar.

Damit reflektiert sich die *Bürgerliche Gesellschaft* bereits in ihrem Entstehen im Horizont anderer möglicher Gesellschaften. Sie gewinnt ihre Identität weniger aus der Autorität und relativen Stabilität ihrer Ordnungen, sondern im kritischen Vergleich mit ihren Vorgängern und Nachfolgern sowie zu konkurrierenden gesellschaftlichen Ordnungen. Die auf Dauer gestellte öffentliche Selbstkritik der *Bürgerlichen Gesellschaft* gilt denn auch als eines ihrer wesentlichen Anpassungs- und Entwicklungspotentiale[27].

Es ist v.a. diese Orientierung an konkurrierenden Ordnungen, die bereits in der Phase ihrer Durchsetzung eine Umwandlung der *Bürgerlichen Gesellschaft* einleitet. Sie kann daher auch als Anfang ihres allmählichen Verschwindens gelesen werden. Das scheiternde Experimentieren mit der Beschleunigung des gesellschaftlichen Übergangs und das vergebliche Warten darauf, dass dieses Verschwinden, gemäß dem Hegel/Marxschen-Programm in der Form einer ‚Aufhebung' in einer ‚sozialistischen' bzw. ‚kommunistischen' Gesellschaft erfolgen werde, haben zunächst in eine Abfolge gesellschaftlicher (v.a. konjunktureller) Krisen und Konflikten sowie zu ‚alten' sozialen Bewegungen geführt.

Gegen Ende des 19. Jahrhunderts fangen die entsprechenden Kontroversen an, wissenschaftliche Ansprüche anzumelden. Die Diskurse über die Probleme der *Bürgerlichen Gesellschaft* beanspruchen nun methodische Kontrolle und akademische Disziplin. Die Diskussionen über die Differenzierungsprozesse und -produkte der *Bürgerlichen*

---

27 Koselleck (1959) betont v.a. die Etappen der Politisierung auf der Grundlage der Trennung von Moral und Politik bei Schiller, Bayle, Voltaire, Diderot und Kant. Von der Herrschaftskritik herkommend, stellt sie sich zunächst als Kritik an der staatlichen Organisation dar.

Gesellschaft werden zu Gegenständen eines neuen Fachs, der ‚Soziologie'.

4. Das Scheitern einer Sozialtheorie der bürgerlichen Gesellschaft

Doch erweist sich die *Bürgerliche Gesellschaft* für die Soziologie als sperriges Thema. Sie wird keine substantielle ‚Soziologie der bürgerlichen Gesellschaft' ausarbeiten und das Thema eher der soziologisch orientierten Sozialgeschichte, der Sozialphilosophie, der Ideen- und Begriffsgeschichte, der Rechts- und Verfassungsgeschichte sowie der Literatur- und Kunstwissenschaft überlassen[28]. Soziologie beginnt als Disziplin erst, als die Individuen der Gesellschaft schon längst nicht mehr als ihre Teile zugehören. Und sie bleibt lange unentschieden, inwieweit sie diesen neuen, als Problem erfahrenen Aggregatzustand der Gesellschaft als deren Krise diagnostizieren soll[29]. Zumindest gilt sie noch lange als Krisenwissenschaft, die sich mit den Dauerproblemen der *Bürgerlichen Gesellschaft* befaßt[30]. Fraglich ist dabei immer geblieben, wie lange sie es dabei überhaupt noch mit einer *Bürgerlichen Gesellschaft* zu tun hat.

Als Wissenschaft von der Gesellschaft wird sie sich später als kompetent für deren Verhältnis zu den Individuen beschreiben, ist aber gleichwohl zunehmend weniger in der Lage, diese Individuen von der Gesellschaft her zu erreichen. Weder Moral, Gemeinschaftlichkeit, Geselligkeit oder Schichtzugehörigkeit bestimmen die Individuen zureichend in einer Gesellschaft, die sie zu selbstreferentiellen psychischen Systemen gemacht hat, die sich auf Individualität, Privateigentum und Unabhängigkeit hin programmieren.

Es ist daher kein Zufall, dass die erste und prominenteste Sozialtheorie der *Bürgerlichen Gesellschaft*, Hegels Rechtsphilosophie von

---

28 Vgl. z.B. Utz Haltern 1985 und die dort diskutierte Literatur.

29 Deutlich bei Karl Mannheim, vgl. dazu Dieter Boris 1971.

30 Von Durkheims Anomie-Ängsten über Webers Hörigkeits-Ahnungen und Adorno/Horkheimers Bildern von den Ausweglosigkeiten der Aufklärung bis hin zu Luhmanns Warnungen vor den Risiken von Risikotheorien.

1821, schon lange als Soziologie avant la lettre gelesen wird[31]. Dort werden in dem kurzen Moment der beginnenden Transformation der *Bürgerlichen Gesellschaft* einige ihrer strukturellen und semantischen Probleme noch einmal greifbar.

Will man sich dieser semantischen Grundlagen der ‚*Bürgerlichen Gesellschaft*' vergewissern, muß man eine ältere von einer jüngeren Version dieses Begriffs unterscheiden. Zur *älteren* läßt sich mit Manfred Riedel (1970/1962) zusammenfassen,

> „dass ‚bürgerliche Gesellschaft' im alteuropäischen Sinne ein politischer Traditionsbegriff, ja die zentrale Grundkategorie einer politischen Welt ist, in der ‚Staat' und ‚Gesellschaft' noch nicht auseinandergetreten sind, sondern das in sich homogene Herrschaftsgefüge der bürgerlich-politischen Gesellschaft bilden, das auf der ‚ökonomischen' Sphäre der häuslich-knechtlichen Arbeit, der Sklaverei oder der Leibeigenschaft und des Lohnwesens, beruht und von ihr sich abhebt. Denn in dieser klassischen Tradition der Politik zeichnen sich nicht alle Bewohner des Gemeinwesens durch civilitas [Bürgerlichkeit, d.V.] aus; die Unfreien aller Art, die unterhalb der öffentlich-politischen Bürgersphäre im privaten Umkreis des Hauses die für die elementare Lebensversorge notwendigen Arbeiten verrichten müssen, z.T. auch die gleichermaßen ‚ökonomisch' tätigen, an die häusliche Werkstatt gefesselten Handwerker und die Frauen gehören nicht zur societas civilis sive res publica; indem sie ein Teil des Oikos, der ‚häuslichen Gesellschaft' sind, fehlt ihnen die politische Stellung, welche die civilitas verleiht. Der Grundsatz der aristotelischen Politik..., dass es für Sklaven keine Polis gibt' (Pol. III, 9, 1280 a 32), versteht sich auch noch für die Knechte, Tagelöhner und Handwerker qua Lohndiener, wie Kant sie in seiner Zeit, am Ausgang des 18. Jahrhunderts, beschreibt; ihr Leben vollzieht sich unterhalb der im eigentlichen Sinne bürgerlichen Gesellschaft, die als solche sich erst von ihnen her bestimmt und sich abhebt. Und dies bildet ... das zweite Fundament der alten bürgerlichen Gesellschaft: ihre Scheidung nach unten hin, von der Ökonomik, vom Hause - die klassisch-politische Entgegensetzung ... wie sie noch bei Christian Thomasius, bei Wolff und Kant zu finden ist: ‚Die Gesellschaft der Menschen', sagt Thomasius, ‚an sich selbst aber ist entweder bürgerlich oder häuslich.'[32]" (Riedel 1970:143f)

---

31 Für Friedrich Jonas zum Beispiel enthält Hegels Rechtsphilosophie ganz selbstverständlich eine ausgeführte „Theorie der Gesellschaft", das Schwergewicht der „Hegelschen Soziologie" sieht er im Bereich der Institutionen (1968: 148ff) .

32 Chr. Thomasius, Kurtzer Entwurf der politischen Klugheit (1725), S. 204/05

Der Übergang zum *neueren* Begriff der *Bürgerlichen Gesellschaft* gehört zu den entscheidenden Weichenstellungen in der Vorgeschichte der gesellschaftsstrukturell orientierten Sozialtheorie.
In dem bereits zitierten Aufsatz „Der Begriff der ‚Bürgerlichen Gesellschaft' und das Problem seines geschichtlichen Ursprungs" hat Manfred Riedel auf die merkwürdige Koinzidenz hingewiesen, „dass fast zur gleichen Zeit - 1820 - das Wort (scil.: *Bürgerliche Gesellschaft*) nicht nur als inhaltliche Neuprägung in Hegels *Philosophie des Rechts*, sondern auch als politischer Zentralbegriff in Carl Ludwig von Hallers *Restauration der Staatswissenschaft* auftritt (vgl. Riedel 1970: 138). Dieses begriffsgeschichtliche Symptom kann man lesen als Ausdruck der Grundsätzlichkeit des komplexen Umbaus der gesellschaftlichen Struktur und ihrer Semantik. Die Dynamiken erster Individualisierungsschübe, der Auflösungen des „geselligen Verbands" (Haller) und die politischen Polarisierungen in den (bürgerlichen) Revolutionen lassen das Auseinandertreten der noch bis weit ins 19. Jahrhundert als Einheit behaupteten gesellschaftlichen Gemeinschaft in ‚Staat' und (im nun neuen Sinn) ‚bürgerliche Gesellschaft' allgemein sichtbar und zum Problem werden.

Als Nebenfolge der beginnenden industriellen Dynamik wird nun auf der *sozialstrukturellen* Ebene problematisch, wie das industrialisierte System der Bedürfnisse die Chancen und Risiken von Gruppen und Individuen neu verteilt. Zum zentralen *politischen* Problem wird die Frage, wie die Bürger ihre neuen, gleichsam industriell erzeugten Armen, die working poor, die industriellen Reservearmeen, das Proletariat, den Pöbel (Hegel) in ihre Gesellschaft inkludieren kann.

Das *semantische* Problem ergibt sich aus der Auseinandersetzung um die Definitionsmacht bezüglich der ‚bürgerlichen Gesellschaft'. Nachdem dieser Begriff, inmitten der strukturellen Umwandlung der Gesellschaft ihre tradierte Einheit offenbar nicht länger symbolisieren konnte, stand zur Entscheidung, was ‚*Bürgerliche Gesellschaft*' künftig bezeichnen würde:

Sollte ‚*Bürgerliche Gesellschaft*' künftig nur noch jenen gerade neu entstehenden Teil des Ganzen bezeichnen, der dann aber vom ‚Staat' unterschieden werden müßte? Erschien es sinnvoll, den Begriff des Bürgers im Sinne des Bourgeois für das moderne, Interessen verfolgende Individuum zu reservieren und seine Gesellschaft als jene

Wirtschaftsgesellschaft zu beschreiben, die auf einem System von Bedürfnissen und gegenseitigen individuellen Abhängigkeiten beruht? Viele bedeutende Staats- und Gesellschaftstheoretiker wie W.H. Riehl, L.v. Stein, J.C. Bluntschli, K. Marx und F. Lassalle und noch Ferdinand Tönnies teilen im Grunde diese Position.

Es ist im wesentlichen Hegel, der in seiner bereits sehr soziologisch gedachten Rechtsphilosophie von 1821 eine Gegenposition behauptet. Er hält daran fest, dass der neue Begriff der bürgerlichen Gesellschaft gerade auch nach dem Auseinandertreten von ‚Staat' und ‚Gesellschaft' - übrigens erstmals - die Einheit der faktischen Totalität der Gesellschaft bezeichnen soll:

> „Die bürgerliche Gesellschaft ist die Differenz, welche zwischen die Familie und den Staat tritt, wenn auch die Ausbildung derselben später als die des Staates erfolgt; denn als die Differenz setzt sie den Staat voraus, den sie als Selbständiges vor sich haben muß, um zu bestehen". (Riedel 1970: 140)

Hegels gesellschaftstheoretische Konsequenz besteht hier darin, die Differenzierung der unterschiedenen Teile als moderne Realität anzuerkennen und auf der Bezeichnung der differenzierten Einheit des gesellschaftlichen Ganzen als Zusammenhang seiner Elemente zu bestehen. Der Sozialtheoretiker Hegel konzipiert damit einen gesellschaftlichen Übergang von einer, am antiken Modell orientierten, segmentär differenzierten Gesellschaft als Summe ihrer Hauswirtschaften (*oikoi*) und der *polis* als ‚besondertem Allgemeinen' zu einer - durch die ‚Polizei' (wohlfahrts-)staatlich regulierten - funktional differenzierten Gesellschaft, in der sich die Privatindividuen in ihren Privaträumen ‚besondern'.

In der älteren *Bürgerlichen Gesellschaft* ist es das politische Zentrum, das *noch nicht* zur segmentären Differenzierungsform paßt, in der neuen *Bürgerlichen Gesellschaft* sind es die Privatindividuen, die sich dem funktionalen Differenzierungsmuster *nicht mehr* bruchlos fügen[33]. In diesem Übergang kann Hegel die alte Bezeichnung ‚*Bürgerliche Gesellschaft*' für die neue gesellschaftliche Realität nur unter

---

33 Hier zeichnet sich bereits jene Differenzierungsthematik ab, die die disziplinäre Soziologie schon sehr früh v.a. bei Spencer und Durkheim beschäftigen wird.

der Bedingung wiederverwenden, dass er die Trennung der Gesellschaft privatisierter Bürger vom administrativ und ‚polizeilich' ordnenden Staat anerkennt und mit derselben Bezeichnung eine neue Einheit ihrer *selbständigen Teile* behauptet.

Diese semantische Fortschreibung[34], dieses Festhalten an einer im Grunde antiken Begriffstradition führt allerdings in Schwierigkeiten. Ihre Anwendung auf Strukturphänome moderner Gesellschaften wie den Territorialstaat oder die städtische Bevölkerung will nicht recht gelingen. Nun werden jene systemischen Differenzierungen der politischen Funktionen und der zunächst noch nationalen Volkswirtschaften als Spaltung der Individuen in ‚Bourgeois' und ‚Citoyen'[35] sowie in der Dynamik der Arbeitsteilung[36] wirklich und sichtbar; sie sprengen die

---

34 Luhmann (1997: 961f) faßt diese Problematik, etwas verallgemeinernd, wie folgt zusammen: "Ungeachtet dessen fesseln die Begriffsdispositionen der alteuropäischen Semantik das europäische Denken bis weit in die Neuzeit hinein. ... Der Begriff des Politischen wird noch um 1700 im alten Sinn des öffentlichen Verhaltens, also im Kontrast zur Privatsphäre des eigenen Hauses verwandt. Der Begriff der societas civilis wird in die modernen Sprachen übersetzt und beherrscht noch im 18. Jahrhundert als société civile oder civil society die Diskussion - wie zuvor beschränkt auf selbständige Personen. Im angelsächsischen und speziell im nordamerikanischen Kontext bestimmt dieser Begriff - oder genauer die Unterscheidung von civil society und government - noch die Verfassungsdiskussion im letzten Drittel des 18. Jahrhunderts. Auf dem Kontinent gewinnt der Gesellschaftsbegriff jedoch, da man Selbständigkeit durch Eigentum gewährleistet sieht und Eigentum geldwirtschaftlich versteht im letzten Drittel des 18. Jahrhunderts eine ausschließlich wirtschaftliche Bedeutung mit der Folge, daß man die als Wirtschaft begriffene Gesellschaft dem Staat gegenüberstellen kann".

35 „Derselbe sorgt für sich und seine Familie, arbeitet, schließt Verträge usf. Und ebenso arbeitet er auch für das Allgemeine, hat dieses zum Zwecke. Nach jener Seite heißt er bourgeois, nach dieser citoyen" (Hegel, Jenenser Vorlesungen (1805/06), ed. Hoffmeister, Realphilosophie, Bd.II, (1931): 249, zit. in: Riedel 1970).

36 „Es ist getheilte Thätigkeit, von der Jeder nur ein Stück hat; wie in einer Fabrik Keiner ein Ganzes macht, nur einen Theil und die anderen Geschicklichkeiten nicht besitzt, nur Einige die Zusammensetzung machen. .... *Bürgerliche* Freiheit ist eben die Entbehrung des Allgemeinen, Prin-

Semantik des Bürgers und die seiner Gesellschaft. Damit kehrt die alte Frage nach der Möglichkeit einer Ordnung der Gesellschaft in ihre neue Formation zurück - nun aber als Frage an eine spezielle Wissenschaft für ‚Gesellschaft', die historisch als Wissenschaft von der *bürgerlichen* Gesellschaft anfangen muß.

Am Anfang stand die Forderung, die spezifische Leistung des Konzepts *Bürgerliche Gesellschaft* für eine soziologische Beschreibung heutiger Gesellschaften aufzuweisen. Das ist schon deshalb nur bedingt möglich, weil ‚*Bürgerliche Gesellschaft*' nicht wirklich zu einem *soziologischen* Gesellschaftsbegriff im Sinn heute vorherrschender Theoriediskurse geworden ist. Den Rahmen der politisch-sozialen Philosophie bzw. eines sozial-ökonomisch informierten historischen Materialismus hat er nie ganz verlassen. Die Gründe dafür liegen in der vergleichsweise engen Bindung des Begriffs an seine historischen Voraussetzungen.

Sein Auftauchen kann man als Symptom verstehen für den Versuch, die gesellschaftliche Gemeinschaft *als Gesellschaft* und nur als Gesellschaft zu verwirklichen. Dazu mußte die ‚societas civilis', die jetzt nur noch Zivilgesellschaft sein wollte, in zwei Richtungen abgegrenzt werden. Als eigenständige Funktionsbereiche ausgelagert wurden das politische System in Form des Zentralstaats sowie die militärischen Organisationen in Form des staatlichen Gewaltmonopols. Zivilität zielte nun auf Zivilisierung der inneren und äußeren Natur, als Verfeinerung des Verhaltens der Individuen und ihrer Verhältnisse. Wirklich geworden ist dieses Programm als Intensivierung der organisierten Aneignung ihrer äußeren und inneren Naturen, d.h. als Wirtschafts-, Markt- und Konsumgesellschaft.

Mit dieser Durchsetzung wird das Konzept ‚*Bürgerliche Gesellschaft*' fast tautologisch. Sie wird zwar zunehmend als *gesellschaftliche* Gesellschaft beschreibbar, aber diese Vergesellschaftung bekommt eine immer deutlichere wirtschaftsgesellschaftliche Färbung. Die angestrebte Zivilisierung der Gesellschaft, die zivilisatorische „,Verfeine-

---

cip des Isolierens. Aber bürgerliche Freiheit ... ist ein nothwendiges Moment, das die alten Staaten nicht kannten" (Hegel, Vorlesungen über die Geschichte der Philosophie, Bd.II, ed. Carl Ludwig Michelet, zit. Sämtliche Werke XIV (1833): 400, zit. in: Riedel 1970).

rung' (Kultur) ihrer Sitten und Künste" (Riedel 1975:747) wird wirklich nur als wirtschaftsbürgerliche Vergesellschaftung. Selbst die Kritik sieht sich später gezwungen, die *Bürgerliche Gesellschaft* als ,bürgerliche' zu beschreiben[37]. Das aber heißt, dass sie der Gefahr der ideellen Verdopplung nur entgeht, wenn sie sie als Wirtschaftsgesellschaft kritisiert. So wird die Selbstbeschreibung der *Bürgerlichen Gesellschaft* heikel: In dem Maß, wie sie sich nur als Gesellschaft ansehen will, erblindet sie: Sie behauptet die Spezifik ihrer Bürgerlichkeit als das gesellschaftlich Allgemeine und sieht ab von ihrer Eigenart als Wirtschaftsgesellschaft. Wo sie sich aber als interessendurchsetzte Wirtschaftsgesellschaft beobachtet, stößt sie auf Risiken und Nebenfolgen, die jene gesellschaftliche Einheit, die beschrieben werden sollte, gerade auflösen.

In der Folge werden sich auch die anderen modernen Gesellschaften als ,bürgerlich' bezeichnen, und das nicht, weil sie modern sind, sondern weil sie *Gesellschaften* sind. Die Beinahe-Tautologie macht ,Bürgerlichkeit' zum halbblinden Fleck der Analyse der ,gesellschaftlichen Gesellschaft'[38].

5. *Bürgerliche Gesellschaft* en suite - Probleme der Fortsetzung eines Erfolgsstücks

Erving Goffman hat, vor nun schon langer Zeit daran erinnert, dass wir alle ungefragt und ohne praktische Alternative mitspielen im gesellschaftlichen Theater. Ihn hatte daran v.a. die Rollenhaftigkeit und In-

37 Bereits die Erläuterungen von Karl Marx und Friedrich Engels in der ,Deutschen Ideologie' bemühen sich vergeblich um Vermeidung von Tautologien und kritische Distanz: „Die bürgerliche Gesellschaft als solche entwickelt sich erst mit der Bourgeoisie; die unmittelbar aus der Produktion und dem Verkehr sich entwickelnde gesellschaftliche Organisation ... ist indes fortwährend mit demselben Namen bezeichnet worden." (MEW 3:36)

38 Noch Luhmanns eigentlich wissenssoziologisch intendierter Hauptwerk-Titel ,Die Gesellschaft der Gesellschaft', erinnert unfreiwillig daran, daß er die Analyse jener bürgerlichen Gesellschaft ankündigt, die sich fast nur tautologisch bezeichnen kann.

szeniertheit des individuellen Handelns und Verhaltens interessiert (Goffman 1983). Wenn man im Unterschied dazu fragt, *was* da gespielt wird, erhält man zunächst die Auskunft: Wir alle spielen Gesellschaft, - neben vielem anderen wie z.B. ‚Gemeinschaft' oder ‚Soziale Beziehung'[39]. Nolens volens übernehmen wir dabei unterschiedliche, mehr oder minder anspruchsvolle, erfüllende und auch ermüdende Rollen. Das alles ist sozialwissenschaftlich ausführlich beschrieben.

Leider ist schon seit längerer Zeit nicht mehr klar, *welches* Stück gerade gespielt wird, d.h. in welchem Stück wir unsere Auftritte haben, in welchem gesellschaftlichen Kontext wir agieren. Im vorliegenden Zusammenhang liegt die Frage nahe: Spielen wir immer noch ‚Bürgerliche Gesellschaft'?

Das würde ja heißen, dass nach wie vor die Rollenfächer ‚Mutter', ‚Vater', ‚Kinder' in ihren tradierten Konfigurationen besetzt werden, dass kohärente Kleinfamilien dargestellt werden, darüber hinaus Verwandtschafts- und Freundschaftsbeziehungen, die auf Anwesenheit beruhen, Normalarbeitsverhältnisse, die am Leitbild lebenslanger v.a. männlicher Erwerbstätigkeit in einem Beruf ausgerichtet sind, sowie politische Identitäten, die v.a. orientiert sind am Horizont der je eigenen Nation und die sich immer noch im Spannungsfeld zwischen dem Eigeninteresse des ‚Bourgeois' und dem Allgemeininteresse des ‚Citoyen' bewegen.

Diese wenigen Hinweise genügen vielleicht schon, um plausibel zu machen, in welch ambivalenter Weise die Individuen sich schon seit langem aus den Formen und Rollenmustern der bürgerlichen Gesellschaft herauslösen müssen. So wenig sie sich mit dem, was ihnen als bürgerliche Reste immer noch anhängt, identifizieren können, so wenig sind sie schon das, zu dem sie werden müssen; dabei können sie heute noch gar nicht wissen, was das einmal sein wird. Nur eines scheint klar: Die dritten Wege, die heute wieder gern in der Mitte gesucht werden, versprechen weder eine prinzipielle gesellschaftspolitische Alternative (‚Sozialismus'), noch zeichnet sich überhaupt ein identifikationsfähiges gesellschaftliches Projekt ab (wie ehemals z.B. ‚Nationalität'). Zumin-

39 Wenn auch von Verhaltenstheoretikern, postmodernen Essayisten und neoliberalen PolitikerInnen wie Margret Thatcher immer wieder bestritten worden ist, dass es so etwas wie ‚Gesellschaft' überhaupt (noch) gibt.

dest die diversen, nationalen oder europäischen Vereinigungen stellen offenbar keines dar.

‚Fortsetzung' als semantisches Minimum, v.a. mit seinem expliziten Verzicht auf teleologische Gehalte kann man hier als orientierende Kategorie heranziehen. Nachdem das bürgerliche Projekt durchgesetzt und als Form (im Prinzip global, als Verbreitung der Kopien ihrer Form) generalisiert ist, läßt es sich nicht mehr wesentlich weiterentwickeln[40], sondern nur noch fortsetzen[41]. Seine soziale und gesellschaftspolitische Dynamik hat es dabei zu größten Teilen verloren. Nach dem vergeblichen Experimentieren mit ‚Postismen' steht nicht einmal mehr ein Arbeitstitel zur Verfügung. Übriggeblieben ist eine Ortsbezeichnung, die nur mehr tautologisch andeutet, wo sich die Fortsetzungen abspielen: ‚Globalisierung'[42].

Fortsetzungen stehen allerdings unter zwei strukturellen Restriktionen: sie müssen zum einen *anknüpfen*, zum andern *variieren*, und das nicht einfach irgendwie. Die (Selbst-)Fortsetzung der bürgerlichen Gesellschaft läßt sich rekonstruieren als Kontinuität ihrer infrastrukturellen, sozialen und symbolischen Institutionen, die an den vorhandenen Beständen anknüpft. Diese organisieren massenhaft angemessenes Erinnern, Erwarten und Planen, und verbinden lange, abgestimmte Handlungsketten miteinander.

Als Variationen beobachten wir jene - sozialwissenschaftlich angeregten und gestützten -, laufend sich verändernde Selbstbeschreibungen, die als je vordringliche Problembehauptungen eine Zeitlang die öffentlichen Diskurse beherrschen. Mit ihrer spezifischen Wirtschaftsweise hat die *Bürgerliche Gesellschaft* ihre Fortsetzung schon sehr früh unter einen historisch beispiellosen Veränderungsdruck gesetzt. Zum einen intern als Konkurrenz um sozioökonomischen Status, Anerkennung, Vermögen, wirtschaftliche Macht etc., zum anderen extern als v.a. ökonomische, technische und organisatorische Sachzwänge, deren

40 Einige Autoren, z.B. Agnoli (1968:10) und Luhmann (1975), erwähnen, dass die evolutionäre Entwicklung von einer ‚Involution' abgelöst werden könne.

41 Das formale Modell für die nachbürgerliche Epoche stellt eher eine unendliche Fernsehserie wie die ‚Lindenstraße' dar.

42 Auch der Titel ‚Lindenstraße' markiert nicht mehr als einen Ort.

Institutionalisierungen ihr seitdem gleichsam von außen entgegentreten. Der fortgesetzte Veränderungsdruck zwingt damit zu immer schneller variierenden Fortsetzungen und zu den entsprechenden, situativen Anpassungen an die laufenden Selbstveränderungen. Dies alles im Rahmen der Kontinuitäten eines identischen, nun aber zunehmend flexibilisierten Formats. So hat die spätbürgerliche Modernisierungskritik an ihrer Gesellschaft schon immer ein sich verschärfendes Mißverhältnis einer fehlenden qualitativen Entwicklung zu einer ständig beschleunigten Fortsetzung beklagt.[43]

Inzwischen zeigen sich die politischen Klassen vieler ehemals bürgerlicher Gesellschaften entschlossen, nur noch das fortzusetzen, was sich entwickeln läßt oder Entwicklung verspricht. Mit dieser operativen Unterscheidung ließen sich zugleich jene überschüssigen Produktivitäten und Ansprüche abkoppeln, die in ihrer Wahrnehmung die neoliberale Strukturmodernisierung der Gesellschaft sowieso nur behindert und belastet. Dabei ist eine qualitative gesellschaftliche Weiterentwicklung gar nicht angestrebt, sondern eher veränderte Rahmenbedingungen, die das bewährte Modernisierungsmodell wieder funktionsfähig werden ließen. Scheitern könnte der Versuch dadurch, dass er v.a. an den Kindern und Enkeln der Bürger ansetzt. Diese scheinen aber *in ihrer Mehrheit* weder in der Lage noch bereit, auf den verstärkten Druck mit Initiative und Leistungsbereitschaft zu reagieren. So wird man z.B. jene fortgeschrittenen spätbürgerlichen Subjektkonstrukte, die die Sozialwissenschaften in den letzten Jahren vorgeführt haben, wie z.B. den Subpolitiker[44], den Arbeitskraftunternehmer[45], den Zeitpionier[46], den Citizen[47], den ‚Life-Politiker'[48] oder den Lebensästhe-

---

43 Das reicht von U. Becks Kritik an der ‚Weiter-So-Moderne' bis zu Virilios Wahrnehmung einer exponentialen gesellschaftlichen Beschleunigung

44 Vgl. dazu die individualisierungstheoretische Erläuterungen von Beck/ Beck-Gernsheim 1994 bzw. Hitzler/ Honer 1994.

45 Vgl. neuerdings Voss und Pongratz 1998; in ganz ähnlichem Sinn bereits 1984 der 'Unternehmer seiner Arbeitskraft' bei Bonß/Keupp/Koenen.

46 Vgl. die empirischen Informationen zu dieser symptomatischen Sondergruppe von Beschäftigten bei Hörning et al. 1992.

47 Vgl. die breite Wiederaufnahme der Überlegungen von Marshall (1950),

ten[49] zumindest nicht durchweg mit jenen Leistungsträgern verwechseln dürfen, die das Projekt einer neoliberalen Strukturmodernisierung erfordern würde.

Solche Spät- oder Nachbürger setzen nämlich auf die Zivilität der Selbstorganisation, auf die Leistungsfähigkeit flexibler Vernetzungen und auf das ‚loose coupling' selbständiger sozialer und psychischer Systeme. Für das Projekt einer kollektiven Reparatur der Einheit der Gesellschaft sind sie unmittelbar nicht mehr zu gewinnen. Die individualistische Distanz zu Organisiertheit im allgemeinen und (staatlichen) Organisationen im besonderen führt das Projekt der Zivilgesellschaft zum paradoxen Ziel einer Vernetzung von Spätbürgern zu Nicht-Organisationen. Unter diesem Gesichtspunkt verkehrt sich die oben zitierte Formulierung von Schäfers (‚Bürgerliche Gesellschaft ohne Bürger'). Nun scheinen von der ‚*Bürgerlichen Gesellschaft*' nur noch die Bürger ohne Gesellschaft übrig zu bleiben, unmittelbare interaktive und kommunikative Verknüpfungen zwischen den bürgerlichen Individuen ohne Vermittlung ihrer Institutionen und Organisationen.

Verknüpft man beide, nur scheinbar sich widersprechenden Formeln, so entsteht die Vorstellung eines sozialen Lebens gleichsam *neben* und *außerhalb* der bürgerlichen Einrichtungen. Die Verknüpfungen erscheinen so lose, als wenn die Selbstinszenierung der Fortsetzungen der *Bürgerlichen Gesellschaft* in deren alten Kulissen stattfände. Dort, in den verselbständigten Strukturen der ‚*Bürgerlichen Gesellschaft*', die sich längst ohne Subjekte reproduzieren, *spielen* die Individuen ‚Bürgerliche Gesellschaft'.

Wie Zitate wirken nun alle Unterschiede, Gegensätze und Widersprüche, alle Differenzierungen und Spaltungen, alle soziale Ungleichheiten und sozialen Probleme. Dabei bleiben sie eigentümlich depotenziert, ohne ihre klassische Dramatik und ohne die Chance zu substantieller Moralisierung und Politisierung. Nach wie vor prägen sie die Themenlandschaft der Gesellschaft, mit deren nachhaltiger Kultivie-

---

Citizenship and Social Class, und ders. (1973), Class, Citizenship and Social Development.

48 Vgl. die Symptome für eine Wiederkehr eines Bewußtseins für ‚Leibhaftigkeit' bei Anthony Giddens 1991.

49 Vgl. die nachmoderne Aufbruchstimmung bei Clermont/ Goebel 1997.

rung große Teile der Bevölkerung beschäftigt sind. Doch zugleich ist die Dynamik der Gesellschaft längst in ihre gegenwärtigen Zukünfte ausgewandert.

In dieser Transformation der ‚*Bürgerlichen Gesellschaft*' hat die soziologische Aufklärung u.a. die Aufgabe übernommen, bewußt zu halten, dass sie mit ihren bürgerlichen Ausstattungen für die zukünftigen Fortsetzungen ihres Gesellschaftsspiels schlecht gerüstet sind. Sie sind nicht gut darauf vorbereitet, in mehreren Gesellschafts-Inszenierungen gleichzeitig spielen zu müssen. Die multiple Persönlichkeit muß heute damit rechnen, nicht mehr zu sein, als die Summe ihrer Virtualitäten[50].

6. Zu Modernität und Ende der bürgerlichen Gesellschaft

Die *Bürgerliche Gesellschaft* hat als paradigmatische, erste historische Ausprägung einer modernen Gesellschaft gegolten. Sie hat ihr als Pioniermodell und Experimentierfeld gedient und läßt sich als deren, zunächst in einigen nationalen Varianten auftretender Prototyp verstehen.

In der *Bürgerlichen Gesellschaft* hat sich, v.a. in den damals vorrangigen Bereichen Wirtschaft und Staat, die folgenreiche Dynamik der freigesetzten gesellschaftlichen Differenzierungsprozesse erstmals beobachten lassen und man konnte mit der Regulierung der entsprechenden Austausch- und Verteilungsprozesse sowie der entsprechenden Interessenkonflikte experimentieren (vgl. Luhmann 1984: 573). Daneben waren die Folgen der irreversiblen Trennung der Sphäre der Interaktionen von der ‚Gesellschaft' zu beobachten: auch dies eines der Themen, die später die Soziologie als Theorie der Gesellschaft begründen sollten.

Nicht zuletzt ging es erstmals um das Experiment einer nicht nur formellen Inklusion aller gesellschaftlichen Individuen als Bürger in die gesellschaftliche Gemeinschaft. Dieser Versuch hat schon sehr bald seine Grenze am *bürgerlichen* Interesse an sozialer Ungleichheit, spe-

---

50 Darauf hat Sherry Turkle (1998) anhand der Auswertungen von Interviews mit Internet-Usern in den USA hingewiesen.

ziell am sozialen Abstand zu Kultur und Milieu des ‚vierten Standes' gefunden.[51]

Die ‚*Bürgerliche Gesellschaft*' ist denn auch von Anfang an durch Inkonsistenzen belastet, so daß sie bald mehr als regulative Idee denn als Beschreibungskonzept verstanden wurde. Die Dramatik ihrer ökonomischen und sozialen Ungleichheiten, die Unschärfen der Norm- und Rechtsgeltungen sowie die Ausschlußregeln v.a. im Bereich der politischen Teilhabe haben die Vorstellung einer *Bürgerlichen Gesellschaft* eine allenfalls kontrafaktische Konstruktion bleiben lassen. Trotzdem war hier eine spezifisch moderne soziale Kohärenz projektiert, die oft als bloß ideologisches Konstrukt mißverstanden worden ist. Zumindest entsprachen ihr jene neuartigen Einrichtungen und Regelungen (z.B. allgemeine Schulpflicht, Rechtssubjektivität, formelle Allgemeinheit der Rechtsnormen etc.), die für die gesellschaftliche Weiterentwicklung *als politisch-ökonomische Einheit* unabdingbar waren.

Heute erscheint diese Weiterentwicklung nicht länger selbstverständlich. Beobachtet werden unmittelbar neben der beschleunigten Oberfläche der Aktionen, Produktionen und Kommunikationen nachhaltig wirkende Symptome der Stagnation und der Blockierung. Die Fortsetzung der Gesellschaft nach ihrer bürgerlichen Geschichte erscheint damit von Voraussetzungen abhängig, die sich weder von selbst herstellen, noch ‚politisch' erbracht werden: So stagniert das ökonomische Wachstum in weiten Bereichen der ehemals bürgerlichen Gesellschaften. Weder die Internationalisierung des Wettbewerbs noch die vielfältigen und langfristigen staatlichen Subventionierungen, gerade auch im Feld von Forschung und Entwicklung, führen zu nachhaltig verstärkten produktiven Investitionen. Stattdessen sind Rationalisierungsmaßnahmen mit erheblichen Freisetzungseffekten auf den Arbeitsmärkten zu beobachten sowie eine entsprechende Schrumpfung der Massenkaufkraft und Zurückhaltung bei der Nachfrage.

Neben innerökonomischen Gründen liegt jener Entwicklung auch eine inzwischen breite gesellschaftliche Selbstkritik an den immer noch vorherrschenden Formen und Folgen der industriellen Naturbeherr-

51 Vgl. dazu die Nachzeichnung alter sozialer Sollbruchlinien bei Barbara Ehrenreich 1992.

schung zugrunde. Ideologisch ist der harte und schnelle, instrumentelle Zugriff von Verwertung und Verwendung inzwischen der Einsicht in die Notwendigkeit von kollektiver Askese, Selbstbindung und kommunikativem Umgang etc. gewichen. Hier schließen auch die Versuche an, das Projekt der Zivilisierung von Verhalten und Verhältnissen weiterzuführen.

Schon erwähnt wurden die (übrigens schon seit dem Beginn des Jahrhunderts formulierte) Abwehr und Distanz zu Organisiertheit bzw. (staatlichen) Organisationen. Befürchtet werden ihre Entfremdung (Vorwurf mangelnder Bürgernähe), ihre Verselbständigung und ihre Machtanhäufung. Die Notwendigkeit bürokratischer Organisationen zur rationalen Selbsteinwirkung hochkomplexer Gesellschaften steht zu jener verbreiteten Aversion in einem sich verstärkenden Spannungsverhältnis (vgl. Luhmann 1997: 844f.).

Schließlich ist inzwischen auch das politische Motiv einer substantiellen Integration aller Bürger brüchig geworden. Die ökonomischen und sozialmoralischen Folgeprobleme beim Experimentieren mit der wohlfahrtsstaatlichen Inklusion (z.B. Mißbrauch von Sozialleistungen, Leistungsverweigerung) haben ausgereicht, um dieses Projekt zu delegitimieren. Und dies trotz der erheblichen Kosten einer damit entstehenden ‚fragmentierten Inklusion'[52].

Die Stagnation der genannten, klassischen Institutionen und Mechanismen der bürgerlichen Vergesellschaftung indiziert eine weitere Transformation ihrer Selbststeuerung. Die - zumindest scheinbare - Selbsttätigkeit zentraler Grundfunktionen der *Bürgerlichen Gesellschaft* war zunächst unterschiedlichen Projekten ihrer staatlichen Organisierung gewichen (organisierter Kapitalismus, Wohlfahrtsstaat, Staatskapitalismus, Realsozialismus). Auf die damit eingeleitete, multiple Überforderung der zentralisierten politischen Systeme (Überschuldung der Gebietskörperschaften, Legitimationsdefizite) haben sie mit Rückzügen aus Steuerungsfunktionen, Leistungsverpflichtungen und Verantwortlichkeiten reagiert. Indem der ehemals bürgerliche, sich nun als ‚moderierend', und ‚supervisierend' darstellende Staat seine

52 Von der Unerreichbarkeit der Individuen für politische Kommunikation und Teilhabeangebote und sogenannter ‚Unregierbarkeit' bis zur Zunahme von Gewaltkriminalität.

Gesellschaft zur Strukturmodernisierung drängt, scheint er sie auf sich selbst und ihre eigenen Chancen und Risiken zurückzuwerfen. Doch gibt er die Macht über seine Gesellschaft sowenig aus der Hand[53], wie die Mehrheit ihrer Individuen in der Lage sind, ihre unfreiwilligen Freisetzungen für ‚riskante Freiheiten' zu nutzen. In einer solchen Rekonstruktion wird deutlich, wie sehr alle beteiligten Akteure schon unter modernen Bedingungen leben und zugleich noch in bürgerliche Verhältnisse verstrickt sind.

Nun haben sich an dieser Entwicklung zunächst die ‚bürgerlichen' und die ‚modernen' Merkmale noch gar nicht unterscheiden lassen. Erst im Rückblick wird deutlich, daß z.B. die Dramatisierung von Privatheit, Eigentum und Individualität sowie die Brisanz von sozialer Ungleichheit eher der Problemebene der bürgerlichen Vergesellschaftung zugehören, während die Dynamik gesellschaftlicher Differenzierung, die radikale Trennung von ‚Interaktion' und ‚Gesellschaft' oder die Überforderung der Interaktionsmoral durch Probleme der ‚Gesellschaft' eher ihrer ‚modernen' Entwicklung zuzurechnen sind. Es waren vor allem neuere Modernisierungstheorien, systemtheoretische Theorien der Gesellschaft und, auf politischer Ebene, totalitarismustheoretische Ansätze, die die hochentwickelten (spät)bürgerlichen Gesellschaften einschließlich ihrer realsozialistischen Gegenmodelle mit dem Hinweis auf die Konvergenz ihrer Strukturprobleme in den abstrakteren Konzepten ‚moderner Gesellschaften' aufgehen ließen.

Als empirische verallgemeinerte Referenzen *in re* fungieren dabei v.a. die Eigenlogiken der expansiven Wert- und Marktökonomien mit ihren institutionellen und organisatorischen Flankierungen einerseits und der funktionale Typus der technischen Produkt-, Infra- und Kommunikationsstrukturen andererseits. Die Oberflächen des globalen Alltags sind seither mit diesen Residuen ursprünglich bürgerlicher Gesellschaftlichkeit überzogen, die wir als seine Modernität und Fortgeschrittenheit wahrnehmen. Damit wäre dann die *Bürgerliche Gesellschaft* in den Funktionszusammenhängen als deren historische Voraussetzung ‚aufgehoben'.

---

53 ‚Aus der Hand geben' würde nämlich bereits ethymologisch, Emanzipation' bedeuten.

Man kann diese semantische Bewegung auch als Folge eines Blickwechsels und einer Relevanzverschiebung von der sozialen Identität der *Bürgerlichen Gesellschaft* zur systemischen Identität der modernen Gesellschaft rekonstruieren (Lockwood 1964). In dieser Perspektive erscheint dann die Implantierung frühmoderner ökonomischer und technischer Infrastrukturen in die (früh)bürgerliche Gesellschaft als der Anfang ihres Endes. Die modernen Differenzierungs- und Reproduktionsprozesse zehren gleichsam ihre bürgerlichen Voraussetzungen auf, ohne sie zu regenerieren[54]. Auch in diesem Bild verschwindet die *Bürgerliche Gesellschaft* gleichsam als Objekt einer ‚Kolonisierung' oder einer produktiven Konsumtion in modernen Systemfunktionen. Wichtig ist hier aber, dass jenen Systemfunktionen nun alle öffentliche Aufmerksamkeit gilt, während die gesellschaftlichen Individuen - gleichsam am Rande dieser modernen Vergesellschaftung - sich in die (klein)bürgerlichen Verhältnisse ihrer Privatheiten zurückziehen.

Dort ist jene Parallelgesellschaft entstanden, von der oben bereits die Rede war.[55] In deren ‚Lebenswelten' und ‚Sozialmilieus' gelangen die Individuen *als Individuen* dadurch zu neuer Geltung, dass sie dort Fortsetzungen des Stücks ‚*Bürgerliche Gesellschaft*' wiederaufführen.[56] Nach ihrem Ende als Individuen der bürgerlichen Gesellschaft behaupten sie sich in ihren Milieus und Sozialkulturen als *Darsteller* bürgerlicher Individualität. Auf der Basis und zugleich jenseits der modernen Systemprozesse reproduzieren sie in ihren zivilgesellschaft-

---

54 Eine Vermutung mit einer langen Tradition, die Marx, Weber und Habermas verbindet.

55 Eine solche Rekonstruktion erinnert an moderne *science-fiction*-Mythen, in denen, seit einem katastrophischen Untergang der wirklichen Welt, ein zentral gesteuertes, globales Computerprogramm ‚MATRIX' installiert wurde, in dessen Scheinwelt die Gesellschaft, ohne davon zu wissen, eine kleinbürgerliche Unwirklichkeit lebt.

56 Vor allem der kommunitaristische Diskurs, der sich seit den 80er Jahren zunächst in den USA entwickelt, kann als Wiederaufnahme einer bürgerlichen Inszenierung verstanden werden. Die öffentliche Wahrnehmung eines Zerfalls sozialer Werte legte den Rückgriff auf Formen bürgerlicher Vergemeinschaftung nahe (vgl. Zahlmann 1992).

lichen Kostümen nach wie vor Rollenmodelle des ausgehenden 18. und beginnenden 19. Jahrhunderts[57].

Vor allem politisch motivierte AutorInnen der soziologischen Aufklärung halten diesen Spielplan freilich für längst überholt und plädieren z.B. für die Inszenierung einer zivilgesellschaftlichen sozialen Kultur in der modernen Gesellschaft. Auch in dieser Perspektive deuten sich also Enden der *Bürgerlichen Gesellschaft* an, sei es als der modernen Gesellschaft strukturell unterlegene Formation oder als nicht mehr zeitgemäßes Stück auf dem soziokulturellen Spielplan der Gesellschaft.

Die Generalisierung vieler gesellschaftlicher Strukturmerkmale hat den Begriff der *Bürgerlichen Gesellschaft* erblinden lassen; er kennzeichnet heute nicht *mehr* als jene Normalität und Durchschnittlichkeit der gesellschaftlichen Entwicklung, der sich Gesellschaften gegenwärtig kaum noch ohne weiteres entziehen können und wollen. Weil sie nicht anders wollen können, als zu modernen Gesellschaften zu werden, müssen sie - unfreiwillig - ‚Bürgerlichkeit‘ in Kauf nehmen.

Der historische Moment, in dem sich damit eine Gesellschaft der Weltbürger abzeichnet, von denen schon seit dem 17. Jahrhundert die Rede ist, wird offenbar gerade verpaßt. Solange die Gesellschaft in nur *defensiver* Absicht, aus Angst vor den Nebenfolgen ihrer Modernisierungen, z.B. in kommunitaristischen Diskursen auf ihre bürgerlichen Reste und Ressourcen zurückgreift, begibt sie sich deren progressiver Potentiale. Unter der Vorherrschaft einer unnachsichtigen Modernisierung, die nicht zuzulassen scheint, gerade auch die normativen Gehalte ihrer bürgerlichen Voraussetzungen *offensiv* zu wenden, verfehlt die Gesellschaft eine ihrer besseren Möglichkeiten. Die feinen Unterschiede im Prozeß dieser modernen Vergesellschaftung im Weltmaßstab, die heute ‚Globalisierung‘ heißt, lassen sich nun aber nicht länger als Differenz zu ihrer bürgerlichen Modernität, sondern nur mehr *innerhalb* dieser, z.B. als Regionen oder nationale Kulturen markieren.

---

57 Beschränkt man den Geltungsbereich der Goffman‘schen Formel von der theateranalogen ‚Selbstdarstellung im Alltag‘ auf seinen spätbürgerlichen Kontext, dann beschreibt er mit seinen Studien, wie das neue gesellschaftliche Ensemble alte bürgerliche Stücke wiederaufführt und in ihnen Rollen übernimmt.

Solche Unterschiede bilden die neuartigen Ansatzpunkte für alle weitere vergleichende soziologische Beobachtung.

Literatur

Agnoli, Johannes (1968): Die Transformation der Demokratie, in: Johannes Agnoli/Peter Brückner: Die Transformation der Demokratie. Frankfurt/M.

Arendt, Hannah (1993, zuerst 1970): Macht und Gewalt. München: Piper.

Barbalet, M. (1988): Citizenship. Stratford:

Barber, Benjamin (1984): Starke Demokratie. Über die Teilhabe am Politischen. Berlin: Rotbuch.

Barthes, Roland (1964 [1957]): Mythen des Alltags. Frankfurt/M.: Suhrkamp.

Beck, Ulrich (1993): Die Erfindung des Politischen. Zu einer Theorie reflexiver Modernisierung. Frankfurt/M.: Suhrkamp.

Beck, Ulrich/Beck-Gernsheim, Elisabeth (1994): Individualisierung in modernen Gesellschaften - Perspektiven und Kontroversen einer subjektorientierten Soziologie, in: Riskante Freiheiten. Frankfurt/M.: Suhrkamp.

Bluntschli, J. C. (1859): ‚Gesellschaft', in: Deutsches-Staats-Wörterbuch (Bd. 4). Stuttgart.

Bonß, Wolfgang/Keupp, Heiner/Koenen, Elmar (1984): Das Ende des Belastungsdiskurses? Zur subjektiven und gesellschaftlichen Bedeutung von Arbeitslosigkeit, in: Arbeitslosigkeit in der Arbeitsgesellschaft. Frankfurt/M.: Suhrkamp.

Boris, Dieter (1991): Krise und Planung. Die politisch Soziologie im Spätwerk Mannheims. Stuttgart.

Brock, Ditmar (1998): Soziale Ungleichheiten. Klassen und Schichten, in: Handwörterbuch zur Gesellschaft Deutschlands. Opladen: Leske + Budrich.

Claessens, Dieter/Claessens, Karin (1979): Kapitalismus als Kultur. Entstehung und Grundlagen der bürgerlichen Gesellschaft, in: stw, Bd. 275. Frankfurt/M.: Suhrkamp.

Cohen, Jean L./Arato Andrew (1992): Civil Society and Political Theory. Cambridge, Mass. und London: MIT Press.

Cournot, Antoine A. (1982): Oeuvres complètes. Paris.

Dahrendorf, Ralf (1957): Soziale Klassen und Klassenkonflikte in der industriellen Gesellschaft. Stuttgart: Enke.

Dahrendorf, Ralf (1979): Lebenschancen. Anläufe zur sozialen und politischen Theorie. Frankfurt/M.: Suhrkamp.

Dahrendorf, Ralf (1990): Betrachtungen über die Revolution in Europa. Stuttgart: Deutsche Verlags-Anstalt.

Dahrendorf, Ralf (1992): Der moderne soziale Konflikt. Stuttgart: Deutsche Verlags-Anstalt.
Durkheim, Émile (1973, zuerst 1897): Der Selbstmord. Darmstadt: Luchterhand.
Eder, Klaus (1990): Kollektive Akteure zwischen Identitätssuche und Mobilisierungsindustrie. In Diskussionspapier 3-90. Hamburg: Hamburger Institut für Sozialforschung.
Ehrenreich, Barbara (1992): Angst vor dem Absturz. München: Kunstmann.
Eschenburg, Theodor (1955): Herrschaft der Verbände?. Ethik und Staat: Zivilgesellschaft (1994) in: Das Argument (Bd. 206). Berlin: Argument-Verlag.
Fukuyama, Francis (1992): Das Ende der Geschichte. München: Kindler.
Gehlen, Arnold (1975): Ende der Geschichte?: 115 ff., in: Einblicke, Frankfurt/M.
Gerstenberger, Heide (1988): Gesellschaftsgeschichte - ein neues Paradigma? (Rezension über H.-U. Wehler, 1987, Deutsche Gesellschaftsgeschichte, Bde. 1+2. Sozialwissenschaftliche Literaturrundschau, 17, 19-28.
Giddens, Anthony (1982): Profiles and Critiques in Social Theory. London:
Giddens, Anthony (1991): Modernity and Self-Identity. Self and Society in the Late Modern Age. Cambridge UK: Polity Press.
Giesen, Bernd (1980): Makrosoziologie. Hamburg: Hoffmann und Campe.
Goebel, Johannes/Clermont, Christoph (1997): Die Tugend der Orientierungslosigkeit. Berlin: Verlag Volk und Welt.
Gouldner, Alvin W. (1970): The Coming Crisis of Western Sociology (deutsch: Reinbek 1974). New York/ London:
Greiffenhagen, Martin & Greiffenhagen Sylvia (1981): Ein schwieriges Vaterland. Zur politischen Kultur Deutschlands. Frankfurt/M.: Fischer.
Habermas, Jürgen (1992): Faktizität und Geltung. Frankfurt/M.: Suhrkamp.
Haltern, Utz (1985): Bürgerliche Gesellschaft. Sozialtheoretische und sozialhistorische Aspekte in: Erträge der Forschung. Darmstadt: Wissenschaftliche Buchgesellschaft.
Hegel, Georg Wilhelm Friedrich (1972, zuerst 1821): Grundlinien der Philosophie des Rechts oder Naturrecht und Staatswissenschaft im Grundrisse. Frankfurt/M./ Berlin/ Wien: Ullstein.
Hegel, Georg Wilhelm Friedrich (1931, zuerst 1805/06): Jenenser Vorlesungen. Ed. Hoffmeister, Realphilosophie. Bd.II.
Hegel, Georg Wilhelm Friedrich (1833): Vorlesungen über die Geschichte der Philosophie. Ed. Carl Ludwig Michelet Bd.II, Sämtliche Werke XIV.
Held, D (1989): Political Theory and the Modern State. Oxford:
Hill, Christopher (1966): The Century of Revolution. Nelson's History, 5.

Hill, Christopher (1990, Orig. 1980): Über einige geistige Konsequenzen der englischen Revolution. Berlin: Wagenbach.

Hitzler, Ronald/Honer, Anne (1994): Bastelexistenz. Über subjektive Konsequenzen der Individualisierung, in: Riskante Freiheiten. Frankfurt/M.: Suhrkamp.

Hörning, Karl H./Gerhardt, Anette/Michailow, Matthias (1990): Zeitpioniere. Frankfurt/M.: Suhrkamp.

Hofmann, Werner (1969): Grundelemente der Wirtschaftsgesellschaft. Reinbek: Rowohlt.

Huster, Ernst-Ulrich/Kraiker, Gerhard/Scherer, Burkhard/Schlotmann, Friedrich-Karl/Welteke, Marianne (1972): Determinanten der westdeutschen Restauration 1945-1949, in: es (Bd. 575). Frankfurt/M.: Suhrkamp.

Institut für Sozialforschung (1956): Gesellschaft, in: Soziologische Exkurse: 22-39. Frankfurt/M.: Europäische Verlagsanstalt.

Jänicke, Martin (1987^2): Staatsversagen. Die Ohnmacht der Politik in der Industriegesellschaft. München: Piper.

Jonas, Friedrich (1968): Geschichte der Soziologie (Bd. 1). Reinbek: Rowohlt.

Justi, Johann Heinrich Gottlob von (1759): Grundsätze der Polizey Wissenschaft. Göttingen:

Kellermann, Paul (1966): Kritik einer Soziologie der Ordnung. Freiburg: Rombach.

Kieserling, André (1999): Kommunikation unter Anwesenden. Frankfurt/M.: Suhrkamp.

Knieper, Rolf (1981): Selbstbestimmung als Selbstdisziplinierung und Fremdbestimmung, in: Zwang, Vernunft, Freiheit. Studien zur juristischen Konstruktion der bürgerlichen Gesellschaft (S. 9-53). Frankfurt/M.: Europäische Verlagsanstalt.

König, René (1958): Gesellschaft, in: Soziologie. In René König (Hrsg.), Fischer-Lexikon: 96-104. Frankfurt/M.: Fischer.

Koselleck, Reinhart (1969): Kritik und Krise. Ein Beitrag zur Pathogenese der bürgerlichen Welt. Freiburg/München:

Koslowski, P. (1983): Markt- und Demokratieversagen? Politische Vierteljahresschrift, Jg. 24, 2.

Lockwood, David (1969, Orig. 1964): Soziale Integration und Systemintegration, in: Theorien des sozialen Wandels, in Wolfgang Zapf (Hrsg.), Neue Wissenschaftliche Bibliothek (S. 124-140). Köln/ Berlin: Kiepenheuer & Witsch.

Luhmann, Niklas (1980): Interaktion in Oberschichten. Zur Transformation ihrer Semantiken im 17. und 18. Jahrhundert. In Gesellschaftssstruktur und Semantik (Bd. 1, S. 72-161). Frankfurt/M.: Suhrkamp.

Luhmann, Niklas (1981): Wie ist soziale Ordnung möglich? in: Gesellschaftsstruktur und Semantik. Studien zur Wissenssoziologie der modernen Gesellschaft (Bd. 2). Frankfurt/M.: Suhrkamp.

Luhmann, Niklas (1984): Soziale Systeme. Frankfurt/M.: Suhrkamp.

Luhmann, Niklas (1997): Die Gesellschaft der Gesellschaft (Bd. 1&2). Frankfurt/M.: Suhrkamp.

Macpherson, C. B. (1967): Die politische Theorie des Besitzindividualismus. Frankfurt/M.: Suhrkamp.

Marshall, T. H. (1950): Citizenship and Social Class. Cambridge, Mass.

Marshall, T. H. (1973): Class, Citizenship and Social Development. Westport, Conn.

Marx, Karl (1969, Orig. 1852): Der achtzehnte Brumaire des Louis Bonaparte, in: MEW, Bd. 8: 111-207). Berlin: Dietz.

Marx, Karl (1969 Orig. 1850): Der Bürgerkrieg in Frankreich, in: MEW, Bd. 17: 313-365. Berlin: Dietz.

Marx, Karl (1969, Orig. 1850): Die Klassenkämpfe in Frankreich 1848-1850, in: MEW, Bd. 7. Berlin: Dietz.

Marx, Karl (1974, Orig. 1859): Zur Kritik der politischen Ökonomie (von 1859), Vorwort, in: MEW, Bd. 13. Berlin: Dietz.

Marx, Karl/Engels, Friedrich (1969, Orig. 1848): Manifest der Kommunistischen Partei, in: MEW, Bd. 4: 459-493. Berlin: Dietz.

Marx, Karl/Engels, Friedrich (1990, Orig. 1845/46): Die deutsche Ideologie, in: MEW, Bd. 3. Berlin: Dietz.

Mead, George Herbert (1968, Orig. 1934): Geist, Identität und Gesellschaft, v.a. Teil III: ‚Identität'. Frankfurt/M.: Suhrkamp.

Moore, Barrington (1968): Die sozialen Ursprünge von Demokratie und Diktatur. Frankfurt/M.: Suhrkamp.

Niethammer, Lutz (1989): Posthistoire. Ist die Geschichte zu Ende? In rowohlts enzyklopädie. Reinbek: Rowohlt.

Nonnenmacher, Günther (1989): Die Ordnung der Gesellschaft. Weinheim: VCH Verlagsgesellschaft.

Offe, Claus (1979): Unregierbarkeit, in: Stichworte zur geistigen Situation der Zeit. Frankfurt/M.: Suhrkamp.

Ossowski, Stanislaw (1962): Die Klassenstruktur im sozialen Bewußtsein. Neuwied/Berlin: Luchterhand.

Parsons, Talcott/Shils, Edward A. (1951): General Statement, in: Toward a General Theory of Action (S. 3 - 29). Cambridge, Mass.

Peters, Bernhard (1993): Die Integration moderner Gesellschaften. Frankfurt/M.: Suhrkamp.

Richter, Dirk (1996): Zivilgesellschaft - Probleme einer Utopie in der Moderne, in: Rolf Eickelpasch/Armin Nassehi (Hg.): Utopie und Moderne. Frankfurt/M.: Suhrkamp.

Riedel, Manfred (1970, zuerst 1962): Der Begriff der Bürgerlichen Gesellschaft und das Problem seines geschichtlichen Ursprungs, in: Studien zu Hegels Rechtsphilosophie (S. 135-166). Frankfurt/M.: Suhrkamp.

Riedel, Manfred (1975): Gesellschaft, bürgerliche, in: Brunner/ Conze/ Koselleck (Hrsg.), Geschichtliche Grundbegriffe. Historisches Lexikon zur politisch-sozialen Sprache in Deutschland (Bd. 2, S. 719-800). Stuttgart:

Ritsert, Jürgen (1988): Gesellschaft. Einführung in den Grundbegriff der Soziologie. Frankfurt/M./New York: Campus.

Ritter, Joachim (1957): Hegel und die französische Revolution. Köln/ Opladen:

Schäfers, Bernhard (1986): Gesellschaft, in: Grundbegriffe der Soziologie. Opladen: Leske +Budrich.

Schmid, Thomas (Hg.): (1988). Entstaatlichung. Neue Perspektiven auf das Gemeinwesen. Berlin: Wagenbach.

Schmid, Thomas (1990). Staatsbegräbnis. Berlin: Rotbuch.

Simmel, Georg (1908): Das Problem der Soziologie - Exkurs über das Problem: wie ist Gesellschaft möglich? in: Soziologie. Untersuchungen über die Formen der Vergesellschaftung. Leipzig: Duncker & Humblot.

Simmel, Georg (1957): ‚Individualismus' und ‚Das Individuum und die Freiheit' beide in: Brücke und Tür. Essays des Philosophen zur Geschichte, religion, Kunst und Gesellschaft. Stuttgart: Koehler.

Sombart, Werner (1923): Die Anfänge der Soziologie, in: Erinnerungsgabe für Max Weber. München:

Thomasius, Christian (1725). Kurtzer Entwurf der politischen Klugheit.

Turkle, Sherry (1998): Leben im Netz. Identitäten in Zeiten des Internet. Reinbek: Rowohlt.

Turner, B. S. (1986): Citizenship and Capitalism. London.

Voss, G. Günter/ Pongratz, Hans J. (1998): Der Arbeitskraftunternehmer. Auf dem Weg zu einer neuen gesellschaftlichen Form der ‚Ware Arbeitskraft'? Kölner Zeitschrift für Soziologie und Sozialpsychologie, Heft 1.

Walzer, Michael (1992): Zivile Gesellschaft und amerikanische Demokratie. Berlin: Rotbuch.

Wehler, Hans-Ulrich (1987/1995): Deutsche Gesellschaftsgeschichte (Bde. I-III). München: Beck.

Wehler, Hans-Ulrich (1995): Die Gegenwart als Geschichte. München: Beck.

Zahlmann, Christel (Hg.). (1992): Kommunitarismus in der Diskussion. Berlin: Rotbuch.

Zapf, Wolfgang (1991): Modernisierung und Modernisierungstheorien, in ders. (Hrsg.): Verhandlungen des 25. Deutschen Soziologentags. Frankfurt/M./ New York: Campus.

Klaus Kraemer

Kapitalistische Gesellschaft

1. Zum Begriff der kapitalistischen Gesellschaft

In der Soziologie ist es alles andere als selbstverständlich geworden, die moderne Gegenwartsgesellschaft als „kapitalistische Gesellschaft“ zu beschreiben. Die gängigen soziologischen Zeitdiagnosen bevorzugen statt dessen Begriffe wie „postindustrielle Gesellschaft“, „Dienstleistungsgesellschaft“, „funktional differenzierte Gesellschaft“, „Risikogesellschaft“, „Erlebnisgesellschaft“ oder auch „Wissensgesellschaft“, um den ökonomischen, politischen und kulturellen Wandel der letzten Jahrzehnte untersuchen zu können. Ungeachtet der unterschiedlichen theoretischen Begründungszusammenhänge wird die Annahme vertreten, daß sich die Gegenwartsgesellschaft in eine *postkapitalistische Gesellschaft* verwandelt habe. Der basale Gegensatz zwischen Kapital und Arbeit habe, so wird übereinstimmend hervorgehoben, seine strukturbildende Bedeutung für Ökonomie, Politik und Gesellschaft eingebüßt: Mit dem Aufstieg von großen multinationalen Konzernen und Aktiengesellschaften sei das Verfügungsrecht des kapitalistischen Privatunternehmers auf die Gruppe der leitenden Fachspezialisten und Manager übergegangen; der industrielle Klassenkonflikt zwischen Unternehmern und abhängig Beschäftigten habe sich weitgehend verflüchtigt und an seine Stelle seien „postmoderne“ Lebensstilkonflikte und Risikolagen getreten; die ökonomischen Strukturen würden primär durch den „postindustriellen“ Dienstleistungssektor geprägt, während der industrielle Produktionssektor mehr und mehr zurückgedrängt werde; die klassischen betrieblichen Produktionsfaktoren Arbeit, Kapital und Boden hätten gegenüber dem Produktionsfaktor Wissen an Bedeutung verloren, und dies keineswegs nur im quantitativ-graduellen Sinne; die allgemeinen sozialen Lebenschancen und individuellen Handlungsmöglichkeiten würden immer weniger über die Stellung in der ökonomischen Sphäre im allgemeinen und die meritokratische Triade Beruf, Einkommen und Bildung im besonderen bestimmt (*Entstrukturierungsthese*); und schließlich hätten diese und andere Veränderungen zur Folge, daß der sinnstiftende, alltagsweltliche Erfahrungshorizont weitaus stärker von der Freizeitsphäre als von der Berufswelt in Fabrik und Büro geprägt werde (*These vom Ende der Arbeitsgesellschaft*). Die kapitalistische Ökonomie habe, so lautet zusammengefaßt die weit verbreitete Annahme, seine herausragende Bedeutung für das Verständnis moderner Gesellschaften verloren. Diese Grundüberlegung ist im Kontext der Theorie funktionaler Differenzierung aufgegriffen und systematisiert worden. Als einer ihrer prominentesten Vertreter geht bekanntermaßen Niklas Luhmann (1988) davon aus, daß die gesellschaftlichen Differenzierungsprozesse nur angemessen analysiert werden können, wenn die Wirtschaft nicht als dominantes, Politik, Recht, Wissenschaft, Religion usw. determinierendes System konzeptionalisiert wird, sondern als ein selbstbezügliches, operativ geschlossenes *Sub*system *neben anderen* (Autopoiesis-Theorem). Übereinstimmend wird jedenfalls eine epochale Zäsur diagnostiziert, die - wie etwa Ulrich Beck (1996) formuliert - die Phase einer „zweiten" oder „reflexiven Moderne" eingeläutet habe.

Ist die zeitdiagnostische These von der postkapitalistischen Gesellschaft plausibel begründet? Reichen die angeführten Trendfaktoren aus, um diese Annahme untermauern zu können? Entgegen einer vorschnellen Verabschiedung des Kapitalismusbegriffs könnte man nämlich einwenden, daß der Begriff konzeptionell breit genug angelegt ist, um den strukturellen Wandel, der die Industriegesellschaften in den letzten Jahrzehnten so grundlegend verändert hat, in angemessener Weise analysieren zu können. In jedem Fall wäre genauer zu prüfen, ob der Kapitalismusbegriff als soziologische Schlüsselkategorie der Gesellschaftsanalyse tatsächlich ausgedient hat oder ob sozioökonomische und sozialstrukturelle Gründe dafür sprechen, an ihm - wenn auch in modifizierter Version - weiter festzuhalten.

Wenn man für letzteres optiert, dann tauchen zwangsläufig einige grundlegende Schwierigkeiten auf, die aus der Geschichte der Rezeption des Kapitalismusbegriffs herrühren. Zunächst scheint mit dem Kapitalismusbegriff eine Entscheidung zugunsten der marxistischen Gesellschaftstheorie verbunden zu sein, auch wenn dieses, z.B. mit Blick auf das wirtschaftssoziologische Denken im Anschluß an Max Weber, alles andere als zwingend oder selbstverständlich wäre. Um den zeitgenössischen Kapitalismus als gesellschaftlichen Strukturzusammenhang analysieren zu können, ist man jedenfalls weder auf die umstrittene Marxsche Werttheorie noch auf seine antiquiert anmutende, geschichtsphilosophisch aufgeladene Entwicklungstheorie des modernen Kapitalismus angewiesen. Insbesondere die Annahme eines mechanisch-finalen Geschichtsverlaufs, an dessen Ende die klassenlose Gesellschaft des Kommunismus stehen werde, hat sich historisch längst überlebt. Nicht zuletzt sind die marxistisch orientierten Studien zur kapitalistischen Gesellschaft aufgrund ihrer *ökonomistischen Engführung* immer wieder zutreffend kritisiert worden. Das in der traditionellen marxistischen Gesellschaftstheorie weit verbreitete *Basis-Überbau-Modell*, welches außerökonomische Handlungsfelder bzw. politische, rechtliche oder kulturelle Praktiken mehr oder weniger zu kausal-abhängigen Variablen der ökonomischen Verhältnisse degradiert, ist hierfür ein besonders prominentes Beispiel.

Obendrein kommt erschwerend hinzu, daß der Begriff „kapitalistische Gesellschaft" oftmals nicht nur im *soziologisch-analytischen* Sinne zur Beschreibung moderner Gesellschaftssysteme verwendet wurde und wird, sondern vor allem als politisch-normativer Kampfbegriff. Im Gegensatz zur angelsächsischen Tradition hat sich in der deutschsprachigen soziologischen Wissenschaftsgemeinschaft darüber hinaus ein gewisses Unbehagen breitgemacht, den Kapitalismusbegriff als Schlüsselkategorie der Gesellschaftstheorie und Zeitdiagnose zu verwenden, da nach dem Zerfall der staatssozialistischen Gesellschaften Mittel- und Osteuropas das kapitalistische Wirtschafts- und Gesellschaftssystem nicht nur als die überlegene gesellschaftliche Ordnung erscheint, sondern auch als einzig noch verbliebener, erfolgversprechender Entwicklungspfad für industrialisierte wie auch für unterentwickelte Länder.

2. Strukturmerkmale des modernen Kapitalismus

Was sind die zentralen Strukturmerkmale des Kapitalismus? Beginnen wir mit einer begrifflichen Annäherung. Vom Kapitalismus kann in einem ganz allgemeinen Sinne gesprochen werden, wenn die basalen Strukturen und Prozesse der *Ökonomie* von Kapitalakkumulation und Warenproduktion sowie von marktwirtschaftlichen Steuerungsmechanismen durchdrungen sind. Dies setzt auf der Seite der Produktion und Distribution voraus, daß mindestens fünf sozioökonomische Institutionen in entwikkelter Form im Wirtschaftsgeschehen anzutreffen sind: *erstens* das private Eigentum an Produktionsmitteln, wobei sich das Privateigentum im Zeichen von Aktien- und Kapitalgesellschaften nicht unbedingt auf individuelles Unternehmertum bezieht, sondern auf die heute bedeutendere Form des privaten Eigentums an Anlagewerten; *zweitens* der auf Expansion angelegte Erwerbsbetrieb als vorherrschende Organisationsform von gewerblichen Arbeitsprozessen, welcher Güter und Dienstleistungen beliebiger Art für stark wettbewerbsorientierte Märkte produziert; *drittens* die abhängige Lohnarbeit als dominante Form der außerhäuslichen, erwerbsorientierten Arbeitstätigkeit, von der die Reproduktions- und Konsumptionschancen der allermeisten Privathaushalte unmittelbar abhängen; *viertens* funktionierende Güter- und Dienstleistungsmärkte, auf denen der Austausch nicht über zentrale politische Zuteilungsinstanzen, sondern über den Preismechanismus von Angebot und Nachfrage reguliert ist; und damit zusammenhängend schließlich *fünftens* die Verwandlung aller produzierten Güter und Dienstleistungen sowie der dafür notwendigen Arbeitskraft in marktfähige Waren (*Kommodifizierung*). Erst die Warenform der Güter ermöglicht *sechstens* die Herauslösung des ökonomischen Handlungsfeldes aus normativen und sonstigen Bindungen, oder anders formuliert: die sozialmoralische Entbettung der Wirtschaft (Polanyi 1978) sowie die systematische zeit-räumliche Entgrenzung und Verallgemeinerung ihrer Prinzipien. Der moderne Kapitalismus, so formuliert Giddens in *Die Konstitution der Gesellschaft* (1988: 237), ist der „erste(r) wirklich globale(r) Typ gesellschaftlicher Organisation in der Geschichte". Um diese für den modernen Kapitalismus besonders typischen sozioökonomischen Institutionen genauer erörtern zu können, möchte ich in aller gebotenen Kürze die einflußreichen klassischen Beiträge von Karl Marx und Max Weber skizzieren.

3. Kapitalismusanalyse bei Karl Marx

Im Hauptwerk *Das Kapital* (zitiert nach 1983a; Bd. 23-25) beginnt Karl Marx seine Untersuchung nicht mit der Bestimmung dessen, was „Kapital" oder „Kapitalismus" ist. Statt dessen beginnt er mit der Mikroanalyse der Ware, die für ihn die Elementarform der kapitalistischen Produktionsweise darstelllt.[1] Die Ware ist *Gebrauchswert*, weil sie aufgrund ihrer stofflichen Eigenschaften einen praktischen Nutzen für spezifische Zwecke stiftet. Zugleich besitzt dieselbe Ware einen Wert, der sich im *Tauschwert* darstellt. Dieser Wert bemißt sich für die Marxsche Arbeitswertlehre nicht, wie etwa die subjektivistische Werttheorie bzw. Grenznutzentheorie annimmt, nach der Nützlichkeit (Gebrauchswert) bzw. Knappheit einer Ware, sondern nach der zur Produktion einer Ware gesellschaftlich notwendigen *Arbeitszeit*. Die in den Arbeitsprodukten geronnene, vergegenständlichte Arbeitszeit bildet damit das Gemeinsame aller Waren und informiert über ihre Wertrelationen.

Hieran anschließend wendet sich Marx der Zirkulationssphäre zu, um die Bewegung des Formwechsels der Ware im Prozeß des Warenaustausches, und zwar unter Bedingungen einer voll entfalteten Geldwirtschaft, genauer untersuchen zu können. In der einfachsten Form, die Marx zuerst in den Blick nimmt und schematisch als Ware-Geld-Ware-Beziehung (W-G-W) darstellt, repräsentieren die beiden Waren W den gleichen Wert G. In der kapitalistischen Gesellschaft ist für Marx gleichwohl nicht dieser einfache Warentausch (Kauf und Verkauf einer Leistung gegen Geld) von herausragender Bedeutung, sondern die erweiterte Warenproduktion für Märkte (Produktion von Mehrwerten), der ein schrankenloser Trieb zur Selbstverwertung eingebaut ist. Während im ersten stationär kreisförmigen Fall ein Produktbesitzer eine Ware gegen Geld verkauft, um von diesem Geld andere Waren zu erwerben, die er aussschließlich wegen ihres Gebrauchswertes benötigt, also für konsumtive Zwecke, ist im zweiten akkumulativ-spiralförmigen Fall der Gebrauchswert der Ware nur Vehikel der Erhöhung des Verkaufserlöses: Ware wird mit Geld gekauft, um Ware produzieren zu können, die gegen mehr Geld verkauft werden kann. Die allgemeine Formel des in Geldform sich darstellenden Kapitals heißt G–W–(Pm + Ak)–P–W'–G': An ihrem Anfang steht der in G sich ausdrückende Kapitalwert, an ihrem Ende G' als der verwertete Kapitalwert. Hier wird das Geld nur im Hin-

---

1 Auf die Darstellung und Kritik der von Marx behaupteten Bewegungsgesetze und Entwicklungstendenzen des modernen Kapitalismus (zyklische Krisen, Fall der Profitrate, Konzentrationsprozesse, Verelendungstendenzen, Klassen- und Revolutionstheorie u.a.) muß verzichtet werden.

blick auf die Erzeugung einer höheren Wertgröße in Ware verwandelt. Nach Marx entspringt diese Wertveränderung (G $\Rightarrow$ G') nicht aus dem Zirkulationsprozeß der Ware, sondern aus dem Produktionsprozeß. Marx betrachtet die beiden in der Produktion (P) kombinierten Faktoren Produktionsmittel (Pm) und menschliche Arbeitskraft (Ak) und kommt zu dem Schluß, daß die eigentliche Quelle des Mehrwerts nur das menschliche Arbeitsvermögen sein kann. Das Geheimnis kapitalistischer Produktion besteht für Marx nun darin, daß der Eigentümer an Produktionsmitteln sich den Gebrauchswert der Arbeitskraft, nämlich Werte zu schaffen, über das Ausmaß ihres Tauschwertes hinaus nutzbar macht. Genauer formuliert wird der Eigentümer an Produktionsmitteln in dem Moment zum *kapitalistischen* Warenproduzenten, in welchem er sich das Mehrprodukt der Arbeitskraft aneignet.

Kapital erscheint in der obigen Formel zunächst als Geld, das in Ware (Pm, Ak) verwandelt wird und durch den Verkauf der produzierten Ware (W'), die über den Wert ihrer Produktionselemente hinausgeht, in mehr Geld (G') rückverwandelt wird. Der Wert der Kapitals stellt sich hierbei als in Geld- oder in Warenform transformierte vergegenständlichte, „tote Arbeit" (Marx) dar. Mit der werttheoretischen Fundierung reduziert Marx Kapital jedoch weder auf ein Substrat geronnener Arbeit noch auf angehäuftes Geldvermögen. Die Metamorphose des Geldes in Geldkapital, der Waren in Warenkapital und des Produktionsaktes in produktives Kapital setzt nämlich die historischen Bedingungen der Erzeugung und Appropriation des erarbeiteten Mehrprodukts voraus. Diese Voraussetzungen findet Marx in der bürgerlichen Gesellschaft vor. So betont Marx, daß „Kapital nicht eine Sache ist, sondern ein durch Sachen vermitteltes, gesellschaftliches Verhältnis" (MEW 23: 793), das die Exploitation und Beherrschung der Arbeiter ermögliche. Die Institution des Privateigentums an Produktionsmitteln sowie die Verallgemeinerung formell ′freier′ Lohnarbeit stellen hierbei unerläßliche Bedingungen für das gesellschaftliche Kapitalverhältnis dar. (Vgl. Ritsert 1988: 104ff.)

Das Kapitalverhältnis ist - genauer formuliert - bei Marx als *gesellschaftliches* konzipiert, da es nicht nur die Ablauf- und Wiederholungsbedingungen des kapitalistischen Produktionsaktes sichert, sondern zugleich das grundlegende *gesellschaftliche Klassenverhältnis* konstituiert, und zwar zwischen Produktionsmittelbesitzern einerseits, die die „Ware"

Arbeitskraft kaufen, und Lohnarbeitern andererseits, die über keine Produktionsmittel verfügen und deshalb gezwungen sind, ihr Leistungsvermögen auf dem Arbeitsmarkt gegen Geld zu verkaufen. Im Klassenverhältnis sieht Marx sogar die allgemeine Unterordnung der gesamten Lebenstätigkeiten der Menschen unter das Kapitalverhältnis begründet. An das Kapitalverhältnis seien zudem ideologische Wahrnehmungsformen gebunden, die das gesellschaftliche Verhältnis von Lohnarbeit und Kapital als isoliertes Verhältnis von Warenbesitzern verschleiere, während die Arbeit als wertbildendes Element ebenso verschwinde wie die Aneignung des erarbeiteten Mehrprodukts durch den Kapitaleigner. Die gesellschaftlichen Beziehungen zwischen den antagonistischen Klassen erscheinen demzufolge in mystifizierter oder fetischisierter Form als *versachlichte* bzw. *verselbständigte* Beziehungen zwischen gleichberechtigten Warenbesitzern, die lediglich Waren gegen Geld tauschen.[2] Marx′ Darstellung des Kapitalverhältnisses zielt damit also nicht allein auf die Beschreibung eines ökonomischen Wertbildungs- oder Akkumulationsprozesses ab. Zugleich beabsichtigt Marx, auf dieser Grundlage die spezifisch kapitalistische Formbestimmtheit des Handlungs- und Herrschaftszusammenhangs von Individuen respektive Klassen in der bürgerlichen Gesellschaft zu beschreiben.

In der *Deutschen Ideologie* (1983a; Bd. 3), in den *Grundrissen der Kritik der Politischen Ökonomie* (1983b: 151ff.) sowie in anderen Schriften hat Marx den Zusammenhang von Staat und kapitalistischer Ökonomie thematisiert. Von besonderer Bedeutung ist, daß direkte oder persönliche Herrschafts- und Knechtschaftsbeziehungen, die für die Epoche der feudalen Produktionsweise typisch sind, mit der Ausbreitung und Verallgemeinerung kapitalistischer Wirtschaftsbeziehungen verschwinden. In der wechselseitigen Anerkennung der Wirtschaftsakteure als *glei-*

2 Die kapitalistische Form der gesellschaftlichen Beziehungen erscheint nicht als solche, sondern als vergegenständlichte Sachbeziehung zwischen Warenbesitzern. Zum „Fetischcharakter der Ware" vgl. Marx (1983a; Bd. 23: 85ff.). Zum Lohnfetisch schreibt Marx (ebd.: 562): „Die Form des Arbeitslohns löscht (...) jede Spur der Teilung des Arbeitstags in notwendige Arbeit und Mehrarbeit, in bezahlte und unbezahlte Arbeit aus. Arbeit erscheint als bezahlte Arbeit." Hierin sieht Marx auch die „Freiheitsillusionen" (ebd.) der kapitalistischen Produktionsweise begründet.

che und *freie* Rechtspersonen sowie im Verzicht auf gewaltsame Aneignung sieht Marx sogar eine notwendige Bedingung kapitalistischer Tauschbeziehungen begründet. In funktionaler Hinsicht setzt das Zustandekommen des Austausches nämlich das Vertrauen in Rechtssicherheit und Rechtsgleichheit voraus. In der kapitalistischen Gesellschaft kommt dem Staat hierbei die Aufgabe zu, das Privateigentum zu garantieren sowie Freiheit, Gleichheit und Sicherheit der Individuen gegenüber privater Willkür zu schützen. Die Freiheit der Rechtspersonen, die im Wirtschaftsgeschehen als Privateigentümer agieren, ist für Marx damit wesentlich Freiheit *von* persönlichem Zwang und despotischer Unterordnung, nicht Freiheit des Individuums *in* der Gesellschaft selbst. (Vgl. 1983a; Bd. 3: 74f.) Das gemeinsame Interesse aller Warenbesitzer besteht eben in der Garantie ihrer Eigenschaft als Eigentümer. Dies gilt übrigens nicht nur für das Rechtsinstitut „Privateigentum", sondern eben auch für die Lohnarbeiter als Eigentümer ihrer „Ware" Arbeitskraft. Somit ist für Marx von zentraler Bedeutung, daß die kapitalistische Exploitation nicht im Gegensatz zur staatlich garantierten formellen Freiheit und Gleichheit der Rechtssubjekte steht, sondern diese erst *innerhalb* der rechtlichen Bedingungen der bürgerlichen Gesellschaft möglich macht. Indem der bürgerliche Staat als Rechtsstaat die kapitalistischen Produktionsbedingungen garantiert, wird er - für Marx - zum Mittel oder Instrument, um die ökonomische Herrschaft der Bourgeoisie in der gewaltlosen Form des formal freien und gleichen Austausches aufrechtzuerhalten.

Die ökonomische Struktur des Kapitalismus hat für Marx weitreichende Folgen für die soziale, politische und kulturelle Ordnung der kapitalistischen Gesellschaft. Die gesellschaftliche und politische Stellung der Klassenindividuen, sozialstrukturelle Lage sowie Einstellungen und Weltbilder werden als mehr oder weniger direkte Folge ihrer Stellung im ökonomischen Produktionsprozeß gedeutet. In der *Deutschen Ideologie* heißt es demzufolge auch, daß die ökonomisch herrschende Klasse zugleich als geistig herrschende Klasse über die Produktion von Deutungsmustern und Ideologien verfügt:

> „Die Klasse, die die Mittel zur materiellen Produktion zu ihrer Verfügung hat, disponiert damit zugleich über die Mittel zur geistigen Produktion, so daß ihr damit zugleich im Durchschnitt die Gedanken derer, denen die Mittel zur geistigen Produktion abgehen, unterworfen sind." (1983a; Bd.3, 46)

Das Marxsche Basis-Überbau-Theorem verbindet sich hierbei mit seiner Analyse des kapitalistischen Wirtschaftssystems: Politische oder symbolische Macht wird in diesem Kontext stets auf ökonomische Machtpotentiale zurückgeführt, während andere dazu querliegende oder relativ autonome Machtressourcen, die beispielsweise Klassenbildungsprozesse vorantreiben oder blockieren, kategorial weitgehend ausgeschlossen werden. Die Rückführung sozialer Klassen(de)formationen u.a. auch auf nichtökonomische Faktoren verbietet bereits die werttheoretische Fundierung des Klassenbegriffs bei Marx. Darum setzt er sich letztlich dem Dilemma aus, soziale Verhältnisse materieller oder symbolischer Natur ausschließlich auf der Basis der kapitalistischen Organisation des ökonomischen Produktionsystems erörtern zu können. Im Rahmen der „Kritik der Politischen Ökonomie" wird lediglich nach den ökonomischen Bedingungen ihrer Formierung, ihres Aufstiegs und Niedergangs gefragt. Da auf eine darüber hinausweisende Bestimmung sozialer Verhältnisse weitgehend verzichtet wird, muß auch letztlich die Analyse der Beziehungen zwischen Ökonomie, Staat und Kultur bei Marx unterkomplex bleiben.

4. Kapitalismusanalyse bei Max Weber

Im Gegensatz zu Marx hat Max Weber in den *Soziologischen Grundkategorien des Wirtschaftens* (1980: 31ff.) ganz bewußt auf eine umfassende Theorie zur Erklärung des modernen Kapitalismus verzichtet und sich auf eine soziologische Typisierung markanter Besonderheiten beschränkt. Gleichwohl hat dies Weber nicht davon abgehalten, in der Vorbemerkung seiner berühmten Studie *Die protestantische Ethik und der Geist des Kapitalismus* (1988a: 4) den Kapitalismus als die „schicksalsvollste(n) Macht unsres modernen Lebens" zu kennzeichnen. Dort findet sich auch die keineswegs selbstverständliche Bemerkung, daß es Kapitalismus und kapitalistische Unternehmungen „in *allen* Kulturländern der Erde gegeben" (1988a: 6) habe, ob im alten China, in den ägyptischen Hochkulturen, in der antiken Latifundienwirtschaft, im mittelalterlichen Lehnsfeudalismus oder in neuzeitlichen Kolonialreichen. Von früheren Formen des Gewinnstrebens, welches unter Bedingungen des „Abenteurer-" und „Kolonialkapitalismus" irrational-spekulative bzw. gewaltsam-kriegerische Formen angenommen habe, grenzt Weber den spezifisch *modernen* Kapitalismus ab. Historisch betrachtet sei der moderne Kapitalismus nicht zufälligerweise in der Kultur des Okzidents entstanden. Die Besonderheiten des modernen Kapitalismus sieht Weber in einem ganz spezifischen *Rationalismus der okzidentalen Kultur* begründet, der die wirtschaftlichen Handlungen im Sinne einer sachlich-nüchternen Rechenhaftigkeit diszipliniert. Nach Weber zeichnet sich der moderne okzidentale Kapitalismus durch ein Höchstmaß an *formaler Rationalität* der Kapitalrechnung aus, die das wirtschaftliche Handeln am reinen Zweck der *Rentabilität* orientiert. Die dafür notwendige soziale Organisationsform ist, so Weber, der auf Kontinuität und Planmäßigkeit ausgerichtete moderne Erwerbsbetrieb, welcher Gewinne durch das „friedliche" Ausnutzen von Marktchancen zu realisieren versucht. Die rationale Buchführung dient hierbei als Instrument der Kapitalrechnung, um betriebsökonomische Entscheidungen nüchtern kalkulieren und an den objektiven Marktdaten von Angebot und Nachfrage ausrichten zu können.

Weber (1980: 94f.) sieht den rational temperierten Betriebskapitalismus an verschiedene sozioökonomische, politisch-institutionelle und soziokulturelle Voraussetzungen gebunden (vgl. Collins 1992). Zu nennen ist *erstens* die formal freie und ungebunde unternehmerische Verfügungsgewalt über alle „sachlichen Beschaffungsmittel" (Grund und Boden, Maschinen, Werkzeuge etc.) und die dazugehörige wirtschaftliche Vertragsfreiheit sowie *zweitens* die Institution der formal freien Arbeit, die den Einzelnen nicht nur in die rechtliche Lage versetzt, sondern ihn mangels anderer Einkommensquellen auch wirtschaftlich dazu nötigt, seine Arbeitskraft frei auf dem Markt zu verkaufen. In diesem Zusammenhang führt Weber *drittens* die rechtliche und buchmäßige Differenzierung von *Haushalt* und *Betrieb* bzw. Privatvermögen und Betriebskapital an. Während der Haushalt Geldmittel zum Zwecke der Bedarfsdeckung und Versorgung oder zur Anhäufung von Vermögen erwirtschaftet (*materiale Rationalität* der Haushaltsrechnung), sind die wirtschaftlichen Entscheidungen des Betriebs auf den alleinigen Maßstab der Rentabilität zugeschritten, der damit zum Selbstzweck wird (*formale Rationalität* der Kapitalrechnung).[3] *Viertens* muß eine berechenbare Rechts- und Verwal-

3 Das systematische Auseinanderfallen von formaler und materialer Rationalität im modernen Kapitalismus deutet Weber (1980: 60) als „grundlegende und letztlich unentrinnbare Irrationalität der Wirtschaft" und sieht hierin „eine der Quellen aller ′sozialen′ Problematik". Zur Unterscheidung von

tungsordnung mit formal-legalen Regeln existieren, die für alle Wirtschaftsakteure Norm- und Rechtssicherheit schafft und insbesondere die Vertrags- und Gewerbefreiheit dauerhaft garantiert. *Fünftens* muß eine formal rationale, staatliche Ordnung des Geldwesens vorhanden sein, damit Geld seine Funktion als Instrument der betrieblichen Kapital- und Rentabilitätsrechnung faktisch erfüllen kann. Konsequenterweise sieht auch Weber im okzidentalen modernen Staat, der Monopolfunktionen auf den Gebieten der Gewaltanwendung, Steuereintreibung und Normsetzung ausübt, die historische Grundvoraussetzung für die Etablierung eines rational kalkulierenden Wirtschaftshandelns auf der Basis von „friedlicher" Konkurrenz um Marktchancen. Der spezifisch okzidentale, rational disziplinierte Betriebskapitalismus konnte sich *sechstens*, wie Weber ausdrücklich hervorhebt, jedoch nur entfalten, da er sich - in seiner Entstehungsphase - auf eine bestimmte Wirtschaftsgesinnung, eine Wirtschaftsethik stützten konnte. Diese Wirtschafttsethik habe die Formen des rational temperierten kapitalistischen Handelns getragen und kulturell legitimiert.

Dem „Geist des Kapitalismus" hat Weber in seiner Religionssoziologie umfangreiche Untersuchungen gewidmet. Die protestantische Ethik habe, wie Weber (1988a) hervorhebt, im Unterschied zum Katholizismus die innerweltliche Berufsarbeit moralisch aufgewertet und damit zu einer Verlagerung der menschlichen Orientierung vom Jenseits zum Diesseits beigetragen. Hinzu komme, daß nach dem insbesondere im Calvinismus geltenden Dogma von der Gnadenwahl und der Prädestination die Menschen ihre himmlische Auserwähltheit nur dadurch erkennen können, daß ihnen bereits im Leben beruflicher Erfolg zuteil wird. Innerweltlicher Berufserfolg wird so zum Mittel, die Angst um das Seelenheil zu überwinden. Das Streben nach beruflichem Erfolg, Einkommen und Vermögen erklärt Weber damit aus der protestantischen, speziell der calvinistischen Lehre. Die protestantische Ethik verlange, so führt Weber fort, eine Gott wohlgefällige asketische und planvolle Lebensführung, die irrationale Triebe bändige und das gesamte Leben unter das Primat der rastlosen Berufsarbeit stelle. Die Konsequenz dieser mentalen Disposition sieht Weber in der Figur des privaten Erwerbsunternehmers, der ökono-

---

formaler und materialer Rationalität in der Weberschen Wirtschaftssoziologie vgl. Kraemer (1997a: 41ff.).

mische Gewinne nicht durch einen aufwendigen, luxuriösen Lebensstil aufbraucht, sondern zum Zwecke der Kapitalakkumulation reinvestiert. So betrachtet bildet sich der Typus des privat äußerst anspruchslosen, asketischen Berufsmenschen aus, der sein Vermögen als Ausdruck seines innerweltlichen Erfolgs- und damit seines außerweltlichen Gnadenstandes betrachtet.

Weber (1988a: 203f.) hebt ausdrücklich hervor, daß der einmal konsolidierte Kapitalismus diese ethische Fundierung nicht mehr benötigt. Im Zeichen der Säkularisierung sterben, so unterstreicht Weber, die religiösen Motive und Wurzeln ab und es setzt sich eine rein utilitaristische Diesseitigkeit durch. Die rationale Lebensführung auf Grundlage der Berufsidee erscheint damit lediglich als konstitutiver Geburtshelfer des „kapitalistischen Geistes". In den religionssoziologischen Schriften thematisiert Weber deswegen auch nicht den Kapitalismus als ökonomisches System, sondern lediglich den „Geist des Kapitalismus" in der Phase seiner Entstehung. Er unterscheidet damit zwischen der *Genese* der kapitalistischen Wirtschaftsordnung, die auf wertrationale Motive angewiesen ist, und ihrer heutigen *Funktionsweise* (vgl. Heins 1990: 66). Die Gravitationskräfte des modernen, einmal etablierten Kapitalismus erzwinge folglich auch nur noch von den Individuen, wie Weber ausdrücklich hervorhebt, marktkonformes Verhalten; er lasse in letzter Konsequenz nur die Wahl „zwischen der Alternative: 'teleologische' Anpassung an den 'Markt' oder ökonomischer Untergang" (1988b: 140) zu. Hervorzuheben ist in diesem Zusammenhang, daß die Entwicklung der formalen Rationalität des modernen Kapitalismus bei Weber in einem engen Zusammenhang mit der durchgreifenden Rationalisierung aller gesellschaftlichen Lebensbereiche steht, die sich wechselseitig ergänzen: der Rationalisierung und Positivierung des Rechts, der Entwicklung formal gesetzter, bürokratischer Staatsorganisationen sowie der Ausrichtung der neuzeitlichen Wissenschaften auf methodisch abgesicherte Untersuchungsverfahren und rationale Beweisführung. Entscheidend ist hierbei, daß Weber sich gegen einseitige deterministische Kausalannahmen wendet, um die ökonomische Entwicklung in ihren Interdependenzen zu sozialen, rechtlichen, politischen, wissenschaftlichen, religiösen und kulturellen Prozessen betrachten zu können. Im Unterschied zu politökonomischen Analysen in der Marxschen Tradition wird der ökonomischen Sphäre kein eindeutiger Primat zuerkannt.

5. Kapitalistische Wirtschaft = Kapitalistische Gesellschaft?

Die klassischen Analysen von Marx und Weber zum modernen Kapitalismus sind in den Sozialwissenschaften immer wieder zum Ausgangspunkt lebhafter Kontroversen geworden. Die Geschichte dieser Debatten kann an dieser Stelle nicht rekonstruiert werden. Festzuhalten ist lediglich folgendes: So unverzichtbar beide Autoren für das bessere Verständnis des Kapitalismus sowie seiner Bedeutung für moderne Gesellschaften auch sind, so unbefriedigend sind letztlich ihre Beiträge, wenn man nach einer *zeitgenössischen* soziologischen Theorie moderner kapitalistischer Gesellschaften fragt. Dies trifft zuallererst für die Marxsche Theorie des Kapitalismus zu, deren Probleme in aller Kürze weiter oben angedeutet worden sind. An dieser Stelle ist lediglich hinzuzufügen, daß entgegen der Marxschen Verelendungserwartung der Kapitalismus im Verlauf des 20. Jahrhunderts keineswegs immer größere und schärfere Klassenkonflikte heraufbeschworen hat. Vielmehr ist vom Gegenteil auszugehen, d.h. von einer Pazifizierung, Verrechtlichung und institutionellen Regulierung des Klassengegensatzes (vgl. Dahrendorf 1957). Die kapitalistische Produktionsweise führt keineswegs automatisch, also infolge ihrer spezifischen Eigenschaft oder „Logik“, zu einer wachsenden Polarisierung der sozialen Klassen und einer „Proletarisierung“ der Mittelschichten. Kapitalismus, Massenwohlstand und Demokratie schließen sich weder theoretisch noch praktisch aus, sondern sind in den unterschiedlichsten Konstellationen in den westlichen Gesellschaften der Gegenwart anzutreffen. Mehr noch: Der Kapitalismus ist prinzipiell offen für die verschiedenen Formen des sozialen und kulturellen Wandels. Gegenüber der jüngeren deutschen Individualisierungstheorie (vgl. Beck/ Sopp 1997) ist deswegen auch hervorzuheben, daß traditionelle klassenspezifische Milieus, Lebensstile, Lebensläufe und Lebenslagen sich nicht jenseits, sondern *innerhalb* kapitalistischer Gesellschaften aufgelöst haben und weiter auflösen.

Die Einwände gegen Weber sind auf einer anderen Ebene angesiedelt. Gerade unter nichtmarxistischem Vorzeichen ist sicherlich der wirtschaftssoziologische Beitrag Webers zu einer Analyse kapitalistischer Institutionen auch heute noch von großer Bedeutung. Webers besonderes Interesse galt jedoch weder dem Kapitalismus *an sich* und seinen Funktionsmechanismen noch analysierte er in umfassender Weise seine revolutionierende Bedeutung für moderne Gesellschaften; vielmehr widmete er sich primär seinem Generalthema, das das gesamte Webersche Werk wie ein roter Faden durchzieht: dem Prozeß der "okzidentalen Rationalisierung". Da im folgenden nicht die Genese der kapitalistischen Mentalität oder Wirtschaftskultur zu erörtern ist, sondern problematisiert werden soll, ob der Kapitalismus-Begriff als Schlüsselbegriff zur Beschreibung moderner Gesellschaftssysteme tragfähig ist, kann auch nicht die Plausibilität der Weberschen Protestantismusthese einer kritischen Erörterung unterzogen werden (zur Kritik vgl. Marshall 1982; MacKinnon 1988a und 1988b; Lehmann 1996).

Wie bereits oben angedeutet, ist der Begriff des kapitalistischen *Wirtschafts*systems mit dem Begriff des kapitalistischen *Gesellschafts*systems nicht deckungsgleich. Die zentrale Frage lautet deshalb, wann von kapitalistischer Gesellschaft als „Gesellschaft" in einem soziologisch anspruchsvollen Sinne gesprochen werden kann. Unbeantwortet bliebe diese Frage, wenn die kapitalistische Gesellschaftsordnung bloß im Hinblick auf die wichtigsten sozioökonomischen Institutionen erörtert würde. Der Kapitalismus kann nur dann als *Gesellschafts*system adäquat gekennzeichnet werden, wenn die *außer*ökonomischen Handlungsbereiche unter besonderer Berücksichtigung des politisch-administrativen Systems in die Analyse einbezogen werden. Das theoretisch-konzeptionelle Problem besteht gleichwohl darin, wie das Verhältnis von Ökonomie, Politik und Kultur zu bestimmen ist. Hierbei geht es einerseits darum, den Fallstrikken des marxistischen Ökonomismus zu entgehen, der ein versimplizierendes, kausal-deterministisches Verhältnis im Sinne einer Basis-Überbau-Architektonik annimmt. Andererseits ist jedoch der beträchtliche strukturelle Einfluß nicht zu unterschätzen, den das kapitalistische Wirtschaftssystem auf die Entscheidungen z.B. des politisch-administrativen Systems, des Bildungs- und Wissenschaftssystems, aber auch auf die Reproduktionssphäre von Familie, Privathaushalt und Alltagskultur ausübt. Im Kern ist also ein doppeltes Verhältnis angesprochen, nämlich die *relative* Dominanz der Ökonomie gegenüber den außerökonomischen Handlungsfeldern sowie - im Umkehrschluß - deren *relative* Autonomie gegenüber den Imperativen der kapitalistischen Wirtschaft. Der Begriff relative Autonomie meint, daß ein nicht unerheblicher Teil dieser außerökonomischen Handlungsfelder getrennt vom kapitalistischen Wirtschaftssystem analysiert werden muß.[4]

Es wäre sicherlich überzogen, von einem ökonomischen Imperialismus zu sprechen, der alle Felder des sozialen Lebens dem Marktprinzip von Angebot und Nachfrage unterwirft (vgl. hierzu kritisch Kraemer 1997b: 293ff.). Dessen ungeachtet darf jedoch nicht die basale Bedeutung der kapitalistischen Wirtschaft unterschätzt werden. Berger (1992: 34) spricht deswegen auch zutreffend von „revolutionären Einflüssen" des Kapitalismus auf Entwicklung, Dynamik und Wandel moderner Gesellschaften. Wenn man im Einzelfall diese Einflüsse genauer ausloten will, dann steht man gleichwohl vor einer sehr schwierigen Aufgabe. Einige Gesichtspunkte können jedoch in allgemeiner Absicht an dieser Stelle angeführt werden: *Erstens* ist kein anderes sozioökonomisches System in der Geschichte der Menschheit in der Lage gewesen, die materiellen, sozialen, politischen und kulturellen Facetten so radikal zu verändern. Einerseits hat der moderne Kapitalismus ein Sozialsystem geschaffen, das sich grundlegend von anderen Formen der hierarchischen Schichtung - etwa des Feudalismus - abhebt. Der Einzelne wird aus hemmenden Bindungen herausgelöst, die ihm ständische Ordnungen und Gemeinschaften auferlegen; und es eröffnet sich die „Möglichkeit der Auswahl, der Entscheidungen" (Berger 1992: 139), die in traditionalen Gesellschaftssystemen unbekannt waren. Alle Vorteile - d.h. in erster Linie Zugang zu materiellen Gütern und Dienstleistungen, aber auch Macht und Sozialprestige - werden nämlich nicht mehr durch Geburt, Tradition, herrschaftliche Privilegien oder Zugehörigkeit zu einer Gemeinschaft bestimmt, sondern primär durch den wirtschaftlichen Erfolg

---

4 Die Ausdifferenzierung zwischen privatökonomischer Erwerbssphäre und politisch-adminstrativen Institutionensystem ist ein konstitutives Merkmal moderner kapitalistischer Gesellschaftssysteme. Aus unterschiedlichen theoretischen Blickwinkeln haben bereits Marx und Weber hierauf hingewiesen. Polanyi (1978) hat in einer einflußreichen Studie die Absonderung der modernen Ökonomie von allen anderen sozialen Schauplätzen, insbesondere von politischen Institutionen, in der Absicht erörtert, um auf die gesellschaftlichen Konsequenzen bzw. sozialen Kosten einer „disembedded" Ökonomie hinzuweisen. Damit hat Polanyi das Problem der gesellschaftlichen Integration von politischer Steuerung und privatwirtschaftlichen Prozessen aufgeworfen.

des Individuums, also durch Einkommen und Vermögen, die damit zu den wichtigsten Schichtungskriterien aufsteigen.[5] Und zum anderen hat der Kapitalismus auf der Basis von freiem Markt und Unternehmertum eine einzigartige, unablässig expandierende technologisch-industrielle Produktionskapazität aufgebaut, die die materiellen Bedingungen des menschlichen Lebens sowie die sozialen Organisationsformen dramatisch verändert hat.[6] Diese industrielle Dynamik des Kapitalismus kann insbesondere durch folgende Aspekte charakterisiert werden: Transformation der Agrikultur in Agroindustrie, exponentielles Wachstum der Industrieproduktion, Produktivitätssteigerung durch Arbeitsteilung und Substitution der Hand- durch Maschinenarbeit (Automatisierung, Motorisierung), Substitution von organischen „Naturstoffen" durch „Kunststoffe" und Technologie (Synthetisierung, Chemisierung), Erfindung neuartiger Produktionsverfahren (z.B. Gentechnik) und Informations- bzw. Kommunikationsnetzwerke (Computerisierung), usw. Kurzum, im Vergleich zu vormodernen Agrargesellschaften haben diese und andere Veränderungen die stoffliche Reproduktionsbasis umgewälzt und den gesellschaftlichen Stoffdurchsatz extrem ansteigen lassen (industrieller Metabolismus). Die „Produktivkräfte" (Marx) des modernen Kapitalismus haben auf der Basis eines fossilen Energiesystems hierbei ein Niveau der materiellen Umweltnutzung und Umweltbelastung hervorgebracht, das ebenfalls als historisch einzigartig zu bezeichnen ist.

Zweitens ist die ökonomische Effizienz und Leistungsfähigkeit des kapitalistischen Systems für die soziale Entwicklung einer Gesellschaft von zentraler Bedeutung. Sicherlich kann kein einfacher Automatismus zwischen wirtschaftlicher und sozialer Entwicklung unterstellt werden. Die historisch singuläre Steigerung des gesellschaftlichen Wohlstandes in den OECD-Länder wäre gleichwohl ohne die Entfaltung des kapitalistischen Wirtschaftssystems nicht möglich gewesen. Der *Human Development Report* des UNDP (1996) weist beispielsweise nach, daß ein be-

---

5 Einschränkend ist sicherlich anzumerken, daß zusätzliche soziale Kriterien (z.B. Herkunft, Milieu Geschlecht, Ethnie) den formal gleichen und freien Zugang zu begehrten Ressourcen entweder erheblich begünstigen oder erschweren können.

6 Berger (1992: 73) deutet die industrielle Revolution als „geschichtliche Leistung des Kapitalismus".

stimmtes Niveau bzw. Verbesserungen bei der Versorgung der breiten Bevölkerung mit Wohlstandsgütern - wie Gesundheitsdienste, urbane Versorgungsinfrastruktur, Bildungs-, Kultur- und Informationsangebote - über einen längeren Zeitraum hinweg nur realisiert und aufrechterhalten werden können, wenn sie durch stabile, dauerhafte Wachstumsraten des ökonomischen Sektors gestützt werden. Der Einfluß der kapitalistischen Ökonomie auf die gesellschaftliche Entwicklung ist natürlich aber auch im umgekehrten Fall gegeben, also dann, wenn die ökonomische Leistungsfähigkeit durch strukturelle oder konjunkturelle Wirtschaftskrisen blockiert wird. In der deutschen Geschichte des 20. Jahrhunderts bietet die Weimarer Republik ein besonderes tragisches Beispiel dafür, inwieweit eine ökonomische Depression auf die gesellschaftlichen, politischen und sozialen Verhältnisse zurückschlagen kann.

Die ökonomische Leistungspotenz des Kapitalismus wirkt sich *drittens* unmittelbar auf den Handlungs- und Gestaltungsspielraum des Staates aus. Das politisch-administrative System erfüllt in modernen Gesellschaften eine Reihe von kostenintensiven Steuerungs- (Arbeitsmarkt-, Bildungs-, Infrastrukturpolitik) und Redistributionsfunktionen (Sozialpolitik), die über die klassischen rechtsstaatlichen Kernfunktionen des liberalen „Nachwächterstaates" weit hinausgehen. Diese Funktionen zusammengenommen schaffen einen gewaltigen Finanzbedarf, der offenkundig macht, in welcher Weise die staatliche Regulierungs- und Problemlösungskapazität an die Wachstumsraten der kapitalistischen Ökonomie rückgekoppelt ist. Dem Staat wird durch die Finanzkraft der Privatwirtschaft - über Steuern und Abgaben - die monetäre Grundlage für politische Gestaltungsaufgaben gegeben. Zwar ist eine zunehmende Regelungsdichte des wirtschaftlichen Geschehens durch staatsinterventionistische Maßnahmen zu beobachten, aber zugleich ist und bleibt das politisch-administrative System von den Zahlungen der Ökonomie unmittelbar abhängig. Die strukturelle Abhängigkeit nimmt in dem Maße zu, in dem die Funktionsfelder des Staates und die an ihn herangetragenen Regulierungserwartungen anwachsen. In dieser Abhängigkeit von monetären Ressourcen, die das ökonomische System erzeugt, liegt zu einem nicht unerheblichen Teil die Krisenanfälligkeit moderner demokratischer Systeme begründet. Wenn die Erwartung der Staatsbürger enttäuscht wird, daß die öffentlichen Infrastruktur- und Dienstleistungsaufgaben effizient bewältigt, Wohlfahrtsaufgaben wahrgenommen und im Falle unvermeidbarer Verluste Lastenverteilungen „gerecht" vorgenommen werden, dann kann die Legitimation der politischen Demokratie in kapitalistischen Gesellschaften ernsthaft gefährdet sein.

Und *viertens* ist praktisch die *Monopolstellung* der kapitalistischen Wirtschaft bei der Aneignung des Sozialprodukts gesichert. Sicherlich kann die Verteilung von Einkommen und Vermögen durch marktbeschränkende oder marktkorrigierende Regulationen des politischen Systems *ex-post* beeinflußt werden. Dies ändert jedoch im allgemeinen wenig daran, daß die Reproduktions-, Konsumptions- und Tauschchancen, über die ein sozialer Akteur verfügt, mit der Stellung in der ökonomischen Sphäre verschränkt sind (vgl. hierzu Kraemer 1997a: 137ff.). Außerhalb des Erwerbslebens gibt es nur noch sehr beschränkte und unzureichende Wege des Zugangs zu ökonomischen Ressourcen. Zu nennen ist die hauswirtschaftliche Subsistenzökonomie, der sog. informelle Sektor, sowie die sozialen Sicherungssysteme, die jenen Staatsbürgern Geldmittel organisieren, die keinen oder nur einen sehr beschränkten Zugang zu diesen Ressourcen haben, weil z.B. ihre Arbeitskraft nicht nachgefragt wird (Erwerbslosigkeit). Daß die soziale Stellung im Wirtschaftssystem über die ungleiche Verteilung ökonomischer *und* nichtökonomischer Lebenschancen entscheidet, trifft übrigens auch in gleichem Maße für die nicht-erwerbstätige Bevölkerung zu, die ihren Lebensunterhalt nicht über den Verkauf von Arbeitskraft bestreitet, sondern über direkte Transferzahlungen. Hierbei handelt es sich nämlich um *erwerbsbezogene* Einkünfte, d.h. ihre Höhe bemißt sich entweder nach der eigenen früheren (Arbeitslose, Rentner, Pensionäre) oder nach der zukünftig zu erwartenden Erwerbstätigkeit (Ausbildungsförderung, Stipendien). Im Grundsatz gilt dies auch für die Empfänger privaten Unterhalts (insbesondere Hausfrauen), da deren sozioökonomische Lage von der Erwerbssituation der unterhaltspflichtigen Person abhängt (Kreckel 1992: 153). Aus diesem Grunde drängen auch immer mehr Erwerbsfähige, insbesondere Frauen, auf den Arbeitsmarkt. Über Erwerbsarbeit wird schließlich nicht nur materielle Existenz und soziale Sicherheit vermittelt, sondern auch Identität zugeschrieben, da u.a. die Bezahlung als Ausdruck der gesellschaftlichen Wertschätzung geleisteter Arbeit interpretiert wird.

6. Zwei Varianten der modernen kapitalistischen Gesellschaft

Kapitalistische Gesellschaftssysteme sind nicht statisch oder invariant, sondern - insbesondere in den letzten Jahrzehnten - beschleunigten Modernisierungsprozessen unterworfen. Sie folgen keinen monokausal-linearen Entwicklungsmodellen und sind nicht durch einen einheitlichen Strukturzusammenhang charakterisiert. Vielmehr sind sie einem höchst komplexen Bedingungsgefüge unterschiedlichster - ökonomischer und nichtökonomischer - Faktoren unterworfen. Je nach historischer Konstellation und länderspezifischer Besonderheit können strukturelle Differenzierungen festgestellt werden, die Ökonomie und Politik, Kultur und Gesellschaft sowie das Zusammenspiel dieser Handlungsfelder untereinander betreffen. Die kapitalistische Gesellschaft im Singular gibt es nicht. Grob schematisierend können zwei dominante Entwicklungsmodelle kapitalistischer Gesellschaften voneinander unterschieden werden: *wohlfahrtsstaatlicher Kapitalismus* und *neoliberaler Kapitalismus*. Der Typus des wohlfahrtsstaatlichen Kapitalismus ist vor allem in der Bundesrepublik, in Österreich und den skandinavischen Ländern verbreitet, während der neoliberale Kapitalismus sein Zentrum in den USA hat.[7] Beide Modelle sind unbestreitbar kapitalistischer Natur: Marktwirtschaftliche Strukturen, Privateigentum und freies Unternehmertum sind die Regel und fest institutionalisiert. Und doch unterscheiden sie sich vor allem hinsichtlich der *Stellung* des Marktes, der Unternehmung, der sozialen Institutionen, der Verbände, der Individuen und der legalen politischen Ordnung *in* Wirtschaft und Gesellschaft. Die wesentlichen Unter-

---

7 Lash/Bagguley (1988) verwenden das Begriffspaar „organisierter/ disorganisierter Kapitalismus". Albert (1991) spricht vom „rheinischen" und „neoamerikanischen Kapitalismus". Vgl. auch van Kersbergen (1995). Israel (1997: 76ff.) unterscheidet eine dritte Variante, den „japanischen Kapitalismus". Nach Albert (1991: 25) ist der „rheinische Kapitalismus" dem japanischen Modell jedoch „sehr ähnlich". Auf eine genauere länderspezifische Differenzierung der beiden Entwicklungsmodelle muß verzichtet werden. Siehe exemplarisch Crouch/Streeck (1997). Esping-Andersens (1998) Typologie unterschiedlicher wohlfahrtstaatlicher Regime in kapitalistischen Gesellschaften (liberales, korporatistisches und sozialdemokratisches Regime) kann nicht berücksichtigt werden. Vgl. Lessenich/Ostner (1998).

schiede zwischen wohlfahrtsstaatlichem und neoliberalem Kapitalismus können nicht auf die Struktur der ökonomischen „Produktionsweise" (Marx) zurückgeführt werden, sondern verweisen auf historisch gewachsene politische, soziale und kulturelle *Praktiken und Systeme* der gesellschaftlichen *Ein-* oder *Entbettung* der Ökonomie.[8] Diese möchte ich abschließend genauer betrachten.

7. Wohlfahrtsstaatlicher Kapitalismus

Das hervorstechende Merkmal des wohlfahrtsstaatlichen Kapitalismus ist die intensive strukturelle Verflechtung von Wirtschaft, Staat und Verbänden. Hierbei handelt es sich um mehr oder weniger institutionalisierte Verhandlungssysteme, die die gesellschaftlichen Verteilungskämpfe um begehrte Ressourcen in verrechtlichte und *konsens*fähige Bahnen lenken. Einen besonderen Stellenwert besitzen in diesem System die industriellen Arbeitsbeziehungen zwischen den Arbeitsmarktparteien, klassisch gesprochen: zwischen Kapital und Arbeit, die unter maßgeblicher Beteiligung eines dritten *corporate actors*, dem Staat, in ein Netzwerk von Konfliktregelungs- und Normsetzungsverfahren eingebunden sind. Dieses für den wohlfahrtsstaatlichen Kapitalismus archetypische strategische Arrangement von Unternehmungen, Gewerkschaften und Staat bezeichnet Kreckel (1992: 154ff.) als „korporatistisches Dreieck".[9] Für die Bundesrepublik kann dieses makrosoziale Kräftefeld folgendermaßen konkretisiert werden, auch wenn gewisse Erosionserscheinungen seit den 80er

---

8 Die vergleichende Analyse der verschiedenen Entwicklungspfade kapitalistischer Gesellschaften läßt erkennen, daß die Unterschiede im Verhältnis von Ökonomie und Politik z.T. erheblich sind. Dies muß als Beleg für die Annahme „relativer Autonomie" des Staatssektors gegenüber dem privatwirtschaftlichen Sektor interpretiert werden (vgl. Kap. III).

9 Kreckel (1992: 156) verwendet die Bezeichnung „korporatistisches Dreieck", ohne zugleich in der sog. „Neokorporatismus-Debatte" explizit Position zu beziehen. Damit will er die Frage offenhalten, ob korporatistische Arrangements zwischen Gewerkschaften, Unternehmen und Staat auch in der Bundesrepublik der 90er Jahre dauerhaft stabil sind oder eher eine Deregulierung, Pluralisierung und Fragmentierung der industriellen Arbeitsbeziehungen überwiegt, die die Organisations- und Verhandlungsmacht der Gewerkschaften einseitig schwächt. Zu dieser Debatte vgl. etwa Keller (1993).

Jahren unübersehbar sind: Gewerkschaften und Unternehmensverbände treten als gesellschaftliche Ordnungsfaktoren auf und erfüllen im Rahmen der institutionalisierten „Tarifpartnerschaft" quasi-staatliche, gesetzgebungsähnliche Funktionen. Die „Tarifautonomie" ist verfassungsrechtlich garantiert, so daß auch die Inhalte von Tarifnormen der direkten Regelungskompetenz des politisch-administrativen Systems entzogen sind. Hervorzuheben ist in diesem Zusammenhang, daß sich die gewerkschaftliche Tarifpolitik nicht an Umverteilungszielen im eigentlichen Sinne orientiert, sondern an einer Verteilung, die im Rahmen wirtschaftlicher Produktivitätszuwächse verbleibt. Die staatlichen Akteure üben in diesem Prozeß insofern eine gewichtige Rolle aus, als sie den industriellen Konfliktaustrag im Geiste der „konzertierten Aktion" oder des „Bündnisses für Arbeit" moderieren und versuchen, die großen Interessenverbände *im Dialog* auf makroökonomische Zielvorgaben zu verpflichten. Die nationale Konfliktkultur wird hierbei nicht unwesentlich von den sog. „Volksparteien" geprägt, die primär als Vermittler oder Impulsgeber für konfliktentschärfende Konsens- bzw. Kompensationslösungen auftreten. Darüber hinaus beeinflussen die staatlichen Organe das Arbeitsmarktgeschehen durch interventionistische Maßnahmen, teils in Form einer direkten Wachstums- und Arbeitsmarktpolitik, teils auf dem Wege der Arbeitsgesetzgebung und Arbeitsrechtsprechung, der Sozial- und Wohlfahrtspolitik (vgl. Müller-Jentsch 1997). Den sozialstaatlichen Sicherungssystemen der Bundesrepublik kommt hierbei die Aufgabe zu, allen Anspruchsberechtigten z.B. im Arbeitslosen- oder Krankheitsfall für einen begrenzten Zeitraum und in Anlehnung an frühere - vom Arbeitseinkommen abhängige - Beitragszahlungen soziale Leistungen zu gewähren und ansonsten allen anderen Bedürftigen unabhängig von den ökonomischen Verteilungsergebnissen ein materielles Existenzminimum (Sozialhilfe) zu ermöglichen.[10]

---

10 Außerhalb des Machtdreiecks von Staat, Unternehmen und Gewerkschaften gibt es in der Bundesrepublik einen Kranz weiterer intermediärer Organisationen wie Kirchen, Wohlfahrtsverbände und andere spezialisierte Interessenverbände (Umwelt-, Bauern-, Ärzte-, Kultur-, Wissenschaftsverbände etc.) sowie organisationsfähige soziale Bewegungen, die auf die Formulierung und Gestaltung einzelner policy-Felder einwirken.

Staatliche Institutionen greifen durch Steuer- und Abgabeninstrumente in das ökonomische Geschehen ein, wobei die verfolgten Strategien je nach gesellschaftspolitischer Ausrichtung umverteilungsrelevant sein können oder auch nicht: sie reichen von Maßnahmen, die die bestehenden Einkommens- und Vermögensrelationen unangetastet lassen oder sogar noch verstärken bis hin zu aktiven wohlfahrtsstaatlichen Umverteilungspolitiken zugunsten einkommensärmerer Bevölkerungsgruppen. Nach Esping-Andersen (1998) verweist das jeweilige wohlfahrtsstaatliche Leistungsprinzip (Armenhilfe/Sozialfürsorge, gesetzliche Sozialversicherung, gleiche Grundsicherung für alle Bürger) auf den Grad der „De-Kommodifizierung" des Warencharakters der Arbeitskraft. Unter „De-Kommodifizierung" versteht er das Maß, in dem die existenzgefährdenden Risiken des kapitalistischen Arbeitsmarktes wie Arbeitslosigkeit und Ausfall des Arbeitseinkommens durch sozialstaatliche Sicherungssysteme eingeschränkt werden. Wie die Erfahrung lehrt, führt dieser Staatsinterventionismus gleichwohl nicht zu einer Annullierung der kapitalistischen Verteilungsergebnisse, sondern bestenfalls dazu, den sozialen Ausgleich zu befördern und Verarmungsrisiken wohlfahrtsstaatlich abzufedern („soziale Marktwirtschaft"). Zusammengefaßt können dem Wohlfahrtsstaat in kapitalistischen Gesellschaften somit wichtige *integrative*, *kompensatorische* und *legitimatorische* Funktionen (Schmid 1996: 45ff.) zugeschrieben werden. Mit seiner Hilfe soll der Kapitalismus nicht abgeschafft, sondern *gebändigt*, genauer: reorganisiert bzw. stabilisiert werden. Und vor allem sollen die sozialen Kosten des Kapitalismus wie soziale Polarisierung und Desintegrationsprozesse begrenzt, manchmal auch nur institutionell verwaltet werden, ohne daß dadurch die innovative Dynamik dieser Wirtschaftsweise gelähmt wird. Mit den Worten von Scharpf (1997: 1) zielen die staatlichen und sonstigen Regulierungsstrategien auf die soziale und demokratische „Zivilisierung der kapitalistischen Ökonomie" ab.

8. Neoliberaler Kapitalismus

Die zweite Variante kapitalistischer Gesellschaften ist deswegen als neoliberal zu bezeichnen, weil dem Markt weit mehr Entfaltungsmöglichkeiten und weniger politische Grenzen gesetzt werden. Der neoliberale Kapitalismus steht für den Rückzug des Staates aus Wirtschaft und

Gesellschaft, d.h. für die „Deregulierung“ der Arbeits- und Finanzmärkte, für die Privatisierung öffentlicher Dienstleistungen und den Abbau sozialstaatlicher Sicherungssysteme zugunsten einer Individualisierung sozialer Lasten und Risiken. Wichtige Leistungen (Bildung, Gesundheit, Infrastruktur, Alterssicherung) sind nicht als legal verbürgte *soziale Anspruchs-* oder *Versorgungsrechte* garantiert, sondern werden als *käufliche* Güter gegen Geldzahlungen angeboten. Gemäß des liberalen Staatsprinzips ist die Staatstätigkeit auf die klassischen Kernfunktionen zu reduzieren, also auf die Garantierung innerer und äußerer Sicherheit durch die staatlichen Apparate sowie auf das effektive Funktionieren des Rechtssystems, damit der Markt die kreativen Potentiale der Gesellschaft freisetzen bzw. entfesseln kann. Das Motto des radikalen Marktliberalismus lautet: ein Maximum an Wettbewerb, ein Minimum an Staat. Oder mit den Worten von Israel (1997: 80):

> „Der Markt soll eine Reihe von Funktionen und öffentlichen Diensten übernehmen und sie zu Marktpreisen jenen zugänglich machen, die bereit sind, dafür zu bezahlen.“

Damit verzichtet der Staat auf eine aktive Arbeitsmarkt- und Wachstumspolitik und konzentriert sich stattdessen darauf, die Angebotsbedingungen des ökonomischen Systems zu verbessern und marktbeschränkende bzw. marktkorrigierende Regelungen abzubauen. Unternehmen und Kapitaleinkommen werden von Steuern und Sozialabgaben entlastet, um den inländischen „Wirtschaftsstandort“ im globalen Maßstab attraktiver bzw. wettbewerbsfähiger zu machen; und zugleich werden die *collective bargaining*-Systeme der industriellen Arbeitsbeziehungen dereguliert und flexibilisiert. Unter Bedingungen eines flexibilisierten Arbeitsmarktes mit weitgehender privater Vertragsfreiheit und schwachen Gewerkschaften entstehen - vor allem in den konsumorientierten Dienstleistungsbranchen - neue (einfache) Beschäftigungsformen, die sehr niedrig bezahlt sind, unattraktive Arbeitszeiten haben, niedrige Qualifikation erfordern und kurzfristig kündbar sind. Diese sog. *bad jobs* stehen außerhalb der sonst üblichen Regulierungen des Tarif- und Arbeitsrechts und führen für nicht wenige Beschäftigte zu Erwerbseinkommen unterhalb der Armutsgrenze (*working poor*).

Neoliberale Flexibilisierungs- und Deregulierungsstrategien begünstigen somit hohe individuelle Einkommensdifferenzierungen, und zwar mit dem Ergebnis einer ansteigenden Gefahr der Armut *trotz* Arbeit, wie am Beispiel der USA nachgewiesen werden kann (zur US-amerikanischen Einkommensentwicklung vgl. Nelson 1995; Häußermann/Siebel 1995: 81ff.; Reich 1996: 221ff.). Die gesellschaftlichen Kosten wie soziale Polarisierung und Desintegration werden in Kauf genommen, die in den USA sogar bis zur „ökonomischen Apartheid“ (Albert 1991: 50) reichen und dazu führen, daß innerhalb derselben Gesellschaft die verschiedenen Bevölkerungskategorien unter gänzlich anderen Bedingungen leben. Als besonders markantes Beispiel dieser Form von Apartheid ist die sozialräumliche Exklusion von Teilen der - afroamerikanischen - Armutsbevölkerung in den Ghettos wohlhabender US-Großstädte anzuführen. Wilson (1987) hat hierfür den Begriff der „new urban underclass“ geprägt, die durch die Merkmale „marginal economic position“ und „social isolation“ gekennzeichnet ist.

Im Gegensatz zum wohlfahrtsstaatlich regulierten Kapitalismus, der „den gemeinschaftlichen Erfolg, den Konsens und das langfristige Vorausdenken“ favorisiert, basiert das neoliberale Modell des Kapitalismus auf „individuellem Erfolg und dem schnellen finanziellen Gewinn“ (Albert 1991: 25). Damit ist nichts anderes gemeint als die sogenannte *shareholder*-Fixierung des neoliberalen Kapitalismus, also die strikte Ausrichtung der Unternehmensziele auf die kurzfristigen ökonomischen Interessen der Anleger und Aktionäre. Nicht längerfristig angelegte technologische Innovations-, Investitions- und Absatzstrategien stehen auf der Prioritätenskala der Investoren ganz oben, sondern die Erhöhung des aktuellen Marktwerts eines Unternehmens, die möglichst *sofort* - auch auf Kosten der zukünftigen Unternehmensentwicklung - zu erreichen ist. Die Aktionäre, insbesondere institutionelle Investoren (in den USA vor allem Rentenfonds und Versicherungsgesellschaften), schielen sozusagen nach der unmittelbar rentabelsten Aktie und versuchen, die kurzfristigen Erträge ihres Portefeuilles zu optimieren. Notwendige Konsequenz dieser neoliberalen Philosophie ist, daß sich die Unternehmen dem „Diktat der Kapitalmärkte“ (Altvater/Mahnkopf 1996: 349) zu beugen und eine wettbewerbsfähige Mindestkapitalverzinsung auf der Basis von Dividende plus Kursanstieg der Aktien zu gewährleisten haben, während die Interessen der *stakeholders* (Arbeitnehmer, Zulieferer, Kunden, Öffentlichkeit) buchstäblich auf der Strecke bleiben.

Diese für den neoliberalen Kapitalismus typischen Strukturmerkmale sind in Großbritannien und den USA seit den 80er Jahren am stärksten ausgeprägt, kennzeichnen aber auch die Grundströmung wohlfahrtsstaatlich organisierter kapitalistischer Gesellschaften auf dem europäischen Kontinent, ohne daß jedoch von einer Angleichung oder Konvergenz gesprochen werden kann (Lash/Bagguley 1988). In der Bundesrepublik und auch in den skandinavischen Ländern sind Veränderungen zu registrieren, die auf eine Abkehr vom Modell des wohlfahrtsstaatlichen Kapitalismus der 70er Jahre verweisen. Dieser Trend kann besonders deutlich an der erhöhten Selektivität des Wohlfahrtsstaates und dem gestiegenen Verarmungsrisiko abgelesen werden. Die Internationalisierung der Märkte für Güter und Dienstleistungen - in Europa insbesondere die Schaffung eines einheitlichen EU-Binnenmarktes - hat einen Kostenwettbewerb zwischen den nationalen „Wirtschaftsstandorten“ in Gang gesetzt, der die Politik überall dazu veranlaßt, die Steuerlast für Unternehmen zu senken, die Regulierungen von Arbeitsverhältnissen einzuschränken und sozialstaatliche Leistungen abzubauen (vgl. Beck 1998). Es wäre jedoch voreilig, diesen Befund zu übergeneralisieren und von einem alternativlosen, linearen Entwicklungspfad auszugehen. Gerade im Vergleich zu Großbritannien und den USA haben nämlich in diesen Ländern die neoliberalen Deregulierungsstrategien ein durchaus begrenztes Ausmaß angenommen. Für eine differenzierte Analyse moderner kapitalistischer Gesellschaften ist es deshalb unabdingbar, die nationalen Besonderheiten der (De-)Regulierung genauer in den Blick zu nehmen und im einzelnen zu problematisieren, unter welchen politischen, institutionellen und strukturellen Bedingungen sich sowohl die *wohlfahrtsstaatlichen Sicherungssysteme* als auch die *korporatistischen Verhandlungssysteme* gegenüber den Herausforderungen eines politisch ungezügelten neoliberalen Kapitalismus als widerstandsfähig oder krisenanfällig erweisen (Schmid 1996). Pauschalierende Konvergenztheorien übersehen jedenfalls die z.T. beträchtlichen länderspezifischen Divergenzen in den Praktiken und Systemen der Konfliktbearbeitung, welche unterschiedliche Formen der politisch-administrativen, rechtlichen, sozialen und kulturellen Ein- bzw. Entbettung des ökonomischen Systems hervorgebracht haben. Beschleunigt durch Prozesse der Modernisierung und Globalisierung weisen alle kapitalistischen Gesellschaften strukturelle Gemeinsamkeiten auf und sie sehen sich ähnlichen Problemlagen gegenüber, doch in den Mustern, die zur Bearbeitung dieser Probleme entwickelt werden, unterscheiden sie sich in hohem Maße. International vergleichende Untersuchungen aus dem Umfeld der *Institutionellen Ökonomie* bzw. der *Vergleichenden Politischen Ökonomie* haben die institutionelle Diversität der nationalen Regulierungsformen moderner kapitalistischer Gesellschaften in den 80er und 90er Jahren in vielfacher Weise bestätigt (Hollingsworth/ Schmitter/ Streeck 1994; Hollingsworth/ Boyer 1997; Crouch/ Streeck 1997). Die große Vielfalt der nationalen institutionellen Arrangements zwischen Staat, Unternehmen, Verbänden und Netzwerken läßt deshalb auch die Vermutung zu, daß offenbar die vielbeschworenen Zwänge der „Globalisierung" nicht zu national homogenen (De-) Regulierungsformen führen werden.

Literatur

Albert, M. 1991, Kapitalismus contra Kapitalismus, Frankfurt/M.

Altvater, E./B. Mahnkopf 1996, Grenzen der Globalisierung. Ökonomie, Ökologie und Politik in der Weltgesellschaft, Münster.

Beck, U. 1996, Das Zeitalter der Nebenfolgen und die Politisierung der Moderne. In: Beck, U./A. Giddens/S. Lash (Hg.), Reflexive Modernisierung. Eine Kontroverse, Frankfurt/M., 19-112.

Beck, U./P. Sopp (Hg.) 1997, Individualisierung und Integration. Neue Konfliktlinien und neuer Integrationsmodus?, Opladen.

Beck, U. (Hg.) 1998, Politik der Globalisierung, Frankfurt/M.

Berger, P.L. 1992, Die kapitalistische Revolution. Fünfzig Leitsätze über Wohlstand, Gleichheit und Freiheit, Himberg.

Collins, R. 1992, Weber's Last Theory of Capitalism. A Systematization. In: Granovetter M./R. Swedberg (Eds), The Sociology of Economic Life, Boulder, 85-110.

Crouch, C./W. Streeck (Eds.) 1997, Political economy of modern capitalism. Mapping convergence and diversity, London.

Dahrendorf, R.1957, Soziale Klassen und Klassenkonflikte in der industriellen Gesellschaft, Stuttgart.

Esping-Andersen, G. 1988, Die drei Welten des Wohlfahrtskapitalismus. Zur politischen Ökonomie des Wohlfahrtsstaates. In: Lessenich, S./I. Ostner (Hg.), Welten des Wohlfahrtskapitalismus. Der Sozialstaat in vergleichender Perspektive, Opladen, 19-56.

Giddens, A. 1988, Die Konstitution der Gesellschaft. Grundzüge einer Theorie der Strukturierung, Frankfurt/M.

Häußermann, H./W. Siebel 1995, Dienstleistungsgesellschaften, Frankfurt/M.

Heins, V. 1990, Max Weber zur Einführung, Hamburg.

Hollingsworth, J.R./Ph.C. Schmitter/W. Streeck (Eds.) 1994, Governing Capitalist Economies: The Embeddedness of Institutions, New York.
Hollingsworth, J.R./R. Boyer 1997, Comparing Capitalist Economies: Performance and Control of Economic Sectors, Oxford.
Israel, J. 1997, Neoliberaler Kapitalismus gegen Soziale Marktwirtschaft und Wohlfahrtsstaat. In: Hradil, S. (Hg.), Differenz und Integration. Die Zukunft moderner Gesellschaften. Verhandlungen des 28. Kongresses der Deutschen Gesellschaft für Soziologie in Dresden 1996, Frankfurt, 73-93.
Keller, B. 1993, Einführung in die Arbeitspolitik. Arbeitsbeziehungen und Arbeitsmarkt in sozialwissenschaftlicher Perspektive (3. überarbeitete und stark erw. Aufl.), München.
Kersbergen, K. van 1995, Social Capitalism, London.
Kraemer, K. 1997a, Der Markt der Gesellschaft. Zu einer soziologischen Theorie der Marktvergesellschaftung, Opladen.
Kraemer, K. 1997b, Marktgesellschaft. In: Kneer, G., A. Nassehi u. M. Schroer (Hg.), Soziologische Gesellschaftsbegriffe. Konzepte moderner Zeitdiagnosen, München, 280-304.
Kreckel, R. 1992, Politische Soziologie der sozialen Ungleichheit, Frankfurt/M.
Lash, S./J. Urry 1987, The End of Organized Capitalism, Cambridge.
Lash S./P. Bagguley 1988, Arbeitsbeziehungen im disorganisierten Kapitalismus. Ein Vergleich von fünf Nationen. In: Soziale Welt 39, 239-259.
Lehmann, H. 1996, Max Webers „Protestantische Ethik“. Beiträge aus der Sicht eines Historikers, Göttingen.
Lessenich, S./I. Ostner (Hg.) 1998, Welten des Wohlfahrtskapitalismus. Der Sozialstaat in vergleichender Perspektive, Opladen.
Luhmann, N. 1988, Die Wirtschaft der Gesellschaft, Frankfurt/M.
MacKinnon, M.H. 1988a, Part I: Calvinism and the infallible assurance of grace. The Weber thesis reconsidered. In: British Journal of Sociology 39, 143-177.
MacKinnon, M.H. 1988b, Part II: Weber's exploration of Calvinism. The discovered provenance of capitalism. In: British Journal of Sociology 39, 178-210.
Marshall, G. 1982, In Search of the Spirit of Capitalism. An Essay on Max Weber's Protestant Ethic Thesis, London.
Marx-Engels Werke 1983a, Berlin.
Marx, K. 1983b, Grundrisse der Kritik der Politischen Ökonomie. Rohentwurf, 1857-1858, Berlin.
Müller-Jentsch, W. 1997, Soziologie der industriellen Beziehungen. Eine Einführung, 2. überarbeitete und erweiterte Auflage, Frankfurt/M.
Nelson, J.L. 1995, Post-industrial capitalism: Exploring economic inequality in America, Thousand Oaks.
Polanyi, K. 1978, The Great Transformation. Politische und ökonomische Ursprünge von Gesellschaften und Wirtschaftssystemen, Frankfurt/M.

Reich, R.B. 1996, Die neue Weltwirtschaft. Das Ende der nationalen Ökonomie, Frankfurt/M.

Ritsert, J. 1988, Der Kampf um das Surplusprodukt. Einführung in den klassischen Klassenbegriff, Frankfurt/M.

Scharpf, F.W. 1997, Demokratische Politik in der internationalisierten Ökonomie (MPIfG Working Paper 97/9), Köln.

Schmid, J. 1996, Wohlfahrtsstaaten im Vergleich. Soziale Sicherungssysteme in Europa: Organisation, Finanzierung, Leistungen und Probleme, Opladen.

Sombart, W. 1927, Der moderne Kapitalismus, München.

UNEP 1996, Human Development Report 1996, New York. (Dt. Ausgabe: Bericht über die menschliche Entwicklung 1996, Bonn).

Weber, M. 1980, Wirtschaft und Gesellschaft. Grundriss der verstehenden Soziologie, Tübingen.

Weber, M. 1988a, Gesammelte Aufsätze zur Religionssoziologie I, Tübingen.

Weber, M. 1988b, Gesammelte Aufsätze zur Wissenschaftslehre, Tübingen.

Wilson, W.J. 1987, The Truly Disadvantaged. The Inner City, the Underclass, and Public Policy, Chicago.

Markus Schroer

Klassengesellschaft*

Stellen wir uns einen Soziologiestudenten vor, der gegen Ende der sechziger Jahre sein Studium aufnimmt: Die Studentenbewegung, Ché Guevara und die Kritische Theorie geben den Ton an, man hört die Rolling Stones und Bob Dylan, liest Hermann Hesse und Jack Kerouac, sieht *Easy Rider* und *Blow Up* und raucht Haschisch. Es dauert nicht lange, und unser Student hat gelernt, daß die Auffassung, die Bundesrepublik sei eine *Klassengesellschaft*, zu den schier unverrückbaren Glaubenssätzen einer sich als kritisch verstehenden Soziologie gehört, die damals Konjunktur hatte. Ihm entgeht auch nicht, daß eine aus dieser Warte als "konservativ" klassifizierte Soziologie lieber von einer *Schichtengesellschaft* spricht.

Stellen wir uns dagegen eine Soziologiestudent*in* - das wird nun immer wahrscheinlicher - vor, die gegen Mitte der achtziger Jahre ihr Studium aufnimmt: Die Ökologiebewegung, Helmut Kohl und die Postmoderne geben den Ton an, man hört die *Einstürzenden Neubauten* und Tom Waits, liest Umberto Eco und Botho Strauß, sieht *Männer* und *Down by law* und raucht nicht mehr. Schnell lernt unsere Studentin, daß die Klassentheorie ebenso abgewirtschaftet hat, wie ihr Erfinder zum ‚toten Hund' erklärt wird. Statt um Klasse und Schicht geht es nunmehr um Individualisierung, Pluralisierung, Stilisierung und Ästhetisierung. Nicht in einer Klassengesellschaft, in der ihr dies viel weniger möglich gewesen wäre, sondern in einer Erlebnis-, Multioptions- oder postmodernen Gesellschaft hat sie ihr Studium aufgenommen, so muß sie feststellen.

---

* Für kritische Kommentare zu einer früheren Fassung danke ich Ulrich Beck, Peter A. Berger, Klaus Kraemer und Armin Nassehi

Stellen wir uns schließlich einen Soziologiestudenten bzw. eine Soziologiestudentin vor, der/die in den neunziger Jahren ein Soziologiestudium aufnimmt: Kohl regiert noch immer, die Mauer ist gefallen, man hört *Techno* und *Hip-Hop*, liest Paul Auster und Dan deLillo, sieht *Short Cuts* und *Pulp Fiction* und wirft Partydrogen ein. Was lernt er/sie? Er/Sie erfährt womöglich, daß es eine Vielzahl konkurrierender Zeitdiagnosen gibt, mit denen auch schon die Kommilitonin konfrontiert wurde, die seit den achtziger Jahren der Soziologie ihre Zeit widmet, daß es andererseits aber auch so scheint, als sei die Klassengesellschaft wieder auf dem Vormarsch. Nicht wenige Anzeichen sprächen dafür, so bekommt sie/er von dem ein- oder anderen trendbewußten Soziologieprof zu hören, daß die Zeiten der Lach- und Spaßgesellschaft endgültig vorbei seien.

Was nun zeigt dieses - zugegebenermaßen stark vereinfachte - Bild? Haben die fiktiven Studenten in ihren Seminaren das jeweils gültige Bild der Gegenwartsgesellschaft geliefert bekommen? Haben sie nur Ausschnitte des Ganzen wahrgenommen, weil an "ihrer" Uni und bei "ihren" Dozenten eine bestimmte Richtung vorherrschte? Umgekehrt gefragt: Welches Licht wirft diese Abfolge auf die Soziologie? Stolpert sie blind von einer Mode in die nächste? Oder wandelt sich das Bild der Gesellschaft tatsächlich so rasch, daß ihr in immer kürzeren Abständen immer neue Etiketten anzuhängen wären? Verfügt sie über keine verläßlichen Kriterien, die über die tatsächliche Beschaffenheit der Gesellschaft verbindlich Auskunft geben könnte? Ist alles beliebig?

Nun, irreführend an der konstruierten Abfolge ist sicher die Ausschließlichkeit, mit der sie daherkommt. Auch in den sechziger Jahren gab es längst Stimmen, die sowohl das Klassen- als auch das Schichtenschema für zu schlicht gehalten haben, um damit der Sozialstruktur noch gerecht werden zu können. Auch sind in den achtziger Jahren nie die Stimmen derer gänzlich verstummt, die die eingeschlagene Richtung für irreführend gehalten haben. Insofern gleicht die Rückkehr der Klassengesellschaft in den neunziger Jahren eher der Wieder*belebung* eines nur vorübergehend komatösen Patienten denn einer Wieder*geburt* eines bereits verschiedenen. Doch auch diese sich mehrenden Stimmen, die von einer Rückkehr der Klassengesellschaft sprechen, werden damit wohl kaum diejenigen aus dem Felde schlagen können, die Klassen und Schichten nach wie vor bzw. mehr denn je für ein veraltetes, anachronistisches Instrumentarium halten, mit dem die immer komplexer werdende soziale Wirklichkeit nicht mehr hinreichend beschrieben bzw. erfaßt werden kann. Zutreffend an unserer Abfolge jedoch dürfte sein, daß die ein- oder andere Richtung in den angegebenen Zeiträumen die Oberhand vor der jeweils anderen behalten hat. Obwohl der Eindruck nicht trügen dürfte, daß es besonders viele konkurrierende Beschreibungen für die Gegenwartsgesellschaft sind, die sich derzeit auf dem Markt bewegen und um Meinungsführerschaft streiten (vgl. Kneer/Nassehi/Schroer 1997), hat es auch anderen Zeiten an kontroversen Diagnosen nicht gemangelt. Die These, wir lebten in einer Klassengesellschaft, ist wohl zu keiner Zeit gänzlich unwidersprochen geblieben. Nur unsere Studentin aus den Achtzigern mag es streckenweise so vorgekommen sein, als sei die Klassentheorie ein bis dato unangezweifeltes Paradigma innerhalb der Sozialwissenschaften gewesen, das nun endgültig von der Bildfläche verschwindet. Ein Eindruck, der sich bei ihr freilich nicht ohne guten Grund eingestellt haben könnte, kommen doch die neuen Verabschiedungen gern so daher, als würden sie erstmalig in Zweifel ziehen, was schon längst in Zweifel gezogen worden ist. Schon ein zweiter Blick, der hinter die modisch-radikalen Verabschiedungen und Wiederentdeckungen sieht, erkennt schnell, daß der Zweifel an der Stichhaltigkeit und analytischen Stringenz der Klassentheorie so alt ist wie diese selbst. Stets sah sich der Begriff der Klasse konkurrierenden Modellen ausgesetzt, und immer schon ist die säuberliche Trennung in strikt voneinander abgrenzbare Klassen bezweifelt worden.[1] Nicht erst Ulrich Beck (1983) oder Niklas Luhmann (1986), auch nicht erst Theodor Geiger (1949) oder Helmut Schelsky (1965) haben die Evidenz der Klassengegensätze in Frage gestellt. Vielmehr findet sich schon bei Georg Simmel der Hinweis auf das "Flüssigwerden der klassenmäßigen Schranken" (Simmel 1989:

1 So daß aus marxistischer Sicht nicht ohne Plausibilität notiert werden kann: "Antworten auf den marxistischen Klassenbegriff durchziehen die Entwicklung der Soziologie als sichere Nebenerwerbsquelle." (Krysmanski 1989: 155) Freilich scheint mir der Versuch, gleich die gesamte Geschichte der Soziologie als eine Antwort auf Marx zu begreifen, doch reichlich überstilisiert zu sein.

640). Und auch Durkheim konstatiert, daß "es keine abgegrenzten Klassen mehr gibt." (Durkheim 1990: 289) Insofern scheint es, als müßte man die von Mayer/Blossfeld (1990: 313) zu Recht gestellte Frage: "Wo und wann in der Zeit nach dem Zweiten Weltkrieg gab es eigentlich streng voneinander getrennte soziale Schichten, subkulturelle Klassenidentitäten und ständisch eingefärbte Klassenlagen?" noch weiter nach hinten verschieben. Erst recht dann, wenn die Einschätzung zutrifft, daß es schon "immer irreführend" war, "komplexe gesellschaftliche Strukturen unter nur einem Ordnungsprinzip zu charakterisieren, denn in aller Regel haben wir es mit verschiedenen und gegensätzlichen Prinzipien zu tun, deren konkrete Mischung erst die Eigenart und innere Dynamik einer gesellschaftlichen Formation bestimmt" (Lepsius 1990: 118).

Von dieser Annahme aus ist es dann nicht mehr weit zu der Einsicht, die Begriffe Klasse und Schicht als Konstruktionen anzusehen, als heuristische Begriffe, die Einheit und Homogenität dort suggerieren, wo es sich doch eigentlich um äußerst heterogene Phänomene und heterogen zusammengesetzte Gruppen handelt. Freilich wird man dennoch die These vertreten können, daß die Vielheit und Vielfalt, Pluralität und Dynamik in einem Ausmaß zugenommen hat, der die traditionelle Denkgewohnheit und Begrifflichkeit vollends hat anachronistisch werden lassen. Andererseits finden sich immer wieder Klassen- und Schichttheoretiker, die das Bestehen verschiedener Klassen bzw. Schichten unter Beweis zu stellen versuchen. So lösen sich Verabschiedung und Renaissance der Sozialstrukturanalyse in Großgruppenmodellen stets einander ab. Heißt es in den achtziger Jahren programmatisch "Abschied vom Proletariat" (Gorz 1980) und "Jenseits von Klasse und Schicht" (Beck 1983), wird in den neunziger Jahren - zunächst noch zaghaft - gefragt: "Rückkehr der Klassengesellschaft?" (Brock 1994), um anschließend vehement zu proklamieren: "Kein Abschied von Klasse und Schicht" (Geißler 1996). Ähnliche Konstellationen von Klassentheoriebefürwortern auf der einen und Klassentheoriegegnern auf der anderen Seite lassen sich auch in den vorangegangenen Jahrzehnten ausmachen. Insofern ist die gegenwärtige Debatte zwischen Anhängern und Kritikern der Klassentheorie eine Neuaufführung eines altbekannten Stücks. Wenn man - und das soll im folgenden geschehen - davon ausgeht, daß es sich beim Wandel und Kampf um Begriffe nicht um bloße Moden, die kommen und gehen bzw. um bloße Scheingefechte intellektueller Eliten handelt, die sich dazu gewissermaßen berufsmäßig verpflichtet fühlen, sondern um Änderungen der Semantik, die auf Veränderungen der Sozialstruktur verweisen, dann stellt sich die Frage nach den "realen" Umbrüchen, die durch den semantischen Wandel womöglich angezeigt werden. Auf der anderen Seite wird man auch umgekehrt die Effekte zu berücksichtigen haben, die die Begriffswahl auf die Strukturebene zeitigen. Denn "wenn ich zum Beispiel autoritativ behaupte", so Bourdieu (1992: 73), "daß soziale Klassen existieren, dann trage ich in starkem Maße dazu bei, daß sie entstehen". So gesehen trägt selbstverständlich auch die Rede vom Ende der Klassen zu ihrem Verschwinden bei (vgl. Bittlingmayer/Kraemer 1999). Man wird also stets mitreflektieren müssen, daß die Terminologie der Soziologen in keiner Weise unschuldig und passiv ist: Ihre Theorien bilden keine bereits vorhandene Welt ab, sondern erzeugen durch die Wahl ihrer Begriffe eine bestimmte Wirklichkeit. Allerdings erfolgt die Wahl der Beschreibungsmöglichkeiten und Begriffe nie losgelöst von historisch-gesellschaftlichen Kontexten. Sie ist nicht völlig abiträr; vielmehr gibt es naheliegende, wahrscheinliche und anschlußfähige Möglichkeiten und andererseits weniger naheliegende bzw. sogar ausgeschlossene Möglichkeiten. Wenn das so ist, stellt sich die Frage nach der Plausibilität und Stichhaltigkeit der Verwendung von Klassenbegriffen für die gestrige und die gegenwärtige Gesellschaft. Nicht so sehr die Frage, ob es Klassen "gibt", sondern die Frage, ob sich die gegenwärtige Gesellschaft sinnvoll noch als Klassengesellschaft verstehen läßt, steht dabei im Mittelpunkt der Kontroverse. Kann der Klassenbegriff noch als adäquates Analyseinstrumentarium zur Beschreibung der Organisation der Gegenwartsgesellschaft herhalten? Konnte er es jemals? Kann er es bloß *nicht mehr*? Hat er seine Schuldigkeit getan? Mit anderen Worten steht die Frage zur Debatte, ob wir es heute mit einer Gesellschaft zu tun haben, die sich in erster Linie durch den Tatbestand charakterisieren läßt, daß sie in verschiedene Klassen einteilbar ist. Oder muß der Begriff durch andere Vorschläge ersetzt werden? Oder muß er nur modifiziert werden? Sind Milieus, Schichten, Lebensstilgruppen usw. adäquatere Begriffe? Diese Fragen werden auf den nächsten Seiten abgehandelt werden. Dabei wird es zunächst um die klassischen Positionen von Marx und Weber gehen (1). Anschließend wird der Stand der Diskussion während der fünfziger Jahre rekonstruiert werden, der sich mit den Positionen Helmut Schelskys und Theodor W. Adornos verbindet (2). In einem dritten Schritt wird Pierre Bourdieus Klassentheorie, die das traditionale Klassenschema zwar stark modifiziert aber dennoch aufrecht erhält, der Milieustudie von Gerhard Schulze gegenübergestellt (3). Das abschließende vierte Kapitel widmet sich der Individualisierungstheorie Ulrich Becks. Beck kritisiert das Verharren der Sozialstrukturanalyse in Klassen- und Schichtenkategorien, da wir uns bereits in einem Zustand "jenseits von Stand und Klasse" befänden. Diskutiert werden darüber hinaus einige Ansätze, die angesichts neuer Knappheiten von einer Rückkehr der Klassengesellschaft sprechen (5).

1. *Klassengesellschaft* und *-theorie* im 19. und frühen 20. Jahrhundert: Karl Marx und Max Weber

Wir schreiben das Jahr 1912. In der Nacht vom 14. auf den 15. April stößt der britische Schnelldampfer "Titanic" im Nordatlantik auf einen Eisberg und sinkt. Überlebende verteilen sich wie folgt:

	1. Klasse	**2. Klasse**	**Zwischendeck**	**Besatzung**	**Insgesamt**
Eingeschifft	325	285	1316	885	2201
Gerettet	203	118	499	212	711
Verloren	122	167	817	673	1490

(Enzensberger 1981: 72)

Gibt es einen treffenderen Ausdruck für die Existenz einer Klassengesellschaft als die nackten Zahlen dieser Tragödie? Wohl kaum. Andererseits haben sich in der Theorie schon längst Zweifel an der traditionalen Klassentheorie gemeldet. Ist mit dem Untergang des Schiffes außer einem maßlosen Fortschrittsglauben und dem Vertrauen in die

Fehlerlosigkeit der Technik womöglich auch die Vorstellung einer streng gegliederten Klassengesellschaft von der Bildfläche verschwunden? Waren die realen Verhältnisse noch so klar, wie sie an Bord des berühmten Schiffes erschienen? Wenn aber schon nicht mehr zu dieser Zeit, wann hat es dann jemals eine Gesellschaftsform gegeben, die sich treffend als Klassengesellschaft beschreiben ließe?

Marx zufolge war jede in der Geschichte bekannte Gesellschaft eine Klassengesellschaft. Im berühmten, gemeinsam mit Friedrich Engels verfaßten "Kommunistischen Manifest" wird die gesamte bisherige Geschichte als eine "Geschichte von Klassenkämpfen" (Marx/Engels 1974: 462) interpretiert. Durch die gesamte Geschichte hindurch wiederholt sich der Kampf zwischen zwei einander feindlich gegenüberstehenden Klassen, die um die Herrschaft über knappe Ressourcen ringen:

> "Freier und Sklave, Patrizier und Plebejer, Baron und Leibeigener, Zunftbürger und Gesell, kurz: Unterdrücker und Unterdrückte standen in stetem Gegensatz zueinander, führten einen ununterbrochenen Kampf, einen Kampf, der jedesmal mit einer revolutionären Umgestaltung der ganzen Gesellschaft endete oder mit dem gemeinsamen Untergang der kämpferischen Klassen" (Marx/Engels 1974: 462).

In jedem dieser Fälle ist es der Besitz oder Nicht-Besitz an *Produktionsmitteln*, der über die Klassenzugehörigkeit entscheidet. Die von Marx unterschiedenen Gesellschaftsformationen - Urgesellschaft, Sklavenhalterordnung, Feudalismus, Kapitalismus, Kommunismus - lassen sich anhand der Frage nach den Eigentumsverhältnissen an den Produktions*mitteln* (Werkzeuge, Maschinen, Fabriken, Boden, Kapital) charakterisieren: Gehören einzelnen Personen, verschiedenen Gruppen bzw. Klassen oder allen Mitgliedern einer Gesellschaft die Produktionsmittel, so lautet die Frage, die Aufschluß über die Produktions*verhältnisse* zu geben verspricht. Obwohl erst im Kapitalismus das Verhältnis zu den Produktionsmitteln zur alles entscheidenden Frage wird, können auch die Vorläufer der kapitalistischen Gesellschaft bereits als Klassengesellschaften beschrieben werden, da auch in ihnen die Zweiteilung in Unterdrückte und Unterdrücker entlang ökonomischer Kriterien erfolgt. Die einzige Ausnahme stellt die Urgesellschaft dar, in der nach Marx und Engels die Produktionsmittel noch allen Menschen gehörten, es folglich noch keine Trennung in Eigentümer und Nichteigentümer, Besitzende und Besitzlose gab. Die Urgesellschaft zeichnete sich ihres Erachtens vielmehr durch einen Zustand allgemeiner Kooperation und Solidarität aus - ein Zustand, der ihnen zufolge im Kommunismus, der klassenlosen Gesellschaft, wieder erreicht werden sollte.

An der Abfolge der Gesellschaftsformationen ist bereits zu erkennen, daß sich Marx weder mit dem Rückblick auf vergangene Epochen noch mit der Diagnose des gegenwärtigen gesellschaftlichen Zustands seiner Zeit begnügt; vielmehr prognostiziert er darüber hinaus die zukünftige Entwicklung, die seines Erachtens so und nicht anders eintreten *muß*. Er selbst betont diesen (oft kritisierten) deterministischen Finalismus in seiner evolutionären Theorie, wenn er gegenüber den Vorläufern der Klassentheorie seinen entscheidenden Vorstoß wie folgt charakterisiert:

> "Was ich neu tat, war 1. nachzuweisen, daß die Existenz der Klassen bloß an bestimmte historische Entwicklungsphasen der Produktion gebunden ist; 2. daß der Klassenkampf notwendig zur Diktatur des Proletariats führt; 3. daß diese Diktatur selbst nur den Übergang zur Aufhebung aller Klassen und zu einer klassenlosen Gesellschaft bildet." (Marx 1973b: 507f.)

Aber wie sollte sich der Übergang von der bürgerlich-kapitalistischen zur klassenlosen Gesellschaft vollziehen? Zwar ist Marx von der Richtung, die die gesellschaftliche Entwicklung nehmen muß, überzeugt, doch erfolgt sie keineswegs automatisch, gewissermaßen über die Köpfe der Menschen hinweg. Im Gegenteil ist es gerade eines der Kernelemente seiner Theorie, den Anteil der Menschen am Verlauf der Geschichte hervorzuheben. Marx gilt die menschliche Praxis einerseits als Motor der Geschichte, die Tätigkeit des Menschen ist für ihn ein anthropologisches Merkmal. Freilich sollen sich andererseits gerade in der bewußten Tätigkeit der Menschen die bevorstehenden Umwälzungen von der bisherigen Geschichte unterscheiden, die tatsächlich eher über die Menschen *verhängt* als von ihnen *gemacht* worden ist. Voraussetzung dafür ist die Entwicklung von einer "Klasse an sich" zu einer "Klasse für sich". Was aber heißt das?

Solange sich die Klassenmitgliedschaft allein über die objektive Verfügungsgewalt bzw. Nichtverfügungsgewalt über die Produktionsmittel definiert, haben wir es nach Marx mit einer *Klasse an sich* zu tun. Die revolutionären Umwälzungsprozesse, die eine kapitalistische in eine kommunistische Gesellschaft überführen soll, sind jedoch nur dann zu erwarten, wenn dieser Klasse auf dem Papier praxisrelevantes Leben eingehaucht wird. Erst wenn sich die immer größer werdende Klasse der ausgebeuteten Proletarier ihrer gemeinsamen Lage bewußt wird, sie ihre Kräfte zu mobilisieren und zu bündeln vermögen, kann aus der *Klasse an sich* eine *Klasse für sich* werden, also eine Klasse, die sich selbst als Klasse wahrnimmt und organisiert. Zur Unterstützung des sich so entwickelnden *Klassenbewußtseins* ist es wichtig, daß das Proletariat über seine Lage aufgeklärt wird. Im Laufe der Zeit wird so aus vereinzelten, einander unverbunden gegenüberstehenden Individuen nach und nach eine schlagkräftige Truppe, die die immer explosiver werdende Gemengelage der immer größer werdenden Gruppe von Ausgebeuteten auf der einen und der immer kleiner, aber auch immer mächtiger werdenden Gruppe von Kapitalisten auf der anderen Seite zu ihren Gunsten umzudrehen und schließlich zu einer *Diktatur des Proletariats* auszubauen vermag. Dieser Prozeß vollzieht sich für Marx zwangsläufig, da sich die kapitalistischen Ausbeutungsverhältnisse in einem Maße zuspitzen, daß sie von jedem Beobachter und Betroffenen gleichsam mit Händen zu greifen sind.

Soweit in Grundzügen zur Marxschen Klassentheorie, die immer wieder in vielen ihrer Elemente kritisiert worden ist. Dazu gehört vor allem auch das dichotomische Modell der Marxschen Klasseneinteilung. Dagegen ist freilich zu sagen, daß Marx nicht der theoretische Blick für die vielfältigere Lage gefehlt hat. Vielmehr argumentiert er, daß sich die Klassengegensätze im Laufe der Jahrhunderte nach und nach vereinfacht hätten. Während er für die römische Antike und das Mittelalter nicht nur mehr Gruppen unterscheidet, sondern auch innerhalb dieser weitere Abstufungen einräumt, sieht er die Entwicklung seiner eigenen Zeit immer mehr auf die Spaltung zweier großer Klassen zutreiben: Bourgeoisie und Proletariat. Ganz im Gegensatz zu der überwiegenden Mehrheit anderer Modernisierungstheorien geht Marx also gerade nicht von einer immer unübersichtlicher und uneinheitlicher werdenden Lage aus, sondern im Gegenteil von immer übersichtlicheren Verhältnissen, die im Klassenantagonismus von Bourgeoisie und Proletariat gipfeln. Luhmann hat die Engführung der Klassentheorie auf zwei sich feindlich gegenüberstehenden Klassen als die eigentliche Neuerung der Marxschen Klassentheorie hervorgehoben. Er interpretiert die Motive von Marx dahingehend, daß die Einführung des Zweierschemas gleichsam die Bedingung der Möglichkeit für die Transformation von einer "Ordnungssemantik in eine Kampfsemantik", von der "Ständeordnung in einen Klassengegensatz" (Luhmann 1985: 124) darstellt:

> "Nur mit Hilfe des Zweierschemas kann man einen radikalen Wandel ins Auge fassen: Wenn nur eine der Klassen verschwände, wäre auch die andere Klasse keine Klasse mehr. Die Gleichheit der Menschen wäre hergestellt." (Ebd.; vgl. auch Luhmann 1986: 63)

Für diese These spricht, daß die etwa zeitgleich entstehende Klassentheorie Lorenz von Steins, die gerade nicht auf *Überwindung*, sondern *Abmilderung* der Klassengegensätze durch staatliche Interventionen setzt, drei Klassen unterscheidet: Kapitalisten, kleine Unternehmer und Arbeiter (vgl. Walther 1990: 264). Zwar hat auch Marx in seinem Fragment gebliebenen Kapitel "Die Klassen" des dritten Bandes seines ökonomischen Hauptwerks weitere Klassen berücksichtigt, doch ändert dies nichts daran, daß er die revolutionäre Sprengkraft aus dem sich zuspitzenden Klassenantagonismus zwischen Bourgeoisie und Proletariat ableitete.[2] Die unter Mittelklassen gefassten Klassen der kleineren eigenständigen Fabrikanten und Handwerker werden zwischen diesen beiden Polen zerrieben, so daß der Riss zwischen ihnen immer tiefer wird (vgl. Bottomore 1967: 22). Und ohne diesen Riss, das macht Marx unmißverständlich klar, bleiben alle Sprengungsversuche Donquichotterie (vgl. Berger 1997: 57).

Max Webers Einlassungen zum Thema, die immer wieder als Gegenentwurf zur Marxschen Klassentheorie angeführt werden, fallen zwar vergleichsweise spärlich aus, haben jedoch andererseits den unschätzbaren Vorteil genau eine explizite Abhandlung des Klassenbegriffs zu bieten, die bei Marx kurioser Weise fehlt (vgl. Giddens 1979: 47). Gemeint sind die entsprechenden Passagen aus "Wirtschaft und Gesellschaft" (Weber 1980: 177ff.; 531ff.). Bei einer ersten Durchsicht

---

2 Immerhin aber verweist dies auf eine Arbeitsteilung im Werk von Marx, die es zu berücksichtigen gilt: Im Manifest hat ihm wohl in erster Linie die politische Parteinahme die Feder geführt, während er im dritten Band seines theoretischen Hauptwerks durchaus mehr als zwei Klassen zu unterscheiden weiß (vgl. Walther 1990: 265ff. und Giddens 1979: 77).

springen jedoch zunächst Übereinstimmungen ins Auge. Auch Weber bindet seine Unterteilung von Besitz- und Erwerbsklassen an das Kriterium des Besitzes bzw. Nichtbesitzes an Produktionsmitteln:

> "Wir wollen da von einer ‚Klasse' reden, wo 1. einer Mehrzahl von Menschen eine spezifische ursächliche Komponente ihrer Lebenschancen gemeinsam ist, soweit 2. diese Komponente lediglich durch ökonomische Güterbesitz- und Erwerbsinteressen und zwar 3. unter den Bedingungen des (Güter- oder Arbeits-)*Markts* dargestellt wird (‚Klassenlage'). Es ist die allerelementarste ökonomische Tatsache, daß die Art, wie die Verfügung über sachlichen *Besitz* innerhalb einer sich auf dem Markt zum Zweck des Tauschs begegnenden und konkurrierenden Menschenvielheit verteilt ist, schon für sich allein spezifische Lebenschancen schafft. [...] ‚Besitz' und, Besitzlosigkeit' sind daher die Grundkategorien aller Klassenlagen." (Weber 1980: 531f.)

Auch bei Weber also finden wir zunächst den klaren Bezug zum Besitz/ Nichtbesitz-Code, der die Unterscheidung der Klassen regelt. Allerdings unterscheidet Weber weder zwei wie Marx noch drei Klassen wie die Nationalökonomie seiner Zeit es tut, sondern vier soziale Klassen: (1) die Arbeiterschaft, (2) das Kleinbürgertum, (3) die besitzlose Intelligenz und Fachgeschultheit und (4) die Klasse der Besitzenden und durch Bildung Privilegierten (vgl. Weber 1980: 179).

Freilich erschöpfen sich darin nicht die Neuerungen, die Weber gegenüber Marx' Modell vornimmt. Eine weitere, entscheidende Erweiterung gegenüber dem Marxschen Modell liegt in der Eröffnung einer zweiten Dimension, eines zweiten sozialen Raumes, wenn man so will, der die ökonomischen Verhältnisse nicht im Verhältnis Eins zu Eins widerspiegelt, sondern auch quer dazu stehen kann. Über die wie bei Marx rein ökonomisch bedingte Klassenlage hinaus unterscheidet Weber namentlich die "ständische Lage", die keineswegs mit der Klassenlage konform gehen muß. Mit "ständische Lage" bezeichnet er "jede typische Komponente des Lebensschicksals von Menschen, welche durch eine spezifische, positive oder negative, soziale Einschätzung der ‚Ehre' bedingt ist, die sich an irgendeine gemeinsame Eigenschaft vieler knüpft" (Weber 1980: 534).

Zwar *kann* schon allein der Besitz zu "ständischer Geltung" (ebd.: 535) führen, aber die "ständische Ehre *muß* nicht notwendig an eine ‚Klassenlage' anknüpfen" (ebd.). Nach Weber können Besitzende und Besitzlose sogar durchaus dem gleichen Stand angehören (vgl. ebd.), und sich etwa "im Klub, am Billard, am Kartentisch" begegnen. Am Beispiel des amerikanischen Klubwesens verdeutlicht Weber denn auch, daß es als ein eklatanter Verstoß gegen das ständische Gleichheitsprinzip aufgefaßt werden würde, wenn etwa der Chef eines Unternehmens einen seiner Untergebenen nicht als ebenbürtigen Gegner ansehen, sondern seine in der betrieblichen Hierarchie gegebene Höherstellung in den Bereich der Freizeitaktivität hinein verlängern und ihn entsprechend von "oben herab" oder durch jenes "herablassende ‚Wohlwollen' [...], welches der deutsche Chef niemals an seinem Empfinden verbannen kann" (ebd.) behandeln würde. Die Zugehörigkeit zu einem bestimmten ständischen Kreis regelt sich Weber zufolge eben nicht über die ökonomische Klassenlage, sondern durch die Übernahme einer für den jeweiligen Kreis typischen Form der *"Lebensführung"* (ebd.). Angezeigt wird die Zugehörigkeit eines Individuums zu einer bestimmten Gruppe etwa durch die Unterwerfung unter die in ihr jeweils herrschende Mode, die ihm den Weg zu einflußreichen alteingesessenen Familien ebnet und seine Chancen auf eine attraktive berufliche Stellung und/oder gewinnbringende Vermählung vergrößert. Insofern können es - geradezu in Umkehrung des Marxschen Bedingungsverhältnisses - ständische Merkmale sein, die schließlich zu einer bestimmten Klassenlage des einzelnen führen. Diese Annahme macht auch Webers Aussage verständlich, daß gerade die Stände "zu den Hemmnissen einer konsequenten Durchführung des Marktprinzips" (ebd.: 534) gehören, funktioniert doch das Marktprinzip ohne "Ansehen der Person"(ebd.: 538), also nach rein sachlichen Gesichtspunkten.

Entscheidend an Webers Ausführungen ist über die Überwindung der bei Marx vorherrschenden Eindimensionalität hinaus, daß in ihnen einige der von Marx wie selbstverständlich angenommenen Verbindungen wie etwa die von ökonomischem Besitz und sozialem Ansehen, ökonomischem Besitz und politischer Macht oder die zwischen gemeinsamer Klassenlage und gemeinsamem Klassenhandeln, mit einer Kontingenzformel versehen werden. Ehre *kann* zwar aus Besitz resultieren, *muß* es aber *nicht*. Ökonomische Macht *kann* zwar politische Macht nach sich ziehen, *muß* es aber *nicht*. Und schließlich *kann* zwar jede Klasse "Träger irgendeines, in unzähligen Formen möglichen

,Klassenhandelns' sein, aber sie *muß* es *nicht* sein" (ebd.: 533; Hervorhebung, M.S.).

Weber hat mit seiner Konzeption entscheidend dazu beigetragen, den eindimensionalen sozialen Raum in einen mehrdimensionalen zu transformieren. Er unterscheidet zwischen der "Wirtschaftsordnung", denen die Klassen zugeordnet werden, der sozialen Ordnung, der die "Stände" zugeordnet werden, und der Machtsphäre (man könnte auch sagen: der politischen Ordnung), der die "Parteien" zugeordnet werden. Diese Einteilung zeigt auch, daß bei ihm nicht - wie bei Marx - alles Ständische verdampft. Ganz im Gegenteil sind ständische Merkmale auch in der Moderne von nicht zu unterschätzender Bedeutung.

Schon bei Weber werden viele der später immer wieder genannten Kritikpunkte am Marxschen Modell genannt und durch eine eigenständige Konzeption ersetzt, die insbesondere den Ökonomismus und die Geschichtsphilosophie Marx' überwinden will. Beide Konzeptionen aber haben sich als außerordentlich überlebensfähig erwiesen. Immer wieder sind sie gegenübergestellt und verglichen worden, um eine von beiden zu präferieren oder um zu einer Vereinigung beider Perspektiven zu kommen. Im nächsten Abschnitt geht es um den deutlich gegen die Klassentheorie gerichteten Ansatz von Schelsky auf der einen und den Marx kritisch weiterführenden Ansatz von Adorno und der Kritischen Theorie auf der anderen Seite.

Zuvor jedoch gilt es festzuhalten, daß die von Weber noch in Anführungszeichen gesetzten "Angestellten" (Weber 1980: 179) in der Folgezeit immer wichtiger werden und sich zunehmender sozialwissenschaftlicher Aufmerksamkeit erfreuen sollten. Insbesondere Emil Lederers Arbeiten zur Lage der Angestellten seit 1912 (vgl. Lederer 1979) und Siegfried Kracauers klassische Studie von 1929 über "Die Angestellten" (vgl. Kracauer 1971) machen deutlich, welch wichtige Rolle die Angestellten mehr und mehr zu spielen begannen. Lederer zeigt, daß sich der Mittelstand weder dem Proletariat noch der Bourgeoisie zuordnen läßt, sondern eine eigenständige, in sich differenzierte Klasse bildet (vgl. Lederer 1979: 51ff., 241). Auch Theodor Geiger, der zu Beginn der dreißiger Jahre noch den Versuch unternahm, die Bevölkerung in fünf Klassen einzuteilen - Kapitalisten, alter Mittelstand (mittlere und kleine Unternehmer), neuer Mittelstand (Lohn- und Gehaltsbezieher höherer Qualifikation), Proletaroide (Tagewerker auf eigene Rechnung) sowie Proletarier (Lohn- und Gehaltsbezieher minderer Qualifikation) (vgl. Geiger 1932: 24)[3] - nimmt in seinem Buch "Die Klassengesellschaft im Schmelztiegel" (Geiger 1949) Abschied von der Vorstellung, die Gesellschaft ließe sich in klar voneinander unterscheidbare Klassen einteilen: "Alles scheint im Gleiten zu sein, eine klar sich abzeichnende Struktur ist kaum zu finden." (Ebd.: 147) Nicht nur mit dieser Einschätzung nimmt er eine gerade heute höchst aktuelle Diagnose vorweg, die etwa auch in Habermas' Formel von der "Neuen Unübersichtlichkeit" (Habermas 1985) zum Ausdruck kommt. Auch Geigers These von der "Institutionalisierung des Klassenantagonismus" (Geiger 1949: 184) taucht in Habermas' Formel von der "Latenz der Klassengegensätze" (Habermas 1969: 86) wieder auf.

2. Abschied von der *Klassengesellschaft*? Die fünfziger Jahre zwischen Spätkapitalismus und Nivellierter Mittelstandgesellschaft

Helmut Schelskys berühmt gewordene These von der nivellierten Mittelstandsgesellschaft fehlt selbstverständlich in keinem der zahlreichen Überblicksartikel zur Klassen- und Schichtendiskussion. Allerdings wird sie oft ebenso schnell genannt wie verworfen. In Vergessenheit gerät dabei leicht, daß die Antwort des einstmals einflußreichen, heute fast vergessenen Münsteraner Soziologen (1965: 337ff.) auf die auch heute wieder aktuelle Frage, ob die Bundesrepublik als Klassengesellschaft bezeichnet werden kann, ebenso unmißverständlich wie differenziert ausfällt.[4] Wenn man mit dieser Diagnose die These verbinde,

---

3 Von Marx über Weber bis Geiger haben wir es also mit einer Zunahme der Anzahl von Klassen zu tun. Es scheint, als versuchten die Klassentheoretiker der zunehmenden Komplexität und Unübersichtlichkeit der soziostrukturellen Gegebenheiten mit einer permanenten Multiplikation der Klassenlagen Herr zu werden. Erik Olin Wright (1985: 88) unterscheidet bereits zwölf (!) verschiedene Klassenlagen.

4 Würde man sich von marxistischer Seite auch nur halb so unvoreingenommen und behutsam mit seiner These auseinandersetzen, wie Schelsky es mit der marxistischen Klassentheorie vorgeführt hat, es wäre mehr dabei herausgekommen, als sie als bloßes "Ideologem" (Krysmanski 1989)

so Schelsky, daß der Gegensatz zwischen den beiden von Marx unterschiedenen Klassen - Bürgertum und Proletariat - auch heute das entscheidende Merkmal der gesellschaftlichen Wirklichkeit ausmache, so müsse man sie eindeutig verneinen. Im 19. Jahrhundert jedoch, als Marx seine Klassentheorie entwickelte, habe es sich dagegen tatsächlich um eine Klassengesellschaft gehandelt. Schelsky bestreitet also keineswegs die Gültigkeit der Marxschen These für die industrialisierte Gesellschaft, was nun keineswegs selbstverständlich ist für einen als konservativ geltenden Sozialwissenschaftler.[5] Überraschender dürfte freilich sein, daß er auch für die Mitte des 20. Jahrhunderts, also für seine eigene soziale Gegenwart, durchaus die Existenz von Klassenstrukturen einräumt. Allerdings - so die unmißverständliche Einschränkung - handelt es sich dabei eher um Restbestände einer vergangenen, nurmehr in Spurenelementen vorhandenen sozialen Wirklichkeit und nicht mehr um eine typische Erscheinung unseres Jahrhunderts. Schelsky ermöglicht sich dieses Zugeständnis durch seine grundsätzliche Auffassung, daß "in der Geschichte etwas, das einmal da war, niemals ganz verschwindet" (ebd.: 339). Klassenelemente prägen deshalb ebenso noch die Gegenwart wie etwa die "germanische Stammesverfassung". Nur: Beides sind Relikte aus vergangenen Epochen. Sie können nicht mehr als dominantes Merkmal der gegenwärtigen Sozialstruktur, sondern allenfalls als - mehr oder weniger - sekundäre Phänomene gelten. Seit Marxens Zeiten, so Schelskys grundlegende These, sei der Graben zwischen den beiden unversöhnlich einander gegenüberstehenden Klassen zunehmend eingeebnet und abgemildert worden, was die Rede von einer Klassengesellschaft habe obsolet werden lassen. Umfassende soziale Ab- und Aufstiegsprozesse sind seines Erachtens der Grund für die "Schließung der großen sozialen Kluft" (ebd.), aus deren Existenz die marxistische Analyse ihre

---

abzutun und als Instrument des Klassenkampfes abzuqualifizieren, während Lenin und Stalin ausführlich als Klassen*theoretiker* gewürdigt werden.

5 Karl Martin Bolte (1990: 35) etwa nimmt im Gegensatz zu Schelsky an, daß im Deutschland des 19. Jahrhunderts eine "voll ausgeprägte ‚Zweiklassengesellschaft‘ (im *Marx*schen Sinne) [...] keine historisch ‚konkret augenfällige‘ Erscheinungsform des Ungleichheitsgefüges gewesen" sei.

theoretische Plausibilität und ihre gesellschaftspolitische Kraft bezog. Durch die Deklassierung des ehemaligen Besitz- und Bildungsbürgertums auf der einen und den kollektiven Aufstieg sowohl der Industriearbeiterschaft als auch der technischen, kaufmännischen und Verwaltungs-Angestellten auf der anderen Seite haben sich Oben und Unten gewissermaßen in der Mitte getroffen: "Das Zusammenwirken dieser sich begegnenden Richtungen des sozialen Auf- und Abstiegs führte zu einem Abbau der Klassengegensätze, zu einer sozialen Nivellierung der Gesellschaft in einer sehr breiten, verhältnismäßig einheitlichen Gesellschaftsschicht, die ebensowenig proletarisch wie bürgerlich genannt werden kann." (Ebd.: 339) Dieser Annäherungsprozeß der Schichten untereinander bleibt nun nach Schelsky keineswegs auf die ökonomische Position beschränkt, sondern zieht auch eine "Vereinheitlichung der sozialen und kulturellen Verhaltensformen und Daseinswünsche" (ebd.: 340) nach sich. Das Streben des neuen Mittelstandes der industriellen Gesellschaft gilt - über alle ehemaligen Grenzen hinweg - dem Massenkonsum materieller und geistiger Produkte und der Orientierung an Komfort und Luxus. Die Folge ist ein "verhältnismäßig einheitliche(r) Lebensstil", ja eine "Uniformierung in Lebensstil und sozialen Bedürfnissen" (ebd.). Nicht mehr der alte "Klassenstatus", sondern die "Verbraucherposition" wird zur "zentralen Determinante aller Verhaltensformen". An die Stelle der produktionszentrierten Klassengesellschaft ist somit eine konsumorientierte "Freizeit- und Verbrauchergesellschaft" (ebd.: 341) getreten, die bei Schelsky durchaus paradox konzipiert ist. Die festen Hierarchien der *statischen Gesellschaft* sind einer *dynamischen Gesellschaft* gewichen, die sich einerseits gerade durch eine hohe soziale Mobilität, durch Auf- und Abstiegsprozesse, auszeichnet. Andererseits jedoch haben die bereits erfolgten Auf- und Abstiegsprozesse zu einer Nivellierung geführt, die weitere soziale Auf- und Abstiege gar nicht mehr zuläßt - zumindest nicht mehr in einem Maße, das zu einer neuen vertikalen Sozialstruktur bzw. zu einer neuen hierarchischen Gliederung führen würde. Die soziale Leiter ist gewissermaßen sowohl nach oben als auch nach unten gekappt, so daß das tief verankerte Bedürfnis nach sozialem Prestige und das Streben nach sozialen Aufstiegen gewissermaßen auf der Stelle treten bzw. ins Leere laufen müssen. Dies führt bei den einzelnen Gesellschaftsmitgliedern zwar einerseits zu einer Verunsicherung hinsichtlich ihrer sozialen Verortung, motiviert sie jedoch andererseits gerade zu jenem rastlosen "Streben nach ständigem sozialem Aufstieg, nach einem Immer-mehr-haben-Wollen und einem Immer-mehr-sein-Wollen" (ebd.: 346), das durch das ständig wachsende Konsumpotential der modernen Industriegesellschaft reichlich bedient wird. Mit anderen Worten: Der durch den allgemeinen Nivellierungsprozeß bedingte Mangel an realen Ab- und Aufstiegsmöglichkeiten wird gewissermaßen durch die Pflicht zum Konsum, die durchaus in einen regelrechten "Konsumterror" (ebd.: 347) ausarten kann, kompensiert. Der durch den Nivellierungsprozeß eingeleitete Verlust an gesellschaftlichen Rangfolgen und Prestige führt zu einer umso stärkeren Betonung der Zugehörigkeit zu bestimmten Prestige versprechenden Gruppen, die paradoxerweise jedoch kaum noch existent sind (vgl. ebd: 334).[6] Doch Schelsky warnt ausdrücklich davor, diesen umfassenden Nivellierungsprozeß mit einer Überwindung von sozialen Spannungen und gesellschaftlichen Gegensätzen schlechthin zu verwechseln. Er kritisiert ausdrücklich diese "utopische ‚bürgerliche' Harmonisierungsidee oder -hoffnung" (ebd.: 34[illegible]), die es mit der marxistischen Utopie der klassenlosen Gesellschaft hinsichtlich ihres Illusionspotentials durchaus aufnehmen könne. Zu einer solchen Verharmlosung und Beschwichtigung der Interessenkonflikte in der sich neu herausbildenden Sozialstruktur will seine Nivellierungsthese - so Schelsky ausdrücklich (vgl. ebd.: 343) - nicht beitragen. Demgegenüber betont er - was oft übersehen wird -, daß es innerhalb der neuen Gesellschaftsstruktur zu anders gelagerten Spannungen und sozialen Gegensätzen kommt, um deren angemessene Erfassung die Soziologie sich bemühen sollte, statt sich einer veränderten Wirklichkeit mit alten Begrifflichkeiten zu nähern (vgl. ebd.: 341).[7] Für Schelsky konzentriert sich dieses neue Konfliktpotential in der "Verteilung des Wohlstandes" (ebd.: 348). In den neuen sozialen Kämpfe geht es um die verschiedenen Anteile am Konsum der Produkte und Güter des Wohlstandes und der

6 Schelsky leitet daraus eine die nivellierte Mittelstandsgesellschaft überhaupt kennzeichnende Restaurationstendenz ab (vgl. ebd.: 334).

7 In diesem Willen der angemessenen Erfassung einer noch unbegriffenen, neuen Sozialstruktur hat Schelsky in Beck einen Nachfolger!

"Wohlfahrtsgesellschaft" (ebd.: 349)[8]. Insofern sind innergesellschaftliche Spannungen, die durchaus bedrohliche Formen annehmen könnten, keineswegs verschwunden. Doch durch die Beseitigung des sozialen Elends und die Teilhabe der überwiegenden Mehrheit der Bevölkerung am allgemeinen Wohlstand haben sich die Klassenkämpfe in Verteilungs- und Umverteilungskämpfe verwandelt.

So weit Schelskys Beschreibung, die deutliche Spuren in den sozialstrukturellen Beschreibungen unserer Tage hinterlassen hat, auch wenn Schelsky kaum mehr als Gewährsmann in Anspruch genommen wird. Wofür seine Nivellierungsthese insgesamt einen Grundstock gelegt hat, ist die Auffassung, daß es darum gehen muß, ein *multidimensionales Modell* zu entwickeln, das sich nicht allein auf den Gegensatz von Kapital und Arbeit beschränkt, sondern andere, zunehmend wichtiger werdende Konfliktfelder in die Analyse aufzunehmen vermag. Statt die Sozialstrukturanalyse an immer neue Kriterien zu gewöhnen, die stets als die nunmehr relevanten und dominanten behauptet werden, sollte es um die Erweiterung des oft allzu schlicht angelegten Modells gehen, so verstehe ich Schelsky. Nun ist dieser Appell keineswegs ungehört verhallt. Im Gegenteil zehren manche Vorschläge aus der jüngsten Zeit noch immer von diesem Vorstoß. Der Einfluß Schelskys sowohl auf Becks als auch auf Luhmanns Behandlung der Klassenfrage kann kaum groß genug eingeschätzt werden.

Schelskys grundlegende These einer gewissen Angleichung in den Lebensverhältnissen gegenüber früheren Zeiten ist kaum zu leugnen (vgl. Bolte 1990: 36) und wird auch etwa von Adorno konstatiert, dem man sicher keine ideologische Leugnung der Klassenunterschiede als Motiv unterstellen kann. Abgesehen davon, daß Schelsky das Ausmaß der Nivellierung für die fünfziger Jahre wohl deutlich überschätzt hat (vgl. Dahrendorf 1965: 147f.), wiederholt er pikanterweise den Fehler der traditionalen Klassenanalyse, indem er auf die *inneren* Differenzierungen in der von ihm ausgemachten nivellierten Mittelschicht überhaupt nicht eingeht. Hatte Marx die Gruppe der Kapitalisten auf der einen und die Lohnabhängigen auf der anderen Seite in unzulässiger Weise als homogene Gruppen vorgestellt, setzt sich bei Schelsky die

---

8 Vgl. dazu den Beitrag von Peter Bleses und Martin Seeleib-Kaiser in diesem Band.

Homogenitätsannahme bezogen auf die Mittelschicht fort. Schelskys "Fehler" sehe ich nicht allein darin, weitgehende Nivellierung angenommen zu haben, sondern auch darin, sich nicht um die Differenzierungen *innerhalb* dieser neuen großen Mitte gekümmert zu haben. Einen Blick für die trotz der Angleichung dennoch vorhandenen Unterschiede sucht man bei Schelsky vergeblich. Tatsächlich vermag die Ausstattung beinahe aller Haushalte mit Auto, Fernseher und Kühlschrank eine gewisse Einheitlichkeit mit sich gebracht haben, die - aus heutiger Sicht - von den Schwarz-Weiß-Bildern aus jenen Tagen noch unterstrichen wird, während doch heutzutage "alles so schön bunt" (Nina Hagen) ist und damit zunächst auch verschiedener erscheint. Folgt man Schelskys Beschreibung, folgte der Zeit der "groben Unterschiede" ihre Beseitigung durch weitgehende Angleichung. Daß daraus schließlich die Betonung der Unterschiede gerade *aufgrund* dieser Angleichung folgte, lag offenbar außerhalb seiner Überlegungen. Die Welt der "feinen Unterschiede" (Bourdieu) war noch nicht eingeläutet.

Ruft man sich noch einmal Schelskys grundlegende These in Erinnerung, daß sich die Marxschen Verelendungsprognosen nicht erfüllt haben, es vielmehr zu einer erheblichen Verbesserung der sozialen Situation für alle Bevölkerungsschichten gekommen sei (vgl. Schelsky 1965: 347f.), gibt es zunächst erstaunliche Parallelen zu gänzlich anderen Theoretikern in dieser Zeit zu konstatieren. So kommt auch etwa die kritische Theorie der Frankfurter Schule nicht umhin zu konzedieren:

> "Die Proletarier haben mehr zu verlieren als ihre Ketten. Ihr Lebensstandard hat sich gegen die englischen Zustände vor hundert Jahren, wie sie den Autoren des Manifests vor Augen standen, nicht verschlechtert sondern verbessert. Kürzere Arbeitszeit, bessere Nahrung, Wohnung und Kleidung, Schutz der Familienangehörigen und des eigenen Alters, durchschnittlich höhere Lebensdauer sind mit der Entwicklung der technischen Produktivkräfte den Arbeitern zugefallen. Keine Rede kann davon sein, daß Hunger sie zum bedingslosen Zusammenschluß und zur Revolution nötigte." (Adorno 1979: 384)

Zu diesem Ergebnis kommt Adorno gut zehn Jahre vor Schelskys Beobachtungen! Freilich interpretiert er dies in keinster Weise so, daß dadurch die Klassenverhältnisse verschwunden wären. Ganz im Gegenteil hat sich nach seiner Lesart die Lage in gewisser Weise eher noch verschärft. Verschärft hat sie sich insbesondere, insofern die Verhältnisse immer undurchsichtiger werden und folglich schwerer zu durchschauen sind. Damit wird verhindert, was schon Weber als zentrale Voraussetzung für Klassenhandeln galt: die "*Durchsichtigkeit* des Zusammenhangs zwischen den Gründen und den Folgen der ‚Klassenlage'" (Weber 1980: 533). Werden diese nicht mehr durchschaut, ist mit Widerstand und Gegenwehr nicht mehr zu rechnen. Adornos Annahme fügt sich in die auch von anderen Mitgliedern der kritischen Theorie getragenen Ansicht, daß die Arbeiter durch die materielle Angleichung ihrer revolutionären Fähigkeiten beraubt werden. Abgelenkt durch Kühlschrank, Auto, Waschmaschine und der Manipulierung durch die Massenmedien kommen ihnen die Opfer gar nicht mehr in den Blick, die sie für den Erwerb des schnöden Mammons erbringen müssen. Auch für Marcuse (1984) steht fest, daß die Arbeiter ihr gestiegenes Einkommen nur für falsche, durch die Werbung diktierte (Schein-) Bedürfnisse verwenden.[9] Daraus zieht er den Schluß, daß von dieser integrierten Klientel keine Umwälzungen erwartet werden können, weshalb er auf die Widerstandspotentiale der unterprivilegierten Gruppen der Dritten Welt, die Frauen und Jugendlichen setzt. Der Arbeiter als revolutionäres Subjekt hatte offenbar ausgedient (auch wenn das einige 68er noch nicht wahrhaben wollten, die sich tapfer an den Werkstoren versammelten, um die Arbeiter mit Flugblättern und mündlicher Propaganda an ihre historische Sendung zu erinnern).

Doch unabhängig von der Einsicht in die Verbesserung der materiellen Lage des Arbeiters, die seine Motivation zur Revolution untergräbt, hält die kritische Theorie entschieden daran fest, daß auch die spätkapitalistische Gesellschaft von Klassengegensätzen geprägt ist. In dieser Hinsicht erweist sich gerade Adorno als orthodoxer Marxist. Er bestimmt die Existenz von Klassen nicht subjektiv, sondern objektiv: Nicht das vorhandene oder nicht vorhandene Klassenbewußtsein gibt über die Klassenzugehörigkeit Auskunft, sondern die Stellung des einzelnen im Produktionsprozeß (vgl. Adorno 1979: 358, 15f.). Ein nicht

---

9 Ein Echo dieser Haltung konnte man auch während des Berliner Mauerfalls vernehmen, als einige Intellektuelle, die selbst längst in den Genuss verschiedener Privilegien gekommen waren, die eindeutige Westorientierung ihrer Landsleute als schnöden Hunger auf "Bananen" meinten abtun zu müssen.

existierendes Klassenbewußtsein unterstreicht nur einmal mehr das Maß an subjektiver Verblendung, der die Massen bereits unterliegen. Statt Nivellierung sieht Adorno nicht nur ein Fortbestehen, sondern sogar ein zunehmendes Auseinanderklaffen der sozialen Unterschiede, das jedoch von den Arbeitern immer weniger durchschaut zu werden vermag, da die ehemals mächtige Klasse der Eigentümer ihre Macht an anonyme Monopole abgetreten hat. Aus der identifizierbaren Gruppe der Bourgeoisie ist eine Clique von mächtigen Managern geworden, die sich hinter den anonymen Strukturen der Monopole geschickt zu verbergen weiß.

Will man die weitere Entwicklung beider Konzeptionen - hier die "Nivellierte Mittelstandsgesellschaft" Helmut Schelskys und dort die spätkapitalistische Klassengesellschaft der kritischen Theorie - kurz zusammenfassen, so hat sich das Konzept der Klassengesellschaft als deutlich langlebiger erwiesen. Die 68er-Bewegung leitete eine Renaissance der Marxistischen Klassenanalyse ein, die sich freilich weniger auf den als bürgerlichen Schöngeist verdächtigten Adorno als vielmehr auf ihren eigentlichen Erfinder konzentrierte. Schelskys "Nivellierte Mittelstandsgesellschaft" dagegen hat sich nicht durchsetzen können. Die schnell laut werdende Kritik an ihr (vgl. Mayntz 1958, Bolte 1959, Dahrendorf 1965) zeigte sehr deutlich, daß sich die bundesrepublikanische Gesellschaft nicht auf den Weg in die "Nivellierte Mittelstandsgesellschaft", sondern auf den Weg in eine "Schichtungsgesellschaft" befand. Nach wie vor ließen sich ungleiche Strukturen nachweisen, die die Bevölkerung in höher und tiefer stehende Gruppen unterteilte und keineswegs ließ sich eine derart umfassende soziale Mobilität nachweisen, wie Schelsky behauptet hatte. Nicht durch eine allgemeine Annäherung, sondern durch handfeste Unterschiede hinsichtlich Einkommen und Vermögen sahen die Schichtungstheoretiker die sozialstrukturelle Realität der Bundesrepublik geprägt. Mit den Klassentheoretikern teilten sie insofern immerhin die Einschätzung, daß es keine allgemeine Angleichung in den Lebensbedingungen, sondern deutliche Unterschiede hinsichtlich des Vermögens, der Einkommen und der Bildung festzustellen waren. Doch während sich die Klassentheoretiker kämpferisch gaben, den Faktor Macht in den Mittelpunkt ihrer Analysen stellten und auf die Beseitigung der Ursachen sozialer Ungleichheit drängten, zeichneten die Schichttheoretiker ein eher harmonisches Bild von unterscheidbaren ungleichen Lebenslagen entlang der Berufshierarchie, die sich jedoch nicht antagonistisch, nach Explosion und Ausgleich drängend, gegenüberstanden, sondern in einer Art gegenseitigem Nichtangriffspakt friedlich verharrten.

Die scheinbar völlig unversöhnlichen Lager von Schichtanalytikern auf der einen und Klassenanalytikern auf der anderen Seite waren sich aus heutiger Sicht gesehen jedoch verblüffend einig darin, von einer vertikalen ökonomischen Grundordnung der Sozialstruktur auszugehen. Ob nun nach Schichten oder Klassen eingeteilt - die Struktur der Gesellschaft ließ sich hierarchisch gliedern. Die Zugehörigkeit zu einer bestimmten Klasse oder Schicht determinierte den Zugang des einzelnen zu Bildungseinrichtungen, dem Arbeits- und Wohnungsmarkt, kulturellen Einrichtungen usw., mit anderen Worten: den gesamten Lebenslauf des Individuums.

In der Gegenüberstellung von beschreibender Schichtengesellschaft und revolutionär gestimmter Klassenanalyse verharrte die Sozialstrukturanalyse über Jahre hinweg. Erst die Arbeiten von Bourdieu brachten zu Beginn der achtziger Jahre endlich frischen Wind in die durch Zwietracht vereinten Fronten der Klassen- und Schichtanalytiker, indem sie den auf die Stellung im Produktionsprozeß, das Einkommen und den Beruf verengten Blick der Klassen- und Schichtanalytiker auf die kulturelle Dimension sozialer Ungleichheit lenkte und damit entscheidend erweiterte. Dem gegenüber steht das Konzept von Gerhard Schulze (1992), der weder von einer wie auch immer modifizierten Klassengesellschaft noch von einer Schichtungsgesellschaft ausgeht, sondern von einer Erlebnisgesellschaft, die sich in verschiedene Erlebnismilieus aufteilen läßt. Beide sind Thema des nächsten Kapitels.

3. *Klassengesellschaft* oder *Erlebnisgesellschaft*? Pierre Bourdieu und Gerhard Schulze im Vergleich

In den achtziger Jahren beginnt in deutschen Landen die Rezeption einer Theorie, die die festgefahrenen Debatten zwischen Klassen- und Schichttheoretikern aufzusprengen verspricht. Für die Klassentheorie erscheint Bourdieu als Retter in der Not, da seine Analyse der feinen Unterschiede verspricht, die Einteilung der Gesellschaft in verschiedene Klassen nicht aufgeben zu müssen und zugleich ein Feld bearbeiten zu können, das im Laufe der achtziger Jahre mehr und mehr an Bedeutung gewinnen sollte: die Kultur. Bourdieu nimmt das lange als bloßes Überbauphänomen abgetane Feld der Kultur in seine Klassenanalyse mit auf und zeigt wie sehr sich in der Vorliebe für bestimmte Speisen, bestimmte Musik und Literatur Klassenzugehörigkeiten verraten.

Entscheidend an Bourdieus instruktiven Modifizierungen der traditionellen Klassentheorie ist seine strukturale bzw. relationale Sichtweise, die in der Wirklichkeit nicht Substanzen, sonder Relationen ausfindig macht. Die Realität besteht für ihn nicht aus sozialen Klassen, sondern "aus einem Ensemble unsichtbarer Beziehungen [...], welche einen Raum einander äußerlicher und durch ihren relativen Abstand zueinander definierter Positionen konstituieren" (1997: 106). Die Existenz von Klassen zu behaupten oder zu bestreiten verfängt sich dagegen nach Bourdieu im gleichen Substantialismus, der sich zudem in beiden Fällen allein auf die Wahrnehmung der Individuen beruft. Bourdieu will sich von beiden Richtungen unterscheiden, will objektivistische wie spontaneistische Ansätze überwinden, indem er das scheinbar Ausgeschlossene versucht:

> "Die Existenz von Klassen in Form homogener Ensembles ökonomisch und sozial differenzierter, objektiv zu Gruppen konstituierter Individuen zu bestreiten und zugleich die Existenz eines auf einem ökonomischen und sozialen Differenzierungsprinzip basierenden Raumes von Unterschieden zu behaupten." (Ebd.: 105).

Die Aufgabe der Sozialwissenschaft besteht für ihn demnach darin, die "hauptsächlichen Differenzierungsprinzipien" herauszuarbeiten, nach denen die Individuen innerhalb eines sozialen Raums positioniert sind. Nach Bourdieu kommen die feststellbaren Unterschiede innerhalb eines sozialen Universums durch die höchst ungleiche Ausstattung mit verschiedenen Kapitalsorten zustande, mit deren Hilfe um knappe Güter konkurriert und gekämpft wird. Dabei unterscheidet Bourdieu zwischen dem ökonomischen Kapital, dem kulturellen bzw. Bildungskapital und dem sozialen bzw. symbolischen Kapital (vgl. ebd.: 107; Bourdieu 1983). Entsprechend ihres jeweiligen Gesamtvolumens an

Kapital, der Gewichtung der verschiedenen Kapitalsorten und gemäß ihrer Entwicklung in der Zeit (soziale Laufbahn) sind die Akteure im gesamten sozialen Raum plaziert. Mit Hilfe dieser Kriterien lassen sich die Individuen zu Klassen mit größtmöglicher Übereinstimmung zusammenfassen, die sich von anderen Klassen so deutlich wie möglich abheben lassen. Doch Bourdieu warnt immer wieder davor, diese theoretischen Klassen mit objektiv vorhandenen, realen Klassen kurzzuschließen. Insofern haben wir es zwar einerseits "nur" mit einem analytischen Konstrukt zu tun, andererseits jedoch mit einem Konstrukt, das wohlbegründet in der Realität ist, wie Bourdieu listig hinzufügt (vgl. ebd.: 108). Bourdieu wagt auf dem Hintergrund dieses Konstrukts nun die folgenschwere These, daß Akteure, die innerhalb dieses so definierten sozialen Raums benachbarte Position einnehmen, ein Höchstmaß an Gleichheit oder doch zumindest weitgehender Ähnlichkeit in Dispositionen, Interessen, Praktiken und Habitus aufweisen.

Bourdieus soziale Welt funktioniert in etwa so: Wenn man weiß, daß jemand gerne Currywurst mit pommes frites ißt, darf man mit großer Wahrscheinlichkeit davon ausgehen, daß er auch gerne Bier trinkt und Comics liest. Wenn man dagegen weiß, daß jemand gerne in die Oper geht, ist zugleich relativ sicher, daß er feine Restaurants aufsucht, um dort mit abgespreiztem kleinen Finger ausgefallene Fischspezialitäten zu sich zu nehmen und erlesene Weine zu verkosten. Wird man den ersten Zeitgenossen im Sommer am Strand eines berühmt-berüchtigten Küstenabschnitts auf Mallorca antreffen, darf man den zweiten wohl eher an irgendeinem einsamen Strand im Pazifik vermuten. Mit anderen Worten: Aufgrund der Vorliebe für bestimmtes Essen und bestimmte Lokale, einen bestimmten Musik- und Literaturgeschmack, verorten sich die Akteure - ob sie wollen oder nicht - im sozialen Raum. Sie klassifizieren andere und sind dadurch immer schon selbst klassifiziert. Dabei werden die kulturellen Vorlieben der Protagonisten bei Bourdieu als direkter Ausdruck ihrer jeweiligen sozialen Lage interpretiert. Selbst der Bluff funktioniert in so typischer, standardisierter Weise, daß man sich auch mit ihm verrät. Ziel dieser Theorie ist es erklärtermaßen, die gemeinsamen Praktiken der verschiedenen Akteursgruppen zu erklären und vorherzusagen.

Gerade jedoch diese Homologie und Homogenitätseffekte, die Bourdieu ganz im Einklang mit Marx zur Voraussetzung des Zusammenschlusses einer Klasse interpretiert (vgl. 1997: 111), sind es, die von anderer Seite - insbesondere von der Individualisierungstheorie - bezweifelt werden. Dennoch aber öffnet uns Bourdieu mit seiner kultursoziologisch angereicherten Klassenanalyse den Blick dafür, daß gerade auf dem vermeintlich unschuldigen Feld des "interesselosen Wohlgefallens", des für die Stellung des einzelnen innerhalb der Sozialstruktur nur scheinbar unerheblichen Kunst- und Kulturgenusses ein permanenter Kampf um die Anhäufung kulturellen Kapitals stattfindet, das zum zentralen Faktor für die Reproduktion der Klassenstrukturen avanciert. Bourdieus besondere Leistung für die Entwicklung einer zeitgemäßen Sozialstrukturanalyse besteht ohne Zweifel darin, die ökonomisch verengte Perspektive der traditionellen Klassentheorie um eine kulturelle Dimension erweitert zu haben.

Einen ganz anderen Weg als Bourdieu beschreitet zu Beginn der 90er Jahre Gerhard Schulze mit seiner Erlebnisgesellschaft (Schulze 1992). Ausgangspunkt seiner Untersuchung ist die Beobachtung, daß trotz fortbestehender Einkommensunterschiede eine Mehrzahl der Menschen in der Bundesrepublik über weit mehr Mittel verfügt, als zur reinen Existenzsicherung notwendig wäre. Insofern leben wir nicht mehr in einer Knappheits-, sondern in einer *Überflußgesellschaft*[10], die den einzelnen von der Sorge um das materielle Leben weitgehend entlastet. Dadurch können andere Handlungsorientierungen in den Vordergrund treten. Wenn die Angst um die nackte Existenz nicht mehr im Mittelpunkt der Aufmerksamkeit stehen muß, so Schulzes Kerngedanke, dann gehen die Individuen dazu über, ihr Glück in schönen und interessanten Erlebnissen zu suchen. Ungeachtet der zunehmenden Optionenvielfalt der Subjekte im Zuge der Individualisierung herrscht nach Schulze jedoch keineswegs Unübersichtlichkeit und Chaos, sondern "alltagsästhetische Ordnung" (Müller 1994: 135). Diese neue Ordnung basiert nach Schulze auf einem neuen Grundmuster des Denkens, einer neuen Rationalität. "Als zentrales regulatives Prinzip entsteht eine fundamentale psychophysische Semantik, die an die Stelle der früheren ökonomischen Semantik tritt." (Schulze 1992: 35) Dieses zentrale Prinzip ist der Ausgangspunkt für die "subjektorientierte Sozi-

10 Vgl. dazu den Beitrag von Georg Kneer in diesem Band.

alstrukturanalyse" (ebd: 37), die davon ausgeht, daß soziale Struktur durch subjektives Handeln geschaffen wird, dem wiederum eine subjektive Grundorientierung vorausgeht: "Kern der Erlebnisgesellschaft, aus dem alles andere entsteht, ist ein bestimmtes Grundmuster des Denkens, das sich durch den Gegensatz von Außen- und Innenorientierung beschreiben läßt." (Schulze 1993: 408)

Entscheidend für die Gegenwartsdiagnose Schulzes ist seine Idee, daß sich trotz der Zunahme an Optionen, durch die das Individuum immer stärker auf sich selbst als wählende Instanz zurückgeworfen wird (vgl. Schulze 1992: 76), keine Gesellschaft vereinzelter einzelner herausbildet, die je für sich Erlebnissen hinterherjagen. Die einzelnen Individuen orientieren sich während ihrer *kollektiven* Suche nach Erlebnissen nicht wahllos, sondern in einem vorstrukturierten Raum der Alltagsästhetik. In diesem Raum sind die ästhetischen Zeichen bereits geordnet, und zwar durch die Häufung der Wahl, die andere Subjekte bereits vorgenommen haben. Es gibt also bereits kollektive Erlebnisroutinen anhand alltagsästhetischer Schemata. Schulze unterscheidet zwischen dem Hochkulturschema, dem Trivialschema und dem Spannungsschema. Zum Hochkulturschema gehört das Hören klassischer Musik, der Museumsbesuch, "gute" Literatur, erlesener "Geschmack" in allen Dingen des täglichen Lebens u.v.a. Dem Trivialschema kann man u.a. die Volksmusik, den Arzt- und Liebesroman und bestimmte Quiz- und Dauerwerbesendungen privater Fernsehanstalten zuordnen. Dem Spannungsschema entspricht z.B. die Rockmusik, Kinobesuch, Szenekneipen, Thriller u.a.: "Fast alle Menschen in unserer Gesellschaft sind in diesem Raum verortet." (Schulze 1992: 162) Der individuelle Stiltypus entsteht durch Nähe und Distanz zu den gefundenen Stiltypen, wobei auch Kombinationen möglich sind. Diese Stiltypen treten dennoch nicht wahllos gestreut auf, sondern verdichten sich in *milieuspezifischen Existenzformen.*

Milieus entstehen nach Schulze also durch Wahl seitens der Subjekte, wobei das Kriterium dieser *Beziehungswahl* das der *Ähnlichkeit* ist. Besonders signifikant und evident im Sinne der *wechselseitigen Orientierung durch Zeichenwahl* sind in diesem Zusammenhang die Zeichen, die am schnellsten und zuverlässigsten stabile Schlüsse auf die Subjektivität des Anderen zulassen: Der *Stiltypus*, das *Alter* und der *Bildung*sgrad. Er identifiziert empirisch fünf solcher Gruppen, die entlang der beiden Achsen Bildung und Alter verlaufen. Die entscheidende Trennlinie liegt bei 40 Jahren. Während dem *Niveaumilieu*, dem *Harmoniemilieu* und dem *Integrationsmilieu* Personen jenseits der 40 angehören, setzt sich das *Selbstverwirklichungsmilieu* und das *Unterhaltungsmilieu* aus Personen unter 40 Jahren zusammen. Dabei gehören dem *Harmonie-* und dem *Unterhaltungsmilieu* Personen mit geringem, dem *Niveau-* und dem *Selbstverwirklichungsmilieu* Personen mit hohem, dem *Integrationsmilieu* Personen mit mittlerem Bildungsgrad an.[11]

Die Erlebnisgesellschaft verliert ihre zentrale Orientierung an einer vertikalen Achse der Ressourcenverteilung. Schulze führt an dieser zentralen Scharnierstelle seines theoretischen Entwurfes die These der *gespaltenen Vertikalität sozialer Lagen* ein, die seinen Ansatz deutlich von Bourdieus Modell unterscheidet. "Der Vertikalisierungseffekt der Bildung wird durch den Horizontalisierungseffekt des Lebensalters konterkariert." (Schulze 1992: 401) Die kollektive Verbesserung der Lebenslagen quer durch die Gesellschaft hindurch bedingt eine abnehmende Spürbarkeit gesellschaftlicher Ungleichheit und damit auch die abnehmende ökonomisch-hierarchische Signifikanz des Konsums wie anderer kultureller Habitusformen. "Zwischen den Milieus herrscht ein Klima von Indifferenz oder achselzuckender Verächtlichkeit, nicht geregelt und hierarchisiert durch eine umfassende Semantik des Oben und Unten." (Ebd.: 405) Der sozialkulturelle Konflikt hierarchisierter Schichten und Klassen ist abgelöst durch den "sozialen Frieden gegenseitigen Nichtverstehens" (ebd.: 408), der zwischen den einzelnen soziokulturellen Milieus herrscht.

So weit sich Bourdieu und Schulze auch von der traditionellen Klassentheorie einerseits und der Schichtungstheorie andererseits entfernt haben mögen, sie teilen interessanterweise die weiter oben zwischen beiden hervorgehobene Differenz. Während bei Bourdieu eindeutig ein *Kampf*paradigma vorliegt - die Akteure sind permanent in Klassifikationskämpfe verstrickt, in denen sie auf Distinktionsgewinne

11 Aus Platzgründen verzichte ich an dieser Stelle auf eine nähere Erläuterung der einzelnen Milieus, s. dazu aber Funke/Schroer (1998). Zu einer detaillierten Auseinandersetzung mit dem Konzept der Erlebnisgesellschaft vgl. Funke (1997).

aus sind -, herrscht bei Schulze eine merkwürdig irenische Stimmung vor, die deutlich an das harmonische Bild der Schichtungssoziologie erinnert, nach dem sich die verschiedenen Schichten in einer Art Nichtangriffspakt friedlich gegenüberstehen.

Doch wie dem auch sei: Jenseits von Bourdieu und Schulze argumentiert Ulrich Beck, für den die Sozialstruktur der Gegenwartsgesellschaft weder aus Klassen und Schichten noch aus Milieus zusammengesetzt ist. Er plädiert deshalb für ein generelles Ende des Denkens in Großgruppenkategorien. Seine Position wird im nächsten Kapitel vorgestellt.

4. Ende oder Renaissance der *Klassengesellschaft*? Die Individualisierungstheorie und ihre Kritiker

In den achtziger Jahren etabliert sich neben der Bourdieuschen Klassentheorie die Individualisierungstheorie Ulrich Becks. Mit seinem Text "Jenseits von Klasse und Schicht?" gibt er den Startschuß zu einer bis heute andauernden (Individualisierungs-)Debatte (vgl. Schroer 1997b), in deren Mittelpunkt die Frage steht, ob wir es gegenwärtig mit einer fundamentalen Auflösung aller Begriffe und Instanzen der Ersten Moderne zu tun haben, die uns in eine *Zweite Moderne* hinübergleiten läßt: Können Nation, Klasse und Familie noch immer den Rahmen für das Leben in einer globalisierten Weltrisikogesellschaft abgeben? Becks grundlegende These in den achtziger Jahren besagt, daß wir nicht mehr in einer Klassen- sondern in einer *Risikogesellschaft* (vgl. Beck 1986; Nassehi 1997) leben. Die immer stärker ins öffentliche Bewußtsein dringenden ökologischen Gefahren und bereits eingetroffenen Katastrophen machen deutlich, daß es vor ihnen keinen verläßlichen Schutz gibt. Radioaktivität macht weder vor geographisch-politischen noch vor sozialen Grenzen halt. Weder reiche Staaten und Nationen noch liquide Stände oder Klassen können sich den drohenden ökologischen Gefahren qua ökonomischer Privilegierung dauerhaft entziehen. Verseuchte Seen und Meere, verpestete Luft, vergiftete Äkker und Wiesen betreffen ausnahmslos alle Erdenbewohner. Deshalb sind für Beck Risikogesellschaften "gerade *keine* Klassengesellschaften; ihre Gefährdungslagen lassen sich nicht als Klassenlagen begreifen, ihre Konflikte nicht als Klassenkonflikte" (Beck 1986: 49). Wir erleben eine gänzlich neue Situation: Ging es in den Konflikten der *Mangelgesellschaft* primär um die Verteilung materieller Güter, entzünden sich die Konflikte in der *Risikogesellschaft* an Fragen der "Produktion, Definition und Verteilung wissenschaftlich-technischer produzierter Risiken" (Beck 1986: 25). Die im Westen etablierten *Wohlfahrtsgesellschaften* sind bei der Bekämpfung von Hunger, Elend und Armut so erfolgreich gewesen, daß sie den über lange Zeiten der Geschichte vorherrschenden alltäglichen Kampf um das tägliche Brot schon fast in Vergessenheit haben geraten lassen. Zwar behauptet Beck keineswegs, daß sich damit die Verteilungsprobleme, die Fragen der materiellen Knappheit für immer erledigt hätten, doch beginnen sich "die sozialen Lagen und Konflikte einer ‚reichtumsverteilenden' mit denen einer, risikoverteilenden' Gesellschaft zu überschneiden" (ebd.: 27).

Aus diesen Überlegungen zieht er folgenden für die Analyse der Sozialstruktur der Bundesrepublik bedeutsamen Schluß: "Wir leben trotz fortbestehender und neu entstehender Ungleichheiten heute in der Bundesrepublik bereits in Verhältnissen jenseits der Klassengesellschaft, in denen das Bild der Klassengesellschaft nur noch mangels besserer Alternative am Leben erhalten wird." (Beck 1986: 121) Obwohl es soziale Ungleichheiten also noch immer gibt, fügen sich die zwischen den einzelnen Gruppen gleichwohl bestehenden sozialen Unterschiede nicht mehr dem Hierarchiemodell sozialer Klassen. Durch ein "*kollektives Mehr* an Einkommen, Bildung, Mobilität, Recht, Wissenschaft, Massenkonsum" wird die Klassengesellschaft "*insgesamt* eine Etage höher gefahren" (Beck 1986: 122). Durch diesen "Fahrstuhl-Effekt" (ebd.) dünnen in der Perspektive Becks die Strukturen der Klassenbindungen mehr und mehr aus, um schließlich gänzlich von der Bildfläche zu verschwinden. An die Stelle der Stände, Schichten und Klassen treten "individualisierte Existenzformen und Existenzlagen, die die Menschen dazu zwingen, sich selbst - um des eigenen Überlebens willen - zum Zentrum ihrer eigenen Lebensplanungen und Lebensführungen zu machen" (Beck 1986: 116). Was den einzelnen nun auch immer widerfahren mag - sie erleben es nicht als Klassenschicksal, sondern als individuelles Schicksal. Welche Fragen sich dem einzelnen nun auch immer stellen mögen - die "Familie", die "Klassenlage", die "Tradition" sind nicht mehr länger die autorisierten Ratgeber. Welche Entscheidungen die Individuen in einem Meer von möglichen Optionen auch immer treffen mögen - sie allein werden für die Folgen dieser Entscheidung zur Rechenschaft gezogen.[12]

Diese Individualisierungsthese Becks hat sich in der Folgezeit als ebenso umstritten wie erfolgreich erwiesen. Umstritten, weil die These von einem Jenseits der Klassen- und Schichtengesellschaft natürlich auf den erbitterten Widerstand der Sozialstrukturanalytiker stieß, die sich einem der beiden Modelle verschrieben haben. Erfolgreich deshalb, weil sich an der Kritik eine äußerst fruchtbare Debatte entfaltet hat über Sinn und Unsinn der althergebrachten Instrumentarien der Sozialstrukturanalyse und weil gerade die Individualisierungstheorie den Blick auf neue Formen sozialer Ungleichheit gelenkt hat.

Anders freilich als Beck (1997) es vorschlägt, sollten m.E. nicht die Lage-Begriffe durch Bewegungsbegriffe *ersetzt*, sondern durch diese *ergänzt* werden. Das klingt defensiv, soll aber anzeigen, daß wir ein Instrumentarium benötigen, das über die Analyse der zeitlich befristeten Armuts- und Reichtums*phasen* auch die sich zum Teil durchaus hartnäckig haltenden Armuts- und Reichtums*lagen* erfassen können soll, damit am Ende nicht aus der klassischen Lage-Fixiertheit eine ebenso einseitige Bewegungsfixiertheit wird. Generell gilt es über die Diskontinuitäten nicht die Kontinuitäten, über die Dynamik nicht die Statik, über die Horizontalität nicht die Vertikalität zu vernachlässigen. Die Heraklitsche Vorstellung, daß nun alles im Fluß ist, sollte nicht zu

---

12 Da Beck insbesondere auf die verschwundene lebensweltliche Evidenz der Klassenstrukturen abhebt, bedürfte es dringend einer Neuauflage der von Heinrich Popitz, Hans-Paul Bahrdt u.a. durchgeführten Untersuchung "Das Gesellschaftsbild des Arbeiters" (1957), die zu dem Ergebnis gelangte, daß die "befragten Arbeiter überwiegend ein sogenanntes ‚dichotomisches Gesellschaftsbild' hatten. Das heißt, die Welt war für sie zweigeteilt: Es gab ‚die da oben', die die Macht haben und über die Reichtümer verfügen, und die anderen, die ‚unten' sind" (Bahrdt 1962: 27f.). Lebt diese Vorstellung auch heute noch fort? Gibt es gänzlich andere Gesellschaftsbilder? Die Klärung dieser Fragen wäre vor dem Hintergrund der Individualisierung ein interessantes Unternehmen. Wie sehen die heutigen Gesellschaftsbilder der "Arbeiter" aus?

der Vorstellung verleiten, es gäbe nun keine Strukturen mehr bzw. es käme zu keinen neuen. Selbst wenn man im Bild bleiben will: der Fluß fließt mal schnell, mal langsam, manchmal gar droht er auszutrocknen, er wirft hier und da Trockeninseln auf, die den neu heran strömenden Wassermassen zunächst widerstehen usw. Insofern ist mit Kreckel davon auszugehen, "daß alte und neue, nationale und internationale, vertikale und nicht-vertikale Ungleichheiten ein gemeinsames begriffliches und theoretisches Dach benötigen, weil es sich dabei heute um ein zusammenhängendes Problem handelt" (Kreckel 1983: 8).

Ungeachtet dessen aber kann man festhalten: Entgegen den Einschätzungen, die der Individualisierungsthese eine Leugnung sozialer Ungleichheit vorwerfen, hat sie gerade umgekehrt zu einer Wiederbelebung der Ungleichheitsforschung angeregt, wie man an den zahlreichen Arbeiten aus den Federn Peter A. Bergers, Stefan Hradils und vielen anderen leicht ersehen kann. Wenngleich mit unterschiedlichen Konzeptionen und Akzentuierungen im einzelnen reagieren sie alle gemeinsam auf veränderte gesellschaftliche Bedingungen, die sich mit dem traditionellen Instrumentarium und Begriffsapparat der Soziologie nicht mehr länger adäquat analysieren lassen. Das Individualisierungstheorem hat innerhalb der Sozialstrukturanalyse etwa zur Einsicht in die "Verzeitlichung sozialer Ungleichheit" geführt.[13] Diese von Beck angeregte Perspektive (vgl. 1986: 147, 149) ist in den letzten Jahren von Peter A. Berger weiter ausgearbeitet und empirisch untermauert worden (vgl. Berger 1996):

> "Ungleiche Lebenslagen, Klassenlagen und Schichten lösen sich gleichsam auf in *Ungleichheitsereignisse,* in Phasen wechselnder Klassen- und Schichtzugehörigkeiten. Und gerade das ‚Episodenhafte', das Befristete und Bruchstückhafte, das solchen Ungleichheitereignissen, -phasen und ‚Transitorien' trotz gravierender Einbrüche im Lebensschicksal aus der Perspektive der Betroffenen häufig anhaftet, kann erklären, warum solche Lebensereignisse sich trotz ihrer Massenhaftigkeit kaum zum Aufbau stabiler Netze und Vergemeinschaftungen, von kollektiv geteilten Problemwahrnehmungen, Situationsdefinitionen und von Organisationen der Interessenvertretung eignen" (Berger 1990: 27).

13 Die Individualisierungsthese trifft also keineswegs nur den "Nerv" oder die "gemischten Gefühle" der Menschen, wie Hradil neuerdings (1999: 142) meint, sondern trägt zur Erfassung bisher völlig vernachlässigter Dimensionen sozialer Ungleichheit bei.

Gesellschaft läßt sich demnach nicht mehr länger in starre Klassenlagen unterteilen, in denen ein jeder sein Leben lang verharrt. Vielmehr durchwandern Individuen im Laufe ihres Lebens verschiedene Lebenslagen, gehören einmal hier und einmal dort hin. Dauerhaft geglaubte Lebens*lagen* lösen sich so in vorübergehende Lebens*passagen* auf. Für diejenigen, die ‚unten' stehen, hat das den beinahe tröstlichen Gedanken, daß ihre prekäre Lage nicht unbegrenzt andauern muß, so als sei es unveränderliches Schicksal, daß sie in Armut und nicht in Reichtum leben. Für diejenigen jedoch, die sich in der Mitte oder ‚oben' wähnen, heißt die beunruhigende Botschaft, daß es sie jederzeit auch erwischen könnte.[14]

Das immer wieder gehörte Argument, daß die Individualisierungsthese aus der verengten Perspektive des akademischen Milieus formuliert sei, verkennt erstens, daß dies auch für die Klassen- und Schichtmodelle gilt, denn wer hätte je gehört, daß ein Klassenmodell etwa von einem Facharbeiter aufgestellt worden ist, auch wenn manch neues Klassenschema durchaus die Hand eines Feinmechanikers verrät. Ob Klassentheorie oder Individualisierungstheorie - beide sind Erfindungen des Wissenschaftssystems, Erklärungsmodelle, die man so in der Wirklichkeit nicht vorfinden wird. Es verkennt aber zweitens, daß gerade in dieser Perspektive Gruppen, denen in klassischen Analysen keinerlei Gestaltungskraft bei der Bewältigung ihrer Lage zugestanden wird, hier als Akteure erstmals ernst genommen werden. Während es den traditionellen Vorstellungen genügt zu konstatieren, daß die Arbeiter so sind, wie sie sind, weil sie nicht anders können (vgl. Müller

---

14 Insbesondere das gängige Bild der Armut muß aufgrund dieser Ergebnisse korrigiert werden, "denn es scheint so, als würden die Armen keinen abgespaltenen unteren Bevölkerungsteil bilden, wie es etwa die Vorstellung einer ‚Zweidrittelgesellschaft' suggeriert. Das Konzept der Zweidrittelgesellschaft ging davon aus, daß Risikolagen und Armut ein stabiles unteres Drittel der Bevölkerung bilden, während zwei Drittel der Bevölkerung von Armut nicht betroffen sind. Meiner Meinung nach müssen wir davon ausgehen, daß sich etwa zwei Drittel unserer Bevölkerung mindestens einmal im Leben in einer Armutslage wiederfinden." (Erler 1998: 14). Zu ähnlichen Ergebnissen kommen Berger 1994, Leibfried/Leisering 1995 und Buhr 1997.

1989: 57), um sie damit ihrem Schicksal zu überlassen, geraten Randgruppen durch neue, von der Individualisierungstheorie angestoßene Untersuchungen in den Mittelpunkt (vgl. Schroer 2000). Diese Perspektive gilt es noch viel mehr auszubauen, um die sich in der Soziologie allzu hartnäckig haltende Gleichung “knappe Ressourcen = keine Gestaltung” endlich zu überwinden. Die Gestaltungsmöglichkeiten nämlich mögen durch knappe Ressourcen zwar begrenzt sein, sind aber dennoch vorhanden (vgl. Funke/Schroer 1998).

Zusätzliche Unterstützung hat die von den Individualisierungstheoretikern eingeschlagene Perspektive, die nach den alten Ungleichheiten die neuen Ungleichheiten analysieren, durch die sogenannten “neuen sozialen Bewegungen” erhalten, deren Protestpotential sich spätestens seit den siebziger Jahren entlang anderer Konflikte entzündete, als an dem für die Konstituierung der Arbeiterbewegung (als “alter” sozialer Bewegung) fundamentalen Konflikt zwischen Kapital und Arbeit. In der Alternativbewegung, der Ökologiebewegung, der Anti-Kernkraftbewegung, der Frauenbewegung geht es gerade nicht mehr länger um Verteilungskonflikte, sondern um Umweltrisiken, Geschlechterrollen etc. um Problematiken mithin, die sich nicht mehr länger auf einzelne Klassen oder Schichten reduzieren lassen, sondern gerade klassen- bzw. schichtenübergreifend akut werden (vgl. Schroer 1995, 1997). Daraus zieht etwa auch Luhmann den Schluß:

> “Heute ist evident, daß keiner der drängenden Großprobleme unserer Gesellschaft durch Klassenkampf und durch Auflösung des Gegensatzes von Kapital und Arbeit gelöst werden könnte. Man denke an die ökologischen Probleme; man denke an die Segmentierung des weltpolitischen Systems in ‚Staaten‘; man denke an die Frage, ob und wie die heutige Gesellschaft (in Schulen?) gesellschaftsadäquat sozialisieren kann; und man denke im besonderen auch an die komplexen Gründe der laufenden Reproduktion regionaler und schichtmäßiger Ungleichheiten, die gerade im rationalen Operieren der Funktionssysteme zu suchen sind.” (Luhmann 1985: 152)

Hinzu kommt eine Entwicklung, die Claus Offe schon in den achtziger Jahren auf die Formel “Wendung der Konfliktachse um 90 Grad - nicht mehr Arbeit gegen Kapital, sondern Arbeit *plus* Kapital gegen den Rest der erwerbswirtschaftlich ‚Überflüssigen‘” (Offe 1984: 9) gebracht hat. Diese als “Krise der Arbeitsgesellschaft” (Matthes 1983) breit diskutierte Einschätzung hat sich seither nicht nur bewahrheitet; vielmehr scheint sie durch permanent zunehmende Arbeitslosenzahlen stetig an

Plausibilität - und sozialer Explosivkraft - zu gewinnen. Konnte der Wohlfahrtsstaat bis vor kurzem noch durch entsprechende Ausgleichszahlungen ein immer weiteres Auseinanderklaffen der in den Arbeitsmarkt Integrierten und der vom Arbeitsmarkt Ausgeschlossenen verhindern, scheint die durch die Globalisierung ausgelöste (oder zumindest verstärkte) Krise des Wohlfahrtsstaats krasse Ungleichheiten immer ungeschminkter hervortreten zu lassen.

Aus diesem Befund ziehen nun manche den Schluß, daß man zu den klassischen Instrumentarien wieder zurückkehren könne, da wir es ja nun wieder - nach einer Periode der individualisierten Spaß- und Erlebnisgesellschaft - mit den klassischen Themen der Soziologie, mit Fragen der sozialen Ungleichheit, der Armut und der sozialen Gerechtigkeit zu tun hätten, die durch den postmodernen Irrweg vorübergehend verdeckt gewesen seien (vgl. Geißler 1996, Müller 1995). Doch so forsch diese Aussagen auch daherkommen, eine bloße Wiederbelebung der alten Konzepte vermag den gegenwärtigen Entwicklungen wohl kaum gerecht zu werden. Wer einfach wieder zu den alten Kategorien zurückkehren will, übersieht die durch Individualisierung und Globalisierung veränderte Situation, deren Konsequenzen man nur dann angemessen berücksichtigen kann, wenn man sie nicht als schiere Mode abtun will, die ebenso spurlos wieder verschwinden wird wie, sagen wir: die leeren Teller der *nouvelle cuisine*. Wenn man schon auf eine Renaissance der Klassen- und Schichtanalyse abzielt, wird man zumindest über Klassen- und Schichtmodelle nachdenken müssen, die die engen Grenzen des Nationalstaats überschreiten und weltumspannende Verteilungs- und Ungleichheitsfragen zu erfassen vermögen. Die bisherige Klassen- und Schichttheorie jedenfalls bewegt sich noch allzu sehr im engen Rahmen des Nationalstaats. Neben Schicht und Klasse wird damit noch eine weitere derzeit in Frage stehende Kategorie bemüht, so als ob es die Diskussionen der letzten Jahre nicht gegeben hätte. Man wird auch hier den Blick über den Tellerrand wagen müssen. Dabei geraten Ungleichheiten in den Blick, für die das alte Klassenschema als Beschreibungskategorie nicht länger taugt. Angesichts der Globalisierung scheint sich vielmehr eine Teilung im globalen Maßstab herauszukristallisieren. So spricht etwa Bauman von einer weltweiten Spaltung in Reich und Arm, die mehr und mehr in unterschiedlichen Welten ohne Überlappungen leben (vgl. Bauman 1997).

Mit den Armen hat Bauman die vollends Exkludierten im Blick, die aus allen Bezügen herausfallen.[15] Ins Zentrum der Aufmerksamkeit rücken hier wie überhaupt in der neueren Inklusions/Exklusions-Debatte Ausschlußmechanismen. An die Stelle des oben/unten der klassischen Sozialstrukturanalyse treten hier Fragen des innen/außen. Demzufolge zeigt sich die Lage insgesamt viel dramatischer als es die - sich zumeist in nationalen Rahmen bewegenden - Hierarchiemodelle der Klassen- und Schichtentheoretiker vermuten lassen. Deshalb geht es auch eigentlich nicht so sehr um die "underclass", sondern mehr noch um die "outclass", wenn man so will; also um Gruppen, die komplett herausfallen, nicht dazugehören und nicht länger gebraucht werden. Während Klassentheorien immer schon auf die Verteilung innerhalb einer Gruppe von Dazugehörigen abzielten, konzentrieren sich die Debatten der letzten Jahre gerade auf die Kämpfe um Zugehörigkeit. Insofern setzen klassische Klassen- und Schichtkonzepte gewissermaßen zu spät an.

Doch unabhängig davon, wie Wissenschaftler nennen werden, was sie an neuen Dimensionen sozialer Ungleichheit beobachten, dürfte das Fazit weiterhin Bestand haben, das Enzensberger aus seiner literarischen Aufarbeitung des Titanic-Unglücks gezogen hat: "Wir sitzen alle in einem Boot. Doch: Wer arm ist, geht schneller unter." (Enzensberger 1981: 71)

Literatur

Adorno, Theodor W. 1976: Reflexionen zur Klassentheorie (1942), in: ders.: Soziologische Schriften. Frankfurt/M.

Bahrdt, Hans-Paul 1962: Artikel ‚Die Angestellten', ‚Die Industriearbeiter', ‚Die Beamten', in: Marianne Feuersenger (Hg.): Gibt es noch ein Proletariat? Frankfurt/M.

Bauman, Zygmunt 1997: Schwache Staaten. Globalisierung und die Spaltung der Weltgesellschaft, in: Ulrich Beck (Hg.): Kinder der Freiheit. Frankfurt/M., 315-332.

15 Allerdings dürfte das Zweierschema Baumans allzu eng gewählt sein und in verschiedene Untergruppen unterteilt werden müssen, um der Vielfalt der sozialen Lagen Rechnung zu tragen, die sich unter Globalisierungsbedingungen neu konstituieren.

Beck, Ulrich 1983: Jenseits von Stand und Klasse? Soziale Ungleichheit, gesellschaftliche Individualisierungsprozesse und die Entstehung neuer Formationen und Identitäten, in: Reinhard Kreckel (Hg.): Soziale Ungleichheiten. Sonderband 2 der Sozialen Welt, Göttingen, 35-74.

Beck, Ulrich 1986: Risikogesellschaft. Auf dem Weg in eine andere Moderne. Frankfurt/M.

Beck, Ulrich 1997: Die uneindeutige Sozialstruktur. Was heißt Armut, was Reichtum in der ‚Selbst-Kultur'? In: Ulrich Beck/Peter Sopp (Hg.): Individualisierung und Integration. Neue Konfliktlinien und neuer Integrationsmodus? Opladen, 183-197.

Berger, Peter A. 1987: Klassen und Klassifikationen. Zur 'neuen Unübersichtlichkeit' in der soziologischen Ungleichheitsdiskussion, in: Kölner Zeitschrift für Soziologie und Sozialpsychologie 39, 59-85.

Berger, Peter 1990: Ungleichheitsphasen. Stabilität und Instabilität als Aspekte ungleicher Lebenslagen, in: Ders./Stefan Hradil (Hg.) 1990: Lebenslagen, Lebensläufe, Lebensstile. Sonderband 7 der Sozialen Welt, Göttingen, 319-350.

Berger, Peter A. 1994: Individualisierung von Armut, in: Michael M. Zwick (Hg.): einmal arm, immer arm? Neue Befunde zur Armut in Deutschland. Frankfurt/M., 21-46.

Berger, Peter A. 1996: Individualisierung: Statusunsicherheit und Erfahrungsvielfalt. Opladen.

Berger, Peter A./Stefan Hradil (Hg.) 1990: Lebenslagen, Lebensläufe, Lebensstile. Sonderband 7 der Sozialen Welt, Göttingen.

Berger, Johannes 1997: Was behauptet die Marxsche Klassentheorie - und was ist davon haltbar? In: Hans-Joachim Giegel (Hg.): Konflikt in modernen Gesellschaften. Frankfurt/M., 29-60.

Bieback, Karl-Jürgen/Helga Milz (Hg.) 1995: Neue Armut. Frankfurt/M., New York.

Bittlingmayer, Uwe/Klaus Kraemer: Klassenlosigkeit als Konstrukt. Anmerkungen zum Wandel kollektiver symbolischer Sinnwelten. (Ms.)

Bolte, Karl Martin 1959: Sozialer Aufstieg und Abstieg. Eine Untersuchung über Berufsprestige und Berufsmobilität. Stuttgart.

Bolte, Karl Martin 1990: Strukturtypen sozialer Ungleichheit. Soziale in der Bundesrepublik Deutschland im historischen Vergleich, in: Peter A. Berger/Stefan Hradil (Hg.): Lebenslagen, Lebensläufe, Lebensstile. Göttingen.

Bottomore, T.B. 1967: Die sozialen Klassen in der modernen Gesellschaft. München.

Bourdieu, Pierre1987: Die feinen Unterschiede. Frankfurt/M.

Bourdieu, Pierre 1997: Wie eine soziale Klasse entsteht, in: Ders.: Der Tote packt den Lebenden. Schriften zu Politik und Kultur 2. Hamburg, S. 102-129.

Brock, Ditmar 1988: Vom traditionalen Arbeiterbewußtsein zum individualisierten Handlungsbewußtsein, in: Soziale Welt 39, 413-434.

Brock, Ditmar 1994: Rückkehr der Klassengesellschaft? Die neuen sozialen Gräben in einer materiellen Kultur, in: Ulrich Beck/Elisabeth Beck-Gernsheim (Hg.): Riskante Freiheiten. Individualisierung in modernen Gesellschaften. Frankfurt/M., 61-73.

Buhr, Petra 1997: Verschwimmende Grenzen. Wo fängt Armut an und wann hört sie auf? In: Frank Hillebrandt/Georg Kneer/Klaus Kraemer (Hg.): Verlust der Sicherheit? Lebensstile zwischen Multioptionalität und Knappheit. Opladen 1998, 26-51.

Dahrendorf, Ralf 1965: Gesellschaft und Demokratie in Deutschland. München.

Durkheim, Emile 1990: Über soziale Arbeitsteilung. Frankfurt/M.

Enzensberger, Hans Magnus 1981: Der Untergang der Titanic. Eine Komödie. Frankfurt/M.

Erler, Michael 1998: Das bisherige Bild der Armut muß korrigiert werden. Ökonomische und soziale Not wächst in die Mitte der Gesellschaft hinein, in: Frankfurter Rundschau, Nr. 184, 14.

Funke, Harald 1997: Erlebnisgesellschaft, in: Armin Nassehi/Georg Kneer/Markus Schroer (Hg.): Soziologische Gesellschaftsbegriffe. Konzepte moderner Zeitdiagnosen. München, 305-331.

Funke, Harald/Markus Schroer 1998: Lebensstilökonomie. Zur Balance zwischen subjektiver Wahl und objektiven Zwängen, in: Frank Hillebrand/Georg Kneer/Klaus Kraemer (Hg.): Verlust der Sicherheit? Lebensstile zwischen Multioptionalität und Knappheit. Opladen.

Geiger, Theodor 1932: Die soziale Schichtung des deutschen Volkes. Stuttgart.

Geiger, Theodor 1949: Die Klassengesellschaft im Schmelztiegel. Köln/Hagen.

Geißler, Rainer 1985: Die Schichtungssoziologie von Theodor Geiger. Zur Aktualität eines fast vergessenen Klassikers, in: Kölner Zeitschrift für Soziologie und Sozialpsychologie 37, 387-410.

Geißler, Rainer 1996: Kein Abschied von Klasse und Schicht. Ideologische Gefahren der deutschen Sozialstrukturanalyse, in: Kölner Zeitschrift für Soziologie und Sozialpsychologie 48, H. 2, 319-338.

Geißler, Rainer 1998: Das mehrfache Ende der Klassengesellschaft. Diagnosen soziostrukturellen Wandels, in: Jürgen Friedrichs/M. Rainer Lepsius/Karl

Ulrich Mayer (Hg.): Die Diagnosefähigkeit der Soziologie. Opladen, 207-233.

Giddens, Anthony 1979: Die Klassenstruktur fortgeschrittener Gesellschaften. Frankfurt/M.

Giddens, Anthony 1997: Jenseits von Links und Rechts. Die Zukunft radikaler Demokratie. Frankfurt/M.

Gorz, André 1980: Abschied vom Proletariat. Jenseits des Sozialismus. Frankfurt/M.

Habermas, Jürgen 1969: Technik und Wissenschaft als ‚Ideologie'. Frankfurt/M.

Habermas, Jürgen 1985: Die neue Unübersichtlichkeit. Frankfurt/M.

Hengsbach, Friedhelm/Matthias Möhring-Hesse 1995: Eure Armut kotzt uns an. Solidarität in der Krise. Frankfurt/M.

Horkheimer, Max: Zur Soziologie der Klassenverhältnisse (1943), in: Ders.: Gesammelte Schriften, Bd. 12: Nachgelassene Schriften 1931-1949, 77-104.

Hradil, Stefan [7]1999: Soziale Ungleichheit in Deutschland. Opladen.

Kneer, Georg/Armin Nassehi/Markus Schroer (Hg.) 1997: Soziologische Gesellschaftsbegriffe. Konzepte moderner Zeitdiagnosen. München.

Kracauer, Sigfried 1971: Die Angestellten. Frankfurt/M.

Kreckel, Reinhard 1983: Theorien sozialer Ungleichheiten im Übergang, in: Ders. (Hg.): Soziale Ungleichheiten. Göttingen, 3-12.

Kreckel, Reinhard 1990: Klassenbegriff und Ungleichheitsforschung, in: Peter A. Berger/Stefan Hradil (Hg.): Lebenslagen, Lebensläufe, Lebensstile. Göttingen, 51-79.

Kreckel, Reinhard 1997: Politische Soziologie der sozialen Ungleichheiten. Frankfurt/M, New York (Studienausgabe).

Krysmanski, Hans Jürgen 1989: Entwicklung und Stand der klassentheoretischen Diskussion, in: Kölner Zeitschrift für Soziologie und Sozialpsychologie 41, 149-167.

Lederer, Emil 1912: Die Angestellten im Wilhelminischen Reich, in: Ders.: Kapitalismus, Klassenstruktur und Probleme der Demokratie in Deutschland 1910-1940. Göttingen, 51-82.

Lederer, Emil 1938/39: Ende der Klassengesellschaft? Zur Analyse des Faschismus, in: Ders.: Kapitalismus, Klassenstruktur und Probleme der Demokratie in Deutschland 1910-1940. Göttingen, 239-252.

Leibfried, Stephan/ Lutz Leisering u.a. 1995: Zeit der Armut. Lebensläufe im Sozialstaat. Frankfurt/M.

Lepsius, Rainer M. 1990: Soziale Ungleichheit und Klassenstrukturen in der Bundesrepublik Deutschland, in: Ders.: Interessen, Ideen und Institutionen. Opladen, 117-152.

Luhmann, Niklas 1985: Zum Begriff der sozialen Klasse, in: Ders. (Hg.): Soziale Differenzierung. Opladen, 119-162.

Luhmann, Niklas 1986: Kapital und Arbeit. Probleme einer Unterscheidung, in: Johannes Berger (Hg.): Die Moderne - Kontinuitäten und Zäsuren (Soziale Welt, Sonderband 4), 57-78.

Marcuse, Herbert [19]1984: Der eindimensionale Mensch. Studien zur Ideologie der fortgeschrittenen Industriegesellschaft. Darmstadt (engl. Orig. 1964).

Marx, Karl 1973a: Das Kapital. Kritik der politischen Ökonomie, Bd.1-4, in: MEW, Bd. 23-26.3. Berlin.

Marx, Karl 1973b: Marx an Joseph Weydemeyer in New York. 5. März 1852, in: MEW, Bd. 28, Berlin, 503-509.

Marx, Karl/Friedrich Engels 1974: Manifest der Kommunistischen Partei, in: MEW, Bd. 4, Berlin, 459-493.

Matthes, Joachim (Hg.) 1983: Krise der Arbeitsgesellschaft? Verhandlungen des 21. Jahrhundert. Frankfurt/M., New York.

Mayer, Karl Ulrich /Hans-Peter Blossfeld 1990: Die gesellschaftliche Konstruktion sozialer Ungleichheit im Lebensverlauf, in: Peter A. Berger /Stefan Hradil (Hg.): Lebenslagen, Lebensläufe, Lebensstile. Göttingen, 297-318.

Mayntz, Renate 1958: Soziale Schichtung und sozialer Wandel in einer Industriegemeinde.

Mooser, Josef 1983: Auflösung proletarischer Milieus. Klassenbindung und Individualisierung in der Arbeiterschaft vom Kaiserreich bis in die Bundesrepublik Deutschland, in: Soziale Welt 34, 270-305.

Mörth, Ingo/Fröhlich, Gerhard (Hg.): Das symbolische Kapital der Lebensstile. Zur Kultursoziologie der Moderne nach Pierre Bourdieu. Frankfurt/M. 1994.

Müller, Hans-Peter 1989: Lebensstile. Ein neues Paradigma der Differenzierungs- und Ungleichheitsforschung? In: Kölner Zeitschrift für Soziologie und Sozialpsychologie 41, 53-71.

Müller, Hans-Peter 1994: Abschied von der Klassengesellschaft? Über ein "Menetekel" im Spiegel der soziologischen Diskussion, in: Christoph Görg (Hg.): Gesellschaft im Übergang. Darmstadt, 120-140.

Müller, Hans-Peter 1995: Differenz und Distinktion. Über Kultur und Lebensstile, in: Merkur 49, H. 9/10, 925-934.

Nassehi, Armin 1997: Risikogesellschaft; in: Kneer, G./ Nassehi, A. / Schroer, M. (Hg.): Soziologische Gesellschaftsbegriffe. Konzepte moderner Zeitdiagnosen. München, 252-279.

Offe, Claus 1984: ‚Arbeitsgesellschaft'. Frankfurt/M, New York.

Popitz, Heinrich, Hans-Paul Bahrdt, Ernst Jüres, Hanno Kesting 1957: Das Gesellschaftsbild des Arbeiters. Tübingen.

Ritsert, Jürgen 1987: Braucht die Soziologie noch den Begriff der Klasse? Über Max Webers Klassentheorie und neuere Versuche, sie loszuwerden, in: Leviathan 15, 4-38.

Schelsky, Helmut 1965: Auf der Suche nach Wirklichkeit. Gesammelte Aufsätze. Köln/ Düsseldorf, 352-391.

Schroer, Markus 1995: Neue soziale Bewegungen, in: Georg Kneer/ Klaus Kraemer/ Armin Nassehi (Hg.): Soziologie. Zugänge zur Gesellschaft, Bd. 2: Spezielle Soziologien. Münster, Hamburg, 188-202.

Schroer, Markus 1997: Kampf um Lebenschancen. Zur Risiko*beobachtung* der Risiko*bewegungen* in der Risiko*gesellschaft*, in: Toru Hijikata, Armin Nassehi(Hg.): Riskante Strategien. Opladen.

Schroer, Markus 1997b: Individualisierte Gesellschaft, in: Kneer G. /Nassehi A./Schroer M. (Hg.), Soziologische Gesellschaftsbegriffe. Konzepte moderner Zeitdiagnosen. Mümchen, 157-183.

Schroer, Markus 2000: Das Individuum der Gesellschaft. Synchrone und diachrone Theorieperspektiven. Frankfurt/M. (i.E.).

Schulze, Gerhard 1992: Die Erlebnisgesellschaft. Kultursoziologie der Gegenwart. Frankfurt/M., New York.

Schulze, Gerhard 1993: Entgrenzung und Innenorientierung. Eine Einführung in die Theorie der Erlebnisgesellschaft, in: Gegenwartskunde 42 (1993), 405-419.

Simmel, Georg 1989: Philosophie des Geldes. Frankfurt/M.

Walther, Rudolf 1990: Stand, Klasse, in: Otto Brunner u.a. (Hg.): Geschichtliche Grundbegriffe: historisches Lexikon zur politisch-sozialen Sprache in Deutschland. Stuttgart, 263-284.

Weber, Max 1972: Wirtschaft und Gesellschaft. Tübingen.

Wright, Erik Olin 1985: Classes. London.

Gabriele Klein

Massengesellschaft

„Im übrigen will selten jemand einer aus der Masse sein; die Masse sind immer die anderen."
Max Horkheimer/ Theodor W. Adorno

"Es gibt de facto keine Massen, sondern lediglich Wege, Menschen als Massen wahrzunehmen."
Raymond Williams

"Es wird schwer zu beweisen sein, daß sich der Begriff ‚Masse' irgendwo und irgendwie als nützlich erwiesen hätte."
Thomas Luckmann

Ereignisse wie Hexenwahn und mittelalterliche Tanzwut, Bauernaufstände und schließlich die französische Revolution haben ihn befördert: den Mythos der Masse. Aber erst im Übergang zum 20. Jahrhundert wurde die Masse zu einer zentralen Denkfigur im Konzept moderner Industriegesellschaften.

Ihren sozialen Ort findet die Masse in den europäischen Großstädten in der Mitte des 19. Jahrhunderts. Hier zeigte sich die Entzauberung der bürgerlichen Welt am eindrücklichsten. Eine rasante Bevölkerungszunahme, Industrialisierung und Landflucht führten zu einer Verdichtung und zugleich Segmentierung des städtischen Raumes, veränderten die städtische Infrastruktur, das Straßenbild und die öffentliche Kommunikation. Die Großstädte entwickelten sich zu Kristallisationspunkten des Kampfes zwischen Kapital und Arbeit. Das bislang von bürgerlicher Konvention geprägte Stadtbild bekam eine andere Farbe durch Revolten und Revolutionen und durch unkontrollierbare und scheinbar planlose Aufstände einer für den städtischen Beobachter bürgerlicher Herkunft unberechenbaren Menschenmenge. Diejenigen, die auf den Straßen ihrer Wut Ausdruck verliehen, verunglimpfte er entweder als den undankbaren Mob oder verherrlichte sie als die Repräsentanten antikapitalistischen Kampfes schlechthin. Aus seiner Perspektive verwischten die Differenzen zwischen Masse und Klasse. Die Masse, das ist für ihn das um soziale Rechte kämpfende Proletariat.

Was verächtlich Pöbel genannt wurde, begann auch jene Räume zu erobern, in denen sich das Bürgertum bislang exklusiv bewegt hatte. Bis zu diesem Zeitpunkt manifestierte sich die Kultur einer Stadt vor allem in den Einrichtungen wohlhabender und gebildeter Schichten: Opern und Theater, Museen, Literatursalons und Konzerthäuser. Um die Wende zum 20. Jahrhundert begann sich diese Form bürgerlicher Öffentlichkeit deutlich zu verändern: Print- und Bildmedien provozierten einen Strukturwandel öffentlicher Kommunikation, Sportarenen und Lichtspielhäuser, Tanzlokale und Varietébühnen veränderten den städtischen Kulturraum und machten den Einbruch der Arbeiterschaft und des sich zu Beginn des 20. Jahrhunderts herausbildenden Mittelstandes in die Lebenswelt der ehemaligen gesellschaftlichen Führungsschicht unübersehbar. Beobachter, Statthalter und Archivare dieser Ereignisse, zu denen Journalisten und Wissenschaftler gehörten, begegneten den neuen Stadtmenschen mit der gebührenden Distanz und einer gehörigen Portion Abscheu. Abscheu oder Ekel, nach Bourdieu das sicherste Mittel sozialer Distinktion, provozierte zusammen mit den als sozial bedrohlich erlebten Entwicklungen den Anfang einer kulturkritischen Debatte, die im Unterschied zu dem politischen Massendiskurs nach wie vor lebendig ist.

Nicht zufällig formierte sich die neue Wissenschaft Soziologie zeitgleich mit der Herausbildung dessen, was Massengesellschaft genannt wurde. Das Phänomen der Masse, in dessen soziologischer Konzeption sich die Folgewirkungen von Industrialisierung und Technisierung, von Verstädterung und Bürokratisierung, von Individualisierung und Mobilität auf den Punkt bringen ließen, wurde schnell zu einer der beliebtesten theoretischen Tummelplätze der zweiten Generation deutscher Soziologen. Getragen von dem Anliegen, den Begriff der Masse zu präzisieren und dem Niveau zu entreißen, in das er zu diesem Zeitpunkt bereits durch die larmoyanten Klagen eines massenpsychologisch angehauchten Wissenschaftsjournalismus getrieben worden war, widmete sich die Soziologie in der Weimarer Zeit vornehmlich der Begriffsarbeit und dies aus politischer und kulturkritischer Perspektive.

Fanden die massentheoretischen Debatten in den 30er Jahren ihren Höhepunkt, so setzte sich in der Soziologie bereits in den 50er Jahren die Erkenntnis durch, daß der Versuch, die Konturen eines soziologischen Begriffs der Masse zu schärfen, gescheitert war: Masse als analytischer Begriff schien immer unbrauchbarer und diffuser. An seine Stelle traten Konzepte wie die ‚Sozialpsychologie kollektiven Verhaltens' oder eine ‚Soziologie sozialer Bewegungen'. Daß aber trotz der Begriffsunschärfe vor allem der kulturkritische Massendiskurs bis heute weitergeführt wird, dafür sorgen in der Wissenschaft wohl „die institutionellen Zwänge des intellektuellen Milieus" (Berking 1983: 76), und in den kulturkonservativen Feuilletons die offensichtlich immer noch bestehende Haltung des Kulturpessimismus, dessen Wurzeln auch in der Angst vor dem Verlust der diskursiven Statthalterfunktion liegen. Nach wie vor bedienen sich Feuilletonisten immer dann, wenn angeblich mal wieder von neuen Bewegungen die Gefahr des Kulturverfalls droht, der überkommenen Vorurteile des Kulturpessimismus, gegen die die liberalen oder der Arbeiterbewegung nahestehenden Weimarer Soziologen einst angetreten waren. Ein gutes intellektuelles Kampffeld liefert seit den 50er Jahren beispielsweise die jeweils aktuelle Jugendkultur, die von Rock'n'Roll über Punk bis Techno es nicht nur verstand, Menschenmengen anzuziehen, sondern auch kulturelle Werte und ästhetische Maßstäbe in Frage zu stellen.

Die Geschichte des wissenschaftlichen Massenbegriffs läßt sich im wesentlichen über fünf Begriffspaare rekonstruieren: Masse und Zivilisation, Masse und Ich, Masse und Elite, Masse und Klasse, Masse und Kultur.

1. Masse und Zivilisation

> „Politische Großversammlung, die Arena gefüllt bis zum letzten Platz, ein Teppich von Menschen und Gesichtern in den aufsteigenden Reihen, der Redner in vollem Zug. Er sagt: ‘Die Vermassung ist an allem schuld'. Orkanartiger Applaus" (Mitscherlich 1953: 56).

Masse, so zeigt diese Anekdote, ist ein Begriff, der eine gewisse Quantität von Menschen und deren räumliche Nähe bezeichnet. Aber Masse meint auch Qualität: mit ihm soll eine bestimmte Art von Gemeinschaft und die psychologischen Veränderungen, die in den einzelnen Menschen in Großgruppen vor sich gehen, zum Ausdruck gebracht werden. Individualisten gehören ihrem Selbstverständnis nach niemals zur Masse, selbst dann wenn sie sich, wie in der Geschichte Alexander Mitscherlichs, in der Masse befinden. Denn Masse hat den Geruch des Tierischen und Barbarischen an sich. Sie suggeriert den Rückfall des aufgeklärten Individuums in einen vorzivilisatorischen Zustand - und so wähnt sich das von seiner Einzigartigkeit überzeugte Individuum gern in Distanz zur Masse.

Die synonyme Verwendung von Menschenmenge und Menschenmasse entspricht dem etymologischen Gebrauch des Wortes 'Masse'. Es entstammt dem hebräischen 'mazza', was ungesäuertes Brot bedeutet und sowohl im Griechischen wie im Lateinischen einen Brotklumpen bezeichnet, und dem Verb 'massein', kneten. Diese Doppeldeutigkeit von formloser Materie und der Möglichkeit der Formgebung prägt auch das Bild der Masse als ungestaltet aber in höchstem Maße verführbar. Als soziale Stigmatisierung dient der Begriff zur Bezeichnung einer Menschengruppe, die spätestens mit der Französischen Revolution und mit der Industrialisierung als Pöbel abqualifiziert und aus der Ständegesellschaft herausdefiniert wurde (vgl. dazu ausführlicher Blättler 1995; Franke 1985; Schade 1993).

Obwohl kritische Äußerungen über die Masse schon seit der Antike bekannt sind, ist es Gustave Le Bon zu verdanken, daß die Masse zu einem zentralen Diskursgegenstand der Geistes- und Sozialwissenschaften wurde. Der Pionier auf dem Gebiet der modernen Massenpsychologie vertrat Anfang der 20er Jahre die These, daß die Masse eine Kollektivseele habe, die eine Veränderung des Denkens, Fühlens und Handelns der einzelnen Menschen bewirke (vgl. Le Bon 1922: 11ff). Das „Gesetz der seelischen Einheit der Massen" (9) wirke sowohl bei einer Ansammlung von Menschen an einem Ort, als auch, wenn Menschen sich nicht in räumlicher Nähe befinden. In diesem Fall bilden sie eine 'psychologische' Menge, wie sie etwa eine Wählerschaft oder eine Nation darstellen.

Masse ist für Le Bon durchweg negativ konnotiert. Sie markiert den Untergang der Zivilisation und den Abschied vom vernunftgeleiteten Individuum.

„Bisher wurden die Zivilisationen stets nur von einer kleinen intellektuellen Aristokratie geschaffen und geleitet, niemals von den Massen. Die Massen haben nur Kraft zur Zerstörung. Ihre Herrschaft bedeutet stets eine Phase der Barbarei“ (ebd.: 5).

Im Unterschied zur Zivilisation, die feste Regeln, Disziplin, einen hohen Kulturgrad und Vernunft voraussetze, sei die Masse impulsiv, leicht reizbar und geistig minderwertig. Sie verfüge über einen Mangel an kritischem Geist und einem Überschwang an Gefühlen, Eigenschaften, die sich „ebenso bei Wesen von niedriger Entwicklungshöhe, wie bei Frauen, Wilden, Kindern finden“ (18) ließen. Sie ähnele Mikroben, die die Zersetzung des geschwächten oder toten Körpers beschleunigen und damit den Zusammensturz der Zivilisation herbeiführen würden (vgl. ebd.: 72). In der Zerstörung bestünde, so hätten alle alten Zivilisationen bewiesen, auch ihre historische Aufgabe. Da in der Moderne die Massen dominierend geworden seien, sei zu befürchten, so Le Bons Fazit, daß die Massen auch die zivilisatorischen Errungenschaften zunichte machen würden.

Entsprechend degeneriere das bürgerliche Subjekt in der Masse zu einem Triebwesen, zu einem Barbaren, in seinen Verhaltensformen vergleichbar denen ‘primitiver Wesen’. „Schwund der bewußten Persönlichkeit, Orientierung der Gefühle und Gedanken in derselben Richtung durch Suggestion und Ansteckung, Tendenz zur unverzüglichen Verwirklichung der suggerierten Ideen“, sind für Le Bon die Hauptmerkmale des in der Masse befindlichen Individuums mit der Folge, daß das Individuum „nicht mehr es selbst“ sei, sondern ein „willenloser Automat“ (16) werde.

Es lohnt sich, sich diese feuilletonistisch formulierten und befremdlich wirkenden Ausführungen noch einmal genau vor Augen zu führen, nicht nur weil Le Bon mit dieser scheinbar massenpsychologische Gesetzmäßigkeiten formulierenden Abwehrschrift als Pionier der Massentheorie gilt, sondern auch weil sich sein Denken bis in die Wortwahl hinein in manchen Medienberichterstattungen über neue ‚Events‘ wiederfindet, wenn beispielsweise von Ravern als „batteriebetriebenen Spielzeughasen“ die Rede ist (vgl. Klein 1999: 17ff). Selbst die Mitglieder des Frankfurter Instituts für Sozialforschung bestätigten noch in den 60er Jahren, die nationalsozialistische Massenhysterie vor Augen, die Wirklichkeitsnähe seiner massentheoretischen Thesen. „Nach den Erfahrungen der letzten Jahrzehnte," so heißt es in einem gemeinsam erstellten Aufsatz,

> "wird man zugestehen müssen, daß, zumindest oberflächlich, ein erstaunliches Maß der Aussagen von Le Bon auch unter den Bedingungen der modernen technischen Zivilisation, in der man doch mit aufgeklärten Massen rechnete, sich bestätigt hat" (Institut für Sozialforschung 1991: 72).

Le Bon entfachte eine wissenschaftliche Diskussion, die neben der Psychologie vor allem im Feld der politischen Soziologie und der Kulturkritik weitergeführt wurde.

2. Masse und Ich

Die an Demagogie grenzenden massenpsychologischen Gemeinplätze Le Bons versuchte sein Bewunderer Sigmund Freud der politischen Zweideutigkeit zu entheben. In seiner Schrift „Massenpsychologie und Ich-Analyse" stellt Freud die Frage, welcher Art die psychologische Veränderung sei, die Menschen in Massensituationen erleben. Die Antwort kreist selbstverständlich um die Libido. Demnach erlaubt die Masse dem Einzelnen, die Verdrängungen seiner ursprünglichen Triebregungen abzustreifen und Eigenschaften des Unbewußten an den Tag zu legen, „in dem ja alles Böse der Menschenseele in der Anlage enthalten ist" (Freud 1955: 79f). Die Suggestivkraft der Masse bestünde darin, daß sich die Einzelnen unbewußt mit einer Vaterfigur identifizieren und diese libidinös besetzen. In der Masse, so Freuds Argumentation, gibt der Einzelne sein Ich-Ideal auf und ersetzt die Vaterfigur durch ein durch den „Führer" repräsentiertes Massenideal.

Ebenso wie bei Le Bon existiert auch bei Freud Masse nicht ohne einen wirklichen oder einen imaginären „Führer". Er definiert diese „primäre Masse" als „viele Gleiche, die sich miteinander identifizieren können, und ein einziger, ihnen allen Überlegener, das ist die Situation, die wir in der lebensfähigen Masse verwirklicht finden" (vgl. ebd.: 135).

Freuds Konstrukt von Führer und Masse hat politisch bedenkliche Beiklänge. Wenn er auch in dieser Hinsicht der Argumentation Le

Bons folgt, beschreibt Freud - im Unterschied zu ihm - das Verhältnis von Individuum und Masse weder eindimensional als einen Verlust von Individualität und Vernunftorientiertheit, noch interpretiert er die Masse einseitig als eine zerstörerische und aggressiv agierende Gemeinschaft. Vielmehr billigt Freud der Masse auch positive Funktionen zu. Weil er beim einzelnen Individuum einzig den persönlichen Vorteil als Motiv des Handelns erkennt, sieht er dessen „Versittlichung" als eine wichtige kulturelle Aufgabe an, die nur die Masse zu bewältigen vermag. Dabei trägt er der Tatsache Rechnung, daß Menschen immer Bestandteile von Massen sind, sich nicht erst dazu machen müssen (vgl. ebd.: 144). Gerade in der Identifikation mit der Massenseele, ob einer bestimmten Schicht, Klasse, Ethnie oder Religion sieht Freud einen entscheidenden Motor kultureller Leistungen, und er fragt: „Wieviel der einzelne Denker oder Dichter den Anregungen der Masse, in welcher er lebt, verdankt, ob er mehr der Vollender einer seelischen Arbeit ist, an der gleichzeitig die anderen mitgetan haben" (vgl. ebd.: 144)? In dieser Frage kommt der positive Aspekt der Freudschen Verwendung des Massenbegriffs wohl am deutlichsten zum Ausdruck. Masse ist demnach nicht per se kulturfeindlich, sondern auch eine wesentliche Triebkraft kultureller und zivilisatorischer Prozesse.

Die Begründung der These, daß die Masse auch für den Einzelnen kultivierend wirken kann, liefert Elias Canetti. In seiner 1960 erstmals veröffentlichen Schrift „Masse und Macht" definiert er, wie Freud, die Masse janusköpfig. Einerseits beschreibt er sie als ein inhumanes Ungeheuer, das sämtliche zivilisatorischen Errungenschaften zu zerstören sucht und dazu einer Führerschaft bedarf. Andererseits entwirft er das positive Bild einer Gemeinschaft von Gleichen, in der der Einzelne einer hierarchischen Ordnung von Befehl und Gehorsam zu entkommen vermag und zudem seinem Leiden an der Distanz zu seinen Mitmenschen Abhilfe verschaffen kann. „Es ist die *Masse* allein, in der der Mensch von dieser Berührungsfurcht erlöst werden kann" (Canetti 1960: 14).

Canetti bezeichnet die rhythmische Masse als den Typus von Masse, der die positiven Eigenschaften der Dichte und Gleichheit vereint. Dichte baut Berührungsfurcht ab, Gleichheit verhindert hierarchische Strukturen zwischen den Menschen. Prototyp dieser rhythmischen Masse sind Großgruppen von tanzenden Menschen.

> „Jeder stampft auf, und jeder tut es auf dieselbe Weise. Jeder schwenkt die Arme, jeder bewegt den Kopf. Die Gleichwertigkeit der Teilnehmer verzweigt sich in die Gleichwertigkeit ihrer Glieder. Was immer an einem Menschen beweglich ist, gewinnt sein Eigenleben, jedes Bein, jeder Arm lebt wie für sich allein... Schließlich tanzt vor einem ein einziges Geschöpf, mit fünfzig Köpfen, hundert Beinen und hundert Armen ausgestattet, die alle auf genau dieselbe Weise oder in einer Absicht agieren. In ihrer höchsten Erregung fühlen sich die Menschen wirklich als eines, und nur die physische Erschöpfung schlägt sie nieder“ (vgl. ebd.: 34).

Vor allem in der körperlichen Aktion und Kommunikation verschwimmen demnach die sozialen Differenzen und Distanzen zwischen den Subjekten.

Den Begriff der Masse benutzt Canetti im wesentlichen - wie Le Bon und Freud -, um die Psychologie von Menschenansammlungen zu beschreiben. Aber Massen können auch über räumliche Distanzen existieren. So charakterisiert er beispielsweise die Gruppe der Zeitungsleser als eine moderne „Hetzmasse“, die wiederum aus der Jagdmeute, der ursprünglichsten dynamischen Einheit hervorgegangen sei (vgl. ebd.: 58). Mit dieser Polemik gegen das sich Anfang dieses Jahrhunderts etablierende populäre Zeitungswesen war Canetti nicht allein, sondern konnte sich in einen Kreis von Intellektuellen einreihen, die schon zu Beginn des Jahrhunderts in dem neuen Journalismus eine ernstzunehmende Gefahr für die europäische Kultur erblickten. John Carey führt deren Kritik auf die Angst zurück, daß ein mittlerweile alphabetisiertes Millionenpublikum eine neue Kultur entstehen lasse und damit die traditionellen Kultureliten überflüssig mache (vgl. Carey 1996: 16ff).

3. Masse und Elite

Während Le Bon, Freud und Canetti psychologisch fundierte Massentheorien formulierten, versuchte der spanische Philosoph José Ortega y Gasset die Frage nach dem Verhältnis von Masse und Macht aus einer soziologischen Perspektive zu beleuchten. Er beschrieb die Masse als einen ungewollten Effekt im Prozeß der Konstitution der Moderne. Demnach läßt sich der „Aufstand der Massen“ (1978b), wie ein Text von 1930 betitelt ist, auf den Entwicklungsstand der europäischen Zivilisation im 20. Jahrhundert zurückführen:[1] Technik, Wissenschaft, Demokratie und Staat hätten zwar zu einer Verbesserung des Lebens vieler Menschen geführt, zugleich aber der Masse zur Herrschaft verholfen, und darin erkennt er, wie Le Bon, eine zivilisationsgefährdende Entwicklung.

Den Begriff der Masse benutzt Ortega y Gasset als soziologischen Terminus, um die nunmehr allerorts präsenten Menschenmengen zu charakterisieren. Wie Canetti begreift auch er Masse als ein zwangsläufiges Ergebnis der rapiden Bevölkerungszunahme, die sich im 19. Jahrhundert vollzogen habe. Diese wiederum habe im 20. Jahrhundert zu einer Überfüllung geführt und bedrohe seitdem alle kulturellen Bereiche, insbesondere jene, die bisher nur dem Bürgertum vorbehalten waren.

> „Die Städte sind überfüllt mit Menschen, die Häuser mit Mietern, die Hotels mit Gästen, die Züge mit Reisenden, die Cafes mit Besuchern; es gibt zu viele Passanten auf der Straße, zu viele Patienten in den Wartezimmern berühmter Ärzte; Theater und Kinos, wenn sie nicht ganz unzeitgemäß sind, wimmeln von Zuschauern, die Badeorte von Sommerfrischlern. Was früher kein Problem war, ist es jetzt unausgesetzt: einen Platz zu finden...Überall? Nein; gerade an den vornehmsten Stellen, die, als verhältnismäßig verfeinerte Schöpfungen der menschlichen Kultur, vorher ausgewählter Gruppen, mit einem Wort den Eliten vorbehalten waren“ (vgl. ebd.: 7f. u. 9).

Für Ortega y Gasset besteht Gesellschaft aus der dynamischen Einheit von Massen und Eliten – und dies soll auch so bleiben, denn das bürgerliche Primat einer Gleichheit aller Menschen hält er für eine „falsche Voraussetzung“, wenn nicht für „eine entscheidende und aufreizende Ungerechtigkeit“ (Ortega y Gasset 1978a: 232). Auch der Demokratisierung der Kulturnutzung widerspricht Ortega y Gasset am Beispiel der modernen Kunst. Diese könne nur zu einer begabten Minderheit sprechen, da die Masse unfähig zur ästhetischen Urteilsbildung sei, denn sie verwechsele Kunst mit jenen banal-menschlichen Dingen,

---

1 Eine radikale Lesart der Thesen Ortega y Gassets stellt John Carey vor (vgl. Carey 1996: 13). Er vertritt die These, daß sämtliche Massentheorien ausschließlich durch Abgrenzungsmanöver der Intellektuellen motiviert waren. Eine ähnliche These vertritt Nori Möding (vgl. Möding 1984).

die ihr auch im Alltag begegnen (vgl. ebd.: 233). Und weil die Masse unfähig zur Abstraktion sei, führe gerade die ungegenständliche Kunst ihr vor Augen, was sie sei: ein „träges Substrat des historischen Prozesses, eine Nebensache im Kosmos des Geistes“ (vgl. ebd.: 232).

Es ist es für das Verständnis des Subtextes so mancher kulturpessimistischer Feuilleton-Artikel schon interessant, sich die distinktiven Begriffe zu vergegenwärtigen, mit denen Ortega y Gasset den Massenmenschen etikettierte: Er sei ein Primitiver, ein Barbar (vgl. Ortega y Gasset 1987b: 69), ein Wilder (64f.), ein Mensch zweiter Klasse (49), der sich nur für Automobile, Anästhetika und dergleichen interessiere und ungehemmte Lebenswünsche habe. Er sei grundsätzlich undankbar (45), zufrieden mit sich, naiv und außerordentlich beschränkt (49), kümmere sich nicht um Vernunftgründe (69), sondern proklamiere einzig das Recht auf Gewöhnlichkeit (108). Da dem Massenmenschen Kultur vollständig gleichgültig sei (64), drohe durch ihn der Rückfall der Zivilisation in die Barbarei. Dies sei das beklemmendste Problem Europas[2] und die größte Gefahr für die europäische Kultur (vgl. ebd.: 94ff.). Von daher ist der Massenmensch nicht der Träger einer neuen Zivilisation, sondern eher ein Motor beim allerorts befürchteten Untergang des Abendlandes.

Ortega y Gassets Analysen stellen die erste Theorie der Massenkultur der Moderne dar. Das Neue an seiner Konzeption ist, daß er die Massenkultur sozial verortet, den Typus des bildungsbürgerlichen Individuums mit dem Typus des Massenmenschen kontrastiert und zugleich dem einen die ‘Hochkultur’ und avantgardistische Kunst zuweist, während der Massenmensch als ein akulturelles Wesen in den Bereich des Anästhetischen verwiesen wird. Ortega y Gassets Polarisierung von bürgerlichem Individuum und Massenmenschen, von hoher Kunst und Massenkultur setzt sich in den folgenden Theorien der Masse fort: Auch wenn die Begriffspaare niedrige Kultur und Hochkultur, Barbarei und Zivilisation, Massenmensch und bürgerliches Individuum unterschiedliche Färbungen annehmen, verwundert es doch, wie sehr kulturkritische Ansätze auf diesem Denkmodell aufbauen und sich das

---

2 Zu Europa zählt Ortega y Gasset vor allem England, Frankreich und Deutschland.

distinktive Vokabular in der medialen Öffentlichkeit bis heute erhalten konnte.

4. Masse und Klasse

Die soziologische Massendebatte kreiste aber nicht nur um das Verhältnis von Kulturkritik und Gesellschaftsanalyse, sondern auch um die Frage der politischen Durchsetzungskraft der Masse. Hatte die Massenpsychologie die Kultiviertheit des bürgerlichen Individuums zum Bezugspunkt ihrer Regressionstheorie erklärt, so stellte die Soziologie der Masse diese als geschichtsmächtige Handlungseinheit vor: Novemberrevolution und Räterepublik hatten dazu genügend Anlaß gegeben. Dies bewirkte die Transformation des theoretischen Bezugspunktes der Massentheorie. An die Stelle des bürgerlichen Individuums tritt die soziale Gruppe, die das für die bisherige Massentheoriedebatte konstitutive und auf dem Begriffspaar Kultur und Zivilisation aufbauende Gegensatzpaar Individuum und Masse zunächst entschärfen konnte. Wilhelm Vleugel war einer der Pioniere der soziologischen Massentheorie, seine Arbeiten, die sich vor allem mit der Freudschen Massenpsychologie auseinandersetzen, schlugen die Brücke zu einer soziologischen Fundierung des Massenproblems (vgl. z.B. Vleugel 1921, 1926, 1930).

In den 20er Jahren war Masse ein zentrales Thema der Soziologie, wenn es darum ging, soziale Bewegungen und politische Aufstände zu erklären – der dritte Soziologentag in Jena 1922 erhob es zu einem seiner Hauptthemen. In den folgenden Jahren kreisten die Bemühungen vor allem darum, Masse als einen besonderen „sozialen Gestaltungstyp" (Geiger) vorzustellen: Theodor Geiger beispielsweise nannte sie einen „sozialen Verband" (Geiger 1967), Leopold von Wiese ein „flüchtiges soziales Gebilde" (Von Wiese 1929). Trotz dieser grundlagentheoretischen Bemühungen blieb die Masse pathologisiert. Wie schon Georg Simmel in strenger Übertragung der Suggestionsthese Le Bons der Masse einen „prinzipiellen Primitivismus" unterstellt (vgl. Simmel 1908) oder Werner Sombart sie - in gleicher Traditionslinie mit Alfred Weber wähnend - als einen „zusammenhanglosen, amorphen Bevölkerungshaufen namentlich in modernen Großstädten"

(Sombart 1924: 99f.) bezeichnet, kennzeichnet Geiger sie als eine „typische Verfallserscheinung".

Dennoch werden der Masse positive Eigenschaften zugewiesen, wenn es um die politische Aktionsbereitschaft und -fähigkeit geht. Als erster versuchte Robert Michels im Rahmen einer Parteiensoziologie das Freudsche Muster von Führer und Masse auf die Konstitution von Massenparteien zu übertragen. Er vertrat die These, daß die Arbeitermasse zur Demokratie unfähig sei und der Führung bedürfe, der Parteiorganisation deshalb die Tendenz zur Oligarchie innewohne (vgl. Michels 1979).

Wendet Michels bereits die Massenterminologie auf die Arbeiterbewegung an, so wird dieser Gedanke vor allem von Theodor Geiger weiter entfaltet. In Geigers Massentheorie verliert der Massenbegriff seine negativen Konnotationen, die Michels noch blind von der Massenpsychologie übertragen hatte, und taucht als Kampfgemeinschaft auf. Die Weichen für die Umdeutung hatte Wilhelm Vleugel gestellt, der den Aktionismus der Masse als Reaktion auf die Verletzung ihrer Grundrechte und damit als gefühlsbedingt interpretiert hatte. Geiger radikalisiert dessen Lesart, indem er den Massenbegriff in den Kontext eines durch den Geschichtsverlauf sich rational ergebenden Revolutionszusammenhangs stellt. Das Proletariat bezeichnet er als „technische Masse"[3], die er nicht anders als Michels als eine mechanische, auf Führung angewiesene Vielheit versteht. Um dieser Masse aber Aktionsbereitschaft zuschreiben zu können, unterscheidet er zwischen zwei Gruppenformen, der Organisation und der destruktiven Masse: Während erste bereit sei zu handeln, erschöpfe sich die zweite im passiven Nein. Beiden allerdings weist Geiger eine revolutionäre Aufgabe zu: den „Umsturz sinnentleerter und die Aufrichtung werterfüllter Gestalten". Daß die Ausführungen des Sozialdemokraten Geiger letztendlich zur Legitimation des Auseinanderdriftens von Partei und Basis, von staatstragender Sozialdemokratie und Arbeiterschaft dienten, liegt auf der Hand. Die Ersetzung des Begriffs der Klasse durch den der Masse erlaubte Geiger, das Distanzverhältnis von Partei und Klasse durch die Übertragung auf die Beziehung von Führer und Masse zu legitimieren.

---

3 Ähnlich argumentiert Paul Tillich (vgl. Tillich 1922).

Geigers Soziologie der Masse markiert den Anfang des schleichenden Endes der Debatte, die den Begriff der Klasse durch den der Masse zu ersetzen und dieser zugleich eine revolutionäre Kraft zuzuschreiben versucht. Das Thema der Masse und ihrer Aktion mündet in die Soziologie kollektiven Verhaltens. Die politische Manipulierbarkeit der Masse hingegen wurde durch den europäischen Faschismus der 30er und 40er Jahre und hier vor allem durch den Nationalsozialismus zum Gegenstand neuerer Massentheorien, die sich aus sozialpsychologischer Perspektive dem Phänomen der Massensuggestion widmeten (vgl. z.B. Reich 1986). Aber auch hier erwies sich der Massenbegriff analytisch und typologisch nicht als besonders nützlich und wurde von der Gruppentheorie abgelöst.

5. Masse und Kultur

Im Unterschied zur politischen, an dem gesellschaftsverändernden Potential interessierten Massendebatte ist die kulturkritische Diskussion um die Wirkung der Massenkultur bis heute noch nicht beendet. Konsum ist hier das entscheidende Stichwort, mit dem die Kulturkritik das Verhältnis des Menschen zur Massenkultur bzw. des Massenmenschen zur Kultur kennzeichnet.

Lange bevor Adorno und Horkheimer Ende der 40er Jahre ihre einflußreichen Thesen in dem Aufsatz „Kulturindustrie. Aufklärung als Massenbetrug" (1971) vorlegten, in dem sie die industriell erzeugte Kultur als Instrument der Verblendung und der Manipulation der Massen vorstellten, hatte bereits Siegfried Kracauer, ein Freund Walter Benjamins und ein früher Mentor Adornos, sich dem Thema der Massenkultur zugewandt. Kracauer gehörte nicht dem institutionellen Feld des „beamteten Geistes" (Berking 1983: 73)[4] an. Dennoch - oder gera-

4 Kracauer arbeitete bis zu seinem Exil 1933 vor allem als Feuilletonist bei der 'Frankfurter Zeitung'. Hier veröffentlichte er auch die meisten seiner Studien. Diese beruhten einerseits auf einer Auseinandersetzung mit Autoren wie Marx, Lukács, Scheler, Husserl und Simmel und andererseits auf einer durch Erfahrung geprägten, auf Beobachtung und Interviews basierenden Studien. Diese beiden Stränge vereinte Kracauer zu einer gelungenen Synthese einer materialistischen und sozial orientierten Essayistik (vgl. dazu Mülder 1985).

de deshalb - soll sein massentheoretisches Konzept, auf dem seine Analysen massenkultureller Phänomene beruhten, hier nicht unerwähnt bleiben, zumal er als erster auf die Funktions- und Wirkungsweise der Massenkultur als demokratisierendem Element aufmerksam machte.

Das 'Ornament der Masse'[5], 1927 erstmals erschienen, ist einer der zentralen Essays Kracauers. Hier legt er auch seine erkenntnistheoretische Perspektive und zugleich seine interpretative Methode programmatisch dar, indem er einleitend schreibt:

> „Der Ort, den eine Epoche im Geschichtsprozeß einnimmt, ist aus der Analyse ihrer unscheinbaren Oberflächenäußerungen schlagender zu bestimmen als aus den Urteilen der Epoche über sich selbst. Diese sind als Ausdruck von Zeittendenzen kein bündiges Zeugnis für die Gesamtverfassung der Zeit. Jene gewähren ihrer Unbewußtheit wegen einen unmittelbaren Zugang zu dem Grundgehalt des Bestehenden. An seine Erkenntnis ist umgekehrt ihre Deutung geknüpft. Der Grundgehalt einer Epoche und ihre unbeachteten Regungen erhellen sich wechselseitig." (Kracauer 1977: 50).

Das Verhältnis von 'Oberfläche' und 'Grundgehalt' illustriert Kracauer an einem für die damalige Zeit sehr populären Phänomen, den Tillergirls, jenen Tänzerinnen, die, eine der anderen gleich, in den modernen Palästen urbaner Zerstreuung auftraten und dort in 'Reih und Glied' nicht marschierten, sondern tanzten. Die Tillergirls sind im Unterschied zu der zeitgleich aufkommenden und im Bildungsbürgertum verhafteten Ausdruckstanzbewegung nicht als Individuen, sondern als Teilelemente eines dynamischen Ornaments inszeniert. Ähnlich wie im Tayloristischen Produktionssystem sind die Menschen in den Ornamenten - zu denen Kracauer auch Großveranstaltungen in Sportstadien zählt, wo große Mengen von Menschen geometrische Figuren bilden - nicht als Einzelne oder als organische Ganzheit gefragt, sondern nur in ihrer Funktionalität für das Gesamtgefüge. Insofern bilden die Ornamente einen „ästhetischen Reflex [zu, G.K.] der von dem herrschenden Wirtschaftssystem erstrebten Rationalität" (vgl. ebd.: 54). Als „stumme Natur ohne Überbau" (63), als Unbewußtes ermöglichen sie einen unverstellten, von ideologischen Verklärungen freien Blick auf den 'Grundgehalt' der Epoche.

---

5 Der Aufsatz ist in dem gleichnamigen Band veröffentlicht (Kracauer 1977).

Kracauer begreift das Unbewußte der Masse nicht als chaotisch, sondern schreibt ihm eine Rationalität zu, die entschlüsselt werden kann. Gerade über die Rationalität der Massenornamente könne, so seine zentrale These, eine Gesellschaft sich selbst begreifen und die Gesamtverfassung der Zeit durchschauen. Allerdings ist die 'Masse' nicht in der Lage, den Grundgehalt zu erschließen, denn es ist ihr unmöglich, sich in den Ornamenten zu erkennen. Ähnlich wie Schauspieler, die das gesamte Szenenbild oder Tänzer das gesamte Raumbild der Choreographie nicht wahrnehmen können, wird „das Ornament...von den Massen, die es zustandebringen, nicht mitgedacht" (52). Allerdings bleibt Kracauer nicht bei dieser eindimensionalen, an die Kulturkritik des neunzehnten Jahrhunderts erinnernden Auffassung stehen. Vielmehr deutet das ästhetische Moment, das er dem Massenornament zuschreibt, auf eine andere Lesart hin. Über die Ästhetik des Ornaments kann sich, so seine These, die Masse nochmals anders begegnen als in einer blinden Reflexhaftigkeit, die sie nur gegenüber dem historischen Prozeß einzunehmen vermag. Denn die Ästhetik erhebt das Massenornament gegenüber den historisch obsoleten Formen der Kunst und macht es 'legitim'.

Mit dieser ästhetischen Aufwertung des Massenornaments bezieht Kracauer Stellung gegen jene Intellektuellen vom Schlage Adornos, die in der Massenkultur nichts anderes als ein allumfassendes Manipulationsinstrument zu entdecken vermögen.

> „Die Gebildeten, die nicht alle werden, haben den Einzug der Tiller-Girls und der Stadionbilder übel vermerkt. Was die Menge unterhält, richten sie als Zerstreuung der Menge. Entgegen ihrer Meinung ist das *ästhetische* Wohlgefallen an den ornamentalen Massenbewegungen *legitim*...Wie gering immer der Wert des Massenornaments angesetzt werde, es steht seinem Realitätsgehalt nach über den künstlerischen Produktionen, die abgelegte höhere Gefühle in vergangenen Formen nachzüchten" (ebd.: 54f.).

Die historische Aktualität der ornamentalen Ästhetik liegt aber nicht nur darin, daß sie die Realität erfasst und spiegelt, sondern auch darin, daß das Massenornament ein realitätsgerechtes Verhältnis zur Natur zu schaffen vermag. Denn das Massenornament entsubstantialisiert nicht nur die Natur, sondern reduziert zugleich den Diskurs um die Natur des Menschen auf das Wesenhafte, auf den Menschen, „den die Vernunft bestimmt" (59). Aus der Perspektive der Vernunft hingegen offenbart sich das Massenornament als ein mythologischer Kult. Hier veranschauliche sich die Konstruktion des 'neuen Menschen', der bei Kracauer nicht über eine Distanz zur Masse, sondern aus ihr heraus geboren wird. Die Masse ist somit nach Kracauer keineswegs nur passives Opfer oder ein gefährliches Ungeheuer. Vielmehr ist sie als Träger des Ornaments „seinen Verächtern unter den Gebildeten insofern überlegen, als sie im Rohen die Fakten unverschleiert anerkennt" (61).

Mit seinem Massenkonzept führt Kracauer einen Zweifrontenkrieg: auf der einen Seite gegen die etablierten, aber seiner Meinung nach weit überlebten Ansprüche der 'Gebildeten', und auf der anderen Seite gegen eine kollektivistische und technizistische Verklärung von Massenbewegungen. Indem er Massenteilchen, organisierte Masse und formal-rationales Ornament zu den Bausteinen der Massentheorie erklärt, gibt er dem Begriff der Masse eine räumliche und ästhetische Dimension. Seine massentheoretischen Thesen haben deutlich gemacht, daß die räumlich-geometrische Struktur ein wesentlicher Aspekt von Menschenansammlungen ist und daß deren Analyse nicht nur zum Verständnis des speziellen Massenphänomens bedeutsam sein kann, sondern zugleich zur Erklärung seiner fundamentalen sozialen Konstruktionsprinzipien beiträgt. Zum anderen hat er über die Analyse des Massenornaments veranschaulicht, wie entscheidend auch massenkulturelle Phänomene durch ästhetische Dimensionen geprägt sind.

Noch schärfer als Kracauer formuliert Walter Benjamin in seinem 'Passagen-Werk' eine Gegenposition zu dem antithetischen Denkmodell seiner Freunde Horkheimer und Adorno. Seine Grundannahme ist zunächst nicht so weit von der ihren entfernt, wenn er konstatiert: „Zu keinem, wenn auch noch so utopischen Zeitpunkte, wird man die Massen für eine höhere Kunst, sondern immer nur für eine gewinnen, die ihnen näher ist." (Benjamin 1982: 499) Die Stigmatisierung der Massenästhetik durch Ortega y Gasset quasi positiv wendend, zieht er allerdings eine andere Konsequenz und fordert eine dem Alltag näherstehende, humanisierende Kunst.

Die politische Frontstellung Benjamins gegen die von Horkheimer und Adorno vorgegebene „Generallinie"[6] wird schon in dem 1936

6 Ein Begriff, den Adorno in einem Brief an Benjamin, datiert vom 18. März 1936, benutzte. In diesem Schreiben listet er mehrere seiner Kritik-

erstmalig veröffentlichten Aufsatz „Das Kunstwerk im Zeitalter seiner technischen Reproduzierbarkeit"[7] deutlich. Hier hat er die Frage nach dem politisch-gesellschaftlichen Funktionswandel der Kunst in den Zusammenhang der rapiden technischen Umwälzung der Reproduktionsmedien gestellt. Seine zentrale These lautet, daß die sprunghafte Ausbreitung gerade der Medien Fotografie und Film den Umschlag des technischen Fortschritts von Quantität in Qualität bewirkt habe. Während zuvor Kunstwerke noch Bestandteile eines quasi religiösen Rituals waren, haben sie diese 'Aura', das „Hier und Jetzt, das Originale, das Einmalige" (Benjamin 1963: 11ff) verloren. Durch die Reproduktionsmedien seien die Kunstwerke aus ihren historischen Traditionen und ihrem „parasitären Dasein im Ritual" (17) gerissen und in einen massenhaften Produktions- und Rezeptionszusammenhang gestellt worden.

Indem Benjamin nach dem Verhältnis von Masse und Kunst fragt, bezieht er eine deutliche Gegenposition zu Adorno und dessen rettender Analyse autonomer Kunstwerke. Während Adorno die Utopie des Sozialen in den autonomen Kunstwerken gerade deshalb beheimatet sieht, weil die an Zerstreuung gewöhnte und verblendete Masse eine quasi natürliche Distanz zu ihnen halte, vertritt Benjamin die umgekehrte These. Für ihn ist die Möglichkeit der Bewußtseinsveränderung der Masse und damit ihre Annäherung an die Kunst erst durch die Reproduktionsmedien möglich geworden. Das innovativste Medium in diesem Prozeß sei der Film, den Benjamin als „das erste Kunstmittel bezeichnet, das in der Lage ist zu zeigen, wie die Materie dem Menschen mitspielt" (Benjamin 1977: 26). Im Unterschied zu den das „asoziale Verhalten des Bürgertums" charakterisierenden Verhaltensweisen der inneren Versenkung und Sammlung, verlange der Film durch seine schockartige Wirkung eine Veränderung der Wahrnehmungsstrukturen und Verhaltensweisen der Betrachter.[8] Im Unterschied

---

punkte an dem „Reproduktionsaufsatz" Benjamins auf (vgl. Adorno/ Benjamin 1994: 168).

7 Der Aufsatz wurde zuerst in französischer Übersetzung in der 'Zeitschrift für Sozialforschung' veröffentlicht.

8 Auch dieser These wollte der jüngere Adorno nicht so recht folgen und kritisierte bereits 1936 in einem Brief an Benjamin die Thesen der „Re-

zur Frankfurter Generallinie stellt Benjamin die Masse weder als passives Opfer vor, noch dient Massenkultur ausschließlich als Manipulationsinstrument. Ähnlich wie Berthold Brecht, der etwa zeitgleich Kritik an einem vom Individuum her gedachten Massenbegriff übte,[9] positioniert Benjamin Masse nicht in Abgrenzung zum bürgerlichen Subjektbegriff. Auch differenziert er zwischen den Begriffen Klasse und Masse, indem er letzteren über die Kategorien des Marktes entwickelt (vgl. Benjamin 1982: 93): Während sich die Klasse aus ihrer objektiven Stellung im Produktionsprozeß definiert, bildet sich die Masse über die Ware. Wie diese hat die Masse einen Scheincharakter, den Benjamin am Beispiel des Flaneurs herausarbeitet. Durch Paris, die kulturelle Metropole des neunzehnten Jahrhunderts schlendernd, phantasiert der Flaneur die graue Großstadtmasse als eine bunte Käufermasse (vgl. Benjamin 1977: 204). Als Phantasmagorie wird die Großstadtmasse zum entscheidenden Symbol der Moderne.

> „Die Masse legt sich als Schleier vor den Flaneur: sie ist das neueste Rauschmittel des Vereinsamten. - Die Masse verwischt, zweitens, alle Spuren des Einzelnen: sie ist das neueste Asyl des Geächteten. - Die Masse ist, endlich, im Labyrinth der Stadt das neueste und unerforschlichste Labyrinth“ (Benjamin 1966: 751).

Indem die Masse die moderne Großstadt entscheidend prägt, kann Benjamin ihr auch eine aktive Rolle bei der ‘Entauratisierung’ der bürgerlichen Welt zuweisen. Denn obwohl auch er die Masse als vom Fetisch individueller Freiheit ‘verhext’ und von der Warengesellschaft

---

produktionsarbeit“: „Das Lachen der Kinobesucher ist...nichts weniger als gut und revolutionär sondern des schlechtesten bürgerlichen Sadismus voll; das Sachverständnis der Sport diskutierenden Zeitungsjungen ist mir im höchsten Maß zweifelhaft; und vollends die Theorie der Zerstreuung will mich, trotz ihrer chokhaften Verführung, nicht überzeugen...Und daß, um nur noch eine Kleinigkeit herauszugreifen, der Reaktionär durch Sachverständnis vorm Chaplinfilm zum Avantgardisten werde - das scheint mir ebenfalls eine Romantisierung.“ (Adorno/ Benjamin 1994: 171f.)

9 "Unser Massenbegriff ist vom Individuum her gefasst...Was sollte über das Individuum auszusagen sein, solang wir vom Individuum aus das Massenhafte suchen. Wir werden einmal vom Massenhaften das Individuum suchen und somit aufbauen“ (Brecht 1968: 98f.).

verblendet ansieht, schreibt er ihr auch ein fortschrittliches Potential im Sinne eines neuen Weltverhaltens zu. Dieses sei in der Masse schon als Matrix eingebettet, kann sich aber erst entfalten, wenn die Masse sich zugleich in ein Kollektiv verwandelt.

Benjamin ist es gelungen, das für den Massendiskurs konstitutive Gegensatzpaar Individuum und Masse und damit der impliziten klassenspezifischen Verortung der Masse zu entgehen. Indem er die Masse als ein Scheinkollektiv definiert, verdeutlicht er darüber hinaus deren imaginativen Charakter. Zudem verwirft er den bürgerlichen Kulturbegriff und konzentriert die Frage nach den progressiven und regressiven Tendenzen, die der Kultur in einer Massengesellschaft innewohnen, ausschließlich auf Menschen als Kollektiv. Indem er nach den Konstitutionsbedingungen von Kultur und Kunst durch die Medien fragt, löst er zugleich den monolithischen Block 'Massenkultur' als Gegenpart zur 'hohen Kunst' auf.

Der Radikalität der Benjaminschen Argumentation wollten die Frankfurter Sozialforscher auch nach den Erfahrungen, die sie mit Kino und Fernsehen im amerikanischen Exil gemacht hatten, nicht folgen. Dies ist umso verwunderlicher, wenn man bedenkt, daß Adorno in einem Gespräch mit Umberto Eco eingestanden haben soll, wären die Schriften der 'Dialektik der Aufklärung' nicht in den USA der vierziger Jahre, sondern im Nachkriegsdeutschland verfaßt worden und hätte ihnen zudem einer Analyse des Fernsehens zugrunde gelegen, wären seine Urteile minder pessimistisch, weniger radikal ausgefallen (vgl. Eco 1986: 11).[10] In dem in den 60er Jahren verfaßten Text zum Thema Masse wiederholen sie allerdings die Generalthese des ‚Kulturindustrie-Aufsatzes': „Nicht die Massen produzieren das Grauen, unter

10 Eine differenziertere Betrachtung der Mechanismen der Massenkultur hatte Adorno aber bereits vor den monolithisch wirkenden Thesen zur Kulturindustrie vorgelegt. So schreibt er in dem mit Eisler schon in den dreißiger Jahren entwickelten Text Komposition für den Film': „Die Auseinandersetzung mit Massenkultur muß es sich zur Aufgabe setzen, die Verschränkungen beider Elemente, der ästhetischen Potentialitäten der Massenkunst in einer freien Gesellschaft und ihres ideologischen Charakters in der gegenwärtigen, sichtbar zu machen." (Adorno/Eisler 1982: 15).

denen heute die Welt steht, sondern alles und alle, welche ihrer sich bedienen, indem sie sie erst zu Massen machen" (Institut für Sozialforschung 1991: 76). Die Funktion der Masse besteht für die Frankfurter Sozialforscher darin, eine Illusion von Nähe und sozialer Verbundenheit zu erzeugen, ohne allerdings den Individuen jemals eine ihnen „ursprünglich nahe Gemeinschaft" (77) zu ermöglichen. Auf diese Weise verschleiere sie Atomisierung, Entfremdung und die politische Ohnmacht der Einzelnen (vgl. ebd.). Ihrer Lesart zufolge kennen Massenmenschen die wahren Empfindungen von Nähe und sozialer Verbundenheit nicht mehr, kulturelle Massenveranstaltungen halten sie für das dem Stand der Warenzirkulation angemessene Konstrukt einer Gemeinschaft. Da von einer durch Kulturindustrie manipulierten Masse kein aufklärerisches Potential mehr zu erwarten sei, sieht Adorno das letzte Refugium eines Vorscheins der Freiheit nur in der Kunst und hat gerade deshalb in vielen seiner musiksoziologischen Beiträge immer wieder vor der Wirkungsweise der Musikindustrie auf den Massenmenschen[11] gewarnt: Die 'leichte Musik' des Schlagers erfülle allein die Funktion, zu manipulieren, zu betäuben und zu erschlagen. In dem schon 1941 veröffentlichten Aufsatz „On Popular Music" legt Adorno die Grundlagen für den ein paar Jahre später gemeinsam mit Max Horkheimer veröffentlichten Aufsatz zur Kulturindustrie: Unterhaltungsmusik sei standardisiert und pseudoindividualisiert, fungiere als eine Art sozialer Zement und fördere ein passives Konsumverhalten (vgl. Adorno 1941).[12]

Ebenso eindeutig wie Adorno bekanntlich für Schlager und Jazz nur abschätzige und verständnislose Worte zu finden vermochte, charakterisiert er auch die Menschen, die diese Musik hören - oder gar danach tanzen - als „rhythmically obedient" und als „coordinated battalions of mechanical collectivity" (40). Er analysiert sie als eine anonyme Masse willenloser, behinderter Einzelwesen ohne Ausdrucks-

---

11 Carey hat Ähnliches an einigen Literaturbeispielen aus dem angloamerikanischen Sprachraum nachgewiesen. (Vgl. Carey 1996: 62ff.).

12 Zur Auseinandersetzung mit den musiksoziologischen Schriften Adornos siehe Behrens 1996 und Steinert 1992.

und ästhetisches Urteilsvermögen. Der Bildungsbürger Adorno beweist hier seinen Sinn für soziale Distinktion [13]

Die These, daß Massenkultur anonymisierte Individuen produziert habe, teilt Günther Anders (vgl. Anders 1994, 1995). Die zweite industrielle Revolution charakterisiert Anders als das zweite Stadium des Massenkonsums. Es zeichne sich dadurch aus, daß „das Massenprodukt *nicht nur für die Masse, sondern en masse*“ (Anders 1995: 80) produziert würde. Ähnlich wie Walter Benjamin die Aura des Originals im Zeitalter seiner technischer Reproduzierbarkeit gefährdet sieht, beschreibt Anders dieses Stadium als den Ersatz der Originale durch Kopien, die dann selbst in den Status von Originalen übergingen. Diese Original-Kopien würden über die modernen Massenmedien Radio und Fernsehen an die einzelnen Haushalte weitergegeben und dort konsumiert.

Die Verwandlung ihrer selbst zu Massenmenschen durch den Konsum von Massenwaren begreift Anders als eine besondere Arbeitsleistung der Menschen in der Moderne. Er stellt die Individuen in der Masse nicht als grenzenlos formbare Wesen ohne eigenen Willen vor; vielmehr ist es gerade der Drang nach Individualität und Besonderheit, der die Selbstproduktion des Massenmenschen ermöglicht. Demnach unterliegt der Massenmensch dem trügerischen Eindruck, individuell zu sein, während die Warenwelt ihm die Freiheit des Ichs nur vorgaukelt.

Nach Anders haben wir das zweite Stadium des Massenkonsums bereits hinter uns und befinden uns im dritten Stadium, dem Zeitalter der dritten industriellen Revolution, in dem sich der Effekt der letzten Phase bereits eingestellt hat. Der Mensch ist heute nicht nur sozial iso-

---

13 Daß das monolithisch wirkende Konzept der Massenkultur auf den bildungsbürgerlichen Habitus der Frankfurter Sozialforscher zurückzuführen sei, bemerkte schon Hanns Eisler, der in den Anfängen zusammen mit Brecht an deren Massenkulturdebatten teilgenommen hatte. In einem Gespräch Ende der fünfziger Jahre konstatierte er lapidar: „Es fehlt eben bei diesen Frankfurturisten, wie der Brecht sie nannte, eine echte Kampfstellung gegen das Bürgertum...Sie wollen nur gescheiter wie die bürgerlichen Theoretiker sein, aber sie wollen sie nicht bekämpfen. Es sind also die Vorzugsschüler des Unterganges.“ (Eisler 1975: 39f.).

liert, sondern auch dann allein, wenn er sich in der Masse befindet. Die Gefahr, sich in der Masse zu verlieren, besteht für den Masseneremiten nicht mehr. Er ist zwar ein Massenmensch, aber als durchweg isoliertes Wesen weder in der Lage noch sozial genötigt, sich zu Massen zusammenzuballen. Sollte es dennoch zu Massenansammlungen kommen, handelt es sich um eine politisch verfügbare Masse, die "durchweg harmlos, durchweg passiv, durchweg unrevolutionär (sei). Womit gesagt ist...daß *das Reproduktionszeitalter das grundsätzlich unrevolutionäre Zeitalter ist*" (90). Der Kulturkonsum entspräche demnach einer Massengesellschaft, die die Individuen über Atomisierung bereits vollständig entpolitisiert und jede Form der Gemeinschaft, die auf Veränderung abzielt, bereits unmöglich gemacht habe.

Es waren US-amerikanische Autoren, die bereits in den 60er Jahren im Zuge der Postmoderne gegen den bei modernen Kulturkritikern anzutreffenden Dualismus von hoher Kunst und Massenkultur, Elite und Volk, Individualität und Masse argumentierten. Wegweisend wurde hier ein bezeichnenderweise im *Playboy* erstmals veröffentlichter Text von Leslie Fiedler mit dem programmatischen Titel *Cross the Border - Close the Gap* (1969), in dem er für die Aufhebung der Trennung von hoher und niedriger Kunst plädiert. Diese sei in der ästhetischen Praxis beispielsweise des Pop längst erfolgt und nichts anderes als ein überflüssiges und lästiges Relikt der Klassengesellschaft, das sich in die industrialisierte Massengesellschaft hinübergerettet habe. Fiedler charakterisiert die Postmoderne als Ergebnis einer Massengesellschaft, welche die Klassengegensätze überwunden und alte machtpolitische und sozial hierarchisierende Strukturen hinter sich gelassen und keine neuen geschaffen habe.

Was sich in der Literaturdebatte der 60er Jahre als neue kulturtheoretische Grundformel herauskristallisiert hatte, sollte im weiteren Verlauf auch in den Diskursen der Architektur, der Soziologie und der Philosophie seinen Niederschlag finden. Massen-, Pop- und Alltagskulturen wurden Gegenstand akademischer Diskurse. Seit den 60er Jahren widmete sich eine steigende Zahl von Kultur- und Kunstwissenschaftler/innen nicht mehr den antiken Tempelanlagen, sondern den ästhetischen Dimensionen moderner Industriearchitektur. Wer sich zuvor mit Salomé beschäftigt hatte, konzentrierte sich nun auf die Verführungskünste einer Jayne Mansfield oder Marilyn Monroe, und die

Kontextualisierung historischer Madonnenfiguren erhielt plötzlich Konkurrenz durch das Pin-up-Girl oder später durch die Popsängerin Madonna. Nicht zuletzt die Beatles avancierten zu einem Untersuchungsgegenstand der akademischen Welt, hatten sie doch mit ihrem Film *Yellow Submarine* eindrücklich auf die künstlerischen Möglichkeiten der Massenkommunikation hingewiesen und eine Brücke zwischen Avantgarde- und Massenkunst geschlagen. Marilyn Monroe, James Dean, Elvis Presley, die Beatles – sie wurden zu den ersten Ikonen einer Gesellschaft, in der die Welt der Massenkultur sich daran machte, die abendländische Bilderwelt in Frage zu stellen.

In den 70er Jahren dann verschwand die Kritik der Massenkultur weitgehend aus den akademischen Debatten und wurde ersetzt durch alltagskulturelle Studien, die ihr Augenmerk auf die kulturellen Praxisfelder lenkten und hier vor allem der Frage nach den Aneignungsweisen massenkultureller Produkte, der Rezeption medialer Angebote und ihren Funktionen im lebensweltlichen Kontext nachgingen. Hierbei stand vor allem die Frage, ob die Kulturproduzenten die Bedürfnisse der 'Massen' so einfach und widerstandslos manipulieren können, wie die Thesen der Massensuggestion und der totalen Bedürfnismanipulation suggerieren, im Mittelpunkt des Interesses. Die Kritik der Massenkultur hingegen blieb vor allem in der medialen Öffentlichkeit präsent.

6. Begriffsfetisch Masse

Die Theorien der Massengesellschaft entstanden im Kontext jener Debatte, die soziale Transformationsprozesse in Politik, Ökonomie und Kultur um die Wende zum 20. Jahrhundert zu erklären und zu deuten suchte. Aber sie waren auch immer ein Medium, das der Selbstverständigung und Selbstvergewisserung der bürgerlichen Intellektuellen diente. Der Diskurs um die Masse war Bestandteil eines bildungsbürgerlichen Ideologieprojektes und garantierte die brüchig werdende klassenspezifische Identität – hier liegen die Motive und die Muster des Diskurses begründet. Die basale Diskursfigur bürgerliches Ich und Masse, sprich Persönlichkeit, Geist, Kultur, Bildung und Humanität auf der einen und Mittelmäßigkeit, Barbarei, Zerstörung, Technik auf der anderen Seite bildete den Ausgangspunkt des Massendiskurses und begleitet ihn bis heute.

Das Theoriekonstrukt Masse beruht auf einem sprachlichen Kunstgriff, auf einer Gleichsetzung der Begriffe Menge und Masse. Diese erlaubt den Kritikern der Masse der Mehrheit der Menschen jene distinktiven Merkmale abzusprechen, die ihnen selbst Überlegenheit garantieren, nämlich vor allem die Fähigkeit zu Ich-Bildung, Vernunft und Fähigkeit zur Kritik. Die Begriffsdefinition, die den Unterschied zwischen Menge und Masse an der Möglichkeit einer plötzlichen, zielgerichteten Aktion festmacht, basiert auf einem imaginativen Konstrukt. Während die Menge sichtbar und erfaßbar ist, ist die Masse eine Metapher für etwas Unsichtbares und Unfaßbares. Als solche bietet sie sich als Projektionsfläche an. Masse ist immer ein Bild, konstruiert von denen, die sich von der Masse abheben wollen, um ihre Privilegien fürchten oder vor ihr Angst haben und diese Gefahr zu dämmen glauben, indem sie einen Mythos der Bedrohung konstruieren. Masse, so ließe sich im Sinne Bourdieus argumentieren, ist ein wirksames Mittel sozialer Distinktion. Obwohl es nach wie vor Menschenansammlungen gibt, die sich zu plötzlichen Aktionen entschließen, lassen sich diese mit dem Massenkonzept nur unzureichend soziologisch erklären. Dies hat bereits die Kritik am Begriff der Masse in den 70er Jahren gezeigt (vgl. z.B. Bernauer 1990; König 1977; Luckmann 1988; Schoeck 1979).

Mit der Soziologie der Masse etabliert sich die Rede über den Massenmenschen. Seit Ortega y Gasset ist der Massenmensch ein bestimmter Typus von Mensch, gewöhnlich, ohne Ehrgeiz und unscheinbar, durchschnittlich und blass wie das ‚Heimchen', der Prototyp der Angestellten in Siegfried Kracauers Studie „Die Angestellten" (1971). In den Theorien der Masse erscheint der Massenmensch vor allem als ein mediales Produkt: Von Zeitungen und Journalen, dieser spezifischen 'Schundliteratur', die die gerade alphabetisierten Menschen zu Beginn des zwanzigsten Jahrhunderts zu lesen begannen, über Radio, Kino und Fernsehen, die ausschließlich dem Amüsement und der Zerstreuung der mittlerweile amorphen Masse dienten, bis hin zu Homecomputern und Videospielen, welche die mittlerweile der Isolation verfallenen atomisierten Massenmenschen triebökonomisch festlegen. Immer wieder haben Massentheoretiker die Medien herangezogen, um die Deformationen des Massenmenschen zu belegen und um sich selbst davon zu distanzieren. Aber nicht nur die Medien, sondern auch Massenikonen wie Konserven, Plastik, Polyester und Polyacryl, Mikkey Mouse und Turnschuhe mußten immer wieder als Beispiele herhalten, um den Zusammenbruch der europäischen Kulturtradition zu konstatieren. Eco hat den Anklägern der Massenkultur vorgeworfen, daß ihre Verachtung sich nur scheinbar gegen die Massenkultur, in Wahrheit aber gegen den Massenmenschen richtet, der an einem historischen Vor-Bild gemessen würde, dem Renaissance-Menschen. An ihm würden Kulturkritiker „den Traum vom vielseitig gebildeten und nachdenklichen Edelmann wiederholen, dem die ökonomischen Verhältnisse erlauben, seine inneren Erfahrungen mit liebevoller Aufmerksamkeit zu kultivieren, sie vor der Vermischung mit äußeren Zwecken zu bewahren und ihnen absolute Originalität zu gewährleisten" (Eco 1986: 41).

Konstrukteure des Konzepts der Masse waren und sind die Vertreter der bildungsbürgerlichen Eliten. Motiv ihrer Konstruktion mag, wie Eco schon in den sechziger Jahren vermutete, „das Heimweh nach einer Epoche (sein, G.K.), in der die Werte der Kultur das Erbteil und der Besitz einer einzelnen Klasse waren und nicht jedermann offenstanden" (39). Ein ähnliches Fazit zieht auch Lepsius, wenn er räsoniert: „Es gibt eine intellektuelle Arroganz, die sich in der Kritik der Massenkultur ergeht und daraus auch noch eine Rente bezieht" (Lepsius 1988: 233). Er plädiert für eine Gelassenheit gegenüber der Massenkultur zugunsten der Entwicklung von Kriterien, die, ganz in der Tradition der Aufklärung, die Fähigkeit zur Selbstreflexion zu schärfen vermögen.

Für die Soziologie ist der Begriff Masse zu diffus und zugleich ideologisch zu beladen. Aus der Sicht der politischen Soziologie versuchte dies bereits Max Adler deutlich zu machen, als er auf dem Soziologentag 1922 in Jena den Begriff der Klasse gegen den der Masse verteidigte. Während die historische Kontextgebundenheit der revolutionären Massentheorie schon zu jener Zeit offensichtlich wurde, hat der Begriff der Masse in den kulturkritischen Debatten eine erstaunliche Standfestigkeit bewiesen.[14] Allerdings zieht auch hier die Konturenlosigkeit und Undifferenziertheit des Begriffs empirische und theoretische Folgeprobleme nach sich: Eine auf diesen begrifflichen Fun-

14 Mit der Kritik der Massenkultur in der DDR seit den siebziger Jahren setzt sich Wolfgang Haible kritisch auseinander (vgl. Haible 1993).

damenten basierende Theorie der Massenkultur hat größte Schwierigkeiten herauszufinden, auf welche verschiedenen Arten sich Menschen der Kultur bedienen und welche kulturellen Praktiken in verschiedenen sozialen Feldern anzutreffen sind.[15] Mit dem Massenbegriff lassen sich Fernsehzuschauer und Kinogänger, Popmusikfans und Fulballfreunde lediglich als vermasst und ihrer Individualität beraubt begreifen. Die Aneignungsformen von Kultur und der Stellenwert von Kultur in der sozialen Praxis lassen sich mit dem Massenkonzept ebensowenig analysieren, wie die Frage der Rolle und des Umgangs der Medien in der Alltagspraxis von Massengesellschaften.[16]

Selbst der bemühte Versuch, in Fortschreibung der Thesen Benjamins Demokratisierungstendenzen in der Massenkultur nachzuzeichnen, ist zum Scheitern verurteilt.[17] Denn obwohl in diesem Jahrhundert gerade die Massenkultur zur Demokratisierung von Kultur beigetragen, die Beteiligung eines Großteils der Bevölkerung an der Kunst eröffnet und ästhetische Erfahrungen für immer mehr Menschen ermöglicht hat, blieb der massenkulturelle Diskurs immer auch ein geeignetes Mittel, ihre Nutzer und vor allem ihre Nutzerinnen zu diskreditieren. Indem das Verhältnis von hoher Kunst und Massenkultur immer als eine Frage der Differenz von ästhetischer Qualität verhandelt wurde, ohne den klassenspezifischen Kontexten Rechnung zu tragen, blieb auch die These einer Demokratisierung von Massenkultur an die Grundmuster des Massenkonzepts gebunden. Aus dieser Perspektive wird verständ-

---

15 Aus diesem Grunde verabschiedet sich Walter Hagemann bereits in seinem 1951 erschienen Werk „Vom Mythos der Masse" von dem Begriff, den er ebenso unzureichend hält für eine Beschreibung öffentlichen Verhaltens und Handelns (vgl. Hagemann 1951).

16 Den Versuch einer Revitalisierung des Massenkonzeptes und den Entwurf einer handlungstheoretisch orientierten Massentheorie unternimmt Angelika Schade (vgl. Schade 1993).

17 Die These einer Demokratisierung durch die Massenkultur vertritt Kaspar Maase. Er beschreibt die Massenkultur als die eigentliche Kulturrevolution dieses Jahrhunderts (vgl. Maase 1996). Im Unterschied dazu konstatiert beispielsweise Friedrich Tenbruck eine zunehmende Beliebigkeit und Entleerung von Kultur unter den Bedingungen der Massenmedien, der Unterhaltungsindustrie und der egalitären Massendemokratie (vgl. Tenbruck 1989).

lich, warum die distinktive Haltung zur Massenkultur in der medialen Öffentlichkeit bis heute so lebendig ist.

Literatur

Adorno, Theodor W. 1941: On Popular Music. In: Zeitschrift für Sozialforschung, Nr. 9, 1941, S. 17-48.

Adorno, Theodor W./Hanns Eisler 1982: Komposition für den Film. In: Theodor W. Adorno: Gesammelte Schriften. Bd,. 15, Frankfurt/M., S. 7-146..

Adorno, Theodor W./Walter Benjamin 1994: Briefwechsel 1928-1940. (Hrsg. von Henri Lonitz), Frankfurt/M.

Anders, Günther 1994: Die Antiquiertheit des Menschen. Über die Seele im Zeitalter der zweiten industriellen Revolution. Bd.1, 7. Aufl., München.

Anders, Günther 1995: Die Antiquiertheit des Menschen. Über die Zerstörung des Lebens im Zeitalter der dritten industriellen Revolution. Bd.2, 4. Aufl., München.

Band, Henri 1992: Massenkultur versus Angestelltenkultur. Siegfried Kracauers Auseinandersetzung mit Phänomenen der modernen Kultur in der Weimarer Republik. In: Norbert Krenzlin (Hg.): Zwischen Angstmetapher und Terminus. Theorien der Massenkultur seit Nietzsche. Berlin, S. 73-101.

Behrens, Roger 1996: Pop Kultur Industrie. Zur Philosophie der populären Musik. Würzburg.

Benjamin, Walter 1963 (1936): Das Kunstwerk im Zeitalter seiner Reproduzierbarkeit. Frankfurt/M.

Benjamin, Walter 1966: Briefe. Frankfurt/M.

Benjamin, Walter 1977: Über einige Motive bei Baudelaire. In: Ders.: Illuminationen. Ausgewählte Schriften I, Frankfurt/M., S. 185-229.

Benjamin, Walter 1982: Das Passagen-Werk. In: Ders.: Gesammelte Schriften. (Hrsg. von Rolf Tiedemann), Bd. 5, Frankfurt/M.

Berking, Helmuth 1983: Masse und Geist. Studien zur Soziologie der Weimarer Republik. Berlin.

Bernauer, Markus 1990: Die Ästhetik der Masse. Basel.

Blättler, Sidona 1995: Der Pöbel, die Frauen etc. Die Massen in der politischen Philosophie des 19. Jahrhunderts, Berlin.

Brecht, Berthold 1968: Notizen über Individuum und Masse. In: Ders.: Schriften zur Politik und Gesellschaft. Bd. 1: 1919-1941, (red. von W. Hecht), Berlin/ Weimar, S. 98-102.

Canetti, Elias 1995 (1960): Masse und Macht. Frankfurt/M.

Carey, John 1996: Hass auf die Massen. Intellektuelle 1880-1939. Göttingen.

Eco, Umberto 1986: Apokalyptiker und Integrierte. Zur kritischen Kritik der Massenkultur. Frankfurt/M.

Eisler, Hanns 1975 (1958): Gespräche mit Hans Bunge. Fragen Sie mehr über Brecht. Leipzig.

Fiedler, Leslie A. 1969: Cross the Border – Close the Gap. In: Playboy 12/1969, (ins dt. übersetzt: Überquert die Grenze, schließt den Graben! Über die Postmoderne. In: Wolfgang Welsch (Hg.) 1988: Wege aus der Postmoderne. Weinheim, S. 57-74).

Franke, Manfred 1985: Der Begriff der Masse in der Sozialwissenschaft. Darstellung eines Phänomens und seine Bedeutung in der Kulturkritik des 20. Jahrhunderts, Mainz (Diss.).

Freud, Sigmund 1955 (1940): Massenpsychologie und Ich-Analyse. In: Gesammelte Werke, Bd. XIII, London, S. 71-161.

Geiger, Theodor 1967 (1926): Die Masse und ihre Aktion. Ein Beitrag zur Soziologie der Revolution. Stuttgart.

Geyer, Curt (o.J.): Führer und Masse in der Demokratie. Berlin.

Hagemann, Walter 1951: Vom Mythos der Masse. Ein Beitrag zur Psychologie der Öffentlichkeit. Heidelberg.

Haible, Wolfgang 1993: Schwierigkeiten mit der Massenkultur. Mainz.

Heinlein, Bruno 1985: „Massenkultur" in der Kritischen Theorie. Erlangen (Diss.).

Horkheimer, Max/Theodor W. Adorno 1971 (1947): Dialektik der Aufklärung. Frankfurt/M.

Institut für Sozialforschung (Hg.) 1991 (1956): Soziologische Exkurse. Frankfurt/M.

Klein, Gabriele 1999: Electronic Vibration. Pop Kultur Theorie. Hamburg.

König, René 1977: Masse. In: Soziologie. Fischer Lexikon, Bd. 10, (hrsg. von René König), 11. Aufl., Frankfurt/M., S. 174-181.

Kracauer, Siegfried 1971 (1929): Die Angestellten. Frankfurt/M.

Kracauer, Siegfried 1977 (1927): Das Ornament der Masse. Frankfurt/M.

Le Bon, Gustave 1922 (1895): Psychologie der Massen, 4. Aufl., Stuttgart.

Lepsius, M. Rainer 1988: Aufklärung, Massenkultur und die Selbstdomestizierung des Menschen. In: Jörn Rüsen/Eberhard Lämmert/Peter Glotz (Hg.): Die Zukunft der Aufklärung. Frankfurt/M., S. 233-239.

Luckmann, Thomas 1988: Die ‚massenkulturelle' Sozialreform der Religion. In: Soziale Welt, Sonderband 6: Kultur und Alltag, Göttingen, S. 37-52.

Maase, Kaspar 1996: Massen, Sinn und Sinnlichkeit. Zur Rolle der kommerziellen populären Künste im 20. Jahrhundert. (Vortragsmanuskript), Remscheid.

Maase, Kaspar 1997: Grenzenloses Vergnügen. Der Aufstieg der Massenkultur 1850-1970, Frankfurt/M.

Michels, Robert 1979: Zur Soziologie des Parteiwesens in der modernen Demokratie. Untersuchungen über die oligarchischen Tendenzen des Gruppenlebens. Stuttgart.

Mitscherlich, Alexander 1953: Massenpsychologie ohne Ressentiment. In: Die Neue Rundschau, 64. Jg., Frankfurt/M , S. 56-79.

Möding, Nori 1984: Die Angst des Bürgers vor der Masse. Zur politischen Verführbarkeit des deutschen Geistes im Ausgang seiner bürgerlichen Epoche. Berlin.

Mülder, Inka 1985: Siegfried Kracauer - Grenzgänger zwischen Theorie und Literatur. Seine frühen Schriften 1913-1933. Stuttgart.

Ortega y Gasset, José 1978a (1925): Die Vertreibung des Menschen aus der Kunst. In: Ders.: Gesammelte Werke. Bd. II, Stuttgart, S. 229-264.

Ortega y Gasset, José 1978b (1930): Aufstand der Massen. In: Ders.: Gesammelte Werke. Bd. III, Stuttgart, S. 7-155.

Reich, Wilhelm 1986 (1933): Massenpsychologie des Faschismus. Köln.

Riesman, David 1982 (1950): Die einsame Masse. Frankfurt/M.

Schade, Angelika 1993: Vorstudien für eine neue Soziologie der Masse. Massenhandeln und Interdependenzen zwischen Eliten und Massen. Frankfurt/M, Berlin, Bern.

Schoeck, Helmut 1979: Masse. In: Ders : Soziologisches Wörterbuch. 10. Aufl., Freiburg, S. 224-225.

Simmel, Georg 1908: Soziologie. Untersuchung über die Formen der Vergesellschaftung. Leipzig.

Sombart, Werner 1924: Der proletarische Sozialismus. Jena.

Steinert, Heinz 1992: Die Entdeckung der Kulturindustrie. Oder: Warum Professor Adorno Jazz-Musik nicht ausstehen konnte. Wien.

Tenbruck, Friedrich H. 1989: Die kulturellen Grundlagen der Gesellschaft. Der Fall der Moderne. Opladen.

Tillich, Paul 1922: Masse und Geist. Berlin.

Vleugel, Wilhelm 1921: Masse und Führer, Köln (Diss.).

Vleugel, Wilhelm 1968 (1926): Der Begriff der Masse. Ein Beitrag zur Entwicklungsgeschichte der Massentheorie. In: Jahrbuch für Soziologie. Bd. 2, Frankfurt/M., S. 176-201.

Vleugel, Wilhelm 1930: Die Masse. Ein Beitrag zur Lehre von den sozialen Gebilden. München/Leipzig.

Von Wiese, Leopold 1929: Allgemeine Soziologie. Bd II, Leipzig.

Armin Nassehi

Moderne Gesellschaft

„Die Modernitätsmerkmale von heute sind nicht die von gestern und auch nicht die von morgen, und eben darin liegt ihre Modernität."
(Luhmann 1992: 15)

Das Adjektiv *modern* scheint ein Garant für Novität und Qualität zu sein - man blicke nur in die Massenmedien: Da wird in der Werbung ein *modernes* Antriebskonzept für sparsame Automobile angepriesen, die Parteien streiten um ein *modernes* Staatsbürgerschaftsrecht, die Fußball-Nationalmannschaft versucht sich an einem *modernerem* Spielsystem, *moderne* Managementkonzepte setzen nicht mehr auf Befehle, sondern wollen überzeugen, *moderne* Antibiotika haben weniger Nebenwirkungen, und *moderne* Waffen treffen einfach besser. Und die *moderne Gesellschaft*? Hier gestaltet sich der Begriffsgebrauch des besagten (und inzwischen ziemlich betagten) Begriffs schon schwieriger. Daß der Bedeutungshorizont des Begriffs zu gleich geradezu grenzenlos und ubiquitär wie auch sehr begrenzt ist, zeigt sich darin, daß fast keine soziologische Theorie oder Studie ohne ihn auskommt. Wenn man nach einem relativ unstrittigen Label für unsere Gesellschaftsform sucht, dann bietet sich in der Tat der Begriff *moderne Gesellschaft* an, ohne daß damit aber schon viel gesagt wäre. Unstrittig mag vielleicht sein, daß moderne Gesellschaften eine demokratische Staatsform bevorzugen, daß sie einen hohen Grad an Arbeitsteilung aufweisen und für Vollinklusion ihrer Bevölkerungen in Bildungssysteme sorgen, daß sie positives Recht als Konfliktregelungsstrategie benutzen, daß sie zunehmend universalistische Werte ausbilden, inzwischen auch: daß ihre Ökonomie kapitalistisch organisiert ist. Aber all dies ist wenig tiefenscharf und präzise.

Daß der Begriffsgebrauch fast identisch mit dem Gebrauch soziologischer Erkenntnisweisen ist, macht es nicht unbedingt einfacher, auf wenigen Seiten über die *moderne Gesellschaft* aufzuklären - man müßte dann über die Gesellschaft und ihre Soziologie in toto handeln, und letztlich müßte das Label *moderne Gesellschaft* fast alle Gesellschaftsbegriffe absorbieren, die in diesem und v.a. im Vorgängerband (Kneer/Nassehi/Schroer (Hg.) 1997) behandelt werden. Ich werde mich deshalb auf wenige Motive beschränken, die für eine soziologische Theorie der Moderne relevant sind, und in acht Schritten vorgehen.

1. Soziologie und Moderne

Wer etwas beschreiben will, braucht zu seinem Gegenstand eine gewisse Distanz, um sich von ihm unterscheiden zu können. Für das Verhältnis von Moderne oder moderner Gesellschaft und Soziologie trifft diese Voraussetzung jedenfalls nicht zu, denn was ist die Soziologie anderes als der Versuch, die moderne Gesellschaft gerade in ihrer Modernität verstehen und beschreiben zu wollen? Die Soziologie ist nicht nur historisch ein Kind der Moderne, sondern auch systematisch, will heißen: daß sich Gesellschaften *als Gesellschaften* beschreiben und nicht einfach als Welt oder Schöpfungsordnung oder ähnlich, ist bereits ein Zeichen ihrer Modernität.[1] *Als Gesellschaft*, das bedeutet letztlich nichts anderes, als daß das Zusammenleben der Menschen, ihre *Gesellungsform* sich selbst zum Problem wird, weil sie ganz offensichtlich gestaltbar geworden ist. *Gesellschaft* als soziologischer Begriff könnte selbst eine Chiffre dafür sein, daß sich die Welt nicht mehr von selbst versteht und keine unwandelbare Gestalt besitzt, sondern sich in permanenter Veränderung befindet, die nicht nur gestaltet werden *kann*, sondern permanent gestaltet werden *muß*. Sicherlich wurde auch in früheren Epochen die Welt gestaltet, aber daß sich der Mensch bzw. *die Gesellschaft* nun selbst gewissermaßen als Schöpfer ihrer selbst zu verste-

1 Eckart Pankoke (1977: 354ff.) spricht treffend von der „Entdeckung der ‘sozialen Welt’“.

hen beginnt, ist vielleicht eines der entscheidenden Modernitätsmerkmale.

Soziologie als wissenschaftliche Disziplin ist untrennbar mit diesem Merkmal verbunden. Sie entstand im Kontext gesellschaftlicher Entwicklungen, die aufgrund radikaler Umwälzungen seit dem 18. Jahrhundert überkommene Strukturen aufgelöst und tatsächlich eine neue Epoche hervorgebracht haben: *die Moderne*. Worin diese Umwälzungen im einzelnen bestanden haben, wird weiter unten noch zur Sprache kommen, denn zunächst möchte ich die Aufmerksamkeit auf den vorigen Satz lenken. Er begründet nämlich das Erscheinen der Soziologie selbst *soziologisch*. Es ist von *gesellschaftlichen Entwicklungen* die Rede, was zunächst nichts anderes besagt als dies: Das Verstehen der Welt und ihrer Probleme stößt auf *gesellschaftliche Probleme* wie soziale Ungleichheit, sozialen und kulturellen Zusammenhalt oder politische Steuerung. Nicht daß es zuvor keine soziale Ungleichheit gegeben hätte oder daß politische Machtausübung ohne Selbstreflexion ausgekommen wäre, entscheidend ist vielmehr, daß die angedeuteten Probleme deshalb als Probleme erscheinen, *weil sie als prinzipiell lösbar gelten*. Soziologie als wissenschaftliche Disziplin ist gewissermaßen eine Reaktion auf einen völlig neuen Problemdruck, darauf nämlich, daß die soziale Welt sich selbst zum Thema wird (vgl. Smart 1999: 33). Probleme der Welt werden zunehmend als *soziale Probleme* wahrgenommen, und die *Sozialwissenschaften* werden damit zur Schlüsseldiziplin - wenn nicht zur Lösung, dann wenigstens zur Entdeckung und Formulierung von Problemen. Die Soziologie ist damit selbst ein Produkt ihres Gegenstandes, der *modernen Gesellschaft* nämlich, wie umgekehrt - in einer Formulierung von Anthony Giddens - die Moderne „*in ihrem inneren Wesen zutiefst soziologisch*" (Giddens 1995: 60) ist, was wohl bedeuten soll, daß die moderne Gesellschaft fast überall - auch in außerwissenschaftlichen Bereichen - dazu gezwungen ist, sich reflexiv auf sich zu beziehen und sich zu hinterfragen, wie auch die Soziologie auf ihren Gegenstand bezogen ist. Man kann deshalb sogar mit Peter Wagner (1995: 9) fragen, ob eine Soziologie der Moderne überhaupt möglich sei. Zumindest ist dies letztlich ein Pleonasmus.

2. Das Doppelgesicht der Moderne

Die kulturelle Selbstbeschreibung der Moderne war stets von einer erheblichen Ambivalenz geprägt. *Zum einen* konnte man sich das erste Mal in der abendländischen Geschichte mit der Zumutung ausstatten, man sei selbst Urheber des innerweltlichen Geschehens. Die moderne Kultur ist geradezu beseelt davon, an die Gestaltbarkeit der Welt, an den Fortschritt der menschlichen Geschichte und an die nahezu universale Problemlösungskompetenz von Wissenschaft, Politik und Ökonomie zu glauben: Wissen gegen das Vorurteil der Religion und der Metaphysik, Demokratie gegen den Herrschaftsanspruch feudaler und geistlicher Aristokraten; Unternehmergeist und Arbeitsmoral gegen die Wohlstandsmängel der Subsistenzwirtschaft und die soziale Not von Mangelökonomien. Die kulturelle Moderne setzt damit ein Selbstbewußtsein frei, das die Gestaltbarkeit der Welt keineswegs nur als intellektuelles Gefühl oder als Stimmung erlebt, sondern das mit handfesten gesellschaftlichen Umwälzungen verbunden ist. Man denke nur an die Entwicklungen in Wissenschaft, Technik und Medizin, an die Industrialisierung der Produktion, an flächendeckende bürokratische Verwaltung und Sozialplanung, an die Entstehung und spätere Demokratisierung von Nationalstaaten, an die Entstehung obligatorischer Bildungssysteme, an das Wachstum städtischer Lebensformen, an reflexive Formen von Kunst und v.a. Literatur, deren Verbreitung durch den Buchdruck eine ungeheure Reflexionstätigkeit über Fragen des öffentlichen Lebens, der angemessenen Lebensführung und kollektiver Identitäten freisetzte.

Zum anderen aber prägt die moderne Kultur eine grundlegende Verunsicherung: Die Enttraditionalisierung der Lebensführung, die sogenannten Freisetzungsprozesse aus traditionalen Sozialbeziehungen, die Rationalisierung und Versachlichung von Sozialbezügen und Weltanschauungen haben ein kulturelles Syndrom hervorgebracht, das in der Moderne eher Lähmung denn aktive Gestaltungskräfte freizulegen scheint. *Moderne* steht nicht nur für produktive Entfaltungsmöglichkeiten, nicht nur für Aufbruchstimmung und Gestaltung, sondern auch für ein ungeheures Zerstörungspotential, das sich in der zum Teil erheblichen „Toleranz" sozialer Ungleichheit gegenüber und etwa in der Verwissenschaftlichung und Industrialisierung des Krieges ebenso zeigt wie in den gesellschaftlichen Totalitarismen des 20. Jahrhunderts, für die der deutsche Nationalsozialismus ebenso singulär wie in seiner übersteigerten Form typisch ist. Sie haben mit *modernen* Mitteln - rationale Planung, strategische Kontrolle, Einsatz von Massenmedien etc. - den Optimismus der kulturellen Moderne praktisch dementiert.

Diese beiden hier nur angedeuteten Wurzeln der Moderne - die titanische Produktivität und Selbstüberschätzung und die paralysierende und selbstdementierende Verunsicherung und Zerstörung - haben die Selbstbeschreibungen der modernen Kultur stets mitbegleitet (vgl. dazu Nassehi 1999a). Und so fallen auch *soziologische Theorien der Moderne* ambivalent aus. Paradigmatisch für deren Bandbreite sind v.a. zwei deutsche Theorien, die beide das Prädikat *kritisch* im Programm führen. Gemeint sind die *Dialektik der Aufklärung* von Max Horkheimer und Theodor W. Adorno und Jürgen Habermas' Beschreibung der *Moderne als unvollendetes Projekt*. Horkheimer und Adorno (1971) destruieren im unmittelbaren Eindruck des nationalsozialistischen Terrors das Selbstverständnis der Moderne als Aufklärung und Überwindung der mythischen Techniken gegen die Angst. Ihre Hauptthese lautet, daß bereits der Mythos Aufklärung war, weil er die Angst des Menschen durch Unterwerfung unter göttliche Gesetze bezwang, wie die Aufklärung die restlose Unterwerfung unter die Gesetze der Logik erzwingt. Ebenso aber falle die Aufklärung in Mythologie zurück, weil sie den Menschen vollständig dem Diktat der verwertbaren Logik unterwirft, ihn damit in die Knechtschaft moderner „Götter" treibt und „die Unterwerfung alles Seienden unter den logischen Formalismus" (ebd.: 39) betreibt.

In einem solchen Ansatz sieht Habermas nichts anderes als die endgültige Verleugnung der aufklärerischen und vernünftigen Potentiale der Moderne. Habermas' Theorie der Moderne beginnt mit dem Selbstbewußtsein Hegels, der im „Prinzip der modernen Staaten" die Möglichkeit verwirklicht sieht, daß sich „das Prinzip der Subjektivität ... zum *selbständigen Extreme* der persönlichen Besonderheit" vollenden, die Subjektivität aber zugleich „in die *substantielle Einheit zurückführen*" (Hegel 1970: 407) könne. Dieser

Gedanke der Versöhnung von Besonderem und Allgemeinem, von individuellen und gesellschaftlichen Aspirationen sollte eines der Grundmotive der Selbstvergewisserung der gesellschaftlichen Moderne werden. Wiewohl Habermas dieses Problem ganz anders als Hegel löst, was hier nicht weiter interessieren muß,[2] steht er exakt in dieser optimistischen Tradition, die Moderne als ein - wenn auch unvollendetes - *Projekt* anzusehen, dessen Verwirklichung möglich ist (vgl. Habermas 1981a). Bei aller Kritik der Moderne und bei allen selbstdementierenden Enwicklungen innerhalb der Geschichte des Modernisierungsprozesses macht Habermas den *normativen Gehalt der Moderne* vor allem in den „Bedingungen eines immer weiter und immer feiner gesponnenen Netzes sprachlich erzeugter Intersubjektivität" (Habermas 1985b: 400) aus. „Verständigung als Mechanismus der Handlungskoordinierung" (Habermas 1981b: 488) ist für Habermas damit nicht nur ein utopisches Konstrukt oder ein bloßer normativer Horizont, sondern ein faktisches Potential, das sowohl eine permanente Selbstkritik der Moderne ermöglicht als auch eine Kraft darstellt, den verdinglichenden Tendenzen einer *Kolonialisierung der Lebenswelt* durch Geld und Macht (ebd.: 522) zu begegnen.

Diese kurze Gegenüberstellung ist alles andere als erschöpfend, sie soll lediglich demonstrieren, wie breit im Rahmen sozialwissenschaftlicher Theorien der gesellschaftlichen Moderne argumentiert wird. Das mag ein Hinweis darauf sein, daß der Begriff der Modernität selbst nicht als *definiens* taugt und letztlich nur eine Chiffre, eine Kontingenzformel darstellt, die gewissermaßen als Verlegenheitslösung dient, dem gegenwärtigen Zeitalter einen Namen zu geben. Der Begriff der Moderne scheint also genauso ambivalent zu sein wie sein Gegenstand. Als bloßer Begriff jedenfalls kann er die *Modernität der modernen Gesellschaft* nicht repräsentieren. Was er aber in jedem Fall transportiert, ist dies: daß die Moderne eine Epoche sei. Dies verweist auf ein spezifisches Zeitbewußtsein der Moderne.

---

2 Zu Habermas' explizitem Anschluß an Hegel sowie zu seiner Kritik an Hegels Subjektivitätsphilosophie vgl. Habermas 1985a.

3. Das Zeitbewußtsein der Moderne

Schon im späten Mittelalter wird der Begriff *modern* benutzt, um ein zeitliches Verhältnis zu beschreiben. Die Unterscheidung zwischen den *antiqui* und den *moderni* dient etwa dazu, sich theologisch von den Kirchenvätern oder den Juden des alten Testaments abzusetzen. 'Modernus' war bis dahin nur ein Ausdruck für das Heutige, das Gegenwärtige, ohne daß damit eine weitere qualitative Dimension angesprochen wäre. Später kommt der Begriff des Modernen dann v.a. in Diskursen der Renaissance vor, in denen es um das zeitliche *und* qualitative Verhältnis zur Antike geht.[3] Besonders bedeutsam für den Begriffsgebrauch war die „Querelle des Anciens et des Modernes", ein literarischer Streit in Frankreich seit Ende des 17. Jahrhunderts, in dem es ebenfalls um die Frage des qualitativen Verhältnisses von antiker und „moderner" Dichtung ging (vgl. Gumbrecht 1978: 99ff.). Zunächst ein „reiner Zeitbegriff, noch ohne selbständigen und sachlichen Inhalt" (Gumbrecht 1977: 375), wandelte er sich in der *Querelle* zu einem Begriff, der eine „neue Zeit" bezeichnet, „nämlich neu zu sein in dem Sinne des ganz Anderen, gar Besseren gegenüber der Vorzeit. Dann indiziert die neue Zeit neue Erfahrungen, die so zuvor noch nie gemacht worden seien, er gewinnt eine neue Emphase, die dem Neuen einen epochalen Zeitcharakter beimißt" (Koselleck 1978: 271). Wenn es etwa bei Michel de Montaigne noch vorsichtig heißt: „Eine Wahrheit ist nicht deshalb vernünftiger, weil sie alt ist" (Montaigne 1969: 365), heißt es bei Francis Bacon schon:

---

3 In diesem Zusammenhang ist erst die Epochenbezeichnung des 'Mittelalters' entstanden. Wurde in der Renaissance das Verhältnis zur Antike noch als Wiedergeburt interpretiert und verstand sich die Reformation durchaus als Wiederbelebung urchristlicher Elemente, spielte der zeitliche Abstand zu den jeweiligen Vorbildern im Vergleich zu den sachlichen und systematischen Ähnlichkeiten und Differenzen nur eine untergeordnete Rolle. Erst als sich Renaissance und Reformation als *Epochenbegriffe* verstanden und als *Epochenschwellen* interpretiert wurden, entwickelte sich jene zeitliche und qualitative Bestimmung des Modernen heraus, das danach bestimmend werden sollte (vgl. dazu ausführlich Koselleck 1978: 271).

> „Das günstige Vorurtheil für die Alten ist aber ganz grundlos und steht fast mit dem Worte selbst in Widerspruch. Denn es gebührt dem spätern mündigern Alter der Welt, also *unsern* und nicht *jenen jüngern Zeiten*, worin die sogenannten Alten lebten, der Name des Alterthums. Jene Zeit ist in Rücksicht auf die unsrige zwar älter, aber in Rücksicht der Welt selbst jünger." (Bacon 1974: 62)

Während bei Montaigne Epochen noch prinzipiell und potentiell gleich gut und gleich schlecht sein können, was sich schon von der Heilsgeschichte der göttlichen *kairoi* wie von der Begeisterung der Renaissance für die Antike absetzt, wird Wahrheit bei Bacon *verzeitlicht*: Die Abfolge der Epochen ist ein Reifungsprozeß von der *jungen* Antike zur *älteren* Gegenwart, wobei die Geschichte selbst als Mutter der Wahrheit betrachtet wird. Bacon nennt „die Wahrheit eine *Tochter der Zeit*, nicht des *Ansehns*" (ebd.: 63).

Jürgen Habermas bringt dieses aus der *Verzeitlichung der Welt* resultierende Bedürfnis der frühen Moderne, sich im Nacheinander der (historischen) Ereignisse zu identifizieren, folgendermaßen auf den Begriff:

> „... die Moderne kann und will ihre orientierenden Maßstäbe nicht mehr Vorbildern einer anderen Epoche entlehnen, *sie muß ihre Normativität aus sich selber schöpfen*. Die Moderne sieht sich, ohne Möglichkeit der Ausflucht, an sich selbst verwiesen. Das erklärt die Irritierbarkeit ihres Selbstverständnisses, die Dynamik der ruhelos bis in unsere Zeit fortgesetzten Versuche, sich selbst 'festzustellen'." (Habermas 1985c: 16)

Die Moderne ist letztlich eine *historisch einsame* Epoche, sie ist „ausweglos auf sich selbst verwiesen" (Luhmann 1992: 42), sie hat keine anderen Vorbilder als sich selbst bzw. ihre eigenen Zukunftsentwürfe. Insofern bekommen sowohl *Geschichte* als Orientierung an einer überwundenen (sic!) Vergangenheit und *Fortschritt* als Erwartung einer Zukunft, für die die Gegenwart eine überwundene Vergangenheit darstellen wird, eine besondere Bedeutung für die Selbstbeschreibung der Moderne. In den Begriffen *Geschichte* und *Fortschritt* - im Singular! - als Zentralkategorien des modernen Selbstverständnisses bündeln sich Geschichten und Fortschritte - im Plural! - in Wissenschaft und Technik, Moral und Kunst, Recht, Politik und Ökonomie zu einer universalistischen Kategorie, zur *Geschichte überhaupt*, die stets neue Zeiten hervorbringt und der *neue-*

sten Zeit, der *Mode*, dem *Aktuellen* eine besondere Bedeutung beimißt.

> „Und dabei muß die schnelle Durchsetzung des Begriffs der *neuesten Zeit* als Indikator eines *beschleunigten* geschichtlichen Erfahrungswandels und seiner erhöhten bewußtseinsmäßigen Verarbeitung gedeutet werden." (Koselleck 1977: 279; Hervorh. A.N.)

Die Erfahrung der Beschleunigung hat zwei Konsequenzen, nämlich zum einen das Bewußtsein einer *Schrumpfung des Gegenwartsbewußtseins* und zum anderen das Erleben der *Gleichzeitigkeit des Ungleichzeitigen.* Die vollständige Verzeitlichung des gesellschaftlichen Geschehens und die Erfahrung der Weiterentwicklung und des permanenten Gestaltungs- und Entscheidungszwangs aufgrund der Auflösung der traditionellen, vormodernen Sozialstrukturen, in denen sich eins ins andere fügte und in denen Veränderung letztlich nicht vorgesehen war, zwingt dazu, gesellschaftliche Prozesse nach ihrem Entwicklungsstand zu bewerten. Die ungeheure Ereignisdynamik der modernen Welt und die daraus resultierende Bewegungserfahrung läßt Gegenwarten letztlich zu Zeitpunkten zusammenschrumpfen, die immer stärker unter den Druck der Vergangenheit, aus der sie resultieren, v.a. aber der Zukunft, die sie erwarten, geraten (vgl. dazu Nassehi 1993: 342). „Moderne" Gegenwarten sind dann nicht mehr wie in der „Querelle" ganze Epochen, sondern Zeitpunkte, die sogleich wieder vorbei sind. Alles unterliegt damit dem Verdikt der Änderbarkeit, nichts kann als endgültig und *ein für alle Mal* gesichert gelten. Prägnant bringt Franz-Xaver Kaufmann dies auf folgende Formulierung:

> „Modern sind soziale Verhältnisse insoweit, als ihre Änderbarkeit und damit Vergänglichkeit in ihrer Definition mitgedacht wird." (Kaufmann 1986: 292)

Die ungeheure Beschleunigung der gesellschaftlichen Dynamik bringt nicht nur eine Schrumpfung der Gegenwartserfahrung hervor, sondern auch das Bewußtsein einer *Gleichzeitigkeit des Ungleichzeitigen.* In diesem Ausdruck kommen die beiden Wortbedeutungen von *Zeit* zum tragen: Das „Ungleichzeitige" meint, daß qualitativ unterschiedliche Entwicklungsstufen „gleichzeitig", d.h. innerhalb der quantitativ meßbaren Zeit aufeinandertreffen. Das Erleben der *Gleichzeitigkeit des Ungleichzeitigen* hat mindestens zwei

Wurzeln: Es reagiert zum einen auf die Konfrontation mit den überseeischen Kulturen der „Neuen Welt“ (sic!), die als rückständiger, primitiver und weniger entwickelt angesehen wurden und die die weltgeschichtliche Bedeutung Europas als höchstentwickelter Weltregion dokumentierten (vgl. Koselleck 1977: 290). Zum anderen breitet sich auch innerhalb Europas so etwas wie ein permanentes Ungleichzeitigkeitsproblem aus, das nicht zuletzt durch den höheren Differenzierungs- und Komplexitätsgrad der modernisierten Gesellschaft bedingt ist (auf den ich noch zu sprechen komme). Die unterschiedlichen Entwicklungen in Wissenschaft und Kunst, Politik und Ökonomie, Familie und Öffentlichkeit, Stadt und Land befinden sich in einem permanenten Nebeneinander von Entwicklungslinien, die immer unabhängiger voneinander werden und gerade deshalb aufeinander abgestimmt werden müssen (vgl. Nassehi 1993: 332ff.; Bornschier 1998: 80ff.). Zudem entsteht ein pragmatischer Abstimmungsbedarf in allen Lebensbereichen. Sowohl individuelle Lebensführungen müssen aufeinander abgestimmt werden, als auch arbeitsteilige Prozesse in der industriellen Produktion, die zeitlich koordiniert werden müssen. Insofern sind es Uhren, die zur paradigmatischen „Maschine“ der Moderne werden, ohne die der Koordinationsbedarf der modernen Gesellschaft schlicht nicht zu decken wäre (vgl. Giddens 1987: 142; Zerubavel 1981: 69).

Um es auf eine (allzu einfache) Formel zu bringen: Das Zeitbewußtsein der Moderne wandelt sich von einer emphatischen Selbstbeschreibung im historischen Kontext einer fortschreitenden Weltgeschichte zu einem eher neutralen Gegenwartsbewußtsein, das sich als jeweilige Vergangenheit einer Zukunft erlebt, die durch geeignete Maßnahmen gestaltet werden muß. Das Zeitbewußtsein der gegenwärtigen, der späten Moderne[4] verfügt nicht mehr über jene emphatischen und utopischen Energien des Fortschritts und der historischen Überwindung von vergangenen, imperfekten Entwick-

4 Man gerät hier schon in Formulierungsprobleme. Eigentlich müßte von einer Art *moderner* Moderne die Rede sein, wenn man der Moderne (als Epoche) je unterschiedliche moderne (also: gegenwärtige) Charakteristika zuweist. Ich erinnere an das Motto am Anfang des Textes!

lungsstadien. Vielleicht ist das Zeitbewußtsein der *moderneren* Moderne eher durch Risikobewußtsein geprägt, eher durch Erwartungen des Scheiterns und des Unheils als des Heils und der Erlösung durch die Vollendung der Geschichte.[5] Nicht umsonst ist die Bezeichnung der Moderne als *Risikogesellschaft* (Beck 1986) so erfolgreich und auch jenseits wissenschaftlich-akademischer Debatten so anschlußfähig gewesen.

4. Soziologische Klassiker und die Krise der Moderne

Was ich hier in groben Zügen als Zeitbewußtsein der Moderne angedeutet habe, nämlich den Wandel von der Emanzipation des Gegenwartsverständnisses von einer übermächtigen Vergangenheit und von dem Vertrauen in die Verbesserung der Verhältnisse *in der Zeit* zu einem eher skeptischen, besorgten, alles andere als zukunftsgläubigen Gegenwartsverhältnis läßt sich nicht nur für das allgemeine kulturelle Selbstverständnis der Moderne feststellen, sondern auch für die Soziologie selbst. Begonnen hatte die Soziologie zunächst als Reflexionstheorie des modernen Fortschrittsglaubens. Bei ihrem Namensgeber Auguste Comte etwa steht die Moderne für das „positive Zeitalter", das theologische und metaphysische Epochen ablöst und in dem allein wissenschaftliche, gemäß den Naturwissenschaften gebildete Vernunftgründe Geltung besitzen. Der Soziologie wies Comte nicht nur die zentrale Rolle gesellschaftlicher Planung und Steuerung zu, sondern erwartete von ihr gar Züge einer positivistischen Zivilreligion, die eine Versöhnung von Ordnung und Fortschritt garantieren sollte (vgl. Comte 1933).[6] Auch der britische

5 Zum speziellen Zeitbewußtsein des Risikos vgl. Nassehi 1997 und 1999b: 49ff.

6 Der historische Hintergrund des Postulats der Versöhnung von Ordnung und Fortschritt - übrigens heute noch in der Staatsflagge Brasiliens („*ordem e progreso*") zu beobachten - bildet die Erfahrung der Französischen Revolution, die im Verständnis Comtes zwar dem Fortschritt hin zu einer „positiven" Gestaltung der Gesellschaft gedient habe, aber zunächst chaotische, ungeordnete gesellschaftliche Zustände

Gründervater der Soziologie, Herbert Spencer, erwartet im Rahmen seines evolutionstheoretischen Modells, das hauptsächlich auf Analogieschlüssen zur naturgeschichtlichen Evolution basiert, einen entwicklungslogischen gesellschaftlichen Fortschritt, den er v.a. in der Ausdifferenzierung arbeitsteiliger Funktionen sieht (vgl. Spencer 1885). Und auch bei Karl Marx wurde das „ökonomische Bewegungsgesetz der modernen Gesellschaft" mit quasi-natürlicher Notwendigkeit ausgestattet. Vom politischen Prozeß der Befreiung des Proletariats erwartete er lediglich, daß sich „die Geburtswehen abkürzen und mildern" (Marx 1988: 15f.) lassen, die sich ohnehin einstellen. Gemeinsam ist diesen Positionen ein unerhörtes Vertrauen in die Zukunft und in die gesellschaftlichen Gestaltungskräfte, die sich im wissenschaftlichen Geist der Epoche entfalten sollten. Und hier dürfte erneut deutlich werden, wie sehr die Soziologie und ihr Gegenstand miteinander verwoben sind. Der Philosoph Wilhelm Dilthey schreibt dazu 1883 sehr treffend:

> „Der Ursprung der Soziologie lag in der Erschütterung der europäischen Gesellschaft seit dem letzten Drittel des 18. Jahrhunderts; eine neue Organisation der Gesellschaft sollte unter der Leitung des im 18. Jahrhundert mächtig herangewachsenen wissenschaftlichen Geistes sich vollziehen; von diesem Bedürfnis aus sollte der Zusammenhang des ganzen Systems der wissenschaftlichen Wahrheiten, von der Mathematik aufwärts, festgestellt und als ihr letztes Glied die erlösende Wissenschaft der Gesellschaft begründet werden." (Dilthey 1959: 4)

Was Dilthey hier freilich als *Soziologie* anspricht, ist zunächst an die französische Schule Comtes gerichtet, also an das - aus heutiger Sicht: naive - Selbstverständnis der Epoche, die Welt lasse sich durch Anwendung entsprechender wissenschaftlicher Prinzipien linear steuern. Neben dieser optimistischen und letztlich *modernistischen* Position hat sich auch eine weniger emphatische Denkrichtung etabliert, die etwa - um zwei konträre Gewährsmänner zu nennen - mit Wilhelm Heinrich Riehl (1885) und Lorenz von Stein (1888) erheblich skeptischer argumentieren und sich auch für die eher krisenhaften Folgen des Modernisierungsprozesses, v.a. für die Neuorganisation der Produktion und neue Dimensionen sozialer Ungleich-

---

hinterlassen hat, die Comte auf die mangelnde Anwendung positiver Vernunftgründe zurückführt.

heit interessieren. Schon hier wird deutlich, daß Modernisierungsprozesse nicht bloß emphatisch zu feiernde, lineare und positiv bewertete Wege nehmen, sondern auch *Krisen* und *Folgeprobleme* verursachen. Diese Krisen und Folgeprobleme sind es, die die eigentliche Konsolidierungsphase der Soziologie als eigenständiger wissenschaftlicher Disziplin um die Jahrhundertwende ausmachen und die in Frankreich v.a. mit dem Namen Emile Durkheim verbunden sind und im deutschen Sprachraum mit Ferdinand Tönnies, Georg Simmel und v.a. Max Weber.

Die klassische akademische Soziologie gibt den Fortschrittsglauben auf und setzt damit nicht nur die Zukunft kontingent, sondern auch die Gegenwart. Soziologie versteht sich dann nicht mehr als utopische und normative Welterklärung, sondern als Instanz zur angemessenen Beschreibung der Gegenwart, des gesellschaftlichen Seins.

> „Aber die Beschränkung auf das Sein wirft zugleich die Frage auf, wie die Unzahl der Dinge zu fassen, zu ordnen oder überhaupt anzugehen ist.“ (Rammstedt 1988: 281)

Und die Formel für diese Flüchtigkeit des Augenblicks, für die Kontingenz der Gegenwart, für den Ort, an dem sich der soziologische Beobachter der Gesellschaft je befindet, lautet: *Modernität*.

> „Modernität gilt den Soziologen also als Eigenschaft der je Gegenwart, indem sich etwas gesellschaftlich Neues vom Hintergrund der immerwährenden Gesellschaft abhebt: das Produzierte gegenüber dem Natürlichen, das Neue gegenüber dem Alten, das Plötzliche gegenüber dem Stetigen.“ (Ebd.: 281f.)

Die klassische Soziologie der Moderne war alles andere als eine Apologetin dieser Entwicklung. Die soziologische Diagnose von Modernität war von einer erheblichen Skepsis geprägt. Die klassische Soziologie lehnte zwar die enormen gesellschaftlichen Strukturveränderungen, die mit der Industrialisierung der Produktion, der Bürokratisierung der Verwaltung, der Verwissenschaftlichung des Wissens, der Säkularisierung der Kultur und vor allem im Zusammenhang mit der „sozialen Frage“ einhergingen, nicht generell kulturkritisch und -pessimistisch ab. Letztlich sind sich die Klassiker Tönnies, Durkheim, Weber und Simmel einig in der Verteidigung „der Moderne“ gegen eine bloß traditionalistische und konservative

Kritik (vgl. Rammstedt 1988: 294; Wehling 1992: 66). Im Zentrum der Deutungen der Moderne standen freilich schon Verlustdiagnosen, die darauf reagierten, daß traditionale Sicherheiten und Erwartbarkeiten einer erheblichen Erosion unterlagen. Wenn man diese Diagnosen auf kurze *labels* bringen will, dann eint die soziologische Diagnose der Moderne um die Jahrhundertwende die Motive *Gemeinschaftsverlust* und *Sinnverlust*.

> „Wo immer ... rational empirisches Erkennen die Entzauberung der Welt und deren Verwandlung in einen kausalen Mechanismus konsequent vollzogen hat, tritt die Spannung gegen die Ansprüche des ethischen Postulates: daß die Welt ein gottgeordneter, also irgendwie ethisch *sinnvoll* orientierter Kosmos sei, endgültig hervor. Denn die empirische und vollends die mathematisch orientierte Weltbetrachtung entwickelt prinzipiell die Ablehnung jeder Betrachtungsweise, welche überhaupt nach einem 'Sinn' des innerweltlichen Geschehens fragt." (Weber 1972: 564)

Nicht umsonst ist Max Webers Theorie der Moderne in erster Linie *Religionssoziologie*. Es ist der - wohlgemerkt - „religionsgeschichtliche Prozeß der *Entzauberung* der Welt" (ebd.: 94), der das Selbstverständnis der modernen Kultur hervorbringt, nach dem man - „wenn man nur wollte" (Weber 1994: 4) - die Welt *durch Berechnung beherrschen* könne. Es breche damit die „Weltherrschaft der Unbrüderlichkeit" (Weber 1972: 571) an, in der einzelne eben nicht Brüder oder Schwestern anderer sind, sondern jeder dem Dämon dienen müsse, der *seines* Lebens Fäden hält. Die moderne Gesellschaft ist für Weber eine Form, die den Menschen aus den Sicherheiten der gemeinschaftlichen Solidarität in die Kälte der gesellschaftlichen Rationalität entlasse - zu der es freilich keine Alternative gebe, weder die Restituierung des Religiösen noch so etwas wie ein Charisma der Vernunft.

Die Unterscheidung *gemeinschaftlicher* und *gesellschaftlicher* Sozialformen ist es, von der die Soziologie der Moderne eines Ferdinand Tönnies ihren Ausgangspunkt nimmt. *Gemeinschaft* meint eine vorindustrielle Sozialform, die durch affektive Nähe, unreflektierte Verbundenheit und gemeinsame Überzeugungen geprägt ist und in der der einzelne Mensch in familiären, lokalen und weltanschaulichen Einheiten aufgeht. *Gesellschaft* dagegen wird verstanden als ein „Kreis von Menschen, welche, wie in Gemeinschaft, auf friedliche Art nebeneinander leben und wohnen, aber nicht wesentlich verbunden, sondern wesentlich getrennt sind" (Tönnies 1926: 39). Gesellschaft ist prinzipiell unbegrenzt, die bestehenden Grenzen sind mehr oder weniger zufällig gezogen. Begegnen sich Menschen in der *Gemeinschaft* letztlich als Brüder und Schwestern, so scheint in der modernen *Gesellschaft* „jedermann ein Kaufmann" (ebd.: 51) zu sein, wie Tönnies in Anlehnung an Adam Smith formuliert. Es ist das Geld, das als Symbol für jene unpersönliche, auf Berechnung und rationalem Kalkül basierenden Sozialform steht, die die *organisch* gewachsene Einheit der Gemeinschaft durch das *mechanische* Kalkül der Gesellschaft ersetzt (vgl. ebd.: 1ff.).

Was bei Tönnies die organische *Gemeinschaft* der Vormoderne und die mechanische *Gesellschaft* der Moderne ist, entspricht bei Emile Durkheim der *mechanischen Solidarität* der Vormoderne und der *organischen Solidarität* der Moderne. Unter mechanischer Solidarität versteht Durkheim eine Gesellschaftsform, die auf *Ähnlichkeit* aufgebaut ist, d.h. die Teile einer Gesellschaft stehen in unmittelbarer Reziprozität zueinander und sind in diesem Sinne *mechanisch* aufeinander bezogen. Eins fügt sich hier dem anderen, und ein relativ homogenes und stabiles Kollektivbewußtsein führt dazu, daß die Gesellschaft sinnhaft und sozial zusammengehalten wird. Organische Solidarität dagegen erwächst aus fortschreitender Arbeitsteilung und führt zum Erleben von Unterschieden, da eine stärker arbeitsteilig organisierte Gesellschaft den *unterschiedlichen* Teilen der Gesellschaft und den Individuen zunehmend *unterschiedliche* Aufgaben und Tätigkeiten zuweist. Den Prozeß der gesellschaftlichen Modernisierung sieht Durkheim v.a. in der Entwicklung weg von mechanischer hin zu organischer Solidarität:

> „Wir können also den Schluß ziehen, indem wir sagen, daß alle sozialen Bande, die der Ähnlichkeit entstammen, allmählich ihre Kraft verlieren. Dieses Gesetz allein reicht bereits hin, um die ganze Gewichtigkeit der Rolle der Arbeitsteilung aufzuzeigen. Denn in der Tat, da die mechanische Solidarität immer schwächer wird, muß sich entweder das eigentliche soziale Leben vermindern oder eine andere Solidarität muß nach und nach an die Stelle derer treten, die im Begriff ist, sich aufzulösen." (Durkheim 1988: 228)

Durkheims Theorie der Moderne sagt nicht, daß Arbeitsteilung, also die Differenzierung der Gesellschaft in unterschiedliche Teile und das damit notwendig einhergehende Komplexerwerden der Gesellschaft, per se zu einem Verlust von Solidarität führt. Durkheim sieht vielmehr in der Arbeitsteilung, in der *organischen* Differenzierung der Gesellschaft eine Quelle für eine neuartige Form der Solidarität und Moral. „Die Arbeitsteilung übernimmt immer mehr die Rolle, die früher das Kollektivbewußtsein erfüllt hatte." (Ebd.) Arbeitsteilung heißt in diesem Sinne also nicht, daß die gesellschaftlichen Teile unabhängig voneinander werden. Vielmehr soll die Bedeutung unterschiedlicher Gesellschaftsteile für das Ganze - Durkheim denkt hier v.a. an Berufsgruppen - in ihrem Beitrag für die Einheit der unterschiedlichen Teile gesucht werden.

So selbstbewußt modern und zumindest prinzipiell optimistisch diese theoretische Option ist, so kritisch fällt freilich Durkheims Urteil über die Entwicklungen seiner Zeit aus. Einerseits habe sich die Moral der *mechanischen Solidarität* überlebt und sei nicht mehr in der Lage, der Gesellschaft ein neues sozialmoralisches Band, ein neues Kollektivbewußtsein zu vermitteln, „ohne daß sich an deren Stelle die neue genügend rasch entwickelt hat" (ebd.: 479). Modernisierung, also zunehmende Arbeitsteilung, hat für Durkheim zunächst nur Verunsicherung und Verlust von gemeinschaftlicher Solidarität hervorgebracht, nicht zuletzt den Verlust kollektiv geteilter Sinnentwürfe und auch die Entfernung individueller Aspirationen von Möglichkeiten ihrer sozialen Verwirklichung, „das individuelle Urteil hat sich vom Kollektivurteil gelöst" (ebd.). Gesellschaft wird dann als anomisch erlebt, als eine Struktur, die keine Regeln und Methoden vorgibt, nach denen zu leben sei. Die daraus erwachsende Krise kann nur gemeistert werden, wenn die unharmonisch gewordenen Beziehungen der unterschiedlichen Teile der Gesellschaft wieder harmonisch, also: *organisch* aufeinander bezogen werden können.

> „Mit einem Wort: Unsere erste Pflicht besteht heute darin, uns eine neue Moral zu bilden. Ein derartiges Werk kann nicht in der Stille der Studierstube ersonnen werden; es muß aus sich selbst entstehen, nach und nach, unter dem Druck innerer und notwendiger Ursachen." (Ebd.: 479f.)

Es ist dies das Motiv einer *Integration trotz Differenzierung*, des Bemühens um *Einheit in der Vielheit,* auf das weiter unten noch zurückzukommen ist.

Durkheims Theorie der modernen Gesellschaft bietet in der Tat auch eine Verlustdiagnose an, ohne jedoch auch nur den Anschein zu erwecken, man könnte das Verlorene irgendwie wiedererlangen. Als Verlust erscheinen sie ihm nur deshalb, weil sich noch keine adäquaten neuen Formen der Moral herausgebildet haben, die die Funktionsstelle des Kollektivbewußtseins einnehmen könnten. Diese Theorie der Moderne steht nicht der Moderne als solcher, sondern ihrem bisherigen Entwicklungsstand kritisch gegenüber. Letztlich ist Durkheim ein Verfechter der Moderne, wenn man so will jemand, der die Moderne ebenso wie Habermas als *Projekt* ansieht, das der Verwirklichung harrt.

Ganz anders, aber in der durchaus positiven Bewertung neuer Vergesellschaftungsformen ähnlich, argumentiert Georg Simmel. Für ihn ist v.a. die Geldwirtschaft der entscheidende Träger der gesellschaftlichen Moderne. In seiner *Philosophie des Geldes* zeichnet Simmel ein ambivalentes Bild der Moderne. Die Entstehung des modernen Geldverkehrs habe zu einer Versachlichung der Beziehungen zwischen den Menschen geführt, die die Persönlichkeiten als Ganzheiten hinter den partikularen Funktionen ihrer Rollen zurücktreten ließen.

> „Die allgemeine Tendenz aber geht zweifellos dahin, das Subjekt zwar von den Leistungen immer mehrerer Menschen abhängig, von den dahinterstehenden Persönlichkeiten als solchen aber immer unabhängiger zu machen.“ (Simmel 1989: 394)

Nun ist es Simmel keineswegs darum zu tun, mit dieser Diagnose die Moderne zu verdammen und ihr den Stempel einer Lebensform aufzudrücken, die den Menschen durch die Partikularisierung seiner Rollen in der arbeitsteilig organisierten, über den Geldverkehr sich reproduzierenden Gesellschaft zum willenlosen Opfer objektiver Strukturen macht. Nicht den *Untergang des Abendlandes* macht Simmel damit aus, sondern eine paradoxe Situation, die in der Entpersönlichung des öffentlichen Verkehrs zugleich die Bedingung der Möglichkeit für die volle Entfaltung der Individualität des Menschen sieht. Der Geldverkehr, so Simmel, hat die gegenseitigen Abhängigkeiten der Gesellschaftsmitglieder erheblich erhöht, die Handlungsketten sind länger und der Vernetzungsgrad zwischen einzelnen Handlungsbereichen ohne Zweifel komplexer geworden. Damit sich diese Form der Komplexität aber durchsetzen kann, müssen die Handlungsketten ein von den Persönlichkeiten unabhängiges *tertium comparationis*, nämlich Geld, ausbilden, das zwischen Handlungsträgern vermittelt, ohne daß jeder einzelne Sozialkontakt über die unzumutbare Komplexität nicht auswechselbarer Persönlichkeiten laufen muß. Moderne Akteure sind weder durch ein einigendes Band der Kultur noch durch Verheißungen unversehrter Intersubjektivität miteinander kurzgeschlossen, sondern vielmehr durch „nichts als das in Geld ausdrückbare Interesse" (ebd.: 396). Und erst daneben und jenseits dieses Interesses lassen sich Formen des Lebens finden, in denen der moderne Mensch sein Leben *als Individuum* führt. Diese beiden Seiten - *Individuum* und *Gesellschaft* - verhalten sich bei Simmel keinswegs als zwei Seiten einer Medaille, sozusagen als sich ergänzende Größen, die gemeinsam die Vermittlung von Subjekt und Objekt bzw. von Individuum und Sozialität ausmachen.[7] Simmel versteht sie vielmehr komplementär, ja geradezu kontrapunktisch als sich ausschließende Strukturprinzipien, deren eine - Gesellschaft - die andere - Ich-Identität - radikal in ihren Seinsmöglichkeiten einschränkt. Individuum und Gesellschaft gelten Simmel letztlich als unversöhnliche Gegensätze, gleichwohl aber untrennbar miteinander verschmolzen. Diese offensichtliche Unhintergehbarkeit der Verbindung zweier disparater Größen macht für Simmel die „Tragödie der Kultur" aus, die für den modernen Menschen darin besteht, „von einer Unzahl von Kulturelementen umgeben zu sein, die für ihn nicht bedeutungslos sind, aber im tiefsten Grunde auch nicht bedeutungsvoll" (Simmel 1923: 264). Dieser Bedeutungsverlust der innerweltlichen Ereignisse für das von diesen stets in An-

7 Um Mißverständnissen vorzubeugen: Diese Diagnose bedeutet keineswegs, Simmel sehe auf den beiden Seiten *Individuum* und *Gesellschaft* unterschiedliche Substantialitäten walten, die nichts miteinander zu tun hätten. Im Gegenteil: Eine der Stärken der Simmelschen Theorie besteht darin, die Individualisierung des modernen Menschen *als Vergesellschaftungsform* zu beschreiben.

spruch genommene Ich ist es, die die radikale Differenz zwischen Individuum und Gesellschaft setzt. Die - um im Weberschen Idiom zu sprechen - „Sinnlosigkeit der innerweltlichen Selbstvervollkommnung zum Kulturmenschen“ (Weber 1972: 569) läßt das Ich als Gegenpart hervortreten und soll nun selbstbezüglich das ersetzen, was die Gesellschaft nicht - oder: nicht mehr? - zu leisten imstande ist. Bei Simmel erscheinen *Gemeinschaftsverlust* und *Sinnverlust* dann als Voraussetzungen dafür, wie der Mensch seine individuellen Fertigkeiten erst voll entfalten kann. Vielleicht macht gerade diese Diagnose Simmels Theorie zur *modernsten* (sic!) aller klassischen Theorien der Moderne.

Es wäre sicher zu einfach, die vier hier nur skizzenhaft angedeuteten klassischen Versionen einer Soziologie der Moderne allzusehr über einen Kamm zu scheren. Dafür sind die erwähnten Theoretiker und Theorien doch zu unterschiedlich. Als gemeinsames Motiv freilich läßt sich schon eine gewisse skeptische Haltung der Moderne gegenüber ausmachen. Die Moderne wird also weder kulturkritisch abgelehnt und abgewertet, noch wird sie unkritisch und affirmativ gutgeheißen. Die Soziologie der Moderne scheint vielmehr erst dort zu beginnen, wo einerseits die radikalen Veränderungen des gesellschaftlichen Lebens als irreversibel anerkannt werden und diese andererseits nicht schlicht bewertet, sondern methodisch und v.a. theoretisch kontrolliert analysiert werden. In diesem Sinne dient die klassische Soziologie der Moderne auch dem Selbstverständnis und der Selbstkonsolidierung der modernen Gesellschaft, die in ihrer Soziologie einen Spiegel ihrer selbst erkennen könnte: sich mit ungewohnten, konkurrierenden und in diesem Sinne kontingenten Mitteln selbst verstehen zu müssen, weil ihr nichts mehr selbstverständlich gegeben ist.

So unterschiedlich die Diagnosen der gesellschaftlichen Moderne ausfallen, so sehr scheint sie doch ein gemeinsames Thema zu beschäftigen, nämlich das Problem der *Moral*, hier nicht verstanden als ethische Reflexion des Guten im Hinblick auf das Böse, sondern im Durkheimschen Sinne als Frage der kollektiven Bindungskraft von Ideen und Regeln. Es sollte dies eine der Hauptfragen der soziologischen Reflexion auf die moderne Gesellschaft bleiben: *Wie kann in einer komplexen Welt, die sich als außerordentlich differen-*

ziert und heterogen darstellt und in der vormals miteinander verschmolzene Lebens- und Funktionsbereiche radikal entzweit und entkoppelt sind, Einheit und Ausgleich erreicht werden? Und bezogen aufs Individuum lautet die Frage: *Wie läßt sich in einer sozialen Welt, in der Individuen mehr und mehr auf sich selbst bezogen sind, so etwas wie Gemeinsinn, Interessenausgleich und Konsens herstellen?* Diese Fragen verweisen auf ein theoretisches Motiv, das vielleicht als der *basso continuo* fast aller Theorien der gesellschaftlichen Moderne angesehen werden kann, nämlich auf das *differenzierungstheoretische Motiv*, daß (moderne) Gesellschaften *differenzierte Einheiten* sind.

5. Die moderne Gesellschaft als differenzierte Einheit

Wenn es eine zentrale theoretische Kategorie für die Beschreibung der *modernen Gesellschaft* gibt, dann kommt als einzige Kandidatin sicher *Differenzierung* in Frage. Das gilt nicht nur wegen der zunächst nichtssagenden Allgemeinheit des Begriffs, sondern auch, weil in ihm beide Seiten des kulturellen Selbstverständnisses der Moderne - der titanische Tatendrang wie die permanente Verunsicherung - zumindest metaphorisch vereint sind. *Differenzierung* steht sowohl für die Emanzipation unterschiedlicher Teile der Gesellschaft voneinander wie für den Verlust gesellschaftlicher Einheit und eindeutiger Zurechenbarkeit; sowohl für effizienzsteigernde Arbeitsteilung und Komplexität als auch für den Verlust von Unmittelbarkeit und Durchschaubarkeit gesellschaftlicher Prozesse; sowohl für die kulturelle Steigerung gesellschaftlicher Teilbereiche, ihrer entfesselten Logiken und ihrer berufsmäßigen Vervollkommnung als auch für die kulturelle Verarmung, die ein *Fachmenschentum ohne Geist* (Max Weber) hervorbringt, ohne Geist, der für einen einheitlichen Horizont hätte sorgen können; sowohl für die Entstehung pluralistischer Lebenswelten und für die Entlassung *letzter Stellungnahmen zur Welt* aus unmittelbarem gesellschaftlichem Zugriff als auch für den Verlust sozialer Bindungen und fragloser Zugehörigkeiten. Mit dem Differenzierungsbegriff, so Niklas Luhmann lapidar, „konnte die moderne Gesellschaft sich bewundern und kritisieren“ (Luhmann 1997: 596). Ein bloß metaphorischer Gebrauch des Differenzierungsbegriffs scheint also selbst zumindest als Medium für Ambivalenzen zu taugen - er verändert sich selbst kaum, welche Form das mit ihm Bezeichnete auch immer annimmt.

Im Rahmen soziologischer Gesellschaftstheorie hat sich der Differenzierungsbegriff jedenfalls nahezu konkurrenzlos durchgesetzt. Es gibt hier einen weitgehenden *common sense*, den Prozeß gesellschaftlicher Modernisierung als *Differenzierungsprozeß* zu bezichtigen. Bereits der klassische Theoriebestand der Soziologie sieht in der Differenzierung spezialisierter Handlungsbereiche der Gesellschaft den entscheidenden Grundzug des gesellschaftlichen Modernisierungsprozesses. Ob man an Herbert Spencers *Principien der Soziologie* denkt, dessen an biologischen Modellen geschulte Evolutionstheorie zum Ergebnis einer fortschreitenden „Differenzirung der Functionen“ (Spencer 1885: 6) als Motor der gesellschaftlichen Entwicklung kommt, oder, wie bereits erwähnt, an Emile Durkheims Theorie sozialer Arbeitsteilung, die einen Übergang von *mechanischer zu organischer Solidarität* postuliert, der in höheren Sozialordnungen ein „System von verschiedenen Organen“ (Durkheim 1988: 237) sich nebeneinander entfalten sieht, stets wird gesellschaftliche Entwicklung und Modernisierung als ein Prozeß der wechselseitigen Interdependenzunterbrechung spezifizierter Handlungsbereiche konzipiert. Ähnlich läßt sich in Georg Simmels Theorie sozialer Differenzierung der Modernisierungsprozeß als Prozeß der effizienzsteigernden Autonomisierung gesellschaftlicher Funktionsbereiche voneinander nachverfolgen (vgl. Simmel 1992), wie Max Webers These von der fortschreitenden *Entzauberung der Welt* in der Erkenntnis kulminiert, daß die moderne Kultur in unterschiedliche Wertsphären zerfällt, die „nach ihren Eigengesetzlichkeiten rationalisiert und sublimiert“ (Weber 1972: 544) werden. Auch in der nachfolgenden Konsolidierung soziologischer Gesellschaftstheorie, insbesondere im amerikanischen *mainstream* Parsonsscher Prägung (vgl. Parsons 1972) sowie in dessen gegenwärtiger Reformulierung und Rekonsolidierung etwa durch Richard Münch (1991) und Jeffrey C. Alexander (1993), aber auch in konkurrierenden Modellen, wie etwa in Norbert Elias’ *Zivilisationstheorie* (Elias 1980) oder in Jürgen Habermas’ (1981b) *Theorie des kommunikativen Handelns,* spielt das Differenzierungskonzept eine zentrale Rolle.[8]

Bei allem weitverbreiteten Konsens über das Differenzierungsparadigma, also darüber, daß von der modernen Gesellschaft als einer funktional differenzierten Gesellschaft zu sprechen sei und daß sich Modernisierungsprozesse in erster Linie als Differenzierungsprozesse deuten lassen, erschöpft sich damit schon die Gemeinsamkeit. Denn darüber, in welcher Weise der Zusammenhang der auseinanderstrebenden Momente der Moderne zu deuten sei, wie man also die Einheit der Gesellschaft als differenzierte Einheit sowohl im theoretischen Sinne zu deuten als auch im praktischen Sinne zu vollziehen habe, herrscht alles andere als Einigkeit. Gemeinsamer Horizont einer zum Teil sehr kontrovers geführten Debatte um das Differenzierungsparadigma ist letztlich die Frage, welche gesellschaftlichen Möglichkeiten und Mechanismen denkbar sind, trotz Differenzierung Einheit herzustellen. Die Lösungen reichen von der These einer *Integration des Differenzierten* als Möglichkeitsbedingung des Sozialen überhaupt (vgl. Parsons 1972) über schwächere Versionen dieses Modells einer Theorie normativer Integration (vgl. Münch 1991, 1997; Alexander 1993) bis hin zu einer Differenzierungstheorie, die die normative Integration der modernen Gesellschaft weder als gesellschaftliches Ziel formuliert, noch sie überhaupt für möglich hält (vgl. Luhmann 1977, 1992, 1997; Nassehi 1999b), wobei auch hier stärkere und schwächere Varianten diskutiert werden (vgl. Willke 1989, Kneer 1992, Bendel 1993, Schwinn 1995).

6. Der Nationalstaat als „gesellschaftlicher" Ort der klassischen Moderne

Was im Rahmen des Differenzierungsparadigmas theoretisch als Integrations- oder Desintegrationsproblem diskutiert wird, findet *praktisch* auf dem Boden des Nationalstaates statt. *Gesellschaft*, so Jürgen Habermas treffend, ist vielleicht nur der Titel, „unter dem

---

8 Eine gute und übersichtliche Einführung in soziologische Differenzierungstheorien findet sich bei Uwe Schimank (1996).

sich die Spannungen, Widersprüche und Fraglichkeiten zusammenfassen, die sich mit der Wirksamkeit der Ideen von Freiheit und Gleichheit ergeben" (Habermas 1998: 92) und, so muß man hinzufügen, die sich mit der Organisation sozialer Ungleichheit ergeben. Was ich oben als den Glauben der Moderne an die Gestaltbarkeit der Welt bzw. als ihren Gestaltungszwang beschrieben habe, ist letztlich soziale Gestaltung auf dem Boden des Nationalstaates. Wenn man den klassisch modernen Nationalstaat auf eine kurze Formel bringen will, dann läßt er sich als eine Instanz beschreiben, die die prinzipielle rechtliche und politische Gleichheit der Menschen mit ihrer ökonomischen Ungleichheit, wenn nicht versöhnt, dann doch zumindest vermittelt. In seinem berühmten und durchaus schulbildenden Vortrag *Citizenship and Social Class* von 1949 macht Thomas H. Marshall auf diese beiden widerstreitenden Logiken des Modernisierungsprozesses aufmerksam: ein *Gleichheit* generierendes Staatsbürgerschaftsrecht, das für ein historisch nie dagewesenes universalistisches Mitgliedschafts- und Partizipationspotential sorgt auf der einen Seite, einen *Ungleichheit* generierenden Mechanismus des Industriekapitalismus und eines liberalen Wirtschaftssystems auf der anderen Seite. So zutreffend und stichhaltig diese Diagnose auch den Nerv des klassischen modernen Nationalstaats mit demokratisiertem politischem System, industrieller Produktion, positivem Recht und interventionistischer (Wohlfahrts- und Sozial-)Politik trifft, so erstaunlich ist doch, wie sie den entscheidenden Mechanismus der gesellschaftlichen Integration nur nebenbei erwähnt, nämlich die Tatsache, daß die politische, ökonomische und rechtliche Einheit - symbolisiert im nationalgesellschaftlichen Staatsbürgerstatus - nur über das Postulat einer *gemeinsam und loyal geteilten (National-)Kultur* zusammengehalten wird. Marshall schreibt lapidar:

> „Der Staatsbürgerstatus setzt eine Bindung (...) voraus, ein unmittelbares Gefühl der Mitgliedschaft in einer Gemeinschaft auf der Grundlage der Loyalität gegenüber einer Kultur, die von allen geteilt wird." (Marshall 1992: 62)

In diesem Statement reflektiert sich die gesellschaftliche Selbstbeschreibung der *klassischen* Soziologie der Moderne, die sich - wie Anthony Smith (1979: 191) formuliert - eines *methodologischen*

Nationalismus bedient, indem sie den Begriff der Gesellschaft an die zentrale politische Einheit der klassischen Moderne bindet, an den Nationalstaat nämlich, der insbesondere durch die nationalgesellschaftliche Schließung von Nationalökonomien, nationalen Bildungs- und Schulsystemen, nationalen kirchlichen Traditionen, nationalen Arbeitsmärkten und Versorgungsagenturen, den nationalen Raum erreichbaren Massenmedien und eben: nationalen *Kulturen* gespeist wird.

Im Nationalstaat des westlichen Typs materialisiert sich letztlich das Modell parlamentarisch-demokratischer Industriestaaten der westlichen Hemisphäre, die für den amerikanischen soziologischen *mainstream* seit den 50er Jahren des 20. Jahrhunderts paradigmatisch für das standen, worum es hier geht: *die moderne Gesellschaft*. Es entstanden sogenannte *Modernisierungstheorien*, deren Funktion v.a. darin bestand, ein empirisch anwendbares Instrumentarium für den Entwicklungs-, i.e. Modernisierungsprozeß von Entwicklungsländern zu entwickeln. Nicht zuletzt bestand die Intention dieser Theorien darin, die Modernität des Westens gegenüber dem staatssozialistischen „Ostblock" zu behaupten. So betont etwa Daniel Lerner, „daß das *westliche* Modell der Modernisierung gewisse Komponenten und Sequenzen aufweist, die universell relevant sind" (Lerner 1969: 362; Hervorh. A.N.), und Talcott Parsons weist dem westlichen, hier: amerikanischen Modell der modernen Gesellschaft „die Führung in der jüngsten Modernisierungsphase" (Parsons 1972: 146) zu. Als Modernitätskriterien gelten etwa Lerner der Urbanisierungsgrad, die Ausbreitung von Elementarbildung, die Nutzung von Massenmedien sowie der Grad der Teilnahme am demokratischen politischen Geschehen (vgl. Lerner 1969: 371ff.). Ähnlich liest sich dies bei Parsons, dessen Modell der modernen Gesellschaft ein homöostatisches Bild abgibt. Gleichheitsaspirationen und Ungleichheitsrisiken sollen durch ein funktionierendes System von Anreizen organisiert werden, für das die Institutionen des Staates ebenso sorgen wie ein rein leistungsorientiertes Wirtschaftssystem; eine gemeinsam geteilte Kultur soll für Loyalität sorgen und die divergierenden Kräfte der Gesellschaft zusammenhalten; Bildung soll Positionen innerhalb der Gesellschaft legitim zuweisen; und all dies soll in einer pluralisierten Lebenswelt geschehen, die Individualisierung und Gemeinsinn versöhnt.

Unverkennbar ist diese Theorie der modernen Gesellschaft keine Krisendiagnose mehr. Sie unterscheidet sich von den Klassikern durch einen Optimismus und das Bewußtsein, daß sich die Welt im Sinne des technischen Paradigmas der Aufbruchjahre nach dem Zweiten Weltkrieg nach dem Bilde des Westens müsse erschaffen lassen.[9] Freilich nimmt diese Phase einer Theorie der gesellschaftlichen Moderne zumindest ein Motiv von den Klassikern auf, nämlich die Frage, inwieweit es einer sich zunehmend ausdifferenzierenden Gesellschaft gelingen kann, Gemeinsinn und gesellschaftliche Einheit sowie Loyalität und soziale Einbindung mit dem modernen Individualismus und seinen Freiheitsaspirationen zu kombinieren. Die Lösung von Parsons bietet eine Kombination aus den antinomischen Begriffen der klassischen Soziologie der Moderne an, nämlich *gesellschaftliche Gemeinschaft*:

> „Die vielleicht allgemeinste Funktion einer gesellschaftlichen Gemeinschaft besteht darin, ein Normen*system* mit einheitlicher und kohärenter kollektiver Organisation hervorzubringen. ... Der kollektive Aspekt ist die gesellschaftliche Gemeinschaft als eine einzige abgegrenzte Gesamtheit. Die gesellschaftliche Ordnung erfordert klare und deutliche Integration, womit wir einerseits normative Kohärenz und andererseits gesellschaftliche ‘Harmonie’ und ‘Koordination’ meinen. Außerdem müssen als Normen definierte Pflichten im großen und ganzen akzeptiert werden, während umgekehrt Gesamtheiten über normative Sanktionsmöglichkeiten zur Erfüllung ihrer Funktionen und Verfolgung ihrer legitimen Interessen verfügen müssen.“ (Parsons 1972: 21f.)

Es ist ganz offenkundig der Staat, der als *Nation*[10] kulturelle Loyalitäten erzeugt, der als *Wohlfahrtsstaat* für eine gewisse Versor-

---

9 Wie sehr diese Theorie von dem inzwischen verschiedenen Antipoden seligen Angedenkens jenseits des Eisernen Vorhangs lebte, scheint erst jetzt, nach dessen endgültigem Dahinscheiden, so recht deutlich zu werden.

10 Als Reflexion v.a. der amerikanischen Gesellschaft insistiert Parsons darauf, daß deren gesellschaftliche Gemeinschaft sich nicht auf eine ethnische, sondern eine politische Nation bezieht, die die ethnischen Fesseln der frühen Moderne zwar nicht ganz überwunden hat, von der sich Parsons aber die Möglichkeit verspricht, die Dominanz der wei-

gungssicherheit sorgt und der als *Rechtsstaat* legitime Sanktionsmöglichkeiten bereithält. Der Erfolg der modernen Gesellschaft steht und fällt nach diesem Modell also mit der Fähigkeit staatlich-politischer Einheiten, den freien Willen seiner Bewohner in den Dienst einer „harmonischen" und „koordinierten" gesellschaftlichen Einheit zu stellen - einschließlich der Domestizierung der Folgen sozialer Ungleichheit. Wiewohl die Form dieser Domestizierung auch innerhalb der westlichen Hemisphäre erheblich variiert, wenn man an die ganz unterschiedlichen Sozialstaatsvarianten innerhalb Europas und Nordamerikas denkt (vgl. Flora/Heidenheimer (Hg.) 1981; Albert 1992; Bornschier 1998), so kann doch innerhalb des westlichen Modells der Staat als derjenige Rahmen und diejenige Einheit gedacht werden, durch die und in der sich Institutionen des (mehr oder weniger befriedeten) Konflikts zwischen „Kapital" und „Arbeit" herausbilden. Diese Einheit ist im Sinne der Theorie der modernen Gesellschaft der Nationalstaat westlicher Prägung mit seinem institutionellen Arrangement von Ökonomie, Recht, Bildung, Wissenschaft, Kultur und Politik.

7. Die „Unterscheidung" der modernen Gesellschaft

Nachdruck

In der bisherigen Darstellung der *modernen Gesellschaft* haben sich unter der Hand und fast unmerklich ganz unterschiedliche Begriffsbedeutungen eingeschlichen, die kaum mehr als die Begriffsbedeutung gemein haben. Was verbindet etwa die Emphase der frühen Moderne mit der soziologischen Moderne der Klassiker, und was diese mit dem Optimismus der amerikanischen Modernisierungstheorie? Gemeinsam ist allen jedenfalls, daß es sich beim gesellschaftlichen Phänomen der Moderne um eine radikale Veränderung im strukturellen Aufbau der Gesellschaft handelt. Daß diese Veränderung etwas mit dem Übergang vom feudalen Herrschaftssystem zu staatlicher Politik mit bürokratischer Verwaltung zu tun hat, ist

---

ßen angelsächsischen Protestanten (WASPs) als führender gesellschaftlicher Trägergruppe zumindest zu relativieren (vgl. Parsons 1972: 111ff.).

ebenso unbestritten wie die Verbindung von Modernität und Industrialisierung. Und daß Urbanisierung und flächendeckende Bildung eindeutige Modernisierungsphänomene sind, dürfte ebenso unbestritten sein. Doch was macht das Moderne der modernen Gesellschaft letztlich aus, um eine Formulierung von Niklas Luhmann (1992) aufzugreifen? Vielleicht hilft es weiter, wenn man sich fragt, wovon man die Gesellschaft eigentlich unterscheidet, wenn man sie *modern* nennt. Hier scheinen vier Unterscheidungsmöglichkeiten vorzuliegen, nämlich eine *zeitliche*, eine *sachliche*, eine *normative* und eine *sozialräumliche*.

Am plausibelsten dürfte zunächst die *zeitliche* Dimension sein. Schon die Unterscheidung *antiqui/moderni* verweist auf Modernität als historischen Zustand oder besser: Abstand. Abgelöst wird dieses Verständnis durch den Gedanken der Entwicklung, des Fortschritts oder zumindest der Veränderung. Dieses Selbstverständnis von Modernität als historischer Bewegung hat eine fast vollständige *Temporalisierung* des Weltbildes zur Folge, das den jeweiligen Jetztzustand als potentielle Vergangenheit einer erwartbaren Zukunft versteht. Es ist v.a. die *Zukunft*, die das Zeitbewußtsein der Moderne bestimmt, eine Zukunft als Selektionshorizont, der sich schon dadurch eröffnet, daß die Tradition immer weniger als Vorbild taugt und daß die Gegenwart einen erheblichen Überschuß an Handlungsmöglichkeiten erzeugt (vgl. dazu Gumbrecht 1978: 130f.; Luhmann 1975a: 104; Nassehi 1993: 315ff.). Allein freilich kann die Zeitdimension nur wenig qualifizieren. Sicher trägt die Charakterisierung eines Zustandes als *modern* immer temporale Züge, was aber das Verhältnis vorher/nachher oder Vergangenheit/Gegenwart/Zukunft[11] im einzelnen ausmacht, läßt sich nur in Kombination mit den anderen Unterscheidungsmöglichkeiten des Modernen näher beschreiben.

Zunächst bietet sich eine Unterscheidung der Moderne in der *Sachdimension* an. Es werden also *vormoderne* und *moderne* Zustände nicht einfach in ihrem zeitlichen Abstand qualifiziert, sondern

11 Daß mit diesen beiden Unterscheidungen völlig unterschiedliche Zeitverhältnisse bezeichnet werden, lasse ich hier unkommentiert. Vgl. dazu aber Nassehi 1993: 63ff.

es wird in dieser Zeit eine grundlegende Veränderung wahrgenommen, die die Diagnose eines Zeitsprungs, eines Epochenwechsels überhaupt rechtfertigt. *Was* sich im Zuge der gesellschaftlichen Modernisierung strukturell verändert hat, ist relativ unstrittig: Freisetzung der Menschen aus alternativlosen Traditionsbindungen, weitgehende Ablösung feudalistischer Politikformen durch staatliche Systeme, Entstehung von „bürgerlichen" Öffentlichkeiten und Partizipation am politischen Geschehen, (langsame) Demokratisierung der politischen Verfahren, Ausbreitung obligatorischer Bildungssysteme, Buchdruck und Massenmedien, Urbanisierung etc. Es war ja gerade die *soziologische* Moderne, also die Selbstbeschreibung der Gesellschaft durch eine theoretisch und methodisch kontrollierte Gesellschaftswissenschaft, die für eine empirische Beschreibung dieses Wandels gesorgt und somit zur Selbstvergewisserung der gesellschaftlichen Moderne beigetragen hat. Es ist vielleicht das größte Verdienst der frühen Soziologie, theoriegeleitete Unterscheidungsmöglichkeiten von *vormodernen* und *modernen* gesellschaftlichen Verhältnissen bereitgestellt zu haben, und zwar Beschreibungen, die sich als wissenschaftliche Beschreibungen nicht unmittelbar im tagespolitischen Kampf um Anerkennung bewähren mußten. So sehr sich aber gerade die um die Wende zum 20. Jahrhundert entstandene akademische Soziologie um Werturteilsfreiheit (Max Weber) und Neutralität in der soziologischen Analyse bemüht hat (vgl. Rammstedt 1988: 279f.), so sehr trägt das Selbstverständnis der Moderne - das akademisch-soziologische und noch mehr das öffentlich-politische - *wertende* Züge. Neben der zeitlichen und der sachlichen Unterscheidungsmöglichkeit der Moderne, kommt also dem *normativen* Verständnis der Moderne eine besondere Bedeutung zu.

Wie oben gezeigt, beginnt das Ringen um die *normativen Grundlagen der Moderne* bereits in der französischen *Querelle* des 17. und 18. Jahrhunderts, die freilich noch stark von der Emanzipation von einer übermächtigen Vergangenheit geprägt war. Erst danach etablierte sich jene *historische Einsamkeit* der Moderne, die - nochmals in den Worten von Jürgen Habermas - dazu führt, daß die Moderne ihre

> „orientierenden Maßstäbe nicht mehr Vorbildern einer anderen Epoche entlehnen [kann], *sie muß ihre Normativität aus sich selber schöpfen.*

> Die Moderne sieht sich, ohne Möglichkeit der Ausflucht, an sich selbst verwiesen" (Habermas 1985c: 16).

Daß die Moderne eine *normativ aufgeladene* Qualität besitzt, läßt sich nicht nur in der Phase der Fortschrittseuphorie des späten 18. und 19. Jahrhunderts beobachten, sondern ist auch, bezogen auf die soziologische Reflexion der Moderne, v.a. im soziologischen *mainstream* der Nachkriegszeit zu diagnostizieren, in der die soziologische Theorie durchaus als Reflexionstheorie des Selbstverständnisses des modernen westlichen Staats- und Gesellschaftsmodells auftritt. Das gilt im übrigen auch für jenen Nachfolger der Kritischen Theorie, dem man sicher nicht vorwerfen kann, ein unkritischer Apologet der „amerikanischen" Moderne zu sein, nämlich Jürgen Habermas, der aber am *aufklärerischen, westlichen Projekt der Moderne* festhält und in diesem *normative Standards* walten sieht, die zwar nicht vom Himmel fallen, aber durchaus ein *Moment Unbedingtheit* in sich tragen. Dieses Selbstbewußtsein des okzidentalen Modernisierungsprozesses hält am Begriff der Moderne als *normativem Begriff* fest.

Gerade dieses *westliche* Selbstverständnis der Moderne verweist auf eine *sozialräumliche* Unterscheidungsmöglichkeit. Der europäisch-nordamerikanische Westen sieht sich seit der globalen Ausbreitung seiner Wirkmächtigkeit stets mit der Gleichzeitigkeit des Ungleichzeitigen konfrontiert und definiert sich selbst als eine *entwickeltere* Region des Erdballs, auf dem es *gleichzeitig* weniger entwickelte Regionen gibt. Wiewohl sich die gesamte Weltgesellschaft *in modernen Zeiten* befindet, befindet sie sich gleichwohl nicht in ihrer Gänze *in der Moderne* - so muß man zumindest argumentieren, wenn man an einem sachlichen oder normativen Verständnis der Moderne festhält. Sind die meisten Regionen Afrikas etwa weniger modern als Europa? War der Staatssozialismus des Ostblocks modern? Und wie steht es mit Japan, das sowohl urbanisiert als auch industrialisiert und demokratisiert ist, uns aber bisweilen reichlich *unmodern* vorkommt? Und gibt es nicht mitten in der Moderne des Westens allerlei Enklaven, die alles andere als *modern* erscheinen?

Je genauer man hinsieht, um so ungenauer wird der Begriff. Man muß sich schon fragen, was eigentlich bezeichnet wird, wenn soziologische Texte (von anderen ganz zu schweigen) ihren Gegenstand *modern* nennen und wenn sie die Gesellschaft als ganze als *moderne Gesellschaft* qualifizieren. Meistens ist der Begriff eine Verlegenheitslösung, der soziologische Texte davon entlastet, genauer zu qualifizieren, was nun eigentlich genau unterschieden wird, wenn von der *modernen Gesellschaft* die Rede ist. Vielleicht lohnt es sich ja, solchen Begriffsgebrauch nach den vier vorgeschlagenen Unterscheidungsmöglichkeiten, der zeitlichen, der sachlichen, der normativen und der sozialräumlichen Dimension, einzuordnen, um dem Begriff mehr entnehmen zu können als einen fachweiten *common sense*, der spätestens dann alles andere als ein *common* sense sein dürfte, je genauer man nach dem common *sense* fragt. Auf eine Formel gebracht: Es läßt sich kaum bezweifeln, daß wir in einer *modernen Gesellschaft* leben, was das aber bedeutet, kann der Begriff nicht transportieren, sondern muß den (mehr oder weniger nicht zufällig gewählten) theoretischen Vorentscheidungen entnommen werden, die im jeweiligen Kontext einer Theorie der gesellschaftlichen Moderne auftauchen. Meistens jedenfalls meint *moderne Gesellschaft* wohl wenig anderes als das gesellschaftliche *hic et nunc*, womit sich der Begriff wieder dem mittelalterlichen Sprachgebrauch angenähert haben dürfte, nach dem die *moderni* eben die Jetzigen sind. *Modern* (sic!) am heutigen Begriffsgebrauch ist lediglich, daß der Begriff stets eine temporale Dynamik mittransportiert. Nicht umsonst lief etwa der 25. Deutsche Soziologentag 1990 in Frankfurt am Main unter dem Titel *Die Modernisierung moderner Gesellschaften* (vgl. Zapf 1991),[12] was - wohl eher unfreiwillig - Zeugnis davon ablegt, daß der Begriff der Moderne und der Modernisierung vergleichsweise ununterscheidbar daherkommt und deshalb zumindest suggerieren könnte, es gäbe so etwas wie ein fachuniversales (Selbst-)Verständnis der Moderne. Letztlich aber fallen all die in diesem und dem Vorgängerband behandelten soziologischen Gesellschaftsbegriffe unter den Verdacht, daß sie deshalb so attraktiv erscheinen, weil sie der sich selbst recht unbekannt bleibenden *Mo-*

12 Übrigens hat sich auch der Soziologentag *modernisiert*, der seit kurzem *Kongreß der Deutschen Gesellschaft für Soziologie* heißt, damit er nicht *SoziologInnentag* heißen muß!

derne ein weiteres Ettikett verleihen; und darüber läßt sich dann streiten, während die *Modernität* der modernen Gesellschaft doch recht unstrittig ist - oder?

8. Die „Grenzen" der Moderne

Ist die Grenze der Moderne bereits erreicht oder gar überschritten? Funktionieren die „Grenzen" der globalisierten Moderne noch? Ist die Moderne gar bereits vergangen, befinden wir uns womöglich schon in der *Post*moderne? Es ist hier nicht der Ort, die breiten Diskussionen um Globalisierung und Postmoderne nachzuzeichnen.[13] Kurz möchte ich jedoch die Stoßrichtung dieser Diskussionen exemplarisch nachzeichnen.

Mit die größte Verwerfung für das Selbstverständnis der *modernen Gesellschaft* besteht darin, daß ihr „gesellschaftlicher" Ort sicher nicht mehr der Nationalstaat ist, zumindest nicht mehr so ungebrochen wie in seiner Hochphase. Globalisierungsprozesse scheinen nicht nur die politische Autonomie und Integrität von Nationalstaaten empfindlich zu treffen, sondern scheinen auch zu einem weltweiten Problemhorizont geführt zu haben: Für die Probleme der „Weltrisikogesellschaft" (Beck 1996) scheint der Nationalstaat zu klein geworden zu sein. Die soziologische Theorie der modernen Gesellschaft sieht sich auch aufgrund dieser empirisch erfahrbar werdenden neuen Situation zunehmend in der Pflicht, den Begriff der Gesellschaft von seinem nationalstaatlichen Kontext zu lösen und die Moderne als „Weltgesellschaft" (Burton 1972; Luhmann 1975b) zu konzipieren oder zumindest mit dem Begriff „Globalisierung" (Giddens 1995; Robertson 1992; Beck 1997) zu belegen. Vielleicht nimmt gerade die Soziologie vieles, was mit der weltweiten Wechselseitigkeit der Moderne zu tun hat, mit einem erheblichen *time-lag* wahr, weil man sich theoretisch recht schwer tut, sich von der eigenen Vergangenheit der nationalgesellschaftlichen Modernisierungstheorie zu emanzipieren. Und wenn auch von einer theoretischen Konsolidierung einer Theorie *postnationaler Konstellationen*

---

13 Einen guten Überblick über diese Diskussion bieten Robertson (1992), Beck (1997), Welsch (1987) und Zima (1997).

(Habermas 1998) noch nicht die Rede sein kann, scheint die Uneindeutigkeit und Ambivalenz dieses Prozesses auch in der soziologischen Theorie der Moderne angekommen zu sein.[14]

Diese Erfahrung der Ambivalenz und Uneindeutigkeit verweist auf die „Postmoderne", die hier ebenfalls nur exemplarisch mit Zygmunt Bauman nachgezeichnet werden kann. Für Bauman ist die Moderne von einem immerwährenden Kampf gegen die Ambivalenz geprägt. Unter Ambivalenz versteht Bauman „die Möglichkeit, einen Gegenstand oder ein Ereignis mehr als nur einer Kategorie zuzuordnen" (Bauman 1995: 77). Der Übergang zur Moderne besteht für Bauman darin, daß die ordnende Sicherheit der „vormodernen kleinen Gemeinschaften, die für die meisten ihrer Mitglieder die Universen waren, in die das Ganze ihrer Lebenswelt eingeschrieben war" (ebd: 83), langsam verschwand und damit die Gefahr der Ambivalenz begann. Auf jene potentielle *Steigerung von Kontingenzmöglichkeiten* reagiert die Moderne mit einem *kompensierenden kulturellen Trend.* Vielleicht ist es wirklich die *Angst vor Unbestimmtheit*, die die Moderne hat zu einem *Projekt* werden lassen, nämlich die Ambivalenz der Welt durch Vereinheitlichungsstrategien zu zähmen, etwa durch die Einheit der Wissenschaften, durch die Einheit der Nation, durch das vereinheitlichende Medium des Geldes, durch die philosophische Erfindung der Einheit der Vernunft, sogar durch einheitliche herrschende Bewertungsmaßstäbe für Kunst usw. (vgl. Nassehi 1999a: 89ff.). Diese Strategien der *Eindeutigkeit* waren einerseits sehr erfolgreich, indem sie tatsächlich eine außerordentlich leistungsfähige und ordnende *moderne Gesellschaft* hervorgebracht haben, sie waren aber andererseits auch sehr zerstörerisch, weil sie den Kampf gegen die Ambivalenz etwa als Nationalismus, als Ausgrenzung des Fremden oder als Verdrängung der

---

14 Am verbreitetsten ist sicher Giddens' Definition des Begriffs Globalisierung als „Intensivierung weltweiter sozialer Beziehungen" (Giddens 1995: 85). Doch letztlich gibt dies theoretisch nicht viel her, denn daß weltweite Interdependenzen zunehmen, konnte man schon wissen. Vgl. dazu meinen Versuch, nicht zu definieren, was Globalisierung denn *sei*, sondern warum uns das, was zuvor *Modernisierung* hieß, nun als *Globalisierungsprozeß* erscheint (vgl. Nassehi 1998).

Angst vor der Ambivalenz - symbolisiert in der ambivalenten Position des „Juden“ - betrieben haben - eine Diagnose übrigens, die der *Dialektik der Aufklärung* von Horkheimer und Adorno nicht unähnlich ist. Die Moderne ist nach diesem Verständnis nicht zuletzt dadurch geprägt, daß sie allzu enttäuschungsfest an ihre eigenen Selbstbeschreibungen glaubt, daß sie letztlich denjenigen Erzählungen von Freiheit und Gleichheit, von Universalismus und Eindeutigkeit, von Ausgleich und Verständigung verfallen ist, denen sie sich verdankt.

Bauman macht dagegen das *Ende der Eindeutigkeit* aus. Die Ambivalenzen sind nicht länger zu domestizieren, und *Postmoderne* ist für ihn eine Chiffre dafür, daß sich die *Moderne* ihrer Ambivalenz stellt, er bezeichnet sie gar als „eine Chance der Moderne“ (ebd.: 313), tolerante, differente, uneindeutige Verhältnisse zu erlauben, einen neuen „*modus coexistendi*“ (ebd.: 333) zu entwickeln. Obgleich es auch weniger optimistische Versionen und Lesarten der Postmoderne gibt, läßt sich an Bauman sehr schön das veränderte Zeitbewußtsein der Moderne studieren. Es geht Bauman nicht um die Ausrufung einer neuen Epoche mit neuen Eindeutigkeiten, die man problemlos beschreiben (oder postulieren) könnte. Es geht vielmehr um das Selbstverhältnis der Moderne, um ihre kulturelle Selbstverortung. Er schreibt:

> „Das ist es letztlich, wofür die Idee der *Postmoderne* steht: eine Existenz, die völlig durch die Tatsache bestimmt und definiert ist, daß sie *post* ist (*hinterher* kommt) und überwältigt ist vom Bewußtsein, sich in einer solchen Lage zu befinden. Postmoderne bedeutet nicht notwendig das Ende, die Diskreditierung oder Verwerfung der Moderne. ... Postmoderne ist die Moderne, die volljährig wird: die Moderne, die sich selbst aus der Distanz betrachtet statt von innen“ (ebd.).

Die Paradoxie der Moderne besteht freilich darin, daß diese Distanz, dieses von Bauman etwas überstilisierte *Außen* ihr einzig möglicher Modus des *Innen* geworden ist. Die gegenwärtige - die *moderne*? - Moderne sieht sich damit konfrontiert, daß die Sicherheiten ihres *goldenen Zeitalters* nicht mehr bestehen. Ulrich Beck hat dafür den Begriff der *reflexiven Moderne* und der *Zweiten Moderne* geprägt. Nach diesem Verständnis wird das selbstbewußte Selbstverständnis der klassischen industriegesellschaftlichen und nationalstaatlichen

Moderne dazu gezwungen, sich mit ihren Folgen und Erfolgen abzumühen - und zwar mit Folgen, die so nicht antezipiert waren. Die „*Nebenfolge* wird zum Motor der Gesellschaftsgeschichte" (Beck 1996: 55), und die ordnungsgebietende Kraft der modernen Institutionen - einschließlich des Nationalstaates - wird vor allem durch Globalisierungsprozesse empfindlich geschmälert. Was in dieser gegenwärtigen Moderne - ob sie nun *Post*moderne, *Zweite* Moderne oder immer noch schlicht *Moderne* heißt - ganz offensichtlich entfesselt wird, ist eine ungeheure Entwicklungsdynamik, die es Strategien der Eindeutigkeit und der Ambivalenzvermeidung immer weniger erlaubt, an gewohnten Abläufen und der *Tradition der (klassischen) Moderne* festzuhalten (vgl. Smart 1999: 67ff.). Sehr treffend charakterisiert dies Niklas Luhmann mit seiner These von der „Kontingenz als Eigenwert der modernen Gesellschaft" (Luhmann 1992: 93ff.). Obwohl die Verhältnisse sind, wie sie sind, könnten sie auch anders *sein* und könnten auch anders *beobachtet* werden. Und von dieser Möglichkeit scheinen die Verhältnisse derzeit zunehmend Gebrauch zu machen. Vielleicht ist es dies, was heute das Moderne der Moderne ausmacht.

Literatur

Albert, Michel 1992: Kapitalismus contra Kapitalismus, Frankfurt/M./New York.

Alexander, Jeffrey C. 1993: Soziale Differenzierung und kultureller Wandel. Essays zur neofunktionalistischen Gesellschaftstheorie, Frankfurt/M.

Bacon, Francis 1974: Neues Organ der Wissenschaften, übers. und hg. von Anton Theobald Brück, Darmstadt (repr. Nachdr. d. Ausg. Leipzig 1830).

Bauman, Zygmunt 1995: Moderne und Ambivalenz. Das Ende der Eindeutigkeit, Frankfurt/M.

Beck, Ulrich 1996: Das Zeitalter der Nebenfolgen und die Politisierung der Moderne, in: ders., Anthony Giddens und Scott Lash: Reflexive Modernisierung. Eine Kontroverse, Frankfurt/M., S. 19-112.

Bendel, Klaus 1993: Funktionale Differenzierung und gesellschaftliche Rationalität. Zu Niklas Luhmanns Konzeption des Verhältnisses von Selbstreferenz und Koordination in modernen Gesellschaften, in: Zeitschrift für Soziologie 22, S. 261-278.

Bornschier, Volker 1998: Westliche Gesellschaft - Aufbau und Wandel, Zürich.

Burton, John W. 1972: World Society, Cambridge.

Comte, Auguste 1933: Die Soziologie. Die positive Philosophie im Auszug, Leipzig.

Durkheim, Emile 1988: Über soziale Arbeitsteilung, Frankfurt/M.

Dilthey, Wilhelm 1959: Gesammelte Schriften, Band 1, 4. Aufl., Stuttgart/Göttingen.

Elias, Norbert 1980: Über den Prozeß der Zivilisation, 2 Bände, Frankfurt/M.

Flora, Peter und Arnold J. Heidenheimer (Hg.) 1981: The Development of Welfare States in Europe and America, New Brunswick.

Giddens, Anthony 1987: Social Theory and Modern Sociology, Oxford.

Giddens, Anthony 1995: Konsequenzen der Moderne, Frankfurt/M.

Gumbrecht, Hans Ulrich 1977: Zum Wandel des Modernitäts-Begriffes in Literatur und Kunst, in: Reinhart Koselleck (Hg.): Studien zum Beginn der modernen Welt, Stuttgart, S. 375-382.

Gumbrecht, Hans Ulrich 1978: Modern, Modernität, Moderne, in: Geschichtliche Grundbegriffe. Historisches Lexikon zur politisch-sozialen Sprache in Deutschland, hg. v. Otto Brunner, Werner Conze und Reinhart Koselleck, Band 4, Stuttgart, S. 93-131.

Habermas, Jürgen 1981a: Die Moderne als unvollendetes Projekt, in: ders.: Kleine Politische Schriften I-IV, Frankfurt/M., S. 444-464.

Habermas, Jürgen 1981b: Theorie des kommunikativen Handelns. Band 2, Frankfurt/M.

Habermas, Jürgen 1985a: Hegels Begriff der Moderne, in: ders.: Der philosophische Diskurs der Moderne. Zwölf Vorlesungen, Frankfurt/M., S. 34-64.

Habermas, Jürgen 1985b: Der normative Gehalt der Moderne, in: ders.: Der philosophische Diskurs der Moderne. Zwölf Vorlesungen, Frankfurt/M., S. 390-446.

Habermas, Jürgen 1985c: Das Zeitbewußtsein der Moderne und ihr Bedürfnis nach Selbstvergewisserung, in: ders.: Der philosophische Diskurs der Moderne. Zwölf Vorlesungen, Frankfurt/M., S. 9-33.

Habermas, Jürgen 1998: Die postnationale Konstellation, Frankfurt/M.

Hegel, Georg Wilhelm Friedrich 1970: Grundlinien der Philosophie des Rechts. Band 7 der Werke in 20 Bänden, Frankfurt/M.

Horkheimer, Max und Theodor W. Adorno 1971: Dialektik der Aufklärung. Philosophische Fragmente, Frankfurt/M. (zuerst 1947).

Kaufmann, Franz-Xaver 1986: Religion und Modernität, in: Johannes Berger (Hg.): Die Moderne - Kontinuitäten und Zäsuren, Soziale Welt Sonderband 4, Göttingen, S. 283-307.

Kneer, Georg 1992: Bestandserhaltung und Reflexion. Zur kritischen Reformulierung gesellschaftlicher Rationalität, in: Werner Krawietz und Michael Welker (Hg.): Kritik der Theorie sozialer Systeme, Frankfurt/M., S. 86-112.

Kneer, Georg, Armin Nassehi und Markus Schroer (Hg.) 1997: Soziologische Gesellschaftsbegriffe. Konzepte moderner Zeitdiagnosen, München.

Koselleck, Reinhart 1978: 'Neuzeit'. Zur Semantik moderner Bewegungsbegriffe, in: ders. (Hg.): Studien zum Beginn der modernen Welt, Stuttgart, S. 264-299.

Lerner, Daniel 1969: Die Modernisierung des Lebensstils: eine Theorie, in: Wolfgang Zapf (Hg.): Theorien sozialen Wandels, Köln/Berlin, S. 362-381.

Luhmann, Niklas 1975a: Weltzeit und Systemgeschichte. Über Beziehungen zwischen Zeithorizonten und sozialen Strukturen gesellschaftlicher Systeme, in: ders.: Soziologische Aufklärung, Band 2: Aufsätze zur Theorie der Gesellschaft, 3. Aufl., Opladen, S. 103-133.

Luhmann, Niklas 1975b: Die Weltgesellschaft, in: ders.: Soziologische Aufklärung, Band 2: Aufsätze zur Theorie der Gesellschaft, 3. Aufl., Opladen, S. 51-71.

Luhmann, Niklas 1977: Differentiation of Society, in: Canadian Journal of Sociology 2, S. 29-53.

Luhmann, Niklas 1992: Beobachtungen der Moderne, Opladen.

Luhmann, Niklas 1997: Die Gesellschaft der Gesellschaft, Frankfurt/M.

Marshall, Thomas H. 1992: Staatsbürgerrechte und soziale Klassen (1949), in: ders.: Bürgerrechte und soziale Klassen. Zur Soziologie des Wohlfahrtsstaates, Frankfurt/M./New York, S: 33-94

Marx, Karl 1988: Vorwort zur ersten Auflage (1867), in: ders.: Das Kapital. Kritik der politischen Ökonomie, Band 1 (=Karl Marx/Friedrich Engels: Werke Band 23), 27. Aufl., Berlin (DDR), S. 11-17.

Montaigne, Michel de 1969: Die Essais, Stuttgart.

Münch, Richard 1991: Dialektik der Kommunikationsgesellschaft, Frankfurt/M.

Münch, Richard 1997: Elemente einer Theorie der Integration moderner Gesellschaften. Eine Bestandsaufnahme, in: Wilhelm Heitmeyer (Hg.): Bundesrepublik Deutschland. Auf dem Weg von der Konsens- zur Konfliktgesellschaft, Band 2, Frankfurt/M., S. 66-109.

Nassehi, Armin 1993: Die Zeit der Gesellschaft. Auf dem Weg zu einer soziologischen Theorie der Zeit, Opladen.

Nassehi, Armin 1997: Risikogesellschaft, in: Georg Kneer, Armin Nassehi und Markus Schroer (Hg.): Soziologische Gesellschaftsbegriffe. Konzepte moderner Zeitdiagnosen, München, S. 252-279.

Nassehi, Armin 1998: Die „Welt"-Fremdheit der Globalisierungsdebatte. Ein phänomenologischer Versuch, in: Soziale Welt 49, S. 151-166

Nassehi, Armin 1999a: Optionssteigerung und Risikokultur, in: Gerhard von Graevenitz (Hg.): Konzepte der Moderne, Stuttgart, S. 82-101.

Nassehi, Armin 1999b: Differenzierungsfolgen. Beiträge zur Soziologie der Moderne, Opladen.

Pankoke, Eckart 1977: Fortschritt und Komplexität. Die Anfänge moderner Sozialwissenschaft in Deutschland, in: Reinhart Koselleck (Hg.): Studien zum Beginn der modernen Welt, Stutgart, S. 352-376.

Parsons, Talcott 1972: Das System moderner Gesellschaften, München.

Rammstedt, Otthein 1988: Die Attitüden der Klassiker als unsere soziologischen Selbstverständlichkeiten. Durkheim, Simmel, Weber und die Konstitution der modernen Soziologie, in: ders. (Hg.): Simmel und die frühen Soziologen. Nähe und Distanz zu Durkheim, Tönnies und Max Weber, Frankfurt/M., S. 275-307.

Riehl, Wilhelm Heinrich 1885: Die Naturgeschichte des Volkes als Grundlage einer deutschen Social-Politik, Band 1, 8. Aufl., Stuttgart.

Schwinn, Thomas 1995: Funktionale Differenzierung - wohin? Eine aktualisierte Bestandsaufnahme, in: Berliner Journal für Soziologie 5, S. 25-39.

Simmel, Georg 1923: Philosophische Kultur. Gesammelte Essais, 3. Aufl., Potsdam.

Simmel, Georg 1989: Philosophie des Geldes, Gesamtausgabe Band 6, Frankfurt/M.

Simmel, Georg 1992: Über soziale Differenzierung, in: Gesamtausgabe Band 2, Frankfurt/M.

Smart, Barry 1999: Facing Modernity. Ambivalence, Reflexivity and Modernity, London.

Smith, Anthony D. 1979: Nationalism in the Twentieth Century, Oxford.

Spencer, Herbert 1885: Principien der Sociologie, Stuttgart.

Stein, Lorenz von 1888: Handbuch der Verwaltungslehre, Band 3: Die Verwaltung und das gesellschaftliche Leben, 3. Aufl., Stuttgart.

Wagner, Peter 1995: Soziologie der Moderne. Freiheit und Disziplin, Frankfurt/M./New York.

Weber, Max 1972: Gesammelte Aufsätze zur Religionssoziologie, Band 1, Tübingen.

Weber, Max 1994: Wissenschaft als Beruf, in: ders.: Studienausgabe der Max-Weber-Gesamtausgabe, Band I, 17, Tübingen, S. 1-23.

Welsch, Wolfgang 1987: Unsere postmoderne Moderne, Weinheim.

Willke, Helmut 1989: Systemtheorie entwickelter Gesellschaften, Weinheim.

Zapf, Wolfgang 1991: Die Modernisierung moderner Gesellschaften, Verhandlungen des 25. Deutschen Soziologentages, Frankfurt/M., New York.

Zerubavel, Eviatar 1981: Hidden Rhythms. Schedules and Calendars in Social Life, Chicago/London.

Zima, Peter V. 1997: Moderne/Postmoderne. Gesellschaft, Philosophie, Literatur, Tübingen, Basel.

Michael Bommes/Matthias Liedtke/
Ingrid Schumacher

Nationalgesellschaft

Wenn im öffentlichen wie auch im sozialwissenschaftlichen Diskurs 'Gesellschaft' thematisiert wird, dann unterliegt dem zumeist die Annahme, es handele sich dabei um eine territorial begrenzte und staatlich verfaßte Einheit. Diese Verwendung des Gesellschaftsbegriffs als umfangsgleich mit dem des Nationalstaats ist historisches Resultat einer politischen Entwicklung, in deren Verlauf spätestens seit der Französischen Revolution von 1789 die Welt als Ansammlung von 'Nationen' und korrespondierenden 'Staaten' entworfen wird.[1] Bis heute wird wie selbstverständlich zum Beispiel von der französischen oder deutschen 'Gesellschaft' gesprochen und damit die Existenz mehrerer, voneinander abgrenzbarer 'Gesellschaften' impliziert, deren nationale Einheit in ihrer je 'besonderen' Entstehungsgeschichte begründet liegt.

Mit der 'Idee' der Nation ist die Vorstellung verbunden, daß Nationen eine je "eigene Geschichte und ein eigenes Schicksal" haben und sich stets, mal mehr und mal weniger intensiv, auf der identitätsstiftenden "Suche nach der Vergangenheit" (Smith 1986: 214) befinden. Dies kann auch als Hinweis darauf betrachtet werden, daß Nationen immer wieder deshalb der *Erzeugung* von Geschichte bedürfen, weil es sich um relativ junge, geradezu geschichtslose Erscheinungen handelt.

---

1 Bevor 'Nation' in dieser Verknüpfung mit dem modernen Staat - von Europa ausgehend - zu einer weltweit zentralen politischen Kategorie geworden ist, referierten frühere Verwendungsweisen des Begriffs eher auf kleinere lokale Zweckverbände oder 'Schichten'. Für einen umfänglichen Überblick über den historischen Bedeutungswandel der Begriffe 'Volk' und 'Nation' vgl. Koselleck 1992.

> "Der objektiven Neuheit von Nationen aus dem Blickwinkel des Historikers steht das subjektive Alter in den Augen der Nationalisten gegenüber" (Anderson 1988: 14).

Dieses Alter begründet für sie den Anspruch auf die politische Organisationsform Staat als Konstitutivum oder Ausdruck der nationalen Gemeinschaft.

Die wissenschaftliche Diskussion (2) über den Bedeutungsgehalt des Nationenbegriffs bewegt sich zwischen den Polen einer 'substantialistischen' und einer 'konstruktivistischen' Auffassung von 'Nation'. Die Begriffsgeschichte selbst (1) läßt sich besser in einem Bezugsrahmen nachzeichnen, der die Verwendungsweisen des Begriffs danach ordnet, ob sie stärker die nationale 'Gemeinschaft' als politische *Semantik* oder den nationalen 'Staat' als politische Organisations*struktur* fokussieren.

1. Der Begriff der 'Nation': Zur Entstehungsgeschichte und Karriere einer politischen Semantik

In Entsprechung zu der von dem Historiker Friedrich Meinecke (1908) eingeführten und seitdem oft benutzten Unterscheidung von Kultur- und Staatsnation[2] kann man die Verwendungen des Nationbegriffs nach dem Kriterium sortieren, ob die unpolitisch verstandene Vorstellung von kultureller oder sprachlicher Gemeinschaft' oder der Bezug auf die politisch-rechtliche Organisationsform 'Staat' tragend ist. Das allen Verwendungsweisen Gemeinsame ist aber die Relationierung des Verhältnisses von Gemeinschaft und Gesellschaft, artikuliert als je spezifisch gefaßte Differenz von Volk, Nation und Staat. Historisch stehen dabei Staatsbildungsprozesse als Strukturphänomene[3] in einer eigentümlichen Wechselwirkung mit der Semantik des 'Volkes' bzw. der

---

2 Für Meinecke (1908: 3) ist es ein "fruchtbarer Gedanke, die Nationen einzuteilen in Kulturnationen und Staatsnationen, in solche, die vorzugsweise auf einem irgendwelchen gemeinsam erlebten Kulturbesitz beruhen, und solche, die auf der vereinigenden Kraft einer gemeinsamen politischen Geschichte und Verfassung vor allem beruhen".

3 Verstanden als Herausbildung der Kernorganisationen des modernen Staates unter historisch und regional variierenden Bedingungen.

'Nation' als Formen der politischen Kommunikation von Gemeinschaft. Diese Semantik hat die Herausbildung moderner staatlicher Organisation stets begleitet und ist bis heute wesentlicher Teil ihrer Selbstbeschreibung als nationale Einheit geblieben.

Historisch lassen sich zunächst zwei Wirkungsrichtungen ausmachen, für die der deutsche und der französische Fall gemeinhin als beispielhaft gelten. In dem gegen konkurrierende feudale Privilegien und partikulare Machtansprüche frühzeitig durchgesetzten Territorialstaat Frankreich werden die vormaligen Untertanen im Zuge der französischen Revolution zu Bürgern der Nation, welche als solche die Macht des Staates begründen. Mit der Verknüpfung von 'Staatssouveränität' und 'Volkssouveränität' legitimiert der moderne Staat seinen verdichteten Machtanspruch durch den schichtunabhängigen Einbezug aller in die Einheit der Nation als staatlich erzeugte Gemeinschaft der Staatsbürger. Im Fall Deutschland rechtfertigte umgekehrt erst die *vorlaufend* "postulierte Existenz einer Nation" den *Anspruch* "auf eigene Staatlichkeit" (Stichweh 1994: 84).[4] Gemeinsam ist beiden Fällen jedoch die Herstellung eines als 'Wir-Gruppe'[5] gefaßten Kollektivs, das sich in Bezug auf einen schon vorhandenen oder noch zu errichtenden Staat *politisch* als dessen 'Volk' artikuliert. Das so reklamierte 'Wir-Gefühl' der Angehörigen eines solchen 'Staatsvolkes' ist getragen durch deren Selbstverständnis "als *eigene* ethnische oder historische, d.h. durch Gemeinsamkeit des kollektiven, insbesondere: des politischen Schicksals begründete *Einheit*" (Estel 1994: 19). Es entspricht jenem, vor allem von Historikern beschriebenen 'Nationalbewußtsein', welches eine nationale *Gemeinschaft* begründet und aufrechterhält.[6]

---

4 Die '*Nations*bildung' ging also der - letzlich dann auch 'unvollendet' gebliebenen - National*staats*bildung von 1871 voraus; vgl. für einen historischen Abriß z.B. Dann 1993: 73-198.

5 Zur Herstellung von 'Wir-Gruppen' vgl. Elwert 1989.

6 Dazu stellvertretend für viele als neueres Beispiel der Historiker Otto Dann (1993: 12): "Eine Nation ensteht erst mit der Bildung von *Nationalbewußtsein* innerhalb einer Bevölkerung. Wir verstehen darunter den Prozeß einer kollektiven politischen Bewußtwerdung, in dem die Mitglieder eines Volkes bzw. die Bewohner eines Territoriums entdecken,

Mit einer solchen, im Kontext der Entstehung des modernen Staates evoluierenden Gemeinschaftsform ist aus verschiedenen Gründen die *Idee* einer den Nationen jeweils 'zugeeigneten' *Gesellschaft* verbunden. Zunächst gilt dies aufgrund des allumfassenden Anspruchs der 'Nation', die eine zahlenmäßig und zeitlich nicht begrenzte *Gemeinschaft* unter Anonymen, persönlich einander Unbekannten zu umschreiben und damit eine 'Einheit' zu imaginieren vermag (Anderson 1988: 16). Zugleich liegt diese zum politischen Einheitskonzept gewordene *Idee* im 'überethnischen' Charakter einer solchen Gemeinschaft begründet, die in ihrer Selbstbeschreibung als *nationales* - und eben nicht: 'ethnisches' - 'Volk' alle internen Differenzen und Beschränkungen übergreift mit ihrem "Anspruch, die heteronomen Bestimmungen eines einzigen politischen Staatsvolkes und der rechtlich sowie sozial vielschichtigen Bevölkerung zu verschmelzen" (Koselleck 1992: 147f.). Damit ist bereits der für die Semantik der nationalen *Volks*gemeinschaft konstitutive und organisatorisch notwendige Bezug zum 'Staat' indiziert. Die Beanspruchung von Souveränität über Territorialität und Bevölkerung durch eine als 'Volk' beschriebene nationale Gemeinschaft setzt die Bildung von Staaten als politische Organisationsform voraus. Nation und Staat, obwohl zunächst "unabhängig voneinander und zufällig" entstanden, *erscheinen* somit als "füreinander bestimmt" (Gellner 1991:16). Die seit der Mitte des achtzehnten Jahrhunderts etablierten modernen Territorialstaaten legitimierten ihr neues Politikverständnis, die Ausweitung des politischen Regulationsanspruchs für Regierung und Gesetzgebung (im Unterschied zur traditionellen 'Jurisdiktion'), durch den politischen Einbezug ihrer Bevölkerungen als 'Volk' von Staatsbürgern. War der Staat in diesem Sinne 'volksbildend', so war umgekehrt die nationale Gemeinschaftssemantik in Europa und weltweit mit ihrer Forderung nach einer entsprechenden politischen Organisationsstruktur 'staatsbildend'.

'Volk' und 'Staat' lassen sich also *historisch* als die zwei Seiten der selben Medaille 'Nation' beschreiben, die die Idee und das Konzept der National*gesellschaft* bis heute auszeichnet. Mit ihr verbunden ist sowohl der Anspruch, daß die 'Gesellschaft' dem Volk als nationale Ge-

---

daß sie gemeinsame Traditionen und Interessen haben, daß sie eine Solidargemeinschaft sind."

meinschaft 'gehört'[7] als auch das politische Versprechen des Staates, im Sinne des Volkes die 'Gesellschaft' zu regulieren.[8] *Als politisches Prinzip* pendelte sich der Nationalgedanke zwischen diesen beiden korrespondierenden Polen - 'Staat' als Organisation und 'Volk' als Gemeinschaft - ein und ist in dieser Weise bis heute weltweit diffundiert.

Der französische Fall gilt als originäres Modell für das *verfassungsmäßige* Zusammenfallen von Staat und Nation, da es sich von Beginn an um eine *politische* Willens- und Solidargemeinschaft handelte, die nach dem berühmten Pariser Vortrag des Historikers Ernest Renan aus dem Jahre 1882 'Nation' zu einem rein 'geistigen Prinzip' werden läßt, das durch einen "plébiscite de tous les jours", also eine Art 'täglichen Volksentscheid' aufrechterhalten wird.[9] Auf diese Weise entsteht die 'Nation' als "eine große Solidargemeinschaft, getragen von dem Gefühl der Opfer, die man gebracht hat, und der Opfer, die man noch zu bringen gewillt ist. Sie setzt eine Vergangenheit voraus, aber trotzdem faßt sie sich in der Gegenwart in einem greifbaren Faktum zusammen: der Übereinkunft, dem deutlich ausgesprochenen Wunsch, das gemeinsame Leben fortzusetzen" (Renan 1993: 309). Ähnlich argumentierte in der Mitte des neunzehnten Jahrhunderts auch Giuseppe Mazzini (in Alter 1994: 137), einer der führenden Köpfe der damaligen (internationalen!) Nationalbewegung[10]:

---

7 Bis heute kann daher gefragt werden, ob 'wir' als Gemeinschaftsangehörige wollen bzw. damit einverstanden sind, daß 'unsere Gesellschaft' so oder so eingerichtet ist oder daß dies oder jenes in ihr geschieht.

8 Dies ist die strukturell eingebaute Ursache dafür, daß sich Nationalstaaten der Adressierung von politischen Steuerungs- und Regulationsansprüchen auch dann schlecht entziehen können, wenn sie nichts oder kaum etwas regulieren können.

9 Allerdings hatte bereits im Revolutionsjahr 1789 der Abbé Sieyès in einer der berühmtesten Flugschriften dieser Tage davon gesprochen, daß die Nation "vor allem anderen" existiere und als "eine Gesellschaft, welche unter einem gemeinschaftlichen Gesetz lebt und durch ein und dieselbe gesetzgebende Versammlung vertreten wird...der Ursprung von allem" sei (zit. nach Alter 1994: 37).

10 Als solcher begründete Mazzini 1834 die nationalrevolutionäre Bewegung 'Junges Europa' (sic!), ein internationaler Geheimbund, dessen 'deutscher' Teil sich die "Umgestaltung des Deutschen Bundes zu einem

> "Die Idee Nation schließt das Bewußtsein eines gemeinsamen Zieles und die Konzentration der lebendigen Kräfte des Landes, die sich brüderlich vereinigen, es zu erreichen, in sich ein. Das nationale Ziel wird von der Überlieferung bezeichnet, welche durch das gegenwärtige Bewußtsein des Landes bestätigt wird".

Dem 'republikanischen' oder 'demokratischen' Konzept der '*Willens*-gemeinschaft', mit dem die Existenz einer Nation verstanden wird als Hervorbringung des freiwilligen Zusammenschlusses der Individuen und ihres alltäglichen subjektiven Bekenntnisses *zur* Nation, steht ein 'ethnisch-kulturelles' Modell der Nation gegenüber, bei dem die Nation allein auf einem im Prinzip *von der Existenz eines Staates unabhängig* gedachten 'Zusammengehörigkeitsgefühl' basiert. Entscheidend ist hier die Vorstellung einer '*Abstammungs*gemeinschaft', wie sie bis heute vielfach dem Nationenverständnis in Deutschland zugrundeliegt.[11]

Zudem wurde durch die wissenschaftliche und öffentliche Verbreitung und Unterrichtung von 'heimischer' Kunst und Literatur eine 'eigene' deutsche National*kultur* geschaffen, die es ermöglichte, daß füreinander Abwesende sich einander zugehörig oder zumindest dem selben 'Kulturkreis' angehörig *fühlen* konnten.[12] Eine solche "Vergemeinschaftung des unbekannten Anderen" (Giesen/Junge 1991: 262) seit der 'Leserevolution' in der zweiten Hälfte des achtzehnten Jahrhunderts bildete die Grundlage für die bis heute anzutreffende Redeweise von der spezifisch 'Deutschen Kulturnation'.[13] Aufgrund eines fehlenden einheitlichen Staatenverbandes konnte so die Einheit der

---

modernen republikanischen Nationalstaat, der sich auf das Prinzip der Volkssouveränität gründet" (Dann 1993: 99), auf die Fahnen geschrieben hatte.

11 Diese Vorstellung findet sich auch in soziologischen Texten wieder wie etwa bei Friedrich Heckmann (1992: 53), der eine Nation entsprechend umschreibt als "ein ethnisches Kollektiv, das ein ethnisches Gemeinsamkeitsbewußtsein teilt und politisch-verbandlich in der Form des Nationalstaats organisiert ist".

12 Vgl. zur besonderen Rolle der Intellektuellen als 'Konstrukteure' einer solchen 'deutschen Identität' Giesen u.a. 1994.

13 Auch wenn bereits und ausgerechnet Goethe die Idee der 'Weltliteratur' präferierte. Die Idee der 'Deutschen Kulturnation' hatte in jüngster Vergangenheit vor allem Bestand, weil sie die *politische* Teilung in zwei deutsche Staaten '*geistig*' zu überbrücken vermochte.

Deutschen "auf den Gemeinbesitz von Sprache, Tradition und Wesen gegründet werden" (Dittrich/ Radtke 1990: 22). Dabei setzte sich im Verlauf des neunzehnten Jahrhunderts vor allem die deutsche "Sprache als nationenbildendes Unterscheidungs- und Vergemeinschaftungsideal" (ebd.) durch.

Ideengeschichtlich geht die Vorstellung eines 'Volksgeistes' auf die sogenannte 'politische Romantik' zurück. Insbesondere Johann Gottfried Herder behauptete angesichts des nicht vorhandenen einheitlichen politischen Territoriums im Deutschland des Jahres 1792, daß "der natürlichste Staat...*ein* Volk, mit *einem* Nationalcharakter" sei (in: Alter 1994: 189). Gegen das politisch-republikanische Nationenverständnis in Frankreich dachte er die deutsche Nation "vom Volke her: als eine Sprach- und Kulturgemeinschaft, die sich aus der Geschichte erschließt" (Dann 1993: 41). Damit ist aber auch indiziert, daß das Kriterium 'Abstammung' zur stabilen Gemeinschaftsbildung allein nicht ausreichend war. Die Idee des National*charakters* wurde im deutschen Idealismus dann vor allem von dem Philosophen Johann Gottlieb Fichte wieder aufgenommen. Er forderte in seinen berühmten 'Reden an die deutsche Nation' aus den Jahren 1807 und 1808 diese explizit dazu auf, sich als 'Urvolk' auf ihren allen anderen Völkern überlegenen Charakter zu besinnen. Fichte gilt daher bis heute als einer der entscheidenden Autoren des deutschen Nationenkonzeptes.

Zwar wird der Begriff der Nation schon längst nicht mehr auf 'wilde' Völkerschaften bezogen, deren jeweilige kollektive Identität allein durch Geburt oder Herkunft, also *unpolitisch* bestimmt wurde, sondern in erster Linie *politisch* auf ein '*Staats*volk'.[14] Doch hat nicht nur in Deutschland auch heute noch der 'Mythos' der Abstammungsgemeinschaft Bestand als *eine* Form der Darstellung gemeinschaftlicher Verbundenheit, mit der staatliche Souveränität legitimiert und - ver-

---

14 War noch für die Römer 'Natio' die Göttin der Geburt und der Herkunft, so wird daran die historisch etablierte Verknüpfung von Nation und modernem Staat als politischer Organisationsform ersichtlich. Zur allmählichen *Politisierung* des Nationenverständnisses seit der Mitte des achtzehnten Jahrhunderts, die so rigoros und radikal durchgesetzt werden konnte, *weil* die frühere Bedeutung eben 'vorpolitisch' und somit beliebig politisch 'formbar' war, vgl. im historischen Überblick Hobsbawm 1991.

knüpft mit Sprache und 'Kultur'- die politische 'Ordnungsidee' Staat untermauert wird.

Nationalstaaten waren entgegen ihrer Selbstbeschreibung niemals *ethnisch* homogen,[15] *kulturelle* Homogenisierung war das historisch erfolgreiche Programm des Nationalstaates selbst. Im Unterschied zu den europäischen Staaten, deren Etablierung im 19. Jahrhundert begleitet war von der Auswanderung eines erheblichen Teils ihrer anwachsenden Bevölkerung nach Übersee,[16] war und ist Immigration konstitutiver Bestandteil der nationalen Staatsbildung klassischer Einwanderungsländer wie die USA, Kanada und Australien. Auch diese Staaten sind Nationalstaaten, sie beschreiben ihre Bevölkerungen als je 'nationale Gemeinschaft', an der man durch Einbürgerung und der damit unterstellten Anerkennung der jeweiligen Verfassung und ihrer Werte teilhat. Während dabei in den USA der tragende nationale Mythos der "first new nation" (Lipset 1963) der 'american dream' ist, in dem jeder als 'freies' Individuum und *unabhängig von ethnischen Gesichtspunkten* 'Mitglied der Nation' werden kann, experimentieren Länder wie Kanada und Australien auf unterschiedliche Weise mit Formen des Multikulturalismus als Versuchen der Vermittlung von ethnischer Differenz und nationaler Einheit, in denen mit der Herstellung der nationalen Gemeinschaft nicht mehr die Einschmelzung und Entwertung ethnisch-kultureller Differenzen verknüpft ist. Es wird versucht, die Einheit der Nation nicht unter Absehung von, sondern als Anerkennung der Differenz zu formulieren.[17] In diesen Staaten hat man daher aufgrund dieser konstitutiven Bedeutung von Einwanderung für die nationale Staatsbildung keine Verwendung für eine 'homogenisierende' und zudem *unpolitische* 'Volksgeistlehre' im Sinne Herders. Aus solchen

---

15 Oder mit Etienne Balibar (1990: 63): "*Keine Nation* (das heißt kein Nationalstaat) *besitzt eine ethnische Basis*, was bedeutet, daß der Nationalismus nicht als ein Ethnozentrismus definiert werden kann, es sei denn genau im Sinn der Schaffung einer *fiktiven* Ethnizität".

16 Eine Ausnahme bildete hier Frankreich, vgl. dazu Noiriel 1996 und demgegenüber z. B. für Deutschland Bade 1992 und für Polen immer noch Thomas/ Znaniecki 1918/21.

17 Vgl. dazu in normativer Absicht für Kanada Kymlicka 1995 und für Australien Castles 1996.

Vergleichen geht aber hervor: Historisch gesehen bedienten sich nahezu alle Staaten einer 'gemeinschaftlichen' Semantik, die es ihnen erlaubt, ihr *Publikum* zu bestimmen und an sich zu binden.

Mit dem Nationenbegriff steht offensichtlich eine Semantik zur Verfügung, die gerade weil sie keine Weltanschauung im Sinne von Ideologie formuliert, das Verhältnis von Volk und Staat als Verhältnis von politischer Organisation und Einbezug des Publikums als nationale Gemeinschaft kontextspezifisch zu moderieren vermag. Die je spezifische Mobilisierung einer Bevölkerung als nationale Gemeinschaft auf einem bestimmten, abgegrenzten Territorium verschafft Möglichkeiten ihrer politisch-rechtlichen Inanspruchnahme als *kollektives* Publikum des Staates. Mit der Mobilisierung dieses Publikums, das umgekehrt als 'Staatsbürger' auch Ansprüche gegenüber 'seinem' jeweiligen Staat anmelden kann, gehen stets Momente der *Kulturalisierung* der Staatsnation *einher*, indem eine ihr 'eigene', gemeinschaftsstiftende National*kultur* behauptet wird - sei es als vorpolitisches Fundament des Staates, sei es als Resultat der politisch konstituierten Staatsnation. Mit der Herstellung nationaler Einheit durch und *in* einem Staat schieben sich die Konzepte der Staats- und der Kulturnation übereinander, die Ausgangsunterscheidung von 'ethnischer' Kultur- und 'voluntaristischer' Staatsnation verliert an Bedeutung. Denn "was immer die kulturellen und sprachlichen (oder politischen; d. Verf.) Wurzeln: um die Einheit zu erreichen, muß man vereinigen und vereinheitlichen" (Luhmann 1997:1053).

2. Das Prinzip 'Nation' als Gegenstand der Sozialwissenschaften und der Soziologie

Im weitesten Sinne sozialwissenschaftliche, aber auch soziologische Annäherungen an den Nationbegriff lassen sich grob danach unterscheiden, ob sie 'Nation' primär als etwas natürlich 'Gegebenes' oder aber sozial 'Erzeugtes' betrachten. Dadurch, daß aber sowohl bei substantialistischen als auch bei konstruktivistischen Auffassungen das 'Nationale' oft mit dem 'Ethnischen' oder 'Kulturellen' begrifflich gleichgesetzt und 'Staat' dann als Organisationsform *gesondert* behandelt wird, kommt es zu einer impliziten *analytischen* Wiedereinführung der Unterscheidung von Kultur- und Staatsnation.[18] Versuche, 'Nation' als 'vereinheitlichendes' politisches Prinzip theoretisch zu erfassen, scheitern damit häufig an der Frage, ob nun 'objektive' oder 'subjektive' Kriterien eine 'Nation' ausmachen. Auch die Soziologie in ihrer Eigenschaft als Gesellschaftswissenschaft tat sich von ihrem Beginn an schwer damit, dem Phänomen auf die Spur zu kommen, zumal bis heute ihre Ausführungen dazu marginal geblieben sind und es eine ausgearbeitete soziologische 'Theorie der Nation' bislang nicht gibt.[19]

2.1 'Klassische' Konzeptualisierungen: Nation, Volk und Staat

Max Weber kann mit einigem Recht als derjenige Denker bezeichnet werden, auf dessen Schultern die mehr oder minder 'konstruktivistische' Richtung der Nationforschung steht und über dessen Begriffsbestimmungen auch die Soziologie bisher nicht wesentlich hinausgekommen ist. Dabei umfassen auch *seine* Ausführungen zur 'Nation' innerhalb des Kapitels 'Politische Gemeinschaften' in seinem Hauptwerk 'Wirtschaft und Gesellschaft' nur wenige Seiten. Allerdings definiert Weber (1922: 242) den Nationbegriff bezeichnenderweise bereits in einem früheren Kapitel über 'ethnische Gemeinschaftsbeziehungen'. Hier hält er ihn aber nur bis zu dem Punkt für eine Entsprechung desjenigen der 'ethnischen Gemeinschaft', wo er sich davon durch eine *zusätzliche* politische Struktur in Form von territorialer Abgrenzung und verbandsartiger *Organisation* abhebt. Nichtsdestotrotz

---

18 Frederick Hertz (1927: 23) faßt als *drei* Grundauffassungen zwar 'klassischer', aber bis heute nach wie vor bemühter Nationkonzepte zusammen: "1. Die Nation ist das Staatsvolk, also die Gesamtheit der Staatsbürger ohne Rücksicht auf Sprache und Abstammung, innerhalb der gegebenen Staatsgrenzen... 2. Die Nation ist eine Gemeinschaft, die an objektiven Merkmalen, vor allem an Sprache, Rasse, Kultur und Charakter feststellbar ist, ohne Rücksicht auf Staatsgrenzen. 3. Die Nation beruht lediglich im subjektiven Merkmal des Zusammengehörigkeitswillens oder Gemeinschaftsgefühls".

19 Vgl. aber für einen neueren Versuch in diese Richtung Richter 1996 sowie als bereits 'klassische' Annäherungen innerhalb anderer spezifischer Arbeits- und Forschungskontexte die auch im Folgenden erwähnten Arbeiten von Lemberg (1950) und Francis (1965).

liege dem jedoch ein diffuses 'Nationalgefühl' ethnischer Gruppen zugrunde, die nach Weber (1922: 237) dadurch gekennzeichnet sind, daß sie "einen subjektiven Glauben an eine Abstammungsgemeinschaft hegen". Auf der Basis eines dadurch subjektiv *erzeugten*, 'gewollten' Gemeinsamkeits*bewußtseins* komme es dann zu einer "Umdeutung von rationalen Vergesellschaftungen in persönliche Gemeinschaftsbeziehungen" (ebd.).

Die Unterscheidung von ethnischer Gemeinschaft und staatlicher Organisation wurde auch von Emerich Francis (1965) systematisiert. Dabei hatte er zunächst einerseits ein 'Ethnos' im Sinne eines spezifisch 'sprachlich-kulturell' geprägten 'Volkes' und andererseits ein 'Demos' als Träger der politischen Souveränität konstatiert. Einmal ist also eine gewissermaßen vorpolitische, 'reine' Sprach- und Kulturgemeinschaft gemeint (Ethnos), zum anderen wird aber auch die explizit politische Gemeinschaft der Bürger eines demokratisch verfaßten Gemeinwesens bezeichnet (Demos), in dem das 'Volk' als die Summe aller Staatsbürger den politischen 'Souverän' darstellt.[20] Obwohl mit diesem dualen Konzept beide Bezugsrahmen von 'Nationalgesellschaft' - Gemeinschaft *und* Staat - erfaßt werden, läßt sich zunächst mit Francis selbst (ebd.: 94) in Bezug auf die 'moderne' Nation sagen, daß diese "primär nicht auf ein Ethnos, sondern auf einen Staat bezogen" ist, wobei "die ethnische Zusammensetzung des Demos...an sich unwesentlich" ist. Auch für den Historiker und Soziologen Eugen Lemberg (1950: 22) bedeutet "'Nation' mehr die politisch geformte, 'Volk' die mehr nur nach biologischen, sprachlichen und kulturellen Gesichtspunkten abgegrenzte Gemeinschaft".[21] So "steht der Begriff der Nation (im Sinne

20 In einer repräsentativen Demokratie ('Volksherrschaft') wählt beispielsweise das 'Volk' in seiner Eigenschaft als 'Demos' diejenigen Vertreter, die es *an seiner Stelle* regieren. In diesem Sinne 'trägt' es dann die politische Souveränität.

21 Das 'historische Lexikon' (Koselleck 1992: 384) konstatiert dagegen: "'Volk' wird als politischer Begriff der auf einem Territorium organisierten Bevölkerung vorbehalten; 'Nation' wird primär durch familiäre Herkunft, Sitten, Gebräuche und Gewohnheiten...terminologisch festgeschrieben." Zwar wurde zu Beginn des neunzehnten Jahrhunderts der Volksbegriff in der Tat als Politikum wiedereingeführt und wird bis heute

von Demos) dem des Ethnos zunächst weniger nahe als dem der Gesellschaft" (Francis 1965: 90).

Gegen allzu 'substantialistische' Verabsolutierungen des Nationbegriffs im Sinne von Herders 'Volksseele', die bereits Kant als 'romantisches Gespenst' betrachtete[22], definierte auch der Austromarxist Otto Bauer (1907: 97) bereits zu Beginn des zwanzigsten Jahrhunderts in seiner Studie 'Die Nationalitätenfrage und die Sozialdemokratie'[23] 'Nation' als im Gegensatz zu 'Klasse' "nicht aus Gleichartigkeit des Schicksals, sondern *aus Schicksalsgemeinschaft erwachsende Charaktergemeinschaft*".[24] 'Gemeinschaftsstiftend' ist für ihn dabei in erster Linie die *Schaffung* einer gemeinsamen Sprache.

Die *Existenz* einer solchen gilt demgegenüber bei nahezu allen *objektivistischen* Konzeptualisierungen als eine der 'substantiellen' Bedingungen, die eine 'Nation' ausmachen. Dabei hatte bereits Weber (1922: 242f.) darauf hingewiesen, daß zwar "'Nationalstaat' und 'Staat' auf der Basis der Spracheinheitlichkeit begrifflich identisch geworden sind", daß aber ebenso *politische*, "von den Massen hochgewertete Schicksale" oder eine "auf partieller 'Kulturgemeinschaft' und politi-

---

als politische Semantik verwendet, doch wurde demgegenüber mit der Umformung der Staatsbevölkerung in ein 'Demos' auch der Nationbegriff in dieser Hinsicht deutlich aufgewertet.

22 Vgl. zu diesen beiden *philosophischen* Auffassungen deren vergleichende Darstellung in Koselleck 1992: 316-321

23 Diese Schrift stellte in erster Linie eine Reaktion auf die zumindest bis dahin offensichtliche Vernachlässigung des Themas 'Nation' innerhalb der marxistischen Tradition dar, nicht zuletzt nahegelegt durch die berühmte Formulierung des 'Kommunistischen Manifestes', daß die "Arbeiter kein Vaterland" haben, die verdeutlicht, daß die antagonistische Klassengesellschaft (vgl. dazu auch den entsprechenden Artikel von Markus Schroer in diesem Band) zunächst als nationalstaatliche Grenzen transzendierend gedacht worden war. Bauers Absicht war es, die Bedeutung der Nation für die politische Mobilisierung in einem Staat und für eine darauf reagierende 'Nationalitätenpolitik' auszuloten.

24 Und auch Immanuel Wallerstein (in Balibar/Wallerstein 1990: 105) hält unter Berufung auf Weber und Marx Klassen für "'objektive', d.h. analytische Kategorien" und im Unterschied zur Verwendung des Volksbegriffs eben nicht für "Beschreibungen von sozialen Gemeinschaften".

scher Erinnerung ruhende innere Haltung" dazu geeignet sind, "Gründe des Glaubens an den Bestand einer 'nationalen' Gemeinsamkeit" abzugeben.[25]

Neben der 'gemeinschaftlich' geteilten Sprache werden dann in der Tat von verschiedenen Autoren auch andere 'objektive' Merkmale genannt, die es erlauben, von einer 'Nation' zu sprechen. Der wohl rigideste Katalog solcher Kriterien, nach dem "keines der angeführten Merkmale, einzeln genommen, zur Begriffsbestimmung der Nation ausreicht", stammt von Josef Stalin aus dem Jahre 1913 (zit. nach Alter 1994: 52):

> "Eine Nation ist eine historisch entstandene stabile Gemeinschaft, entstanden auf der Grundlage der Gemeinschaft der Sprache, des Territoriums, des Wirtschaftslebens und der sich in der Gemeinschaft der Kultur offenbarenden psychischen Wesensart."

Friedrich Meinecke (1908:1) nennt demgegenüber als "wichtige und wesentliche Merkmale einer Nation": "Gemeinsamer Wohnsitz, ... gemeinsame oder ähnliche Blutmischung, gemeinsame Sprache, gemeinsamer Staatsverband", hebt also neben der ethnisch-kulturellen *Gemeinschafts*seite auch den *Organisations*aspekt hervor. Während bei Stalin ausschließlich "*das Vorhandensein aller Merkmale zusammen ...eine Nation*" ergibt, ist bei Meinecke ausdrücklich "nicht gesagt, daß jede Nation sie alle zusammen besitzen müßte, um eine Nation zu sein". Die wechselseitige Abhängigkeit bzw. der Zusammenhang unterschiedlich ausgewählter Bestimmungsfaktoren wird also mal mehr und mal weniger stark behauptet.

Allen objektivistischen oder auch 'substantialistischen' Auffassungen gemeinsam ist jedoch die ontologische Vorstellung, eine 'Nation' sei eine historisch 'gewachsene' *Wesens*einheit, die als solche *unabhängig* von der 'subjektiven' Einschätzung ihrer Mitglieder 'objektiv' existiert. Entsprechend wird dann in Umkehrung der 'subjektivistischen' Konzeptualisierungen der Begriff des 'National*charakters*' dem des 'National*bewußtseins*' vorgezogen bzw. übergeordnet.

---

25 Aktuelle Beispiele für *nicht* spracheinheitliche 'Nationen' sind etwa Kanada, Belgien oder die Schweiz.

Im Gegensatz dazu hält der schon erwähnte Lemberg (1964: 52)"nicht die Gemeinsamkeit irgendeines Merkmals, die Gleichheit der Sprache, der Abstammung, des Charakters, der Kultur oder der Unterstellung unter eine gemeinsame Staatsgewalt, sondern umgekehrt: ein System von Vorstellungen, Wertungen und Normen, ein Welt- und Gesellschaftsbild" für die entscheidende Triebfeder der Nationenbildung, "und das bedeutet: eine Ideologie, die eine durch irgendeines der erwähnten Merkmale gekennzeichnete Großgruppe ihre Zusammengehörigkeit bewußt macht und dieser Zusammengehörigkeit einen besonderen Wert zuschreibt". Und auch für Etienne Balibar (1990: 108) ist der "Mythos der nationalen Ursprünge und der nationalen Kontinuität...eine wirksame ideologische Form, in der tagtäglich die imaginäre Singularität der nationalen Formation konstruiert wird".

Die Entstehung und Aufrechterhaltung von Staaten ist nach diesen Lesarten also eng verknüpft mit dem 'Nationalismus' als der dominanten politischen Ideologie und Massenbewegung seit etwa der Mitte des achtzehnten Jahrhunderts. Nach dem Sozialanthropologen Ernest Gellner (1988: 8) handelt es sich dabei in erster Linie um ein "politisches Prinzip, das besagt, politische und nationale Einheiten sollten dekkungsgleich sein". Auf diese Weise wird 'Nation' zu einem normativen Begriff, der als solcher nach Max Weber (1922: 528) beinhaltet, daß "gewissen Menschengruppen ein spezifisches Solidaritätsempfinden anderen gegenüber *zuzumuten* sei". Insofern sei er weder mit 'Volk', das sich ein bestehender Staat erst schaffen müsse, noch mit 'Sprachgemeinschaft' zwingend identisch. Unbestritten ist jedoch, daß 'Nation' dann, wenn damit eine durch 'Nationalismus' politisch mobilisierte gesellschaftliche *Einheit* bezeichnet werden soll, 'sich auf eine bestimmte Form des modernen Territorialstaates bezieht, auf den 'Nationalstaat'" (Hobsbawm 1991: 20).

2.2 'Neuere' soziologische Fragestellungen: 'Nation' als Gemeinschaft - Nationalstaat als Gesellschaft?

In der gesellschaftstheoretisch orientierten strukturfunktionalistischen Soziologie von Talcott Parsons (1973: 10) ist das Nation-Konzept mit Bezug auf den Begriff der 'gesellschaftlichen Gemeinschaft' theoretisch zentral plaziert. 'Nation' ist für Parsons im Anschluß an das 'citizenship'-Konzept von Thomas H. Marshall (1949)[26] eine universalistische Form der Inklusion der Gesellschaftsmitglieder in die 'societal community'. Diese Form hat sich in seiner Lesart in modernen, funktional differenzierten 'Gesellschaften' wie in den USA nach ihrer historischen Durchsetzung von Kriterien ethnischer Zugehörigkeit abgelöst bzw. war für ihn diese Ablösung überall da, wo Differenzierung fortschreitet, zu erwarten. Parsons entknüpft also die Verbindung von Ethnizität, Nation und Staat und ordnet diese seinem theoretischen Begriff der 'gesellschaftlichen Gemeinschaft' als Form der universalistischen Gemeinschaftsbildung zu, die darum die Funktion der Integration der gesellschaftlichen Subsysteme in der modernen Gesellschaft zu gewährleisten vermag.[27]

Der zentrale Stellenwert der Nation bei Parsons beruht offensichtlich auf der Gleichsetzung von Gesellschaft mit Nationalgesellschaft. An seine differenzierungstheoretische Deutung des Nationenkonzepts ist insbesondere im Rahmen der Modernisierungstheorien der fünfziger und sechziger Jahre angeschlossen worden.[28] So kennzeichnete etwa der Politikwissenschaftler Karl W. Deutsch (1972: 204f.) die Nation als "ein Volk im Besitz eines Staates", das so wiederum zu einem aus-

---

26 Für Marshall ist vor allem die Herausbildung staatsbürgerlicher Rechte entscheidend für die Nationalstaatsbildung.

27 Eine solche 'Integration' basiert bei Parsons (1972: 117f.) auf der für die USA typischerweise verfassungsmäßigen 'Generalisierung' bestimmter *kultureller* Werte, die dann partikulare Herkunfts- und Abstammungsidentitäten zu transzendieren vermögen: "Der Universalismus...hat einen starken und beständigen 'Wertdruck' zugunsten der Einbeziehung ausgeübt". Und weiter: "Die wichtigste neue Grundlage der Einbeziehung in die gesellschaftliche Gemeinschaft war die *Staatsbürgerschaft*". Und schließlich mit Blick auf die USA: "Die Institutionalisierung des Zugangs zur Staatsbürgeschaft...stellt einen...Bruch mit dem Gebot der ethnischen Mitgliedschaft dar".

28 vgl. dazu die knappe Darstellung bei Richter (1996: 52-59). Die Ausdrücke 'modern', 'moderne Gesellschaft' und 'Modernisierungstheorie' sind schillernd, vgl. klärend dazu z.B. Berger 1994. Zum Konzept 'Moderne Gesellschaft' vgl. auch den Beitrag von Armin Nassehi in diesem Band.

gedehnten "Allzweck-Kommunikationsnetz von Menschen" wird, die "ergänzende Kommunikationsgewohnheiten haben, gewöhnlich eine Sprache und immer eine Kultur als gemeinsamen Bestand von gemeinsamen Bedeutungen und Erinnerungen". Durch die 'nationale' Kommunikation als Kollektivierungsprozeß entsteht nach Deutsch also die moderne Nation auf der Basis eines mithin klassentranszendierenden Solidaritätsbewußtseins und in Abgrenzung zu *anderen* 'Nationen'.

Auf einer solchen 'gemeinschaftlichen' Basis gelingt dann auch *nach innen* die Durchsetzung des Gewaltmonopols des Staates als *National*staat, so wie es etwa auch Anthony Giddens (1985) soziologisch beschrieben hat. Der Historiker und Entwicklungssoziologe Benedict Anderson (1988: 15) schlägt gegen alle 'substantialistischen' Auffassungen vor, die Nation als 'politische Gemeinschaft' aufzufassen, die sowohl in ihrer territorialen Begrenztheit als auch in ihrer *staatlichen* Souveränität lediglich *'vorgestellt'* ist, da "die Mitglieder selbst der kleinsten Nation die meisten anderen niemals kennen, ihnen begegnen oder auch nur von ihnen hören werden, aber im Kopf eines jeden die Vorstellung ihrer Gemeinschaft existiert". Als gleichermaßen *imaginierte* wie *konstruierte* Einheit eigentlich füreinander 'Fremder' schafft sie somit die Möglichkeit einer *fiktiven* Vollinklusion in die Gesellschaft als 'Nationalgesellschaft'. Diese existiert aber lediglich in der Form des Nationalstaates und hat sich als jeweils regionale Politisierung der Gemeinschaftsform 'Nation' weltweit durchgesetzt.

Die Beschreibung von modernen Gesellschaften im Plural als 'nationale' und dabei staatlich *organisierte* Gesellschaften ist auch in der bundesdeutschen Soziologie bis heute weithin gültig.[29] Es fällt aber auf, daß trotz des Anschlusses an ein nationales Verständnis von 'Gesellschaften' das Thema 'Nation' im gesellschaftswissenschaftlichen Diskurs mit einigen Ausnahmen wenig explizite Aufmerksamkeit gefunden hat. In der Regel war 'Nation' eher 'mitlaufend' Thema, so z.B. in der Diskussion über 'Ethnizität', wie sie sich seit Mitte der sechziger Jahre ausgehend von der amerikanischen Soziologie entfaltet und bis

---

29 Gerade für die aktuellen Debatten über 'Globalisierung' und die Entwicklung Europas ist eine solche Beschreibung vielfach unbestrittene Voraussetzung.

heute erhalten hat.[30] Dabei wurde und wird häufig das 'Ethnische' mit dem 'Nationalen' vermischt oder gleichgesetzt.

So auch in der neueren, zumindest im bundesdeutschen soziologischen Kontext als einschlägig eingeführten, weil theoretisch fundierten Fachdebatte[31] am Ende der achtziger Jahre über das Verhältnis von ethnischer *Gemeinschaft* und moderner *Gesellschaft*. Hartmut Esser (1988) hält hier als 'Rational Choice'-Vertreter[32] den 'klassischen' Modernisierungstheoretikern, von Marx und Weber über Parsons und Habermas bis hin zu Luhmann, Blindheit gegenüber den nach wie vor relevanten Phänomenen ethnischer Vergemeinschaftung vor. Er zeichnet seinerseits ein Bild der modernen Gesellschaft, in dem ethnische bzw. nationale Vergemeinschaftungsprozesse als unvollständige Differenzierung und damit als 'Modernisierungslücken' aufzufassen sind. "*Dauerhafte* ethnische Vergemeinschaftungen" (Esser 1988: 247) haben für ihn darin ihre Grundlage. Sie werden aber zugleich als Ermöglichungsbedingung des Fortschreitens von Differenzierung beschrieben, da sie gegenüber den sozialen Friktionen des Modernisierunsprozesses, die sich etwa in zunehmender Individualisierung äußern, gleichsam Kompensationsmöglichkeiten verschaffen. Esser machte hier wie schon 1979 in den 'Aspekten der Wanderungssoziologie' auf die Konfliktpotentiale von ethnischen und damit implizit auch 'nationalen' Vergemeinschaftungen aufmerksam. Reinhard Kreckel (1989: 163) interpretierte diesen Ansatz in einer kurzen Replik als Plädoyer für eine 'vollständige' Modernisierung und kritisierte die seiner Ansicht nach darin enthaltene Moderniserungsteleologie. Er hielt Esser zudem entgegen, daß ethnische und nationale Vergemeinschaftungsformen als unvermeidliche Begleiterscheinungen des modernen Nationalstaates aufzufassen seien. Im Unterschied zu der strukturfunktionalistischen

30 Vgl. als Übersicht Dittrich/Radtke 1990 sowie den 'klassischen' Sammelband der frühen amerikanischen Ethnizitätsforschung von Glazer/Moynihan 1975.

31 Vgl. etwa deren Darstellung in Heckmann 1992: 33ff.

32 Dieser Forschungsrichtung liegt ein von der 'neoklassischen' ökonomischen Theorie inspirierter 'methodologischer Individualismus' zugrunde, der Gesellschaft vor allem als Resultat des nutzenmaximierenden Handelns von Individuen betrachtet.

Interpretation des Nationenkonzepts bei Parsons rückt in dieser Auseinandersetzung also wieder das Spanungsverhältnis zwischen Ethnizität und Nation als Vergemeinschaftungsformen und Staat als Organisationsform der modernen Gesellschaft in den Blick. Kreckel hebt dabei gegen Esser die Rolle der Organisationsform Nationalstaat für die politisch brisante Mobilisierungsfähigkeit dieser Vergemeinschaftungsformen[33] und damit den inneren Verweisungszusammenhang zwischen modernem Staat und Nation hervor.

Aus systemtheoretischer Perspektive wendet Armin Nassehi (1990: 263) gegen Esser ein, daß mit der These der 'Modernisierungslücke' die Ausblendung des Phänomens ethnischer bzw. nationaler Gemeinschaftsbildung durch die Theorie der funktionalen Differenzierung auf andere Weise fortgeschrieben werde.

> "Das offenkundige Fehlen des Problems ethnischer Identifikation" ergebe sich "keineswegs *kategorial* aus dieser Theorie"[34].

Vielmehr sei dieses 'Problem' gerade 'modernisierungstheoretisch'[35] rekonstruierbar. Niklas Luhmanns Diagnose der primären Differenzierung der modernen Gesellschaft in einzelne funktionale Teilsysteme wie etwa Politik, Wirtschaft, Recht, Kunst oder Wissenschaft, die wechselseitig füreinander innergesellschaftliche Umwelten bilden, schließe nämlich "sekundäre Differenzen von geringerer gesellschaftlicher Reichweite" (ebd.) wie eben ethnische oder nationale nicht aus. Im Gefolge des Freiheits- und Gleichheitspostulats der Französischen Revolution seien "Nationalbewußtsein und Ethnizität als wesentliche Kategorien kollektiver Identifikation genuin moderne Erscheinungen" und daher "mit funktionaler Differenzierung *ursächlich* verknüpft" (Nassehi 1991: 486). Sie stellten ein semantisches Angebot der kollektiven Identität dar, das es im Kontext der für die moderne Gesellschaft charakteristischen, immer nur *partiellen* Inklusion von Individuen in

---

33 Zur Frage der Erklärung der Mobiliserungskapazität ethnischer und nationaler Gemeinschaft vgl. auch Esser 1996.

34 Vgl. zu der dieser Theorie zugrundeliegenden Gesellschaftvorstellung den Beitrag über 'funktional differenzierte Gesellschaft' von Georg Kneer und Gerd Nollmann im ersten Band 'Soziologische Gesellschaftsbegriffe. Konzepte moderner Zeitdiagnosen': 76-100.

35 Vgl. hierzu die Anmerkung in Fußnote 30.

die einzelnen Funktionssysteme[36] ermögliche, die *Vorstellung* aufrechtzuerhalten, der einzelne sei *als ganzes* in die 'gemeinschaftliche Gesellschaft' eingebunden. 'Nation' sei eine "kulturelle Chiffre einer obligatorischen Vollinklusion, die auf die Notwendigkeit reagiere, den Menschen neben seiner Inklusion in teilspezifische Semantiken mit einer Grundsemantik zu versorgen" (Nassehi 1990: 270). Die mit dem Zerbrechen der prämodernen, ständisch-korporativ verfaßten Gesellschaft und mit der damit einhergehenden 'Individualisierung' *verlorengegangenen* kollektiven Identitätsangebote und das *Bedürfnis* nach solchen werde durch eine Art nationale bzw. ethnische 'Ersatzsemantik' aufgefangen.[37] Nassehi leitet damit die Mobilisierungskapazität ethnischer und nationaler Unterscheidungen aus der defizitären Bindekraft teilsystemspezifischer Semantiken her. Offen bleibt aber auch bei ihm, was denn genau den innigen Zusammenhang zwischen dem Staat als politischer Organisationsform und den darauf bezogenen Gemeinschaftsformen Ethnizität/Nation als politisch engagierende Kommunikationsformen stiftet.

Jürgen Habermas (1996 und 1992: 632ff.) faßt den Zusammenhang von Ethnizität, Nation und modernem Staat als historisch sich wandelndes Verhältnis. Der moderne Staat habe anfänglich den Souveränitätsanspruch über seine Bevölkerung nur durchsetzen können, indem der Staatsbürgerschaftsstatus mit der Zugehörigkeit zu einer kulturell interpretierten Gemeinschaft des 'Volkes' verbunden worden sei. Dabei habe es sich um eine erfolgreiche Umstellung der politischen Legitimation auf nicht-religiöse Grundlagen durch das Angebot sozialer Integration in die Nation als übergreifende kollektive Identität gehandelt, die an die Stelle zerfallender ständischer Zugehörigkeiten und Identitätsformen treten konnte. Alle Nationalstaaten hätten die historische Willkür ihres territorialen Zuschnitts durch die Idee der Nation als

---

36 Dort werden sie unter jeweils funktionsspezifischen Gesichtspunkten einbezogen als Wähler, Konsumenten, Mandanten etc.

37 Dies ist laut Nassehi (1990: 265) der systematische Grund dafür, daß 'Nation' häufig als 'Ersatzreligion' bezeichnet wird. Die Nationalismusforschung betont, daß es mit der Nation als alles überragendem *Wert* nicht selten zu einer "Umwandlung des Nationalismus in einen Religionsersatz" (Winkler 1978: 6) kommt.

Volksgemeinschaft überbrückt und in dieser Weise ihre Bevölkerungen nach innen und außen politisch zu mobilisieren vermocht. Mit ihrem Fortbestand und der Entwicklung zu modernen, wohlfahrtsstaatlich verfaßten Demokratien seien sie aber in der Lage, die von Beginn an für den modernen Nationalstaat konstitutive Spannung zwischen einer ethnischen oder republikanischen Auffassung des 'Volkes' hinter sich zu lassen.[38] Demokratien als selbsttragende republikanisch verfaßte politische Organisationsformen gewährleisteten mit ihrem Fortgang das Element der Gemeinschaftsbildung und die Funktion der sozialen Integration durch ihre Verfahren der Herstellung von Politik und ihrer Rückbindung an eine demokratische Öffentlichkeit aus sich heraus. Sie seien daher auf die Fiktion eines ethnisch als Kultur- und Abstammungsgemeinschaft interpretierten Volkes nicht mehr angewiesen. An die Stelle einer substantiell aufgefassten Nation der Volksgenossen könne daher die Rechtsgemeinschaft der Staatsbürger und ein 'Verfassungspatriotismus'[39] als Form der kollektiven Identifikation mit der

38 Hier trifft sich Habermas in seiner Interpretation offensichtlich mit Parsons.

39 Die Idee und der Begriff des *Verfassungs*patriotismus, den der Politikwissenschaftler Dolf Sternberger zu Beginn der achtziger Jahre einführte, wurde in ähnlicher Weise auch von M. Rainer Lepsius (1982) zur Begründung seines Konzeptes der 'Staatsbürgernation' aufgegriffen. Der Begriff bezeichnet bei ihm zunächst die "Existenz einer staatlichen Verbandsordnung für eine nationale Ordnungsvorstellung" (ebd.: 24), unabhängig davon, ob einer solchen Vorstellung die Idee einer Volks- oder Kulturnation zugrundeliegt. Die 'Staatsnation' wird als "Ausdruck der staatlichen Verfaßtheit eines nationalen Gebildes" gefaßt, dessen "Außenabgrenzung...sich durch den räumlichen Geltungsbereich der Verfassungsordnung" (ebd.: 23) ergibt. Die 'Staats*bürger*nation' als "politisch verfaßter Solidaritätsverband von Staatsbürgern" (ebd. :17) beruht auf dem Territorialprinzip und ist im Gegensatz zu einer *nicht staatlich organisierten* 'Kulturnation' *nicht* verfassungsindifferent. Lepsius führt die Integrationsleistung des modernen, schließlich demokratisch verfaßten Nationalstaates auf das Funktionieren seiner Institutionen zurück, die einem substantiellen, ethnisch kulturell interpretierten Nationalismus den Boden entziehen. Im Umkehrschluß wird ethnischer Nationalismus als Versagen von Institutionen interpretiert. Auch Lepsius rückt damit die in-

historisch-kulturell von Nationalstaat zu Nationalstaat je verschiedenen Ausgestaltung der Prinzipien republikanischer Verfassungen treten.

Diese republikanische Form kollektiver Identität wird von Habermas auf dem Hintergrund eines diagnostizierten aktuellen Souveränitätsverlustes des Nationalstaates durch Globalisierung und europäische Integration zugleich als anschlußfähiges Modell für Versuche der Errichtung eines supranationalen europäischen Föderalstaates empfohlen. Seine Argumentation bleibt hier aber systematisch ambivalent. Einerseits spricht er von 'Gesellschaften' im Plural und umschreibt damit nationalstaatlich umgrenzte Gesellschaften, andererseits sieht er die Herausbildung einer Weltgesellschaft und spricht im Anschluß an C.F. v. Weizsäcker von der Notwendigkeit einer Weltinnenpolitik. In diesem Zusammenhang stellt er die "beunruhigende Frage, ob überhaupt eine demokratische Meinungs- und Willensbildung über die nationalstaatliche Integrationsstufe hinaus bindende Kraft erlangen kann" (Habermas 1996: 153), ob also Weltinnenpolitik überhaupt als Hochtransformation des republikanischen Nationalstaates, wie er dies für Europa vorschlägt, gedacht werden kann. Daraus wird ersichtlich, wie stark das Problem der 'Integration der Gesellschaft'[40] nicht nur bei Habermas im Bezugsrahmen einer nationalstaatlich verfaßten Gesellschaft konzipiert bleibt.

Das anschließende Kapitel soll u.a. zeigen, daß mit der Figur der Weltgesellschaft die soziologische Formulierung der Problemstellung 'soziale Integration' als Einbindung von Individuen in Großkollektive, sei es als Rechtsgemeinschaft von Bürgern , sei es als 'societal community', entplausibilisiert wird. Der überdeutlichen Diskrepanz zwischen der Reichweite von Gesellschaft als Weltgesellschaft und territorialem Nationalstaat entspricht die offensichtlich unaufgebbare Fortsetzung

---

stitutionelle Seite und damit die organisatorische Form des Nationalstaates in den Vordergrund.

40 Habermas (1981) faßt das Problem der Integration im Anschluß an die Unterscheidung von David Lockwood (1964) als prekäre Balance zwischen Sozial- und Systemintegration bzw. Lebenswelt und Systemen, in der die ausdifferenzierten Subsysteme (Ökonomie und Staat) vermittelt über die lebensweltliche Verankerung ihrer Medien (Geld, Macht) an Konsenschancen der Lebenswelt rückgebunden bleiben.

einer Beschreibung von Gesellschaft als Kollektiv mit Bezug auf ihre politische Organisationsform im Alltag *und* in der Soziologie, solange Gesellschaft als Kollektiv gedacht wird, das in der Politik eine Spitze der Selbsteinwirkung auf sich besitzt. Es stellt sich daher die Frage, ob der Zusammenhang von Weltgesellschaft und Nationalstaat, der bei aller aktuell konstatierbaren Leistungsschwäche zugleich weltweit alternativlos zu sein scheint, soziologisch nicht auch abgelöst von Fragen der Integration beschrieben werden kann.

3. Nationalstaat und Weltgesellschaft: Ein unauflösbares Spannungsfeld?

Die lapidare Feststellung, daß sich "die Nation als politisches Grundmodell einer demokratisch verfaßten Gesellschaft seit 1789 offensichtlich bewährt hat" (Dann 1993: 10), beantwortet noch nicht die Frage, welche *Funktion* der 'Nation' eigentlich bleibt in einer Moderne, die sich aus soziologisch guten Gründen nur noch als Weltgesellschaft beschreiben läßt.[41] Geht man dann auch noch von einer funktionalen Differenzierung in gesellschaftliche Teilsysteme aus, so ist festzustellen, daß diese vor nationalstaatlichen Grenzen kaum halt macht. So sehr dies etwa für das (Welt-)Wirtschaftssystem noch unmittelbar einleuchtend ist, umso schwerer fällt es aber offenbar, in einer Zeit zunehmender 'Kleinstaaterei' und nationaler Separatismen, die verdeutlichen, daß die Herausbildung der Welt*gesellschaft* eben nicht auch die Entstehung eines Welt*staates* bedeutet, von einem Weltsystem der Politik auszugehen.[42] Tut man dies aber dennoch, so zeigt sich, daß *gera-*

41 Vgl. dazu auch den diesbezüglichen Artikel von Dirk Richter im ersten Band 'Soziologische Gesellschaftsbegriffe' (Kneer/ Nassehi/Schroer (Hg.) 1997: 184-204).

42 Entsprechend bezieht sich das, was häufig und dabei unter anderen theoretischen Vorzeichen unter dem Stichwort 'Globalisierung' thematisiert wird, dann auch eher auf die Herausbildung einer 'Welt-Wirtschaft' und weniger auf die Möglichkeit eines 'Welt-Staates'. So hat beispielsweise für Etienne Balibar (1990: 110) aus marxistischer Perspektive "der für die Akkumulation erforderliche Raum - der kapitalistische Weltmarkt - die

de dann soziologisch erklärt werden kann, warum sich die politische Gemeinschafts*semantik* 'Nation' und die damit korrespondierende Organisations*struktur* 'Staat' auch unter inzwischen weltgesellschaftlichen Vorzeichen (noch) nicht überlebt haben.

3.1 Nationalstaaten als regionale politische Adressen

Zu konstatieren ist zunächst, daß durch die Formel 'Nation' als das "einzige voll akzeptierte politische Prinzip der Staatenbildung" (Bös 1995: 168) das politische System der Weltgesellschaft in nach außen territorial begrenzte und nach innen 'souveräne' staatliche Einheiten aufgeteilt ist. Da sich somit aber weltweit das *gleiche* politische Organisationsprinzip durchgesetzt hat, handelt es sich um politische Einheiten, die formal einander *ähnlich* sind. Aus diesem Grunde kann auch von einer *segmentären* Differenzierung des politischen Weltsystems gesprochen werden.

Nationalstaaten bilden dann diejenigen politischen *Segmente*, die *jeweils* unter dem semantischen Ausdruck der 'Nation' eine Gemeinschaft postulieren. Somit *ist* die Nation die "konstruierte Einheit der Gesellschaft als politisches System, allerdings unter den Bedingungen einer sich immer weiter funktional differenzierenden Gesellschaft. Von Anfang an war also die Einheitsvorstellung der Nation in moderner Gesellschaft ein Konzept, das gegen das sich mit funktionaler Differenzierung durchsetzende Denken in Differenzen entworfen wurde" (Halfmann 1996: 209).[43] Die Dekomposition des weltgesellschaftlichen Funktionssystems Politik in 'souveräne', jeweils als eigene 'Gesellschaft' *gedachte* Territorial*einheiten* stellt dabei jedoch die *eine*, moderne Weltgesellschaft als strukturelles Faktum eines *übergeordneten*,

---

immanente Tendenz, jede nationale Begrenzung zu überschreiten, die durch...'außer-ökonomische' Faktoren durchgesetzt würde".

43 Auch für Niklas Luhmann (1997:1048) ist die Nation "zunächst eine imaginäre Einheit, die dann noch mit Realität gefüllt werden muß, zum Beispiel mit einer gemeinsamen Sprache, einer gemeinsamen Religion, einer einheitlichen Währung und einem gemeinsamen Rechtssystem unabhängig von den lokalen Gewohnheiten und Bräuchen". Zur Bedeutung konstruierter und imaginierter gesellschaftlicher Einheit vgl. außerdem ausführlich Fuchs 1992.

auch alle anderen Funktionssysteme umfassendes Systems nicht in Frage.

Alois Hahn (1993) betrachtet die segmentäre Differenzung von Politik sogar als Voraussetzung dafür, daß funktionale Differenzierung 'erfolgreich' durchgesetzt wird. Denn *funktionale* 'Anspruchserweiterungen' könnten sich nur durchsetzen "bei Einschränkungen in *segmentärer* Hinsicht, und das heißt vor allem durch *territoriale* Begrenzungen" (ebd. :198). Dies ließe sich etwa daran zeigen, daß die Zahlungsfunktion des Geldes in der Wirtschaft an entsprechende Landeswährungen, die wissenschaftliche Wahrheitsvermittlung an jeweilige Nationalsprachen oder die Vollstreckung von Recht an nationale Rechtssysteme gebunden sei. Damit verweist Hahn zwar zurecht auf die politisch-territoriale Indexierung von auch anderen systemspezifischen Kommunikationsmedien als der politischen *Macht* selbst, nämlich *Geld*, *Wahrheit* oder *Recht*. Doch wird dabei möglicherweise die transnationale 'Übersetzbarkeit' solcher Medien unterschätzt. Denn beispielsweise der internationale Geldtransfer findet seine Grenzen allenfalls in Zahlungsunfähigkeit, nicht aber in der lediglich politisch-symbolischen Verschiedenheit nationaler Währungen, die sich schließlich leicht 'umrechnen' lassen. Und auch ist 'Wahrheit' ebensowenig von der Landessprache abhängig wie nationales Recht nicht durch internationale Konventionen kontrolliert werden kann.

Dennoch scheint der Hinweis richtig, daß "evolutionär folgenreiche funktionale Differenzierungen offenbar auf vorgängige oder gleichzeitige ... segmentäre Differenzierungen angewiesen sind" (ebd. 1993: 197). Denn die spezifische *Funktion* des ausdifferenzierten, weltgesellschaftlichen Subsystems 'Politik', die darin besteht, vermittels politischer Macht *kollektiv bindende* Entscheidungen zu produzieren, scheint unauflösbar "an den modernen Nationalstaat gekoppelt" (Bös 1995: 168) zu sein. Die kollektive Verbindlichkeit politischer Entscheidungen ist nämlich nur dann gegeben, wenn diese mit Hilfe eines staatlichen Gewaltmonopols und eines entsprechenden 'Institutionenbündels'[44] auch tatsächlich 'souverän' und damit effektiv durchgesetzt

---

44 Matthias Bös (1995.: 168) benennt als dessen Bestandteile "Schulen und Hochschulen, Versicherungssysteme des Wohlfahrtsstaats, Militär und Dienstpflicht, nationale Kultur-, Wissenschafts- und Sprachpolitik".

werden können. Durch die politisch-territoriale Indexierung von Kommunikationsmedien als Voraussetzung für effektive Souveränität und damit der Reproduktion von Politik und ihres Mediums Macht, das so in eine nationalstaatliche Form gebracht worden ist, werden entsprechend *übersichtliche* Entscheidungslagen und Abnahmebereitschaften erzeugt. Da diese aufgrund der Heterogenität der sozialen Verhältnisse als Folge funktionaler Differenzierung wohl kaum als Weltlagen gedacht werden können, ist man um die Herstellung möglichst kleiner, zumindest aber nicht allzu großer politischer Einheiten bemüht, um das 'Funktionieren' von Politik zu gewährleisten. Hier liegt dann auch die Notwendigkeit einer *Dezentralisierung* politischer Entscheidungsmacht begründet, wie sie sich etwa auch in *föderalen* Strukturen *innerhalb* von Nationalstaaten widerspiegelt.

Für das *globale* System der Politik ist also eine Institutionalisierung des souveränen Nationalstaates offenbar unverzichtbar. Als zentrales Ordnungsprinzip des politischen Weltsystems wird dann auch entsprechend das Gefüge der einzelnen Staaten durch ein eigens dafür etabliertes Institutionengeflecht, zu dem etwa internationale Organisationen wie die 'Vereinten Nationen' zu zählen sind, zu stabilisieren versucht.[45] Die einzelnen 'Nationen' werden somit zu klar identifizierbaren Ansprechpartnern, wenn es etwa darum geht, das 'Staatenssystem' in Bezug auf sogenannte 'Weltprobleme' zu einer stärkeren zwischenstaatlichen Koordination und Zusammenarbeit zu bewegen. Zusammengefaßt können Nationalstaaten mit Niklas Luhmann (1995: 117) daher als "notwendige regionale Adressen einer Weltgesellschaft" bezeichnet werden, wobei letztere aber nichtsdestotrotz und *gerade deshalb* "in sich selbst für die Erfüllung der politischen Funktion zu sorgen hat".

3.2 'Nation' als doppelte Inklusionssemantik

Der Nationbegriff hat im Hinblick auf den Einbezug von Personen in 'Gesellschaft' eine doppelte Funktion. Zum einen wird über ihn *direkt* in den einzelnen Nationalstaat inkludiert, zum anderen und erst genau *darüber vermittelt* aber auch gleichzeitig in das politische Weltsystem.

---

45 Vgl. dazu auch Stichweh 1994: 88.

Während aber letzteres die formale *Teil*inklusion lediglich in das spezialisierte weltgesellschaftliche Funktionssystem 'Politik' bedeutet, suggeriert ersteres eine *Voll*inklusion in die *Gesamt*gesellschaft. Da dies jedoch dann, wenn man systemtheoretisch von einer funktional differenzierten Weltgesellschaft ausgeht, notwendigerweise eine *Fiktion* ist, entspricht eine solche vermeintliche *Inklusion in die Gesellschaft* wohl eher der gängigen *Vorstellung* der Integration in *eine*, nationale *Gemeinschaft*, die dann allerdings suggestiv als 'Gesellschaft' bezeichnet wird.

Damit ergibt sich also einmal eine tatsächliche, formale Inklusion auf struktureller Ebene in das politische System der Welt via Staatsbürgerschaft, die aber gleichzeitig auch eine Weltbürgerschaft ist; zum anderen aber auch und sogar *als Voraussetzung* dafür eine, wenn man so will, semantische Inklusion in *eine* staatlich organisierte *Nationalgemeinschaft* von vielen. Der Begriff der Nation bietet damit ein Konzept der fiktiven Vollinklusion, das "nicht auf die Sonderbedingungen der einzelnen Funktionssysteme angewiesen ist" und es gerade dadurch erlaubt, "Identitätsressourcen zu aktivieren, die die Funktionssysteme in ihren Inklusionsformen nicht bieten können" (Luhmann 1997: 1051f.). Die Nationsemantik bietet also im "Kontrast zur Unübersichtlichkeit der Weltgesellschaft...eine relativ stabile Identifikation für Personen" (Stichweh 1994: 86). Andererseits hat damit der Staat ein Konzept der *kollektiven Identitätsstiftung* zur Verfügung, das es ihm erleichtert, sein Publikum mit Hilfe der formalen Mitgliedschaftsregelung 'Staatsbürgerschaft' zunächst zu bestimmen, weiterhin zu identifizieren und über staatsbürgerliche Rechte und Pflichten an sich zu binden. Mit der Verleihung der Staatsbürgerschaft entlang - länderspezifisch unterschiedlicher - Kriterien nationaler Zugehörigkeit wird zudem eine nationale Perspektive etabliert, die "Staatsangehörige als Gemeinschaftsangehörige" konstruiert (Bommes 1994: 368).

Dadurch, daß alle "Staaten in der Weltgesellschaft formal die gleiche Dignität" (Stichweh 1994: 92) besitzen und vermittelt über einen entsprechenden "'Basisstatus' nationaler Souveränität..., der ihnen unabhängig von ihrer Größe umfangreiche Rechte verleiht" (Geser 1992: 652) und sie dabei allen anderen Staaten im Prinzip gleichstellt, nahezu jeder *gleichermaßen* in das politische Weltssystem inkludiert wird, entwickeln sich Nationalstaaten "zum einen in der Interaktion mit anderen Nationalstaaten", zum anderen aber auch "in Bezug auf eine Idee der Weltgesellschaft" (Bös 1995: 168). Dies führt moderne Staaten in die Situation, einerseits *regionale* Gegebenheiten beachten und entsprechend die 'eigene' nationale Identität bewahren zu müssen, andererseits jedoch auch diejenigen *globalen* Entwicklungen und 'Trends' im Auge zu behalten, die sowohl die Bedingungen als auch die Imperative ihrer Operierens bestimmen. Eine solche Notwendigkeit der doppelten bzw. 'bipolaren' Orientierung von Nationalstaaten verweist nicht nur auf ein Nebeneinander, sondern sogar auf eine, wie Matthias Bös (1995: 169) es ausdrückt, "gemeinsame Struktur von Nationalstaat und Weltgesellschaft", die wiederum darauf hindeutet, daß "funktionale und segmentäre Differenzierung hinsichtlich des Systems von Nationalstaaten in einem Steigerungsverhältnis stehen".

4. Nationalgesellschaft oder postnationale Gesellschaft? Zur Überlebensfähigkeit der 'Nation' in der Moderne

Die These der *Koevolution* von weltgesellschaftlich-funktionaler *und* nationalstaatlich-segmentärer Differenzierung wirft ein erhellendes Licht auf die u.a. von Hans Geser (1992: 651) konstatierte, nur scheinbar paradoxe Tatsache, daß einerseits zwar "auf technischer und organisatorischer Ebene immer potentere Mittel für großräumige politische Integration zur Verfügung stehen, die globalen Verflechtungen in Wirtschaft, Wissenschaft, Kultur, Technik u.a. ständig anwachsen und immer mehr Probleme von globaler Reichweite gelöst werden müssen, die weltweite Kooperation erfordern", andererseits aber "die internationale Staatenwelt immer mehr in ein polyzentrisches Netzwerk aus kleineren Staaten zu zerfallen" scheint. Die Folgerung, daß es daher wohl verfehlt wäre, "auch im politischen Bereich auf einen analogen Niedergang partikularistischer Institutionen und Orientierungen zu warten" (ebd.), läßt sich zusammenfassend mit Alois Hahn (1993: 198) begründen:

> "Der Erfolg des Nationenbegriffs als Selbstbeschreibungskategorie der Moderne hängt damit zusammen, daß er die Einheit verschiedener funktionaler Subsysteme hinsichtlich ihrer segmentären Geltungsgrenzen postuliert".

Betont werden muß hierbei allerdings, daß es sich *lediglich* um ein Postulat handelt, mittels dessen eine territorial organisierte Politik die *Vorstellung* zu nähren und zu legitimieren versucht, daß Systemgrenzen entsprechend *räumlich* und nicht lediglich *funktional* auszumachen sind. Dabei geht es ihr laut Geser (1992: 651) auch darum, "eine Rahmenstruktur lokal begrenzter 'Gemeinschaftlichkeit' zu sichern, die in so zahlreichen Lebensbereichen, die zunehmend 'kosmopolitisch kolonisiert' werden, nicht mehr aufrechterhalten werden" kann.[46] Der Raum umschreibt also gleichzeitig ein Kollektiv, für das die Grenzen der Gesellschaft als Grenzen der Gemeinschaft gezogen werden.

Die Nationsemantik hat in diesem Zusammenhang möglicherweise auch eine kompensatorische Funktion. Denn angesichts der sogenannten 'strukturellen Individualisierungsprozesse' der Moderne[47] kommt sie offenbar einem, gleichwohl *individuellen*, '*Bedürfnis*' nach *kollektiver* Identität entgegen. Die Idee der Nation vermag es dann, die im Zuge sich durchsetzender funktionaler Differenzierung stattfindende Loslösung bzw. Freisetzung von Individuen aus traditionalen Bindungszusammenhängen zu kompensieren. Auch aus diesen, aber vor allem aus den oben ausgeführten *strukturellen* Gründen mag es zweifelhaft erscheinen, ob wir uns tatsächlich "heute in einer Auslaufphase dieser Idee befinden" (Luhmann 1997: 1055). Denn offenbar ist der *Bedarf* der Politik an nationalen Semantiken nach wie vor vorhanden. Daher mag zwar die frühe Einschätzung von Ernest Renan (1993: 310), daß "Nationen...nichts Ewiges" seien, sehr weitsichtig gewesen sein, doch spricht einiges dafür, daß 'Nation' als politisches Prinzip der Weltgesellschaft *in* dieser und *durch* diese noch einige Zeit aufrechterhalten wird.

---

46 Demgegenüber befürwortete schon Kant eine 'kosmopolitische' bzw. eher 'welt'- statt 'staatsbürgerliche' *Haltung*, um den "Nationalwahn auszurotten" (in Alter 1994: 39).

47 Vgl. dazu den Beitrag über die 'Individualisierte Gesellschaft' von Markus Schroer im ersten Band 'Soziologische Gesellschaftsbegriffe' (Kneer/ Nassehi/Schroer (Hg.) 1997:157-183).

Literatur

Alter, Peter (Hg.) 1994: Nationalismus. Dokumente zur Geschichte und Gegenwart eines Phänomens, München/Zürich.

Anderson, Benedict 1988: Die Erfindung der Nation. Zur Karriere eines folgenreichen Konzepts, Frankfurt/M./New York..

Bade, Klaus J. (Hg.) 1992: Deutsche im Ausland - Fremde in Deutschland. Migration in Geschichte und Gegenwart, München.

Balibar, Etienne/Wallerstein, Immanuel 1990: Rasse-Klasse-Nation. Ambivalente Identitäten, Hamburg/Berlin.

Bauer, Otto 1907: Die Nationalitätenfrage und die Sozialdemokratie. Wien.

Berding, Helmut (Hg.) 1994: Nationales Bewußtsein und kollektive Identität. Studien zur Entwicklung des kollektiven Bewußtseins in der Neuzeit 2, Frankfurt/M.

Berger, Johannes 1994: Was behauptet die Modernisierungstheorie wirklich - und was wird ihr bloß unterstellt?, in: Leviathan, S. 45-62.

Bös, Matthias 1995: Zur Evolution nationalstaatlich verfaßter Gesellschaften, in: Protosoziologie, S. 159-169.

Bommes, Michael 1994: Migration und Ethnizität im nationalen Sozialstaat, in: Zeitschrift für Soziologie, S. 364-377.

Castles, Stephen 1996: Immigration and Multiculturalism in Australia, in: Bade, Klaus J. (Hg.): Migration - Ethnizität - Konflikt. Systemfragen und Fallstudien, Osnabrück, S. 249-270.

Dann, Otto 1993: Nation und Nationalismus in Deutschland 1770-1990, München.

Deutsch, Karl W. 1972: Nationenbildung-Nationalstaat-Integration, Düsseldorf.

Dittrich, Eckhard J./ Radtke, Frank-Olaf (Hg.) 1990: Ethnizität. Wissenschaft und Minderheiten, Opladen.

Esser, Hartmut 1988: Ethnische Differenzierung und moderne Gesellschaft, in: Zeitschrift für Soziologie, S. 235-248.

Estel, Bernd/ Mayer, Tilman (Hg.) 1994: Das Prinzip Nation in modernen Gesellschaften. Länderdiagnosen und theoretische Perspektiven, Opladen.

Elwert, Georg 1989: Nationalismus und Ethnizität. Über die Bildung von Wir-Gruppen, in: Kölner Zeitschrift für Soziologie und Sozialpsychologie, S. 440-464.

Francis, Emerich K. 1965: Ethnos und Demos. Soziologische Beiträge zur Volkssoziologie, Berlin.

Fuchs, Peter 1992: Die Erreichbarkeit der Gesellschaft. Zur Konstruktion und Imagination gesellschaftlicher Einheit, Frankfurt/M.

Gellner, Ernest 1991: Nationalismus und Moderne, Berlin.

Geser, Hans 1992: Kleinstaaten im internationalen System, in: Kölner Zeitschrift für Soziologie und Sozialpsychologie, S. 627-654.

Giddens, Anthony 1985: The Nation-State and Violence, Cambridge.

Giesen, Bernhard (Hg.) 1991: Nationale und kulturelle Identität. Studien zur Entwicklung des kollektiven Bewußtseins in der Neuzeit, Frankfurt/M.

Giesen, Bernhard/ Junge, Kay 1991: Vom Patriotismus zum Nationalismus. Zur Evolution der 'Deutschen Kulturnation', in: Giesen 1992, a.a.O., S. 255-303.

Giesen, Bernhard/ Junge, Kay/ Kritschgau, Christian 1994: Vom Patriotismus zum völkischen Denken: Intellektuelle als Konstrukteure der deutschen Identität, in: Berding 1994, a.a.O., S. 345-393.

Glazer, Nathan/ Moynihan, Daniel P. (Hg.) 1975: Ethnicity Theory and Experience, Cambridge.

Habermas, Jürgen 1981: Theorie des kommunikativen Handelns, 2 Bde., Frankfurt/M.

Habermas, Jürgen 1992: Faktizität und Geltung. Beiträge zur Diskurstheorie des Rechts und des demokratischen Rechtstaats, Frankfurt/M.

Habermas, Jürgen 1996: Die Einbeziehung des Anderen. Studien zur politischen Theorie, Frankfurt/M.

Hahn, Alois 1993: Identität und Nation in Europa, in: Berliner Journal für Soziologie, S. 193-203.

Halfmann, Jost 1996: Makrosoziologie der modernen Gesellschaft. Eine Einführung in die soziologische Beschreibung makrosozialer Phänomene, Weinheim/München.

Heckmann, Friedrich 1992: Ethnische Minderheiten, Volk und Nation. Soziologie inter-ethnischer Beziehungen, Stuttgart.

Hertz, Frederick 1927: Wesen und Werden der Nation, in: Salomon,G. (Hg.): Jahrbuch für Soziologie, Erster Ergänzungsband: Nation und Nationalität, Karlsruhe, S. 1-88.

Hobsbawm, Eric J. 1991: Nation und Nationalismus. Mythos und Realität seit 1780, Frankfurt/M.

Jeismann, Michael/Ritter, Henning (Hg.) 1993: Grenzfälle. Über neuen und alten Nationalismus, Leipzig.

Kneer, Georg/Armin Nassehi/Markus Schroer (Hg.) 1997: Soziologische Gesellschaftsbegriffe. Konzepte moderner Zeitdiagnosen. München.

Koselleck, Reinhart u.a. 1992: Volk, Nation, Nationalismus, Masse, in: Brunner, Otto u.a. (Hg.) 1992: Geschichtliche Grundbegriffe. Historisches Lexikon zur politisch-sozialen Sprache in Deutschland, Bd. 7, Stuttgart, S. 141-431.

Kreckel, Reinhard 1989: Ethnische Differenzierung und moderne Gesellschaft. Kritische Anmerkungen zu Hartmut Essers Aufsatz, in: Zeitschrift für Soziologie, S. 162-167.

Kymlicka, Will 1995: Multicultural Citizenship. A Liberal Theory of Minority Rights, Oxford u.a.

Lemberg, Eugen 1950: Geschichte des Nationalismus in Europa, Stuttgart.

Lemberg, Eugen 1964: Nationalismus, Bd. 2: Soziologie und Politische Pädagogik, Reinbek.

Lepsius, M. Reiner 1982: Nation und Nationalismus in Deutschland, in: Winkler, Heinrich A. (Hg.): Nationalismus in der Welt von heute, Göttingen.

Lipset, Seymour Martin 1963: The First New Nation, New York

Lockwood, David 1964: Social Integration and Systems Integration, in: Zollschau, George K./ Hirsch, Walter (Hg.): Social Change: Explorations, Diagnoses and Conjectures, New York, S. 370-383.

Luhmann, Niklas 1995: Gesellschaftsstruktur und Semantik. Studien zur Wissenssoziologie der modernen Gesellschaft, Bd. 4, Frankfurt/M.

Luhmann, Niklas 1997: Die Gesellschaft der Gesellschaft, 2 Bde., Frankfurt/M.

Marshall, Thomas H. 1949: Staatsbürgerrechte und soziale Klassen, in: ders.: Bürgerrechte und soziale Klassen. Zur Soziologie des Wohlfahrtsstaates, Frankfurt/M./New York, S. 33-94.

Meinecke, Friedrich 1908: Weltbürgertum und Nationalstaat. Studien zur Genesis des deutschen Nationalstaates, München / Berlin.

Nassehi, Armin 1990: Zum Funktionswandel von Ethnizität im Prozeß gesellschaftlicher Modernisierung. Ein Beitrag zur Theorie funktionaler Differenzierung, in: Soziale Welt, S. 261-282.

Nassehi, Armin 1991: Ethnizität und funktionale Differenzierung, in: Glatzer, Wolfgang (Hg.): Die Modernisierung moderner Gesellschaften, Opladen, S. 486-488.

Noiriel, Gerard 1996: The French Melting Pot. Immigration, Citizenship and National Identity, Minneapolis.

Parsons, Talcott 1972: Das System moderner Gesellschaften, München.

Parsons, Talcott 1973: Problem of Balancing Rational Efficiency with Communal Solidarity in Modern Society, in: Japan Economic Research Institute (Hg.): New Problems of Advanced Societies, Tokio, S. 9-14 .

Renan, Ernest 1993: Was ist eine Nation?, in: Jeismann/Ritter (Hg.) 1993, a.a.O., S. 290-310.

Richter, Dirk 1996: Nation als Form, Opladen.

Smith, Anthony D. 1986: The Ethnic Origins of Nations, Oxford.

Stichweh, Rudolf 1994: Nation und Weltgesellschaft, in: Estel/Mayer 1994, a.a.O., S. 83-96.

Thomas, W.J./ Znaniecki, F. 1918 und 1921 (2 Bde.): The Polish Peasant in Europe and America, Boston/New York.

Weber, Max 1922: Wirtschaft und Gesellschaft. Grundriß der verstehenden Soziologie, Tübingen.

Winkler, August (Hg.) 1978: Nationalismus, Königstein/Ts.

Uwe Schimank

Organisationsgesellschaft

1. Einleitung

Eines der augenfälligsten Merkmale, das die moderne Gesellschaft von allen vormodernen Gesellschaftsformen unterscheidet, ist die flächendeckende Durchsetzung nahezu aller Lebensbereiche mit formalen Organisationen. Zwar hat die gesellschaftliche Evolution schon sehr früh diesen besonderen Typ von Sozialgebilde hervorgebracht - etwa in den Hochkulturen Ägyptens und Mesopotamiens. Für Talcott Parsons sind formale Organisationen daher auch eines der ersten „evolutionären Universalien" (vgl. Parsons 1964). Die Staatsverwaltung des Römischen Reiches und die Katholische Kirche des Mittelalters waren weitere wichtige vormoderne Beispiele dieses Typs von Sozialgebilde. Man darf freilich zum einen gewichtige strukturelle Unterschiede zwischen solchen vormodernen und modernen Organisationen nicht übersehen, wie sie vor allem Max Weber in seinem für die vorliegende Thematik insgesamt zentralen Konzept der „legalen Herrschaft mit bureaukratischem Verwaltungsstab" herausstellt (vgl. Weber 1922: 125-130, 551-579). Zum anderen muß gesehen werden, daß selbst die „historical bureaucratic empires" (Eisenstadt 1963) unter den vormodernen Gesellschaften ungleich weniger von formalen Organisationen durchzogen waren, als es die moderne Gesellschaft heute ist. Erst die moderne Gesellschaft ist wahrhaft eine *Organisationsgesellschaft*. Unternehmen, staatliche Verwaltungen, Schulen und Hochschulen, Krankenhäuser, Gerichte, Forschungsinstitute, das Militär, Kirchen, Museen, Zeitungen, Fernsehsender, politische Parteien, Verbände, Genossenschaften, Vereine: Diese Auflistung ist auch ohne Bemühen um Vollständigkeit schlagend.

Als Begriff ist „Organisationsgesellschaft" allerdings keineswegs eingebürgert. Nur wenige haben ihn oder eine ähnliche Wendung verwendet, um damit ein zentrales Charakteristikum der modernen Gesellschaft zu markieren. So analysierte Robert Presthus unter dem Titel der „organizational society“ Typen von Sozialcharakteren, die durch die Arbeit in Großorganisationen geprägt werden. Das ist allenfalls ein Ausschnitt dessen, was die Organisationsgesellschaft ausmacht (vgl. Presthus 1962). Die deutsche Übersetzung seines Buches heißt denn auch viel treffender „Individuum und Organisation“. Theoretisch abstrakter, aber mit ähnlicher Stoßrichtung handelte Karl Gabriel als „Analysen der Organisationsgesellschaft“ die allgemeinen gesellschaftstheoretischen Perspektiven von Weber, Niklas Luhmann und der phänomenologischen Soziologie im Hinblick darauf ab, wie sie jeweils das spezifische Verhältnis von Person und Sozialität in formalen Organisationen konzipieren (vgl. Gabriel 1979). Henry Jacoby schilderte, weit in die Vormoderne zurückgreifend, die „Bürokratisierung der Welt“ und bezeichnete zeitgenössische Gesellschaften, einen Terminus der Kritischen Theorie aufgreifend, als „verwaltete Welt“ (vgl. Jacoby 1969). Über eine historische Deskription gelangte seine Darstellung allerdings kaum hinaus. Als Charles Perrow die moderne Gesellschaft als eine „Gesellschaft von Organisationen“ charakterisierte, meinte er damit zwar durchaus, „... daß Organisationen ... zu einer Schlüsselerscheinung unserer Zeit werden und folglich Politik, soziale Klassen, Wirtschaft, Familie und sogar psychologische Prozesse den Charakter von abhängigen Variablen annehmen, deren Inhalt derart vom Vorhandensein der Organisationen abhängig ist, daß die Untersuchung der Organisationen deren eigenen Untersuchungen vorangehen muß.“ Noch deutlicher heißt es:

> „... meine zentrale Behauptung ist, daß die Organisationen die Gesellschaft einverleibt haben. Die Organisationen haben einen großen Teil dessen, was wir als Gesellschaft betrachtet haben, aufgesaugt und sich von einem Gesellschafts-Teil zu einem Gesellschafts-Ersatz hinaufkatapultiert.“ (Perrow 1989: 3/4)

Diesen vollmundigen Thesen folgt aber keine auch nur annähernd befriedigende theoretische Ausarbeitung. Auch Perrow beläßt es bei größtenteils deskriptiven, gelegentlich suggestiven und wenig geordneten Hinweisen darauf, wo überall Organisationen in der modernen Gesellschaft eine wichtige Rolle spielen und wie es historisch dazu gekommen ist. Klaus Türk schließlich spricht - den Titel einer utopischen Schrift vom Anfang dieses Jahrhunderts zitierend - von der „Organisation der Welt", um die „Herrschaft durch Organisation in der modernen Gesellschaft" zu benennen (vgl. Türk 1995). Er vermittelt theoretisch grundlegende und wichtige Einsichten; aber ob nun seine Analysen, anders als die der anderen genannten Autoren, Ausgangspunkt einer breiteren Forschungslinie zur Organisationsgesellschaft werden, darf angesichts der überkomplexen Heterogenität der von ihm herangezogenen analytischen Perspektiven bezweifelt werden.

Ohne Benutzung des Begriffs hat der Tatbestand der Organisationsgesellschaft in sozialwissenschaftlichen Betrachtungen der modernen Gesellschaft durchaus immer wieder Beachtung gefunden. Dies ist allerdings im Vergleich zu einigen anderen Merkmalen der modernen Gesellschaft - etwa funktionaler Differenzierung - eher mäßig und wenig kontinuierlich gewesen. Noch am deutlichsten, aber auch am pauschalsten haben immer wieder Organisationstheoretiker darauf hingewiesen, wie viele wichtige Leistungen in der modernen Gesellschaft durch formale Organisationen erbracht werden. Dieser Verweis soll natürlich die Bedeutsamkeit des eigenen Untersuchungsgegenstandes herausstellen, beläßt es aber bei einem Mengenargument. Daß so vieles organisationsförmig geschieht, ist ja erst dann bemerkenswert, wenn diese Form für das betreffende soziale Geschehen einen Unterschied macht, also z.B. Erziehung in einer Schule anders aussieht als im Hausunterricht. Hierzu heißt es von seiten der Organisationstheorie meistens nur sehr lapidar, formale Organisationen erhöhten die Effizienz und Effektivität der meisten Tätigkeiten - was stimmen mag, jedoch noch nichts darüber besagt, wie sich dies gesellschaftlich auswirkt. So ohne weiteres darf man jedenfalls nicht von organisatorischer auf gesellschaftliche Effizienz und Effektivität hochrechnen.

Die gesellschaftlichen Implikationen einer mittlerweile hochgradigen Organisationsförmigkeit der allermeisten Lebensbereiche müßten eigentlich eher die Aufmerksamkeit gesellschaftstheoretisch orientierter Betrachtungen gefunden haben. Solche Analysen gibt es auch durchaus - von Webers schon erwähntem Konzept der „bürokratischen Herrschaft" bis zu James Colemans Diagnose der „asymmetric society" (vgl. Coleman 1982). Aber diese und weitere, im Folgenden noch näher zur Sprache kommenden gesellschaftstheoretischen Thematisierungen der Organisationsgesellschaft bilden keine Kette kontinuierlichen kumulativen Wissensfortschritts.[1] Stattdessen finden sich sporadisch ansetzende, auf Vorausgegangenes wenig Bezug nehmende Bemühungen, jeweils immer wieder etwas andere Facetten der Organisationsgesellschaft in den Griff zu bekommen. Insofern handelt es sich hier um ein allenfalls locker verknüpftes Bündel von Interpretationen, deren Komplementarität kein beabsichtigtes Resultat arbeitsteiliger Forschungsbemühungen ist. Erst eine reflexive Betrachtung dieser Betrachtungen, wie sie hier vorgenommen wird, bringt ihre Komplementarität überhaupt zum Vorschein.

„Organisationsgesellschaft" ist also keine etablierte analytische Perspektive. Dementsprechend können die folgenden Überlegungen auch keinen geläufigen gesellschaftstheoretischen Wissensbestand bilanzieren, sondern nur ein Plädoyer dafür abgeben, die Organisationsgesellschaft als ausbaufähige analytische Perspektive überhaupt erst einmal zu konturieren. Eine Sichtung der bislang vorliegenden verstreuten Beiträge, die meistens unter anderem Titel laufen, soll aufzeigen, daß ein systematischerer Ausbau dieser Perspektive sich lohnen könnte; und eine allererste Sortierung der Beiträge nach ihren analytischen Bezugsproblemen soll zumindest einige gedankliche Ordnung schaffen. Daß dabei Vieles nur angedeutet werden kann und eher Einladung zum Lesen oder Wiederlesen der angesprochenen Beiträge denn gründliche Auseinandersetzung mit ihnen ist, versteht sich bei dem begrenzten Rahmen von selbst.

2. Analytische Dimensionen der Organisationsgesellschaft

Formale Organisationen sind, in Luhmanns systemtheoretischer Betrachtung, die mittlere Ebene sozialer Systembildung (vgl. Luhmann 1975). Diese Ebene schiebt sich in der modernen Gesellschaft zunehmend zwischen Interaktion auf der einen und Gesellschaft auf der anderen Seite. Die drei Systemebenen unterscheiden sich im Modus der

---

1 Luhmann ist zuzustimmen, wenn er moniert, es fehle bislang „... eine für Zwecke der Gesellschaftstheorie zureichende Theorie der Organisation" (Luhmann 1997: 840).

Systembildung. Bei Interaktion ist dies wechselseitige Wahrnehmung, bei Gesellschaft kommunikative Erreichbarkeit. Akteurtheoretisch gewendet heißt dies: Sobald mindestens zwei Akteure einander wahrnehmen, findet Interaktion statt, weil sie einander in ihrem Handeln Rechnung tragen - z.B. schon dann, wenn zwei Passanten einander auf dem Bürgersteig ausweichen. Und Gesellschaft erstreckt sich so weit, wie Akteure miteinander nicht nur im Prinzip, sondern faktisch sprachlich Kontakt aufnehmen können. In der Moderne gibt es daher nur noch eine einzige „Weltgesellschaft“ (Luhmann 1973), während die Weltbevölkerung früher durch sprachliche und verkehrstechnische Barrieren in eine Mehrzahl von Gesellschaften zerfiel. Eine Organisation konstituiert sich demgegenüber durch die Markierung formalisierter Mitgliedschaftserwartungen, denen sich diejenigen individuellen Akteure, die ihr angehören, zunächst per Beitrittsentscheidung und sodann durch dauerhafte Konformität fügen (vgl. Luhmann 1964: 29-49). Eine Person muß sich bei jedem Handeln in der Organisation fragen:

> „Kann ich Mitglied bleiben, wenn ich diese oder jene Zumutung offen ablehne?“ (Luhmann 1964: 40)

Gesellschaft ist somit der „große“, umfassende und dauerhafte Sozialzusammenhang, während Interaktionen die zahllosen „kleinen“, oftmals ausgesprochen flüchtigen Sozialzusammenhänge, die „Episoden des Gesellschaftsvollzugs“ (Luhmann 1984: 553) darstellen. Fragt man nun danach, was es für die moderne Gesellschaft bedeutet, daß sich die Organisationsebene immer mehr als „mittlere“ Ebene zwischen das Interaktionsgeschehen auf der einen und die funktional ausdifferenzierten gesellschaftlichen Teilsysteme wie Wirtschaft, Politik, Wissenschaft oder Erziehung auf der anderen Seite geschoben hat, lassen sich zwei mögliche Fragerichtungen und bei jeder davon zwei mögliche Antwortrichtungen unterscheiden. Zusammengenommen stößt man so auf ein einfaches Vierfelderschema, in das man die Thematisierungen der Organisationsgesellschaft einzuordnen vermag. Die beiden Fragerichtungen sind zum einen das einzelne Individuum, zum anderen die Gesellschaft als Ganze; und die Antwortrichtungen bestehen darin, daß die Organisationsgesellschaft für das Individuum bzw. die Gesellschaft auf der einen Seite förderliche, auf der anderen Seite abträgliche Wirkungen haben kann. Beim Individuum läßt sich dies an einer Verbesserung bzw. Verschlechterung seiner „Lebenschancen" ablesen, die ihrerseits auf Optionen und Ligaturen, also Wahlfreiheiten und sinnstiftenden Bindungen, beruhen (vgl. Dahrendorf 1979). Bei der Gesellschaft geht es um die Wahrung und Steigerung gesellschaftlicher Integration, wobei dies zum einen die Integration der Individuen in die Gesellschaft und zum anderen die Integration der gesellschaftlichen Teilsysteme untereinander umfaßt. Im folgenden werden diese vier Themenfelder einer soziologischen Betrachtung der modernen Organisationsgesellschaft der Reihe nach angesprochen.

2.1 Verbesserung individueller „Lebenschancen": Interessen- und Anspruchsbefriedigung

Eine der Antworten auf die Frage, warum es die Organisationsgesellschaft gibt, lautet: weil die Individuen in der modernen Gesellschaft gelernt haben, daß sie ihre Interessen besser durchsetzen können, wenn sie sich zu diesem Zweck in formalen Organisationen zusammenschließen. James Coleman hat diesem Sachverhalt die prägnanteste theoretische Fassung gegeben (vgl. Coleman 1974; Vanberg 1982: 8-22). Dabei hat er vor allem politische Parteien und Interessenverbände aller Art im Blick. Coleman faßt diese Arten von Organisationen als *korporative Akteure*, die durch einen Vorgang der „Ressourcenzusammenlegung" konstituiert werden. Ressourcen sind dabei die sozialen Einflußpotentiale individueller Akteure, insbesondere deren Macht und Geld. Alle Individuen, die sich zu einem korporativen Akteur zusammenschließen, geben damit die Verfügungsrechte über einen Teil der je eigenen Macht und des je eigenen Geldes auf; diese Rechte gehen auf den korporativen Akteur über. Wenn z.B. Arbeiter eine Gewerkschaft gründen, verpflichten sie sich als deren Mitglieder, gewerkschaftliche Kampfmaßnahmen, etwa Streiks, mitzutragen - über die eigene Beteiligung daran und über Mitgliedsbeiträge, aus denen die Streikkasse finanziert wird. Korporative Akteure bündeln so die Einflußpotentiale ihrer Mitglieder; und da die Mitgliedschaft - anders als in mittelalterlichen Zwangsgemeinschaften - freiwillig ist, ist eine gewisse Anbindung des korporativen Akteurs an die Interessen der Mitglieder gegeben. Mittels dieser Einflußbündelung können die Individuen oftmals ihre Eigeninteressen besser realisieren als je auf sich allein gestellt.[2] Neben der schlichten Einflußaddition ist dabei häufig auch das Ausschalten einer gegenseitigen Einflußneutralisierung in Rechnung zu stellen. Die gewerkschaftliche Organisierung dient ja nicht zuletzt dazu, daß die Arbeiter nicht gegeneinander ausgespielt werden können.

Ohne hier die Entwicklung des Parteien-, Verbände- und Vereinswesens auch nur andeutungsweise nachvollziehen zu können, läßt sich ein beherrschendes Muster dieser organisationsgesellschaftlichen Dynamik schnell erkennen. Wenn sich in einem Gesellschaftsbereich die erste Gruppe von Individuen mit gemeinsamen Interessen zu einem korporativen Akteur zusammenschließt und diese Interessen dann - was nicht zwangsläufig immer so sein muß - erfolgreicher als vorher vertritt, schmälert das fast immer die Interessenverfolgung einer anderen Gruppe. Sobald die zu letzterer gehörenden Individuen dies erkennen, ist das für sie oftmals ein gewichtiger Anreiz, sich ebenfalls zu organisieren. So kann etwa Gewerkschaftsbildung zur Bildung von Arbeitgebervereinigungen führen, oder auch umgekehrt; die Ärzteverbände entstehen, um den Krankenversicherungen entgegentreten zu können; oder eine Bürgerinitiative, die kommunalpolitisch die Interessen eines bestimmten Stadtteils wahrnimmt und z.B. dafür sorgt, daß dort mehr Grünanlagen und Kinderspielplätze eingerichtet werden, ruft in anderen Stadtteilen eine entsprechende kollektive Mobilisierung hervor, weil diese ansonsten leer auszugehen drohen:

> „Complex organizations are used to counteract other complex organizations.“ (Bovens 1990: 93)

Eine derartige Dynamik reaktiver Korporatisierung läßt sich vielfach beobachten, wobei dann schnell rein defensive Belange in den Vordergrund treten. Es geht dann gar nicht mehr so sehr darum, eigene Interessen besser zur Geltung zu bringen, als vielmehr nur noch darum, mit den eigenen Interessen gegenüber konkurrierenden anderen nicht vollends ins Hintertreffen zu geraten. Doch selbst wenn es längst nicht mehr um die Steigerung, sondern nur noch um die Verteidigung gegebener „Lebenschancen“ geht, sind korporative Akteure nützlich für die

---

2 Nicht alle Interessen motivieren allerdings gleichermaßen zu solch einer kollektiven Organisierung. Es gibt auch „disparitäre“ Interessen, die in dieser Hinsicht strukturell benachteiligt sind (vgl. Offe 1969: 145-148).

jeweils in ihnen zusammengeschlossenen Individuen.[3] Neben solchen „von unten" konstituierten Interessenorganisationen gibt es einen zweiten Typ formaler Organisationen, der „von oben" geschaffen wird. Bei diesem steht keine substantielle Interessenübereinstimmung individueller Akteure am Anfang. Sondern eine formale Organisation dieses zweiten Typs wird - auf Initiative eines einzelnen Individuums oder einer Gruppe von Individuen - zunächst etabliert und sucht sich dann individuelle Akteure, die auch ohne Übereinstimmung mit den Zielsetzungen der Organisation deren Mitglied werden. Alle Arten von *Arbeitsorganisationen*, ob Unternehmen oder Verwaltungen, fallen in diese Kategorie.[4] Der Arbeitnehmer hat normalerweise kein unmittelbares Interesse am Organisationsziel, identifiziert sich also selten persönlich mit den unter seiner Mitwirkung hergestellten Produkten. Auch interessiert er sich nur insoweit für den wirtschaftlichen Gewinn seiner Organisation, wie davon die Höhe seines Arbeitseinkommens und die Sicherheit seines Arbeitsplatzes abhängen. Arbeitsorganisationen sind also keine Interessenzusammenschlüsse, sondern Tauschbeziehungen,[5] wie vor allem James March und Herbert Simon herausarbeiten. Sie sehen Arbeitsorganisationen durch eine Verknüpfung von „inducements" und „contributions" konstituiert (vgl. March/Simon 1958: 35-112). Für festgelegte Anreize insbesondere finanzieller Art verpflichtet sich das Individuum, Beiträge zur organisatorischen Leistungsproduktion zu liefern - wobei die Art der Beiträge im Arbeitsvertrag nicht

---

3 Eine vollständige Betrachtung der Bedeutung von Interessenorganisationen für Individuen müßte im übrigen auch noch einbeziehen, daß allein die Mitgliedschaft oftmals bereits „Ligaturen" erzeugt. Man denke etwa an die traditionelle identitätsstiftende Funktion der Gewerkschaftsmitgliedschaft für viele Arbeiter.

4 Mit der Ausnahme solcher selbstverwalteter Unternehmen, die aus dem gemeinsamen Interesse der in ihnen Arbeitenden entstanden sind - wobei selbst dann häufig im Zeitverlauf eine Ablösung der Organisation von den Mitgliederinteressen, vergleichbar der im nächsten Abschnitt behandelten Oligarchisierung, zu verzeichnen ist.

5 Es gibt neben diesen beiden Typen formaler Organisationen noch einen dritten: durch Zwangsmitgliedschaft konstituierte Organisationen wie z.B. Gefängnisse oder das Militär - siehe auch Amitai Etzionis „compliance"-Typologie (vgl. Etzioni 1964).

genau spezifiziert, sondern lediglich eine „zone of indifference“ (Barnard 1938: 167-169) umrissen ist, innnerhalb derer sich die Anforderungen der Organisation bewegen müssen.[6]

Fragt man danach, warum sich auf diese Weise zustandekommende Arbeitsorganisationen in der modernen Gesellschaft immer mehr verbreitet haben, läßt sich wiederum jenseits aller historischen Details und Varianten ein Grundmuster klar ausmachen. Arbeitsorganisationen, die so wie dargestellt über ihre Mitglieder verfügen können, verschaffen sich dadurch große *Effizienz- und Effektivitätsvorteile ihrer Leistungsproduktion*. Denn die - im dritten Abschnitt noch als gesellschaftliche Integrationssteigerung anzusprechende - Möglichkeit, sich sehr weitgehend über die konkreten und je individuellen Motivlagen der Mitglieder hinwegsetzen und eine homogenisierte Mitgliedschaftsmotivation voraussetzen zu können, eröffnet ansonsten nicht gegebene organisatorische Spezialisierungs- und Wachstumspfade. Die innerorganisatorische Arbeitsteilung kann, wofür der Taylorismus nur den prägnantesten Ausdruck gefunden hat (vgl. Kieser 1993), rigoros vorangetrieben werden; und damit einhergehend können Arbeitsorganisationen über die Größe überschaubarer Gruppen hinaus zu anonymen Großgebilden wachsen - siehe zu beiden eng miteinander verflochtenen Tendenzen auch Karl Marx′ frühe hellsichtige Betrachtungen der „großen Industrie“ als eines der Markenzeichen der modernen Gesellschaft (vgl. Marx 1867: 356-526).

Förderlich für die „Lebenschancen“ fast aller Gesellschaftsmitglieder ist daran gewesen, daß sich so in einer Reihe von gesellschaftlichen Teilsystemen eine enorme Steigerung ihrer Leistungsproduktion eingestellt hat. Es war ebenfalls Marx, der - wiewohl schärfster Kritiker des Kapitalismus - die „ungeheure Warensammlung“ (Marx 1859: 15), also die schon zu seiner Zeit beispiellose Menge, Qualität, Diversifikation und Verbilligung von Gütern und Dienstleistungen als Errungenschaft der modernen, auf formalen Organisationen beruhenden Wirtschaft hervorhob.[7] Gleiches ließe sich über die Leistungen des

---

6 Luhmann faßt denselben Sachverhalt in seinem bereits erwähnten Konzept der „Mitgliedsrolle“.

7 In der Analyse der von ihm so benannten „McDonaldisierung“ der modernen Gesellschaft als aktueller Form dieser Effizienz- und Effektivitäts-

modernen Schul- und Hochschulwesens im Bildungssystem, der modernen Krankenhausorganisation im Gesundheitssystem sowie über die Leistungsorganisationen des Wohlfahrtsstaates, der Massenmedien, des Rechtswesens oder der Forschung sagen. Sie alle werden durch ihre Form der Mitgliedschaft, also den Tausch von Fügsamkeit gegen Gehalt, zu unübertroffen effizienten und effektiven Arbeitsorganisationen, die stetig mitwachsende Leistungsansprüche der Gesellschaftsmitglieder an die betreffenden Teilsysteme mit historisch beispielloser Zuverlässigkeit befriedigen.

Faßt man diesen ersten Strang von theoretischen Überlegungen zusammen, erkennt man, daß Interessenbefriedigung durch korporative Akteure sowie Anspruchsbefriedigung durch die von Arbeitsorganisationen erbrachte teilsystemische Leistungsproduktion die beiden zentralen förderlichen Momente für die „Lebenschancen" der Individuen in der modernen Organisationsgesellschaft sind. Im nächsten Themenkomplex wird es umgekehrt darum gehen, in welchen Hinsichten die gesellschaftliche Durchorganisierung die „Lebenschancen" der Individuen einschränkt.

2.2 Verschlechterung individueller „Lebenschancen": Entfremdung und Machtlosigkeit

Dieser zweite Strang der Diskussionen über die Organisationsgesellschaft hat zweifellos am meisten im Vordergrund gestanden, weil er sich als Thema einer um das Individuum besorgten Kulturkritik anbietet. Kurz gesagt geht es darum, daß die Durchdringung der modernen Gesellschaft mit formalen Organisationen die individuellen Akteure zunehmend zur Machtlosigkeit verurteile und daraus tiefe Entfremdungserfahrungen resultierten. Diese These wird für Interessen- ebenso wie für Arbeitsorganisationen behauptet, und zwar sowohl für das Binnenverhältnis dieser Organisationen zu ihren Mitgliedern als auch für das Außenverhältnis zu individuellen Gesellschaftsmitgliedern.

---

steigerung spricht George Ritzer, bei aller Betonung der - noch zu behandelnden - negativen Seiten dessen für das Individuum, auch die Vorteile mit vielen Beispielen deutlich an (vgl. Ritzer 1993).

Robert Michels hat schon früh für Interessenorganisationen am Beispiel der sozialdemokratischen Partei des Kaiserreichs „das eherne Gesetz der Oligarchie“ aufgestellt (vgl. Michels 1911: 351). Damit ist die Tendenz gemeint, daß solche ursprünglich „von unten“ gebildeten korporativen Akteure sich gegenüber ihren Mitgliedern verselbständigen, also die Organisationsführung sich von ihrer „Basis“ entfernt. Entsprechende Vorwürfe sind aus nahezu allen Interessenorganisationen geläufig - ob es um politische Parteien, Verbände, aber auch Vereine oder sogar Bürgerinitiativen geht. Daß eine solche *Oligarchisierung* überhaupt stattfinden kann, liegt daran, daß Interessenorganisationen sehr schnell dazu gezwungen sind, basisdemokratische Entscheidungsprozesse durch repräsentativ-demokratische Verfahren zu ersetzen. Wenn eine kleine Mitgliederzahl überschritten ist, wenn rasche Entscheidungen getroffen werden müssen und wenn Ansprech- und Verhandlungspartner für die Kommunikation mit anderen Organisationen bereitstehen müssen: Dies sind typische Anlässe dafür, eine Führung zu wählen und dieser in Sachentscheidungen einen eigenen Dispositionsspielraum zuzugestehen. Die noch junge Geschichte der „Grünen“ bietet treffliches Anschauungsmaterial für diese Zwänge. Beugt sich der korporative Akteur ihnen, wird es möglich, daß die Führung eine Linie der Interessenpolitik verfolgt, die mehr oder weniger stark von dem abweicht, was die Mitglieder wollen.

Dann kann es passieren, daß die Führung ihre Freiräume dazu ausnutzt, eigennützige Interessen zu verfolgen, also etwa ihre Privilegien zu sichern und auszubauen. Es kann auch sein, daß das der „Basis“ nur so erscheint und womöglich von „Jungtürken“, die selbst die Führung übernehmen wollen, suggeriert wird. Möglich ist weiterhin, daß die „Basis“ die Führung durchaus für integer hält, aber deren Interpretation der gemeinsamen Interessen und die daraus abgeleitete Strategie der Interessenverfolgung als verfehlt erachtet. Das mag wiederum zutreffen. Es mag aber auch sein, daß die Führung ein situationsangemesseneres Verständnis der gemeinsamen Interessen besitzt. So vermag sie oftmals besser einzuschätzen, was politisch durchsetzbar ist und was nicht, während die „Basis“ einem utopischen Radikalismus anhängt; oder die Führung denkt langfristiger als die „Basis“. Oligarchisierung bedeutet also nicht notwendigerweise eine Mißachtung der gemeinsamen Interessen durch die Führung. Doch sofern es ihr nicht gelingt, die eigene Sicht dieser Interessen auch der „Basis“ plausibel zu machen, stellen sich auf deren Seite Entfremdungsgefühle ein. Die Mitglieder gewinnen dann den Eindruck, mit ihren Interessen von der eigenen Interessenorganisation nicht mehr vertreten, sondern ignoriert zu werden.

Niemand würde bestreiten, daß es immer wieder Fälle der mehr oder weniger ausgeprägten Oligarchisierung korporativer Akteure gibt. Aber von einem „ehernen Gesetz“ zu sprechen, dürfte wohl doch, läßt man die historische Erfahrung seit Michels' Zeit Revue passieren, eine zu vorschnelle Verallgemeinerung gewesen sein. Auch in den verkrustetsten Verbänden und Parteien haben sich bislang, wenngleich manchmal erst nach geraumer Zeit, die Unzufriedenheiten der „Basis“ letztendlich eine Bahn brechen können, was dann zumindest zu einem Austausch der Führung geführt hat.[8] Man sollte also die Oligarchisierung aus der Sicht der individuellen Mitglieder als eine stets präsente Gefahr ansehen, der wachsam Einhalt geboten werden muß - aber nicht als unausweichliches Verhängnis, das sich die moderne Organisationsgesellschaft eingehandelt hat.

Eine parallel zur Oligarchisierungsthese entwickelte Argumentation bezieht sich auf Arbeitsorganisationen und deren Mitglieder. Marx hatte bereits die *Entfremdung* der Arbeit im Kapitalismus in mehreren Dimensionen thematisiert (vgl. Marx 1844: 149-166), wobei vor allem die soziale Isolation der Organisationsmitglieder, ihre Machtunterworfenheit, die hochgradige Fragmentierung der Arbeitsvollzüge und die Gleichgültigkeit gegenüber dem Arbeitsprodukt faktisch immer wieder vorzufinden sind.[9] Diese Verschlechterung der „Lebenschancen“ im Bereich der Arbeit ist der Preis, den viele Individuen zu zahlen haben, damit ihre „Lebenschancen“ als Leistungsabnehmer moderner Arbeitsorganisationen durch deren Effektivitäts- und Effizienzsteigerungen verbessert werden. Daß solche bei der Arbeit gemachten Entfremdungserfahrungen aber auch im übrigen Leben der Organisationsmitglieder ihre Spuren hinterlassen, war Marx ebenfalls schon klar und

---

8 Siehe hierzu auch die detaillierten, in empirischen Fallstudien fundierten Überlegungen bei Sofsky/Paris (1991: 157-247).

9 Siehe zu solchen Identitätsbedrohungen durch Arbeitsorganisationen auch Schimank (1981: 30-37).

wurde dann später breiter angesprochen. So vermutete Robert K. Merton, daß hochgradig bürokratisierte Arbeitsorganisationen, also etwa viele öffentliche Verwaltungen, einen Sozialcharakter des „bürokratischen Virtuosen“ hervorbringen würden, der dann auch beispielsweise im Familienleben oder im Freizeitverhalten eine zwanghafte Regelkonformität an den Tag legen würde (vgl. Merton 1940). William H. Whytes Betrachtung des „organization man“ führte diese Argumentation ebenso fort wie Robert Presthus′ „Typologie der Anpassung“ von Individuen an ihre Arbeit in formalen Organisationen (vgl. Whyte 1956; Presthus 1962). Presthus unterscheidet dabei drei Arten von so erzeugten Sozialcharakteren: den „Aufsteigenden“, der außengeleitet und opportunistisch Karriere zu machen versucht und von einer starken Statusangst befallen ist; den „Indifferenten“, der von seiner Arbeit entfremdet Sinnerfüllung nur noch in der Freizeit sucht; und den „Ambivalenten“, der zwischen Bemühungen zur Identifikation mit der Arbeit und immer wieder erlebten Enttäuschungen schwankt .

All diese Einschätzungen begreifen also formale Ortganisationen als Sozialisationsmilieus, die auf die eine oder andere Weise pathologische Identitäten hervorbringen. Überspitzt formuliert: Die Organisationsgesellschaft erzeugt orientierungslose, frustrierte Zwangscharaktere. Derartigen Extrapolationen von zumeist eher plakativen als verläßlichen empirischen Befunden kann zweierlei entgegengehalten werden. Zum einen findet man mindestens ebenso plausibles Anschauungsmaterial auch dafür, daß die Mitglieder von Arbeitsorganisationen sehr vieles tun und tun können, um ihre je individuelle Identität gegen den - unbestritten oft hohen - organisatorischen Entfremdungsdruck zu behaupten (vgl. Schimank 1981). Zum anderen widersprechen die Entfremdungsthesen auch der neueren Beobachtung, daß viele Arbeitsorganisationen zur Bewältigung von komplexer werdenden Arbeitsaufgaben und verschärften Konkurrenzkonstellationen verstärkt auf die individuelle Kreativität und Einsatzbereitschaft ihrer Mitglieder rekurrieren müssen (vgl. Kern/ Schumann 1984; Schimank 1987). Insofern sind die Entfremdungsthesen in ihrer Pauschalität ebenso fraglich wie Michels Oligarchisierungsthese.

Noch weiterreichende Diagnosen einer Verschlechterung individueller „Lebenschancen“ durch die Organisationsgesellschaft schließen explizit oder implizit an Webers - später noch genauer zur Sprache kommende - Interpretation der „bürokratischen Herrschaft“ an. Für Coleman ist die moderne Gesellschaft immer mehr zu einer „asymmetric society“ geworden, in der Individuen von Organisationen dominiert werden (vgl. Coleman 1982).[10] Er geht so weit, die Konfliktlinie zwischen Individuen und Organisationen auf die gleiche Stufe zu stellen wie die Klassenkonflikte des letzten Jahrhunderts. Denn die gesellschaftlichen Einflußpotentiale formaler Organisationen sind denen von Individuen in der Regel weit überlegen, wie sich etwa fast immer herausstellt, wenn einzelne Konsumenten einen Rechtsstreit gegen ein Großunternehmen führen.[11] Von finanziellen Ressourcen und Sachkenntnissen bis hin zu Drohungen mit Abwanderung und Arbeitsplatzabbau reicht dessen Arsenal an Mitteln, um die eigenen Interessen durchzusetzen.

Coleman hält noch nach institutionellen Veränderungen Ausschau, die die Dysbalance zwischen Individuen und Organisationen wieder ausgleichen können - z.B. einem besseren Verbraucherschutz. Die Kritische Theorie sah hingegen schon früher die Autonomie des Individuums in der „verwalteten Welt“ unwiederbringlich schwinden (vgl. Adorno 1953). Die Organisationsmitglieder ebenso wie diejenigen, die von außen, etwa als Kunden oder Klienten, mit formalen Organisationen Kontakt aufnehmen, „... haben sich selbst der Apparatur ähnlich gemacht: nur so können sie unter den gegenwärtigen Bedingungen fortexistieren.“ (Adorno 1953: 451) Ähnlich demonstriert George Ritzer an vielen Beispielen, wie die „McDonaldisierung“ der Gesellschaft immer tiefgreifender in die alltäglichen Lebensvollzüge des einzelnen eingreift, vom Essen über die Freizeitaktivitäten und den Urlaub bis hin zum Gesundheitshandeln und dem Lernen an Schulen und Hochschulen (vgl. Ritzer 1993). Die Effektivitäts- und Effizienzimperative der Organisationen, die die entsprechenden Leistungen bereitstellen, kanali-

---

10 Auch Luhmann hebt hervor: „Am liebsten kommunizieren Organisationen mit Organisationen, und sie behandeln Private dann oft so, als ob sie Organisationen, oder anderenfalls: als ob sie Pflegefälle wären, die besonderer Hilfe und Betreuung bedürfen.“ (Luhmann 1997: 834)

11 Der im vorausgegangenen Abschnitt behandelte Sachverhalt der reaktiven Organisationsbildung zur besseren Interessenverfolgung beweist das Gleiche.

sieren, standardisieren und kontrollieren auf manchmal sehr subtile Weise die Handlungsspielräume ihrer Leistungsabnehmer. Das läuft nicht nur auf eine Einschränkung von Optionen hinaus; auch sinnstiftende Bindungen lassen sich an ein so strukturiertes Leistungsangebot, etwa an Massenware, nur noch schwer anknüpfen.

Allenfalls „... in den gleichsam rückständigen Bereichen des Lebens, die von der Organisation noch freigelassen sind ...", kann Individualität überdauern (Adorno 1953: 455) - es fragt sich allerdings, wie lange noch. Nicht so radikal pessimistisch, aber mit gleicher Tendenz ließe sich auch unter Bezugnahme auf Jürgen Habermas davon sprechen, daß formale Organisationen - neben symbolisch generalisierten Kommunikationsmedien - wichtige Träger einer durch die gesellschaftlichen Teilsysteme vorangetriebenen „Kolonialisierung der Lebenswelt" sind (vgl. Habermas 1981). „Sozialintegration" über die interaktive Verständigung zwischen Individuen werde zunehmend durch eine von deren Motiven und Bedürfnissen abgehobene „Systemintegration" abgelöst. Ähnlich argumentierte Anton Zijderveld mit seinem Konzept der „abstract society", demzufolge die Durchorganisierung der modernen Gesellschaft die religiös fundierte Sinngebung für den einzelnen, wie sie in vormodernen Gesellschaften bestand, abgelöst hat. Für ihn ist „...modern bureaucracy ... the general coercive force in pluralistic society that keeps this society together as a functionally integrated whole ..."[12] - um den Preis eines chronischen Sinndefizits für die Individuen (vgl. Zijderveld 1970: 131-134 - Zitat: 132).

Auch diese Diagnosen überzeugen in ihrer Pauschalität nicht. Ob es tatsächlich auf seiten vieler Gesellschaftsmitglieder nennenswerte Einbußen an Optionen und Ligaturen gibt, ist empirisch keineswegs geklärt - und wenn es solche Einbußen gäbe, müßte weiterhin gezeigt werden, daß sie auf die gesellschaftliche Durchorganisierung zurückgehen. Gegen die Diagnosen könnte man u.a. einwenden, daß gerade die sich herausbildende „Erlebnisgesellschaft" (Schulze 1992) zumindest für einen Teil der Individuen vielfältige Erweiterungen von „Lebenschancen" mit sich bringt, und daß dies in hohem Maße an Leistungsangeboten formaler Organisationen hängt - von Fitneß-Studios

12 Damit spricht er bereits die im folgenden Abschnitt erörterte gesellschaftlich integrative Wirkung der Organisationsgesellschaft an.

und Konzertagenturen bis zu Reiseveranstaltern und Computerspiele-Herstellern. Zudem wäre in eingehenden empirischen Analysen der Frage nachzugehen, ob die Individuen nicht als Konsumenten, Klienten, Publikum u.ä. erheblich erfinderischer und „subversiver“ mit formalen Organisationen umgehen, als Kulturkritiker meinen.[13]

Resümiert man diesen zweiten Argumentationsstrang zur modernen Organisationsgesellschaft, kommt man also insgesamt nicht umhin, die überschießende Kulturkritik zu relativieren. Zwar können formale Organisationen auf seiten der Individuen Entfremdungs- und Machtlosigkeitserfahrungen produzieren und tun dies auch durchaus immer wieder in gewissem Maße; doch so global und zwangsläufig wie zumeist behauptet treten diese Verschlechterungen individueller „Lebenschancen“ nicht auf.

2.3 Gesellschaftliche Integration: Einbindung der Individuen und intersystemische Koordination

Mit dem nun anzusprechenden dritten Argumentationsstrang wird die analytische Referenz gewechselt. Es geht nicht länger um die „Lebenschancen“ der Individuen, sondern um die Integration der Gesellschaft. Beginnt man mit der Integration der Individuen in die Gesellschaft, könnte man für die Interessenverfolgung durch korporative Akteure zunächst annehmen, daß sich die Kämpfe zwischen den Interessenorganisationen eher desintegrativ auswirken. Immer wieder kommt in der politischen Öffentlichkeit und auch in politikwissenschaftlichen Beobachtungen der modernen Gesellschaft sogar die Einschätzung auf, daß die vielbeschworene „Herrschaft der Verbände“ (Eschenburg 1955) zu einer „Unregierbarkeit“ führe, nämlich zu ausufernden, nicht mehr bändigbaren Kleinkriegen aller - formal organisierten gesellschaftlichen Gruppen - gegen alle (vgl. Hennis et al. 1977). So einstufbare Phänomene - weiteres dazu noch im nächsten Abschnitt - kommen in

13 Man könnte hier z.B. darauf verweisen, daß die Rezipienten der Massenmedien keineswegs jene passiven Opfer kulturindustrieller Manipulation sind, als die sie von der Medienwirkungsforschung lange hingestellt wurden. Der „uses and gratifications“-Ansatz sowie daran anschließende rezipientenzentrierte Perspektiven haben inzwischen ein anderes Bild z.B. des Fernsehzuschauers gezeichnet (vgl. Renckstorf 1989).

der Tat gelegentlich vor und sollten auch nicht bagatellisiert werden. Dennoch sind sogar sie Ausdruck der gesellschaftlichen Integration von Individuen durch korporative Akteure. Nur weil diese Organisationen viele Individuen mit ihren zunächst vereinzelten, je besonderen Interessen zusammenführen, kann es überhaupt zu derartigen Konflikten kommen. Die integrative Wirkung der Interessenorganisationen besteht also in ihrer *Bündelung und Einbindung von ansonsten anarchisch fluktuierenden Individualinteressen*, die sich immer wieder erratisch zu höchst desintegrativen Tendenzen - etwa spontanen massenhaften Revolten - aggregieren könnten.[14]

Eine andere Art von gesellschaftlicher Integration der Individuen leisten Arbeitsorganisationen, wie in Webers Konzept der „bürokratischen Herrschaft" festgehalten wird. Eine formale Organisation diszipliniert demzufolge das Handeln ihrer Mitglieder, indem sie es gesetzten Regeln unterwirft, deren Einhaltung überwacht und deren Nichteinhaltung negativ sanktioniert wird. Regelsetzung ebenso wie Durchsetzung von Regelkonformität erfolgt dabei in einer hierarchisch gestuften Beziehungsstruktur. Weber hat diese *Arbeitsdisziplin* insbesondere an Verwaltungsbehörden verdeutlicht. In Anknüpfung an Luhmann läßt sich das für formale Organisationen allgemein in sozialer, sachlicher und zeitlicher Hinsicht resümieren (vgl. Luhmann 1990: 672-680).[15] In sozialer Hinsicht beschaffen formale Organisationen durch die Mitgliedsrolle eine generalisierte Konformitätsbereitschaft. Die teils zu unbeständige, teils auch zu träge oder zu starrsinnige, jedenfalls stets launenhafte Subjektivität von Personen wird in formalen Organisationen domestiziert: durch Karrierechancen und Kündigungsdrohungen sozial erwartbar gemacht. Das ermöglicht in sachlicher Hinsicht die Ausbildung extrem unwahrscheinlicher Programmstrukturen. Formale Organisationen können ihre Mitglieder mit Verhaltenszumutungen kon-

---

14 In E.P. Thompsons sozialhistorischen Studien über „the making of the English working class" finden sich viele Beispiele dafür, daß die Gewerkschaftsbildung die Arbeiterschaft in die gesellschaftliche Ordnung eingebunden hat (vgl. Thompson 1963).

15 Auch zur Einübung organisatorischer Arbeitsdisziplin bieten Thompsons sozialhistorische Studien eine Fülle von Illustrationen (vgl. Thompson 1963).

frontieren, deren inhaltliche Gewagtheit sogleich ins Auge springt, isoliert man sie in einem Gedankenexperiment von ihrem organisatorischen Kontext. Als solche sachlichen Erwartungszusammenhänge gewinnen formale Organisationen in zeitlicher Hinsicht eine eigene Kontinuität, die die Diskontinuitäten des Personals und der Aufgaben ausgleicht.

Insgesamt nähern sich formale Organisationen so dem an, was man ansonsten oftmals von Maschinen erwartet. Maschinen sind hochgradig effiziente und effektive technische Mechanismen, die zur Erledigung eines weiten Spektrums von Aufgaben jeweils spezifisch konstruiert werden können. In genau diesem Sinne hebt Weber die unübertroffene Rationalität formaler Organisationen hervor:

> „Die rein bürokratische ... Verwaltung ist nach allen Erfahrungen die an Präzision, Stetigkeit, Disziplin, Straffheit und Verlässlichkeit, also: Berechenbarkeit für den Herrn wie für die Interessenten, Intensität und Extensität der Leistung, formal universeller Anwendbarkeit auf alle Aufgaben, rein technisch zum Höchstmaß der Leistung vervollkommenbare, in all diesen Bedeutungen: formal rationalste Form der Herrschaftsausübung." (Weber 1922: 123, Hervorheb. weggel.)

Überspitzt formuliert: Formale Organisationen integrieren die Individuen oftmals so perfekt, daß deren Anwesenheit unmerklich wird und es den Anschein hat, als ob statt dessen reibungslose technische Abläufe stattfänden - freilich mit der schon angesprochenen Kehrseite, daß die Mitglieder von Arbeitsorganisationen sich genau deshalb mehr oder weniger entfremdet vorkommen.

Sowohl Interessen- als auch Arbeitsorganisationen tragen also zur *gesellschaftlichen Einbindung ihrer Mitglieder* bei. Dementsprechend gelangt auch Hans Geser bei einem Vergleich von Individuen und formalen Organisationen im Hinblick auf deren jeweilige Fähigkeit zu „sozialverträglichem", also die gesellschaftliche Integration zumindest nicht gefährdendem, womöglich sogar beförderndem Handeln u.a. zu den Schlußfolgerungen: Formale Organisationen sind „zu selbstverantwortlichem, normgeleitetem Handeln" und „zu komplexem und zuverlässigem Aktivhandeln" besser in der Lage und mehr willens als Individuen; Organisationen zeigen eine höhere „Transparenz der Binnenstrukturen und Binnenprozesse", aufgrund ihrer „Zielspezifität" sind Organisationen besser von außen steuerbar;[16] und die „Diversifizierbarkeit und Segregierbarkeit von Aufmerksamkeits- und Handlungsfeldern“ ermöglicht ihnen pluralistischere Normorientierungen (vgl. Geser 1990). Folgt man dieser Betrachtung, könnte man gar zu dem Schluß gelangen, daß es für die Individuen - deren „Lebenschancen“ schließlich immer auch auf gesellschaftlicher Integration beruhen - nur gut ist, wenn sie die gesellschaftlichen Angelegenheiten von Organisationen erledigen lassen. Das wäre gewissermaßen die verborgene Wohltätigkeit von Colemans „asymmetric society“ .

Wendet man den Blick nun der Integration der einzelnen Teilsysteme ins gesellschaftliche Ganze zu, beruht die weitere Betrachtung auf einer Charakterisierung der modernen Gesellschaft als funktional differenzierter (vgl. Schimank 1996). Für Luhmann stellen formale Organisationen, im Zusammenspiel mit - hier nicht weiter zu behandelnden - symbolisch generalisierten Kommunikationsmedien, die Beachtung unwahrscheinlicher teilsystemischer Codes und Programmstrukturen, wie sie mit funktionaler Differenzierung der Gesellschaft überall aufkommen, dauerhaft und personenunabhängig sicher (vgl. Luhmann 1987; 1988: 272-316; 1994; 1997: 826-847). Die gesellschaftliche Integration der Individuen durch Arbeitsorganisationen trägt entscheidend zu einer instruktiven *Operationalisierung der verschiedenen teilsystemischen Handlungslogiken* bei. Die funktional differenzierte moderne Gesellschaft kann sich somit nur als Organisationsgesellschaft entfalten. Vor allem als Organisationsmitglieder realisieren - erkennen und vollziehen - die Individuen die jeweils sehr „esoterischen“ und völlig auseinanderfallenden Logiken der Wirtschaft, der Politik, des Sports, der Massenmedien, der Erziehung u.s.w. Durch diese Ermöglichung funktionaler Differenzierung tragen formale Organisationen aber zunächst einmal zur Schaffung eines tiefgreifenden gesellschaftlichen Integrationsproblems bei, das zwangsläufig aus dem Auseinanderdriften der teilsystemischen Handlungslogiken erwächst. Dies ist der von Weber konstatierte „Polytheismus“ der „Wertsphären“ in der Moderne, also die Tatsache, daß das Nebeneinander der verschiedenen Teilsysteme immer wieder auch in ein spannungsreiches Gegeneinander

---

16 In diesem Punkt listet allerdings Mark Bovens eine Reihe von Argumenten auf, die dem widersprechen (vgl. Bovens 1990).

mündet (vgl. Weber 1919: 27/28).[17] Gerade wenn die teilsystemischen Handlungslogiken mit der den formalen Organisationen eigenen Effizienz, Effektivität und Rigorosität verfolgt und zu Ende gedacht werden, kracht es immer häufiger zwischen den Teilsystemen. Weil eben nicht bloß „weiche“, nämlich wankelmütige und träge Personen, sondern „knallharte“ Organisationen die Träger der teilsystemischen Handlungslogiken sind, wird der intersystemische Orientierungsdissens offenbar und manifestiert sich immer wieder auch in entsprechenden Konflikten.

Dieses intersystemische Desintegrationspotential wird aber wiederum auf der Organisationsebene, in *interorganisatorischen Steuerungs- und Verhandlungsnetzwerken*, durch reintegrative Maßnahmen abgefangen. Weber hatte zumindest insofern eine Vorahnung vom Aufkommen solcher Netzwerke, als er gelegentlich hervorhob, daß beispielsweise staatliche Verwaltungen und große Unternehmen nicht selten geregelte Koordinations- und Kooperationsbeziehungen unterhalten, die durch die gemeinsame formale Rationalität der Bürokratie gefördert werden. Augenfällig ist weiterhin, daß oft nicht Individuen, sondern Organisationen die bevorzugten Zugriffspunkte politischer Steuerung der verschiedenen gesellschaftlichen Teilsysteme sind (vgl. Schimank 1991). Insbesondere die Arbeitsorganisationen als wichtigste Träger der teilsystemischen Leistungsproduktionen stellen institutionelle Ordnungen dar, die politische Steuerung so mitzugestalten versuchen kann, daß gesellschaftlich desintegrative Tendenzen teilsystemischen Handelns abgewendet oder zumindest in Grenzen gehalten werden.

Systematisiert man am Beispiel der Forschungspolitik die Arten dieses Steuerungszugriffs, kann man die Etablierung, die Alimentierung, die Programmierung und die Regulierung von Forschungseinrichtungen unterscheiden. Forschungspolitik kann bestimmte Forschungseinrichtungen schaffen bzw. wieder auflösen, Forschungspolitik kann Forschungseinrichtungen mit mehr oder weniger finanziellen und personellen Ressourcen ausstatten und dies regelmäßig u.a. je nach „Wohlverhalten“ neu dosieren; Forschungspolitik kann sich mit mehr

---

17 Luhmann spricht im selben Zusammenhang von der „Polykontexturalität“ der modernen Gesellschaft.

oder weniger starkem Gewicht an der Definition der Forschungsthemen und des Forschungstypus von Einrichtungen beteiligen. Forschungspolitik kann Forschungseinrichtungen hinsichtlich ihrer Finanz-, Personal- und Organisationsstrukturen und hinsichtlich ihres Forschungshandelns regulieren. Welche dieser Zugriffsarten welchen staatlichen Steuerungsakteuren in welchem Maße zur Verfügung stehen, variiert erheblich zwischen den verschiedenen gesellschaftlichen Teilsystemen, zwischen verschiedenen Organisationen innerhalb eines Teilsystems und bei derselben Organisation im Zeitverlauf. Aber daß die Organisationsgesellschaft einem intentionalen Bemühen um intersystemische Integration durch politische Steuerung entgegenkommt, steht außer Frage.

Teilweise kann sich die staatliche Steuerung von Organisationen in den verschiedenen Teilsystemen hierarchischer Machtbefugnisse bedienen und dann auch über eventuelle Widerstände der Steuerungsobjekte hinwegsetzen; oder aber die Steuerung verfügt über wirksame finanzielle Anreize gegenüber den Steuerungsobjekten. Oftmals ist aber keine so asymmetrische Einflußverteilung zugunsten des Steuerungssubjekts gegeben - und sei es deshalb, weil „Dienst nach Vorschrift" eine wirksame Gegenwehr sogar gegen hierarchisch auferlegte Steuerungsmaßnahmen ist oder staatliche Gelder nicht verlocken. Immer dann, wenn die Steuerungsobjekte über Möglichkeiten der Verweigerung verfügen, also ihre Fügsamkeit nicht erzwungen werden kann, muß mit ihnen über die Steuerungsziele und -maßnahmen verhandelt werden. Solche Verhandlungen haben meist keinen zeitlich und sachlich punktuellen sowie sozial bilateralen Charakter, sondern konstituieren dauerhafte intersystemische Verhandlungsnetzwerke, die eine Bandbreite von Themen bearbeiten und zumindest auf Seiten der Steuerungsobjekte, oft aber auch auf Seiten der Steuerungssubjekte eine Mehrzahl von Organisationen einbeziehen (vgl. Marin/Mayntz 1991; Mayntz 1993). Solche Netzwerke finden sich in Form von gemeinsamen Ausschüssen, „konzertierten Aktionen", „runden Tischen" u.ä. in der Gesundheits- ebenso wie in der Bildungs-, der Forschungs- oder der Wirtschaftspolitik. Unlösbare, weil fundamental zugespitzte Spannungen zwischen verschiedenen teilsystemischen Handlungsorientierungen werden damit in zahllosen unverbundenen oder nur locker verknüpften interorganisatorischen Arrangements so kleingearbeitet, daß trotz generellem Orientierungsdissens spezifische Interessenkonsense, also allseits tragbare intersystemische Kompromisse gefunden werden können - ob es nun darum geht, wirtschaftliches Gewinnstreben politisch verläßlich und ökologisch verträglich zu machen, die gesellschaftlichen Risiken wissenschaftlicher Wahrheitssuche zu begrenzen oder die mit der Leistungssteigerung medizinischer Krankenbehandlung einhergehende „Kostenexplosion" zu regulieren. Nicht, daß so intersystemische Integration stets garantiert wäre! Aber ohne solche interorganisatorischen Verhandlungsnetzwerke wäre sie wohl garantiert gar nicht mehr möglich.[18]

Dieser dritte Argumentationsstrang besagt somit insgesamt, daß die gesellschaftliche Durchorganisierung ein höheres Niveau der Integration der Individuen ermöglicht, wodurch sich die funktionale Differenzierung der modernen Gesellschaft erst entfalten kann; aber das ruft das Problem intersystemischer Desintegration hervor, die dann wiederum durch interorganisatorische Steuerungs- und Verhandlungsnetzwerke in Schach gehalten werden kann. So besehen stellt die Organisationsgesellschaft gleichsam sowohl eine chronische Krankheit funktionaler Differenzierung als auch die dazugehörige Therapie dar.

---

18 Die Herausbildung solcher interorganisatorischen Steuerungs- und Verhandlungsnetzwerke zwischen den Teilsystemen setzte bereits in der zweiten Hälfte des letzten Jahrhunderts ein - siehe dazu Peter Wagners diskursanalytische Aufarbeitung der „organisierten Moderne" (vgl. Wagner 1995: 119-182) - und hat seitdem immer wieder die Aufmerksamkeit verschiedener sozialwissenschaftlicher Beobachtungsperspektiven gefunden. Ohne Anspruch auf Vollständigkeit seien aus neuerer Zeit die Implementationsforschung (vgl. Mayntz 1983), die Korporatismusdebatte (vgl. Schmitter/ Lehmbruch 1979) sowie die daran anschließenden Untersuchungen zur nicht-etatistischen politischen Gesellschaftssteuerung (vgl. Schimank/ Glagow 1984; Streeck/ Schmitter 1985) und zur Selbststeuerung und „governance" gesellschaftlicher Sektoren (vgl. Mayntz/ Scharpf 1995) genannt. Selbst Luhmann konzediert mittlerweile, daß formale Organisationen die selbstreferentiell geschlossenen gesellschaftlichen Teilsysteme „mit externer Kommunikationsfähigkeit" ausstatten (vgl. Luhmann 1997: 843).

2.4 Gesellschaftliche Desintegration: Individueller Rückzug und interorganisatorische Blockaden

Der vierte und letzte Argumentationsstrang zur Organisationsgesellschaft betont deren gesellschaftlich desintegrative Wirkungen - über das bereits im vorausgegangenen Abschnitt Gesagte hinaus. Dies ist die am wenigsten ausgearbeitete Facette des Themas, so daß die Überlegungen bislang entsprechend vage geblieben sind.

Bezüglich der Integration der Individuen in die moderne Gesellschaft läßt sich an die im zweiten Abschnitt diskutierten Diagnosen von Entfremdung und Machtlosigkeit anknüpfen. Wenn z.B. oligarchische Interessenorganisationen auf seiten von immer mehr Mitgliedern Erfahrungen der Ohnmacht gegenüber dem hervorrufen, was die jeweiligen Leitungen beschließen und aushandeln, kann dies einen massenhaften Rückzug der Individuen aus dem Engagement nicht nur innerhalb dieser Organisationen hervorrufen. Eine allgemeine „Politikverdrossenheit" kann um sich greifen, die auf mehreren Wegen die gesellschaftliche Integration untergraben kann. Ein Teil der betreffenden Personen kann empfänglich für extreme, die gesellschaftliche Ordnung radikal angreifende politische Positionen werden - insbesondere wenn diese durch charismatische Führer repräsentiert werden. Ein anderer Teil kann seine Entfremdung in destruktiven, oft gegen „Sündenböcke" gerichteten spontanen Aktionen ausleben, die auch - wie z.B. Unruhen in Wohnvierteln - massenhaften Zulauf finden können. Diesen aktiven desintegrativen Reaktionsmustern wird durch die anderen Individuen, deren Rückzug in die Passivität einer Nicht-Verteidigung der bestehenden gesellschaftlichen Ordnung gleichkommt, kein Einhalt geboten. Eine solche Kombination von passiver und aktiver Delegitimierung kann, sofern letztere eine kritische Masse gewinnt, auf eine manifeste Krise gesellschaftlicher Integration hinauslaufen.

Paart sich dieser *massenhafte individuelle Rückzug* aufgrund oligarchischer Interessenorganisationen mit Entfremdungserfahrungen und entsprechendem Rückzugsverhalten in Arbeitsorganisationen, tritt in Form einer Verschlechterung der teilsystemischen Leistungsproduktionen weiterer Sprengstoff für die gesellschaftliche Integration hinzu. Wenn die Individuen nicht nur den Eindruck gewinnen, daß „die da oben" nicht auf sie hören, sondern daß auch noch die eigenen Ansprüche an Konsumchancen, Bildung, Gesundheitsversorgung, massenmediale Information und Unterhaltung etc. nicht befriedigt werden, weil überall nur „Dienst nach Vorschrift" geleistet wird, gerät die Gesellschaft insgesamt fast unweigerlich früher oder später in eine Situation, wie sie in den mittel- und osteuropäischen Ländern des Staatssozialismus schließlich zu den tiefgreifenden Umwälzungen Ende der achtziger Jahre führte. Dort lagen aus diesen beiden Entfremdungserfahrungen und ihren Konsequenzen gespeiste, sich über die Jahre verschärfende „Legitimationskrisen"[19] vor, die dann plötzlich eigendynamisch eskalierten. Immer mehr Individuen wurden aus dem passiven Rückzug in den aktiven Protest getrieben, weil immer offenbarer wurde, daß letzterem nur noch das auf sich allein gestellte und dann auch noch in sich brüchig werdende staatliche Gewaltpotential entgegenstand, aber keinerlei „Bürgersinn" mehr für die bestehende gesellschaftliche Ordnung eintrat (vgl. Pollack 1990).

Webers Analyse der „bürokratischen Herrschaft" mündete in der suggestiven zeitdiagnostischen Formel vom „stahlharten Gehäuse", zu dem sich die Organisationsgesellschaft zusammenschweiße. Weber befürchtete, daß die sich dadurch einstellende „Hörigkeit" der Individuen in eine apathische Erstarrung der Gesellschaft münden könnte. Ausgeführt hat er diese diffuse Ahnung nirgends. Man kann nur erahnen, daß er neben dem eben angesprochenen Rückzug der Individuen mit seinen gesellschaftlichen Desintegrationstendenzen noch die weitere Gefahr im Auge hatte, die moderne Organisationsgesellschaft bewege sich unweigerlich auf einen Zustand zu, der gesellschaftlichen Wandel fortan durch ein flächendeckend festgefressenes Arrangement allseitiger *interorganisatorischer Blockaden* ausschließt. Das Ende der Geschichte stehe bevor, wenn erst gesellschaftsweit je für sich mächtige, aber genau deshalb in ihren antagonistischen Konstellationen insgesamt ohnmächtige Organisationen existierten. Blockierter gesellschaftlicher Wandel ist zwar zunächst nicht desintegrativ, hält doch das „stahlharte Gehäuse" die Gesellschaft gerade zusammen. Doch ähnlich

---

19 Es könnte lohnend sein, Jürgen Habermas' Überlegungen zu den „Legitimationsproblemen im Spätkapitalismus" daraufhin zu prüfen, wo überall unausgesprochen solche Argumente einer Desintegration der Organisationsgesellschaft vorkommen (vgl. Habermas 1973).

wie beim Rückzug der Individuen können sich schleichend, aber unaufhaltsam eruptive Potentiale aufbauen, die dann irgendwann unweigerlich eine gesellschaftsweite Integrationskrise heraufbeschwören.

Solche vagen Vorstellungen darüber, wie die gesellschaftliche Durchorganisierung auch die teilsystemische Integration gefährden könnte, hat insbesondere Michel Crozier in seinem Konzept der „blockierten Gesellschaft“ weitergedacht (vgl. Crozier 1970). Die flächendeckend ausgebreiteten Interorganisationsnetze könnten, so Croziers Befürchtung, bei starker intraorganisatorischer Bürokratisierung der beteiligten Organisationen so verkrusten, daß früher oder später ein Zustand des „Nichts geht mehr“ erreicht wäre.[20] Crozier will darin aber ausdrücklich keine zwangsläufige Tendenz der Organisationsgesellschaft sehen, sondern erachtet eine solche Entwicklung nur unter spezifischen Zusatzbedingungen als möglich. Diese Bedingungen sind für ihn besonders ausgeprägt in Frankreich gegeben, das seit langem durch einen tief in alle gesellschaftlichen Bereiche hineinwirkenden zentralistischen Staatsapparat geprägt ist. Ein eng mit diesem verflochtener großindustrieller Sektor, aber auch das französische Bildungswesen, die kulturellen Institutionen und weitere Gesellschaftbereiche sind durch staatlichen Einfluß hochgradig bürokratisiert worden, worunter die Entwicklungsfähigkeit der französischen Gesellschaft insgesamt, etwa im Vergleich zu den Vereinigten Staaten, stark leide.[21] Noch weiter in dieser Richtung hatten sich zweifellos wiederum die staatssozialistischen mittel- und osteuropäischen Gesellschaften bewegt. Deren zu politischen Herrschaftszwecken planvoll installierte Durchorganisie-

---

20 Crozier überträgt hier den von ihm entdeckten intraorganisatorischen „bürokratischen Teufelskreis“ (vgl. Crozier 1963) auf interorganisatorische Zusammenhänge.

21 Im übrigen haben diese wechselseitigen interorganisatorischen Blockaden durchaus nicht immer den Charakter von Vetopositionen, die durch formelle Macht oder faktische Abhängigkeiten gestützt werden. Auch informelle Normen des „live and let live!“, die wechselseitige Nichtangriffspakte konstituieren, können in der Wirkung ganz gleich sein. In diesem Sinne hebt etwa Renate Mayntz den immer mit angelegten Immobilismus von interorganisatorischen Verhandlungsnetzwerken hervor (vgl. Mayntz 1993: 49/50).

rung erstickte mit ihrer starken Zentralisierung und Formalisierung alle dezentralen und informellen, also situativ auf lokales Problem- und Problemlösungswissen rekurrierenden Innovationspotentiale. Dies war eine weitere Ursache der teilsystemischen Leistungsdefizite, die schließlich zum gesellschaftlichen Umbruch führten.

Auch wenn diese Problematik interorganisatorischer Blockaden weniger extrem zugespitzt ist, als es in Mittel- und Osteuropa der Fall war, hat sie zur Folge, daß gesellschaftlicher Wandel nur auf dem Wege periodischer krisenhafter Desintegration - mit allen darin enthaltenen Kosten und Risiken - stattfinden kann. Erst die Krise schafft, wie Crozier hervorhebt, einen hinreichend tiefen und weitgefächerten Leidensdruck, um alle relevanten Akteure aus den eingefahrenen intra- und interorganisatorischen Routinen herauszulösen. Daraus gehen dann heftige, aber nicht lange andauernde Episoden rapiden gesellschaftlichen Wandels hervor, die sich bald wieder zu neuen bürokratischen Verkrustungen hin entwickeln. Gesellschaftliche Entwicklung stellt sich so als immer wiederkehrende Abfolge von langen Phasen der Verkrustung - paradox formuliert: der desintegrativen Überintegration - und kurzen Zwischenspielen des rapiden Wandels dar.[22]

Nur durch eingehende Ländervergleiche und historisch ansetzende Studien der Entwicklung einzelner Länder kann man hoffen, über die skizzierte Diskussionslage hinaus zu einer differenzierteren Bestimmung derjenigen Faktoren zu gelangen, die dazu führen können, daß sich die gesellschaftliche Durchorganisierung desintegrativ auswirkt. Insbesondere wäre auch zu klären, in welchem Maße die Organisati-

---

22 Anknüpfend an Weber kann man charismatische Persönlichkeiten, insbesondere politische oder religiöse Führer, deren irrationaler Appell an die Massen die „blockierte Gesellschaft“ aufzubrechen vermag, als oftmals entscheidende Triebkräfte des Wandels ausmachen (vgl. Schluchter 1988b: 535-554). Unweigerlich findet aber im Erfolgsfalle früher oder später eine „Veralltäglichung des Charismas“ statt, wodurch sich eine neue „bürokratische Herrschaft“ verfestigt. Siehe hierzu auch das zyklische Modell, das Guy Kirsch (1983) im Anschluß an Weber und Mancur Olsen entwickelt. Auch Jean Paul Sartres Vorstellung von Geschichte als verkrusteter „Serialität“ mit intermittierender spontaner „Praxis“ der revolutionären Gruppe folgt dieser Logik (vgl. Sartre 1960).

onsgesellschaft gegebenenfalls für individuellen Rückzug und die Blockierung gesellschaftlichen Wandels verantwortlich ist, und in welchem Maße es andere Ursachen dafür gibt.

3. Schluß

Die im Alltagswissen, aber auch in manchen wissenschaftlichen Betrachtungen verbreitete Einschätzung, derzufolge die gesellschaftliche Durchorganisierung eher schlecht für die „Lebenschancen" der Individuen, aber eher gut für die Integration der modernen Gesellschaft ist, muß nach den dargestellten Argumentationslinien relativiert werden. Die Organisationsgesellschaft ist in beiden Hinsichten ambivalent. Um so mehr käme es freilich darauf an, genauer zu spezifizieren, wovon es im einzelnen abhängt, ob die gesellschaftliche Durchorganisierung in einem bestimmten Fall eher gut oder eher schlecht oder auch beides gleichermaßen für das Individuum bzw. die Gesellschaft ist. Viel mehr Untersuchungen von der Art, wie sie Crozier am französischen Fall zu den gesellschaftlich desintegrativen interorganisatorischen Blockaden durchgeführt hat, wären zu allen Facetten der Organisationsgesellschaft nötig.

Dieser Auftrag an die weitere Forschung unterstreicht nochmals, daß die Überlegungen zur Organisationsgesellschaft bislang nur teilweise empirisch fundiert und abgesichert sind. Vieles ist theoretische Spekulation geblieben und bedürfte dringend einer eingehenden empirischen Prüfung und gegebenenfalls Korrektur. Für das Konzept der Organisationsgesellschaft gilt damit wohl Ähnliches wie für einige andere gesellschaftstheoretische Schlüsselbegriffe auch: Die Kumulation theoretischer Überlegungen hat mittlerweile zu einer gewissen Konsolidierung des Bildes geführt, so daß es nunmehr dringlicher erscheint, dies empirisch nachzuarbeiten, anstatt weitere theoretische Facetten hinzuzufügen.

Literatur

Adorno, Theodor W., 1953: Individuum und Organisation. In: Theodor W. Adorno, Soziologische Schriften Bd. 1. Frankfurt a.M. 1972, 440 - 456.

Barnard, Chester, 1938: The Functions of the Executive. Cambridge, MA 1976.

Bovens, Mark A.P., 1990: Review Article The Social Steering of Complex Organizations. In: British Journal of Political Science 20, 91-117.
Coleman, James, 1974: Power and the Structure of Society. New York.
Coleman, James, 1982: The Asymmetric Society. Syracuse, New York.
Crozier, Michel, 1963: The Bureaucratic Phenomenon. Chicago 1964.
Crozier, Michel, 1970: La Societe Bloquee. Paris 1984.
Dahrendorf, Ralf, 1979: Lebenschancen. Anläufe zur sozialen und politischen Theorie. Frankfurt a.M.
Eschenburg, Theodor, 1955: Herrschaft der Verbände? Stuttgart.
Eisenstadt, Shmuel N., 1963: The Political Systems of Empires. The Rise and Fall of the Historical Bureaucratic Societies. New York.
Gabriel, Karl, 1979: Analysen der Organisationsgesellschaft. Ein kritischer Vergleich der Gesellschaftstheorien Max Webers, Niklas Luhmanns und der phänomenologischen Soziologie. Frankfurt a.M./New York.
Geser, Hans, 1990: Organisationen als soziale Akteure. In: Zeitschrift für Soziologie 19, 401-417.
Habermas, Jürgen, 1973: Legitimationsprobleme im Spätkapitalismus. Frankfurt a.M.
Habermas, Jürgen, 1981: Theorie des kommunikativen Handelns. Frankfurt a.M.
Hennis, Wilhelm/Peter Graf Kielmannsegg/Ulrich Matz (Hrsg.), 1977: Regierbarkeit. Bd. 1. Stuttgart.
Jacoby, Henry, 1969: Die Bürokratisierung der Welt. Neuwied/Berlin.
Kern, Horst/Michael Schumann, 1984: Das Ende der Arbeitsteilung? Rationalisierung in der industriellen Produktion. München.
Kieser, Alfred, 1993: Managementlehre und Taylorismus. In: Alfred Kieser (Hrsg.), Organisationstheorien. Stuttgart, 57 - 89.
Kirsch, Guy, 1983: Haben Zusammenschlüsse eine Biographie? In: Jahrbuch für Neue Politische Ökonomie 2, 102-134.
Luhmann, Niklas, 1964: Funktionen und Folgen formaler Organisation. Berlin.
Luhmann, Niklas, 1973: Die Weltgesellschaft. In: Niklas Luhmann, Soziologische Aufklärung Bd. 2. Opladen, 51-71.
Luhmann, Niklas, 1975: Interaktion, Organisation, Gesellschaft. Anwendungen der Systhemtheorie. In: Niklas Luhmann, Soziologische Aufklärung Bd. 2. Opladen, 9-19.
Luhmann, Niklas, 1984: Soziale Systeme. Frankfurt a.M.
Luhmann, Niklas, 1987: Die Differenzierung von Politik und Wirtschaft und ihre gesellschaftlichen Grundlagen. In: Niklas Luhmann, Soziologische Aufklärung Bd. 4. Opladen, 32-48.
Luhmann, Niklas, 1988: Die Wirtschaft der Gesellschaft. Frankfurt a.M.

Luhmann, Niklas, 1990: Die Wissenschaft der Gesellschaft. Frankfurt a.M.

Luhmann, Niklas, 1994: Die Gesellschaft und ihre Organisationen. In: Hans-Ulrich Derlien/Uta Gerhardt/Fritz W. Scharpf (Hrsg.), Systemrationalität und Partialinteresse. Festschrift für Renate Mayntz. Baden-Baden, 189-202.

Luhmann, Niklas, 1997: Die Gesellschaft der Gesellschaft. Frankfurt a.M.

March, James G./Herbert A. Simon, 1958: Organizations. New York.

Marin, Bernd/Renate Mayntz (eds.), 1991: Policy Networks. Empirical Evidence and Theoretical Considerations. Frankfurt a.M./Boulder, CO.

Marx, Karl, 1844: Ökonomisch-philosophische Manuskripte. Leipzig 1974.

Marx, Karl, 1859: Zur Kritik der politischen Ökonomie. In: Karl Marx/ Friedrich Engels, Gesammelte Werke Bd. 13. Berlin 1969, 3-160.

Marx, Karl, 1867: Das Kapital, Bd. 1. Frankfurt a.M. 1972.

Mayntz, Renate, (Hrsg.) 1983: Implementation politischer Programme Bd. 2. Opladen.

Mayntz, Renate, 1993: Policy-Netzwerke und die Logik von Verhandlungssystemen. In: Adrienne Héritier (Hrsg.), Policy Analyse. Kritik und Neubewertung. Opladen, 39-55.

Mayntz, Renate/Fritz W. Scharpf, 1995: Gesellschaftliche Selbstregelung und politische Steuerung. Frankfurt a.M./New York.

Merton, Robert K., 1940: Bürokratische Struktur und Persönlichkeit. In: Renate Mayntz (Hrsg), Bürokratische Organisation. Köln/Berlin 1971, 265-276.

Michels, Robert, 1911: Zur Soziologie des Parteiwesens in der modernen Demokratie. Untersuchungen über die oligarchischen Tendenzen des Gruppenlebens. Stuttgart 1989 (4. Aufl.).

Parsons, Talcott, 1964: Evolutionäre Universalien der Gesellschaft. In: Wolfgang Zapf (Hrsg.), Theorien des sozialen Wandels. Köln/Berlin, 55-73.

Perrow, Charles, 1989: Eine Gesellschaft von Organisationen. In: Journal für Sozialforschung 28, 3-19.

Presthus, Robert, 1962: Individuum und Organisation. Typologie der Anpassung. Frankfurt a.M. 1966.

Pollack, Detlev, 1990: Das Ende einer Organisationsgesellschaft. Systemtheoretische Überlegungen zum gesellschaftlichen Umbruch in der DDR. In: Zeitschrift für Soziologie 19, 293-307.

Renckstorf, Karsten, 1989: Mediennutzung als soziales Handeln. In: Max Kaase (Hrsg.), Massenkommunikation. Opladen, 314-336.

Ritzer, George, 1993: Die McDonaldisierung der Gesellschaft. Frankfurt a.M. 1995.

Sartre, Jean Paul, 1960: Kritik der dialektischen Vernunft. Reinbek 1967.

Schimank, Uwe, 1981: Identitätsbehauptung in Arbeitsorganisationen - Individualität in der Formalstruktur. Frankfurt a.M.

Schimank, Uwe, 1987: Technik, Subjektivität und Kontrolle in formalen Organisationen - eine Theorieperspektive. In: Rüdiger Seltz/Ulrich Mill/Eckart Hildebrandt (Hrsg.), Organisation als soziales System - Kontrolle und Kommunikationstechnologie in Arbeitsorganisationen. Berlin, 71-92.

Schimank, Uwe, 1991: Politische Steuerung in der Organisationsgesellschaft - am Beispiel der Forschungspolitik. In: Wolfgang Zapf (Hrsg.), Die Modernisierung moderner Gesellschaften. Frankfurt a.M , 505-516.

Schimank, Uwe, 1996: Theorien gesellschaftlicher Differenzierung. Opladen.

Schimank, Uwe/Manfred Glagow, 1984: Formen politischer Steuerung: Etatismus, Subsidiarität, Delegation und Neokorporatismus. In: Manfred Glagow (Hrsg.), Gesellschaftssteuerung zwischen Korporatismus und Subsidiarität. Bielefeld, 4-25.

Schluchter, Wolfgang, 1988: Religion und Lebensführung Bd. 2: Studien zu Max Webers Kultur - und Welttheorie. Frankfurt a.M.

Schmitter, Phillipe C./Gerhard Lehmbruch, (Hrsg.), 1979: Trends Towards Corporatist Intermediation. Beverly Hills.

Schulze, Gerhard, 1992: Die Erlebnisgesellschaft. Kultursoziologie der Gegenwart. Frankfurt a.M.

Streeck, Wolfgang/Philippe C. Schmitter, 1985: Community, Market, State - and Associations? The Prospective Contribution of Interest Governance to Social Order. In: European Sociological Review 1, 119 - 138.

Thompson, E.P., 1963: The Making of the English Working Class. Harmondsworth, 1979.

Türk, Klaus, 1995: „Die Organisation der Welt“: Herrschaft durch Organisation in der modernen Gesellschaft. Opladen.

Vanberg, Viktor, 1982: Markt und Organisation. Tübingen.

Wagner, Peter, 1995: Soziologie der Moderne. Frankfurt a.M.

Weber, Max, 1919: Wissenschaft als Beruf. Berlin 1967.

Weber, Max, 1922: Wirtschaft und Gesellschaft. Tübingen 1972.

Whyte, William H., 1956: The Organization Man. New York.

Zijderveld, Anton, 1970: The Abstract Society. A Cultural Analysis of Our Time. Harmondsworth.

Monika Wohlrab-Sahr

Säkularisierte Gesellschaft

Daß wir in einer säkularisierten Gesellschaft leben, ist mittlerweile so sehr in den Common Sense eingegangen, daß die dahinter liegenden Annahmen häufig gar nicht mehr expliziert werden. Zahlreiche Phänomene geben dieser Einschätzung Nahrung: die zunehmenden Kirchenaustritte, der Rückgang der durch die Kirchen ausgeübten sozialen Kontrolle, bis hin zu der Tatsache, daß es keine große Aufregung verursacht, wenn sich 1999 erstmals ein deutscher Bundeskanzler bei seiner Vereidigung nicht auf Gott beruft.

Auf der anderen Seite beobachten wir seit geraumer Zeit weltweit zahlreiche religiöse Aktivitäten, z.T. eng verbunden mit politischen Anliegen, die die Diagnose eines allgemeinen Säkularisierungsprozesses erschüttern. Und gerade die USA, das Land, das in vieler Hinsicht als Vorreiter einer forcierten Modernisierung gilt, zeugen von einem möglichen Nebeneinander, ja sogar der wechselseitigen Steigerung von Modernisierung und hoher religiöser Aktivität, sowie von einer starken Präsenz von Religion in der Öffentlichkeit. Auch dies irritiert die Gleichsetzung, die moderne Gesellschaft sei eine säkularisierte Gesellschaft.

Aber auch in europäischen Ländern gab es in den letzten Jahren einige aufschlußreiche Konflikte, bei denen es im Kern um das Selbstverständnis einer ‘säkularen’ Gesellschaft ging. Dazu gehört etwa die in Deutschland, aber auch anderswo immer wieder heftig geführte “Sektendebatte”, die letztlich mehr über die Angst vor neureligiösen Aktivitäten aussagt als über deren faktische Bedeutung. Und dazu gehören weiter die erregt geführten Auseinandersetzungen darüber, ob muslimische Schülerinnen im laizistischen Frankreich verschleiert zur

Schule gehen dürfen (vgl. dazu Hervieu-Léger 1997), bzw. ob eine muslimische Referendarin, die ein Kopftuch trägt, in Deutschland Lehrerin werden kann.

Diese Beispiele zeigen, daß die Rede von einer säkularen Gesellschaft nicht allein eine Angelegenheit der soziologischen Diagnose ist. Sie war und ist oft eingebunden in einen "Kulturkampf" zwischen den Verfechtern eines säkularen Staates und säkularer Institutionen auf der einen Seite und dem Anspruch religiöser Gruppierungen auf gesellschaftlichen Einfluß auf der anderen Seite. Wegen der daraus resultierenden Konnotation des Säkularisierungsbegriffs mit einem weltanschaulichen *Säkularismus* erschien manchem dieser Begriff generell problematisch (vgl. Martin 1969; Gabriel 1993: 141, FN 10).

Allerdings ist der Aspekt des Kulturkampfs, der beim Begriff der Säkularisierung mitschwingt, nicht einfach nur ideologischer Ballast. In einer historischen Perspektive betrachtet, ist er vielmehr selbst ein Indikator für die Sache, die mit dem analytischen Säkularisierungsbegriff behauptet wird: nämlich die zunehmende Herauslösung gesellschaftlicher Bereiche aus dem Einflußbereich der Religion.

I.

Der Ursprung des Begriffs Säkularisierung[1] geht zurück auf die Vorverhandlungen zum Westfälischen Friedensvertrag und bezeichnete dort die Einziehung kirchlichen Vermögens und Grundbesitzes (v. Meiern 1734: 637; Reicke 1986: 1279). Von Säkularisation war in der Folge allerdings nicht nur dann die Rede, wenn Kirchenbesitz einseitig durch den Staat eingezogen wurde, sondern auch dann, wenn kirchliche Einrichtungen aufgrund einer Initiative der Kirche aufgehoben bzw. wenn Ordensmitglieder von ihren Gelübden entbunden wurden. Hermann Lübbe macht in seiner begriffsgeschichtlichen Abhandlung jedoch deutlich, daß diese "anfängliche Neutralität" (Lübbe 1975.: 25) des Begriffs bald verlorenging: Für die Kirchen wurde Säkularisation spätestens nach dem Reichsdeputationshauptschluß von 1803 über die Säkularisation des Kirchengutes gleichbedeutend mit der "Usurpation

---

1 Die Darstellung in diesem Teil basiert weitgehend auf der begriffsgeschichtlichen Abhandlung Hermann Lübbes (Lübbe 1975).

geistlicher Rechte" (ebd.: 28) und damit zum Inbegriff der Illegitimität, während die Liberalen sie zunächst als "große Notwendigkeit" (Treitschke 1927: 186ff.) und Fortschritt der Geschichte begrüßten.

Im 19. Jahrhundert wurde der Begriff der Säkularisierung in den deutschen Geisteswissenschaften zur "Parole kultureller Emanzipation" (Lübbe 1975: 41). Es kam in verschiedenen Ländern Europas zur Gründung freidenkerischer Vereine, die sich für eine Trennung von Kirche und Staat einsetzten und vor allem das kulturpolitische Ziel einer säkularen Bildung verfolgten. In der 1846 in London gegründeten "Secular Society" wurde der "Secularism" zum expliziten Programm.

II.

In dieser Zeit des Kulturkampfes entstand in Deutschland und Frankreich die Soziologie, repräsentiert durch Max Weber, Georg Simmel und Émile Durkheim. Zu den wichtigsten soziologischen Werken dieser Anfangszeit gehören zweifellos die religionssoziologischen Schriften von Durkheim und Weber.

Émile Durkheim hat sich bis an sein Lebensende explizit die politischen Belange der "Dritten Republik" in Frankreich und insbesondere den Versuch, ein laizistisches Bildungswesen zu schaffen, zu eigen gemacht. Diese Haltung findet auch einen Niederschlag in seinen soziologischen Schriften, in denen es im Kern immer wieder um die Frage einer "säkularen Religion", um Gesellschaft als laizistische moralische Ordnung geht. Durkheims Soziologie kann insofern geradezu als "Teil des Kulturkampfes der Dritten Republik" (Tyrell 1995: 367) angesehen werden, weshalb ihn der amerikanische Soziologe Robert Bellah als 'Theologen der französischen Zivilreligion' (Bellah 1973: xvii) bezeichnet hat.

In Max Webers soziologischem Werk sind die Einflüsse der kulturpolitischen Kämpfe weniger direkt ersichtlich, aber auch in seiner Soziologie finden die zeitgenössischen Auseinandersetzungen ihren theoretischen Niederschlag (vgl. Tyrell 1995).

Aus den religionssoziologischen Ansätzen Durkheims und Webers sind zwei verschiedene Fassungen der Säkularisierungstheorie hervorgegangen, die bis in die aktuelle soziologische und insbesondere in die religionssoziologische Diskussion nachwirken.

Auf der einen Seite steht ein Verständnis von Säkularisierung als gesellschaftlicher Differenzierung. Dies impliziert - bei Max Weber - die Herauslösung sozialer Teilbereiche aus dem Einflußbereich der Religion, sowie im Gegenzug eine Autonomisierung der religiösen Sphäre. Die säkularisierte Gesellschaft ist in dieser Perspektive die "entzauberte" Gesellschaft, in der die verschiedenen Bereiche ihrer jeweiligen Logik folgen, mit der Konsequenz, daß die Religion auf ihre eigene Wertsphäre beschränkt und in diesem Kontext hoch entwickelt, in ihrer gesellschaftlichen Bedeutung aber stark relativiert ist.

Auf der anderen Seite steht - rekurrierend auf das Hauptwerk Durkheims "Über die elementaren Formen des religiösen Lebens" (Durkheim 1981) - das Konzept einer "säkularen Religion", an das später Talcott Parsons (Parsons 1974) und v.a. Robert Bellah (Bellah 1986) anschließen und das nicht zuletzt in der französischen Religionssoziologie der Gegenwart seinen Niederschlag findet (vgl. Hervieu-Léger 1994). Der Perspektive, die hier zum Zuge kommt, zufolge verlieren zwar in der säkularisierten Gesellschaft die Religionen alter Prägung an Bedeutung und gesellschaftlichem Einfluß, die Gesellschaft bleibt aber dennoch auf eine "Religion" anderer Art angewiesen, die einen normativen, moralischen und gefühlsmäßigen Zusammenhalt gewährleistet und für den Einzelnen das "kollektive Ideal" repräsentiert: das, was über ihn hinausgeht und ihn in ein Verpflichtungsverhältnis einbindet.

III.

Der Beitrag Max Webers zur Theorie einer säkularisierten Gesellschaft wurzelt in seiner Theorie gesellschaftlicher Rationalisierung, die wiederum eng verknüpft ist mit einer Theorie sozialer Differenzierung. Wichtig in diesem Zusammenhang ist die "Zwischenbetrachtung" in dem Aufsatz "Die Wirtschaftsethik der Weltreligionen" (Weber 1988b). Hier entwickelt Weber seine Theorie der Herausbildung verschiedener "Wertsphären" im Zuge des gesellschaftlichen Rationalisierungsprozesses. In dem Maße, wie die einzelnen Bereiche der Gesellschaft ihre inneren "Eigengesetzlichkeiten" (Weber 1988b: 541; 547) entfalten, treten sie zur Religion in ein Spannungsverhältnis. Und auch die Religion selbst, vor allem dort, wo sie sich zur universalistischen Erlösungsreligion entwickelt hat, tritt ihrerseits in ein Spannungsverhältnis zu den weltlichen Ordnungen.

Diese Spannung resultiert aber nicht nur aus der gesteigerten *Autonomie,* sondern auch aus einem *Konkurrenzverhältnis* der anderen gesellschaftlichen Wertsphären gegenüber der Religion. Konkurrieren aber kann man nur um dasselbe Gut. Weber erläutert dies unter anderem am Beispiel des Staates: Der Staat entwickelt auf der einen Seite eine von religiöser Begründung unabhängige Staatsräson, indem er beispielsweise ein legitimes Gewaltmonopol beansprucht, ohne dabei biblische Forderungen nach Gewaltlosigkeit zu berücksichtigen. Gleichzeitig aber tritt die Politik zur Religion in ein Konkurrenzverhältnis, indem sie in der Lage ist, ein ähnliches Gefühl zu erzeugen, wie es auch die religiöse Brüderlichkeitsethik hervorrufen kann:

> "Der Krieg als die realisierte Gewaltandrohung schafft, gerade in den modernen politischen Gemeinschaften, ein Pathos und ein Gemeinschaftsgefühl und löst dabei eine Hingabe und bedingungslose Opfergemeinschaft der Kämpfenden (...) aus, welcher die Religionen im allgemeinen nur in Heroengemeinschaften der Brüderlichkeitsethik ähnliches zur Seite zu stellen haben" (ebd.: 548).

Die Autonomisierung der Wertsphären besteht also nicht allein darin, daß diese sich von der religiösen Sphäre emanzipieren, sondern ebenso darin, daß sie Formen "innerweltlicher Erlösung" (ebd.: 560) bereitstellen - im Pathos des Krieges, in der erotischen Verschmelzung, in der Kunst sowie in der puritanischen Berufsethik -, die mit dem religiösen Erlösungsanspruch und nicht zuletzt in ihrer *Gefühlsqualität* mit dem religiösen Gefühl konkurrieren.

Weber betrachtet allerdings den Rationalisierungsprozeß, der die Spannung zwischen der Religion und den anderen gesellschaftlichen Bereichen hervortreibt, nicht als einen der Religion äußerlichen Vorgang, dem diese ohne ihr Zutun ausgesetzt wäre. Vielmehr ist es die Religion selbst, insbesondere der asketische Protestantismus, der die Rationalisierung befördert, die sich schließlich gegen ihre Grundlagen richtet und damit die 'säkularisierte Gesellschaft' hervortreibt.

Diesen Zusammenhang entwickelt Weber vor allem in seiner Schrift "Die protestantische Ethik und der Geist des Kapitalismus" (Weber 1988a). Darin befaßt er sich mit der Frage, welche Bedingungen dazu beigetragen haben, daß sich im Okzident, und zwar vor allem in den protestantischen Gebieten, der Kapitalismus entwickeln konnte, insbesondere wie sich ein Habitus ausbilden konnte, der der Entwicklung des Kapitalismus förderlich war. Seine Antwort ist, daß der Calvinismus und die von ihm beeinflußten protestantischen Sekten entscheidend zur Entstehung dieses Habitus beigetragen haben. Das für den Calvinismus zentrale theologische Prinzip der doppelten Prädestination (zum Heil und zur Verdammnis) und die daraus resultierende Unsicherheit im Hinblick auf das eigene Heil habe dazu geführt, daß die Calvinisten letztlich doch nach Anzeichen für das eigene Auserwähltsein suchten. Diese Anzeichen fanden sie in der "Bewährung in einem spezifisch gearteten von dem Lebensstil des 'natürlichen' Menschen unzweideutig verschiedenen Wandel" (ebd.: 162f.), in dessen Mittelpunkt die systematisch-methodisch betriebene Berufsarbeit stand. Gemäß dem Motto 'An ihren Früchten sollt ihr sie erkennen' (Weber 1988a: 109; 173) wurde letztlich der wirtschaftliche Erfolg zum Indiz für die Prädestination zum Heil. So verband sich eine religiöse Motivation mit den Erfordernissen der sich neu herausbildenden Wirtschaftsordnung:

> "Einer der konstitutiven Bestandteile des modernen kapitalistischen Geistes, und nicht nur dieses, sondern der modernen Kultur: die rationale Lebensführung auf Grundlage der *Berufsidee*, ist (...) geboren aus dem Geist der *christlichen Askese*" (ebd.: 202; Hervorh. i. Orig.).

Nun scheint dies zunächst eher ein Beleg für eine religiös überformte Wirtschaft als für die Säkularisierung der Gesellschaft zu sein. Allerdings bleibt es in Webers Perspektive letztlich nicht bei der engen Verflechtung von religiöser Motivation und beruflicher Askese: Im Lauf der Zeit emanzipiert sich der für den Kapitalismus erforderliche Habitus von seinen religiösen Ursprüngen, die religiöse Wurzel stirbt ab (ebd. 197). Die "protestantische Ethik" funktioniert nun auch ohne den Motor, der sie in Gang gebracht hat: "Der Puritaner *wollte* Berufsmensch sein, - wir *müssen* es sein" (ebd.: 203).

Weber läßt offen, ob die vollkommen säkularisierte - gänzlich "entzauberte" - Gesellschaft den Endpunkt der Entwicklung darstellt oder ob am Ende "ganz neue Propheten oder eine mächtige Wiedergeburt alter Gedanken und Ideale stehen werden" (ebd.: 204). Von der Logik seiner Theorie her erscheint allerdings ersteres als das Wahrscheinlichere.

IV.

Auch am Anfang von Émile Durkheims Beschäftigung mit Religion stand die Analyse funktionaler Differenzierung. In seiner Dissertation "Über soziale Arbeitsteilung" (Durkheim 1988) befaßt Durkheim sich mit dem Verhältnis von Arbeitsteilung und Solidarität. Von dieser Fragestellung her beschreibt er die gesellschaftliche Entwicklung als Übergang von "mechanischer" zu "organischer Solidarität", von der "Solidarität aus Ähnlichkeiten" zur "Solidarität des Verschiedenen". In der arbeitsteiligen Gesellschaft, in der sich das Problem der "Solidarität des Verschiedenen" stellt, verliert Religion, ebenso wie andere kollektive Überzeugungen, die an ihre Stelle treten könnten, notwendig an Bedeutung:

> "Wenn es eine Wahrheit gibt, die die Geschichte über jeden Zweifel erhoben hat, dann die, daß Religion einen immer kleineren Anteil des sozialen Lebens umfaßt. Am Anfang erstreckt sie sich auf alles; alles, was sozial ist, ist religiös (...). Nach und nach lösen sich die politischen, wirtschaftlichen und wissenschaftlichen Funktionen von der religiösen Funktion, richten sich gesondert ein und nehmen einen immer weltlicheren Charakter an. (...) Mit einem Wort: der Bereich der Religion (...) wird immer kleiner. Dieser Rückgang (...) ist (..) an die Grundbedingungen der Entwicklung der Gesellschaften gebunden und bezeugt auf diese Weise, daß es immer weniger kollektive Glaubensüberzeugungen und Gefühle gibt, die sowohl gemeinsam als auch stark genug sind, um einen religiösen Charakter anzunehmen" (Durkheim 1988: 224f.).

Die einzig mögliche Grundlage für den gesellschaftlichen Zusammenhalt in einer hoch arbeitsteiligen Gesellschaft sieht Durkheim zu diesem Zeitpunkt in der Anerkennung von Individualität als zentralem Wert. Für die Möglichkeit gesellschaftlicher Solidarität allerdings resultieren daraus Probleme:

> "In dem Maß, in dem alle anderen Überzeugungen und Praktiken einen immer weniger religiösen Charakter annehmen, wird das Individuum der Gegenstand einer Art Religion. Wir haben für die Würde der Person einen Kult, der, wie jeder starke Kult, bereits seinen Aberglauben aufweist. Wenn man so will, handelt es sich dabei also sehr wohl um einen gemeinsamen Glauben; aber er ist nur durch den Zusammenbruch der anderen Glaubensüberzeugungen möglich geworden und kann folglich nicht die gleichen Wirkungen hervorrufen wie jene Vielzahl erloschener Glaubensüberzeugungen. Hier gibt es keine Kompensation. Wenn er außerdem insoweit gemeinsam ist, als er von der Gemeinschaft geteilt wird, ist er durch sein Objekt doch individuell. (...) Er zieht seine Kraft zwar aus der

> Gesellschaft, aber er bindet uns nicht an sie, sondern an uns selbst. Folglich bildet er kein echtes soziales Band" (Durkheim 1988: 227f.).

Durkheim verband also seine differenzierungstheoretischen Überlegungen ursprünglich mit der Vorstellung, daß die Gesellschaft sich zunehmend aus dem Einflußbereich der Religion herauslösen - also säkularisieren - würde und daß es für ein religiös fundiertes Kollektivbewußtsein in der arbeitsteiligen Gesellschaft weder eine Grundlage noch eine "Kompensation" gäbe. Später jedoch[2] ändert sich diese Perspektive. Eine neue Einschätzung von Religion manifestiert sich vor allem in der Schrift "Die elementaren Formen des religiösen Lebens" (Durkheim 1981). In dem Maße, in dem für Durkheim die Frage nach dem, was die differenzierte Gesellschaft zusammenhält, drängender wird, rückt die Religion als Thema wieder in den Mittelpunkt. Allerdings nicht in Gestalt bestimmter Religionen mit ihren Gottesvorstellungen und Dogmatiken. Diesbezüglich bleibt die Diagnose einer zunehmend säkularisierten Gesellschaft gültig. In einer anderen Hinsicht jedoch wird Religion in den neueren Schriften als unerläßlich angesehen: als eine Art gesellschaftlicher Essenz, als moralische Macht, die die Gesellschaft im Kern repräsentiert. In einer im Jahr 1913 gemeinsam mit Marcel Mauss publizierten Rezension heißt es entsprechend:

> "If the moral force which is the soul of religion is divested of its material symbols, what remains is collective power" (Durkheim/Mauss 1913: 179).

Während also die konkreten historischen Religionen mit ihren spezifischen Symbolen und ihrer substantiellen Gestalt in einer differenzierten Gesellschaft allmählich verschwinden, gibt es - so Durkheim - in der Religion gleichwohl etwas, das überlebt:

> "In der Religion gibt es also etwas Ewiges, das das Schicksal hat, alle Einzelsymbole zu überleben, mit denen sich das religiöse Denken nach und nach bekleidet hat. Es gibt keine Gesellschaft, die nicht das Bedürfnis fühlte, die Kollektivgefühle und die Kollektivideen in regelmäßigen Abständen zum Leben zu erwecken und zu festigen." (Durkheim 1981: 571).

Auch eine Gesellschaft, die sich im Zuge des Differenzierungsprozesses von den Einflüssen spezifischer Religionen freigemacht hat und in diesem Sinne säkularisiert ist, kann sich von diesem "Ewigen" der Re-

---

2 Diese Veränderung beginnt im Zuge einer Lehrveranstaltung in Bordeaux im Jahr 1895 (vgl. Bellah 1973: xv).

ligion nicht lösen. Allerdings ist der dabei zugrundegelegte Religionsbegriff so allgemein gefaßt, daß darunter all das fällt, was als moralischer Zwang, als kollektive Macht und kollektives Gefühl erfahrbar wird. Daher kann Durkheim dann auch fragen:

> "Welchen wesentlichen Unterschied gibt es zwischen einer Versammlung von Christen, die die wesentlichen Stationen aus Christi Leben feiern, oder von Juden, die den Auszug aus Ägypten oder die Verkündigung der Zehn Gebote zelebrieren, und einer Vereinigung von Bürgern, die sich der Errichtung einer neuen Moralcharta oder eines großen Ereignisses des nationalen Lebens erinnern? " (ebd.)

Eine so allgemein begriffene Religion kann nicht absterben, da sonst Gesellschaft in ihrem Kern bedroht wäre.

Die Grundlagen für das Konzept einer säkularen Gesellschaft, wie sie von Weber und Durkheim gelegt wurden, wurzeln in der Theorie sozialer Differenzierung. Beide antizipieren den Bedeutungsverlust von Religion im Sinne einer substantiellen Religion. Während aber Weber in seiner Vorstellung des gesellschaftlichen Rationalisierungsprozesses nicht nur die Entzauberung der Gesellschaft, sondern auch den Bedeutungsverlust von Religion in einer säkularisierten Gesellschaft (trotz der Steigerungsmöglichkeiten, die sie innerhalb ihrer begrenzten "Wertsphäre" hat) antizipiert, endet Durkheim bei der Vorstellung, daß auch die Gesellschaft, die sich aus dem Einfluß spezifischer Religionen gelöst hat, im Kern eine Macht darstellt, die mit Religion gleichbedeutend ist. Der dabei implizierte allgemeine Religionsbegriff bringt zwar das Problem mit sich, daß Religion von anderen Kollektivphänomenen - wie etwa dem Nationalismus oder einer kollektiven Ekstase - nicht mehr zu unterscheiden ist, sie öffnet aber gleichzeitig den Blick für das, was erfolgreich an die Stelle der Religion treten kann. In der Terminologie, die aus der Durkheimschule entstanden ist, würde man sagen: sie eröffnet den Blick auf funktionale Äquivalente zu tradierten Religionen.

V.

Die neuere Soziologie, vor allem der 60er und 70er Jahre, hat die Analysen Webers und Durkheims aufgegriffen und das Konzept einer säkularisierten Gesellschaft, das bei den Klassikern als expliziter Terminus nur am Rande auftaucht, vorangetrieben Das Säkularisierungstheorem ist in dieser Zeit so bedeutend geworden, daß Olivier Tschannen (1991) sogar von einem "Säkularisierungsparadigma" gesprochen hat. Trotz zahlreicher gemeinsamer Züge der Theorien dieser Zeit wurden in ihnen aber dennoch unterschiedliche Aspekte akzentuiert.[3]

1. Pluralisierung, Subjektivierung und "Wirklichkeitsverlust" der Religion (Peter L. Berger und Thomas Luckmann)

Peter L. Berger (1988) und Thomas Luckmann (Berger/Luckmann 1966; Luckmann 1991) schließen an Max Webers Analysen der Ausdifferenzierung autonomer Wertsphären im Zuge des gesellschaftlichen Rationalisierungsprozesses an. Entsprechend definiert Berger Säkularisierung als "Prozeß, durch den Teile der Gesellschaft und Ausschnitte der Kultur aus der Herrschaft religiöser Institutionen und Symbole entlassen werden" (Berger 1988: 103). Er unterscheidet dabei drei Dimensionen des Säkularisierungsprozesses: eine *gesellschaftlich-institutionelle* Dimension, die etwa den Rückzug der Kirchen aus Bereichen, die vorher ihrer Kontrolle unterstanden, betrifft; eine *kulturell-symbolische* Dimension, die sich auf das Verschwinden religiöser Inhalte aus dem kulturellen Leben und das Aufkommen der Naturwissenschaften als autonomer, säkularer Weltansicht bezieht; sowie eine *subjektive* Dimension im Sinne einer Säkularisierung des Bewußtseins mit der Folge, daß eine wachsende Zahl von Menschen ohne religiöse Deutungen auskomme.

Berger betrachtet Säkularisierung als "globales" Phänomen, das allerdings nicht auf alle Gruppen und alle Bereiche gleich verteilt ist. Als Träger der Säkularisierung sieht er vor allem die moderne Wirtschaft an. Aber auch für die Sphäre der Politik sei - mit einem gewissen *cultural lag* - die "globale Tendenz" der Herausbildung eines von religiöser Bevormundung emanzipierten Staates kennzeichnend. Vor allem für die Bereiche Wirtschaft und Politik, also für den öffentlichen Bereich, ist nach Bergers Einschätzung der Prozeß der Säkularisierung

---

3 Vgl. zu den Versuchen der Systematisierung neben Tschannen (1991) auch Dobbelaere (1984) und Casanova (1994).

weit fortgeschritten. Demgegenüber sei Religion mit der Sphäre der Familie - dem "Gegenpol" zum öffentlichen Bereich - nach wie vor eng verbunden. Aber auch hier manifestiere sie sich "in ihrem spezifisch modernen Gewande, d.h. als ein legitimierender Komplex, den eine nicht unter Zwang stehende Klientel freiwillig annimmt, (...) Die privatisierte Religion ist eine Sache der 'Wahl' oder der 'Vorliebe' des einzelnen oder der Kernfamilie und hat *ipso facto* wenig Allgemeinverbindlichkeit" (Berger 1988: 128).

Aus dieser "Polarisierung" der Religion in einen öffentlichen und einen privaten Bereich resultiert nach Bergers Ansicht ein "Wirklichkeits"-Verlust der Religion: dort, wo Religion "gemeinschaftlich" (common) sei, wie etwa in der politischen Sphäre, sei sie zur bloßen Rhetorik verkommen. Dort, wo sie tatsächlichen Einfluß habe, nämlich in der privaten Sphäre, sei sie dagegen von einem gemeinschaftlichen Bezug (commonality) abgekoppelt.

Die Polarisierung der Religion und der damit verbundene Verlust an "Gemeinschaftlichkeit" bzw. "Wirklichkeit" der Religion, haben Bergers Theorie zufolge eine weitere Konsequenz: sie führen in eine pluralistische Situation. Damit ist nicht nur gemeint, daß verschiedene religiöse Gruppen miteinander konkurrieren, sondern es ist der tiefergehende Prozeß angesprochen, daß religiöse Traditionen als solche ihre Monopolstellung verlieren. Die Folge davon ist, daß Religion auf den Markt gehen muß und sich dort Verbraucherwünschen gegenüber findet, die vor allem diejenigen religiösen Produkte bevorzugen, die sich mit dem säkularisierten Bewußtsein in Einklang bringen lassen und am "Bedarf" der Privatsphäre orientiert sind.

Die pluralistische Situation wirkt dadurch auch auf die religiösen Inhalte selbst zurück. Sie vervielfacht die konkurrierenden Plausibilitätsstrukturen und entobjektiviert diese, indem ihre "Wirklichkeit" intersubjektive Plausibilität verliert und nur noch auf die individuelle Existenz zurückverweist. Individualisierung, Pluralisierung und Wirklichkeitsverlust sind daher bei Berger die Charakteristika von Religion in einer säkularisierten Gesellschaft.

2. Thomas Luckmann: Säkularisierung der Sozialstruktur, aber keine Gesellschaft ohne Religion

Thomas Luckmann ist in seiner Theoriekonzeption anfänglich und über weite Strecken eng mit Peter Berger verbunden (Berger/Luckmann 1966). Vor allem die Vorstellung einer Privatisierung und Individualisierung des Religiösen und des Verlusts des Deutungsmonopols der Kirchen mit der Folge eines pluralistischen Wettbewerbs um Deutungskompetenz gehören zum Kernbestand der Theorie Luckmanns. Es stehe heute kein verpflichtendes Modell der Religion mehr zur Verfügung. Die Folge davon sei, daß neben dem "offiziellen Modell der Religion", wie es die Kirchen repräsentieren, ein "Warenlager 'letzter' Bedeutungen" (Luckmann 1991: 145) zur Verfügung stehe. Infolgedessen könne der Einzelne aus einer Vielzahl religiöser Themen auswählen und diese zu leicht zerbrechlichen privaten Systemen "letzter" Bedeutung ausbauen, zu einer individuellen Religiosität, die keineswegs eine bloße Kopie oder eine Nachahmung des "offiziellen" Modells sei. So entstehe eine neue Sozialform der Religion:

> "Die Sozialform der Religion, die in modernen Industriegesellschaften entsteht, ist dadurch charakterisiert, daß potentielle Konsumenten einen direkten Zugang zum Sortiment der religiösen Repräsentationen haben. Der Heilige Kosmos wird weder durch einen spezialisierten Bereich religiöser Institutionen noch durch andere öffentliche primäre Institutionen vermittelt. Es ist gerade diese unmittelbare Zugänglichkeit des Heiligen Kosmos oder - genauer - des Sortiments an religiösen Themen, die die Religion heutzutage zu einer Erscheinung in der Privatsphäre macht." (Luckmann 1991: 146)

Die Bedeutung der Privatsphäre für die individuelle Religiosität in der modernen Gesellschaft ist damit aber noch nicht erschöpfend behandelt. In dem Maße, wie die Unterstützung der individuellen Religiosität von Seiten öffentlicher Institutionen fehlt, kommt der Privatsphäre auch in dieser Hinsicht große Bedeutung zu: Es ist vor allem die Kleinfamilie, die Ehe, und es sind darüber hinaus Freunde, Nachbarn und Cliquenmitglieder, die an der Konstruktion und Stabilisierung des "'privaten' Universums 'letzter' Bedeutungen teilhaben" (ebd.: 150). Und aus dem Bereich der Privatsphäre stammen auch die religiösen Themen der modernen Industriegesellschaften. Es handelt sich dabei in erster Linie um den Themenkomplex individueller Autonomie, um

Fragen der Selbstdarstellung und Selbstverwirklichung, um das Mobilitätsethos, um Sexualität und Familialismus.

Da sich diese neue Sozialform der Religion von den überlieferten, insbesondere den kirchlichen Formen religiösen Ausdrucks teilweise weit entfernt hat, spricht Luckmann auch von der "unsichtbaren Religion".

Bis zu diesem Punkt gehen die Analysen Bergers und Luckmanns in die selbe Richtung. Im Unterschied zu Berger jedoch, der Säkularisierung in allen ihren Dimensionen in die selbe Richtung weisen sah, weist Luckmann das Säkularisierungskonzept in seinem Allgemeingültigkeitsanspruch zurück (Luckmann 1980a). Dieses habe weniger den Status einer gut begründeten und homogenen Theorie, sondern sei eher als eine Art "historischer Erzählung" mit zahlreichen fiktiven Elementen zu betrachten: ein Bestandteil der Mythologie moderner Gesellschaften, entstanden aus dem Bedürfnis einer Epoche, sich selbst zu erklären.

Luckmann stimmt der Diagnose "Säkularisierung" zu im Hinblick auf den Prozeß der Autonomisierung verschiedener Segmente der Sozialstruktur, nicht jedoch im Hinblick auf einen Bedeutungsverlust der Religion für den Einzelnen: "Die Sozialstruktur ist säkularisiert, nicht aber das Individuum" (Luckmann 1980a: 172).

Dieser Aussage liegt ein allgemeiner Religionsbegriff zugrunde. Demzufolge wird die Funktion der Sozialisierung - d.h. die "Einübung und Einzwängung in ein das Einzeldasein transzendierendes Sinngefüge" (Luckmann 1980b:176) - per se als religiöser Prozeß betrachtet. Daraus folgt die Konsequenz, daß es "keine Gesellschaft ohne Religion, d.h., ohne irgendwelche Prozesse, in denen Menschen Menschen werden, geben kann" (ebd.: 177). Luckmann knüpft hier unverkennbar an Durkheims Religionsbegriff und die Rolle, die dieser der Religion für die Konstitution von Gesellschaft zuschreibt, an. Festzuhalten ist dabei gegenüber Berger eine feine, aber wichtige Unterscheidung: Die Sozialstruktur kann nach Luckmanns Verständnis säkularisiert sein - ganz im Sinne der Theorie sozialer Differenzierung - die Gesellschaft kann es jedoch ebensowenig wie das Individuum. Denn wenn auch die sozialen Teilbereiche sich an ihrer eigenen bereichsspezifischen Rationalität ausrichten und dabei auf religiöse Legitimation verzichten können, kann doch keine Gesellschaft ohne die Sozialisation ihrer 'Mitglieder' Bestand haben.

3. Säkulare Religion in einer säkularen Gesellschaft (Talcott Parsons, Robert Bellah, Danièle Hervieu-Léger)

Talcott Parsons, Robert Bellah und Danièle Hervieu-Léger schließen noch direkter an Durkheim an, als dies bei Thomas Luckmann erkennbar wurde. Talcott Parsons (1974) stimmt Peter L. Berger zunächst einmal darin zu, daß die Tendenzen der Individualisierung und Privatisierung die religiöse Situation in der Moderne adäquat beschreiben. Allerdings stellt sich für ihn die Frage, ob diese Entwicklung mit dem Begriff der Säkularisierung tatsächlich angemessen erfaßt ist. Die relevante Ebene ist für ihn dabei weniger die des individuellen Glaubens als die der Gesellschaft:

> "What has happened to the various societies as corporate entities with the privatization of religion and abstention from traditional religious organization" (Parsons 1974: 204)?

Damit ist direkt die Ebene angesprochen, auf die auch Durkheim zielt, wenn er sagt, Gesellschaft bleibe um ihrer selbst willen auf Religion angewiesen.

Für äußerst relevant hält Parsons in diesem Zusammenhang das, was Robert Bellah als "amerikanische Zivilreligion" (Bellah 1991) bezeichnet hat. In der Entstehung einer amerikanischen Zivilreligion konnten, darin stimmt Parsons mit Bellah überein, die zwei zentralen Themen der amerikanischen Kultur- und Sozialgeschichte verbunden werden. Das eine Thema ist das der Säkularisierung, genauer gesagt: der Trennung von Kirche und Staat, insofern in Amerika den religiösen Denominationen jeder offizielle Status verweigert wurde, obwohl ihnen generell freie religiöse Betätigung garantiert wurde. Das zweite Thema ist die Vorstellung der Errichtung eines Königreichs Gottes auf Erden, wie es durch die amerikanische Nation repräsentiert sein sollte (Parsons 1974: 205). Anders als in Frankreich habe die Zivilreligion in Amerika eine Form angenommen, die mit traditionellen christlichen Konzepten und Definitionen weitgehend übereinstimme, wenn auch bestimmte dogmatische Inhalte des Christentums sorgfältig vermieden würden. Die amerikanische Zivilreligion - so hat Robert Bellah gezeigt

- ist allgemein genug, um nicht mit religiösen Denominationen in Konkurrenz zu treten, sie ist aber auch spezifisch genug, insofern sie auf die besondere amerikanische Geschichte Bezug nimmt und diese als Geschichte Gottes mit seinem Volk interpretiert.

Im Hinblick auf die Entwicklung der religiösen Tradition im Westen sah Parsons in den Vereinigten Staaten seit den 60er Jahren allerdings eine neue Phase angebrochen, für die ihm die gegenkulturelle Bewegung seiner Zeit (gemeint ist die Hippiebewegung) als Beleg diente. Gerade aufgrund ihres expressiven Individualismus und ihrer "Religion der Liebe" sah er in ihr eine legitime Erbin des Protestantismus und der modernen Zivilreligion. Die neue Bewegung sei in ihrem Wirkungsfeld klar auf die 'säkulare Gesellschaft' bezogen und habe eher einen innerweltlichen als einen Transzendenzbezug. Insofern repräsentiere sie eine "säkulare Religion" (Parsons 1974: 224), die das historische Erbe der "protestantischen Ethik" antreten könne. Gerade weil sie religiöse Werte auf einer stark generalisierten Ebene vertrete, seien diese mit einer zunehmend pluralistischen Gesellschaft kompatibel. Parsons schließt hier an die Vorstellung Durkheims an, daß es etwas geben müsse, das die Gesellschaft als Gesellschaft integriert. Seines Erachtens geschieht dies durch übergreifende normative Orientierungen, durch ein gemeinsames Wertesystem, das von vielen Mitgliedern einer Gesellschaft geteilt wird und sie in die Lage versetzt, wechselseitig das Handeln und die Erwartungen des Anderen zu antizipieren. Charakteristisch für die gesellschaftliche Entwicklung ist nun nach Parsons, daß gesellschaftliche Werte immer universeller, abstrakter und damit umfassender werden. Die säkulare Religion der Liebe brachte in seinen Augen diese Wertegeneralisierung zum Ausdruck.

Während Parsons das Konzept einer säkularen Religion im Zusammenhang mit dem Moment der Wertegeneralisierung aufgreift, das er im Zuge der fortschreitenden Modernisierung für zentral hält, beerbt die französische Religionssoziologin Danièle Hervieu-Léger Durkheim in einer anderen Hinsicht: Sie plädiert dafür, den Religionsbegriff immer dann anzuwenden, wenn auf die legitimierende Tradition einer Autorität Bezug genommen wird:

> "From this point of view, any 'religion' implies, and calls into existence, a believing community which is both a concrete social group (...) and an 'imaginary genealogy'" (Hervieu-Léger 1994: 5).[4]

Die Autoren, die hier unter dem Stichwort "säkulare Religion" zusammengefaßt wurden, stimmen insofern überein, als sie das Säkularisierungstheorem dort zurückweisen, wo es einen notwendigen Bedeutungsverlust von Religion behauptet. Demgegenüber nehmen sie den Religionsbegriff für die kohäsiven Kräfte einer Gesellschaft in Anspruch. Säkularisierung im Sinne sozialer Differenzierung - also der Herauslösung sozialer Teilbereiche aus dem Einflußbereich der Religion - jedoch halten auch diese Ansätze für unstrittig.

4. Säkularisierung als die gesellschaftsstrukturelle Relevanz der Privatisierung religiösen Entscheidens (Niklas Luhmann)

Niklas Luhmann schließt insofern an Parsons an, als dieser Säkularisierung auf die Steigerungsbedingungen der modernen Gesellschaft bezogen hatte. Allerdings trennt er sich an einer wichtigen Stelle auch von Parsons: Die Vorstellung einer normativen Integration der Gesellschaft ist für ihn nicht haltbar.

Luhmanns Überlegungen zur Säkularisierung müssen vor dem Hintergrund seiner Theorie sozialer Systeme betrachtet werden. Er geht davon aus, daß das wesentliche Gliederungsprinzip unserer Gesellschaft die Differenzierung nach gesellschaftlichen Funktionsbereichen ist. In einer funktional differenzierten Gesellschaft sind die verschiedenen gesellschaftlichen Teilbereiche (Politik, Wirtschaft, Religion, Wissenschaft, Familie, Recht, Erziehung, Kunst) als autopoietisch geschlossene Systeme anzusehen, die wechselseitig füreinander Umwelten darstellen. Gleichzeitig sind sie aber als Umwelten notwendig aufeinander angewiesen. Der Mensch selbst steht den verschiedenen Teilsystemen der Gesellschaft seinerseits als Umwelt gegenüber, hat dadurch aber gleichzeitig erstmals die prinzipielle Möglichkeit, in Form von Rollen an allen Teilsystemen zu partizipieren. Er kann wählen und sich zur Wahl stellen, heiraten, etwas kaufen, er ist als Einzel-

4 Vgl. die entsprechende Passage bei Durkheim 1981: 571.

ner Rechtssubjekt wie alle anderen, und er kann sich, wenn er will, religiös betätigen.

Vor dem Hintergrund dieser Theorie sozialer Systeme bezeichnet nun Säkularisierung die Rückwirkung des Prozesses funktionaler Differenzierung auf das Religionssystem und dessen gesellschaftliche Umwelt. Luhmann verweist dabei auf den (bereits bei Weber angelegten) Zusammenhang von Ausdifferenzierung einer Funktion und Anspruchssteigerung. Der Prozeß der Säkularisierung setzt insofern keinen Bedeutungsverlust der Religion voraus, denn im Prozeß funktionaler Differenzierung bleiben die einzelnen Teilbereiche notwendig aufeinander verwiesen. Allerdings verändern sich im Zuge der Säkularisierung die Zugangsvoraussetzungen zu Religion in entscheidender Weise:

> "Säkularisierung können wir begreifen als die gesellschaftsstrukturelle Relevanz der Privatisierung religiösen Entscheidens" (Luhmann 1977: 232).

Insofern es in funktional differenzierten Gesellschaften keine feste Zuordnung von Personen zu bestimmten Teilbereichen der Gesellschaft gibt, sondern diese im Prinzip jedem zugänglich ("Inklusion") sind, muß auch der Zugang zur Religion im Prinzip allen in gleicher Weise offenstehen und darf nicht durch andere Rollen beschränkt werden. Dem entspricht, was Luhmann die "Privatisierung des Entscheidens" nennt:

> "Für den Religionsbereich bedeutet Privatisierung, daß die Beteiligung an geistlicher Kommunikation (Kirche) ebenso wie das Glauben des Glaubens zur Sache individueller Entscheidung wird, daß Religiosität nur noch auf der Grundlage individueller Entscheidungen erwartet werden kann und daß dies bewußt wird. Während vorher Unglaube Privatsache war, wird jetzt Glaube zur Privatsache" (ebd.: 238f.).

In einer Gesellschaft, die nach Funktionen differenziert ist, stellen sich für Religion Chancen und Probleme: Die Chance liegt in der größeren Selektivität, Besonderheit und funktionalen Spezialisierung des Religionssystems. Das Problem allerdings, das mit Säkularisierung bezeichnet ist, besteht darin, daß die Strukturen des Religionssystems nicht mehr durch gesamtgesellschaftliche Selbstverständlichkeiten gedeckt sind. Religion kann gesellschaftliche Integration nicht tragen: Es ist möglich, sie abzulehnen, ohne die Erwartungs- und Handlungsgrundlagen für andere Bereiche zu verlieren. Auch wenn man nicht religiös ist, kann man erfolgreich Geschäfte betreiben oder Bundeskanzler werden. Die Durkheimsche Lösung des gesellschaftlichen Integrationsproblems, an die auch Parsons und Bellah anschließen, ist im Kontext des Luhmannschen Theoriedesigns ausgeschlossen. Die Frage der Integration muß unter der Bedingung funktionaler Differenzierung auf die jeweiligen System-Umwelt-Verhältnisse bezogen werden, die Religion möglich machen:

> "Insofern ist die Gesellschaft für das Religionssystem säkularisiert, und gerade darauf beruhen die Möglichkeiten, das Bezugsproblem der Religion zuzuspitzen und als ein nicht-alltägliches Sonderproblem anzusehen" (ebd.: 248).

Die vier Ansätze, die hier behandelt wurden, stimmen darin überein, von Säkularisierung im Sinne sozialer Differenzierung bzw. von einer Säkularisierung der Sozialstruktur zu sprechen. Übereinstimmung besteht auch im Hinblick auf das, was Luhmann die "Privatisierung religiösen Entscheidens" nennt: Glauben wird zu einer möglichen Option unter anderen und - da diese Option nicht mehr über den Zugang zu gesellschaftlichen Positionen entscheidet - gleichzeitig zu einer Privatsache. Unterschiedliche Akzente werden in den verschiedenen Ansätzen jedoch im Hinblick darauf deutlich, welche Rolle Religion in einer säkularisierten Gesellschaft spielt und welche Gestalt sie darin annimmt. Während Berger und Luckmann die Gestalt der Religion in einer pluralistischen Gesellschaft eng mit den Themen Familie und Individualität verbunden sehen, akzentuieren Parsons, Bellah und Hervieu-Léger eher eine zivilreligiöse Entwicklung, in der Religion kollektive Erinnerung und nationale Vergewisserung sowie die generalisierten Werte einer pluralistischen Gesellschaft repräsentiert.

Keiner der Ansätze antizipiert ein Verschwinden von Religion, teilweise wird ein solches im Rekurs auf einen allgemeinen Religionsbegriff sogar per definitionem ausgeschlossen. Allerdings ist dort, wo darauf hingewiesen wird, daß Glaubensentscheidungen zu privaten Entscheidungen geworden sind, von denen der Zugang zu sozialen Positionen und anderen gesellschaftlichen Bereichen nicht mehr abhängt (Luhmann), sowie dort, wo die zunehmende "Privatheit" (Luckmann, Berger) religiöser Inhalte und deren Abhängigkeit von individuellen "Vorlieben" (Berger) sowie die Notwendigkeit, sich auf einem Markt konkurrierender Angebote behaupten zu müssen (Berger/Luckmann), betont werden, doch die *strukturelle* Schwächung der Religion in der modernen Gesellschaft impliziert.

Deutlich wird jedoch bei allen Ansätzen, daß es sich um Diagnosen auf einem sehr allgemeinen gesellschaftstheoretischen Niveau handelt, in denen große historische Zeiträume behandelt und Analysen mit dem Anspruch auf hohe Generalisierbarkeit, wenn nicht "globale" Gültigkeit aufgestellt werden. Dies provozierte empirisch begründete Infragestellungen.

VII.

Während das Säkularisierungstheorem lange Zeit nahezu unhinterfragte Prämisse gesellschafts- und modernisierungstheoretischer Überlegungen war, ist in den letzten Jahren vor allem in der amerikanischen Religionssoziologie, aber auch unter europäischen Soziologen und Historikern (Bruce 1992) eine neue Debatte darüber entbrannt. Stephen Warner (1993) ist sogar soweit gegangen, von einer Abkehr vom "alten Paradigma" der Säkularisierungstheorie zu sprechen, das er vor allem mit den frühen Arbeiten Peter L. Bergers identifiziert. Primär in Hinblick auf die USA, teilweise aber auch in Bezug auf Europa werden neuerdings zentrale Prämissen der Säkularisierungstheorie infrage gestellt. Es handelt sich dabei im Wesentlichen um zwei Einwände:

1. Gegen die These einer zunehmenden Privatisierung der Religion ist in einer globalen Perspektive auf die große Bedeutung "öffentlicher Religion" hingewiesen worden. Und gegen die These, Religion unterliege im Zuge ihrer Privatisierung einem zunehmenden "Wirklichkeitsverlust", wurde vor allem im Hinblick auf den amerikanischen Kontext betont, daß Religion dort keine Sache des Privatlebens sei, sondern stark gruppenbezogenen Charakter habe.

2. Auch die These, daß die aus dem weltanschaulichen Pluralismus resultierende Markt- und Konkurrenzsituation zur Schwächung der Religion führe, wird neuerdings vehement bestritten. Manche Autoren drehen diesen Zusammenhang sogar explizit um: "the more pluralism, the greater the religious mobilization of the population" (Finke/Stark 1988: 43).

zu 1: José Casanova (1994) hat vor allem die These der Privatisierung und des Unsichtbarwerdens der Religion infrage gestellt. Charakteristisch für die 80er Jahre ist s.E. gerade die Revitalisierung und Inanspruchnahme öffentlicher Rollen durch diejenigen religiösen Traditionen, von denen die Säkularisierungstheorien angenommen hatten, daß sie in der modernen Welt marginal und irrelevant werden würden. Casanovas zentrale These ist, daß wir heute Zeugen der Entprivatisierung der Religion in der modernen Welt werden: der Repolitisierung der privaten religiösen und moralischen Sphären und der Renormierung der öffentlichen ökonomischen und politischen Sphären. Er ist weit davon entfernt, Säkularisierung insgesamt für einen Mythos zu halten, plädiert jedoch dafür, die drei Dimensionen der Säkularisierungsthese eigenständig zu bewerten, da diese nicht unbedingt zusammen auftreten: a) die Ausdifferenzierung weltlicher Sphären und ihre Emanzipation von der Kontrolle durch religiöse Institutionen und Normen; b) den sozialen Rückgang religiöser Überzeugungen und Praktiken; und c) die Privatisierung der Religion. Den Kern der Säkularisierungstheorie, die These der Differenzierung und Emanzipation der säkularen Sphären von religiösen Institutionen und Normen, hält Casanova nach wie vor für gültig. Er problematisiert jedoch die Annahmen, daß die Moderne per se mit dem Niedergang religiöser Überzeugungen und Praktiken und der Privatisierung von Religion einhergehe. Zweifellos fände sich in vielen Ländern Europas eine Verbindung dieser drei Dimensionen der Säkularisierung. In einer weltweiten Betrachtung jedoch werde deutlich, daß Privatisierung und Entprivatisierung zwei verschiedene historische Optionen seien, die sich für Religionen in der modernen Welt stellten.

Aus einer anderen Perspektive haben sich ebenfalls vor allem amerikanische Autoren gegen die These gewandt, Religion werde zunehmend privatisiert und "unsichtbar". Sie machen deutlich, daß in den USA religiöses Engagement immer auch dazu gedient habe, die Situation diverser Gruppen zu verbessern, denen andere Ausdrucksmittel zum Teil nicht zur Verfügung standen. Stephen Warner (1993) nennt hier vor allem Afroamerikaner und Frauen. Er wendet sich auch gegen die Theorie von Parsons, Religion repräsentiere die generalisierten Werte der modernen Gesellschaft, sowie gegen Bergers Annahme einer zunehmenden Privatisierung von Religion. Charakteristisch für Amerika sei gerade, daß Religion dort nicht die Kultur der Gesellschaft als Ganzer, sondern die der zahlreichen Subkulturen zum Ausdruck bringe und entsprechend ein vitales Ausdrucksmittel von Gruppen sei.

zu 2: Der schärfste Einwand, der gegen die Säkularisierungsthese Bergers vorgebracht wurde, richtet sich dagegen, daß die pluralistische Situation, die Marktlage, zu einer Schwächung von Religion führe. Innerhalb der Ansätze, die Warner als "neues Paradigma" bezeichnet, wird die mit der Trennung von Kirche und Staat einhergehende Entstehung eines offenen Marktes für Religion geradezu zum zentralen analytischen Ausgangspunkt. So läßt sich historisch etwa für die USA zeigen, daß die religiöse Beteiligung dort durchaus nicht immer hoch war. In den ersten Dekaden der amerikanischen Unabhängigkeit war die Kirchenmitgliedschaft sogar ausgesprochen niedrig. Insofern kommt es hier tatsächlich erst im Zuge der Trennung von Kirche und Staat 1789 und der daran anschließenden religiösen Aktivitäten im 19. Jahrhundert zu einem enormen Wachstum der Beteiligung an religiösen Organisationen. Ausgehend von diesem Phönomen wird nun von den Kritikern der Säkularisierungstheorie in einem Umkehrschluß die Monopolstellung der Kirchen in Europa als Grund für die dort deutlich geringere religiöse Mobilisierung angesehen. Hier kommt eine explizit ökonomische Perspektive ins Spiel: Es sei das Angebot, das die Nachfrage bestimme. Dabei wird letztlich vorausgesetzt, daß die Nachfrage nach Religion, ob realisiert oder nicht, relativ konstant sei und insofern die Unterschiede im religiösen Verhalten auf die Vielfalt des Angebots auf einem unregulierten Markt zurückzuführen seien.

Indem die neueren Ansätze kritisieren, daß die alte Säkularisierungstheorie Markt und Pluralismus in ihrer Konsequenz für religiöse Aktivität falsch eingeschätzt hätte, greifen sie gleichzeitig das darin implizierte Verständnis von Religion an: In der Theorie Bergers sei implizit religiöse Einheit als Norm vorausgesetzt worden. Warner dagegen bezeichnet es als die Hauptfunktion der Religion in den Vereinigten Staaten, sozialen Raum für den kulturellen Pluralismus bereitzustellen. Die neueren Ansätze sehen also den Pluralismus geradezu als konstitutiv an, während er den älteren Säkularisierungstheorien als Indiz für die Schwächung der Religion galt.

In der deutschen Diskussion ist anstelle des Säkularisierungsbegriffs der Begriff der religiösen Individualisierung (Gabriel 1996) stark gemacht worden, der einen Aspekt der Säkularisierungstheorien (Privatisierung, Individualisierung) aufgreift, jedoch die in ihnen z.T. mitschwingende Implikation eines Bedeutungsverlusts von Religion kappt. Dagegen ist jedoch eingewandt worden, daß - zumindest in Deutschland - dort, wo eine Abkehr von institutionell verfaßter Religion zu beobachten sei, sich dies meist auch mit dem Desinteresse gegenüber "privatisierten" Formen "unsichtbarer Religion" verbinde (Pollack 1996). An dieser Stelle stellt sich jedoch, wie so oft, das Problem, daß die Daten, auf die die empirisch begründeten Einwände Bezug nehmen, nicht wirklich das "messen", was in den Theorien behauptet wurde, die ihrerseits wiederum im Umgang mit empirischem Material recht freizügig sind.

VIII.

Wie dieser Überblick gezeigt hat, sind Säkularisierungstheorien und die in ihnen implizierten Vorstellungen einer "säkularisierten Gesellschaft" keine einheitliche Theorie, wenn sie auch eine Reihe von Annahmen teilen. Die gegenwärtigen Kritiken haben sicherlich zurecht darauf aufmerksam gemacht, daß Religion auch in hochgradig modernisierten Gesellschaften wichtige öffentliche und Gruppenfunktionen behalten oder gewinnen kann und daß die Herauslösung sozialer Teilbereiche aus der religiösen Vorherrschaft nicht notwendig den 'Niedergang von Religion' zur Folge hat. Das Beispiel Amerika ist sicher gut geeignet, um zu zeigen, daß unter bestimmten Umständen hohe religiöse Aktivität und große öffentliche Relevanz von Religion mit forcierter Modernisierung einhergehen kann.

Gleichwohl wäre es sicher problematisch, vom amerikanischen Fall aus zu generalisieren und die dort beobachteten Mechanismen zu allgemeinen Gesetzen nach dem Motto: 'Je mehr Markt, dest mehr religiöse Aktivität' zu generalisieren. Die Rolle und die Sozialform von Religion in modernen Gesellschaften hängt offensichtlich von einer Reihe von sozialstrukturellen und kulturellen Faktoren ab, die sich nicht ohne Weiteres übertragen lassen und nicht auf einen Faktor zu reduzieren sind.

Zudem sind die theoretischen Argumente, die in den Säkularisierungstheorien vertreten wurden, teilweise komplexer gestrickt, als die Gegner sie erscheinen lassen. Wenn in den Theorien der 60er und 70er Jahre von einer Schwächung von Religion geredet wird, bezieht sich dies ja nicht unbedingt darauf, daß Religion empirisch an Bedeutung verliert, sondern darauf, daß ihre Position *strukturell* geschwächt ist in dem Maße, wie sie zum Gegenstand kontingenter persönlicher Entscheidungen wird. Dieses Argument kann auch der Hinweis auf die Funktion religiösen Engagements für soziale Gruppen nicht wirklich ausräumen, denn dadurch werden religiöse Entscheidungen zwar stabilisiert, verlieren jedoch nicht ihren strukturell kontingenten Charakter. Wenn der Zugang zu Religion nicht mehr traditional gesteuert wird, kann man sich im Zweifelsfall auch einer anderen Gruppe anschließen. Die Frage, die sich hier stellt, wäre eher die, unter welchen Bedingungen das Kontingentwerden von Glaubensentscheidungen (a) zu einer zunehmenden Abkehr von Religion; (b) zu einem verstärkten "religious switching" bei insgesamt hoher religiöser Aktivität; (c) zur traditionalistischen und ggf. ethnisierenden Verteidigung religiöser Bestände oder (d) zu einer Hinwendung zu "privaten" religiösen Konstruktionen führt.

Die Kritiker der Säkularisierungstheorie haben allerdings dazu beigetragen, den Blick auf die empirische Vielfalt religiöser Verhältnisse zu lenken. Künftige Analysen werden dies nicht ignorieren können. Dennoch ist das Konzept einer säkularisierten Gesellschaft weit davon entfernt, widerlegt zu sein, und wird im Hinblick auf die Dimension funktionaler Differenzierung auch von niemandem ernsthaft bestritten. Wie weit es darüber hinaus einen adäquaten Interpretationsrahmen liefert, gilt es in genauen empirischen und theoretischen Analysen zu prüfen. Jedoch sollte man ebensowenig den Niedergang von Religion theoretisch voraussetzen, wie man die Möglichkeit einer weitgehenden Abkehr von Religion nicht einfach per definitionem ausschließen sollte.

Literatur

Bellah, Robert 1973: Introduction, in: ders. (Hg.): Émile Durkheim on Morality and Society, Chicago, S. ix-lv.

Bellah, Robert N. 1991: Civil Religion in America, in: ders.: Beyond Belief. Essays on Religion in a Post-Traditional World, Berkeley/Los Angeles, S. 168-189 (zuerst 1966).

Berger, Peter L. 1988: Zur Dialektik von Religion und Gesellschaft. Frankfurt a.M. (im Original zuerst 1967).

Berger, Peter L./Luckmann, Thomas 1966: Secularization and Pluralism, in: International Yearbook of the Sociology of Religion 2, S. 73-86.

Bruce, Steve (Hg.) 1992: Religion and Modernization. Sociologists and Historians Debate the Secularization Thesis, Oxford.

Casanova, José 1994: Public Religions in the Modern World, Chicago.

Chaves, Mark/Cann, David E. 1992: Regulation, Pluralism, and Religious Market Structure: Explaining Religious Vitality, in: Rationality and Society 4, S. 272-290.

Dobbelaere, Karel 1984: Secularization Theories and Sociological Paradigms: Convergences and Divergences, In: Social Compass XXXI, S. 199-219.

Durkheim, Émile 1981: Die elementaren Formen des religiösen Lebens, Frankfurt/M. (zuerst 1912).

Durkheim, Émile 1988: Über soziale Arbeitsteilung, Frankfurt/M. (zuerst 1893).

Durkheim, Émile/Mauss, Marcel 1994: Review: 'Frazer - Totemism and Exogamy. Durkeim - Les Formes élémentaires de la vie religieuse', in: Pickering, W.S.F. (Hg.): Durkheim on Religion, Atlanta, S. 174-180 (zuerst 1913).

Finke, Roger/Stark, Rodney 1988: Religious Economies and Sacred Canopies: Religious Mobilization in American Cities, in: ASR 53, S. 41-49.

Gabriel, Karl 1996: Einleitung, in: ders. (Hg.): Religiöse Individualisierung oder Säkularisierung. Biographie und Gruppe als Bezugspunkte moderner Religiosität, Gütersloh, S. 9-13.

Giddens, Anthony 1986: Introduction, in: ders. (Hg.): Durkheim on Politics and the State, Stanford, S. 1-31.

Hervieu-Léger, Danièle 1994: Is the notion of secularization still relevant in order to appreciate the evolutions in the religious field in Europe?, Ms., Rotterdam.

Hervieu-Léger, Danièle 1997: Die Vergangenheit in der Gegenwart: Die Neudefinition des "laizistischen Paktes" im multikulturellen Frankreich, in: Berger, Peter L. (Hg.): Die Grenzen der Gemeinschaft Konflikt und Vermittlung in pluralistischen Gesellschaften, Gütersloh, S. 85-153.

Lübbe, Hermann 1975: Säkularisierung. Geschichte eines ideenpolitischen Begriffs, Freiburg/München (zuerst 1965).

Luckmann, Thomas 1980 a: Säkularisierung - ein moderner Mythos, in: ders.: Lebenswelt und Gesellschaft: Grundstrukturen und geschichtliche Wandlungen. Paderborn u.a., S. 161-172.

Luckmann, Thomas 1980b: Religion in der modernen Gesellschaft, in: ders.: Lebenswelt und Gesellschaft: Grundstrukturen und geschichtliche Wandlungen, Paderborn u.a., S. 173-189.

Luckmann, Thomas 1991: Die unsichtbare Religion, Frankfurt/M.

Luhmann, Niklas 1977. Funktion der Religion, Frankfurt/M.

Martin, David 1969: The Religious and the Secular. Studies in Secularization, New York.

Meiern, Johann Gottfried von 1734: Acta Pacis Westphalicae publica II 15 § 14, Hannover .

Parsons, Talcott 1974: Religion in Postindustrial America: The Problem of Secularization, in: Social Research 41,2, S. 193-225.

Pickering, W.S.F. (Hg.) 1994: Durkheim on Religion, Atlanta.

Pollack, Detlef 1996: Individualisierung statt Säkularisierung? Zur Diskussion eines neueren Paradigmas in der Religionssoziologie, in: Gabriel, L. (Hg.): Religiöse Individualisierung oder Säkularisierung. Biographie und Gruppe als Bezugspunkte moderner Religiosität, Gütersloh, S. 57-85.

Reicke, S. 1986: Art. Säkularisation, in: RGG, 3.Aufl., Bd. 5, Tübingen, Sp. 1280-1288.

Treitschke, Heinrich von 1927: Deutsche Geschichte im 19. Jahrhundert. 1. Teil: Bis zum zweiten Pariser Frieden, Leipzig .

Tschannen, Olivier 1991: The Secularization Paradigm: A Systematization, in: Journal for the Scientific Study of Religion 30, S. 395-415.

Tyrell, Hartmann 1995: Max Weber, Bismarck und der Kulturkampf, in: Krech, V./Tyrell, H. (Hg.): Religionssoziologie um 1900, Würzburg, S. 365-377.

Warner, Stephen 1993: Work in Progress toward a New Paradigm for the Sociological Study of Religion in the United States, in: AJS 98, S. 1044-1093.

Weber, Max 1988a: Die protestantische Ethik und der Geist des Kapitalismus, in: ders.: Gesammelte Aufsätze zur Religionssoziologie I, Tübingen, S. 17-206.

Weber, Max 1988b: Die Wirtschaftsethik der Weltreligionen, in: ders.: Gesammelte Aufsätze zur Religionssoziologie I, Tübingen, S. 237-573.

Jost Halfmann

Technikgesellschaft

1. Einleitung

Der Begriff "Technikgesellschaft" kommt in der sozialwissenschaftlichen Literatur bis auf wenige Ausnahmen nicht vor. Auch in sozialwissenschaftlichen Lexika und Wörterbüchern existiert der Begriff nicht. Eine Datenbank-Suche für den Bereich deutschsprachiger Literatur ergab nur einen Treffer: das von Ulrich von Alemann, Heribert Schatz und Georg Simonis herausgegebene Buch "Gesellschaft - Technik - Politik. Perspektiven der Technikgesellschaft" (Alemann/ Schatz/ Simonis 1989). Auch in der fremdsprachigen Literatur ändert sich das Bild kaum. Nur in Jacques Elluls englischsprachiger Ausgabe von "La Technique ou l'enjeu du siècle", die mit "The Technological Society" übersetzt wurde (Ellul 1964), oder in Zbigniew Brzezinskis Buch "Between Two Ages. America's Role in the Technetronic Era" (Brzezinski 1976) wird explizit von "technological society" gesprochen. Brzezinski versteht unter Technikgesellschaft - oder in seinen Worten:

> "the 'technetronic society' - a society that is shaped culturally, psychologically, socially, and economically by the impact of technology and electronics - particularly in the area of computers and communications" (Brzezinski 1976: 9).

Sehr viel geläufiger ist der Begriff der "technischen Zivilisation", der Brzezinskis Idee der technotronischen Gesellschaft umfaßt. Gernot Böhme präzisiert, was unter der "Gestaltung" der Gesellschaft durch Technik zu verstehen ist:

> "Technik erlangt zivilisatorische Bedeutung, indem sie gewissermaßen selbst zur Welt wird, d.h. also den Horizont und Rahmen für unser Leben und Verhalten abgibt" (Böhme 1989: 22).

Gemeint ist jeweils die umfassende und irreversible Anbindung sozialer und persönlicher Bezüge an Technik (Halfmann 1998). Und genau in diesem Sinne spricht Ellul von "technological society". Dabei setzt er ebenso wie Robert K. Merton in der Einleitung zur amerikanischen Ausgabe von Elluls Buch (Merton 1964: VI) "technological society" mit "technical civilization" wie selbstverständlich gleich. Bei Ellul heißt es, die Beschreibung Gernot Böhmes zuspitzend und überbietend:

> "Technical civilization means that our civilization is constructed *by* technique (makes a part of civilization only what belongs to technique), *for* technique (in that everything in this civilization must serve a technical end), and *is* exclusively technique (in that it excludes whatever is not technique or reduces it to technical form" (Ellul 1964: 128).

Die Tatsache - daß der Begriff "Technikgesellschaft" in der Regel im Sinne von "technische Zivilisation" gebraucht und durch letzteren ersetzt wird - wird zum Ausgangspunkt der folgenden Überlegungen genommen, um auf eine Verwendung des Begriffs zuzusteuern, die soziologisch sinnvoll ist. Die Begriffe "Technikgesellschaft" oder "technische Zivilisation" gehören nicht der Tradition der soziologischen Gesellschaftstheorie an, ja man kann sogar sagen, daß sie in Konkurrenz zu soziologischen Theorien der modernen Gesellschaft entworfen worden sind. Theorien oder Analysen, die die "technische Zivilisation" oder "Technikgesellschaft" zum Gegenstand haben, stammen aus der Philosophie, speziell der philosophischen Anthropologie (Ellul 1964, Gehlen 1957, Habermas 1968, Böhme 1985: 167ff.) und der philosophischen Ethik (Jonas 1984, Lenk/Ropohl 1987, Römelt 1993), der Politikwissenschaft (Brzezinski 1976, Alemann/Schatz/Simonis 1989, Teusch 1993) oder der Kulturwissenschaft (Elias 1993).[1] Das Konzept der "technischen Zivilisation" ist der Soziologie eher fremd, sofern man als Kriterium für Soziologie die Generierung genuin soziologischer Begriffe von Gesellschaft und Technik verwendet. Eine soziolo-

1 Beiträge zum Zusammenhang von Zivilisation und Technik bei Elias finden sich in Kuzmics/Mörth 1991; Elias' Zivilisationstheorie ist auch Thema des Buches "Die Gesellschaft des Verschwindens" von Stefan Breuer, das auch die Überlegungen von Adorno, Virilio und Jünger zur technischen Zivilisation vorstellt (Breuer 1992).

gische Theorie von Gesellschaft und damit von Technik muß unterstellen, daß es physische, anthropische und psychische Voraussetzungen von (menschlicher) Gesellschaft gibt, daß sie aber selbst nicht als Elemente von Gesellschaft behandelt werden können. Daraus folgt, daß für die Soziologie Menschen und physische Artefakte zur (notwendigen) Umwelt der Gesellschaft gehören. Dies wirft zweifelsohne erhebliche theoretische Probleme auf, weil zu zeigen ist, inwiefern Menschen und Technik notwendig für den Vollzug sozialer Operationen sind, obwohl sie diese Operationen selber nicht erzeugen. Aber die Soziologie verdient ihren Namen nur, wenn sie genau dies leisten kann.

Theorien der "Technikgesellschaft" oder der "technischen Zivilisation" gehen hingegen von der intuitiven Prämisse aus, daß die Gesellschaft aus Menschen bestehe und daß Technik zu dieser Bestandsvoraussetzung in Spannung steht. Das zentrale Problem dieser Denkweise ist die Beschreibung und versuchte Auflösung eines "faustischen" Paradoxons. Man könnte es deshalb auch das "Zauberlehrling"-Paradox nennen. Es besteht in der Überlegung, daß die Technik, obwohl von Menschen gemacht, Herrschaft über sie gewonnen habe. Theorieleitend ist das Erschrecken über die Verselbständigung des Besens (der Technik), der plötzlich nach einer eigenen Melodie tanzt. Das Paradox ist Resultat einerseits der intellektuellen Verpflichtung gegenüber der Tradition der Aufklärung, die die absolute Freiheit des Individuums postulierte,[2] andererseits der Wahrnehmung der Ergebnisse moderner Sozialforschung insbesondere zum Thema "Massengesellschaft", daß viele soziale Vollzüge sich dem Einfluß der Individuen entziehen. So wie das einzelne Individuum in der Massengesellschaft (speziell: der Massendemokratie) sich dem Gesetz der großen Zahl unterwerfen muß, so geht - gemäß dem Raisonnement der Theoretiker der "technischen Zivilisation" - auch der freie Wille der Menschen angesichts des Sachzwangs der Technik in die Leere.

Die Rede von der "Technikgesellschaft" oder der "technischen Zivilisation" ist geprägt von der Besorgnis über die Bedrohungen, die

---

2 Vgl. dazu in brillanter Zuspitzung die Ausführungen von Robert Paul Wolff über das Verhältnis von individueller Freiheit und staatlicher Autorität (Wolff 1970).

von der Technik für die Würde des Menschen ausgehen.[3] Im Kontext einer sozialphilosophischen oder sozialanthropologischen Theorie der "technischen Zivilisation" geht es nicht nur um eine zuspitzende Beschreibung der modernen Gesellschaft, um ihre Reduktion auf das, was durch die "Macht der Technik" geformt ist, sondern auch um eine Bewertung der Moderne, also um die Mobilisierung von Gründen für die Alarmierung (oder in wenigen Fällen: für die Lobpreisung) der modernen Gesellschaft. Ellul behauptet:

> "Capitalism did not create our world; the machine did" (Ellul 1964: 5), um dann Lewis Mumford zu zitieren: "The machine is antisocial... It tends, by reason of its progressive character, to the most acute forms of human exploitation" (Ellul 1964: 5).

Im folgenden wird es darum gehen, in der Rekonstruktion der Idee von "technologischer Gesellschaft" oder "technischer Zivilisation" die zentralen Motive einer Kritik der Moderne herauszuarbeiten (2), um diese dann mit einer soziologischen Theorie der Technik in der modernen Gesellschaft zu konfrontieren (3).

2. Die Macht der Technik: Martin Heidegger und Jacques Ellul

Die Rede von der "technischen Zivilisation" entsteht erst im 19. Jahrhundert, als man unter dem Eindruck der "industriellen Revolution" begann, die "zivilisatorischen" Kosten der Moderne zu bilanzieren. Die stürmische Entwicklung der industriellen Produktion wie auch die unübersehbaren Verelendungserscheinungen des Industrieproletariats, die nicht nur von Engels in dem Buch "Die Lage der arbeitenden Klasse in England" (Engels 1973) angeprangert wurden, förderten die ambivalente Haltung zur Moderne,[4] die sich nicht nur in der aufklärerischen

---

3 Aus der Vielzahl von Schriften zur "technischen Zivilisation", die sich mit dem Verhältnis von Mensch und Technik auseinandersetzen, seien nur einige herausgegriffen: Jünger 1953, Freyer 1961, Bammé et al. 1987, Lübbe 1992.

4 Siehe dazu etwa Bauman 1995, der die Ambivalenz der Moderne als ein Problem der Individuen deutet, die Unwahrscheinlichkeit von Ordnung (durch Planung, Technik oder Verwaltung) auszuhalten. Baumans Pro-

Gesellschaftstheorie, sondern auch allgemein bei den intellektuellen Eliten seit dem 18. Jahrhundert herausgebildet hatte. Die Idee des Fortschritts stand von Anfang an unter dem Verdacht, mit den Möglichkeiten der Beherrschung von Natur und Gesellschaft auch die Chancen der moralischen Überforderung der Menschen zu erhöhen (zur Gesellschaftstheorie der Aufklärung s. Rohbeck 1987). Dieser Verdacht verdichtete sich in der historischen Epoche massiver Industrialisierung[5], in der wie nie zuvor eine stürmische Entwicklung technischer Artefakte einsetzte, die sich der erfolgreichen Verwissenschaftlichung des technischen Innovationsprozesses verdankte (vgl. etwa Layton 1977, Halfmann 1984).

Insbesondere in der deutschsprachigen Tradition der (Nach-) Aufklärung wird dieser Verdacht systematisch in der Unterscheidung von Kultur und (technischer) Zivilisation verfolgt (Fisch 1992: 749f.). Zivilisation steht für wissenschaftlichen und technischen Fortschritt, für wachsende Reichtumserzeugung durch Naturbeherrschung, Kultur für die Möglichkeiten der moralischen Perfektionierung des Menschen. Zivilisation kann Kultur korrumpieren; die amoralische Auslösung einer Eigendynamik von Wissenschaft und Technik in der Zivilisation kann das menschliche Maß übersteigen und seine Fähigkeit außer Kraft setzen, die Folgen seiner Entscheidungen moralisch zu kontrollieren. Eine entfesselte Technik unterminiert die Freiheit des Menschen, die gerade in der Möglichkeit bestehen muß, getroffene Entscheidungen (auch hinsichtlich der Konstruktion technischer Artefakte) rückgängig zu machen.

Dieser Topos beherrscht vor allem die Debatten der Philosophie der technischen Zivilisation. Martin Heidegger und Jacques Ellul werden im folgenden vorgestellt, weil sie das zentrale Motiv der Theorie

---

blemformulierung zeigt den Endpunkt der theoretischen Reflexion auf die (technische) Zivilisation an. Ambivalenz entstehe nicht mehr dadurch, daß man der (moralischen) Rückseite der Versuche der (technischen) Kontrolle von Natur und Gesellschaft gewahr werde, sondern schon durch die Anstrengung, daß man überhaupt Ordnung in einer auf Entropie zielenden Welt herstellen wolle.

5 Also vor allem im 18. und 19. Jahrhundert (vgl. Musson 1977, Troitzsch 1997, Paulinyi 1997).

der technischen Zivilisation herausarbeiten: den drohenden oder eingetretenen Verlust der "Subjektivität" der Menschen, der Zentralstellung des Menschen in "seinem" Terrain - der Kultur, Zivilisation, Gesellschaft. Während für Heidegger von der modernen Technik die Gefahr ausgeht, daß der Mensch das Wesen der Technik verfehlen und damit seinem Schicksal Schaden zufügen könne, ist für Ellul dieses Ereignis bereits eingetreten.

In dem 1955 gehaltenen Vortrag "Die Frage nach der Technik" stellt Heidegger, wie fast zeitgleich auch Georg Friedrich Jünger (Jünger 1953), die moderne (Großmaschinen-)Technik der Handwerkstechnik gegenüber, deren philosophische Beobachtung sich bis in die Antike zurückverfolgen läßt (Heidegger 1991). Die Handwerkstechnik wird von Heidegger in einer freien Aristoteles-Interpretation nicht primär als instrumentelles Tun oder als Mittel für einen bestimmten Zweck beschrieben, sondern als Verfahren des "Entbergens" bezeichnet. Das Hervorbringen einer bestimmten handwerklich geformten Gestalt - Heideggers Beispiel ist eine silberne Opferschale - sei Poiesis, das Veranlassen, daß etwas noch nicht Vorhandenes anwesend werde (Heidegger 1991: 11). Technik bringe zum Vorschein, "was sich nicht selber hervorbringt und noch nicht vorliegt, was deshalb bald so, bald anders aussehen und ausfallen kann" (Heidegger 1991: 13). Indem die Poiesis etwas hervorbringe, was schon in der Natur vorhanden, aber noch verborgen sei, stehe Technik als Handwerkstechnik in enger Verbindung mit dem Wesen der Natur. Technik sei deshalb auch eine Form des Erkennens von Wahrheit, denn etwas Verborgenes zu "entbergen" heißt im Sinne von Heideggers Deutung der antiken - und hier vor allem der platonischen - Philosophie: sein Wesen zu erfassen.

Die moderne Technik von Raketenantrieben und Wasserkraftwerken sei zwar auch eine Form des Entbergens, aber anders als bei der Handwerkstechnik gehe es nicht primär um das Hervorbringen von verborgenen Eigenschaften und Leistungen der Natur, sondern um "Herausforderung" der Natur. Während die Windmühle (alte Handwerkstechnik) dem Wehen des Windes "unmittelbar anheimgegeben" (Heidegger 1991: 14), also dem "Walten" der Natur unterworfen bleibe, werde durch das Wasserkraftwerk (moderne Technik) das Verhältnis von Technik und Natur neu bestimmt. Der Natur werde eine Leistung abverlangt, deren Bestimmung nicht von ihr selber, sondern von der Technik herrühre.

> "Das Wasserkraftwerk ist nicht in den Rheinstrom gebaut wie die alte Holzbrücke, die seit Jahrhunderten Ufer mit Ufer verbindet. Vielmehr ist der Strom in das Kraftwerk verbaut" (Heidegger 1991: 15).

Indem die Natur zum Gegenstand der Herausforderung werde, werde sie zum "Bestand", zu etwas, das für einen bestimmten Zweck (z.B. die Energiespeicherung durch ein Wasserkraftwerk) "bestellt" ist. Das Wesen der modernen Technik nennt Heidegger das "Ge-stell", die Nötigung, die Wirklichkeit als Bestand zu behandeln (Heidegger 1991: 20).

Die Menschen sind für Heidegger sowohl in der antiken wie in der modernen Technikverwendung primär Katalysatoren des Entbergens, also des Sichtbarmachens des Wesens der Dinge. Das Wesen der Dinge kann der Mensch verfehlen oder erfassen, aber nicht selber bestimmen; es ist in dem enthalten, was Plato Idee nennt. Die Freiheit der Menschen besteht aber darin, sich für das Erkennen des Wesens der Wirklichkeit zu öffnen - vorzugsweise mit den Mitteln der Heideggerschen Philosophie. Das Verständnis der modernen Technik müsse nicht allein durch das "Ge-stell" bestimmt bleiben.

> "Die Herrschaft des Ge-stells droht mit der Möglichkeit, daß dem Menschen versagt sein könnte, in ein ursprünglicheres Entbergen einzukehren und so den Zuspruch einer anfänglicheren Wahrheit zu erfahren" (Heidegger 1991: 28).

Die Gefahr einer solchen Haltung bestehe gerade darin, daß der Mensch selber zum "Bestand" werden könne, also instrumentellen Erwägungen unterworfen werden könne.

Heideggers Philosophie der Technik hat den Vorzug, daß sie nicht schon von vorneherein davon ausgeht, daß moderne Technik zum Verhängnis der Menschen geworden sei. Es sei keineswegs das Schicksal der Menschen,

> "...die Technik blindlings zu betreiben oder, was das Selbe bleibt, uns hilflos gegen sie aufzulehnen und sie als Teufelswerk zu verdammen. Im Gegenteil: wenn wir uns dem Wesen der Technik eigens öffnen, finden wir uns unverhofft in einen befreienden Anspruch genommen" (Heidegger 1991: 25).

Den Menschen stehe die Möglichkeit zur Verfügung, die Natur nicht nur als Bestand zu behandeln. Der Mensch müsse nicht glauben, daß, weil die Natur im physikalischen Sinne als Kausalnexus von Kräften beobachtet werden könne, sie schon dadurch allein vollständig verstanden sei. Heideggers Prämisse ist, daß das Hervorbringen von Dingen, eben auch von Technik, ein Akt des Seins selber sei, an dem der Mensch teilhaben könne, den er aber selber nicht erzeuge. Dadurch stehe dem Menschen aber auch die Option zur Verfügung, das Wesen der Dinge zu erfassen, und das bedeutet selbst für die moderne Technik: auch in ihr den poietischen Grund zu erkennen und sie als eine Form der Hervorbringung, der Entbergung zu fassen (Heidegger 1991: 32).

Heideggers Philosophie teilt nicht die zeitgenössische apokalyptische Haltung gegenüber Technik, wie sie etwa bei Georg Friedrich Jünger oder später bei Jacques Ellul ausgeprägt ist. Er wendet sich gegen jede Dämonisierung der Technik:

> "Das Gefährliche ist nicht die Technik. Es gibt keine Dämonie der Technik..." (Heidegger 1991: 27f).

Dennoch teilt er - wenngleich auf anspruchsvollere Weise - die zeitgenössische romantische Aufwertung der antiken Idee der Natur, die zu einer Inkonsistenz seiner Argumentation führt. Heidegger unterstellt, daß die Antike einen privilegierten Zugang zur Wirklichkeit gefunden habe, der gerade durch die von ihr verwendete Technik nicht verstellt worden sei. Die poietische Technik sei eine Form des Entbergens, die das Wesen der Dinge ungetrübt zum Vorschein bringe. Erst die Moderne habe die Möglichkeit erzeugt, über die "Bestands"vorstellung von Wirklichkeit, die in der modernen Naturwissenschaft kodifiziert wurde, eine Form der Entbergung zustande zu bringen, die das Wesen der Dinge verhülle. Es bedarf deshalb besonderer Anstrengungen, hinter dem "Ge-stell" das Wesen der Dinge zu erfassen. Heidegger bleibt die Antwort auf die Frage schuldig, wie es zum Sündenfall des "Gestells" gekommen sein soll. Heidegger beginnt seinen Essay mit allgemeinen Überlegungen zum Wesen der Technik, das er mit der antiken Handwerkstechnik gleichsetzt. Technik heißt Entbergen von verborgenen Qualitäten der Dinge (der Natur) und damit Teilhabe am Erkennen des Wesens der Dinge. Mit der Beschreibung der modernen Technik verläßt Heidegger diesen Argumentationspfad und führt eine Form des Entbergens ein - das in das "Unverborgene" Setzen der modernen Technik -, die nicht direkt zum Erkennen des Wesens der Dinge führt. Die Moderne weicht auf nicht weiter beschriebene Weise von der antiken Weisheit ab und führt in die Gefahren eines sich selbst mißverstehenden Bezugs zur Wirklichkeit, eben dem des modernen physikalistischen Kausalverstehens.

Es wird deutlich, daß sich die Heideggersche Philosophie der Technik eine rasion d'etre zu verschaffen versucht, indem sie den modernen Menschen über den Weg zur Wesenserkenntnis und damit zur Versöhnung mit sich selbst aufklärt. "Wo aber Gefahr ist, wächst das Rettende auch" (Heidegger 1991: 28) - und die Rettung steht in Gestalt der Heideggerschen Philosophie bereits zur Verfügung.

Jacques Ellul hält die schicksalhafte Form des Technikgebrauchs, die Heidegger "Gestell" nennt und die das "Rasende des Bestellens", die Abkopplung der Technik von menschlichen Bedürfnissen hervorruft (Heidegger 1991: 33), bereits für unwiderruflich etabliert.

> "The human being is delivered helpless, in respect to life's most important and most trivial affairs, to a power which is in no sense under his control. For there can be no question today of man's controlling the milk he drinks or the bread he eats, any more than of his controlling his government. The same holds true for the development of great industrial plants, transport systems, motion pictures and so on" (Ellul 1964: 107).

Die moderne Gesellschaft sei "technologische" Gesellschaft geworden, seitdem die Perfektionierung der Technik zum obersten Ziel der Gesellschaft aufgestiegen sei. Ellul führt die Herausbildung von Technik ("technique") auf eine Art psychologischen oder anthropologischen Ordnungsdrang zurück, der ursprünglich als Mittel der Kontrolle einer prinzipiell unsicheren Umwelt diente:

> "...it might be said that technique is the translation into action of man's concern to master things by means of reason, to account for what is subconscious, make quantitative what is qualitative, make clear and precise the outlines of nature, take hold of chaos and put order into it" (Ellul 1964: 43).

Auch Ellul konstruiert einen Bruch zwischen vormodernem und modernem Technikgebrauch, der im Mittelalter stattgefunden haben soll. Die mittelalterliche Technik sei durch eine "Ökonomie der Form" bestimmt gewesen, die auf dem Einsatz eines Minimums an technischen

Mitteln zur Erreichung eines Maximums an Resultaten beruht habe.[6] Technik sei nicht effizient gewesen und habe meist nur lokale Bedeutung gehabt. Die Perfektionsmängel der Technik seien durch die Geschicklichkeit der Handwerker kompensiert worden. Die moderne Technik hingegen sei selbststeuernd an Perfektionsidealen ausgerichtet.

> "Technical progress is no longer conditioned by any thing other than its own calculus of efficiency. The search is no longer personal, experimental, workmanlike, it is abstract, mathematical, and industrial" (Ellul 1964: 74).

Dieser technische Kalkül sei die Basis für die Universalisierung der Technik, für ihre ubiquitäre Durchsetzung, die wiederum für die Vereinheitlichung der menschlichen Zivilisation entlang technischer Kriterien verantwortlich sei.

> "... technique has become objective and is transmitted like a physical thing. It leads thereby to a certain unity of civilization, regardless of the environment or the country in which it operates" (Ellul 1964: 78).

Ellul stellt im weiteren sieben wesentliche Merkmale der modernen Technik vor: Rationalität, Artifizialität, Automatismus, Selbststeigerung, Monismus, Universalismus, Autonomie. Die Dominanz des Prinzips der Rationalität in der Erzeugung und dem Einsatz von Technik setze der Kreativität und Spontaneität des Handelns ein Ende, indem es das Handeln auf standardisierte logische Operationen reduziere (Ellul 1964: 79). Die Artifizialität der Technik indiziere ihren absoluten Gegensatz zur Natur. Der Automatismus der Technik bedeute sowohl den Ausschluß von Wahlmöglichkeiten wie die Eliminierung nicht-technischer Vollzüge.

> "Within the technical circle (methods, mechanisms, organization, and formulas, J.H.) nothing else can subsist because technique's proper motion ... tends irresistibly toward completeness" (Ellul 1964: 85).

Die Selbststeigerung der Technik komme durch die Verwissenschaftlichung von Technik und die Kombination verschiedener Techniken zustande.

> "Self-augmentation can be formulated in two laws: 1. In a given civilization, technical progress is irreversible. 2. Technical progress tends to act,

6 Er kommt damit Gehlens Idee sehr nahe, daß Technik mythische Qualitäten in dem Sinne habe, daß sie den rhythmischen Charakter der Natur imitiere und verstärke (Gehlen 1957: 16).

> not according to an arithmetic, but according to a geometric progression" (Ellul 1964: 94).

Monismus meint, daß die an effizienter Zielerreichung orientierte Form der Technik alle konkreten Techniken determiniere.

> "The technical phenomenon, embracing separate techniques, forms a whole" (Ellul 1964: 94).

Der Universalismus der Technik habe eine geographische (bedingt durch Krieg und Handel) und eine qualitative (bedingt durch ihren Reduktionismus, der alternative Lösungsformen für Probleme verdrängt) Ausdehnung (Ellul 1964: 128). Die Technik gewinne schließlich Autonomie durch die Trennung von Zielen und Mitteln

> "Technique's own internal necessities are determinative. Technique has become a reality in itself, self-sufficient, with its special laws and its own determinations" (Ellul 1964: 134).

Alle diese Merkmale qualifizieren die Technik dazu, sich als unabhängige Macht gegenüber dem Menschen zu etablieren.

> "... technique pursues its own course more and more independently of man. This means that man participates less and less actively in technical creation, which by the automatic combination of prior elements becomes a kind of fate: Man is reduced to the level of a catalyst" (Ellul 1964: 135).

Elluls Evokation des Heideggerschen Motivs des Menschen als Katalysator bei der Erzeugung und Verwendung von Technik dient allerdings ganz anderen Darstellungszielen. Während Ellul dies für den Nachweis der Unterwerfung der Menschen unter die Technik hält, glaubte Heidegger, daß der Umgang mit Technik ein Vorgang ist, bei dem die Menschen ohnehin mit den nicht-menschlichen Quellen des Wesens der Technik konfrontiert werden (und dies erkennen können oder auch nicht).

Heidegger wie Ellul stellen die mögliche bzw. vollzogene Instrumentalisierung der Menschen durch die technische Zivilisation in den Vordergrund ihres Gefahrenpanoramas. Die technische Zivilisation habe den Menschen nicht nur ungeahnte Freiheiten eröffnet, sich die Natur verfügbar zu machen, sie habe auch der Gefahr den Weg bereitet, daß der Mensch selber zur "bestellten" (Heidegger) Natur werde oder geworden sei. Die Kritik der Moderne kulminiert in der Forderung, daß der Mensch vor allem im Umgang mit Technik der (vormodernen) Wurzeln eines harmonischen Naturverhältnisses (Ellul, Jünger) und eines wahrheits- und wesensnäheren Umgangs mit den Dingen (Heidegger) gewahr werden solle. Nur so werde der Mensch den Gefahren entgehen, die ihm mit der Verselbständigung der Technik drohen.

3. Die Technik der Gesellschaft

In der deutschsprachigen Tradition der Theorie der "technischen Zivilisation" herrscht bis in die Gegenwart die sozial- und kulturanthropologische Lesart vor, wie sie etwa von Arnold Gehlen formuliert wurde. Die Kulturanthropologie begreift

> "den Menschen sowohl als Schöpfer und Erfinder von Kulturdingen, einschließlich aller technischen Sachmittel, wie auch als Gestalter von sozialen Ordnungsformen, Organisationen und Institutionen ..." (Weippert 1965: 10).

Die Kulturanthropologie der Technik teilt einige Motive der Philosophie der Technik (z.B. die Zentralstellung des Menschen bei der Thematisierung von Technik), aber sie führt doch einen wichtigen Schritt in Richtung auf eine soziologische Techniktheorie weiter.

Gehlen versucht, das Defizit auszugleichen, das insbesondere Heideggers Technikphilosophie auszeichnet: deren seltsame Geschichtslosigkeit trotz chronologischer Unterscheidungen zwischen antiker und moderner Technik. Gehlen verwendet Motive der biologischen Evolutionstheorie, um die Dynamik des Verhältnisses von Technik und Gesellschaft einzufangen. Dabei spielt Technik zunächst eine wichtige Rolle, um die evolutionäre Sonderstellung des Menschen ins Licht zu setzen. Da der Mensch keine natürliche Umwelt besitze, an die er - wie die meisten Tiere - gefesselt wäre und die zugleich eine klare Überlebensorientierung bieten könnte, müsse er sich selbst durch die Gestaltung seiner Umwelt schaffen. Dies impliziere, daß der Mensch keine typische Umwelt kenne, die ihm wie den Tieren Überlebenschancen biete. Der Mensch sei - negativ formuliert - ein Mängelwesen, das seine Instinktreduziertheit und Organschwächen aktiv kompensieren muß (Gehlen 1950: 36). Der Mensch sei - positiv gesehen - plastisch: er könne sich gerade in unspezifischen Umwelten zurechtfinden. Diese Plastizität zwinge ihn (ermögliche es ihm), Instrumente (Technik und

Institutionen) zu entwerfen, die das Fehlen einer evolutionären Nische kompensieren.

In diesem Sinne ist der Mensch für Gehlen ein handelndes Wesen. Der Mensch schaffe sich ein Milieu, in dem er seine "Offenheit" kompensieren könne. Er kreiere eine "nature artificielle", damit er sich über die Resultate seines Handels erkennen ("feststellen") könne. Handeln sei Bearbeitung der Natur zum Zwecke des Überlebens, "wobei 'Handeln' in erster Annäherung die auf Veränderung der Natur zum Zwecke des Menschen gerichtete Tätigkeit heißen soll" (Gehlen 1986: 17). Es gibt für Gehlen grundsätzlich zwei Weisen der Selbstschaffung (und das heißt: der Feststellung) des Menschen: Technik und Institutionen. Technik ist Selbstschaffung (Feststellung) durch Umarbeitung der Natur ins Zweckdienliche. Institutionen, die aus dem Bezug zu anderen Menschen resultieren, binden durch die Schaffung von Normen und Regeln die Disposition zum Chaotischen im Menschen ein und stellen ihn fest.

Durchaus ähnlich der Heideggerschen Gedankenfigur ist Technik für Gehlen nicht primär ein Indikator für die Art der sozialen Organisation der Arbeit einer Gesellschaft (wie bei Marx), sondern eher für die Art der Selbsterkennung des Menschen, also für die Weise, wie der Naturbezug reflektiert wird. Gehlen konzipiert Technik keineswegs primär als einen rationalen Leistungsmechanismus zur Steigerung von Wirkungen, sondern vor allem als einen charakteristischen Ausdruck der Menschen"natur" und ihrer "Tiefenbindung" an rhythmische Naturprozesse (Gehlen 1957: 16f). Es gebe darüber hinaus eine Faszination der Technik, die etwas Magisches habe. Gehlen sieht eine enge Verbindung zwischen Technik und Magie (Gehlen 1957: 16, 23). Genauer: die Magie ist die Technik der "Naturversöhnung" der "primitiven" Gesellschaften, bevor der Werkzeuggebrauch soweit entwickelt ist, daß der Mensch auf "Naturbeherrschung" umschalten kann. Oder anders: Magie ist "immaterielle", Technik "materielle" Beherrschung der Natur (Beier 1978: 45ff.).

Gehlen sieht zwar den Zusammenhang von Technik und sozialem Wandel, aber er bezieht ihn primär auf die gelingende oder mißlingende "Selbstfeststellung" des Menschen. Ihm entgeht deshalb die Bedeutung von Technik für soziale Differenzierung. Der wichtigste Topos einer philosophischen oder kulturanthropologischen Theorie der "technischen Zivilisation" ist eben die Idee, daß das erzwungene oder frei gewählte Streben der Menschen nach Unabhängigkeit von der Natur auf einer "Selbststilisierung" des Menschen als eines freien Wesens beruhe.[7] Diese Selbststilisierung habe sich vor allem auf in der Option für instrumentale Orientierungen gegenüber der Natur zum Ausdruck gebracht, wie sie für die moderne Physik und die mit ihr verschmolzene Technik typisch sei. Der Prozeß der Verselbständigung der Technik, der durch die Präferenz für Naturbeherrschung (gegenüber Naturverstehen) ausgelöst worden sei, habe am Ende Technik selbst zur Welt werden lassen (Böhme).

Die Konzentration auf die Bedeutung der Technik für den Menschen macht die Stärke der philosophischen und kulturanthropologischen Theorien der "technischen Zivilisation" aus. Die Überforderung der Menschen durch die Technik, die sich auch in der "prometheischen" Überschätzung der Möglichkeiten und der Unterschätzung der Folgen von Technik ausdrücken kann (Anders 1992), kann zum Anknüpfungspunkt für moralische Erwägungen über die Diskrepanz zwischen der Perfektion (des Wesens) der Natur und der Imperfektion der Menschen werden (vgl. dazu auch Luhmann 1995).

Um aber zu einer soziologisch triftigen Beschreibung des Verhältnisses von Technik und Gesellschaft zu gelangen, bedarf es eines anderen Modus der Beobachtung von Technik. Grob gesagt, der Sozialwissenschaft geht es weniger um moralische, als um soziale "Verträglichkeit" der Technik. Eine solche Perspektive visiert etwa Ulrich von Alemann an, der als einer der wenigen explizit von "Technikgesellschaft" spricht. Er geht zwar auch wie selbstverständlich von der Prämisse aus, daß sich die Bedeutung von Technik in der modernen Gesellschaft am besten durch die Schilderung der Technikabhängigkeit der Individuen erschließt (Alemann 1989: 11f.). Dennoch hält er Abstand von den Kalamitätsszenarien zeitgenössischer Theoretiker der technischen Zivilisation wie etwa Otto Ulrich, der glaubt,

---

7 "Als Zivilisierung ist im allgemeinsten Verstande eine gewisse Selbststilisierung des Menschen zu verstehen, die teils eine Unabhängigkeit von seiner Naturbasis bereits voraussetzt, teils diese erst ermöglicht" (Böhme 1989: 13f).

> "daß die uns heute bekannte wissenschaftliche Technik auch 'von sich aus' in spezifischer Weise Herrschaftsprozesse erzeugt, stabilisiert und legitimiert und gleichzeitig auch eine blinde, das Gesamtsystem bedrohende Verlaufslogik erzeugt und begünstigt" (Ullrich 1979: 11).

Technikgesellschaft bedeutet für Alemann nicht mehr und nicht weniger als ubiquitärer Technikbezug aller sozialen Vollzüge. Das ist Beschreibung der technischen Zivilisation ohne utopische oder apokalyptische Wertungen und sagt so auch wieder zu wenig über das Verhältnis von Technik und Gesellschaft aus.

Alemann gelingt noch keine soziologisch eigenständige Beschreibung von Technik. Dies setzt einen Problemfokus voraus, innerhalb dessen es überhaupt Sinn macht, Technik soziologisch zu behandeln. Für die Sozialwissenschaften verbietet es sich ja, Technik in erster Linie wie die Ingenieurwissenschaften als Apparat oder Maschine zu konzeptualisieren. Die physikalischen, chemischen oder biologischen Eigenschaften von "Sachtechnik" entziehen sich der Beschreibungssprache der Sozialwissenschaften. Die für die Soziologie relevante Elementaroperation, mit der Technik beobachtet wird, ist weder Leistung (im Sinne ingenieurwissenschaftlicher output-Kriterien) noch Reflexion (im Sinne von Heideggers "Entbergen" oder Gehlens "Feststellen"), sondern Kommunikation. Technik muß als eine bestimmte Form von Kommunikation beschrieben werden können. Und der allgemeinste Problemzuschnitt für eine Soziologie der Technik ist nicht die Epocheneinteilung (wie in Heideggers oder Elluls Gegenüberstellung von antiker/mittelalterlicher und moderner Technik), sondern die Theorie sozialer Differenzierung. Technik muß dann als Medium sozialer Differenzierung beschrieben werden können. Bei einem solchen theoretischen Zuschnitt ist Technik ist nicht so sehr ein Thema und ein Problem für die Menschen, sondern für soziale Systeme.

Die Soziologie versucht, den Doppelcharakter von Technik - als Medium und Installation, als zugleich sinnhafter und nicht-sinnhafter Sachverhalt - in den Blick zu nehmen, um so ein Verständnis der Folgen der Kopplung von Medium und Installation für soziale Systeme zu gewinnen (Halfmann 1996). Technik ist für die Soziologie eine Kommunikationsform, durch die Informationen kausal gekoppelt und von anderen Kommunikationsoperationen isoliert werden. Dieser Kopplungs- und Isolierungsakt verlangt zu dessen Sicherung eine Installation, eine Verankerung in nichtsinnhaften Operationen, seien es physikalische Operationen wie bei der Maschinen- und Apparatetechnik oder biochemische Operationen wie bei der Mnemotechnik. Die installative Absicherung der kausalen Simplifikation von Kommunikation macht Technik erst zu einem Medium der Kommunikation. Als Medium entlastet Technik die Kommunikation: kommunikative Operationen können sich über Technik vollziehen, ohne daß die in Technik eingeschlossenen sinnhaften Operationen jeweils aktualisiert werden müßten. Technik erlaubt durch ihre Leistung der kausalen Simplifikation mehr kommunikative Anschlüsse und damit höhere interne Komplexität in sozialen Systemen. Die wichtigste Funktion der Technik als kausale Simplifikation ist deshalb die Steigerung des Differenzierungsniveaus sozialer (aber auch psychischer) Systeme in ihrem Umweltbezug.

Technik ist ein Medium der Kommunikation, und als solches immer abhängig von der Form der Kommunikation, die sich über dieses Medium fortsetzt. Allerdings bleibt der mediale Charakter von Technik stets prekär; er bleibt abhängig vom Funktionieren seiner installativen Verankerung. Wenn Technik nicht funktioniert, wenn die Isolierung der in der Installation eingeschlossenen Kausalität von der Intervention anderer Kausalitäten mißlingt, kollabiert die mediale Leistung von Technik. Technik zeigt dann ihren installativen Charakter: die physikalischen und bio-chemischen Operationen in einem containment.

Die Kopplung von Technik an Gesellschaft durch die Ko-Operation von medialer und installativer Dimension von Technik ist Ursache der Unberechenbarkeit, der Unbeherrschbarkeit von Technik. Diese Unberechenbarkeit tritt aber eben nur im Akt des Gebrauchs von Technik auf. In diesem Sinne läßt sich von der "Verselbständigung" der Technik sprechen; allerdings nicht in dem Sinne, daß Technik "an sich" unbeherrschbar sei, daß sie eine "fremde Macht" in der Gesellschaft werde, sondern nur in dem Sinne, daß Technik als Installation, als nicht-sinnhafte Operation im Vollzug der gesellschaftlichen Kommunikation unzugänglich ist, eine black box bleibt. Die Gefahren der Technik liegen in der Kontingenz ihres Funktionierens, in der Tatsache, daß man in ihrem Gebrauch nicht wissen kann, wann sie nicht funktioniert.

Die Furcht vor den Gefahren der Technik ist eine Alarmierung über den durch Technik möglichen (und immer wieder gefährdeten) Gewinn an sozialer Differenzierung. Das in Technik enthaltene Innovationspotential, das durch die Verwissenschaftlichung von Technik gesteigert worden ist (Halfmann 1994), erhöht den Variationsspielraum technikverwendender sozialer Systeme bei der Umweltbeobachtung. Erhöhung der Umweltkontrolle durch Technik heißt für soziale Systeme vor allem: Steigerung der Verarbeitungsmöglichkeiten unerwarteter Umweltereignisse durch interne Differenzierung. Dieser Differenzierungsgewinn steht immer wieder auf dem Spiel, wenn Technik kollabiert.

4. Schluß

Am Ende lassen sich die Differenzen des Technikbegriffs zwischen den Theorien der "technischen Zivilisation" und der Soziologie noch einmal in den Blick nehmen. Die Unterstellung der Theorien der "technischen Zivilisation", daß die Gesellschaft durch die Technik konstituiert werde, hat Konsequenzen für die Konzeptualisierung von Technik. Technik wird "faustisch" gedacht: sie ist zwar hergestellt und deshalb ein Mittel für (menschliche, soziale) Zwecke, aber in ihrer dinglichen Gestalt kann sie sich der Kontrolle der Hersteller entziehen und eine Eigendynamik entwickeln. In der "faustischen" Deutung von Technik wird vor allem der Sachverhalt der Kopplung von dinglicher und sozialer Gestalt, von Technik als Apparat und als sinnhaftes Konstrukt beobachtet. Die Kopplung begründet ein Verhältnis der Gleichzeitigkeit von Apparat und Schema, d.h. eine Kontingenzbeziehung. Technik ist nur in der Konstruktion, aber nicht im Gebrauch beobachtbar, d.h. kontrollierbar.

Dieser Aspekt von Technik wird in der Theorie der "technischen Zivilisation" überpointiert. Die Nichtbeobachtbarkeit, d.h. die Nicht-Kontrollierbarkeit der Technik in ihrem Gebrauch zeigt wie in einem Brennpunkt den Kollaps der Idee des Menschen als "Subjekt" an. Sie besagt, daß nicht einmal die menschlichen Produkte wie Technik der Kontrolle des Subjektes unterliegen, geschweige denn die menschliche Zivilisation als ganze. Die Theorie der "technischen Zivilisation" registriert diesen Sachverhalt, sie deutet ihn als Bedrohung und Unterminierung der Subjekthaftigkeit des Menschen, ohne aber den begrifflichen Bezugsrahmen der aufklärerischen Tradition aufgeben zu wollen.

Die soziologische Theorie der Technik konzentriert sich auf die Leistungen von Technik für die Stabilisierung und interne Differenzierung sozialer Systeme. Ihr geht es also primär um die Rolle von Technik bei der Steigerung der Komplexität der Umweltbeobachtung von sozialen Systemen. Die strukturelle Kopplung von Technik und sozialen Systemen, also die installative "Verankerung" der medialen Leistungen von Technik, kann zugleich als Quelle der Kontingenz von Technik, der Gefährdung der Differenzierungsgewinne im Falle des Nichtfunktionierens von Technik identifiziert werden.

Vor diesem Hintergrund läßt sich der Begriff "Technikgesellschaft" präzisieren. Die Rede von der "Technikgesellschaft" hat Aussagekraft, wenn sie im Sinne von "technische Zivilisation" gemeint ist, wenn also das durch Technik vermittelte Verhältnis von Mensch und Natur angesprochen wird. Der Terminus "technische Zivilisation" referiert auf die Tatsache, daß für Individuen (wie auch für soziale Systeme) Technik im Prozeß des Gebrauchs nicht beobachtbar und nicht kontrollierbar ist. Dieser eigentlich triviale Sachverhalt gewinnt Bedeutung, wenn man ihn in den Kontext der aufklärerischen Idee der subjektiven Freiheit des Menschen plaziert. Dann erscheint die mit der Kopplung von Technik an psychische und soziale Systeme einhergehende Kontingenz der Technik als Abhängigkeit der Menschen, die im Widerspruch zu der ihnen zugeschriebenen Freiheit steht. Vor diesem Hintergrund kann sich Technikkritik als Verteidigung der Würde der Menschen stilisieren.

Wenn hingegen Technik nicht primär auf den Menschen (und dessen kognitiven Grenzen der Beobachtung von Umwelt), sondern auf soziale Systeme bezogen wird, tritt die Leistung der Technik für soziale Differenzierung in den Vordergrund. Auch soziale Systeme sind in ihren Möglichkeiten der Umweltbeobachtung beschränkt. Und insofern wird die Kontingenz der Technik, die Unmöglichkeit also, das Funktionieren der Technik zu garantieren und das Nicht-Funktionieren zu antizipieren, für soziale Systeme zum Problem der Erhaltung erreichter Differenzierungsniveaus. Eine solche Perspektive auf Technik eröffnet weniger Chancen der Kritik der Technik oder Gesellschaft. Sie schafft allerdings die Grundlage für techniksoziologische Forschung, die sich der Beschreibung der Koinzidenz zweier gegenläufiger Prozesse widmet: einerseits von Versuchen sozialer Systeme, die Kopplung von Technik und Gesellschaft durch mehr Technik (etwa durch Sicherheitstechnik, Japp 1992) zu steigern, andererseits zugleich die Abhängigkeit der systeminternen Differenzierungsgewinne von funktionierender Technik durch lose Kopplung von Technik und Gesellschaft (etwa im Katastrophenschutz, Dombrowski 1989) zu minimieren.

"Technikgesellschaft" im soziologischen Sinne kann also nur bedeuten, daß Technik ein unverzichtbarer Faktor bei der "Verankerung" der Differenzierungsleistungen von sozialen Systemen ist. Technik ist ein Medium zur Steigerung der Umweltbeobachtung, aber zugleich auch eine Installation in der Umwelt sozialer Systeme. Diese spezifische Kopplung von Technik und Gesellschaft hat ihre eigenständigen Komplexitäten, die Thema einer Soziologie der Technik sind. "Technikgesellschaft" wäre daher nicht so zu verstehen, daß die Gesellschaft durch die Technik bestimmt und über die Technik exklusiv beschreibbar wäre, sondern nur so, daß die Technik der Gesellschaft spezifische Komplexitätsgewinne und -risiken eröffnet.

Literatur

Alemann, Ulrich von/Schatz, Heribert/Simonis, Georg (Hg.) 1989: Gesellschaft - Technik - Politik. Perspektiven der Technikgesellschaft, Opladen: Leske & Budrich.

Anders, Günter 1992: Über prometheische Scham, in: Günter Anders, Die Antiquiertheit des Menschen, Bd. 1, 9 Auflage, München: Beck: 21-95.

Bammé, Arno et al. (Hg.) 1987: Technologische Zivilisation, München: Profil.

Bauman, Zygmunt 1995: Moderne und Ambivalenz. Das Ende der Eindeutigkeit, Frankfurt a. M.: Fischer.

Beier, Brigitte 1978: Die Frage nach der Technik bei Arnold Gehlen und Martin Heidegger, Diss. phil., RWTH Aachen.

Böhme, Gernot 1985: Anthropologie in pragmatischer Absicht, Frankfurt a. M.: Suhrkamp.

Böhme, Gernot 1989: Zivilisation und Humanität. Zur zivilisatorischen Bedeutung von Technik, in: Gerhard Gamm/Gerd Kimmerle (Hg.), Vorschrift und Autonomie. Zur Zivilisationsgeschichte der Moral, Tübingen: edition diskord: 11-28.

Breuer, Stefan 1992: Die Gesellschaft des Verschwindens. Von der Selbstzerstörung der Technischen Zivilisation, Hamburg: Junius.

Brzezinski, Zbigniew 1976: Between Two Ages. America's Role in the Technetronic Era, Harmondsworth: Penguin 1976.

Dombrowski, Wolf R. 1989: Katastrophe und Katastrophenschutz. Eine soziologische Analyse, Wiesbaden: Deutscher Universitäts-Verlag.

Elias, Norbert 1993: Über den Prozeß der Zivilisation, 2 Bände, Frankfurt a. M.: Suhrkamp.

Ellul, Jacques 1964: The technological Society, New York: Vintage Books.

Engels, Friedrich 1973: Die Lage der englischen Arbeiterklasse, München: dtv.

Fisch, Jörg 1992: Zivilisation, Kultur, in: Otto Brunner et al. (Hg.), Geschichtliche Grundbegriffe, Bd. 7, Stuttgart: Klett-Cotta: 679-774.

Gehlen, Arnold 1950: Der Mensch. Seine Natur und seine Stellung in der Welt, Bonn: Athenäum.

Gehlen, Arnold 1957: Die Seele im technischen Zeitalter, Reinbek: Rowohlt.

Gehlen, Arnold 1986: Anthropologische und sozialpsychologische Untersuchungen, Reinbek: Rowohlt.

Habermas, Jürgen 1968: Technik und Wissenschaft als "Ideologie", Frankfurt a. M.: Suhrkamp.

Halfmann, Jost 1984: Die Entstehung der Mikroelektronik. Zur Produktion technischen Fortschritts, Frankfurt a. M.: Campus.

Halfmann, Jost 1990: Technik und soziale Organisation im Widerspruch. Die Unwahrscheinlichkeit der Technokratie, in: Jost Halfmann/Klaus P. Japp (Hg.), Riskante Entscheidungen und Katastrophenpotentiale. Elemente einer soziologischen Risikoforschung, Opladen: Westdeutscher Verlag: 12-33.

Halfmann, Jost 1994: Unsicherheit durch Wissenschaft. Die Folgen der "Industrialisierung der Wissenschaft" für die Industrie, in: Niels Beckenbach/ Werner van Treeck (Hg.), Umbrüche gesellschaftlicher Arbeit, Soziale Welt, Sonderband 9, Göttingen: O. Schwartz: 379-391.

Halfmann, Jost 1996: Die gesellschaftliche "Natur" der Technik. Eine Einführung in die soziologische Theorie der Technik, Opladen: Leske & Budrich.

Halfmann, Jost (Hg.) 1998: Technische Zivilisation. Zur Aktualität der Technikreflexion in der gesellschaftlichen Selbstbeschreibung, Opladen: Leske & Budrich.

Heidegger, Martin 1991: Die Technik und die Kehre, Pfullingen: Neske.

Japp, Klaus P. 1992: Mehr Sicherheit durch Technik?, in: Gotthard Bechmann/ Werner Rammert (Hg.), Großtechnische Systeme und Risiko, Jahrbuch "Technik und Gesellschaft" Bd. 6, Frankfurt a. M.: Suhrkamp: 175-191.

Jonas, Hans 1984: Das Prinzip Verantwortung. Versuch einer Ethik für die technologische Zivilisation, Frankfurt a. M.: Suhrkamp.

Jünger, Friedrich Georg 1953: Die Perfektion der Technik, Frankfurt a. M.: Klostermann.

Kuzmics, Helmuth/Mörth, Ingo (Hg.) 1991: Der unendliche Prozeß der Zivilisation. Zur Kultursoziologie der Moderne nach Norbert Elias, Frankfurt a. M.: Campus.

Layton, Edwin T. 1977: Conditions of Technological Development, in: Ina Spiegel-Rösing/Derek de Solla Price (eds.), Science, Technology and Society. A Cross-Disciplinary Perspective, London: Sage: 197-222.

Lenk, Hans/Ropohl Günter (Hg.) 1987: Technik und Ethik, Stuttgart: Reclam.

Lübbe, Hermann 1992: Der Lebenssinn der Industriegesellschaft. Über die moralische Verfassung der wissenschaftlich-technischen Zivilisation, Berlin: Springer.

Luhmann, Niklas 1984: Soziale Systeme. Grundriß einer allgemeinen Theorie, Frankfurt a. M.: Suhrkamp.

Luhmann, Niklas 1995: Über Natur, in: Niklas Luhmann, Gesellschaftstruktur und Semantik, Bd. 4: Studien zur Wissenssoziologie der modernen Gesellschaft, Frankfurt a. M.: Suhrkamp: 9-30.

Merton, Robert K. 1964: Foreword, in: Jacques Ellul, The Technological Society, New York: Vintage Books, S. V-VIII.

Mumford, Lewis 1963 (1934): Technics and Civilization, New York: Harcourt, Brace and World.

Musson, A.E. 1977: Wissenschaft, Technik und Wirtschaftswachstum im 18. Jahrhundert, Frankfurt a. M.: Suhrkamp.

Paulinyi, Akos 1997: Die Umwälzung der Technik in der Industriellen Revolution zwischen 1750 und 1840, in: Akos Paulinyi/Ulrich Troitzsch, Mechanisierung und Maschinisierung. 1600 bis 1840, Propyläen Technikgeschichte, Bd. 3, hrsg. von Wolfgang König, Berlin: Propyläen: 271-495.

Römelt, Josef 1993: Die Verantwortung der technischen Zivilisation. Themen gegenwärtiger ethischer Reflexion aus der Sicht der Theologie, in: Ethica, H.1: 65-75.

Rohbeck, Johannes 1987: Die Fortschrittstheorie der Aufklärung. Französische und englische Geschichtsphilosophie in der zweiten Hälfte des 18. Jahrhunderts, Frankfurt a.M.: Campus.

Schelsky, Helmut 1965: Der Mensch in der wissenschaftlichen Zivilisation, in Helmut Schelsky, Auf der Suche nach der Wirklichkeit, Düsseldorf: Diederichs: 439-480.

Teusch, Ulrich 1993: Freiheit und Sachzwang. Untersuchungen zum Verhältnis von Technik, Gesellschaft und Politik, Baden-Baden: Nomos.

Troitzsch, Ulrich 1997: Technischer Wandel in Staat und Gesellschaft zwischen 1600 und 1750, in: Akos Paulinyi/Ulrich Troitzsch, Mechanisierung und Maschinisierung. 1600 bis 1840, Propyläen Technikgeschichte, Bd. 3, hrsg. von Wolfgang König, Berlin: Propyläen: 11-267.

Ullrich, Otto 1979: Technik und Herrschaft. Vom Handwerk zur verdinglichten Blockstruktur industrieller Produktion, Frankfurt a.M.: Suhrkamp.

Weippert, Georg 1965: Einführung, in: Hans Freyer et al. (Hg.), Technik im technischen Zeitalter, Düsseldorf: Schilling: 9-37.

Wolff, Robert Paul 1970: In Defense of Anarchism, New York: Harper Torchbooks.

Werner Bergmann

Totalitäre Gesellschaft

1. Genealogie des Begriffs

Die Begriffe „Totalismus" bzw. „Totalitarismus" sind nacheinander und unabhängig voneinander zur kritischen Kennzeichnung der bolschewistischen Revolution und der faschistischen Bewegung um Benito Mussolini seitens italienischer Oppositioneller neu gebildet worden. Die frühe Begriffsbildung „revolutionärer Totalismus" des Moskauer Korrespondenten der "Frankfurter Zeitung", Alfons Pacquet, stammt von 1919 und bezog sich auf die Politik Lenins (Kalitz 1997a: 221). Im Jahre 1923 war es offenbar der Liberale Giovanni Amendola, der als erster Mussolini vorwarf, ein „totalitäres System" („systema totalitario") einführen zu wollen, das mit dem Anspruch der totalen Erfassung des Menschen etwas politisch Neues war (Petersen 1978: 117). Diesen Vorwurf, einen totalitären Staat schaffen zu wollen, der jede Form unabhängiger politischer Bewegungen zerstört und alle staatlichen Organe zum Instrument einer einzigen Partei macht (ebd.: 120f.), nahmen die Faschisten als Selbstbeschreibung durchaus an. Mussolini selbst schrieb 1932 in seiner „Doktrin des Faschismus":

> „Für den Faschisten ist alles im Staate und nichts Menschliches oder Geistiges besteht außerhalb des Staates, als Zusammenfassung und Einheit aller Werte, deutet, entwickelt und beherrscht er das ganze Leben" (ebd.: 109).

Diese Forderung nach dem „totalen Staat" war als Antithese gegen Staat der liberalen, pluralistischen Gesellschaft gerichtet, der sich offenbar selbst nicht mehr so ordnen konnte, daß eine völlige soziale Desintegration zu verhindern war (Drath 1968: 325). Die italienischen Antifaschisten verstanden also den Faschismus ebenso wie den Bolschewismus als „totalitäre Reaktion auf Liberalismus und Demokratie" (Amendola 1925). Um kritisch auf Parallelen zwischen dem Faschismus und dem russischen Bolschewismus hinzuweisen, verwendeten sie den Begriff „totalitär" von Beginn an komparativ. Derartige Vergleiche finden sich aus politischem Kalkül in den 20er und 30er Jahren auch in anderen europäischen Ländern vor allem bei Sozialdemokraten. Damit besitzt der Begriff von Anfang an eine Doppelfunktion: Er soll zwei neuartige, scheinbar entgegengesetzte politische Erscheinungen in ihren Grundzügen gleichsetzen (Faschismus ist „Rechtsbolschewismus", Bolschewismus ist „Linksfaschismus"; Sturzo 1926: 225) und sie zugleich als Antithesen zur Demokratie abwerten. Aufgrund seiner Herkunft aus der politischen Praxis ist der Totalitarismusbegriff mehrdeutig: Er ist einerseits normativ, weil er eine politisch-ethische Wertung enthält, er dient philosophisch zu einer geistesgeschichtlichen Horizontbildung und ist als analytische Kategorie in die Wissenschaft übernommen worden. Letzteres geschah erstmals in systematischer Form auf zwei von amerikanischen Politologen veranstalteten Konferenzen 1935 in Minneapolis und 1939 in Philadelphia (Guy Stanton Ford 1935; Symposium 1940), an denen Historiker, Politologen, Ökonomen und Soziologen teilnahmen (Wippermann 1997: 16ff.), wo man Faschismus (nun auch in seiner nationalsozialistischen Variante) und Bolschewismus als einen neuen Typ von Diktatur, etwa als „Massenbewegungs-Diktaturen" (so Hans Kohn), zu konzeptualisieren suchte. Es waren vor allem deutsche Emigranten, die primär mit dem Bezug auf den Nationalsozialismus Anfang der 40er Jahre Arbeiten zum Totalitarismus vorlegten, die stark gesellschaftstheoretisch orientiert waren (Kohn 1935; Borkenau 1940; Neumann 1942). Mit dem gemeinsamen Krieg der Westmächte und der UdSSR gegen Deutschland wurden Vergleiche zwischen Faschismus und Kommunismus inopportun, und die Totalitarismustheorie verschwand bis zum Beginn der 50er Jahre aus der Politikwissenschaft, was ihren Charakter als politischen Kampfbegriff unterstreicht. In den frühen 50er Jahren wurde der Begriff von Hannah Arendt (1951) und Carl Joachim Friedrich und Zbigniew K. Brzezinski (1954, 1957) wiederaufgenommen und von letzteren auf einen strukturell-funktionalen Vergleich von faschistischer und kommunistischer Herrschaft in prinzipieller Abgrenzung zur parlamentarisch-pluralistischen Demokratie ausgerichtet. In dieser theoretischen Entscheidung entfaltet die Frontstellung des Kalten Krieges ihre aktuelle ideologische Wirkung in antikommunistischer Richtung (Schlangen 1978: 53). Auf die kritische immanente Auseinandersetzung mit dieser Konzeption im Rahmen der Analyse der Entwicklung des Kommunismus folgte dann seit den späten 50er Jahren eine prinzipielle Erörterung der analytischen Brauchbarkeit des Konzepts für die Faschismus- bzw. Kommunismusanalyse (ebd.: 54ff.; vgl. für die Berliner Politikwissenschaft Buchstein 1997), wobei die liberale Forschung den theoretischen Anspruch der Totalitarismus-Konzeption übernahm, wohingegen die neomarxistische Forschung ihn grundsätzlich ablehnte. Gewisse Liberalisierungstendenzen im Ostblock, die die Anwendbarkeit des Konzepts als unangemessen erscheinen ließen, sowie die ideologiekritische Ablehnung des Begriffs und die Umfokussierung auf den Faschismusbegriff in der Studentenbewegung brachten das Konzept in Verruf (Kraushaar 1997), nur wenige Zeithistoriker (Ernst Nolte, Karl-Dietrich Bracher) blieben in ihrer Forschung an ihm orientiert. Nachdem es um die Totalitarismusforschung lange still geworden war, erleben wir seit dem Zusammenbruch des Kommunismus eine neue Diskussion (Jesse 1996; Söllner et al 1997, Wippermann 1997), die sich bilanzierend und auf der Linken zum Teil sehr selbstkritisch mit dieser Theorie befaßt (Kraushaar 1997; für Frankreich die Diskussion um das Schwarzbuch 1997), ohne daß sie allerdings bisher zu theoretischen Erkenntnisfortschritten geführt hätte. Nach wie vor herrscht angesichts der Vielfalt der verwendeten Totalitarismusbegriffe Uneinigkeit und Verwirrung selbst über elementare Fragen der Begriffsbildung (Siegel 1996: 123).

Der Begriff des totalitären Staates hat primär in der Politikwissenschaft Verwendung gefunden, nämlich als ein Typenbegriff in der vergleichenden Staatsformenlehre. Er wurde teils als ein neuer Typ neben die Grundtypen autoritäre Regime und demokratische Verfassungsstaaten gestellt (Dahrendorf 1961; Linz 1975), teils unter die Autokratie (Loewenstein 1935, Friedrichs 1957) sowie sogar unter die Demokratie (liberale versus totalitäre) subsumiert (Talmon 1961). Staatsrechtslehre (Carl Schmitt), politische Philosophie (mit dem Konzept der politischen Religion) und Zeitgeschichte sind als weitere Anwendungsfelder zu nennen, während der Begriff als Kennzeichnung eines bestimmten Gesellschaftstyps kaum gebräuchlich ist, auch wenn ihn das „Lexikon zur Soziologie“ verzeichnet (Fuchs et al. 1978: 789). Nur wenige Soziologen (Franz Borkenau, Raymond Aron, Peter Christian Ludz) haben mit ihm gearbeitet. In der Totalitarismusforschung ist aber schon früh von einer nur interdisziplinär anzugehenden Problematik gesprochen worden (Stammer 1968: 420).

2. Forschungsstand und wichtige Beiträge zur Debatte

Den „Stand der Forschung“ für *die* Totalitarismustheorie gibt es nicht. Statt dessen findet sich eine Fülle von Klassifizierungsversuchen, etwa nach wissenschaftlichen Disziplinen, nach der Auswahl des Gegenstandsbereichs (generalisierend und identifizierend, singularisierend, d.h. Konzentration auf ein Regime, oder explizit vergleichend) oder nach dem Ausmaß an totaler Kontrolle der Bevölkerung, die die Theorievarianten jeweils für realisierbar halten (weiche oder harte Version, vgl. Tormey 1995). Andere unterscheiden die „klassische“ herrschaftsstrukturelle (Friedrich und Brzezinski), die sozialreligiöse, die den Marxismus und Nationalsozialismus als „politische Religionen“ in Reaktion auf den Liberalismus versteht (zuerst Voegelin 1938, Maier 1996), und die historisch-genetische Version, die den Faschismus als eine Reaktion auf den Bolschewismus ansieht (Nolte 1996), oder leicht abweichend davon neben der herrschaftstheoretischen und der historisch-genetischen und die konflikttheoretische Version (Neumann, Drath, Löwenthal, Jänicke), sowie ergänzend die ökonomische Variante von Friedrich von Hayek und Elie Halevy, die das Moment der politischen Planung der Wirtschaft in den Vordergrund rückt (Kalitz 1997b:217ff.). Da es hier um die „totalitäre *Gesellschaft*“ geht, konzentriert sich die Darstellung primär auf die herrschafts- und konflikttheoretischen Konzeptionen, in denen Aussagen über die Gesellschaftsstruktur und das der totalitären Herrschaftsform zugrundeliegende Menschenbild getroffen werden. Allerdings geht die Totalitarismusforschung von Anfang an vom Primat des politischen Systems aus, versteht die Gesellschaft als von totalitärer Herrschaft geprägt, wohingegen sie die gesellschaftliche Eigendynamik als irrelevant ansieht (Ludz 1968: 536f.).

Gegenüber anderen Formen diktatorischer Regime, etwa der Tyrannis oder dem autoritären Staat, sollte der Begriff „totalitär" einen spezifisch *modernen* Gesellschaftstyp kennzeichnen (als Form der Anpassung der Autokratie an die Industriegesellschaft), der über perfekte Verwaltungs- und Erfassungstechniken und Massenmedien verfügt und Massenpolitik und -mobilisierung kennt. Juan Linz hat die Differenz der totalitären zur autoritären Diktatur darin gesehen, daß erstere keinerlei politischen Pluralismus zulassen kann, daß für sie die Ideologie zentral ist und daß sie von oben gelenkte politische Massenunterstützung benötigt (1975). Martin Drath hat die Differenz in der Absicht totalitärer Regime lokalisiert, der Gesellschaft ein neues Wertsystem, eine radikal neue Ordnung geben zu wollen, deren Ziel eine ideale Gesellschaft und der „neue Mensch" sind (1968: 337; ähnlich Buchheim 1962: 15, 24; auch Brzezinski spricht von einer „totalen sozialen Revolution", 1956: 7). Totalitäre Regime verfolgen ein „positives" Programm gesteuerten sozialen Wandels. Daraus (Drath spricht von „Primärphänomen") leiten sich dann als Sekundärphänomene die typischen Merkmale der Unfreiheit, Verfolgung, Tendenz zum Kollektivismus, Ausnahmezustand und Kampfsituation etc. ab (1968: 340ff.). Diese Konzeptualisierung läßt auch einen weiteren Systemwandel zu, da sich nämlich mit zunehmender Durchsetzung der neuen Ordnung nach einer revolutionären Phase ihrer zwangsweisen Etablierung die Spannung zwischen Herrschaft und Bevölkerung vermindert und damit eine „Liberalisierung" möglich erscheint (ebd.: 357). Wie Martin Jänicke kritisch angemerkt hat, trifft die Totalitarismustheorie jedoch nicht nur Aussagen über politische Institutionen, Herrschaftsstrukturen etc., sondern vermischt die Staatsformenlehre mit *dynamischen* Aspekten monopolistisch-revolutionärer Parteiregimes (1971: 121f.), so daß unklar bleibt, ob sich das historisch Neuartige des Faschismus und Kommunismus auf das strukturelle Grundgefüge der Gesellschaftssysteme oder auf die hinzutretenden Konfliktprozesse bezieht.

Der französische Soziologe Raymond Aron beginnt bereits in den 30er Jahren mit Deutungsversuchen „totalitärer Regime". Zentral war dabei die Beobachtung, daß es sich stets um die revolutionäre Machtübernahme einer neuen Elite handelte, die sich zur Aufrechterhaltung ihrer Herrschaft über die „Massen" einer durch systematische Propaganda verbreiteten Ideologie stützte (von ihm als „weltliche Religion" näher bestimmt), die zugleich Herrschaft legitimieren und das Handeln der Bevölkerung motivieren und mobilisieren soll (Aron 1936/37). Diese Eliten werden von Aron als zynisch, gewaltbereit und machiavellistisch charakterisiert, ihr Ziel ist es, den Staat zu okkupieren, ihn mit der Gesellschaft zu verschmelzen und damit alle bürgerlichen, personalen Freiheitsrechte aufzuheben. Joachim Stark hat zu Recht betont, daß hier erste Ansätze stecken, Totalitarismus als ein Regime zu bestimmen, in dem die Gewaltenteilung, die Grundrechte und der gesellschaftliche und politische Pluralismus aufgehoben sind (1997: 202). Ende der 70er Jahre tritt bei Aron als neues Element noch der Wille der Machthaber hinzu, einen neuen Menschen zu schaffen, also nicht nur das Sozialsystem zu verändern, sondern bis auf die personalen Systeme durchzugreifen. Wie andere Autoren auch, ist Aron aufgrund der historischen Entwicklung im Sowjetkommunismus zu ständigen Revisionen des Konzepts gezwungen. Er versucht deshalb Mitte der 60er Jahre das Phänomen auf zwei Kernelemente zu reduzieren, nämlich auf eine vom Staat als offizielle Wahrheit vertretene Ideologie und die Verschmelzung von Staat und bürgerlicher Gesellschaft, aus denen sich dann alle weiteren Phänomene wie die Kontrolle der Medien, politische Justiz, Terror, ideologisch oder rassistische begründeter Massenmord usw. deduzieren lassen sollen (1965: 287f.).

Ebenfalls schon in den 30er Jahren kam Hans Kohn in seinem Vergleich der kommunistischen und faschistischen Diktatur zu einer ähnlichen Interpretation wie Aron. Er interpretiert beide als *nach*demokratische Bewegungen, die getragen von einer neuen, jungen und aufstrebenden Elite, die nicht aus den herrschenden Klassen stammte, nach Massenunterstützung suchten. Obwohl sie die Errungenschaften der Französischen Revolution ablehnten, setzten sie doch mit ihrem Säkularismus, Nationalismus und ihrer Massenpolitik diese modernen Traditionen fort. Kohn konstatiert zwar, daß die kommunistische wie die faschistische Diktatur gleichermaßen „unbarmherzig und rücksichtslos gegenüber dem Glück und der Freiheit des gegenwärtigen Individuums sind“ (1935: 59), doch sieht er zwischen der charismatischen faschistischen und der rationalen kommunistischen Diktatur auch grundlegende Unterschiede, indem er der kommunistischen Selbstinterpretation folgt, die Diktatur des Proletariats sei nur eine Zwischenstufe auf dem Weg zur Auflösung des Staates und in eine neue, demokratische Gesellschaft, während der Faschismus mit seiner Verherrlichung der natürlichen Ungleichheit der Menschen ohne starken Staat und starken Führer undenkbar sei.

Auch Carlton J. H. Hayes begreift Totalitarismus als etwas Neues, nämlich als eine „Revolte gegen die gesamte historische Kultur des Westens“ (1940: 98), die ihren Ursprung ebenfalls in einem „selbstbewußten Aufstieg der Massen“ habe, wobei vor allem die Jugend der Motor dieser Massenbewegung sei. Als weitere Momente sieht er den Etatismus, d.h. die Zentralisierung zahlreicher gesellschaftlicher Funktionen im Staat, und den Verfall traditioneller Religion an, die Raum für die Abschaffung von Pluralismus und für einen neuen faschistischen oder kommunistischen Glauben eröffnet haben (1940: 89ff.). Obwohl diese Entwicklungen in vielen Staaten anzutreffen sind, hält Hayes ein Abgleiten in totalitäre Diktaturen nicht für unvermeidlich, sondern an das Auftreten von „nationalen Katastrophen“ (Niederlagen im Krieg, Deprivation und Unordnung) geknüpft. Als spezifisch neue Strukturen des diktatorischen Totalitarismus identifiziert Hayes: 1) die totalitäre Monopolisierung aller Gewalten und gesellschaftlichen Teilsysteme, die nicht nach der eigenen Systemlogik, sondern nach dem Wollen der Partei verfahren sollen; 2) die Massenbasis im unteren Mittelstand und oberen Proletariat, die sich intolerant gegenüber den höheren Klassen zeigen; 3) den Einsatz der Massenkommunikationsmittel und die Propaganda; 4) die Neuheit der Ideologien, die durch ihren emotionalen und religiösen Geist große Anziehungskraft auf die Massen ausüben; 5) ein neues System von Methoden und Techniken der Machtausübung, mit denen die Partei alle gesellschaftlichen Organisationen durchdringt und beherrscht (wozu etwa Terror und Säuberungen gehören); und 6) Macht und Gewalt werden um ihrer selbst willen ausgeübt, ohne daß irgendein moralisches Gesetz anerkannt wird, vor dem man die Gewaltanwendung zu legitimieren hätte (1940: 94ff.). Hayes nimmt damit schon einige der Züge vorweg, die später in das klassische Modell von Friedrich eingegangen sind.

Diese frühen Entwürfe konnten natürlich noch nicht die Erfahrungen des Holocaust und nur begrenzt die der stalinistischen Massenverbrechen einbeziehen, die vor allem für die 1951 publizierte Theorie Hannah Arendts von zentraler Bedeutung werden sollten: sie sah in den *Verbrechen* die „Originalität totalitärer Herrschaft“ (1986: 945). Das

Konzentrationslager wird für sie das Modell, in dem sich der Anspruch der totalen Herrschaft realisieren kann, deren spezifisch totale Regierungsform der Terror ist. Der italienische Faschismus ist für sie deshalb keine totalitäre Bewegung, ebenso wie der Nationalsozialismus und Bolschewismus eine prätotalitäre Phase kennen und erst mit der terroristischen Realisierung ihrer utopischen Entwürfe totalitär werden (diese Unterscheidung macht auch Friedrich: vgl. Jänicke 1971: 143f.). Was die Entstehung totaler Bewegungen angeht, so unterscheidet sich Arendt in ihren Annahmen kaum von den Krisenannahmen Kohns oder Hayes. Der Zusammenbruch von Klassenstrukturen und eine hoher Grad an Individualisierung und politischer Apathie (Massen aus „Individuen, zwischen denen die Welt in Stücke gefallen ist"; 1986: 685) sind für sie die Voraussetzung für die Entstehung totalitärer Bewegungen aus Massenorganisationen isolierter Individuen. Den Kern ihres Konzepts bildet der *Bewegungsbegriff*, ein Moment, das schon 1946 von Gerhard Leibholz (1968: 124) als primäre Zustandsform des totalen Staates angesehen wurde. Die Bewegung besitzt den Primat über Staat und Nation (1986: 855), die Bewegungspartei bildet im Sinne des Fraenkelschen „Doppelstaates" eine eigene, in sich nochmals multiple Macht- und Organisationsstruktur *neben* den staatlichen Organen aus (auch für Hans Buchheim wird nicht der Staat totalitär, sondern die totalitäre Bewegung versklavt den Staat, 1962: 110ff.). Arendt widerspricht denn auch vehement der These von der monolithischen Staatsstruktur totalitärer Systeme und betont statt dessen deren eigentümliche „Strukturlosigkeit". Nationalsozialismus und Bolschewismus ging es nicht um eine neue Staatsform (Struktur), weshalb sie sich nicht mit der Machtergreifung zufriedengaben, sondern um eine ständig in Bewegung gehaltene Bewegung (ebd.: 702, ähnlich Bucheim 1962: 13f., 111f.). Diese besitzt eine eigentümliche Doppelstruktur, indem nämlich der Kern der Bewegung nach außen durch einen Kordon von Sympathisantenorganisationen abgeschirmt wird. Auf diese Weise gibt es in der Bewegung eine geschlossene Innenwelt, deren Ideologie nicht mehr an der normalen Welt scheitern kann. Zentrum und Motor der Bewegung ist der „Führer", dessen Willen zum Gesetz des Handelns für die Bewegung wird und der für alles, was geschieht, das Verantwortungs- und Erklärungsmonopol besitzt. Die Vermittlung des Führerwillens zu den ausführenden Instanzen ist unmittelbar, d.h., es gibt keine Hierarchie und keine Zwischenschichten. Arendt lehnt deshalb die These des Cliquenregimes ab, vielmehr geht die Isolierung und Atomisierung der Individuen bis in die höchsten Führungskreise, da totale Herrschaft auf die Abschaffung der menschlichen Freiheit und Spontaneität zielt. Die totalitäre Bewegung besitzt Züge von Geheimgesellschaften, die über die Existenz von Verschwörern oder anderen ideologisch definierten Gegnern integriert werden. Diese Gegner müssen keineswegs wirkliche Opponenten sein, sondern sie werden „aus den natürlichen oder historischen Ablaufgesetzen, ..., ‚objektiv' errechnet" (S. 877). Dabei ist die Einführung des „objektiven Gegners" für das Funktionieren totalitärer Systeme wichtiger als die ideologisch festgelegte Bestimmung eines Gegners: die totalitäre Bewegung muß in ihrem Fortschreiten immer neue Gegner finden, um in Bewegung zu bleiben. Diese „objektiven Gegner" zu entlarven und unschädlich zu machen, ist die Aufgabe der Geheimpolizei, Terror ist deshalb für Arendt nicht eine temporäre Erscheinung zur Ausschaltung realer Regimegegner, sondern die spezifisch totalitäre Regierungsform, und die Geheimpolizei ist die „herrschende Schicht" in totalitären Gesellschaften. Mit Hilfe des Terrors werden die ideologischen Doktrinen mit Gewalt in die Wirklichkeit umgesetzt, so daß eine neue, propagierte Wirklichkeit geschaffen wird. Die Durchsetzung totaler Herrschaft in allen gesellschaftlichen Teilsystemen führt zu einer Verzerrung von deren Funktionslogik und zu einem Abfall ihrer Leistungsfähigkeit. Was nach Arendt wie ein Stück aus einem „phantastischen Tollhaus" aussieht (1986: 853f.), ist nur aus dem entscheidenden Zukunftsbezug dieser Bewegungen zu erklären. Ihnen ist es wichtiger, um die Herstellung einer rein fiktiven Welt (eines arischen Großreiches, einer klassenlosen Weltgesellschaft) in einer unabsehbaren Zukunft zu kämpfen, als um einfachen Machtbesitz oder ökonomische oder nationale Interessen. Die totale Herrschaft etabliert somit ein völlig neues Macht- und Realitätsprinzip, das mit den üblichen Motiven nationaler Interessenpolitik nichts mehr gemein hat (ähnlich Buchheim, der einen Gegensatz von totaler Herrschaft und Politik konstatiert 1962: 83ff.). Das Modell (Arendt spricht auch von Laboratorium) für die Durchsetzung des totalen Herrschaftsanspruchs gegenüber dem Menschen bilden die Konzentrations- und Vernichtungslager, in denen jede Freiheit und Pluralität von Menschen auf eine „sich immer gleichbleibende

Identität von Reaktionen reduziert" werden soll (1986: 907). In der Isolierung von der Umwelt wird dort das Experiment der totalen Herrschaft in aller Radikalität durchgeführt, der es eben nicht um die Umformung der Gesellschaft geht, sondern um die Transformation der menschlichen Natur. Diese „anthropologische Theorie" des Totalitarismus lehnen Friedrich und Brzezinski ab, da eine solche vollständige Durchdringung des Alltagslebens nicht erreichbar und überdies auch das Ziel anderer, etwa theokratischer Regime sei (1968: 601; Wolfgang-Uwe Friedrich plädiert neuerdings auch für die Einbeziehung „hierokratisch-totalitärer Systeme" wie im Iran, 1997: 279ff.).

Hannah Arendt macht sehr deutlich, daß sie die totalitären Systeme nicht nur als eine in der Geschichte bis dahin unbekannte „Staatsform" betrachtet, sondern als „Zivilisationsbruch", als verbrecherische Systeme, die den Kontinuitätszusammenhang der abendländischen Geschichte sprengen, indem sie das positive Recht zugunsten der Gesetze der Natur oder der Geschichte aufgeben. Als „Bewegungsgesetze" dienen sie nicht der Stabilität von Handlungsbedingungen, sondern im Gegenteil zur Beschleunigung des Geschichtsprozesses. Im Unterschied zur Gesetzesherrschaft in Verfassungsstaaten bildet der Terror das „Gesetz" totalitärer Herrschaft (1986: 954), Prinzip ist nicht die Norm, sondern die „Maßnahme".

Dieser frühe und sehr umfassende theoretische, von Politikwissenschaftlern allerdings als zu literarisch und philosophisch verallgemeinernd abgelehnte Entwurf ist nicht zu der bestimmenden Theorie geworden, auch wenn ihr etwa Buchheim (1962) in seinem Entwurf totalitärer Herrschaft in vielem gefolgt ist. Dies liegt sicherlich einmal an ihrem dynamischen Modell, das sich nicht in die etablierte Lehre der Herrschaftsformen einpassen ließ und bewußt die Extreme des Grauens zum Kriterium der Definition machte (Löwenthal 1968: 361), zum anderen aber auch daran, daß sie den Geltungsbereich auf den Stalinismus und den Nationalsozialismus begrenzte, womit die nachstalinistischen kommunistischen Systeme aus dem Geltungsbereich der Theorie ausgeklammert wurden.

Zur „klassischen" Theorie wurde das dem strukturfunktionalistischen Mainstream der Sozialwissenschaften entsprechende Modell, das Carl J. Friedrich in den 50er Jahren in seinem einflußreichen Buch „Totalitäre Diktatur" (1957 zus. mit seinem Schüler Zbigniew K. Brzezinski) entwickelt hat und das sich sehr viel enger als Arendts Entwurf mit dem Totalitarismus als „neuartiger Regierungsform“ und nicht als Gesellschaftsmodell beschäftigt (vgl. die Kritik von William Ebenstein 1957: 291f.), wenn auch die Gesellschaft, wie sie die totalitäre Diktatur geschaffen hat, ebenfalls dargestellt werden soll. Friedrich geht auf einer vortheoretischen Ebene von einer Reihe von Unterscheidungen im Vergleich zu Autokratien der Vergangenheit aus: 1) letztere sind „nicht annähernd so entsetzlich“ wie die totalitären Diktaturen; 2) sie zielen nicht wie die Tyrannis auf eine Ausbeutung aufgrund persönlicher Interessen des Diktators; 3) totalitäre Diktaturen sind mit gewissen Zügen der modernen Industriegesellschaft (Christentum, Demokratie, moderne Technik) verknüpfte Entwicklungen der politischen Ordnung; 4) sie machen als existierend angenommene welthistorische Gesetze zur Grundlage ihrer Rechtsordnung; 5) die totalitären Regime des Faschismus und Kommunismus gleichen sich in ihren Grundzügen stärker, als daß sie Ähnlichkeiten mit anderen Gesellschaften ausweisen; 6) die totalitären Systeme sind historisch einzigartig und sui generis; 7) totalitäre Systeme sind nicht geplant entstanden, sondern haben sich „im Verlauf der Bewältigung einer Reihe von Krisenlagen“ nach der Machtergreifung der revolutionären Bewegungen herausgebildet, d.h. sie sind Formen der Krisen-Regierung (1957: 13ff.). Fritze ergänzt diesen Katalog noch aus dem Friedrichschen Text um den revolutionären Charakter der Systeme, die auf eine radikale Umwälzung der bestehenden Ordnung im Sinne ihrer ideologischen Zielsetzungen aus sind, und um die besondere Feindlichkeit gegenüber Individualität und Freiheit (1995: 631; eine ähnliche Zusammenfassung der Kernelemente bei Uwe Dietrich Adam 1978). Auf diesem Hintergrund entfaltet Friedrich sein funktionalistisches Basismodell („a descriptive theory of a novel form of government“), das sechs (z. T. auch von anderen Autoren schon benannte) Charakteristika totalitärer Gesellschaften enthält, die zusammen einen interdependenten Komplex bilden, aber nicht völlig gleichwertig sind: 1) eine offizielle Ideologie, in deren Mittelpunkt chiliastische Forderungen für eine vollkommene zukünftige Gesellschaft stehen; 2) eine alleinherrschende, hierarchisch und oligarchisch organisierte Massenpartei, die mit der staatlichen Bürokratie entweder verflochten oder ihr übergeordnet ist; 3) ein nahezu vollkommenes Waffenmonopol 4) ein nahezu vollkommenes Nachrichtenmonopol, 5) eine zentral gelenkte Wirtschaft und 6) eine terroristische Geheimpolizei (1957: 19f., 1954:185f., in dieser frühen Version klammerte Friedrich die Geheimpolizei noch aus und erwog zudem, als ein weiteres Kennzeichen den „totalen Umsturz" hineinzunehmen, den er im ersten Punkt enthalten sieht). Als Bedingung für die Herausbildung der Punkte 3, 4 und 6 sieht er den technischen Fortschritt, der diese Bereiche der individuellen Handhabung und Kontrolle entzieht und staatliche Monopolbildung ermöglicht. Ideologie und Massenpartei haben ihren Ursprung nicht im Stand der Technik, sondern besitzen neben gemeinsamen Zügen der zunehmenden Allgemeinbildung und aus der christlichen Tradition stammender Überzeugungsgewißheit nach Friedrich „demokratischen Ursprung", d. h., totalitäre Gesellschaften basieren auf Parteien, die auf eine größtmögliche Anhängerschaft und Massenresonanz aus sind. Demokratie, Christentum und moderne Technik sind natürlich nicht als die Verursacher anzusehen, doch konnten totalitäre Gesellschaften nach Meinung Friedrichs nur aus dem Zusammenhang dieser Voraussetzungen entstehen (1954: 192), bilden nach seiner Ansicht allerdings eine Verfallserscheinung oder Perversion der Demokratie. Andere Züge, etwa die von Hayes als entscheidendes Moment herausgestellte Amoralität, sieht er zwar als gegeben, aber nicht als historische Besonderheit des Totalitarismus an, andere Merkmale, etwa der physische Massenterror, werden nach Meinung Friedrichs in ihrer Bedeutung für das „Totalitarismussyndrom" überschätzt (1969). Er hat seinen Kriterienkatalog angesichts neuer Entwicklungen in den kommunistischen Staaten 1968/69 teils präzisiert, teils auch korrigiert, etwa das Merkmal des Terrors gestrichen, so daß nur der Aspekt einer „voll entwickelten Geheimpolizei" stehenbleibt (zur methodologischen Kritik dieses Vorgehens Fritze 1995, dagegen Siegel 1996). Durch diese Änderung des Basismodells, das nun als zentralen Typus die nachstalinistischen kommunistischen Staaten setzt, während Stalinismus und Nationalsozialismus gerade wegen ihrer dysfunktionalen terroristischen Gewaltanwendung zu „ziemlich extremen Abirrungen" von diesem Typ wurden (Friedrich 1969: 131).

Hier liegt ein grundsätzliches Problem aller theoretischen Entwürfe bis Mitte der 50er Jahre: Wie konnte man die *Transformationen* des Sowjetkommunismus theoretisch fassen? Der Nationalsozialismus hatte mit seinem abrupten und von außen herbeigeführten Ende hier kein Problem geboten, aber die Entwicklung des Kommunismus verlangte nach Korrekturen, vor allem in so radikalen Entwürfen wie dem Arendts, die mit Stalins Tod tatsächlich das Ende der totalitären Herrschaft in der Sowjetunion gekommen sah (1986: 652) . Modifizierungen und Neubestimmungen wesentlicher Eigenschaften bergen aber die Gefahr, daß die definierenden Merkmale unspezifisch werden und damit der Begriff des Totalitarismus seine analytische Kraft verliert. Die Theoriekorrektur in Form einer Reduzierung des Begriffs, wie von Friedrich im Jahre 1969 vorgenommen, führt dazu, daß die beiden „ursprünglich" gemeinten totalitären Diktaturen (Stalinismus und Nationalsozialismus) nun als untypisch gelten. Hinzu kam die historische Forschung zum Nationalsozialismus, die manche der in der Theorie des Totalitarismus unterstellten Züge, z.B. die zentrale Bedeutung der Ideologie, die Machtposition Hitlers, ja selbst die lineare Verbindung von NS-Ideologie und Holocaust, relativierte und die polykratische Herrschaftsstruktur des Dritten Reiches sowie die Fortbestand der bestehenden sozialen und wirtschaftlichen Strukturen betonte (Hans Mommsen, Martin Broszat).

Bereits 1954 begann Karl W. Deutsch über Möglichkeiten und Arten der Desintegration von totalitären Systemen nachzudenken, die sich gerade aus den spezifischen Zügen dieser Systeme ergeben. Die totale Mobilisierung menschlicher und materieller Ressourcen ist abhängig von der Befreiung von überkommenen Verpflichtungen, sie wird nicht nur durch Apathie und Ablehnung seitens der Bevölkerung bedroht, sondern durch die vom Regime selbst im Laufe der Zeit erzeugten politischen und ideologischen Bindungen. Die totalitäre Einheitlichkeit von Befehlen und Entscheidungen ist von der Überlastung der Befehlszentren und der Veränderung durch Erinnerungen an frühere Beschlüsse bedroht. Schließlich sind auch diese Systeme von der Macht zur Durchsetzung von Entscheidungen und damit von der Willfährigkeit der Bevölkerung abhängig, die sie aber nur sicherstellen kann, wenn sie ein gewisses Maß an Zugänglichkeit und Berechenbarkeit aufweist. Dies wiederum schwächt ihre totale Herrschaft, so daß sie in eine Abwärtsbewegung der Macht geraten kann (1968: 209). Versucht Deutsch den notwendigen Wandel totalitärer Systeme aus deren Strukturen zu entwickeln, so hat Richard Löwenthal (1968) etwas später (1961) eine Theorie des Wandels vorgelegt, die nicht die institutionelle Struktur in den Vordergrund rückt, sondern Totalitarismus als „permanente Revolution von oben" definiert, die sich als Revolution neuen Typs grundlegend vom Typ der demokratischen Revolution unterscheidet, in der gesellschaftliche Gruppen die Fesseln einer überholten Staatsform abstreifen. Die totalitäre Bewegung hingegen wird selbst zum Motor gesellschaftlicher Veränderungen. In Situationen gesellschaftlicher Stagnation und Krise wird die Rettung nicht in der Abschaffung des Staates, sondern bei ihm selbst bzw. bei totalitären Bewegungen gesucht, die als Gegeneliten Organisation und Ideologie bereitstellen. Dabei wird nicht einfach die Einparteienherrschaft als neue Institution über die bestehende Ordnung gestülpt, vielmehr wird die aktive Mitarbeit der Bevölkerung erzwungen (1968: 363). Das totalitäre System zielt auf die Aufhebung der relativen Unabhängigkeit von Staat und Gesellschaft (ebd.: 365f.), der Staat will mit der Gesellschaft koextensiv sein. Das System zielt dabei auf eine permanente Umwälzung. Sobald diese am gesellschaftlichen Beharrungsvermögen scheitert bzw. – wie es Deutsch gezeigt hat – nicht-intendierte Nebenfolgen hervorbringt, die dem totalitären Anspruch zuwiderlaufen, kann es zu Umformungen des Regimes etwa in Richtung auf eine autoritäre Diktatur oder eine bürokratische Oligarchie kommen (168: 378ff.).

In den 60er-70er Jahren geriet das Totalitarismus-Konzept im Zuge der Entspannungspolitik ins Kreuzfeuer heftiger Kritik (Ludz 1961; Jänicke 1971; Greiffenhagen, Kühnl und Müller 1972), die sich mit Kielmannsegg (1978: 64f.) in vier Punkten bündeln läßt: 1) in diesem Konzept habe die westliche Demokratie nur ihr Gegenbild entworfen, anstatt neue Kategorien für als neu empfundene Phänomene zu entwickeln; 2) die Theorie konzentriere sich zu sehr auf Herrschaftsorganisation und -technik, und vernachlässige die Herrschaftsziele; 3) das Totalitarismus-Konzept stehe den Phänomenen des Konflikts und des Wandels hilflos gegenüber; und 4) das Konzept solle deshalb aus der Lehre von den Herrschaftsformen herausgenommen und konflikttheoretisch neu begründet werden (Ludz 1964; Jänicke 1971). Die ersten beiden Vorwürfe waren wissenschaftliche Umformulierungen der politischen Einwände gegen die Totalitarismustheorie, sie gehe als Instrument des Kalten Krieges normativ vom Modell westlicher Demokratie aus und vernachlässige die „humane" Zielrichtung des Sozialismus (zum Abweis dieser ideologischen Fundamentalkritik zusammenfassend Kalitz 1997a: 231ff.). Kielmannsegg bestreitet nicht, daß sowohl eine „immanente Analyse" wie auch die Berücksichtigung von Herrschaftszielen sinnvoll sind, dies spräche aber weder gegen die Möglichkeit, analytisch von bestehenden Herrschaftsformen auszugehen und zu verfolgen, wie sich Herrschaftsziele jenseits bloßer ideologischer Vorgaben in der Herrschaftsstruktur und -praxis niederschlagen (1978: 65ff). Der dritte, empirische Einwand trifft in der Tat die Konzepte von Arendt und Friedrich, die in der Betonung der Totalität von Herrschaft durch Terror und monopolistische Strukturen wenig Raum für gesellschaftlichen Wandel lassen, macht aber eine Totalitarismustheorie deshalb nicht unmöglich. Kielmannsegg weist andererseits zu Recht darauf hin, daß spontaner sozialer Wandel und Konflikte ja in der Tat nicht zu den charakteristischen Merkmalen totalitärer Gesellschaften gehörten (ebd: 70). Ludz, der bereits 1961 angesichts des Wandels in den bolschewistischen Gesellschaftssystemen eine „Neuformulierung der Theorie des Totalitarismus" gefordert hatte, legte 1964 selbst den „Entwurf einer soziologischen Theorie totalitär verfaßter Gesellschaften" vor, in dem er die bolschewistischen Systeme unter den Bedingungen der Industriegesellschaft sich eher in Richtung einer autoritären als einer totalitären Verfassung und sozialen Kontrolle entwickeln sah (1968: 559), da sich hier eine technokratische Elite entwickelt habe, die auf den Einsatz von Terror weitgehend verzichten könne. Zentrale Elemente, wie der Anspruch auf die totale Gestaltung sozialer Tatbestände, ein unlimitierter Sanktionsvollzug, eine monolithische Partei und Ideologie, sah Ludz in bezug auf die Nachkriegsentwicklungen in der Sowjetunion und der DDR als nicht mehr gegeben an. Um die Wechselwirkungen von dirigierendem und kontrollierendem Staats- und Parteiapparat und genuinen sozialen Konflikten (Rollen-, Normen-, Kompetenz- und Zielkonflikte) erfassen zu können, muß der dominierende Integrationsbegriff nach seiner Auffassung durch einen Konfliktbegriff erweitert werden.

Martin Jänicke (1971) hat eine davon abweichende konflikttheoretische Weiterentwicklung vorgeschlagen. Er unterscheidet zwischen einer statisch-strukturtheoretischen Version, diese staatstheoretische Variante ist in den bisherigen Konzepten bereits ausgearbeitet, und einer dynamisch-konflikttheoretischen, die es noch auszuarbeiten gilt, gerade weil in den Ansätzen von Arendt, Buchheim und Friedrich die

Spezifika des Totalitarismus weniger in den Strukturen zu stecken scheinen als vielmehr in seiner Dynamik als ein neuer Revolutionstyp, wie es Löwenthal und Drath gesehen haben (1971: 144). Jänicke faßt den totalitären Konflikt als eine „absolute Aggression", die aus einer Totalnegation des Status quo entspringt und eine auch durch den Angreifer nicht mehr kontrollierbare Dynamik von Gewalt und Zerstörung ist, die alle rationale Zweckbindung verliert. Diese Form der totalitären Aggression kann sich nach außen richten, wie im Fall des Nationalsozialismus, oder nach innen, wie beim stalinistischen Terror. Nach Jänicke sind die staatstheoretische und die konflikttheoretische Version miteinander unvereinbar, man muß zwischen beiden wählen. Für den Konflikttypus sprechen nach seiner Ansicht drei Argumente: 1) man solle den faschistischen Begriff des Totalitären als Orientierungspunkt bewahren, und in diesem dominiere der dynamische Aspekt; 2) auch in der wissenschaftlichen Analyse seien die spezifischen Merkmale totalitärer Systeme nicht ihre Struktur, sondern die hinzutretenden dynamischen Faktoren. Das Neue seien nicht die monopolistischen Einparteienregime (wie Robert C. Tucker es gesehen hat, 1968), sondern die uneingeschränkte Dynamik der Aggression, die überdies eine Degenerationserscheinung der Systeme darstelle; 3) die konflikttheoretische Version sei weniger „normativ belastet" als die strukturtheoretische. Kielmannsegg hält nun das erste und letzte Argument für nicht zwingend und stichhaltig (1972: 72) und meldet auch Zweifel an, ob die totale Aggression noch ein politisches Phänomen sei und ob sie nicht unabweisbar die Frage nach ihren strukturellen Bedingungen aufwirft, was auf die Bedeutung der Strukturdimension verweist.

Kielmannsegg stuft denn auch das Totalitarismus-Konzept als unverzichtbar für eine entwickelte Typologie der Herrschaftsformen ein. In seinem eigenen Vorschlag konzipiert er politische Systeme als „Institutionalisierungen von Entscheidungskapazität" (1978: 75), wobei man nach der Verteilung der Chancen der Einflußnahme auf die Entscheidungsprozesse, nach der Reichweite der Entscheidungen und nach dem Sanktionsinstrumentarium zur Sicherung der Annahme von Entscheidungen zu fragen hat. Totalitäre Herrschaft ist durch folgende Merkmalskombination gekennzeichnet: monopolistische Konzentration der Einflußchancen in einem Führungszentrum; prinzipiell unbegrenzte Reichweite der Entscheidungen des politischen Systems, also eine extreme Konzentration gesellschaftlicher Funktionen im politischen System zuungunsten anderer sozialer Systeme, und prinzipiell unbeschränkte Freiheit, Sanktionen zu verhängen (ebd: 75). Diese Theoriefassung ist hinreichend abstrakt für funktional äquivalente historische Ausformungen und bindet sich damit nicht so stark an bestimmte historische Vorbilder. So muß man nicht unbedingt Terror als konstitutive Sanktionspraxis annehmen, sondern kann andere Formen der unbegrenzten Verfügungsfreiheit über die Lebenschancen des Einzelnen, wie den Ausschluß von bestimmten Bildungs- und Berufschancen, ebenfalls als typisch totalitäre Merkmale betrachten. So müssen Ideologie und Partei, zwei Schlüsselelemente in allen Totalitarismuskonzepten, nicht einfach beschreibend eingesetzt werden, sondern können in ihrer Funktion für die monopolistische Herrschaftssteuerung sowie für die Legitimierung von Sanktionen deduktiv abgeleitet werden. Die drei von Kielmannsegg genannten Merkmale sind zirkelförmig voneinander abhängig. Als Einheit bilden sie „ein System von Bedingungen der Möglichkeit monopolistischer Steuerung allen sozialen Verhaltens einer Gesellschaft" (ebd.: 78), die in funktional differenzierten Gesellschaften nicht vollständig gelingen, an die es aber Annäherungen geben kann. Dadurch daß totalitäre Systeme durch ihren Steuerungsanspruch prinzipiell überfordert sind, ergibt sich die Unvermeidlichkeit von Konflikten, so daß das Konzept auch das von Jänicke angemahnte dynamisch-konflikt-theoretische Moment enthält.

Trotz dieser Weiterentwicklungen in den frühen 70er Jahren ist Wippermann zuzustimmen, daß die Kommunismusforscher wie auch die NS-Forscher in den 70er und 80er Jahren das klassische Totalitarismusmodell zunehmend angezweifelt und zumeist sogar gänzlich aufgegeben, in jedem Fall aber auf Systemvergleiche verzichtet haben (1997: 37). Die seit Ende der 80er Jahre verkündete „Renaissance des Totalitarismusbegriffs" basiert bisher nicht auf theoretischen Innovationen (Pohlmann etwa legte kürzlich eine aus Arendt und Friedrich kombinierte Merkmalsliste vor, 1995: 122ff.), sondern ergibt sich daraus, daß sich nach dem Zusammenbruch auch der kommunistischen Variante totalitärer Systeme nun – vor allem im deutschen Fall – Diktaturvergleiche als Methode zur Analyse der Ähnlichkeiten und Differenzen zum Nationalsozialismus aufzudrängen scheinen. Bisher dominieren die bisherige Theorieentwicklung resümierende Überblicksdarstellungen, und es ist eine Historisierung des Totalitarismusbegriffs zu erkennen, da sich mit dem Ende der totalitären Epoche nun ein ideengeschichtliches Interesse an ihm entwickelt (Söllner u.a. 1997; Wippermann 1997, Maier 1996). Ein neue, möglicherweise fruchtbare Anwendung gerade der Totalitarismusforschung könnte in der Verbindung mit der vergleichenden Genozidforschung bestehen, da in den totalitäre Strukturen in Tat eine wichtige Voraussetzung für Terror und Massenmord zu liegen scheint (Kalitz 1997b: 224ff.).

3. Einschätzung und Kritik des Begriffs

Im Unterschied zu den meisten anderen in diesem Band vorgestellten Gesellschaftsbegriffen sollte der Begriff „totalitäre Gesellschaft“ nicht eine allgemeine Entwicklungstendenz gegenwärtiger Gesellschaft erfassen, sondern einen Gegentyp zur entwickelten Industriegesellschaft westlich-demokratischen Musters charakterisieren, der zwar eine Reihe moderner Züge aufweist (Massengesellschaft, entwickelte Technik, neue Ideologien), der aber letztlich als verbrecherische Verirrung und Bruch der abendländischen Gesellschaftsentwicklung angesehen wird. Deshalb haben die kommunistischen Staaten diesen Begriff zu ihrer Selbstbeschreibung nie akzeptiert. Nachdem die als totalitär eingeschätzten Gesellschaftsformationen heute fast gänzlich der Vergangenheit angehören, taugt das Konzept wohl eher zur historisch-soziologischen Rekonstruktion dieser Gesellschaften als zur Analyse gegenwärtiger Erscheinungsformen. Der ausgeprägte normative Gehalt und der seit Einführung des Begriffs nicht abreißende Streit um seine Brauchbarkeit sowie über seinen empirischen Gehalt lassen jedoch sogar die historische Anwendbarkeit zweifelhaft erscheinen. Der Begriff des Totalitären kann allenfalls in seiner sozialkritischen, etwa im Umkreis der Frankfurter Schule vertretenen Variante einen heuristischen Wert für die Analyse moderner Gesellschaften haben, in dem er auf bestimmte Tendenzen zur Ausweitung von sozialer Kontrolle, Staatsinterventionismus und monopolistischer Vermachtung aufmerksam macht (Jänicke 1971: 110ff.). Totalitarismus bezeichnete in diesem Sinne die Tendenz sozialer Teilsysteme, funktionale Differenzierung rückgängig zu machen und alle anderen Teilsysteme unter die eigene Kontrolle zu bringen.

Die Tatsache, daß in der Literatur selten von totalitären *Gesellschaften*, sondern von Systemen und von Herrschaft gesprochen wird, ist ein Indiz dafür, daß wir es letztlich nicht mit einem soziologischen Gesellschaftsbegriff zu tun haben, sondern mit einem politikwissenschaftlichen Begriff der Staatsformenlehre. Das Totalitarismusmodell macht primär Aussagen über das politische System, über eine bestimmte Form oder Dynamik von Herrschaft (Ideologie, Bewegung, monopolistische Bestrebungen usw.), während solche über die Gesellschaftsstruktur selten sind: eine vom politischen System über Befehl, Zwang und Terror erzwungene totale Integration aller Teilbereiche und Individuen wird als Faktizität behauptet, aber kaum untersucht. Andere sehen im Totalitarismusbegriff die Beschreibung eines neuen Typs von Revolution oder politischer Bewegung, also einen Prozeß und nicht einen bestimmten Typ von Herrschaft oder Gesellschaft. Allerdings nimmt die Totalitarismustheorie an, daß totalitäre, anders als autoritäre Diktaturen, auf eine völlige Umgestaltung und Durchdringung aller gesellschaftlichen Bereiche zielen und eine neue, ideale Gesellschaft schaffen wollen, wobei die totalitäre Bewegung von der Gesellschaft geradezu als „Okkupationsarmee" wahrgenommen werden kann (Buchheim 1962: 115f.). Hier fehlt es jedoch, einmal abgesehen von Forschungen zum Erziehungs- und zum Wissenschaftssystem sowie zur Massenkommunikation (alle in den 50er Jahren am Institut für politische Wissenschaft an der Freien Universität Berlin entstanden), an dem Totalitarismus-Paradigma verpflichtete Arbeiten zu den Auswirkungen in den verschiedenen funktionalen Teilsystemen. Historische Arbeiten zum Nationalsozialismus haben zentrale Annahmen über den monolithischen Charakter des Führerstaates, über eine allgegenwärtige Geheimpolizei und über veränderte sozioökonomische Strukturen nicht bestätigen können. Bei einer detaillierten vergleichenden Betrachtung gewinnen nach Gerhard Schulz viele Merkmale jedes dieser Systeme ein ganz unterschiedliches Aussehen und ihre strukturellen wie funktionalen Zuordnungen weichen derart voneinander ab, daß sie „überhaupt nur innerhalb gewisser Grenzen vergleichswürdig sind" (1968: 439). Die Tatsache, daß etwa nach der Definition von Friedrich so unterschiedlich entwickelte und strukturierte Staaten wie Jugoslawien, Polen, China, Kuba und Nordvietnam als totalitär gelten, zeigt, daß der Totalitarismusbegriff zur Gesellschaftsanalyse wenig nützlich ist. Die Subsumierung dieser Staaten führt zudem zu einem Widerspruch mit den Friedrichschen Grundannahmen über die evolutionären Voraussetzungen des Entstehens totalitärer Systeme, die in einer Phase gesellschaftlicher und politischer Umwälzungen von Herrschaftssystemen entstehen sollen, die wesentlich von Christentum, Demokratie und moderner Technik geprägt sind. Gelten diese Entstehungsbedingungen schon nicht für den paradigmatischen Fall des Bolschewismus, so gibt es auch Dissens darüber, ob der europäische Faschismus eine Reaktion auf die Krise der liberalen Demokratie war oder nicht vielmehr, wie es die historisch-genetische Version Noltes annimmt, eine Reaktion auf die Bedrohung durch den Bolschewismus, oder, wie ein früher Kritiker des Friedrichschen Modells angemerkt hat, vielmehr eine Reaktion vormoderner Kräfte auf die Modernisierung (Ebenstein 1968: 306ff.). Bis heute hält der wissenschaftliche Streit über die Frage nach der Modernität des Nationalsozialismus an. Otto Stammer hat bereits 1961 auf die eklatanten Unterschiede zwischen den als totalitär bezeichneten Systemen hinsichtlich ihrer geschichtlichen Entstehungsbedingungen und nationalen Besonderheiten, ihrer gesellschaftlich-politischen Ursprungssituationen, der Struktur und der besonderen Funktionen der das Führungshandeln und das Massenverhalten bestimmenden Ideologien und der die Politik leitenden Entwicklungsmodelle hingewiesen (1968: 418). Der Begriff des Totalitarismus faßt derart heterogene und in ihrem Entwicklungsniveau differierende Gesellschaften zusammen, daß er soziologisch nur bedingt brauchbar ist. Bereits in den 60er Jahren ist ein Abrücken von dem umfassenden idealtypischen Modell des Totalitarismus zu erkennen, hin zu begrenzten Theorien mittlerer Reichweite für bestimmte Sach- und Problemzusammenhänge und einzelne Entwicklungsabschnitte totalitärer Systeme (ebd.: 431f.).

Literatur

Adam, Uwe Dietrich 1978: Anmerkungen zu methodologischen Fragen in den Sozialwissenschaften: Das Beispiel Faschismus und Totalitarismus, in: Manfred Funke (Hrsg.), Ein Studien-Reader zur Herrschaftsanalyse moderner Diktaturen, Düsseldorf: 13-48.

Amendola, Giovanni: Maggioranza e minoranza, in: Il Mondo vom 12.5.1923.

Arendt, Hannah 1986: Elemente und Ursprünge totaler Herrschaft, Frankfurt a. M. (zuerst 1955; amerikanische Ausgabe: The Origins of Totalitarianism, New York 1951).

Aron, Raymond 1965: Démocratie et totalitarisme, Paris.

Borkenau, Franz 1940, The Totalitarian Enemy, London.

Brzezinski, Zbigniew K. 1956: The Permanent Purge, Cambridge.

Buchheim, Hans 1962: Totalitäre Herrschaft. Wesen und Merkmal, München.

Buchstein, Hubertus 1997: Totalitarismustheorie und empirische Politikforschung – die Wandlung der Totalitarismuskonzeption in der frühen Berliner Politikwissenschaft, in: Alfons Söllner, Ralf Walkenhaus, Karin Wieland, (Hrsg.): Totalitarismus. Eine Ideengeschichte des 20. Jahrhunderts, Berlin, 239-266.

Deutsch, Karl W. 1968: Risse im Monolith: Möglichkeiten und Arten der Desintegration in totalitären Systemen, in: Wege der Totalitarismus-Forschung, hrsg. von Bruno Seidel und Siegfried Jenker, Darmstadt: 197-227 (zuerst 1954).

Draht, Martin, Totalitarismus in der Volksdemokratie (1963), in: Bruno Seidel/Siegfried Jenker (Hrsg.), Wege der Totalitarismusforschung, Darmstadt 1968, S.310-358.

Ebenstein, William 1968: Analyse des Totalitarismus, in: Seidel und Jenker (Hrsg.): 289-309 (zuerst 1957).

Ford, Guy Stanton (Hrsg.) 1935: Dictatorship in the Modern World, Minneapolis.

Friedrich, Carl J. (Hrsg.) 1954: Totalitarianism. Proceedings of a Conference Held at the American Academy of Arts and Sciences, March 1953, Cambridge, Mass.

Friedrich, Carl J. unter Mitarbeit von Zbigniew Brzezinski 1957: Totalitäre Diktatur, Stuttgart (engl. Ausgabe: Totalitarian Dictatorship and Autocracy, Cambridge, Mass. 1956).

Friedrich, Carl J. 1954: Der einzigartige Charakter der totalitären Gesellschaft, in: Seidel und Jenker (Hrsg.) 1968: 179-196.

Friedrich, Carl J. und Zbigniew Brzezinski 1968: Die allgemeinen Merkmale der totalitären Diktatur, in: Seidel und Jenker (Hrsg.): 600-617 (zuerst 1965).

Friedrich, Carl J. 1969: Evolving Theory and Practise of Totalitarian Regimes, in: Ders./Michael Curtis/Benjamin R. Barber (eds.): Totalitarianism in Perspective: Three Views, London: 123-125.

Friedrich, Wolfgang-Uwe 1997, Formen des Totalitarismus. Zur Phänomenologie ideologischer Herrschaft im 20. Jahrhundert, in: Prägekräfte des 20. Jahrhunderts. Demokratie, Extremismus, Totalitarismus, hrsg. von Eckhard Jesse und Steffen Kalitz, München: 251-283.

Funke, Manfred (Hrsg.) 1978: Ein Studien-Reader zur Herrschaftsanalyse moderner Diktaturen, Düsseldorf.

Fritze, Lothar 1995: Unschärfen im Totalitarismusbegriff. Methodologische Bemerkungen zu Carl Joachim Friedrichs Begriff der totalitären Diktatur, in: Zeitschrift für Geschichtswissenschaft 43/7: 629-641.

Fuchs, Werner et al. 1978: Lexikon zur Soziologie, Opladen, 2. Aufl.

Greiffenhagen, Martin; Reinhard Kühnl und Johann Baptist Müller 1972: Totalitarismus. Zur Problematik eines politischen Begriffs, München.

Hayes, Carlton, J.H. 1940: Der Totalitarismus als etwas Neues in der Geschichte der westlichen Kultur, in: Seidel und Jenker (Hrsg.), 1968: 86-100.

Jänicke, Martin 1971: Totalitäre Herrschaft. Anatomie eines politischen Begriffs, Berlin.

Jesse, Eckhard (Hrsg.) 1996: Totalitarismus im 20. Jahrhundert. Eine Bilanz der internationalen Forschung, Bonn.

Kalitz, Steffen 1997a: Der Streit um den Totalitarismusbegriff, in: Eckhard Jesse und Steffen Kalitz (Hrsg.), München: 219-250.

Kalitz, Steffen 1997b: Literaturbericht: Der zweite Frühling der Totalitarismusforschung, in: Jahrbuch Extremismus und Demokratie 9: 215-232.

Kielmannsegg, Peter Graf 1978: Krise der Totalitarismustheorie?, in: Manfred Funke (Hrsg.): 61-80.

Kohn, Hans 1935: Die kommunistische und die faschistische Diktatur. Eine vergleichende Studie, in: Seidel und Jenker (Hrsg.), 1968: 49-63.

Kraushaar, Wolfgang 1997: Von der Totalitarismustheorie zur Faschismustheorie – Zu einem Paradigmenwechsel in der bundesdeutschen Studentenbewegung, in: Söllner et al. (Hrsg.): 267-283.

Laqueur, Walter 1985; Is There Now, or Has There Ever Been, Such a Thing as Totalitarianism?, in: Commentary, Vol. 80,: 29-35.

Linz, Juan J. 1975: Totalitarian and Authoritarian Regimes, in: Fred I. Greenstein und Nelson W. Polsby (Hrsg.), Handbook of Political Science, Reading, MA: 175-411.

Loewenstein, Karl 1935: Autocracy versus Democracy in Contemporary Europe, in: The American Political Science Review 24: 571-593.

Löwenthal, Richard 1968: Totalitäre und demokratische Revolution, in: Seidel und Jenker,: 359-381 (zuerst 1960).

Ludz, Peter Christian 1961: Offene Fragen in der Totalitarismusforschung, in. Politische Vierteljahresschrift 2: 319-348.

Ludz, Peter Christian 1964: Entwurf einer soziologischen Theorie totalitär verfaßter Gesellschaften, in: Studien und Materialien zur Soziologie der DDR, Sonderheft 8 der Kölner Zeitschrift für Soziologie und Sozialpsychologie: 11-58 (beide wieder abgedruckt in: Seidel und Jenker (Hrsg.), 1968).

Maier, Hans (Hrsg.) 1995: „Totalitarismus" und „Politische Religionen". Konzepte des Dikaturvergleichs, Paderborn.

Neumann, Sigmund 1942: Permanent Revolution. The Total State in a World at War, New York, London.

Nolte, Ernst 1996: Die historisch-genetische Version der Totalitarismustheorie: Ärgernis oder Einsicht? In: Zeitschrift für Politik 43/2: 111-122.

Petersen, Jens 1978: Die Entstehung des Totalitarismusbegriffs in Italien, in: Funke (Hrsg.): 105-128.

Pohlmann, Friedrich 1995: Marxismus – Leninismus – Kommunismus – Faschismus. Aufsätze zur Ideologie und Herrschaftsstruktur der totalitären Diktaturen, Pfaffenweiler.

Schlangen, Walter 1976: Totalitarismus-Theorie. Entwicklung und Probleme, Stuttgart.

Schulz, Gerhard 1968: Der Begriff des Totalitarismus und der Nationalsozialismus, in: Seidel und Jenker (Hrsg.): 438-465 (zuerst 1961).

Seidel, Bruno und Siegfried Jenker (Hg.) 1968: Wege der Totalitarismus-Forschung, Darmstadt.

Siegel, Achim 1996: Der Funktionalismus als sozialphilosophische Konstante der Totalitarismuskonzepte Carl Joachim Friedrichs, in: Zeitschrift für Politik 43: 123-144.

Söllner, Alfons/ Ralf Walkenhaus/ Karin Wieland (Hrsg.) 1997: Totalitarismus. Eine Ideengeschichte des 20. Jahrhunderts, Berlin, 239-266.

Stammer, Otto 1968: Aspekte der Totalitarismusforschung, in: Seidel und Jenker (Hrsg.): 414-437 (zuerst 1961).

Stark, Joachim 1997: Raymond Aron und der Gestaltwandel des Totalitarismus, in: Söllner et al. (Hrsg.): 195-207.

Sturzo, Luigi 1926: Italien und der Faschismus, Köln.

Symposium of the Totalitarian State. From the Standpoint of History, Political Science, Economics and Sociology, Nov. 17, 1939, Proceedings of the American Philosophical Society, Vol. 82, 1940, Nr. 1. Philadelphia 1940.

Talmon, Jacob L. 1961: Die Ursprünge der totalitären Demokratie, Köln, Opladen.

Tormey, Simon 1995: Making Sense of Tyranny: Interpretations of Totalitarianism, Manchester, New York.

Tucker, Robert C. 1968: Auf dem Weg zu einer politikwissenschaftlichen vergleichenden Betrachtung der „Massenbewegungsregime", in: Seidel und Jenker (Hrsg.): 382-404 (zuerst 1961).

Voegelin, Erich 1938: Die politischen Religionen, Wien, Neuauflage München 1993.

Wippermann, Wolfgang 1997: Totalitarismustheorien. Die Entwicklung der Diskussion von den Anfängen bis heute, Darmstadt.

Helmut Willke

Wissensgesellschaft

1. Zum Begriff der Wissensgesellschaft

Die Wissensgesellschaft existiert noch nicht, aber sie wirft ihre Schatten voraus. Mit dem 'Sieg' der Gesellschaftsform der kapitalistischen Demokratie über den Sozialismus, dem Aufbau leistungsfähiger globaler digitaler Datennetze und der Verdichtung globaler Kontexte für lokales Handeln verliert der moderne *Nationalstaat* schrittweise Elemente seiner Bedeutung. Mit der Höherstufung von Produkten und Dienstleistungen zu wissensbasierten, professionellen Gütern verlieren die herkömmlichen Produktionsfaktoren (Land, Kapital, Arbeit) gegenüber der implizierten oder eingebauten Expertise dramatisch an Bedeutung, und damit mutiert die moderne *kapitalistische Ökonomie* schrittweise zu einer post-kapitalistischen, wissensbasierten Produktionsform. Beide Elemente zusammen verändern das Gesicht der modernen Arbeits- und Wohlfahrtsgesellschaften grundlegend. Die für entwickelte Gesellschaften relevante Form der Arbeit wird *Wissensarbeit*, während herkömmliche Formen der 'einfachen' Arbeit von Maschinen übernommen werden oder in die noch verbliebenen Billiglohnländer abwandern. Der 'Wohlfahrtsstaat' zerbricht an seiner Überforderung durch Sozialleistungen und Subventionen, die in einer sich globalisierenden Wirtschaft nicht mehr nationalstaatlich organisierbar und kontrollierbar sind.

All dies passiert gegenwärtig vor unseren Augen. Nicht nur die Politik, sondern auch die Sozialwissenschaften nehmen dies allerdings kaum wahr, weil sie in eine andere Richtung schauen: in die Richtung der Verteidigung der Errungenschaften des 19. Jahrhunderts, der Verteidigung von Kohle und Stahl, von Kapitalismus und Nationalstaat.

Moderne Organisationen und Gesellschaften befinden sich im Umbruch zu wissensbasierten Systemen. Neben die traditionellen Infrastrukturen der Macht und des Geldes tritt mit zunehmendem Gewicht Wissen als Operationsbedingung und als notwendige Steuerungsressource. Wissen im allgemeinen und Expertise als systematisiertes und organisiertes Wissen im besonderen verändern soziale Ordnung kontinuierlich, seit die Verwendung von Wissen nicht mehr altes, unvordenkliches Wissen betont, sondern *neues* Wissen. Die Umkehrung der Zeitorientierung von der Vergangenheit auf die Zukunft, welche die Neuzeit kennzeichnet, erfaßt auch das Medium des Wissens. Sie bewirkt, daß die kollektive Wirkung des Wissens sich nicht mehr in der Tradierung der bestehenden 'alten' Ordnung erschöpft, sondern sich in Richtung Steuerung transformiert, also in Richtung einer gezielten Veränderung naturwüchsiger Verläufe auf projektierte Zwecke und 'unwahrscheinliche' Trajektorien. Die revolutionäre Idee der *Machbarkeit* sozialer Verhältnisse gründet schon bei Machiavelli nicht mehr nur auf dem gezielten Einsatz von Macht, sondern auch von Wissen. Giambattista Vico vertrat zu Beginn des 18. Jahrhunderts die Idee einer Säkularisierung der Geschichte und wagte die Behauptung, daß die historische Welt vom Menschen gemacht sei. Unter dem Eindruck der Französischen Revolution und ihrer Auswüchse vertrat schließlich Saint Simon die Idee, daß die Revolutionierung der Gesellschaft weder den Metaphysikern noch den Juristen überlassen werden könne, sondern daß eine wirkliche Reorganisation der Gesellschaft nur unter der Führung von Industriellen und Wissenschaftlern gelingen könne. Seitdem schreitet neben der Industrialisierung auch die Verwissenschaftlichung der Gesellschaft voran.

Von einer Wissensgesellschaft oder einer wissensbasierten Gesellschaft läßt sich sprechen, wenn die Strukturen und Prozesse der materiellen und symbolischen Reproduktion einer Gesellschaft so von wissensabhängigen Operationen durchdrungen sind, daß Informationsverarbeitung, symbolische Analyse und Expertensysteme gegenüber anderen Faktoren der Reproduktion vorrangig werden. Auf der Seite der Ökonomie setzt dies voraus, daß drei Prozesse eine kritische Masse gewinnen und sich gegenseitig verstärken: zum einen die Ausbildung der lernenden, *intelligenten Organisation*, dann ein Strukturwandel der Arbeit von der tayloristisch geprägten Industriearbeit zur *Wissensarbeit*, und schließlich die Ubiquität *intelligenter Produkte*, die dadurch gekennzeichnet sind, daß ihr wesentlicher Wert in der eingebauten Intelligenz liegt.

Auf der Seite der Politik setzt die Möglichkeit der Wissensgesellschaft voraus, daß neben die Kollektivgüter der ersten Ordnung - innerer und äußerer Frieden, demokratische Selbstbestimmung, Eigentumsrechte, Erziehungs- und Sozialsysteme und öffentliche Infrastrukturen - solche der zweiten Ordnung treten. Darunter verstehe ich wissensbasierte 'kollaterale Güter'. Sie sind dadurch gekennzeichnet, daß sie (1) durchgängig auf spezialisierter professioneller Expertise gründen und (2) nicht mehr von der Politik als Funktionssystem der Gesellschaft allein, sondern nur im Zusammenspiel öffentlicher und privater Akteure, also in Form einer öffentlich-privaten Partnerschaft bereitgestellt und gesichert werden können.

Ein gutes Beispiel dafür sind öffentliche Infrastrukturen. Neben die Infrastrukturen der ersten Ordnung (vor allem: Straßen, Schienen, Energie- und Telefonnetze) treten gegenwärtig Infrastrukturen zweiter Ordnung, die wissensbasiert sind, und die einen umfassenden, schnellen und preiswerten globalen Austausch von Informationen, Kommunikationen und Energie erlauben – also vor allem intelligente *Datennetze* ('Datensuperhighways'), intelligente *Verkehrsleitsysteme* (Telematik), die multi-modalen Verkehr nicht nur ermöglichen, sondern wissensgestützt managen, und intelligente Systeme der *Gewinnung und Verteilung von Energie* (siehe die Fallstudien in Willke 1997: Kap. 2.2).

Entsprechende Voraussetzungen hat die Wissensgesellschaft in allen anderen Funktionssystemen der Gesellschaft, vom Wissenschaftssystem über Erziehung, Gesundheit oder Recht bis zu Sport, Massenmedien oder Kunst. Beispielhaft greife ich im folgenden die Bereiche Ökonomie und Politik heraus. Im Fall der Ökonomie untersuche ich die drei bereits erwähnten Bereiche der intelligenten Organisation, der Wissensarbeit und der intelligenten Produkte. Die Transformation der Politik möchte ich vor allem am Beispiel der neuen Infrastrukturen deutlich machen.

2. Elemente der Wissensgesellschaft

2.1 Wissensbasierte Ökonomie

2.1.1 Intelligente Organisation

Eine ganze Reihe von Studien belegt die wachsende Bedeutung 'organisationaler Intelligenz' für die Wettbewerbsfähigkeit von Unternehmen. Vor allem die seit einigen Jahren verhandelte Morphogenese des kapital- und arbeitsintensiven Unternehmens zum *wissensbasierten* oder *'intelligenten' Unternehmen* ist für unser Thema aufschlußreich. Ausgangspunkt der Überlegungen ist hier die Beobachtung, daß die klassischen betriebswirtschaftlichen Faktoren der Produktion, nämlich Arbeit, Betriebsmittel und Werkstoffe, gegenüber dem vierten Produktionsmittel – Information, Wissen und Expertise – an Bedeutung verlieren, und dies nicht mehr nur in einem graduellen quantitativen Übergang, sondern in einem die Operationsweise der Ökonomie verändernden qualitativen Sprung.

Idee und Vision des 'intelligenten Unternehmens' haben Managementtheorie und -praxis vehement erfaßt (Quin 1992); nicht nur im Bereich professioneller Dienstleistungen durch Beratungsfirmen, Anwaltsfirmen, Design- oder Filmstudios, Krankenhäuser, Forschungsinstitute, Softwarefirmen, Pharma-Unternehmen etc., sondern auch über das gesamte Spektrum spezialisierter industrieller Produktion hinweg, von Spezialstahlen über biogenetische Produkte bis zu Autofirmen, die feststellen, daß Elektronikbauteile inzwischen 25% und bis zum Jahre 2000 40% des Wertes eines Autos ausmachen (Pountain 1995: 19). Chicagoer Ökonomen haben berechnet, daß der Wert von Computertechnologie fast nur aus eingebettetem Wissen ('intellectual capital') besteht und lediglich zu etwa 1% aus Materialien und zu etwa 5% aus unqualifizierter Arbeit (Bühl 1995: 18).

> "As a company focuses ever more on its own internal knowledge and service skills and those of its suppliers, it increasingly finds that managing shifts away from the overseeing and deployment of fiscal and physical assets and toward the management of human skills, knowledge bases, and intellect both within the company and in its suppliers. In fact, its raison d'être becomes the systematic coordination of knowledge and intellect throughout its (often highly disaggregated) network to meet customer needs" (Quinn 1992: 72).

Ganze Sektoren wie die Unterhaltungsindustrie, kommerzielle Einrichtungen der Fort- und Weiterbildung, kommerzielle Datenbanken und Informationsdienste, die Massenmedien oder das Verlagswesen wachsen durch die Digitalisierung der Inhalte und die Übertragung auf elektronische Medien zusammen und eröffnen dadurch übergreifende globale Märkte für Wissensinhalte und Expertise (Eisenhart 1994). Die Frage ist, ob sich die Operationsform dieser Märkte umstandslos in den herkömmlichen Begriffen von Angebot und Nachfrage, Herstellungskosten und Gebrauchsnutzen, rationaler Kalküle und rationalen Handelns begreifen läßt. Wie rechnen sich Produkte, die niemand braucht und jeder will? Welchen Wert hat eine Steigerung der eingebauten Intelligenz von Produkten, eine Steigerung der Informationsdichte, eine Ausweitung der Optionen für die Auswahl unter Fernsehprogrammen?

Parallel dazu erlaubt die Digitalisierung von Expertise den systemspezifischen Aufbau von organisationaler Intelligenz in Form von proprietären Datenbanken, Expertensystemen, Unternehmensdatenmodellen, Regelsystemen und Aufbereitungsinstrumenten für das vorhandene Wissen, so daß das Wissen von Organisationsmitgliedern - einschließlich des impliziten und stillschweigenden Wissens - symbolisch aufbereitet, organisiert und schrittweise in ein eigenständiges Wissen der Organisation transformiert werden kann (Willke 1995: Kap. 7). *Wissen* meint hier die Einbettung von Informationen in ein Muster von Erfahrungen und Erwartungen (Präferenzregeln), so daß die Informationen in einer von diesen Präferenzregeln geprägten Weise produktiv genutzt werden können. Wird ein solches Wissen seinerseits in ein Muster von Entscheidungsregeln eingebunden und in diesem Kontext produktiv verwendet, so möchte ich von *Intelligenz* sprechen. Damit entsteht neben den Personen als Organisationsmitgliedern ein zweites, eigenständiges Standbein organisationaler Intelligenz, das den Übergang vom informationsbasierten zum wissensbasierten Unternehmen erleichtert:

> "organizations today face a degree of complexity that requires intelligence beyond that of any individual" (Isaacs 1993: 28). Und: "Organizational learning is more complex and dynamic than a mere magnification of individual learning" (Kim 1993: 40).

Spätestens seit Frederick Taylor ist klar, daß arbeitsteilig produzierende Organisationen immer auch wissensbasierte Systeme sind, in denen sich das Wissen von Personen und das in die Operationsweise der sozialen Systeme eingelassene Wissen zu einer prekären Kombination ergänzen:

> "Management of industry became to an increasing degree management of knowledge. Taylorism was a new expression of a knowledge-based scientific approach to management" (Forslin 1990, zit. bei Pawlowsky 1992: 199).

Die eine Seite, die Wissensbasierung und Intelligenz von Personen, steht natürlich seit langem im Zentrum der unterschiedlichsten wissenschaftlichen Disziplinen und praktischer Strategien von Ausbildung, Fortbildung, Weiterbildung, Umschulung, Höherqualifizierung etc. Die andere Seite, die Wissensbasierung und Intelligenz von Organisationen, ist dagegen sowohl in der Forschung als auch in der Praxis stark unterbelichtet.

2.1.2 Wissensarbeit

Obwohl die grundlegenden Studien von Fritz Machlup zur Produktion und zum ökonomischen Wert von Wissen wenig rezipiert worden sind (Stehr 1994: 116 ff.) und obwohl die Definition von Indikatoren und ihre Messung im Bereich von Information, Wissen und Wissensbasierung unscharf bleiben müssen, läßt sich doch aus der Fülle vorliegender Beobachtungen ein deutlicher Trend herauslesen: gegenüber Landwirtschaft, industrieller Produktion und (einfachen) Dienstleistungen nehmen wissensbasierte Tätigkeiten zu. Gegenüber Produkten mit hohen Wertanteilen an Arbeit und Material gewinnen Produkte die Überhand, deren Wert vorrangig aus der eingebauten Expertise ('embedded intelligence') besteht – z. B. Software, Logik-Chips, Computer, Farbdisplays, elektronische Spiele, Spielfilme etc. Während einfache Tätigkeiten und Dienstleistungen von Maschinen oder Robotern übernommen werden, steigt der Bedarf an professioneller Expertise in allen Bereichen.

> "Machlup reported that for 1958, 29 % of the GNP was spent for knowledge processing and distribution, in five major classes: (1) education, (2) research and development, (3) communications media, (4) information machines, and (5) information services. That year, Machlup found, 31 % of the labor force was employed in those knowledge in-

dustries (Anmerkung 10: In 1963, a year after the publication of Machlup's study, Fortune magazine editor Gilbert Burck calculated that, based on Machlup's categories, 1963 showed 33 % of the GNP generated by the knowledge sector. Five years later economist Jacob Marschak predicted that the same economic sector would approach 40 % of the GNP in the next decade (the 1970s)« (Eisenhart 1994: 19f.).

In einer Studie zur Informationswirtschaft untersuchte Marc Porat (1977) die konkrete Tätigkeit von Menschen am Arbeitsplatz. Er fand eine bemerkenswerte Zunahme von Arbeiten, die von der Produktion und Verteilung von Informationen geprägt sind. In den OECD-Ländern fällt der Anteil von Landwirtschaft und industrieller Produktion, während der Anteil von Dienstleistungen steigt (siehe die Zusammenfassung der Daten in Abbildung 1und 2). Ohne Zweifel läßt sich die Emergenz der Wissensgesellschaft mit solchen Statistiken und Prognosen nicht beweisen. Ist man durch diese und andere Indikatoren aber erst einmal auf die *Möglichkeit* einer (noch subkutan sich vollziehenden) Transformation aufmerksam geworden, dann drängen sich Parallelen zu anderen Systemkontexten auf.

Abbildung 1: Entwicklung der Sektoren von Typen der Arbeit
(Quelle: Porat 1977: 188ff.)

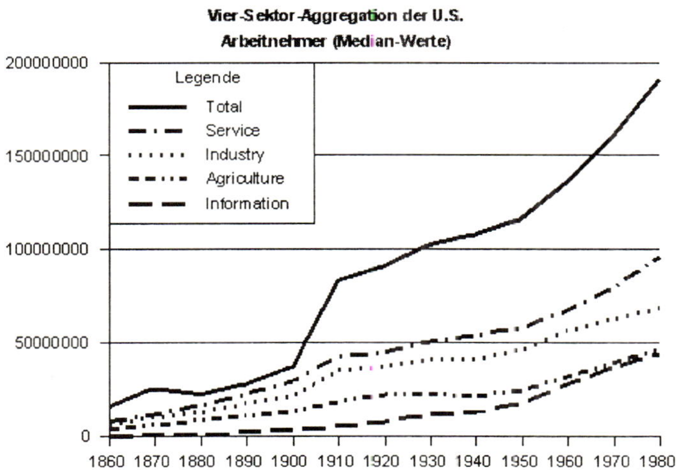

Abbildung 2: Entwicklung der Sektoren von Typen der Arbeit
(Quelle: IAB, zit. bei Berger 1996, S. 20)

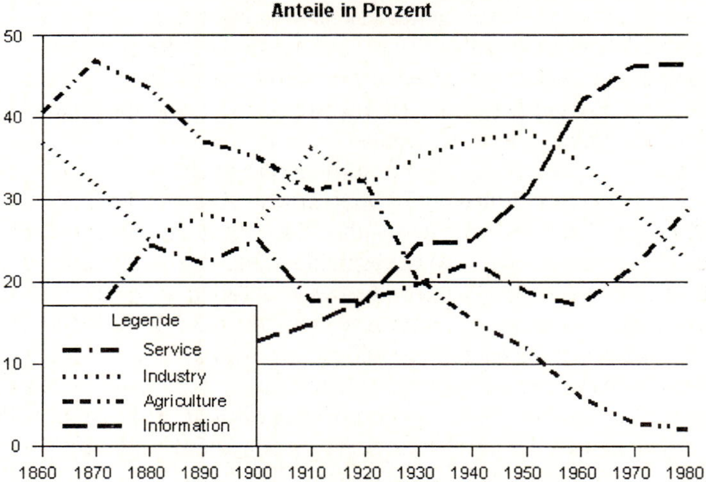

Robert Reich spricht von der neuen Klasse der 'symbolic analysts', die als Wissens-Arbeiter den eigentlichen Mehrwert von Produkten und Dienstleistungen schaffen und so für den 'Wohlstand der Nationen' verantwortlich werden (Reich 1991: 171ff.). Nimmt man an, daß jedenfalls Akademiker in der Regel Symbolanalytiker sind, dann zeigt allein die Zunahme des Anteils der Akademiker an der arbeitenden Bevölkerung die wachsende Rolle der Analyse von Symbolen: In der (alten) BRD lag der Akademikeranteil 1960 bei 2,9%, 1970 bei 5,7% und 1993 bereits bei 11,5% (Quelle: FAZ Nr. 81 v. 5.4.1995: 15).

Besonders einschneidend könnte sich die Digitalisierung weiter Bereiche des globalen Finanzsystems auswirken. Die 'virtuelle Ökonomie' digitalisierter Geldströme ohne realen Gegenwert überragt bereits heute das Volumen der realen Ökonomie um das 20 bis 50-fache (Kurtzman 1993: 12). Die erforderliche Expertise für die Erfindung, den Einsatz und den Umgang mit immer esoterischeren 'derivaten' Finanzinstrumenten (junk bonds, futures, call options, put options, portfolio insurances, Terminkontrakte, Optionen auf einen Aktienindex etc.) ist extrem hoch, so daß nur wenige Banken, Börsen und Finanzunternehmen kompetent damit umgehen können. Die zugrundeliegenden mathematischen Modelle und die erforderlichen Computerprogramme und Vernetzungsstrukturen sind so anspruchsvoll, daß Wissen längst höhere Investitionsrenditen abwirft als Kapital (Kurtzman 1993: Kap. 11).

So sieht sich die Logik ökonomischen Handelns von zwei Seiten bedrängt: die Virtualisierung ökonomischer Transaktionen verflüssigt die Kriterien für Kosten-Nutzen-Kalküle und Zahlungsbereitschaften. Je abgehobener und abgeleiteter ('derivatives') die Objekte für Transaktionen werden, von Gütern zu Preisen zu Preiserwartungen zu Gewinnerwartungen zu Erwartungen über differenzielle Entwicklungen von Indexen etc., und je besinnungsloser die Transaktionen ablaufen (computerisierter Handel, Reduktion der Zeithorizonte, Intransparenz der Wechselwirkungen), desto weniger läßt sich behaupten, daß die herkömmlichen Kalküle der realen Ökonomie die Logik des Wirtschaftssystems bestimmen. Zugleich treibt die Wissensbasierung der Ökonomie in allen ihren Momenten, von Produkten über Produktionsformen bis zu Managementkonzeptionen, eine Polyvalenz ökonomischer Logik voran, die es schwer macht, weiterhin von einer klar bezeichenbaren Logik rationaler Kosten-Nutzen-Kalküle zu reden.

Eine Wissensgesellschaft ist nicht nur dadurch gekennzeichnet, daß ihre *Mitglieder* im Durchschnitt längere und professionellere Ausbildungen genießen, daß mehr *Produkte* mit eingebauter Intelligenz versehen sind, und daß ihre *Organisationen* sich zu wissensbasierten Organisationen tranformieren. Auch auf der Ebene ihrer *Funktionssysteme* ändert die Bedeutung von Wissen, Intelligenz und Expertise die eingeschliffenen Formen arbeitsteiliger Operationen. Bislang war es geradezu ein Merkmal der Moderne, daß das Wissenschaftssystem für die Erzeugung, Beurteilung, Kanonisierung und Revision des erzeugten Wissens ausschließlich zuständig war (Luhmann 1990; Stichweh 1987). Andere Funktionssyteme wie Politik, Recht, Erziehung, Gesundheit etc. inkorporierten in intermediatisierenden Prozessen der Politikberatung, der Expertenanhörung, der Pädagogisierung, der Verknüpfung von medizinischer Forschung und Praxis in Universitätskliniken etc. das neue Wissen und formulierten Anforderungen an die Wissenschaft.

Heute dagegen läßt sich eine Aufweichung dieser klaren Arbeitsteilung infolge einer Proliferation multipler "centers of expertise" (Jasanoff 1990: 76) beobachten. Wissen ist nur eine Form organisierter Information unter anderen. Daneben stehen funktionierende Technologien, Expertise, Intelligenz, implizites Wissen, organisierte Symbolsysteme, organisationales Wissen, wissensbasierte Operationsformen, professionelles Steuerungswissen und vieles andere. Das Wissenschaftssystem ist gar nicht mehr in der Lage, Produktion und Verwendung spezialisierter Expertise zu kontrollieren, die in 'fremden' Kontexten anfallen. Vor allem aber ist aufgrund dieser polyzentrischen Produktion von Wissen das Tempo der Wissensrevision so gesteigert, daß der langwierige Umweg über das Wissenschaftssystem kontraproduktiv wäre.

So ist zum Beispiel auffällig, daß Management-Expertise und neue Konzeptionen der korporativen Steuerung sich nicht mehr in Ökonomik, Organisations- oder Managementtheorie herausbilden, sondern entweder in einer reflektierten Praxis oder in Hybridsystemen der theoretisch interessierten Organisations- und Managementberatung (Peters 1989; Peters 1992; Senge 1990; Womack et al. 1991). Ebenso entstehen neue derivate Finanzierungsinstrumente nicht in der Finanzwissenschaft, sondern in der Praxis kombinierter Expertenteams, die sich den trägen Betrieb wissenschaftlicher Validitierung nicht mehr leisten wollen – und die entsprechende Risiken eingehen.

2.1.3 *Intelligente Güter*

Für Güter wie Logik-Chips, Computer-Betriebssysteme, farbige Flachdisplays oder Kommunikationssatelliten, ebenso wie für professionelle Dienstleistungen wie komplizierte Operationen, die Verschaffung von Patentrechten, innovatives Design oder die therapeutische Heilung psychischer Störungen versagen die Produktionskosten als Indikator – oder sind sogar völlig irreführend. Daß die reinen Produktionskosten eines Pentium-Chips eine Handvoll Dollar sind, sagt nichts mehr über den wirtschaftlichen Wert des Chips aus.

Güter der Computertechnologie, so haben Ökonomen berechnet (vgl. Bühl 1995: 18), bestehen im Durchschnitt zu 1% ihrer Kosten aus Material, zu 5% aus unqualifizierter Arbeit und zu den restlichen 94% aus "intellektuellem Kapital", genauer: aus eingelassener Expertise. Die reinen Produktionskosten für die Heilung einer Neurose mögen ein paar Tausend Mark sein - es sagt nichts über die (ökonomische? persönliche? sonstige?) Bedeutung der Dienstleistung aus. Die Herstellungskosten vieler komplexer Medikamente sind gänzlich vernachlässigbar. Ihr einziger Wert liegt in dem 'eingeschlossenen' Wissen, welches ihre Komposition und ihre Wirkungen bestimmt. Was hat sich geändert?

Einen bemerkenswerten, wenngleich wenig rezipierten Versuch, die Konturen einer wissensbasierten Ökonomie zu verstehen, macht Taichi Sakaiya in einem Buch, das (etwas reißerisch) eine "Knowledge-Value Revolution" ankündigt. Der Kern seines Arguments ist, daß in der sich formierenden Wissensgesellschaft der Wert von Gütern nicht mehr vom Material oder von den Arbeitskosten bestimmt ist, sondern von dem Mehrwert an Wissen, Intelligenz oder Expertise, welchen das Gut für den Käufer in seiner konkreten Situation verspricht.

Wem dies zu spekulativ klingt, der vergegenwärtige sich, daß ein so nüchterner Management-Theoretiker wie Peter Drucker praktisch synonym formuliert:

> "The basic economic resource – 'the means of production' to use the economist's term – is no longer capital, nor natural resources (the economist's 'land'), nor 'labor'. It is and will be knowledge" (Drucker 1994: 8).

Nimmt man hinzu, daß grundsätzlich jedes Produkt und jede Dienstleistung sich dafür eignet, "wissensgestützt gestaltet zu werden" (Davis/Botkin 1995: 29), dann erhellt, daß sich hier eine ziemlich fundamentale Veränderung der Ökonomie anbahnt. Auch Sakaiya sieht einen qualitativen Umbruch dadurch, daß diese Veränderung der Wertbasis von Gütern nicht mehr die Ausnahme ist, sondern zum Normalfall avanciert:

> "Advantage was once derived by getting data faster than rivals. These days, the advantage lies in the brainpower and associated computing power that firms can mobilise. It is no longer the receipt of data that

> determines which firm uses it more profitably; instead it might be how quickly a firm spots a pricing anomaly hiding in a data series. Wall Street firms vie with military defence laboratories not just for the brightest PhDs, but also for the lead in technologies that make possible the easy visualisation of large amounts of data" (Economist 1996: 23).

Was Sakaiya nicht sieht, und was nur in einer differenzierungstheoretisch geschulten Perspektive erkennbar wird, ist die Verengung seines Arguments auf die Verschränkung des Verhältnisses von Wissen und Ökonomie in einer wissensbasierten Ökonomie. Das prägende Merkmal einer Wissensgesellschaft ist dagegen aus meiner Sicht, daß gerade nicht nur die Ökonomie ihren Operationsmodus und die Qualität ihrer elementaren Operationen durch Wissensbasierung und die Umstellung auf 'knowledge-value' als zentrales Kriterium der Bewertung von Gütern und Dienstleistungen verändert. Die weit aufregendere Einsicht ist, daß im Prinzip alle etablierten Funktionssysteme der subversiven Dynamik einer Wissensbasierung ausgesetzt sind – und daß genau dies eine Überforderung des Wissenschaftssystems bedingt, welche zu einer Art Ausfransung des Wissenschaftssystems in polyzentrisch verteilte Orte der Produktion von Expertise führt.

Eine eigenartige Verengung der Sichtweise auf die Ökonomie kennzeichnet die Studie von Sakaiya ebenso wie die parallele Arbeit von Peter Drucker zur "post-kapitalistischen Gesellschaft" (1994). Beide sprechen zwar ausgiebig von Gesellschaft, aber da sie 'Gesellschaft' umstandslos als ökonomisch bzw. kapitalistisch dominierte Gesellschaft verstehen, ist es nur folgerichtig, daß für eine grundlegende Veränderung von Gesellschaft eine Veränderung der Operationsweise ihrer Ökonomie ausreicht. Dem ist entgegenzuhalten, daß moderne Gesellschaften genauso wenig von ihrer Ökonomie dominiert sind wie von ihrem Schulsystem, genauso wenig von ihrer Politik wie von ihrem Wissenschaftssystem. Wie sollten sie auch von ihrer Ökonomie dominiert sein, wenn diese ohne ein umfassendes Erziehungs- und Ausbildungssystem über Nacht zusammenbräche, weil niemand mehr Computer bedienen oder Bedienungsanleitungen lesen könnte; wenn ohne politisch gesetzte Rahmenbedingungen der Ordnungspolitik, einschließlich fundamentaler rechtlicher Institute wie Eigentumsgarantie oder Vertragsfreiheit, großflächiges ökonomisches Handeln unmöglich wäre; wenn jede moderne Ökonomie von öffentlichen Infrastrukturvorleistungen abhängt, die bislang nur vom Staat geschaffen wurden? Nimmt man auch nur einigermaßen ernst, daß die Funktionssysteme moderner Industriegesellschaften wechselseitig voneinander abhängig sind, weil in einer funktional differenzierten Einheit keine Funktion verzichtbar ist, dann entpuppt sich die Rede von der Dominanz irgendeiner Funktion als Regression in die Beschreibung vormoderner Zustände.

Aus dieser die gesellschaftliche Vielfalt und Differenzierung betonenden Sichtweise folgt, daß größte Vorsicht geboten ist, wenn Umwälzungen oder Umbrüche einer Gesellschaftsform aus Veränderungen nur *eines* ihrer Funktionssysteme abgeleitet werden. Zu viele Gerippe bevölkern den Friedhof gesellschaftstheoretischer weißer Elefanten. Nachdenklich machen könnte auch, daß Max Weber den letzten wirklich fundamentalen gesellschaftlichen Umbruch zur abendländischen Rationalität der Moderne genau darin ermöglicht sah, daß nicht *ein* Bereich unter vielen den Übergang zur Rationalisierung vollzog, sondern daß mit der calvinistischen und pietistischen Ethik und der darauf fußenden Rationalisierung der Lebensführung der Schlußstein einer ineinander verzahnten Rationalisierung *aller* Bereiche von Gesellschaft gesetzt und erst dadurch eine neue stabile Konfiguration erreicht war.

Daß heute das Gesundheitssystem, Politik, Wirtschaft oder das Erziehungssystem umfassend wissensbasiert und wissensabhängig sind, kann nicht überraschen. Aber selbst ein scheinbar so 'natürliches' und körpernahes Funktionssystem wie der Sport ist - jedenfalls im Hochleistungssport als seinem Kern - unabdingbar wissensbasiert. Biomechanik, Sportphysiologie, Ernährungswissenschaft, Sportmedizin, wissenschaftliche Trainingslehre, Dopingkontrolle (Bette/Schimank 1994) etc. bilden die Basis, ohne die heute sportliche Höchstleistungen und internationale Medaillen unerreichbar sind.

Eine Wissensgesellschaft wird sich erst etablieren, wenn eine kritische Masse an Wissensbasierung in die 'normalen' Operationsformen aller Funktionssysteme eingelassen ist, wenn also die Politik wie das Gesundheitssystem, das Rechts- wie das Erziehungssystem, die Religion wie der Sport, die Kunst wie die Ökonomie nicht nur gelegentlich und in Sonderfällen auf spezialisiertes Wissen zurückgreifen müssen, um sich zu reproduzieren, sondern wenn dies die Regel wird. Inwieweit dies in den entwickeltesten Gesellschaften bereits definitiv der Fall ist oder nur partiell, kann hier offen bleiben. Wenn die laufende Transformation moderner Demokratien auch nur annähernd das Tempo hält mit den sich überstürzenden Veränderungen ihrer Organisationen zu 'intelligenten', wissensbasierten Systemen und mit dem in einem globalen Konkurrenzfieber sich vollziehenden Umbau ihrer Kommunikations-Infrastruktur zu Infrastrukturen der zweiten Generation, dann wird sich die Wissensgesellschaft jedenfalls schneller etablieren, als das Wissenschaftssystem sie zu denken vermag.

Diese Andeutungen sollen genügen, um vor Augen zu führen, daß die Idee der Wissensgesellschaft auf der Ebene ihrer Organisationen konkretisiert und operationalisiert werden kann (ausführlich dazu Willke 1996). Die Rede von der Wissensgesellschaft gewinnt allerdings erst dann soziologische Konturen, wenn zumindest eine weitere Voraussetzung gegeben ist: wenn begründet erscheint, daß die Transformation der Operationsform komplexer Organisationen durch Wissensbasierung tatsächlich eine neue Qualität und Logik organisationaler Transaktionen erzeugt; und wenn plausibel erscheint, daß die Formen der Vernetzung, Interaktion und Interdependenz zwischen wissensbasierten Organisationen eine neue Qualität des Kontextes gesellschaftlicher Kommunikationen ergibt. Dies ist die Frage der Schaffung, Nutzung und Wirkung neuer Infrastruktursysteme in entwickelten Gesellschaften.

2.2 Wissensbasierung der Politik

Wissensbasierte Kollektivgüter: laterale Güter: Der wohl markanteste Indikator für einen Umbruch der Industriegesellschaft zur Wissensgesellschaft dürfte der sich in den 90er Jahren überstürzende Aufbau *wissensbasierter Infrastrukturen* sein. Noch ist das Feld unübersichtlich. Regionale, nationale, supranationale und globale Kommunikations-Infrastruktursysteme konkurrieren und kooperieren in unterschiedlichen Gemengelagen. Öffentliche und private Systeme, Betreiber, Anbieter, Standardsetzer und Regulatoren konkurrieren und kooperieren in wechselnden Besetzungen. Seit dem Treffen des Ministerrates der EU in Korfu im Juni 1994 hat sich die Europäische Union offiziell den aktiven Aufbau der 'Informationsgesellschaft' zum Ziel gesetzt. Dazu legte die 'High-Level Group on the Information Society' Empfehlungen für den beschleunigten Aufbau einer leistungsfähigen wissensbasierten Infrastruktur vor. Sie betont vor allem eine Partnerschaft zwischen öffentlichen und privaten Akteuren und spricht von einer marktgetriebenen Revolution. Sie stellt die politischen Akteure der EU vor die Aufgabe, die bestehenden Monopole abzuschaffen und die Operationsfähigkeit des Telekommunikations-Marktes zu sichern.

Bei der Schaffung kollateraler Güter geht es darum, eine bislang unstreitig öffentliche Aufgabe in eine Form zu gießen, welche die koordinierte Kooperation privater und hoheitlicher Akteure *in der Herstellung des fraglichen Kollektivgutes* trägt. Einer Prüfung der Legalität hält diese Konstruktion nur stand, wenn sich begründen läßt, daß anders als in der neuen Form der Kooperation zwischen korporativen Akteuren und politischen Instanzen die Erbringung dieser spezifischen Art des Gutes nicht möglich sei. Wenn diese Begründung gelingt, dann läßt sich von einer neuen Qualität des hergestellten Gutes sprechen, einem Hybrid zwischen Kollektivgut und Privatgut, welches sich dadurch auszeichnet, daß es *nur* in der interdependenten Kooperation von privaten und öffentlichen Akteuren geschaffen werden kann. Diese Art von Gut nenne ich *kollaterales Gut* (Willke et al. 1995: 348ff.). Wichtigster Fall eines solchen Gutes ist gegenwärtig in allen hochentwickelten Gesellschaften der Ausbau herkömmlicher Telekommunikationsinfrastrukturen zu Hochleistungsdatennetzen mit eingebauter Vermittlungs-, Schaltungs- und Koordinationsintelligenz.

Eine wesentliche Leistung dieser *Infrastruktur aus Netzwerken von Netzwerken* (Datennetzen) besteht darin, territorial ungebundene translokale Kommunikationen zu erleichtern. Informationen sollen schnell und kostengünstig gefunden, ausgetauscht und verwendet werden können. In einer informations- und wissensabhängigen Gesellschaft hat diese Leistung ganz offensichtlich grundlegende Auswirkungen auf eine ganze Reihe von Faktoren der Produktivität, Innovativität und mithin auf die Leistungs- und Wettbewerbsfähigkeit einer nationalen Ökonomie.

> "The enormity of the nationwide undertaking to create such an infrastructure - and ultimately the national multimodal network will interoperate globally, as does the current international telephone network - will take a combined effort between government and private enterprise" (Eisenhart 1994: 110).

Diese neuen Formen der Kooperation zwischen öffentlichen und privaten Akteuren, die gegenwärtig in Pilotprojekten sichtbar werden, haben Auswirkungen auf politisches Handeln und auf die Frage der Steuerung dieses Handelns – und sie stellen deshalb neue Fragen an die Rolle der Politik und die Grenzen ihrer nationalstaatlich definierten Reichweite.

Der Aufbau einer wissensbasierten Infrastruktur der zweiten Generation ('intelligente Infrastruktur') entwickelt sich gegenwärtig zum Motor der Transformation der Industriegesellschaft zur "postkapitalistischen Gesellschaft" (Drucker 1994) im Kontext eines globalen technologisch-ökonomischen Wettbewerbs der Nationen. So wie die öffentliche Infrastruktur an Energie- und Versorgungsleitungen, Straßen und Schienen das Potential der Manufakturen und Fabriken der Ersten und Zweiten industriellen Revolution erst zur Entfaltung bringt, so scheint es die Infrastruktur an Hochleistungs-Kommunikationsnetzen zu sein, welche das Potential der Dritten industriellen Revolution erst zur Realität werden läßt:

> "That the new society will be both a non-socialist and a post-capitalist society is practically certain. And it is certain also that its primary resource will be knowledge" (Drucker 1994: 4).

Staatstheorie und Staatspraxis kommen damit in Bedrängnis. So wie der souveräne und absolute Staat des Machtregimes sich unter den gesellschaftlichen Zwängen eines Versicherungsregimes der Notwendigkeit einer geld-basierten Infrastruktur beugen und sich in ganz neuer Qualität den Unsicherheiten fiskalischer Abhängigkeit aussetzen mußte, so sieht sich der Staat der technologischen Gesellschaft noch radikaler entzaubert. Ein sozietales Risikoregime forciert eine "neue Unübersichtlichkeit" (Habermas 1985b) und eine "organisierte Unverantwortlichkeit" (Beck 1988) und trifft darin Staat und Staatstheorie im Kern ihres Selbstverständnisses: Ein Risikoregime stellt die Fähigkeit der Politik und ihres Staates in Frage, kollektiv verbindliche Entscheidungen in rationaler und gerechter Weise und in diesem Sinne am Maßstab des Gemeinwohls orientiert zu treffen. Denn es gibt keine Instanz mehr, die verbindlich *und* rational, gemeinwohlorientiert *und* verantwortlich entscheiden könnte. Die Politik als besondere Sphäre des Allgemeinen wird Geschichte. Ihr bleibt die Rolle eines »primus inter pares« aller Funktionssysteme einer funktional differerenzierten Gesellschaft. Sie reagiert nicht mehr auf hoheitliche Weisungen, und ihr Verständnis von Demokratie nimmt Freiheit und Gleichheit (der Stimmen) der Bürger nur als Grundlage, auf welche sich die Autonomien und Interdependenzen der organisierten Funktionssysteme auflagern in Form von Verhandlungssystemen, die nichts anderes betreiben als Politik (Mayntz 1993; Scharpf 1992; 1994).

Der formale Rahmen allerdings bleibt sowohl im Versicherungsregime als auch im Risikoregime erhalten, weil es die Gesetzgebung als Kern der Politik allein ist, welche die Regeln sozietaler Selbststeuerung schließlich und letztlich setzt. Alles andere ist zwar Politik, aber Vorspiel – oder läuft 'under the shadow of the law'. So läßt sich behaupten, daß jedenfalls formal der Staat (als Selbstbeschreibung der Politik) weiterhin die Regeln definiert, wenn auch im Zusammenspiel mit und in Abhängigkeit von vielen Geld- und Ratgebern. Verhandlungssysteme, Runde Tische oder Konzertierte Aktionen in Bereichen wie Tarifverhandlungen, Gesundheitssystem oder Technologiepolitik nutzen die Möglichkeiten der internen organisationalen Interessenintermediatisierung einerseits, der Herstellung von Folgebereitschaft der Verbands- und Organisations-Mitglieder andererseits und verhelfen der Parteienpolitik dadurch zu Sachverstand und Legitimität, welche dem politischen System selbst aufgrund der nicht durchdringbaren gesellschaftlichen Komplexität nicht mehr zugänglich sind.

Sucht man unverzagt auch für die Epochen des Versicherungs- und des Risikoregimes nach einer "inneren idealen Gestalt der Politik" (Habermas 1985a: 31), so bleibt für den Staat die Tugend der Ironie (Willke 1992). Der Staat, der feststellt, daß er nicht mehr herstellen und beherrschen kann, was er zur autoritativen Leitung der Gesellschaft herstellen und beherrschen müßte, tritt in eine innere

Distanz zu sich selbst. Er beobachtet und reflektiert in seinen Strukturen und Prozessen, daß die in der Form der Demokratie kondensierten gesellschaftlichen Erwartungen einen aufrechten Rückzug nicht erlauben. So verbeugt er sich in ironischer Distanz vor dem demokratisch geneigten Publikum, dessen kompetente und spezialisierte Organisationen seine Dehabilitation begründen, und spielt den Zeremonienmeister einer aufgeklärten Demokratie, die weiß, daß sie nicht sein kann - und doch sein muß.

Es ist nicht ohne Ironie, daß nun, nachdem die systemtheoretischen Grundideen - der operativen Autonomie der Funktionssysteme, der differenzierten Rationalitäten und der Vertreibung der Politik aus dem Zentrum von Gesellschaft - für alle relevanten Ansätze der Gesellschafts-, Politik- und Systemsteuerung praktisch Allgemeingut geworden sind, mit der Wissensgesellschaft die Notwendigkeit der Revision dieser Grundannahmen heraufdämmert. Wichtig ist, daß es *nicht* um die Wissen*schafts*gesellschaft geht, als eine vom Funktionssystem Wissenschaft dominierte Gesellschaft. Diese Idee ist ebenso unbrauchbar wie der bunte Strauß all jener Vorstellungen, die irgend ein anderes Teilsystem zum Repräsentanten des Ganzen machen, sei es nun die altehrwürdige Vorstellung einer von der Ökonomie dominierten Gesellschaft (Marx) oder neuere Versionen einer von der Schule, dem Gesundheitssystem (Ivan Illich), der Technologie (Jacques Ellul) oder den Massenmedien (Marshal MacLuhan) dominierten Gesellschaft. Jede dieser Vorstellungen nimmt ein Teil für das Ganze und verkennt die fundamentale Interdependenz, der alle Funktionssysteme unterliegen, sobald sich das Prinzip der funktionalen Differenzierung flächendekkend durchgesetzt hat.

Was die Wissensgesellschaft demgegenüber kennzeichnet, ist, daß nicht ein Teilsystem dominant wird, sondern daß *alle* Funktionssysteme in ihrer elementaren Operationsweise an eine Wissensbasierung gebunden sind, die sich in die Konstitution der jeweiligen Elemente einnistet und darin die Qualität der Elemente von Systemoperationen verändert.

Literatur

Beck, Ulrich 1988: Gegengifte. Die organisierte Unverantwortlichkeit, Frankfurt.

Bette, Karl/Schimank, Uwe 1994: Selbstdiffamierung durch Doping: ein systemisches Risiko des Hochleistungssports In: Spectrum der Sportwissenschaften 6 (2): 24-37.

Bühl, Achim 1995: Cyberspace und Virtual Reality. Sozialwissenschaftlicher Forschungsbedarf. In: Forum Wissenschaft 12 (1/95): 16-19.

Davis, Stan/Botkin, Jim 1995: Das künftige Geschäft - wissensgestützt. Harvard Business Manager (2): 25-30.

Drucker, Peter 1994: Post-Capitalist Society (Erste Veröffentlichung 1993), New York.

Economist. 1996. A survey of technology in finance. Turning ditigs into dollars. The Economist (26.10.1996): 5-24.

Eisenhart, Douglas 1994: Publishing in the information age. A new management framework for the digital age, Westport, London.

Habermas, Jürgen 1985a: Der Philosophische Diskurs der Moderne, Frankfurt.

Habermas, Jürgen 1985b: Die neue Unübersichtlichkeit, Frankfurt.

Isaacs, William 1993: Taking flight: Dialogue, collective thinking, and organizational learning. Organizational Dynamics (1/93): 24-39.

Jasanoff, Sheila 1990: American Exceptionalism and the Political Acknowledgment of Risk. In: Daedalus. Proceedings of the American Academy of Arts and Sciences. Vol. 119, Fall 1990: 61-82.

Kim, Daniel 1993: The link between individual and organizational learning. In: Sloan Management Review (Fall 1993): 37-50.

Kurtzman, Joel 1993: The death of money. How the electronic economy has destabilized the world's markets and created financial chaos, New York.

Luhmann, Niklas 1990: Die Wissenschaft der Gesellschaft, Frankfurt.

Mayntz, Renate 1993: Policy-Netzwerke und die Logik von Verhandlungssystemen. In: A. Héritier (Hrsg.), PVS Sonderheft 24/1993. Policy-Analyse. Kritik und Neuorientierung: 39-56.

Pawlowsky, Peter 1992: Betriebliche Qualifikationsstrategien und organisationales Lernen. In: W. Staehle/F. Conrad (Hrsg.), Managementforschung 2, Berlin und New York.

Peters, Tom 1989: Thriving on Chaos. Handbook for a Management Revolution. (Erste Veröffentlichung 1987), London.

Peters, Tom 1992: Liberation management. Necessary Disorganization for the nanosecond nineties, New York.

Pountain, Dick 1995: Europe's chip challenge. In: Byte (3/1995): 19-30.

Quinn, James 1992: Intelligent enterprise. A knowledge and service based paradigm for industry. Foreword by Tom Peters, New York.

Reich, Robert 1991: The Work of Nations. Preparing ourselves for 21st Century Capitalism, New York.

Scharpf, Fritz 1992: Versuch über Demokratie in Verhandlungssystemen. MPIFG Discussion Paper 92/9.

Scharpf, Fritz 1994: Games real actors could play. Positive and negative coordination in embedded negotiations. In: Journal of theoretical politics 6 (1): 27-53.

Senge, Peter 1990: The Fifth Disciplin, New York.

Stehr, Nico 1994: Knowledge Societies, London.

Stichweh, Rudolf 1987: Die Autopoiesis der Wissenschaft. In: D. Baecker et al. (Hrsg.), Theorie als Passion. Niklas Luhmann zum 60. Geburtstag, Frankfurt.

Willke, Helmut 1992: Ironie des Staates. Grundlinien einer Theorie des Staates polyzentrischer Gesellschaft, Frankfurt.

Willke, Helmut 1995: Systemtheorie III: Steuerungstheorie, Stuttgart.

Willke, Helmut 1996: Dimensionen des Wissensmanagements - Zum Zusammenhang von gesellschaftlicher und organisationaler Wissensbasierung. In: G. Schreyögg/P. Conrad (Hrsg.), Jahrbuch für Managementforschung 6, Wissensmanagement, Berlin.

Willke, Helmut 1997: Supervision des Staates, Frankfurt.

Willke, Helmut/Krück, Carsten/Thorn, Chris 1995: Benevolent Conspiracies. The role of enabling technologies in the welfare of nations, Berlin, New York.

Womack, James/Jones, Daniel/ Roos, Daniel 1991: The machine that changed the world. Erste Veröffentlichung 1990, New York.

Peter Bleses/Martin Seeleib-Kaiser

Wohlfahrtsgesellschaft*

1. Einleitung

Der Begriff Wohlfahrtsgesellschaft hat seit einiger Zeit unzweifelhaft Konjunktur. Diese hat nicht nur Teile der Sozialwissenschaften oder besser der Wohlfahrtsstaatsforschung ergriffen, sondern ebenso den populärwissenschaftlichen und politischen Raum erfaßt. Wenngleich der Begriff Wohlfahrtsgesellschaft gegenwärtig auch im deutschen Sprachraum viel Verwendung findet, scheint er aber kein genuin deutscher Begriff zu sein. Tatsächlich stammt er wohl aus dem englischen Sprachraum (*welfare society*, vgl. etwa Marshall 1992 [1961]) und findet auch in anderen Sprachen bereits früh eine gleichlautende oder dem Wortsinn entsprechende Verwendung. So wenn in Japan seit Mitte der 70er Jahre vom *Nihongata fukushi shakai* ('Japanischen Modell der Wohlfahrtsgesellschaft', vgl. Takahashi 1998: 142 ff.; Shinkawa 1990: 113 ff.) oder in Schweden schon in den 1920er Jahren von der *Folkhemmet* ('Volksheim', vgl. Meidner/Hedborg 1985: 16) die Rede ist.

Die mittlerweile recht große Verbreitung des Begriffs bedeutet jedoch nicht, daß es ein auch nur einigermaßen einheitliches Begriffsverständnis gäbe. Sogar trennscharfe Definitionen oder wenigstens Definitionsbemühungen sind – von frühen englischen Ausnahmen abgesehen – Mangelware. Von den einen wird die Wohlfahrtsgesellschaft als normative Zielgröße (z.B. Dettling 1995) angesehen, von den anderen – ebenfalls normativ, aber seltener – zur Kennzeichnung einer zu weit getriebenen wohlfahrtsstaatlichen Entwicklung verwendet.[1] Wieder

* Für hilfreiche Anregungen danken wir Elmar Rieger.

andere bedienen sich des Begriffes zu analytischen Zwecken (z.B. Leibfried 1994; Rein/Rainwater 1987; Rein/Wadensjö 1997a). Und manche Autoren legen schließlich sowohl analytische wie auch normative Maßstäbe an (etwa Evers/Olk 1996b). Ob normativ oder analytisch, allen Verständnissen des Begriffes ist wohl eines gemein: Sie gehen von einer Unterscheidung von Staat einerseits und Gesellschaft andererseits aus. Der Wohlfahrts*staat* kann zwar mit einer Wohlfahrts*gesellschaft* einher gehen. Das Zusammengehen beider ist aber nicht zwingend (etwa Marshall 1992 [1961]), manchmal ist es gar nicht gewollt (Japan), manchmal ist es wenigstens zeitweise erwünscht (Schweden).

Bei den normativen Positionen ähnelt die Unterscheidung von Staat und Gesellschaft oft jener von System (Recht, Macht, Geld) und Lebenswelt (Kommunikation), wie sie von Habermas (1988) vertreten wird. Hier geht es etwa darum, Wege aufzuzeigen, wie in einer anzustrebenden Wohlfahrtsgesellschaft die Einflüsse des Systems (sprich der Einfluß staatlicher Macht, staatlichen Rechts und Geldes) zurückgedrängt und der Lebenswelt (sprich kommunikativen Assoziationen wie Familie und anderen Gemeinschaftsformen) wieder mehr Geltung verschafft werden kann. Das stellt sich bei den 'Analytikern' anders dar. Hier geht es eher darum herauszufinden, wie die Wohlfahrtsproduktion in bestimmten Staaten organisiert ist, wie sie sich historisch entwickelt hat, ob und wo die staatliche Wohlfahrtsproduktion die gesellschaftliche dominiert bzw. ob und wo der Staat Aufgaben der Wohlfahrtsproduktion an die Gesellschaft übergibt.[2] Ausgangspunkt ist

---

1 Für letztere stehen vom katholischen Standpunkt aus kommend Bischofberger et al. 1974 (Hauptvorwurf: atheistische Gesellschaft), vom Standpunkt der sich populär gebenden politischen Wohlfahrtsstaatskritik Kohl 1983 (Hauptvorwurf: mangelnder Leistungswille). Diese Kritiklinien werden aufgrund ihrer geringen Resonanz (Atheismusvorwurf) bzw. ihrer rein politischen Stoßrichtung (mangelnder Leistungswille) im folgenden nicht weiter verfolgt.

2 Unter Wohlfahrt kann ganz allgemein die Befriedigung von Bedürfnissen verstanden werden (vgl. zu Definitionen Zapf 1984; Kaufmann 1994). Wohlfahrt kann dabei von verschiedenen Produzenten erbracht werden: erstens direkt vom Staat durch seine eigenen Aktivitäten und mittels Steuergeldern, zweitens von ihm ins Leben gerufenen und organisierten,

auch hier allerdings meist die Dominanz des Politischen (Staat) über das Gesellschaftliche. Denn der Staat besitzt die – in Demokratien gesellschaftlich legitimierte – Verfügungsgewalt über die zur Organisation von Wohlfahrt notwendigen Steuerungsmedien: insbesondere über Recht und Geld. Er kann Aufgaben zu seinen eigenen machen; er kann sie aber auch zu gesellschaftlichen erklären.

Im Mittelpunkt unseres Beitrags sollen im folgenden die verschiedenen Bedeutungszusammenhänge stehen, in denen der Begriff Wohlfahrtsgesellschaft im 20. Jahrhundert in verschiedenen Ländern und von verschiedenen normativen und analytischen Positionen aus Verwendung findet. Beginnen wollen wir mit der frühen Verwendung des Begriffes in Großbritannien durch Marshall, Titmuss und Robson (2.). Daran schließt sich eine Schilderung gesellschaftlicher und politischer Selbstcharakterisierungen von Staaten als Wohlfahrtsgesellschaften an. Wir werden zeigen, daß der Begriff bereits vor der in den späten 80er und frühen 90er Jahren in Westeuropa so populär gewordenen Verwendung schon in Schweden und in Japan jeweils Bestandteil der dortigen Kultur war (3.). Darauf aufbauend wird im vierten Abschnitt der Versuch unternommen, die gegenwärtige Debatte um die Wohlfahrtsgesellschaft in Westeuropa und Nordamerika in ihrer Vielschichtigkeit darzustellen und ein wenig zu strukturieren. Dabei stehen die unterschiedlichen Formen der Entgegensetzung von Wohlfahrts*staat* und Wohlfahrts*gesellschaft* sowie die Versuche der Überwindung dieses Gegensatzes im Mittelpunkt (4.). Die hieran anschließende Schilderung der (noch eher spärlich auffindbaren) Verwendung des Begriffs Wohl-

---

aber nicht auch (ganz) finanzierten öffentlichen Institutionen (z.B. Sozialversicherungen), drittens von durch den Staat hierzu verpflichteten (z.B. Betriebe, Familie) oder die Produktion von Wohlfahrt freiwillig (z.B. Wohlfahrtsverbände, erneut die Familie) oder in gesellschaftlicher Übereinkunft (z.B. Tarifverträge) übernehmenden Institutionen, Organisationen und Gemeinschaften. In real existierenden Wohlfahrtssystemen (Seeleib-Kaiser 1999) ist die gesellschaftliche Wohlfahrt gewöhnlich ein Resultat aus dem Zusammenspiel wenn schon nicht aller, so aber doch der meisten dieser Produzenten von Wohlfahrt. Wir werden im Verlaufe des Beitrages auf die unterschiedlichen Wohlfahrtsproduzenten zurückkommen.

fahrtsgesellschaft in analytischer Absicht beendet unsere Darstellung der (populär-)wissenschaftlichen und politischen Begriffsverständnisse (5.). Schließen wollen wir dann mit einer kurzen Bewertung der verschiedenen Begriffskonzepte (6.).

2. *Welfare Society:* Wohlfahrtsstaat mit oder ohne Wohlfahrtsgesellschaft

Der Begriff Wohlfahrtsgesellschaft fand, wie jener des Wohlfahrtsstaates auch, zunächst im angelsächischen Sprachraum Verwendung. So ist es bereits Marshall, der im Jahre 1961 von der *welfare society* spricht. Interessanterweise sieht Marshall die Wohlfahrtsgesellschaft schon damals als eine vergangene Gesellschaftsform an, die nun durch die *affluent society* (Wohlstandsgesellschaft) ersetzt werde. Die Wohlstandsgesellschaft schätzt er in Anlehnung an den Begriffsschöpfer Galbraith[3] durchaus als negative gesellschaftliche Entwicklung ein:

> „Er meint nicht einfach eine reiche Gesellschaft, oder eine, die die Armut abgeschafft hat. ... Sie bezeichnet eher eine bestimmte Normalität von Werten als einen Lebensstandard. Nach Galbraith betet die Wohlstandsgesellschaft am Altar der Produktion. Aber das sie am meisten kennzeichnende Merkmal ist die konsequente künstliche Stimulierung des Konsums, um die Güter abzusetzen" (Marshall 1992: 163).

Die Wohlstandsgesellschaft sei durch das Konkurrenzdenken und die Hast nach Gewinnen geprägt und kümmere sich nicht um das „Prinzip des 'gerechten Anteils'" (Marshall 1992: 163). Dem stellt er die bereits vergangene *welfare society* gegenüber:

> „Grundlage der Wohlfahrtsgesellschaft war das gegenteilige Prinzip. Sie lehnte nicht die kapitalistische Marktwirtschaft ab, sondern betonte, daß es einige Elemente in einem zivilisierten Leben gäbe, die über ihr rangierten, und die durch eine Zurückdrängung oder Abschaffung des Marktes erreicht werden müßten. ... Im Bezug auf Wohlfahrt sah sie die Gesellschaft als eine Art Versicherungsverein auf Gegenseitigkeit, in der durch das Zusammenlegen der Risiken und das Teilen der Ressourcen der Konsum gemeinschaftlich gemacht wurde. Es war eine Art von Kapitalismus, der durch das Einspritzen von Sozialismus weicher gemacht wurde" (Marshall 1992: 164).

---

3 Marshall bezieht sich auf Galbraith 1961.

Diese Kennzeichen der Wohlfahrtsgesellschaft sind für Marshall wohl gleichzusetzen mit jenen einer bestimmten Form des Wohlfahrtsstaates, nämlich jenem (britischen) Wohlfahrtsstaat, der angesichts der Güterknappheit – sei es aus liberalen, sei es aus gemäßigten sozialistischen Motiven – zu einer gerechteren Verteilung angetreten war und hierbei insbesondere in der Zeit nach dem Zweiten Weltkrieg auch sehr erfolgreich war. Die Wohlfahrtsgesellschaft war zu dieser Zeit also der Wohlfahrtsstaat. Da dieser aber zu Zwecken der Behebung von Knappheiten begründet worden sei, habe er bzw. die Wohlfahrtsgesellschaft die gesellschaftliche Legitimität nach dem Übergang von der Knappheit zum allgemeinen Wohlstand – an welcher der Wohlfahrtsstaat im übrigen erheblich beteiligt war – weitgehend eingebüßt. Die Wohlstandsgesellschaft meint, so kann Marshall interpretiert werden, dieses Wohlfahrtsstaates nicht bedürftig zu sein. Da sich die Leitprinzipien der Wohlstandsgesellschaft von jenen der oben geschilderten Wohlfahrtsgesellschaft, die ihrerseits denen des existierenden Wohlfahrtsstaates entsprächen, völlig unterschieden, komme es zum Widerspruch zwischen Wohlfahrtsstaat und Wohlstandsgesellschaft.[4] Allerdings sei der derzeitige Wohlfahrtsstaat nur eine mögliche Ausformung des Wohlfahrtsstaates und jedenfalls veränderbar. Aufgabe der Wohlstandsgesellschaft müsse es sein, das existierende Modell des Wohlfahrtsstaates in der Weise zu verändern, daß es ihren Prinzipien angepaßt bzw. angemessen sei. Allerdings ist Marshall skeptisch, daß ihr das auch gelingen wird (Marshall 1992: 164 ff.).

Interessant ist an diesem sehr normativ aufgeladenen Konzept, das die 'gerechte' Verteilung (wohlgemerkt nicht 'gleiche' Verteilung) zum Bewertungskriterium erhebt, nicht nur das eigentliche Verständnis des Begriffes Wohlfahrtsgesellschaft. Aufmerksamkeit weckt auch, daß erstens Staat und Gesellschaft als zwar möglicherweise miteinander harmonierende Systeme eingeschätzt werden, die aber nicht notwendigerweise auch tatsächlich harmonieren, und daß zweitens die Reform

---

4 Achinger würde diese Diagnose Marshalls nicht geteilt haben, denn er sah gerade die Sozialpolitik für jene gesellschaftlichen Gruppen im Anstieg begriffen, die ihrer vom Einkommen her am wenigsten bedürftig sein dürften; je mehr Wohlstand, desto größer anscheinend der soziale Bedarf (Achinger 1979: 51).

des Staates von der Gesellschaft auszugehen habe, die sich 'ihren' Staat sucht, nicht aber – wie später üblich – die Reform der Gesellschaft über den Staat stattfinden soll.

Anders als Marshall sehen in der Folgezeit weder Titmuss (1967) noch Robson (1976), daß die Wohlfahrtsgesellschaft der Vergangenheit angehört. Vielmehr wird die Wohlfahrtsgesellschaft als Projekt angesehen, das noch nicht (völlig) verwirklicht ist. Dabei sieht Robson (1976: 15) Wohlfahrtsstaat und Wohlfahrtsgesellschaft jedoch wie Marshall als nur möglicherweise einander entsprechende Systeme an, allerdings seien Staat und Gesellschaft eben nicht per se synonym zu verwenden. Zwar erscheint demgegenüber bei Titmuss die Verwendung der Begriffe Wohlfahrtsstaat und Wohlfahrtsgesellschaft weitgehend synonym zu sein, doch sind sowohl Titmuss (1967: 18 f.) als auch Robson (1976: 174 ff.) der Ansicht, daß Gesellschaften bestimmte Kriterien erfüllen müssen, damit sie sich als Wohlfahrtsgesellschaften bezeichnen können. Während jedoch Titmuss vergleichsweise allgemeine Kriterien entwickelt (v.a. müßten Gesellschaften die öffentliche Verantwortung dafür übernehmen, daß aus ihren eigenen Reihen jene Qualifikationen gewährleistet werden könnten, die ihren eigenen Bedarf an sozialen Fachkräften decken können), listet Robson eine ganze Reihe von zum Teil konkreten Grundanforderungen auf, die zugleich für den Wohlfahrtsstaat wie die Wohlfahrtsgesellschaft gelten dürften: das allgemeine Recht auf ein soziales Minimum, die staatliche Verantwortung für das Wohlbefinden der ganzen Gesellschaft, Prinzipien sozialer Demokratie, Schutz der Einzelnen vor Machtmißbrauch durch öffentliche Autoritäten und andere Organisationen usf.

Ist also sowohl bei Titmuss als auch bei Robson wie schon bei Marshall die Wohlfahrtsgesellschaft nichts anderes als der Wohlfahrtsstaat in einer bestimmten idealen Gestalt, unterscheiden sie sich doch durch den Zeitfaktor: was der eine als bereits vergangene und wohl nicht wieder rückholbare, dafür aber reale Ära betrachtet (Marshall), sehen die anderen beiden (Titmuss und Robson) als eine mögliche, wohl auch erhoffte, nicht unbedingt aber auch als die tatsächlich realisierbare Zukunft an.

3. *Nihongata fukushi shakai* und *Folkhemmet:* zwei Wohlfahrtsgesellschaften unterschiedlichen Typs

Begeben wir uns nun auf die Ebene der Verwendung des Begriffs der Wohlfahrtsgesellschaft im politischen Diskurs: Sowohl in Schweden als auch in Japan findet der Begriff der Wohlfahrtsgesellschaft wenigstens zeitweise als normatives Leitbild der Selbstcharakterisierung Verwendung (vgl. u.a. Meidner/Hedborg 1985; Takahashi 1998). Inwieweit handelt es sich um das gleiche normative Leitbild bzw. inwieweit unterscheiden sich die hinter dem Begriff stehenden Konzepte?

In Schweden argumentierte bereits der frühere sozialdemokratische Ministerpräsident und Parteivorsitzende Per Albin Hansson im Jahre 1928, daß eine gute Gesellschaft eine solche sei, die wie ein gutes Heim funktioniere.

> „In dem guten Heim herrscht Gleichberechtigung, Zusammenarbeit, Hilfsbereitschaft. Auf unsere ganze Gesellschaft übertragen würde das bedeuten, daß alle sozialen und wirtschaftlichen Schranken niedergerissen werden sollten, die zu einer Aufteilung unseres Volkes führen in Privilegierte und Zurückgesetzte, in Herrschende und Abhängige, in Reiche und Arme, in Plünderer und Ausgeplünderte" (zit. n. Meidner/Hedborg 1985: 16).[5]

Das Ziel einer Wohlfahrtsgesellschaft sei soziale Gerechtigkeit, führte Hansson weiter aus. Als Instrumente, die zu diesem Ziel hinführen, identifizierte er die Lohnpolitik und die Besteuerung, also die Verteilungspolitik, vor allem aber auch die industrielle Demokratie. Das Ziel der Arbeiterbewegung sei daher, eine Umwandlung der schwedischen Gesellschaft in eine Wohlfahrtsgesellschaft, in ein *Folkhemmet* (Volksheim) (Meidner/Hedborg 1985: 16). Damit diente der Begriff der Wohlfahrtsgesellschaft als grundlegende Konstruktion für die in den folgenden Jahrzehnten umgesetzte integrierte Arbeitsmarkt-, Wirtschafts- und Wohlfahrtspolitik (vgl. auch Häußermann/Siebel 1995: Kap 4), die lange Zeit für viele innerhalb der Arbeiterbewegung und der sozialdemokratischen Parteien in Westeuropa den Charakter eines

---

5 Vgl. auch die Ausführungen im Parteiprogramm der SAP aus dem Jahre 1920 zit. in Bergström (1992: 133).

modellartigen Orientierungspunktes hatte. Der Begriff der Wohlfahrtsgesellschaft wurde also normatives Leitbild für einen umfassenden Ausbau des Wohlfahrts*staates* in seinen unterschiedlichsten Dimensionen und war in fundamentaler Weise mit der Arbeiterbewegung verknüpft (Tilton 1992: 426).

In theoretischer Perspektive ist daran vor allem interessant, daß die Wohlfahrtsgesellschaft *das Ziel* wohlfahrtsstaatlicher Politik war. Demnach ist also die Dualität von Staat und Gesellschaft durchaus Ausgangspunkt; sie soll jedoch durch staatliches Handeln aufgehoben werden: der Staat soll sich selbst nach Erreichen eines Endzustandes allumfassender sozialer Gerechtigkeit in der Gesellschaft auflösen. Die in den 20er Jahren formulierte Zielvorstellung einer Wohlfahrtsgesellschaft wurzelt u.a. in marxistischen Vorstellungen (Bergström 1992). So knüpft ihre Zielvorstellung von der Auflösung des Staates in der Gesellschaft zumindest implizit an die Idee vom „Verein freier Menschen" an, die in der Marxschen Vorstellung seine Realisierung im Kommunismus finden sollte (Marx 1962: 92 [1890]). Engels beschrieb den Zusammenhang folgendermaßen:

> „*Das Proletariat ergreift die Staatsgewalt und verwandelt die Produktionsmittel zunächst in Staatseigentum.* Aber damit hebt es sich selbst als Proletariat, damit hebt es alle Klassenunterschiede und Klassengegensätze auf und damit auch den Staat als Staat. ... Der erste Akt, worin der Staat wirklich als Repräsentant der ganzen Gesellschaft auftritt – die Besitzergreifung der Produktionsmittel im Namen der Gesellschaft –, ist zugleich sein letzter selbständiger Akt als Staat. Das Eingreifen einer Staatsgewalt in gesellschaftliche Verhältnisse wird auf einem Gebiete nach dem andern überflüssig und schläft dann von selbst ein" (Engels 1972: 223f.).

In Japan fand und findet der Begriff der Wohlfahrtsgesellschaft als normativer Begründungsrahmen eine diametral entgegengesetzte Verwendung. War im Land der aufgehenden Sonne lange Zeit eine Vorherrschaft wirtschaftspolitischer Zielsetzungen und das ökonomische Aufholen im Vergleich zum 'Westen' Kern der dominanten weltanschaulichen Konzeptionen, der die Sozialpolitik unterzuordnen war, so wurde dieses normative Leitbild zu Beginn der 70er Jahre einem Wandel unterworfen. Auf Druck linker kommunaler und regionaler Regierungen rief im Jahre 1973 der damalige Ministerpräsident Tanaka den „Beginn einer Ära der Wohlfahrt" (*fukushi gannen*) aus. Vielfach wurde dies als Signal einer Hinwendung der japanischen Politik zur

Errichtung eines Wohlfahrtsstaates nach westlichem Vorbild gewertet (vgl. Thränhardt 1995: 206); schließlich hatte man bereits zuvor in Japan in einzelnen Bereichen der Sozialpolitik nach 'Westen' geschaut (Goodman/Peng 1996).

Diese Orientierung an westlichen Wohlfahrtsstaaten war jedoch nur von kurzer Dauer: Im Anschluß an die erste Ölkrise waren konservative Intellektuelle bestrebt, eine Rückbesinnung auf traditionelle 'japanische' sozialpolitische Arrangements erneut als dominantes gesellschaftliches Leitbild durchzusetzen. Mit diesem Anliegen stießen sie bei der regierenden Liberal-demokratischen Partei (LDP) sehr bald auf Gehör. Schließlich wurde der Begriff des *Nihongata fukushi shakai* bzw. des „Japanischen Modells der Wohlfahrtsgesellschaft" geboren (vgl. u.a. Takahashi 1998: 142 ff.; Shinkawa 1990: 113 ff.). Die japanische Wohlfahrtsgesellschaft ist explizit als Gegenkonzept zum Wohlfahrtsstaat europäischer Prägung konstruiert worden, da dieser als ursächlich für die 'englische Krankheit' Mitte der 70er Jahre identifiziert worden war, die vier Symptome aufweise: 1. ökonomische Stagnation; 2. fiskalische Krise als Resultat steigender staatlicher Intervention; 3. chronische Arbeitskonflikte; 4. politische Instabilität, hervorgerufen durch die ersten drei Symptome (vgl. Shinkawa 1990: 117 f.). Die wirtschaftliche Planungsbehörde (EPA) hatte 1979 in ihrem Sieben-Jahresplan für Wirtschaft und Soziales verlautbart:

> „... Japan can no longer seek models in the advanced industrial countries as before ... in order to avoid the excessive growth of the public sector seen in many countries in western Europe, it will be necessary to clarify the relationship between the benefits and contributions. This new welfare society that Japan should aim at will be a 'Japanese-type welfare society' in which – while founded on the self-help efforts of individuals and the solidarity of families and neighborhood communities that the Japanese posses – an efficient government guarantees appropriate public welfare according to priorities" (zit. n. Thränhardt 1992: 58).

Ministerpräsident Ohira skizzierte in seiner Regierungserklärung des Jahres 1979 die Grundlagen eines solchen „japanischen Modells einer Wohlfahrtsgesellschaft":

> „Die Familie bildet den wichtigsten Kern der Gesellschaft und eine in sich gefestigte Familie ist zugleich Grundlage des Nihongata fukushi shakai ... Unter Wahrung des den Japanern eigenen Geistes der autonomen Selbsthilfe, der von gegenseitiger Rücksichtnahme geprägten menschlichen Beziehungen und gegenseitigen Unterstützung will ich mich für den Aufbau

> eines gerechten und dynamischen Modells einer Wohlfahrtsgesellschaft einsetzen, in die auch ein angemessenes Maß öffentlicher Wohlfahrtsleistungen integriert ist“ (zit. n. Thränhardt 1995: 208).

Für die von der Liberal-demokratischen Partei (LDP) geführte Regierung bedeutete ‘angemessene öffentliche Wohlfahrt’ in den folgenden Jahren freilich eine deutliche Begrenzung staatlicher Aufgaben, die Förderung traditioneller sozialpolitischer Arrangements sowie privater Vorsorge und Initiative (vgl. u.a. Thränhardt 1995) – in anderen Worten das Bild des „japanischen Modells einer Wohlfahrtsgesellschaft“ diente primär dazu, die staatliche Sozialpolitik zu entlasten. Nicht nur seitens japanischer Politiker, sondern auch in der Wissenschaft wurde zu Beginn der 90er Jahre Japans von staatlichen Aufgaben entlastete und dafür sehr viel stärker als in den meisten westlichen Wohlfahrtsstaaten gesellschaftsbasierte Sozialpolitik gar als Vorbild bzw. Modell für ‘notwendige’ sozialpolitische Reformen in Europa betrachtet (vgl. Gould 1994).

Vergleicht man nun diese beiden Selbstcharakterisierungen, so treten drei fundamentale Unterschiede offen zu Tage: 1. Während in Schweden das Konzept der Wohlfahrtsgesellschaft als Legitimationsgrundlage für staatliche Intervention und Umverteilung interpretiert wurde, gilt das „japanische Modell der Wohlfahrtsgesellschaft“ als Leitbild für eine erneut stärkere Betonung traditioneller sozialpolitischer Arrangements. 2. In Schweden wurde das Bild der Wohlfahrtsgesellschaft zur Beschreibung eines Zustandes umfassender sozialer Gerechtigkeit verwendet, wobei in Japan die Produktion von Wohlfahrt bzw. der Prozeß zur Erzeugung gesellschaftlicher bzw. gemeinschaftlicher Wohlfahrt den Kern des Begriffes darstellt. 3. Stellt in Schweden die Überwindung der Dualität von Staat und Gesellschaft das normative Leitbild einer idealen Gesellschaft dar, wird in Japan bei der Wohlfahrtsproduktion an der Trennung staatlich-politischer Aufgaben und Sphären von jenen der Gesellschaft nicht nur festgehalten, sondern gar ihrer Verfestigung das Wort geredet.

4. Vom Wohlfahrts*staat* zur Wohlfahrts*gesellschaft*: Ein neues normatives Leitbild?

Im heutigen, stark forcierten westeuropäischen Diskurs um die Wohlfahrtsgesellschaft geht es wie schon in den 70er und 80er Jahren in Japan auch um eine Neubestimmung der Aufgaben und Verantwortlichkeiten von Markt, Staat und Gesellschaft. Anders als in Japan wird die Wohlfahrtsgesellschaft häufig aber als Alternative sowohl eines etatistischen, weitreichenden Sozialstaates als auch einer neoliberalen Wirtschaftsordnung gesehen. Sie ließe sich auch als Entscheidung für einen „mittleren Weg" (Schmidt 1998: 83) zwischen einseitiger Überbetonung des Staates oder des Marktes unter erneuter Einbeziehung 'der' Gesellschaft bezeichnen. Jede eindimensionale Fokussierung auf den Staat, den Markt oder die Gesellschaft, so argumentiert beispielsweise Warnfried Dettling (1998a: 251), einer der prononciertesten Verfechter der Idee einer Wohlfahrtsgesellschaft in der bundesdeutschen Diskussion, stößt relativ schnell an Grenzen.

> „In der Mischung und in der Synergie liegt das Geheimnis einer guten und erfolgreichen Gesellschaft" (Dettling 1998a: 251; vgl. auch Evers/Olk 1996b).

Während in der Nachkriegszeit lange die Konzentration auf staatliche und in den letzten beiden Jahrzehnten eher auf marktliche Lösungen gesellschaftlicher Probleme gesetzt wurde, steht jetzt die stärkere Fokussierung auf die Gesellschaft, mithin eines größeren bürgerschaftlichen Engagements im Mittelpunkt des Diskurses. Das gesellschaftliche bzw. bürgerschaftliche Engagement wird nunmehr erneut als elementare Grundlage eines *guten* gesellschaftlichen Zusammenlebens betrachtet. Insoweit geht es um eine Neubestimmung des Ausgleichs der beiden Normen Freiheit und Gleichheit (Cohen/Rogers 1994).

Hiermit wird an ältere theoretische Konzepte angeknüpft. So hat bereits Alexis de Tocqueville (1990 [1835/1840]) in seinem Werk *Über die Demokratie in Amerika* auf die Notwendigkeit freiwilligen bürgerschaftlichen Engagements und die Tätigkeit von Vereinigungen in Demokratien hingewiesen. Wörtlich heißt es bei ihm:

> „Träte die Regierung überall an die Stelle der Vereinigungen, so wäre die sittliche und die geistige Kraft eines demokratischen Volkes nicht weniger gefährdet als sein Handel und sein Gewerbe. Nur durch die gegenseitige

> Wirkung der Menschen aufeinander erneuern sich die Gefühle und die Ideen, weitet sich das Herz und entfaltet sich der Geist des Menschen" (Tocqueville 1990: 249 [1835/1840]).

Zudem formulierte der französische Denker die „Lehre vom wohlverstandenen Interesse" und damit implizit einen weiteren Anknüpfungspunkt zur normativen Begründung einer Wohlfahrtsgesellschaft. Das *wohlverstandene Interesse* verknüpft nämlich das Eigeninteresse des Individuums mit den Interessen der Gemeinschaft. So hätten es die damaligen Amerikaner gelernt, schreibt Tocqueville, einen „Teil ihrer Sonderinteressen aufzuopfern, um das übrige zu retten", ohne daß dies freilich zu einer restlosen Selbstaufgabe führe (Tocqueville 1990: 256-257 [1835/1840]). Schließlich seien die „Opfer dem ebenso nötig ..., der sie sich auferlegt, wie dem, der davon den unmittelbaren Nutzen hat" (Tocqueville 1990: 255 [1835/1840]).

Das Leitbild des bürgerschaftlichen Engagements bildet einen wesentlichen Bestandteil der US-amerikanischen Zivilreligion. Von daher erscheint es auch nicht verwunderlich, daß mancher zeitgenössische Beobachter Grundzüge bürgerschaftlichen Engagements dort in viel stärkerem Maße verwirklicht findet als in Europa, das sehr viel staatszentrierter sei (Lipset 1996: 60ff.). Auch auf der Ebene der jüngeren sozialwissenschaftlichen und normativ-politischen Auseinandersetzung fand zunächst in den USA die Debatte um die Belebung alter und neuer Formen gemeinschaftlicher Verantwortung im Rahmen der sog. Kommunitarismusdebatte (vgl. etwa Honneth 1993; Etzioni 1998) bzw. in der Diskussion um zivilgesellschaftliche Konzepte statt (vgl. u.a. zusammenfassend Kneer 1997).

Unbesehen der Frage, ob man sich tradierten oder neuen Formen der Vergesellschaftung via Vergemeinschaftung zuwenden möchte, geht es in dieser Debatte ganz einfach wieder um die ‘Entkolonialsierung’[6] der Gesellschaft von der Kolonialmacht Staat, die bürgerschaftliches Engagement verhindere und infolge ihrer Zerstörung gemeinschaftlicher Zusammenhänge anomische Tendenzen hervorrufe. Im Mittelpunkt der Debatte um die Wohlfahrtsgesellschaft steht unter progressiven Vertretern dementsprechend der Abschied von dem Glauben,

---

6 Zur „Kolonialisierung" der Lebenswelt durch das System vgl. Habermas (1988).

daß der Staat alles regeln könne, vielmehr sei auf die Initiativen gesellschaftlicher Akteure zu setzen; in der kommunitaristischen Variante wird dies eng gekoppelt mit der Notwendigkeit einer neuen moralischen Fundierung der Gesellschaft (vgl. aber auch bereits Robson 1976: 176 ff.).

Die Frage der Neubestimmung staatlichen Handelns knüpft in der neueren Diskussion zum einen an der These vom „überforderten Staat“ (Ellwein/Hesse 1994) an, der immer weniger in der Lage sei, die Probleme der Gegenwart zu lösen. Schließlich ginge es darum, den „Staat neu zu erfinden“ - Stichwort: *Reinventing Government* - (Osborn/ Gaebler 1992). Auf den Wohlfahrtsstaat bezogen, wird u.a. hervorgehoben, daß dieser nunmehr selbst zu einem Problemverursacher wird, nachdem die rechtlichen Normalitätsannahmen - wie Normalfamilie, Normalarbeitsverhältnis etc. - auf denen er gründet, zunehmend aufweichen und es daher einer Rückverlagerung von Aufgaben auf die Gesellschaft bedarf. Zum anderen wurzelt die gegenwärtige Debatte in Forderungen weitergehender Demokratisierung gesellschaftlichen Zusammenlebens und einer sich daraus gleichzeitig ergebenden adäquateren Problemlösungskapazität. So könnten beispielsweise Initiativen vor Ort viel besser bestimmte Problemlagen einschätzen als der Zentralstaat. Schließlich werden beide Argumentationsstränge miteinander verbunden (Cohen/Rogers 1994).

Implizit basieren auch diese Argumentationen auf der Annahme, daß aufgrund der starken Fokussierung auf den Wohlfahrts*staat* das gesellschaftliche Engagement zum Erlahmen gekommen ist. Allerdings geht es nicht mehr (nur noch) um die normativ begründete Abwehr der Kolonialmacht Staat; vielmehr wird den Kolonialherren deshalb die Macht streitig gemacht, weil sie nicht mehr in der Lage sind, die gesellschaftlich notwendige Wohlfahrt in ausreichendem Maße oder in hinlänglicher Qualität zu gewährleisten. Mit anderen Worten: die ‘Kolonialisierung’ der Gesellschaft durch den Staat war gesellschaftlich so lange und in dem Maße geduldet oder sogar erwünscht, solange die Ergebnisse zufriedenstellend waren; mit abnehmender Effektivität und Effizienz der Kolonialisierungs*ergebnisse* verliert sie ihre gesellschaftliche Legitimität.

Dennoch wird der Staat in dieser Konzeption der Wohlfahrtsgesellschaft nicht von all seinen Aufgaben beraubt, vielmehr kommt ihm eine äußerst voraussetzungsvolle Rolle zu: denn 1. soll er bürgerschaftliches Engagement ermöglichen (Gilbert/Gilbert 1989), 2. soll er moderieren, d.h. letztendlich als Vermittler zwischen widerstreitenden gesellschaftlichen Gruppen agieren, und 3. soll er die Bürger zum Engagement aktivieren (Backhaus-Maul/Brandhorst 1999). Allerdings wird es auch von den Befürwortern einer solchen Konzeption als problematisch betrachtet, ob und inwieweit das bürgerschaftliche Engagement überhaupt hergestellt werden kann, weil der demokratische Staat diesbezüglich nur über sehr begrenzte Ressourcen verfügt, denn die „(...) Bürger können weder zum Glück noch zur Tugend gezwungen werden“ (Evers/Olk 1996b: 54 f.).

Schließlich: Welche gesellschaftlichen Akteure werden als Träger einer Wohlfahrtsgesellschaft identifiziert? Die Bedeutung der verschiedenen gesellschaftlichen Akteure innerhalb von und für Wohlfahrtsgesellschaften wird unterschiedlich bewertet, so steht bei amerikanischen Kommunitariern neben anderen Formen der Gemeinschaft häufig die Stärkung der Familie im Mittelpunkt (Etzioni 1998: 238 ff.). Cohen und Rogers (1994) sehen hingegen in „sekundären Assoziationen“[7] die soziale Basis einer egalitär-demokratischen Ordnung und weisen mit diesem Ansatz über die starke Konzentration der deutschen Diskussion auf die Rolle der Wohlfahrtsverbände, Selbsthilfegruppen etc. hinaus.

Hervorzuheben ist ferner, daß die Vertreter der Konzeption einer Wohlfahrtsgesellschaft Wohlfahrt nicht auf die materielle Umverteilung von Reichtum begrenzen, sondern diesen Begriff weiter fassen. Anthony Giddens etwa spricht von „positiver Wohlfahrt“ und davon, daß das Ziel einer guten Regierung darin bestehen solle, das Streben nach Glück zu fördern; um dieses Ziel umzusetzen, bedürfe es einer „erfinderischen Politik“, die Bedingungen schafft, die es den Menschen erlaubt, ihre Fertigkeiten und Begabungen zu nutzen (Giddens 1997: 243 ff.). So spalte die Wohlfahrtsgesellschaft die Produzenten und Konsumenten nicht in zwei Klassen, in solche, die Wohlfahrt produzieren, und andere, die konsumieren, bzw. „in einen Staat, der aktiv

---

7 'Sekundäre Assoziationen' sind große soziale Organisationen, die in einem residualen Verhältnis zu ‘primären’ Institutionen, wie etwa der Familie, dem Unternehmen oder dem Staat, stehen (Cohen/Rogers 1994: 137, FN 7).

ist und in eine Gesellschaft, die passiv, distanziert und erwartungsvoll ist" (Dettling 1995: 191):

> „Die Wohlfahrtsgesellschaft ist *sinnvoller*, weil sie den einzelnen als soziales Wesen stärkt und insgesamt die Bedingungen schafft und die Anreize stärkt, daß er sich aktiv als Person einbringen und gemeinsam mit anderen sozial etwas 'unternehmen' kann und will, ohne sich einfach in vorgegebene Angebote einfügen oder vorhandene Dienste nur noch konsumieren zu müssen" (Dettling 1995: 192).

5. Die Wohlfahrtsgesellschaft: Ein neues analytisches Konzept in der vergleichenden Forschung?

Jenseits dieser normativen Leitbilder wird das Konzept der Wohlfahrtsgesellschaft in analytischer Hinsicht verwendet, wenn es darum geht, eine umfassendere Analyse sozialpolitischer Arrangements vorzunehmen und sich nicht nur auf die staatliche Sozialpolitik zu begrenzen. Schließlich handelt es sich beim Staat nicht um den einzigen, vielleicht nicht einmal um den wichtigsten Produzenten von Wohlfahrt. Bereits Zapf (1984) hat eindringlich auf die Bedeutung der *unterschiedlichen* Wohlfahrtsproduzenten aufmerksam gemacht (vgl. auch Kaufmann 1994; Evers/Olk 1996b). Neben dem Staat sind der Markt, Assoziationen und die Familie Produzenten von Wohlfahrt. Diese unterschiedlichen Wohlfahrtsproduzenten zusammen betrachtet bestimmen den jeweiligen spezifischen nationalen 'Wohlfahrtsmix' (*welfare mix*) (Rose 1986) bzw. Wohlfahrtspluralismus (Evers/Olk 1996a).

An der Gestaltung des nationalen *welfare mix*, also der spezifischen Aufteilung der Aufgaben der Wohlfahrtsproduktion auf den Markt, den Staat und die Familie richtet sich auch ein wichtiger Teil der international vergleichenden Wohlfahrtsstaatsforschung aus, welche die jeweiligen Wohlfahrtsarrangements als zeitlich vergleichsweise stabil ansieht und auf deren Basis unterschiedliche Welten des Wohlfahrtskapitalismus ausmacht: eine liberale Welt mit hoher Bedeutung des Marktes, eine sozialdemokratische Welt mit hoher Bedeutung des Staates und eine konservative Welt mit Betonung der subsidiären Beziehung von gesellschaftlicher und staatlicher Wohlfahrtsproduktion (vgl. Esping-Andersen 1990).

Betrachten wir die unterschiedlichen Ansätze, von denen aus das Konzept der Wohlfahrtsgesellschaft vertreten wird bzw. sich entwikkeln soll, wäre es prinzipiell mit jeder Welt des Wohlfahrtskapitalismus vereinbar: mit dem auf gesellschaftliche Akteure – und seien es auch nur ökonomische Akteure – setzenden Wohlfahrtssystem (liberale Welt, z.B. Großbritannien), mit dem auf eine allumfassende, integrative staatliche Sozialpolitik setzenden Wohlfahrtssystem (sozialdemokratische Welt, z.B. Schweden) und schließlich auch mit dem auf einen mittleren Weg zwischen staatlicher und gesellschaftlicher Verantwortung setzenden Wohlfahrtssystem ([christlich-]konservative Welt, z.B. Bundesrepublik Deutschland). Allerdings stellen die unterschiedlichen Welten des Wohlfahrtskapitalismus weitgehend Idealtypen dar, die in der Realität kaum so vorkommen dürften. Die existenten Wohlfahrtsstaaten haben in der Regel Elemente aller drei Typen in sich aufgenommen, sind also Mischtypen, die lediglich mehr einem der drei möglichen Pole des Wohlfahrtskapitalismus zuneigen.

Entgegen der Erkenntnisse der Forschungen über den welfare-mix werden in der international vergleichenden Wohlfahrtsstaatsforschung allerdings immer noch allzu oft lediglich Sozialleistungsquoten miteinander verglichen, um den Ausbaugrad verschiedener Wohlfahrtsstaaten zu erfassen. Das bedeutet aber in aller Regel, daß mehr oder weniger ausschließlich allein die staatliche Sozialpolitik der Analyse zugeführt wird. Die gesellschaftlichen und marktlichen Wohlfahrtsproduzenten werden hingegen ausgeklammert.[8] Bei diesem Vergleich der nominalen staatlichen Sozialpolitik können die Befunde hinsichtlich der Reichweite der sozialpolitischen Arrangements auf die Absicherung sozialer Risiken und die Struktur der Sozialpolitik aber irreführend sein. Denn gerade die mehr auf Markt und/oder gesellschaftliche Akteure setzenden Wohlfahrtssysteme organisieren einen wesentlichen Teil ihrer Sozialpolitik außerhalb des staatlichen Sektors und damit in nicht bzw. nicht hinreichend durch Sozialleistungsquoten erfaßten Bereichen (Seeleib-Kaiser 1999).

---

8 Zu verschiedenen Definitionen und Verwendungsweisen des Begriffs 'Sozialpolitik' vgl. Bleses/Seeleib-Kaiser 1999.

Probleme dieser Art wollen zumindest dann berücksichtigt werden, wenn etwa stark auf staatliche Sozialleistungsprogramme setzende Länder mit solchen verglichen werden, die sich dem Modell einer möglichst 'staatsfreien' Wohlfahrtsgesellschaft verschrieben haben. So plädieren bereits Rein und Rainwater (1987: 143) für eine neue Forschungsagenda, die konzeptionell und empirisch die schwierige Vermischung der öffentlichen und privaten institutionellen Arrangements in der Industriegesellschaft untersucht und zur Kenntnis nimmt, daß die Grenze, die den öffentlichen und privaten Sektor von einander trennt, häufig *fuzzy* und vage ist. Ihre Hauptthese lautet, daß die modernen Institutionen der sozialen Sicherung zunehmend weder öffentlich noch privat sind. Ihrer Auffassung nach können diese institutionellen Mischformen konzeptionell erfaßt werden, sofern man diese in einen holistischen Rahmen der Entwicklung von Marktgesellschaften verortet, in denen Sozialpolitik, Arbeitsmärkte und industrielle Beziehungen vereinigt sind. In den auf diesem Ansatz aufbauenden empirischen Arbeiten haben Rein und Rainwater neben den staatlichen deshalb auch die betrieblichen Sozialleistungen in ihre Analyse der Sozialpolitik einbezogen (vgl. auch Rein/Wadensjö 1997a). Leibfried erweitert diesen Ansatz gewissermaßen und plädiert dafür,

> „daß es bei Ländern, die so unterschiedlich gebaut sind [wie Japan und Deutschland, Anm. d. Verf.], daß man Schwierigkeiten hat, auch nur Teilelemente eines gemeinsamen Nenners zu identifizieren – und bei denen oft gleiche Namen ganz Ungleiches bedeuten und verhüllen – keinen anderen Weg gibt, als im Grundsätzlichen den klaren Kontrast zu suchen, im Unterschied von deutschem Sozial*staat* und japanischer Wohlfahrts*gesellschaft*. Gesellschaft heißt dabei nur, daß Wohlfahrt und Gleichheit vorstaatlich vermittelt werden, nicht notwendigerweise, daß sie substantiell auf Privatautonomie beruhen" (Leibfried 1994: 403; Hervorh. im Original).

In seiner historisch vergleichenden Analyse der Entwicklung des deutschen Wohlfahrts- bzw. Sozialstaates und der japanischen Wohlfahrtsgesellschaft kann Leibfried dann auch zeigen, daß die Entwicklungswege Japans und Deutschlands, was die Etablierung sozialpolitischer Institutionen ebenso wie die spezifische Organisation der Wohlfahrtsproduktion anbelangt, sehr unterschiedlich verlaufen sind. Wohlfahrts*gesellschaften* - so könnte man schlußfolgern - werden ebenso wenig wie Wohlfahrts*staaten* einfach von heute auf morgen ins Werk gesetzt; sie beruhen vielmehr auf jeweils spezifischen Kulturen, Traditionen und langsam zum Bestandteil von Kultur und Tradition werdenden Institutionen.

6. Fazit

Wie gezeigt wurde, wird der Begriff Wohlfahrtsgesellschaft in Abhängigkeit vom historischen Zeitpunkt und kulturellen Hintergrund unterschiedlich verwendet. Aber auch die neuere Forschung im westeuropäischen und nordamerikanischen Kontext hat es bisher versäumt, den Begriff Wohlfahrtsgesellschaft und die Notwendigkeit eines Überganges von einem Wohlfahrtsstaat in eine Wohlfahrtsgesellschaft theoretisch und systematisch herzuleiten. Bereits Robson (1976: 171) bemerkte:

> „There are few systematic views about the nature and aims of the welfare state and scarcely any about the welfare society which is the raison d'être for its existence."

Obwohl diese Aussage bereits vor mehr als zwei Jahrzehnten getroffen wurde, scheint sie auch heute die Situation noch trefflich zu charakterisieren. So wird selbst in den neueren Diskussionszusammenhängen der Begriff vielfach lediglich negativ definiert: als Entgegensetzung zum Wohlfahrtsstaat. Wie dargelegt wurde, bringt eine solche Entgegensetzung auf analytischer Ebene jedoch wenig, denn zunehmend kommt es zu Verknüpfungen zwischen den beiden Sektoren, so daß häufig nicht eindeutig geklärt werden kann, um welchen Sektor – öffentlich oder privat – es sich im spezifischen Fall handelt. U.E. erscheint es allerdings auch verwirrend, nunmehr die Gesamtheit des Sozialpolitischen mit dem Begriff der Wohlfahrtsgesellschaft zu bezeichnen, da bei einer analytischen Herangehensweise eine solche Begriffsverwendung die Domänen Staat und Markt in den Hintergrund rückt und alles zur Gesellschaft erklärt. Es böte sich an, den 'neutraleren' Begriff des Wohlfahrtssystems (Seeleib-Kaiser 1999) für die Analyse des Zusammenspiels der unterschiedlichen Wohlfahrtsproduzenten und institutionellen Arrangements zu wählen.

Aber auch normativ erscheint die Entgegensetzung von Wohlfahrtsstaat und Wohlfahrtsgesellschaft wenig hilfreich, denn ermöglicht nicht gerade der Wohlfahrtsstaat häufig erst dem Einzelnen wie kollektiven Akteuren, am gesellschaftlichen Leben in einer modernen Gesellschaft teilzunehmen? Wird in den realen Wohlfahrtsstaaten, so wie wir sie in Westeuropa kennen, tatsächlich das bürgerschaftliche Engagement unterdrückt? Oder sind nicht gerade die sich in den letzten beiden Dekaden gebildeten Selbsthilfegruppen und Bürgerinitiativen ein guter Indikator dafür, daß das bürgerschaftliche Engagement durchaus lebendig ist? Sieht man einmal von der Argumentation bzw. Annahme ab, der Wohlfahrtsstaat sei aufgrund verschiedenster Herausforderungen nicht mehr problemadäquat oder sei materiell überfordert, bleibt die Begründung für eine stärkere Betonung gesellschaftlicher Arrangements dürftig.

Zudem manövrieren sich die Verfechter eines stärkeren bürgerschaftlichen Engagements mittels staatlicher Förderung in ein Dilemma. Wenn dem bürgerschaftlichen Engagement in einer Wohlfahrtsgesellschaft eine größere Bedeutung zukommen soll, stellt sich die Frage, *weshalb* der Staat dabei eine Rolle übernehmen sollte. Zunächst einmal wäre es ja nur konsequent und logisch, wenn darüber nachgedacht würde, wie das als notwendig erachtete stärkere bürgerschaftliche Engagement jenseits staatlicher Initiativen hergestellt werden kann. Sollen dem Staat aber tatsächlich die oben aufgelisteten Aufgaben eines ermöglichenden, moderierenden und aktivierenden Akteurs zukommen, müßte ein Regelwerk erstellt werden, in dem eine Vielzahl von Kriterien detailliert aufgelistet wären. Und das würde erst einmal mehr und nicht weniger *Staat* bedeuten. Zudem wird meist verkannt,

> „daß der Sozialstaat ein tragendes und dauerhaftes Strukturelement unserer modernen Gesellschaft geworden ist. Die Wohlfahrtsgesellschaft mag kommen, aber sie wird auf den Wohlfahrtsstaat nicht verzichten" (Alber 1989: 327).

So sympathisch das Konzept eines deliberativ erreichten Konsenses, also einer gesellschaftlichen Selbstverständigung über die eigenen Rechte und Pflichten auch klingen mag, so wenig realistisch erscheint es, die in modernen Gesellschaften so pluralen Wert- und Interessenlagen jenseits staatlicher Vermittlung, Organisation und Verpflichtung in Einklang bringen zu können. Ob aber die Entkolonialisierung der Lebenswelt unter hauptverantwortlicher Regie des Kolonialherrn erfolgversprechend ist, darf bezweifelt werden.

Literatur

Achinger, Hans, 1979: Sozialpolitik als Gesellschaftspolitik, 3. erweiterte Aufl., Frankfurt a. M.: Eigenverlag des deutschen Vereins für öffentliche und private Fürsorge.

Alber, Jens, 1989: Der Sozialstaat in der Bundesrepublik 1950-1983, Frankfurt a.M.; New York: Campus.

Backhaus-Maul, Holger; Brandhorst, Andreas, 1999: „Mit Sicherheit Gutes tun. Über den Zusammenhang von sozialem Engagement und sozialer Sicherung", in: Heinze, Rolf G.; Olk, Thomas (Hg.): Bürgerschaftliches Engagement in Deutschland, Opladen: Leske + Budrich (i.E.).

Bergström, Villy, 1992: „Party Program and Economic Policy: The Social Democrats in Government", in: Misgel, Klaus u.a. (Hg.), S. 131-173.

Bischofberger, Erwin et al., 1974: Experiment einer Wohlfahrtsgesellschaft. Das Modell Schweden, Mainz: Matthias-Grünewald-Verlag.

Bleses, Peter; Seeleib-Kaiser, Martin, 1999: „Sozialpolitik", in: Eyferth, Hanns; Otto, Hans-Uwe; Thiersch, Hans (Hg.), Handbuch zur Sozialarbeit und Sozialpädagogik, 2. Aufl., Neuwied; Darmstadt: Luchterhand (i.E.).

Cohen, Joshua; Rogers, Joel, 1994: „Solidarity, Democracy, Association", in: Wolfgang Streeck (Hg.), Staat und Verbände, PVS-Sonderheft 25/1994, Opladen: Westdeutscher Verlag, S. 136-159.

Dettling, Warnfried, 1995: Politik und Lebenswelt – Vom Wohlfahrtsstaat zur Wohlfahrtsgesellschaft, Gütersloh: Bertelsmann Stiftung.

Dettling, Warnfried, 1998a: Wirtschafts-Kummerland? Wege aus der Globalisierungsfalle, München: Kindler.

Dettling, Warnfried, 1998b: „Bürgergesellschaft – Möglichkeiten, Voraussetzungen und Grenzen", in: Aus Politik und Zeitgeschichte, B38/98, S. 22-28.

Ellwein, Thomas; Hesse, Joachim Jens, 1994: Der überforderte Staat, Baden-Baden: Nomos.

Engels, Friedrich, 1972: Die Entwicklung des Sozialismus von der Utopie zur Wissenschaft. MEW, Bd. 19, Berlin (DDR): Dietz Verlag.

Esping-Andersen, Gøsta, 1990: The Three Worlds of Welfare Capitalism, Cambridge: Polity Press.

Etzioni, Amitai, 1998: Die Verantwortungsgesellschaft – Individualismus und Moral in der heutigen Demokratie, aus dem Englischen übersetzt von Christoph Münz, Frankfurt a.M.; New York: Campus.

Evers, Adalbert; Olk, Thomas (Hg.), 1996a: Wohlfahrtspluralismus: Vom Wohlfahrtsstaat zur Wohlfahrtsgesellschaft, Opladen: Westdeutscher Verlag.

Evers, Adalbert; Olk Thomas, 1996b: „Wohlfahrtspluralismus – Analytische und normativ-politische Dimensionen eines Leitbegriffs“, in: dies. (Hg.), Wohlfahrtspluralismus: Vom Wohlfahrtsstaat zur Wohlfahrtsgesellschaft, Opladen: Westdeutscher Verlag, S. 9-60.

Galbraith, John Kenneth, 1961: The Affluent Society. London: Hamilton (in deutscher Sprache 1963 erschienen unter dem Titel: Gesellschaft im Überfluß, München: Knaur).

Giddens, Anthony, 1997: Jenseits von Links und Rechts. Die Zukunft radikaler Demokratie, Frankfurt a.M.: Suhrkamp.

Gilbert, Neil; Gilbert, Barbara, 1989: The Enabling State. Modern Welfare Capitalism in America, New York; Oxford: Oxford University Press.

Goodman, Roger; Peng, Ito,1996: „The East Asian Welfare States: Peripatetic Learning, Adaptive Change, and Nation-Building“, in: Gøsta Esping-Andersen (Hg.), Welfare States in Transition – National Adaptations in Global Economies, London u.a.: Sage Publications, S. 192-224.

Gould, Arthur, 1994: Capitalist Welfare Systems: A Comparison of Japan, Britain and Sweden, London u.a.: Longman.

Habermas, Jürgen, 1988 [1981]: Theorie des kommunikativen Handelns, Zweiter Band: Zur Kritik der funktionalistischen Vernunft, Frankfurt a.M.: Edition Suhrkamp.

Häußermann, Hartmut; Siebel, Walter, 1995: Dienstleistungsgesellschaften, Frankfurt a.M.: Suhrkamp.

Honneth, Axel (Hg.) 1993: Kommunitarismus – Eine Debatte über die moralischen Grundlagen moderner Gesellschaften, Frankfurt a.M.; New York: Campus.

Kaufmann, Franz-Xaver, 1994: „Staat und Wohlfahrtsproduktion“, in: Hans-Ulrich Derlien; Uta Gerhardt; Fritz W. Scharpf (Hg.), Systemrationalität und Partialinteresse, Festschrift für Renate Mayntz, Baden-Baden: Nomos, S. 357-380.

Kneer, Georg, 1997: „Zivilgesellschaft“, in: ders./Armin Nassehi/Markus Schroer (Hg.), Soziologische Gesellschaftsbegriffe – Konzepte moderner Zeitdiagnosen, München: Wilhelm Fink Verlag [UTB 1961], S. 228-251.

Kohl, Helmut, 1983: Der Weg zur Wende. Von der Wohlfahrtsgesellschaft zur Leistungsgemeinschaft, hrsg. von Heissler, Dietrich, Husum: Husum Druck- und Verlagsgesellschaft.

Leibfried, Stephan, 1994: „‘Sozialstaat’ oder ‘Wohlfahrtsgesellschaft’? Thesen zu einem japanisch-deutschen Sozialpolitikvergleich“, in: Soziale Welt, 46. Jg., H. 4, S. 389-410.

Lipset, Seymour Martin, 1996: American Exceptionalism – A Double-Edged Sword, New York, London: W.W. Norton.

Marshall, Thomas H., 1992 [1961]: „Der Wohlfahrtsstaat und die Wohlstandsgesellschaft", in: ders.: Bürgerrechte und soziale Klassen. Zur Soziologie des Wohlfahrtsstaates, hrsg., übersetzt und mit einem Vorwort versehen von Elmar Rieger, Frankfurt a.M.; New York: Campus, S. 147-168.

Marx, Karl, 1962: Das Kapital – Kritik der politischen Ökonomie, MEW, Bd. 23, Berlin (DDR): Dietz Verlag.

Meidner, Rudolf; Hedborg, Anna 1985: Modell Schweden – Erfahrungen einer Wohlfahrtsgesellschaft, Arbeitsberichte des Wissenschaftszentrums Berlin, Frankfurt a.M.; New York: Campus.

Misgeld, Klaus; Molin, Karl; Åmark, Klas (Hg.), 1992: Creating Social Democracy – A Century of the Social Democratic Labor Party in Sweden, University Park, Pennsylvania: The Pennsylvania State University Press.

Nullmeier, Frank, 1998: „Die Wohlfahrtsgesellschaft des Sozialstaats", in: Forschungsjournal Neue Soziale Bewegungen, 11. Jg., H. 2, S. 51-60.

Osborne, David; Gaebler, Ted, 1992: Reinventing Government: How the Entrepreneurial Spirit is Transforming the Public Sector, fifth printing, Reading, M.A.: Addison-Wesley.

Rein, Martin; Rainwater, Lee, 1987: „From Welfare State to Welfare Society", in: Martin Rein, Gøsta Esping-Andersen, Lee Rainwater (Hg.) Stagnation and Renewal in Social Policy – The Rise and Fall of Policy Regimes, Armonk, NY: M.E. Sharpe, S. 143-159.

Rein, Martin; Wadensjö, Eskil, 1997a: Enterprise and the Welfare State, Cheltenham, UK; Lyme, US: Eward Elgar.

Rein, Martin; Wadensjö, Eskil, 1997b: „Preface", in: dies. (Hg.), S. xvi-xix.

Robson, William A., 1976: Welfare State and Welfare Society. Illusion and Reality, London: George Allen & Unwin Ltd.

Rose, Richard, 1986: „Common Goals but Different Roles: The State's Contribution to the Welfare Mix", in: ders./Rei Shiratori (Hg.) The Welfare State East and West, New York; Oxford: Oxford Univ. Press, S. 13-39.

Schmid, Josef, 1998: „Vom Sozialstaat zur Wohlfahrtsgesellschaft. Institutioneller Wandel in der Sozialpolitik", in: Forschungsjournal Neue Soziale Bewegungen, 11. Jg., H. 2, S. 25-37.

Schmidt, Manfred G., 1998: Sozialpolitik in Deutschland. Historische Entwicklung und internationaler Vergleich, 2., vollständig überarbeitete und erweiterte Aufl., Opladen: Leske + Budrich.

Seeleib-Kaiser, Martin, 1999: „Grenzen von Wohlfahrtssystemen unter Bedingungen der Globalisierung", in: Claudia Honegger et al. (Hg.), Grenzenlose Gesellschaft? Verhandlungen des gemeinsamen Kongresses der Deutschen, Österreichischen und Schweizerischen Gesellschaft für Soziologie,

Freiburg i.Br., 14.-18. September 1998. Opladen: Leske + Budrich, S. 185-202.

Shinkawa, Toshimitsu, 1990: The Political Economy of Social Welfare in Japan, Ph.D. diss., University of Toronto.

Takahashi, Mutsuko, 1998: The Emergence of Welfare Society in Japan, Aldershot u.a.: Ashgate.

Thränhardt, Anna Maria, 1992: „Kreativer Konservatismus im 'Japanischen Modell der Wohlfahrtsgesellschaft'", in: Paul Kevenhörster; Dietrich Thränhardt (Hg.) Herausforderungen an den Wohlfahrtsstaat - Internationalisierung, Individualisierung und gesellschaftlicher Wandel, Münster: LitVerlag, S. 47-68.

Thränhardt, Anna Maria, 1995: „Wohlfahrtsgesellschaft statt Wohlfahrtsstaat - Sozialpolitik der achtziger Jahre in Japan", in: Stephan Leibfried/Martin Seeleib-Kaiser (Hg.), Sozialpolitik in Japan, Schwerpunktheft der Zeitschrift für Sozialreform, 41. Jg., S. 204-219.

Tilton, Tim, 1992: The Role of Ideology in Social Democratic Policies", in: Klaus Misgeld u.a. (Hg.): S. 409-427.

Titmuss, Richard M., 1967: "Welfare State and Welfare Society", in: Report of the Sixth British National Conference on Social Welfare 9th to 13th April, Welfare State and Welfare Society, London: National Council of Social Service, S. 15-29.

Tocqueville, Alexis de, 1990 [1835/1840]: Über die Demokratie in Amerika, ausgewählt und herausgegeben von J.P. Mayer, Stuttgart: Philipp Reclam Jun.

Zapf, Wolfgang, 1984: „Welfare Production: Public versus Private," in: Social Indicators Research, 14, S. 263-274.

Georg Kneer

Überflußgesellschaft

Das Wachstum und die Steigerung des Angebots an Waren und Dienstleistungen, an Produkten, Konsumgütern und Erzeugnissen ist ein bekanntes, vielfach beschriebenes Phänomen der heutigen Welt. Manchem Zeitgenossen erscheint die gegenwärtige Gesellschaft längst als ein gigantischer, überdimensionierter Supermarkt. Um uns herum explodieren die Sortimente und Auslagen, quillen Regale und ganze Verkaufsabteilungen über, entstehen neue Produkte und Produktvarianten samt neuen Märkten, neuen Werbe- und Verkaufsstrategien. Dabei ist es nicht nur die Gesamtmenge der verfügbaren Konsumgüter und Produkte, die rasant wächst. Vielmehr werden ständig neue Grundfunktionen geschaffen, die bedient werden wollen, kommen neue Bedürfnisse hinzu, die zu befriedigen sind. Zudem läßt sich zugleich eine rasche, mitunter exponentielle Zunahme divergierender Konsumgüter für die gleiche Grundfunktion beobachten. Ob es um Unterhosen, Getränke oder Videogeräte geht, ob Nudelgerichte, Reißverschlüsse oder Autos gesucht werden - stets steht uns eine schier unerschöpfliche Vielfalt an Produkten und Produktkombinationen, an Marken, Sorten und Varianten, an Farben und Formen gegenüber. Für jeden Wunsch und für jedes Bedürfnis liegt eine breite, weiterhin noch wachsende Angebotspalette vor. Längst haben wir uns daran gewöhnt, stets und überall eine Auswahl aus einer unübersichtlichen Fülle von Erzeugnissen und Konsumartikeln treffen zu können und, wenn man so sagen will, treffen zu müssen.

Es dürfte vor allem die damit angedeutete Vorstellung eines reichhaltigen, mehr oder weniger grenzenlos erscheinenden Waren- und Konsumangebots sein, die dem zeitdiagnostischen Begriff einer Überflußgesellschaft zugrunde liegt. Demzufolge leben wir nicht länger in einer Mangelgesellschaft, in der selbst die Erzeugnisse und Güter zur Befriedigung des alltäglichen Bedarfs knapp sind, sondern in einer

Gesellschaft des Überflußes, in einer Gesellschaft der Produktfülle und des Überangebots. Vor einem naheliegenden Mißverständnis, das sich häufig im Zusammenhang mit dem Terminus der Überflußgesellschaft einstellt, sei gleich zu Anfang gewarnt. Der Begriff einer Gesellschaft im Überfluß behauptet, daß Waren, Erzeugnisse und Konsumartikel des alltäglichen und außeralltäglichen Bedarfs reichlich, ja, überreichlich vorhanden sind, aber er behauptet keine gleiche bzw. gerechte Teilnahme der Gesellschaftsakteure an diesem Angebot. Insofern 'widerlegt' auch der Hinweis auf (nach wie vor bestehende) soziale Ungleichheitsverhältnisse nicht das Konzept der Überflußgesellschaft, sondern wird von deren Protagonisten selbst vorgebracht. John Kenneth Galbraith (1959: 92ff.), einer der bekanntesten Vertreter des Labels, hat zudem betont, daß auch in der Überflußgesellschaft Phänomene von Elend und Not, Armut und Ausbeutung keineswegs vollständig verschwunden seien. Zugleich hebt er freilich hervor, daß soziale Verelendungsprozesse nicht (länger) grundlegend für die Gestalt einer fortgeschrittenen Gesellschaft seien und daß die ungleiche Teilhabe am gesellschaftlichen Reichtum, ökonomisch und sozial gesehen, an Bedeutung verloren habe. In seinen Augen muß deshalb eine Konzeption, die primär mit den Kategorien des Mangels bzw. der Knappheit beobachtet, die charakteristischen Besonderheiten, strukturellen Eigentümlichkeiten und spezifischen Problemlagen einer Gesellschaft im Überfluß zwangsläufig verfehlen. Besonders prägnant formuliert er:

> „Heute gibt es Waren in Hülle und Fülle. In den Vereinigten Staaten sterben mehr Menschen an zu reichlichem Essen als an Unterernährung." (Galbraith 1959: 138)

Mit dem Gesagten ist das Verhältnis von Überfluß und sozialer Ungleichheit selbstverständlich nur angedeutet. Alles weitere setzt eine detailliertere Klärung der Konzeption voraus. Ziel der folgenden Ausführungen ist es, in den Diskurs über die Gesellschaft im Überfluß grundlegend einzuführen. Am Anfang steht ein kurzer Überblick bzw. Rückblick auf wichtige Ansätze, Vertreter und Positionen des Begriffsvorschlags (I.). Anschließend erfolgt eine Rekonstruktion einzelner Merkmale bzw. Kennzeichen, die für die Vorstellung einer Überflußgesellschaft von zentraler Bedeutung sind (II.). Im dritten und letzten Teil werden dann verschiedene Einwände gegen den Ansatz diskutiert (III.).

I.

Der Terminus der Überflußgesellschaft findet, zumindest in gesellschaftstheoretischen Kontexten, nur selten Verwendung. Bei der einzigen Monographie, die den Begriff bereits im Titel führt, nämlich bei der Schrift *Gesellschaft im Überfluß* (Titel der amerikanischen Originalausgabe von 1958: *The Affluent Society*) von Galbraith, handelt es sich zudem nicht um eine soziologische, sondern um eine wirtschaftswissenschaftliche Arbeit. In soziologischen bzw. gesellschaftstheoretischen Schriften taucht der Begriff, wenn überhaupt, eher kursorisch auf; eine systematische Ausarbeitung bzw. Reflexion des Labels existiert bis heute nicht. Allerdings darf aus dieser Beobachtung nicht der Schluß gezogen werden, die Vorstellung einer Überflußgesellschaft besitze in der Soziologie bzw. Gesellschaftstheorie praktisch keine oder allenfalls eine marginale Bedeutung. Vielmehr gilt, daß das Konzept eine nicht unbedeutende Rolle spielt, zumindest spielt es eine wesentlich gewichtigere als die explizite Verwendung des Terminus dies zunächst vermuten läßt. Diese Behauptung kann sich zumindest auf die zwei folgenden Überlegungen stützen. Zunächst gilt, daß eine Reihe verwandter Begriffe existieren, Begriffe, die den gleichen oder doch zumindest einen ähnlichen Bedeutungsgehalt aufweisen wie das Label der Überflußgesellschaft. Zu denken ist etwa an die Termini einer Wegwerf-, Wohlstands- und Konsumgesellschaft. Eine systematische Reflexion des Konzepts der Überflußgesellschaft wird deshalb nicht umhin kommen, diese (und womöglich weitere Begriffe) in die Untersuchung miteinzubeziehen.

Eine zweite Überlegung ist womöglich noch wichtiger. Eine der Grundannahmen des Konzepts der Überflußgesellschaft ist die Vorstellung einer Ausweitung des gesellschaftlich verfügbaren Reichtums, so daß schließlich Waren, Konsumgüter und Dienstleistungen im Überfluß vorhanden sind. Diese Prämisse wird offensichtlich von einer Vielzahl von soziologischen Zeitdiagnosen geteilt, ohne daß stets ein ausdrücklicher Hinweis auf das Konzept der Überflußgesellschaft bzw. verwandter Begriffe erfolgt. Eine ausführliche Diskussion des Begriffs der Überflußgesellschaft erfordert deshalb eine entsprechende Erweiterung auf soziologische bzw. sozialwissenschaftliche Ansätze, die die angegebene Grundannahme zumindest implizit teilen. Es sollte jedoch klar sein, daß bei einem derartig weiten Begriffsverständnis jede Darstellung bzw. Reflexion des Labels äußerst selektiv vorgehen muß. Die nachfolgende Diskussion einzelner Beiträge zum Diskurs der Überflußgesellschaft strebt deshalb auch keine Vollständigkeit an. Vielmehr werden vor allem solche Autoren bzw. 'Vertreter' des Konzepts angeführt, die in besonders origineller Weise die Debatte bestimmt oder beeinflußt haben. Ferner wird mit der Auswahl angestrebt, die Differenziertheit und Breite des Paradigmas zu verdeutlichen.

Die Vorstellung einer im Überfluß lebenden Gesellschaft taucht nicht erst, wie man vielleicht vermuten könnte, im 20. Jahrhundert auf. Vielmehr lassen sich Hinweise auf gesellschaftlichen Reichtum und Wohlstand, nicht zuletzt auch kritische Äußerungen gegenüber Luxus, überzogenes Konsumgebaren und Dekadenz weit zurückverfolgen; einzelne Wurzeln finden sich bereits in der Antike (vgl. Siegrist 1997: 25). Aus heutiger Sicht erweisen sich die Reichtümer und Errungenschaften früherer Zeiten, insbesondere wenn man an das Gütervolumen, die Differenziertheit der Produkte und deren technisches Niveau denkt, als äußerst bescheiden; vor allem aber gilt, daß lange Zeit nur ein verschwindend geringer Teil der Menschheit in den Genuß von Reichtum, Wohlstand und Luxus kam. Das Leben der meisten Gesellschaftsmitglieder war statt dessen von Knappheit und Mangel geprägt; die Produktivität einer primär auf Landwirtschaft und Heimarbeit gegründeten Wirtschaft muß als äußerst begrenzt eingeschätzt werden, so daß von einer Überfluß-, Wohlstands-, Wegwerf- oder Konsumgesellschaft im strengen Sinne nicht gesprochen werden konnte. Beschreibungen von einem Leben in Hülle und Fülle, von Überfluß und materiellem Wohlstand blieben zumeist utopische Vorstellungen, denen der gesellschaftliche Ort der Verwirklichung fehlte. Ein Wandel begann sich erst im 18. Jahrhundert abzuzeichnen. Die Einführung industrieller Produktions- und Fertigungstechniken, die Umstellung auf eine kapitalistische Wirtschaftsweise sowie die rasante wissenschaftlich-technologische Entwicklung machten eine gigantische Steigerung des gesellschaftlichen Reichtums und Wohlstands möglich. Einer der ersten Theoretiker, der die gesellschaftlichen Voraussetzungen und Folgen des ökonomischen Fortschritts analysierte, war zweifellos Adam Smith. In seiner 1776 erschienenen Schrift *Der Wohlstand der Nationen*, für viele das berühmteste Buch über die Ökonomie, das je geschrieben wurde (vgl. Pribram 1992: 245), zeichnet Smith ein optimistisches Bild der wirtschaftlichen Entwicklung. Gesellschaftliche Grundlage der Produktivitätssteigerung und damit des Wachstums des Volkswohlstandes ist für ihn die gesellschaftliche Arbeitsteilung. Seine Beschreibung der Stecknadelfabrikation zeigt auf, wie durch die arbeitsteilige Zerlegung des Produktionsprozesses ein Effizienzgewinn ermöglicht wird. Smith prognostiziert eine fortschreitende Anhäufung des Warenangebots und des Wohlbefindens; dabei ist es in seinen Augen die unsichtbare, vernünftige Hand des Marktes, die die am individuellen Profitstreben orientierten Einzelhandlungen in einer solchen Art und Weise integriert, daß eine Kumulation des gesellschaftlichen Gesamtnutzens erzielt wird.

Smiths Überlegungen zur Steigerung des gesellschaftlichen Reichtums haben einen erheblichen Einfluß auf die nachfolgenden Generationen ausgeübt. Wie weit der Einfluß dieser Vorstellung geht, läßt sich u.a. daran erkennen, daß sie auch von ausgesprochenen Gegnern der Gesamtkonzeption Smiths geteilt wurde und wird. Selbst Karl Marx und Friedrich Engels, die doch eigentlich an einer Kritik der bürgerlichen politischen Ökonomie interessiert sind, stimmen mit der Auffassung einer Vermehrung des gesellschaftlichen Reichtums und Wohlstands im Laufe der sozialen Evolution überein. Im *Manifest der Kommunistischen Partei* weisen sie daraufhin, daß die moderne Bourgeoisie innerhalb von hundert Jahren „massenhaftere und kolossalere Produktionskräfte geschaffen (hat) als alle vergangenen Generationen zusammen" (Marx/ Engels 1980: 467). Ergebnis der fortwährenden Revolutionierung der modernen Produktions- und Verkehrsmittel sei eine gigantische Ausweitung der kapitalistischen Produkte und Erzeugnisse, ja, eine „Epidemie der Überproduktion" (ebd.: 468). Sicher: Marx und Engels beharren darauf, daß unter kapitalistischen Bedingungen die Produktionssteigerung mit einer fortlaufenden Ausbeutung und Verelendung des Proletariats einher gehe. Doch auch in dieser Hinsicht sind sie nicht allzu weit von den Vorstellungen eines Adam Smith, David Ricardo und eines Thomas Robert Malthus entfernt, also von den Vorstellungen drei der wichtigsten Denker der bürgerlichen Nationalökonomie, die alle drei gesellschaftlichen Überfluß einerseits und Massenelend andererseits nicht als Gegensatz, sondern als einander ergänzende Phänomene begreifen.

Die Auffassung, daß auch größere Bevölkerungsgruppen über weitreichende Teilhabemöglichkeiten am gesellschaftlichen Reichtum und Wohlstand verfügen, findet erst Ende des 19. Jahrhunderts und dann im 20. Jahrhundert mehr und mehr Verbreitung. Die in den 1920er Jahren in den USA, wenig später in Westeuropa einsetzende fordistische Massenproduktion stärkt die Vorstellung, daß zugleich mit der Steigerung des Angebots an Waren und Konsumgütern auch eine Steigerung der Zugangschancen möglich wird. Mehr und mehr Gesellschaftsmitglieder partizipieren in der Folgezeit dann auch an den Errungenschaften des Wohlstandes; der Traum vom eigenen Radio, Fernsehen und Auto, vom Eigenheim, von Gartenlaube und alljährlicher Urlaubsreise wird in fortgeschrittenen Industrienationen für viele, wenn auch keineswegs für alle, zur Realität. Diese Beobachtung der Anhebung des allgemeinen Lebens- und Versorgungsstandards findet in Galbraiths Arbeit ihren Niederschlag und bildet eine der zentralen Grundannahmen seiner Konzeption. Galbraith arbeitet die weitgehende Partizipation der Bevölkerung an den Produktivitätszuwächsen heraus; mit dieser Vorstellung löst er sich, wie er selbst formuliert (Galbraith 1959: 32), endgültig von der pessimistischen Tradition in der Volkswirtschaft. Die Mehrheit der Gesellschaftsmitglieder bleibt, so lautet seine ständig wiederholte Aussage, von der Teilhabe am gesellschaftlichen Reichtum keineswegs ausgeschlossen, sondern gelangt mehr und mehr in den Genuß jenes riesigen Warenangebots, das von einer rationalisierten Massenproduktion und einem ausgebauten Dienstleistungs-, Handels- und Verkehrssystem hervorgebracht wird. Galbraith möchte mit seinem Buch freilich kein einseitig optimistisches Bild der Überflußgesellschaft zeichnen. Seine Grundthese besagt vielmehr, daß mit dem Übergang zu einer Gesellschaft des Überflußes eine neue Sozialordnung entstanden ist, die spezifische Eigenschaften, Strukturen und Errungenschaften, aber eben auch allein ihr eigentümliche Schwierigkeiten und Konflikte aufweist. Probleme resultieren seines Erachtens vor allem daraus, daß die Entwicklung des Bedarfs hinter den Produktionserfordernissen zurückbleibt und damit, periodisch wiederkehrend, ökonomische Wachstumskrisen ausgelöst werden.

Es kann festgehalten werden, daß das Label der Überflußgesellschaft von einer deutlichen Ambivalenz gekennzeichnet ist; neben Vorstellungen der Steigerung, der Mach- und Gestaltbarkeit der Welt sowie des Fortschritts enthält der Begriff durchaus skeptische, geradezu kulturkritische Töne. Das erklärt, daß das Konzept oftmals in entlarvender Absicht verwendet wird, also mit dem Ziel, eine Kritik der Gegenwartsgesellschaft bzw. bestimmter gesellschaftlicher Tendenzen zu formulieren. Hans Freyer (1955: 91) spricht davon, daß der Lebensstandard längst zum Gott des Zeitalters, die Steigerung der ökonomischen Produktion zu ihrem Propheten geworden sei; damit charakterisiert - und kritisiert - er die Gegenwartsgesellschaft als eine von einem grenzenlosen *Willen zum Mehr* durchdrungene Sozialordnung.

> „Der Gedanke eines gebührenden Bedarfs ist heute ebenso reaktionär geworden wie der Gedanke einer möglichen Zufriedenheit mit dem Seinen. Alles ist allen angeboten; daß dem so sei, ist das Interesse des industriellen Systems. Tatsächlich hat ein großer Teil der industriellen Erzeugnisse als Luxusgut begonnen, ist aber längst zur Massenware geworden."

Die rechte Kulturkritik findet ihr Pendant in einer linken Kritik an der modernen Überflußgesellschaft. Insbesondere von den Theoretikern der sogenannten Frankfurter Schule und des westlichen Marxismus wird vorgebracht, daß die auf Fortschritt und Steigerung ausgerichtete Produktionsweise auf die Erzeugung von künstlichen, immer neuen Bedürfnissen angewiesen sei.[1] Das hochtechnisierte System sichere derart seine fortlaufende Reproduktion, zugleich nehme es den Menschen mehr und mehr in seinen Griff. Der Einzelne mitsamt seiner Wünsche und Erwartungen werde durch die Erzeugnisse der Massenproduktion und der Kulturindustrie sukzessive durchdrungen und entfremdet; dieser Manipulationsprozeß bringe ein falsches Bewußtsein hervor, das gegen die Eindimensionalität und Irrationalität der Gesellschaft freilich immun sei.[2]

---

1 Die Vorstellung, daß die Überflußgesellschaft neue, künstliche Bedürfnisse schafft - Henri Lefebvre (1987: 265) spricht gar davon, daß zugleich mit der Herstellung der Produkte und Konsumgüter die Konsumenten hergestellt werden -, bildet bereits ein Grundmotiv bei John Kenneth Galbraiths (1959: 154) Kritik der Überflußgesellschaft. „Denn weitere Bedürfnisse haben wir nur, wenn sie künstlich erzeugt werden. Und wir schaffen keine Bedürfnisse an Gütern, die wir nicht erzeugen."

2 Nicht nur in der sogenannten ersten Generation, sondern auch in der zweiten Generation der Kritischen Theorie bildet die Vorstellung einer aus den Erzeugnissen der Überfluß- und Konsumgesellschaft resultieren-

> „Die Gewalt des Fortschritts verwandelt Vernunft in Unterwerfung unter die Lebenstatsachen und unter das dynamische Vermögen, mehr und größere Tatsachen derselben Lebensweise herzustellen. Die Leistungsfähigkeit des Systems macht die Individuen untauglich für die Erkenntnis, daß es keine Tatsachen enthält, die nicht die repressive Macht des Ganzen übermitteln." (Marcuse 1979: 31)

Am Ende dieses kurzen historischen Rückblicks darf der Hinweis nicht fehlen, daß das Konzept der Überflußgesellschaft bis in unsere Tage nichts von seiner Aktualität - aber auch seiner Brisanz - verloren hat. Abschließend soll deshalb zumindest kurz auf drei zeitdiagnostische Konzepte verwiesen werden, die im soziologischen Diskurs gegenwärtig eine prominente Rolle spielen. Für alle drei Ansätze gilt, daß sie jeweils eigenständige Gesellschaftsbegriffe hervorgebracht haben, daß sie aber alle drei dabei - explizit oder implizit - mehr oder weniger starke Anleihen beim Begriff der Überflußgesellschaft vornehmen. Gemeint sind Ulrich Becks (1986) Konzept einer Risikogesellschaft, Gerhard Schulzes (1993) Ansatz einer Erlebnisgesellschaft und Peter Gross' (1994) Vorstellung einer Multioptionsgesellschaft. Eine der Leitdifferenzen in Becks Überlegungen bildet die Unterscheidung zwischen einer Mangelgesellschaft und einer reflexiv-modernisierten Gesellschaft, in der „ein *kollektives Mehr* an Einkommen, Bildung, Mobilität, Recht, Wissenschaft, Massenkonsum" (Beck 1986: 122), aber eben auch an Risiken und Gefahren existiere. Voraussetzung der Konstituierung einer (zunehmenden) Erlebnis- und Innenorientierung ist nach Schulze eine Steigerung, Ausweitung und Vermehrung der Möglichkeiten, die sich stichwortartig mit den Begriffen „Angebotsexplo-

---

den Manipulation bzw. Entfremdung des Menschen eines der Grundmotive der Gesellschaftskritik. Bei Jürgen Habermas etwa findet sich dieser Gedanke - freilich vielfach reformuliert - in der Auffassung wieder, daß das Wachstum und die Überproduktion der Systeme schließlich in der Weise hypertrophiert, daß die freigelassenen Systemimperative von außen in die kommunikativ strukturierte Lebenswelt „wie Kolonialherren in eine Stammesgesellschaft" (Habermas 1981, II: 522) eindringen und das in der Alltagspraxis entfaltete kommunikative Vernunftpotential verdinglichen. Zur systematischen Auseinandersetzung mit der in der Theorie des kommunikativen Handelns formulierten Gesellschaftskonzeption und Zeitdiagnose vgl. Kneer 1996.

sion, Ausweitung der Konsumpotentiale, Wegfall von Zugangsbarrieren, Umwandlung von vorgegebener in gestaltbare Wirklichkeit" (Schulze 1993: 58) charakterisieren lasse. Gross (1994: 15) dechiffriert die „Erweiterung, Steigerung und Vertiefung von Erlebnis-, Lebens- und Handlungsmöglichkeiten" als Grundzug gesellschaftlicher Modernisierung; die Produktion eines Überflußes an Waren, Konsumgütern und Produkten sei dabei eine von vielen Ebenen, auf denen sich eine Optionssteigerung beobachten lasse.

II.

Die bislang vorgetragenen Überlegungen haben den Begriff der Überflußgesellschaft wie selbstverständlich verwendet ohne ihn näher zu spezifizieren. Für alles weitere ist eine genauere Charakterisierung unerläßlich. Der Versuch einer detaillierteren Kennzeichnung sieht sich freilich mit der Schwierigkeit konfrontiert, daß bislang keine einheitliche Verwendung des Terminus existiert. Das, was die einzelnen Ansätze und Positionen jeweils mit dem Begriff der Überflußgesellschaft bezeichnen, stellt somit, aus der Nähe betrachtet, einen äußerst heterogenen Sachverhalt dar.[3] Der folgende Definitionsversuch orientiert

3 Nicht zuletzt kommen die divergierenden Positionen zu unterschiedlichen Datierungen des zeitlichen Beginns der Überflußgesellschaft. Bei Kaelbe (1997: 169) etwa heißt es: „Die Entwicklung zur modernen Massenkonsumgesellschaft ist ein weltweiter Prozeß, der sich in allen Industriegesellschaften im Prinzip in ähnlicher Weise durchsetzte, in den meisten Gesellschaften zu ähnlichen Verbesserungen und Kosten führte und von ähnlichen Kräften vorangetrieben wurde, meist auch auf ähnliche Widerstände stieß. Herausgehoben war in diesem historischen Prozeß die amerikanische Gesellschaft, weil sich dort der Übergang zur Massengesellschaft zuerst vollzog. Bei erheblichen inneramerikanischen Unterschieden gelten im allgemeinen die 1930er und 1940er Jahre als die Durchbruchszeit zur Massenkonsumgesellschaft in den Vereinigten Staaten. In Westeuropa sieht man diesen Durchbruch erst nach dem Zweiten Weltkrieg in den 1950er und 1960er Jahren, in Osteuropa sogar erst in den 1970er und 1980er Jahren." Theoretiker, die den Begriff der Überfluß-, Wegwerf-, Wohlstands- und Konsumgesellschaft anders definieren, gelangen zu anderen Datierungen. Gut konstruktivistisch läßt sich festhalten: andere Begriffe bzw. andere Begriffsdefinitionen, also auch andere

sich deshalb auch nicht ausschließlich an einer Konzeption, sondern an einer Vielzahl von Ansätzen. Ferner geht es nicht darum, den 'kleinsten gemeinsamen Nenner' der unterschiedlichen Positionen herauszuarbeiten. Vielmehr zielt der Vorschlag darauf ab, Eigenschaften und Charakteristika aufzuführen, die sich für den Begriff der Überflußgesellschaft als wesentlich oder typisch erweisen, die jedoch nicht unbedingt von sämtlichen Ansätzen - in exakt der gleichen Weise - genannt werden. Im einzelnen werden im weiteren *neun* solcher Merkmale vorgestellt. Gesellschaften lassen sich, anders formuliert, genau dann als Überflußgesellschaften[4] näher charakterisieren, wenn sie die folgenden neun strukturellen Eigentümlichkeiten aufweisen.

Überflußgesellschaften sind, *erstens*, durch hochentwickelte industrielle Produktions- und Fertigungstechniken gekennzeichnet. Die technisch-ökonomische Entwicklung muß eine bestimmte Stufenleiter erreicht haben, damit materielle Mängel und Knappheiten abgeschafft und umgekehrt Waren und Produkte, Konsumgüter und Erzeugnisse im Überfluß hergestellt werden können. Die Angebotssteigerung oder besser: Angebotsexplosion ist also an bestimmte wirtschaftliche und wissenschaftlich-technische Voraussetzungen gebunden. Viele Theoreti-

---

Sachverhalte.

4 Ich verwende den Begriff der Überflußgesellschaft im weiteren im Plural, spreche also von Gesellschaft*en* im Überfluß. Damit folge ich der Redeweise einer Vielzahl der Protagonisten des Begriffsvorschlags, die unter Gesellschaft ein räumlich begrenztes Sozialsystem - zumeist den modernen Nationalstaat - verstehen. Entsprechend ist dann von einer amerikanischen, französischen oder deutschen Überflußgesellschaft die Rede. Diese Auffassung hat den Vorteil, daß innerhalb des Weltsystems von einer Gleichzeitigkeit von Mangel- und Überflußgesellschaften gesprochen werden kann; etwa derart, daß den Überflußgesellschaften in Westeuropa und Nordamerika Mangelgesellschaften in anderen Weltregionen gegenüberstehen. Gegen die Gleichsetzung von Gesellschaft und Nationalstaat - und für den Begriff der Weltgesellschaft (vgl. Richter 1997) - spricht freilich die Tatsache, daß eine Vielzahl ökonomischer, wissenschaftlicher, technischer usw. Transaktionen nicht an nationalstaatlichen Grenzen halt machen; aus Gründen einer originalgetreuen Darstellung und Vereinfachung wird in diesem Zusammenhang jedoch darauf verzichtet, den Begriff der Überflußgesellschaft räumlich auszudehnen.

ker, insbesondere jene, die ihre wichtigsten Beiträge zum Diskurs über die Wohlstands-, Konsum- bzw. Wegwerfgesellschaft Mitte des 20. Jahrhunderts publizierten, sahen in der mechanisierten und standardisierten Massenproduktion den entscheidenden verfahrenstechnischen Fortschritt für eine Erzeugung des Überflußes. Die Steigerung der Gütermenge sei, so wurde unterstellt, an die Homogenisierung und Uniformierung des Warenangebots gebunden; erst die Produktion des Immergleichen ermögliche die Produktion des Immer-mehr. Im Nachhinein wird man diese Auffassung relativieren müssen. Aus heutiger Sicht betrachtet erscheint die fordistische Fließbandproduktion mit ihren standardisierten Erzeugnissen schon fast wie die Herstellungs- und Fabrikationstechnik aus einer Übergangszeit. Die weitere ökonomische und technologisch-wissenschaftliche Entwicklung, nicht zuletzt der Einzug des Computers in die modernen Fertigungshallen, haben eine hochdifferenzierte, flexible Produktion - bei weiterhin steigendem Gütervolumen - möglich gemacht. Gross (1994: 46) spricht gar von einer „*Produktindividualisierung*": Hochtechnisierte Produktions- und Herstellungsformen ermöglichen eine Fabrikation nach Maß und damit eine gewaltige Steigerung der Optionen; die individuellen Wünsche und persönlichen Präferenzen des Käufers können auf diese Weise schon bei der Produktplanung und Produkterzeugung berücksichtigt werden.

Nicht nur der Bereich der Produktion, auch der Konsumptionsbereich von Überflußgesellschaften weist einige charakteristische Eigentümlichkeiten auf. Zunächst läßt sich, *zweitens*, eine spezifische Kommerzialisierung des Konsums beobachten. Damit ist zunächst gemeint, daß ein gigantischer Verkaufs- und Werbeapparat entsteht, der die hergestellten Produkte, Konsumgüter und Waren massenmedial anpreist. Die Bilder im Fernsehen und in den Hochglanzmagazinen sind mindestens ebenso bunt, vielseitig und differenziert wie die Produkte, für die sie werben. Ferner ist gemeint, daß der Vermarktungs- und Konsumprozeß sukzessive erweitert wird. Der Markt transformiert fortlaufend Gebrauchswerte in Tauschwerte, verwandelt fast sämtliche Dinge in Waren, die angeboten und gekauft werden können. Marx (1964: 69) spricht davon, daß mehr oder weniger annähernd „alles, was die Menschen bisher als unveräußerlich betrachtet haben, Gegenstand des Austausches, des Schachers" wird. Kommerzialisierung des Konsums meint schließlich auch eine Veränderung der Konsumformen und -gewohnheiten. Michael Wildt (1997: 318) beschreibt diesen Vorgang eindrucksvoll am Beispiel des Selbstbedienungsladens.

„Der Erfahrungsbruch beim täglichen Einkauf durch die Selbstbedienung (...) könnte kaum einschneidender gewesen sein. Bis dahin war das Bedienungsgeschäft die Regel, bestand die alltägliche Erfahrung des Einkaufens darin, vor einer Ladentheke dem Kaufmann seine Wünsche mitzuteilen, der die Waren holte, abwog, abfüllte, verpackte, die Preise addierte oder 'anschrieb'. Nun wurde der ganze Laden nach dem Prinzip der Selbstbedienung umgestaltet. Der alten Ladentisch fiel fort, sämtliche Artikel waren frei zugänglich, entsprechend der Griff- oder Augenhöhe arrangiert. Sortimentsordnung, Farben und Licht waren auf die Warenpräsentation ausgerichtet. Wer zum ersten Mal einen SB-Laden betrat, war überwältigt von der Auswahl des Angebots, das oftmals dazu verführte, mehr einzukaufen als geplant. An die Stelle der personalen Beziehung zwischen Käufer und Kaufmann trat die unmittelbare Begegnung mit der Ware, die sich mittels ihrer äußeren Gestalt von ihren 'Konkurrentinnen' im Regal abheben mußte.“

Damit die angebotene und angepriesene Warenfülle in entsprechendem Maße überhaupt konsumiert wird bzw. konsumiert werden kann, muß das Konsumpotential ebenfalls erweitert werden. Für Überflußgesellschaften ist, *drittens*, neben der Erhöhung des Angebots eine Steigerung der Nachfragekapazität charakteristisch. Dazu gehört zunächst einmal eine Erhöhung der Realeinkommen und damit eine Zunahme der (potentiellen) Haushaltsausgaben. Hartmut Kaelbe (1997: 173f.) zufolge ging mit dieser absoluten Zunahme ein relativer Wandel der privaten Ausgaben einher.

„Die relativen Ausgaben für die Ernährung und für die Bekleidung verloren allmählich ihre beherrschende Rolle in den privaten Ausgaben und ließen anderen Haushaltsausgaben erheblich mehr Raum. Die Ausgaben für Haushaltsgeräte und Unterhaltungsgeräte, für Transport, für Ausbildung (...), für Wohnen, für Ferien und Erholung nahmen dagegen zu.“

Zur Erweiterung des Konsumpotentials trägt neben der wachsenden Kaufkraft eine Ausweitung der freien Zeit bei (vgl. Schulze 1993: 57); dies einfach deshalb, weil der Akt des Konsumierens ebenso Zeit in Anspruch nimmt wie das Einholen von Informationen über die Waren sowie der Einkauf des Gebrauchs- bzw. Verbrauchsgutes selbst. Die Zunahme der Realeinkommen sowie steigende Zeitreserven der Konsumenten lassen sich gleichermaßen als Folge wie Voraussetzung der Angebotsexplosion begreifen; die Überproduktion macht es möglich, daß jeder ein größeres Stück des (wachsenden) Kuchens bekommt, und umgekehrt trägt die erweiterte Nachfrage zu einer Ausweitung der Warenangebots bei.

In Überflußgesellschaften gewinnt, *viertens*, ein bestimmter Konsumstil Priorität, der durch einen großzügigen, geradezu verschwenderischen Umgang mit der Angebotsflut gekennzeichnet ist. Mit dem Begriff des Handlungs- und Konsum*stils* ist, wenn man so sagen will, die kulturelle Komponente von Überflußgesellschaften angesprochen. Das Angebot in Hülle und Fülle verlangt nicht länger, wie noch in Mangelgesellschaften, eine Mehrfach- bzw. Wiedernutzung knapper Güter; eine Orientierung am Sparsamkeitsparadigma ist nicht mehr zwingend erforderlich. Überflußgesellschaften sind, kurz gesagt, Wegwerfgesellschaften, sie präferieren einen expansiven Lebens- und Konsumstil des *bigger, better, faster, more*. Die Konsum- und Kultursphäre von Überflußgesellschaften ist am gleichen Steigerungsimperativ ausgerichtet, der bereits die Produktionsstruktur prägt. Allerdings wäre es falsch, das Verhältnis von materiellem Warenangebot und kulturellem Warenkonsum nach einem einfachen Basis-Überbau-Schema zu denken. Struktur und Kultur bedingen sich vielmehr wechselseitig; die Angebotsexplosion ist also ebenso Bedingung wie Folgewirkung eines verschwenderischen Konsumstils. Eine an milieuspezifischen Differenzen interessierte kulturgeschichtliche Kulturforschung kann dann auch zeigen, daß einerseits luxuriöse bzw. verschwenderische Konsumformen vereinzelt schon längst praktiziert wurden, als die technisch-ökonomischen Grundlagen für eine Massenproduktion noch fehlten (vgl. Tanner 1997: 583) und daß andererseits ein sparsamer Konsum zuweilen auch dann noch beibehalten wurde, wenn längst keine materielle Notwendigkeit mehr dafür bestand (vgl. Andersen 1997: 763f.).

Für Überflußgesellschaften ist, *fünftens*, eine Anhebung des materiellen Versorgungs- und Lebensstandards typisch. Diese Verbesserung der allgemeinen Lebensbedingungen ist unmittelbares Resultat der Ausweitung der Produktion und des Konsumpotentials. Allerdings meint Erweiterung der Teilhabemöglichkeiten gerade nicht, zumindest nicht zwangsläufig, ein Ende sozialer Ungleichheit. Die Anhebung des allgemeinen Lebensstandards hat soziale Ungleichheitsverhältnisse nicht beendet. Vielmehr gilt, daß der Kuchen, der zu verteilen ist, größer geworden ist und daß der Kuchen nach wie vor ungleich verteilt wird. Bei Galbraith (1959: 110f.) liest sich das folgendermaßen:

> „Das starke materielle Wachstum, der steigende Wohlstand des Durchschnittsmenschen in den letzten Jahrzehnten ist nicht durch eine Neuverteilung des Einkommens erzielt worden, sondern durch eine Steigerung der Produktionsleistung."

Beck (1986: 122) spricht kurz vom „Fahrstuhl-Effekt": Die Gesellschaft werde, so Beck, insgesamt eine Etage höher gefahren - und dies bei fortbestehender (oder gar bei sich verschärfender) sozialer Ungleichheit. Die Auffassung einer (mehr oder weniger) gesamtgesellschaftlichen Erweiterung der Teilhabe- und Zugangschancen meint zudem nicht, daß Armut und soziale Not überall ein Ende finden. Noch einmal Originalton Galbraith (1959: 111):

> „Eine wachsende Gesamtproduktion läßt an der Basis der Einkommenspyramide einen Rest von Armut zurück, der sich ständig erneuert."

Mit dem Gesagten ist freilich das Verhältnis von gesellschaftlichem Überfluß und sozialer Ungleichheit längst noch nicht ausreichend behandelt. Der Sachverhalt verkompliziert sich vor allem dadurch, daß die meisten Theoretiker der Überflußgesellschaft von einer Veränderung der *Struktur* sozialer Ungleichheit ausgehen. Sie behaupten also eine Fortsetzung bzw. Stabilität von sozialer Ungleichheit bei gleichzeitiger Veränderung des *relationalen Gefüges* eben dieser Ungleichheit. Diese Veränderung erklären sie damit, daß die Erweiterung der allgemeinen Teilhabemöglichkeiten sozialstrukturelle Dynamisierungs- und Pluralisierungsvorgänge ausgelöst habe. Die ehemalige Klassengesellschaft mit ihrer klaren Unterscheidung von zwei, drei oder vier Klassen bzw. Schichten habe sich dadurch in eine dynamische Sozialordnung mit einer Vielzahl von Gruppen, Milieus und Lebensstilen transformiert. Ausgehend von dieser Vorstellung läßt somit als weitere Begriffskomponente festhalten: Gesellschaften im Überfluß sind, *sechstens*, Gesellschaften mit einer sozialstrukturellen Ordnung *jenseits* von Klasse und Schicht. Die Erweiterung der Teilhabechancen setzt Prozesse der Differenzierung-, Diversifizierung- und Pluralisierung frei, die - bei fortgesetzter sozialer Ungleichheit - die starre, zuweilen dichotomische Hierarchie unterlaufen. Der generell steigende Wohlstand (Fahrstuhl-Effekt) sorgt dafür, daß selbst krasse sozialstrukturelle Unterschiede sich nicht bzw. immer weniger im Erfahrungshorizont der gesellschaftlichen Akteure niederschlagen. An die Stelle von Klassen und Schichten treten Milieus und Lebensstilgruppen, die sich jedoch nicht streng hierarchisch anordnen lassen. Das Zeigen und Zur-Schau-Stellen von Unterschieden und Differenzen bleibt weiterhin wichtig, wobei gerade der Konsum eine der zentralen Ausdrucksformen von sozialen Distinktionen darstellt. Die sozialen Differenzen werden aber mit verfeinerten Instrumenten ausgedrückt;

> „nicht mehr durch das Auto, den Anzug oder die Auslandsreise als solche, sondern durch die Art des Autos, die Marke des Anzugs, das Ziel der Ferienreise" (Kaelbe 1997: 176).

Gesellschaften im Überfluß ermöglichen, *siebtens*, eine Steigerung der Erlebens- und Handlungsmöglichkeiten und damit eine Zunahme von Entscheidungsmöglichkeiten. Die Ausweitung der Warenpalette und Produktmenge hat zur Folge, daß zwischen immer mehr und immer neuen Angeboten gewählt werden kann und gewählt werden muß. Überflußgesellschaften sind, anders formuliert, durch eine gigantische Optionssteigerung gekennzeichnet. Es gibt ständig neue, ständig mehr Möglichkeiten und Angebote - und dieses Mehr an Optionen verlangt nach Selektion, verlangt nach Auswahl, nach Entscheidung. Immer mehr kann und muß entschieden werden und immer mehr Ereignisse werden Entscheidungen zugerechnet. Die Entscheidungszunahme geht mit einer Steigerung des Kontingenz- und Risikobewußtseins einher. Denn: Entscheidungen zwischen zumindest zwei Alternativen sind kontingent, sie hätten also auch anders ausfallen können - ansonsten wären es, strenggenommen, keine Entscheidungen. Und Entscheidungen sind riskant; im Nachhinein, nach der Wahl und der Realisierung einer der Alternativen kann sich zeigen, daß die Wahl einer anderen Option von Vorteil gewesen wäre.[5] Der interne Zusammenhang von Entscheidungs-, Risiko- und Kontingenzzunahme erklärt, daß die beschriebene Angebots- und Optionssteigerung durchaus ambivalent erfahren wird; neben Machbarkeits- und Gestaltungshoffnungen setzt sie zugleich Verunsicherung und Skepsis frei (vgl. Krücken 1997, Nassehi 1997).

---

5 Vgl. zum hier verwendeten risiko- und kontingenztheoretischen Entscheidungsbegriff Luhmann 1991.

Überflußgesellschaften sind, *achtens*, durch einen extensiven Material-, Stoff- und Energieverbrauch gekennzeichnet. Für die Herstellung riesiger, ständig weiter wachsender Produktpaletten werden gewaltige Naturressourcen, werden Rohstoffvorräte und Energien in gigantischem Ausmaß benötigt. Gesellschaften sind, wie immer man auch Gesellschaften im einzelnen definieren mag, auf bestimmte physische, chemische und biologische (natürliche) Umweltvoraussetzungen angewiesen - und Überflußgesellschaften verändern, indem sie in steigendem Umfang auf erneuerbare und nicht-erneuerbare Reserven zurückgreifen, auf tiefgreifende Weise diese Voraussetzungen. Für viele sind dann auch die gerade in den letzten Jahren aufgetretenen bzw. beobachteten Umweltprobleme wie Klimaerwärmung, Ozonloch, Treibhauseffekt, Zerstörung des Regenwaldes, Artensterben, Verseuchung der Meere und Landschaften usw. unmittelbares Resultat der gesellschaftlichen Überproduktion.

Der letzte Punkt hat bereits auf strukturelle Probleme der gesellschaftlichen Steigerungs- und Wachstumsdynamik aufmerksam gemacht. Gesellschaften im Überfluß sind schließlich, *neuntens*, keineswegs frei von Anomien, Krisen, Gefahren, Risiken, Pathologien. Neben gesellschaftsexternen Umweltzerstörungen zeitigt die gesellschaftliche Optionssteigerung somit auch gesellschaftsinterne Problemlagen. Nicht nur Mangel und Knappheiten, sondern umgekehrt auch Wachstum und Produktfülle führt zu negativen Ergebnissen bzw. kann dazu führen. Das rationale Funktionieren von Technik, Wirtschaft, Wissenschaft usw. muß, paradoxerweise, selbst nicht wiederum rational sein; Fred Hirsch (1980: 13), der sich für die sozialen Grenzen des Wachstums interessiert, bezeichnet diesen Sachverhalt kurz mit dem Begriff des *Überflußparadoxons*.[6]

6 Hirsch (1980: 17) verdeutlicht das Überflußparadoxon am Beispiel des Verkehrsstaus, der paradigmatisch zeige, daß sich die Nutzungsbedingungen eines Gutes aufgrund seinen hohen Verbreitungsgrades verschlechtern können.

III.

Nachdem einzelne Positionen innerhalb des Diskurses über die Gesellschaft im Überfluß vorgestellt und wichtige Strukturmerkmale der Konzeption genannt worden sind, sollen im abschließenden Abschnitt einige die wichtigsten Einwände gegen den Begriffsvorschlag etwas näher betrachtet werden. Im weiteren geht es also um Kritiken am Konzept der Überflußgesellschaft, nicht aber um eine Kritik der Gesellschaft im Überfluß. Beides ist, soviel sollte klar geworden sein, keineswegs das gleiche. Der Begriff der Überflußgesellschaft wird, wie gesehen, häufig kritisch verwendet; so dient er etwa dazu, auf bestimmte Strukturprobleme und krisenhafte Tendenzen aufmerksam zu machen, die aus der gesellschaftlichen Angebots- und Optionssteigerung resultieren. Diese Form der Kritik ist nicht (länger) gemeint; vielmehr geht es im weiteren um Einwände gegen den Begriffsvorschlag selbst - etwa derart, daß die Konzeption interne Inkonsistenzen aufweise, ungenügend sei oder grundlegende Strukturmerkmale gegenwärtiger Gesellschaften ausblende.

Der *erste* Einwand richtet sich gegen den manchmal offenen, manchmal verdeckten Behaviorismus des Ansatzes. Damit ist die u.a. von Marcuse geäußerte Vorstellung gemeint, bei den Akteuren der Überflußgesellschaft handele es sich um vollkommen gefügige, letztlich eindimensionale Menschen, die den materiellen Verlockungen und verführerischen Kräften der Kulturindustrie ohne Rest ausgeliefert seien. Eine solche Auffassung, soweit ist dem Einwand recht zu geben, unterschätzt das Reflexions- und Willenspotential der handelnden Subjekte und überschätzt damit umgekehrt die Manipulationsmöglichkeiten des Werbe- und Verkaufsapparates. Allerdings ist hinzuzufügen, daß die (angedeutete) behavioristische Grundannahme nicht von allen Protagonisten des Ansatzes einer Überflußgesellschaft geteilt wird. Insofern stellt der - durchaus richtige - Einwand auch nicht, das ist wichtig festzuhalten, das Konzept einer Gesellschaft im Überfluß insgesamt in Frage, sondern er weist eine spezifische, keineswegs zentrale Annahme, die zudem nur von einzelnen Theoretikern vertreten wird, zurück.

Das zuletzt Gesagte gilt auch für einen *zweiten* Einwand. Gemeint ist die Kritik an der Unterscheidung zwischen wahren und falschen Bedürfnissen. Galbraith, Marcuse und Lefebvre etwa sprechen übereinstimmend davon, daß die Überflußgesellschaft künstliche Wünsche erzeuge, die nicht (länger) in Übereinstimmung mit den wirklichen Bedürfnissen des Menschen seien. Eine derartige Auffassung basiert offensichtlich auf einer kruden, letztlich unsoziologischen Anthropologie, d.h. auf der Vorstellung einer unveränderlichen Wesens- und Bedürfnisstruktur des Menschen. Dagegen ist die Auffassung zu stellen, daß es keine menschlichen Bedürfnisse *an sich* gibt. Bedürfnisse sind stets sozial und historisch geformt; auch für die sogenannten Grundbedürfnisse gilt, daß sie nicht unveränderlich sind, sondern eben kulturell interpretiert werden. Wie gesagt: Auch dieser Einwand, so sehr ihm auch recht zu geben ist, spricht letztlich nicht gegen das Theorem der Überflußgesellschaft, sondern gegen eine spezifische Annahme, die von bestimmten Autoren mit dem Konzept einer Gesellschaft im Überfluß verknüpft wird.

Ein *dritter* Einwand thematisiert (erneut) den Zusammenhang von gesellschaftlichem Überfluß und sozialer Ungleichheit. Der Einwand besagt, daß der Begriff der Überflußgesellschaft einer fehlerhaften Sozialstrukturanalyse das Wort rede; vor allem verkenne bzw. leugne das Konzept, daß a) in bestimmten gesellschaftlichen Bereichen nach wie vor materielle Knappheit bzw. materieller Mangel vorherrsche, b) einzelne Schichten an der allgemeinen Anhebung des Lebensstandards nicht bzw. unzureichend beteiligt seien und c) Klassen und Schichten - zumindest im Sinne von Kategorien zur Bezeichnung sozialstruktureller Ungleichheiten - keineswegs verschwunden seien (vgl. zusammenfassend Geißler 1996). Der erste Unterpunkt des Einwandes läßt sich mit dem Hinweis darauf entkräften, daß auch nach Angaben der Protagonisten des Begriffsvorschlags gesellschaftlicher Überfluß gesellschaftlichen Mangel nicht vollkommen ausschließt, sondern damit einher gehen kann; weiter oben ist Galbraith (1959: 111) bereits dahingehend zitiert worden, daß auch in der Überflußgesellschaft ein Rest von Armut und Not (ständig) reproduziert wird. Der zweiten Aussage ist soweit zuzustimmen, daß die Gesellschaftsakteure offenbar nicht gleich, sondern ungleich an der allgemeinen Anhebung des Lebensstandards partizipieren, somit die „generalisierende Fahrstuhl-Metapher (...) die schichtspezifischen Abstufungen der Aufwärtsbewegung" (Geißler 1996: 327) übersieht. Dem ist jedoch hinzuzufügen, daß die

Theoretiker der Überflußgesellschaft diese Auffassung gar nicht bestreiten würden; gerade Beck (1986: 143ff.), auf den die Fahrstuhl-Metapher zurückgeht, hat das Szenario sich verschärfender sozialer Ungleichheit keineswegs ausgeschlossen. Bleibt noch der dritte Unterpunkt. Die Theoretiker des Überflußparadigmas sprechen davon, daß aufgrund der Anhebung des allgemeinen Lebensstandards sozialstrukturelle Unterschiede sich nicht bzw. immer weniger im Erfahrungshorizont der Akteure niederschlagen, daß also Klassen und Schichten in der alltagsweltlichen Wahrnehmung immer mehr aufgelöst werden. Die Gesellschaft selbst, wenn man so sagen will, ordnet sich demzufolge nicht (länger) nach Klassen und Schichten. Das mag konkurrierende Ansätze nicht abhalten, eine sozialstrukturelle Analyse mit Hilfe der Begriffe Klasse und Schicht vorzunehmen - aber eine derartige Analyse muß sich dann den Vorwurf gefallen lassen, sich vom gesellschaftlichen Selbstverständnis allzu weit zu entfernen. Beck (1986: 140) formuliert das folgendermaßen: Wo der

> „Klassenbegriff seine soziale Wahrnehmbarkeit aufgrund der sozialstrukturellen Entwicklung selbst einbüßt, wird er *einsam*, verflucht einsam. (...) eine Gesellschaft, die nicht mehr in sozial wahrnehmbaren Klassenkategorien handelt, befindet sich *auf der Suche nach einer anderen Sozialstruktur* und kann nicht ohne Strafe eines gefährlichen Wirklichkeits- und Relevanzverlustes immer wieder gegen ihren Strich in die Kategorie der Klasse zurückgebürstet werden.“

Ein *vierter* Einwand schließlich kritisiert die Wachstumsprämisse des hier zu diskutierenden Konzepts. Der Begriff der Überflußgesellschaft unterstelle, so läßt sich der Einwand zusammenfassen, eine letztlich grenzenlose Steigerung des Angebots an Waren, Produkten sowie Konsumgütern und damit eine immerwährende Steigerung der Handlungs- und Erlebnismöglichkeiten. Damit ignoriere der Begriffsvorschlag jedoch die sozialen *und* ökologischen Grenzen des Wachstums. Ökonomische Produktions- und Absatzkrisen zeigten, daß das Angebot nicht endlos gesteigert werden könne (vgl. Hirsch 1980: 43); der Bericht des Club of Rome (Meadows 1972) und vergleichbare Studien (Hauff 1987; Massarat 1993; Pfister 1995) machten deutlich, daß Naturressourcen und Rohstoffe keineswegs unerschöpflich seien. Aus heutiger Sicht lasse sich daher sagen, daß es sich bei der Vorstellung immerwährender Prosperität um einen kurzen, jedoch unerfüllten Traum handele (vgl. Lutz 1989). Dieser Einwand zielt offensichtlich auf eine der zentralen Prämissen des Konzepts ab. Gleichwohl läßt er sich mit den folgenden Überlegungen zumindest relativieren. Überfluß ist zunächst nicht unbedingt gleichbedeutend mit Wachstum oder Steigerung, zumindest nicht synonym mit *immerwährendem* Wachstum. Dort, wo eine bestimmte Produktfülle erst einmal erreicht ist, ist gesellschaftlicher Überfluß durchaus mit einer (vorübergehenden) Stagnation bzw. Rezession vereinbar. Daß ökologische Grenzen für die gesellschaftliche Reproduktion existieren, wird heutzutage wahrscheinlich niemand mehr bestreiten wollen; offensichtlich lassen sich aber ökologische Grenzen mit Hilfe technischer Innovationen - und der damit möglichen Substitution nicht-erneuerbarer durch erneuerbare Ressourcen - weiter nach hinten hinausschieben. Nimmt man schließlich eine Erweiterung des Begriffs des gesellschaftlichen Überflusses dahingehend vor, daß man damit nicht nur das materielle Warenangebot, sondern - dem Vorschlag von Gross folgend - die Vielfalt der ideellen und materiellen Erlebens-, Lebens- und Handlungs*möglichkeiten* überhaupt bezeichnet, so dürfte es schwer fallen, prinzipielle Grenzen anzugeben.

> „Die Wachstumsdynamik ist unendlich, weil die Steigerung von Handlungsmöglichkeiten zum sogenannten Wohle aller das letztendliche und von allen geteilte Ziel darstellt. Alle Systeme, Wirtschaft, Politik, Kultur und Wissenschaft - bis hinunter zum einzelnen Individuum - verfolgen Wachstums- und Steigerungsziele (...) Die infinite Erzeugung neuer Möglichkeiten erzeugt immer neue Differenzen. Die neuen Differenzen führen zu immer neuen Ansprüchen. Immer mehr Möglichkeiten - immer mehr Wünsche.“ (Gross 1994: 321)

Leben wir gegenwärtig in einer 'Überflußgesellschaft'? Bietet der Begriff einer Gesellschaft im Überfluß, anders gefragt, eine geeignete Handhabe für eine treffende Charakterisierung der Gegenwartsgesellschaft? Keiner der vier zuvor diskutierten Einwände, so lassen sich die letzten Überlegungen zusammenfassen, hat das Konzept vollständig entkräftet. Freilich ist dieses Ergebnis noch nicht mit einem positiven Votum für den Theorievorschlag gleichzusetzen. Die Vorstellung eines gesellschaftlichen Überflußes scheint durchaus einzelne gesellschaftliche Prozesse und Strukturen zutreffend zu erfassen; gleichzeitig bleibt das Konzept jedoch eigentümlich vage und unbestimmt. So verweist der Begriff des Überflußes zwar auf die Steigerung des Angebots an Waren, Dienstleistungen und Optionen, aber er enthält zunächst einmal keine tiefenscharfe Erklärung für die eigentümliche Wachstumsdynamik unserer Gesellschaft, die diese Angebotserweiterung ermöglicht. Womöglich ist die Unbestimmtheit des Begriffsvorschlags aber auch eine seiner Stärken. Das Konzept ermöglicht und erfordert weitere Präzisierungen; vor allem bietet es die Möglichkeit der Kombination und Rekombination mit anderen gesellschaftstheoretischen Ansätzen, die an einer Erklärung der Komplexitätssteigerungen von Wirtschaft, Wissenschaft, Technik, Politik usw. interessiert sind. Insofern eröffnet die Vorstellung einer Überflußgesellschaft ein bestimmtes Beschreibungspotential, das offenbar längst noch nicht ausgeschöpft ist. So gesehen handelt es sich bei dem Begriffsvorschlag nicht allein um ein gesellschaftstheoretisches Paradigma mit einer längeren, geradezu klassischen Tradition, sondern zugleich um ein Konzept, von dem vermutlich auch zukünftig noch Anregungen für die zeitdiagnostische Debatte ausgehen werden.

Literatur

Andersen, Arne 1997: Mentalitätswandel und ökologische Konsequenzen des Konsumismus. Die Durchsetzung der Konsumgesellschaft in den fünfziger Jahren, in: Siegrist, Hannes/Hartmut Kaelbe/Jürgen Kocka (Hg.): Europäische Konsumgeschichte. Zur Gesellschafts- und Kulturgeschichte des Konsums (18.-20. Jahrhundert), Frankfurt / M., New York, S. 763-791.

Beck, Ulrich 1986: Risikogesellschaft. Auf dem Weg in eine andere Moderne, Frankfurt/M.

Freyer, Hans 1955: Theorie des gegenwärtigen Zeitalters, Stuttgart.

Galbraith, John Kenneth 1959: Gesellschaft im Überfluß. München, Zürich.

Geißler, Rainer 1996: Kein Abschied von Klasse und Schicht. Ideologische Gefahren der deutschen Sozialstrukturanalyse, in: Kölner Zeitschrift für Soziologie und Sozialpsychologie 48, S. 319-338.

Gross, Peter 1994: Die Multioptionsgesellschaft, Frankfurt/M.

Habermas, Jürgen 1981: Theorie des kommunikativen Handelns, 2 Bde., Frankfurt/M.

Hauff, Volker 1987: Unsere gemeinsame Zukunft. Der Brundtland-Bericht der Weltkommission für Umwelt und Entwicklung, Greven.

Hirsch, Fred 1980: Die sozialen Grenzen des Wachstums. Eine ökonomische Analyse der Wachstumskrise, Reinbek.

Kaelbe, Hartmut 1997: Europäische Besonderheiten des Massenkonsums 1950-1990, in: Siegrist, Hannes/Hartmut Kaelbe/Jürgen Kocka (Hg.): Europäische Konsumgeschichte. Zur Gesellschafts- und Kulturgeschichte des Konsums (18.-20. Jahrhundert), Frankfurt/M., New York, S. 169-203.

Kneer, Georg 1996: Rationalisierung, Disziplinierung und Differenzierung. Sozialtheorie und Zeitdiagnose bei Jürgen Habermas, Michel Foucault und Niklas Luhmann, Opladen.

Krücken, Georg 1997: Risikotransformation. Die politische Regulierung technisch-ökologischer Gefahren in der Risikogesellschaft, Opladen.

Lefebvre, Henri 1987 (1958 / 1961): Kritik des Alltagslebens. Grundrisse einer Soziologie der Alltäglichkeit, Frankfurt/M.

Luhmann, Niklas 1991: Soziologie des Risikos, Berlin, New York.

Lutz, Burkart 1989: Der kurze Traum immerwährender Prosperität. Eine Neuinterpretation der industriell-kapitalistischen Entwicklung im Europa des 20. Jahrhunderts, Frankfurt/M., New York.

Marcuse, Herbert 1979 (1964): Der eindimensionale Mensch. Studien zur Ideologie der fortgeschrittenen Industriegesellschaft, Frankfurt/M.

Marx, Karl 1980 (1847/1885): Das Elend der Philosophie, in: Marx, Karl/ Friedrich Engels, Werke, Band 4 (MEW 4), Berlin, S. 63-182.

Marx, Karl/Friedrich Engels 1980 (1848): Manifest der kommunistischen Partei, in: Marx, Karl/Friedrich Engels, Werke, Band 4 (MEW 4), Berlin, S. 459-493.

Massarat, Mohssen 1993: Endlichkeit der Natur und Überfluß in der Marktökonomie. Schritte zum Gleichgewicht, Marburg.

Meadows, Dennis u.a. 1972: Die Grenzen des Wachstums. Bericht des Club of Rome zur Lage der Menschheit, Stuttgart.

Nassehi, Armin 1997: Das Problem der Optionssteigerung. Überlegungen zur Risikokultur der Moderne, in: Rademacher, Claudia/Gerhard Schweppenhäuser (Hg.): Postmoderne Kultur? Soziologische und philosophische Perspektiven, Opladen, S. 37-58.

Pfister, Christian 1995: Das „1950er Syndrom“: Die umweltgeschichtliche Epochenschwelle zwischen Industriegesellschaft und Konsumgesellschaft, in: Pfister, Christian (Hg.): Das 1950er Syndrom. Der Weg in die Konsumgesellschaft, Bern, Stuttgart, Wien, S. 51-95.

Pribram, Karl 1992: Geschichte des ökonomischen Denkens. Erster Band, Frankfurt / M.

Richter, Dirk 1997: Weltgesellschaft, in: Kneer, Georg/Armin Nassehi/Markus Schroer (Hg.): Soziologische Gesellschaftsbegriffe. Konzepte moderner Zeitdiagnosen, München, S. 184-204.

Schulze, Gerhard 1993: Die Erlebnisgesellschaft. Kultursoziologie der Gegenwart, Frankfurt/M., New York.

Siegrist, Hannes 1997: Konsum, Kultur und Gesellschaft im modernen Europa, in: Siegrist, Hannes/Hartmut Kaelbe/Jürgen Kocka (Hg.): Europäische Konsumgeschichte. Zur Gesellschafts- und Kulturgeschichte des Konsums (18.-20. Jahrhundert), Frankfurt/M., New York, S. 13-48.

Smith, Adam 1990 (1776): Der Reichtum der Nationen. Eine Untersuchung seiner Natur und seiner Ursachen, München.

Tanner, Jakob 1997: Industrialisierung, Rationalisierung und Wandel des Konsum- und Geschmackverhaltens im europäisch-amerikanischen Vergleich, in: Siegrist, Hannes/Hartmut Kaelbe/Jürgen Kocka (Hg.): Europäische Konsumgeschichte. Zur Gesellschafts- und Kulturgeschichte des Konsums (18.-20. Jahrhundert), Frankfurt / M., New York, S. 583-613.

Wildt, Michael 1997: Die Kunst der Wahl. Zur Entwicklung des Konsums in Westdeutschland in den 1950er Jahren, in: Siegrist, Hannes/Hartmut Kaelbe/Jürgen Kocka (Hg.): Europäische Konsumgeschichte. Zur Gesellschafts- und Kulturgeschichte des Konsums (18.-20. Jahrhundert), Frankfurt/M., New York, S. 307-325.

Autorinnen und Autoren der Beiträge

Werner Bergmann, Dr., Professor am Zentrum für Antisemitismusforschung, Technische Universität Berlin, Ernst-Reuter-Platz 7, D-10587 Berlin
berg0154@mailszrz.zrz.TU-Berlin.de
http://www.tu-berlin.de

Peter Bleses, Dr., wissenschaftlicher Mitarbeiter am Institut für Soziologie der Universität Leipzig, Burgstr 21, D-4109 Leipzig
pbleses@sozio.uni-leipzig.de

Michael Bommes, Dr., Privatdozent am FB Sozialwissenschaften am Institut für Migrationsforschung und Interkulturelle Studien (IMIS), Universität Osnabrück, Neuer Graben 19/21, D-49069 Osnabrück
mbommes@uos.de
http://www.imis.uni-osnabrueck.de

Jost Halfmann, Dr., Professor am Institut für Soziologie der Technischen Universität Dresden, Mommsenstr. 13, D-1062 Dresden
halfmann@rcs.urz.tu-dresden.de
http://www.tu-dresden.de/phfis/nhalfman.htm

Gabriele Klein, Dr., Privatdozentin am Institut für Soziologie der Universität Hamburg, Allende-Platz 1, D-20146 Hamburg
gklein@sozialwiss.uni-hamburg.de
http://www.sozialwiss.uni-hamburg.de/Isoz/welcome.html

Georg Kneer, Dr., wissenschaftlicher Mitarbeiter am Umweltforschungszentrum (UFZ), Sektion Ökonomische und soziologische Umweltforschung (ÖKUS), Leipzig-Halle GmbH, Permoserstraße 15, D-04318 Leipzig
kneer@alok.ufz.de
http://www.ufz.de/spb/oekus

Elmar Koenen, Dr., wissenschaftlicher Mitarbeiter am Institut für Soziologie der Ludwig-Maximilians-Universität, Konradstr. 6, D-80801 München
ekoenen@soziologie.uni-muenchen.de

Klaus Kraemer, Dr., Geschäftsführer der gesellschaftswissenschaftlichen Sektion des Zentrums für Umweltforschung (ZUFO), Westfälische Wilhelms-Universität Münster, Mendelstr. 11, D-48149 Münster
kraemek@uni-muenster.de
http://www.uni-muenster.de/Umweltforschung

Matthias Liedtke, DFG-Grauiertenkolleg "Migration im Modernen Europa" am FB Sozialwissenschaften am Institut für Migrationsforschung und Interkulturelle Studien (IMIS), Universität Osnabrück, Neuer Graben 19/21, D-49069 Osnabrück
mliedtke@uos.de
http://www.imis.uni-osnabrueck.de

Armin Nassehi, Dr., Professor am Institut für Soziologie der Ludwig-Maximilians-Universität München, Konradstr. 6, D-80801 München
Armin.Nassehi@soziologie.uni-muenchen.de
http://www.lrz-muenchen.de/~ls_nassehi

Ilona Ostner, Dr., Professorin am Institut für Sozialpolitik der Universität Göttingen und am Zentrum für Europa- und Nordamerika-Studien (ZENS), Platz der Göttinger Sieben 3, D-37073 Göttingen
iostner@uni-goettingen.de
http://www.gwdg.de/~uxsp

Martin Seeleib-Kaiser, Dr., wissenschaftlicher Mitarbeiter an der Duke University, Department of Political Science, 214 Perkins Library, Box 90204, Durham, NC 27708-0204, USA
e-mail: see@duke.edu

Uwe Schimank, Dr., Professor am Institut für Soziologie der Fernuniversität Hagen, Feithstr. 140, D-58084 Hagen
uwe.schimank@fernuni-hagen.de
http://www.fernuni-hagen.de/esgw/soz

Achim Schrader, Dr., Professor am Institut für Soziologie, Abteilung II der Westfälischen Wilhelms-Universität Münster, Scharnhorststr. 121, D-48151 Münster
achim.schrader@uni-muenster.de
http://www.uni-muenster.de/Soziologie

Markus Schroer, Dr., wissenschaftlicher Assistent am Institut für Soziologie der Ludwig-Maximilians-Universität München, Konradstr. 6, D-80801 München
Markus.Schroer@soziologie.uni-muenchen.de
http://www.lrz-muenchen.de/~ls_nassehi/ms.htm

Ingrid Schumacher, Dr., wissenschaftliche Mitarbeiterin am FB Sozialwissenschaften der Universität Osnabrück, D-49069 Osnabrück
ischumac@uos.de

Helmut Willke, Dr., Professor an der Fakultät für Soziologie der Universität Bielefeld, Universitätsstraße 25, Postfach 100131, D-33501 Bielefeld
helmut.willke@uni-bielefeld.de
http://www.uni-bielefeld.de/pet

Monika Wohlrab-Sahr Dr., Professorin an der Theologische Fakultät der Universität Leipzig, Abteilung Religions- und Kirchensoziologie, Emil-Fuchs-Str. 1, D-4105 Leipzig
wohlrab@theologie.uni-leipzig.de
http://www.uni-leipzig.de/~prtheol/relsoz/welcome.htm